Macro Financial Economics

거시
금융
경제학

윤 택

박영사

머리말

본 책에서는 화폐 및 금융의 거시경제적 측면을 거시금융현상으로 규정하고 이와 관련된 다양한 이슈들을 분석하고 있는 거시금융모형을 소개한다. 앞에서 언급한 화폐 및 금융의 거시경제적 측면은 다음과 같이 분리할 수 있다. 화폐의 거시경제적 측면은 중앙은행이 담당하고 있는 통화정책과 관련된 이슈들을 의미한다. 금융의 거시경제적 측면은 주식의 가격지수 및 채권의 수익률곡선에 대한 분석을 포함한다. 따라서 본 책의 전반부에는 통화정책의 거시경제적 효과를 설명하는 거시경제의 모형과 위험 증권을 포함하는 포트폴리오의 구성과 가격결정 및 이자율의 만기구조를 설명하는 매크로 파이낸스의 모형에 관한 내용을 담았다. 아울러 본 책의 후반부에는 최근 금융위기의 발생과 중앙은행의 대응을 이해하는 데 도움이 되는 금융시장모형들이 추가되었다.

본 책의 내용은 크게 다섯 개의 부분으로 나누어진다. 첫째 부분의 주된 목적은 균형에서 차익거래 이득이 없다는 조건이 만족될 때 증권의 시장가격이 어떻게 결정되는지를 분석하는 것이다. 증권가격결정모형은 증권의 시장가격이 미래 시점에서 실현되는 소득의 예상 현재가치와 같다는 등식을 의미한다. 이는 차익거래 이득이 없는 균형에서 성립하는 균형조건으로 해석할 수 있다. 제1장부터 제4장까지는 차익거래 이득이 없는 균형에서 성립하는 증권의 가격결정모형과 채권의 수익률곡선을 설명하는 이론들을 포함한다.

둘째 부분은 현실의 금융시장 참가자들이 가지고 있는 정보처리능력은 합리적 기대의 가정과는 다르다는 점을 반영한 금융시장모형을 분석한다. 첫째 부분에서 설명하고 있는 차익거래 이득이 없는 균형에서 성립하는 증권의 가격결정모형에서는 합리적 기대의 투자자들을 가정하고 있다. 그러나 최근 투자자들의 제한적 합리성을 인정하는 다양한 분석들이 나오고 있어서 이를 반영한 금융시장모형을 소개하는 것이 바람직한 것으로 보인다. 이러한 맥락에서 제5장과 제6장에서는 투자자의 정보에 대한 개념을 보다 자세히 설명하고 아울러 투자자가 보유하고 있는 정보의 크기를 어떻게 측정할 것인가를 설명한다. 본 책의 모형에서는 투자자의 정보처리능력이 유한하기 때문에 투자자의 제한적 합리성이 발생하는 것으로 가정하고 있다. 이러한 제한적인 합리성을 가진 투자자들의 증권에 대한 수요는 다양한 뉴스에 의해서 영향을 받기 때문에 뉴스가 증권가격에 미치는 효과를 설명한다.

셋째 부분에서는 통화정책의 거시경제적 측면에 대하여 다룬다. 이 부분의 주된 내용은 우리나라에서 채택하고 있는 물가안정제도 및 통화정책의 운용에 대한 소개와 통화정책의 거시경제적 효과에 대한 분석이다. 최근 중앙은행에서는 물가안정뿐만 아니라 금융안정도 동시에 고려하여 통화정책을 실시하고 있다. 이를 반영하여 본 책에서는 통화정책이 금융시장에 미치는 효과를 소개하고 아울러 물가안정과 금융안정을 동시에 고려한 중앙은행의 최적 선택에 대한 모형 분석도 다루고 있다. 제7장부터 제9장까지의 내용은 우리나라의 중앙은행제도, 인플레이션 타기팅을 반영한 통화정책의 거시경제모형, 최근 금융위기를 극복하는 과정에서 실시된 비전통적인 통화정책 등을 포함한다. 또한 제15장과 제16장에서는 통화정책이 금융중개시장에 미치는 효과와 금융안정이 고려된 중앙은행모형을 소개하고 있다.

넷째 부분에서는 증권시장 또는 자산시장의 균형에서 차익거래 이득이 존재할 수 있는 가능성을 인정하는 가격결정모형들을 설명한다. 수요와 공급이 일치하는 상황에서 결정되는 증권의 시장가격이 증권의 내재가치보다 더 낮아질 수 있으며 그러한 상황이 지속적으로 유지될 수 있는 경우를 분석한다. 이와 같은 모형들을 다루는 이유는 실제의 증권시장에서 차익거래 이득이 존재하는 것으로 평가해야하는 상황들이 빈번하게 관측되기 때문이다. 제10장과 제11장에서는 금융위기가 진행되는 과정에서 증권의 시장가격이 내재가치에 비해 저평가되어 있더라도 이러한 현상이 신속하게 해소되지 않고 오히려 지속될 수 있는 이유는 차익거래 이득을 실현하는 차익 거래자들이 보유한 자본이 부족하기 때문이라는 견해를 설명한다.

다섯째 부분은 거시경제적 측면에서 본 금융의 실물 효과를 반영한 다양한 거시금융 모형들을 소개한다. 은행제도의 도입은 그렇지 않은 경우에 비해 사회 후생이 증가한다는 점을 강조한 모형을 소개한다. 그러나 이러한 결과를 얻기 위해서는 예금인출사태로 인해 은행제도의 안정성이 파괴되지 않아야 한다는 조건이 만족되어야 한다는 점이 강조된다. 또한 최근의 금융위기도 전통적인 예금에 대한 예금인출사태는 아니지만 금융기관 간 자금거래에서 금융기관의 예금에 대한 예금인출사태로부터 확대되었다고 볼 수 있다는 견해들을 설명한다. 제12장에서는 은행제도의 도입은 결국 자원배분의 효율성을 제고한다는 점을 강조한다. 제13장과 제14장에서는 통화정책의 변화가 거시경제에 전달되는 과정에서 금융중개시장이 중요한 역할을 한다는 점과 금융위기의 발생에 직접적인 원인을 제공한 그림자은행산업에 대하여 설명한다. 제17장에서는 금융과 기업구조조정 간의 관계에 대하여 설명한다. 제18장에서는 금융시장의 차익 거래자로 볼 수 있는 헤지 펀드에 대하여 설명한다.

본 책의 출판에 필요한 다양한 업무를 진행해주신 박영사의 손준호 과장님과 여러 차례 반복된 교정 및 편집 작업을 도맡아 진행해주신 배근하 대리님에게 감사드린다. 끝으로 수년간 강의노트의 형태로 남아있던 본 책의 내용을 다듬고 아울러 본 책의 교정본을 여러 번 꼼꼼하게 읽으면서 수정을 도와준 호미영 박사의 노고에 깊은 감사를 드린다.

차 례

제1장

자산가격 결정을 설명하는 단순 모형

제1장

자산가격 결정을 설명하는 단순 모형

　본 장에서는 금융시장에서 거래되는 증권과 실물자산의 가격 결정을 설명하는 단순한 틀을 소개한다. 자산(asset)은 금융시장에서 거래되는 증권과 가계의 의식주와 기업의 생산을 위해 필요한 실물자산으로 나누어진다. 금융증권과 실물자산은 서로 다른 목적으로 보유되는 자산이지만 이들의 가격이 결정되는 방식을 하나의 틀로 설명할 수 있다. 이를 위해 필요한 전제조건은 투자자 모두가 인정하는 미래 시점에서 발생하는 소득의 흐름을 할인하기 위해 사용할 수 있는 단 하나의 할인 인자가 존재하는 상황에서 차익거래의 이득이 없다는 조건이다. 본 장에서는 시장의 균형점에서 차익거래 이득이 존재하지 않는다면 성립해야 하는 자산의 시장가격을 설명한다. 이와 같은 자산가격 결정 모형은 금융증권과 실물자산에 적용될 수 있다. 또한 단순한 형태의 수식을 사용하여 설명할 수 있기 때문에 본 책의 앞 부분에서 소개한다.

　차익거래 이득이 없다는 조건을 두 개의 서로 다른 관점에서 설명해볼 수 있다. 첫번째 관점은 정태적인 의미에서 차익거래 이득이 없다는 것이다. 이 경우 차익거래 이득이 없다는 것은 자산이 제공할 것으로 예상되는 소득의 현재 가치와 현재 시점에서 결정되는 자산의 시장가격 간의 괴리가 없어야 하는 것으로 해석할 수 있다. 두번째 관점은 자산을 보유하는 기간이 단기적일 수도 있고 보다 장기적일 수도 있다는 가능성을 인정하는 것이다. 만기가 다른 다양한 투자 전략에 대해서도 차익거래 이득이 발생하지 않아야 한다. 첫 번째 관점에서는 현재 시점에서 차익거래 이득이 없어야 한다는 것을 강조하지만 두 번째 관점에서는 투자자들이 현재 시점과 미래 시점 모두 차익거래의 이득이 없다고 예상해야 한다는 것이다.

투자자의 자산에 대한 가치 평가는 미래 지향적이라는 점을 지적한다. 일반적으로 투자자들은 자산을 매수할 때 매수하는 자산이 미래 시점에서 제공할 것으로 예상되는 소득을 얻는 것을 목적으로 한다. 따라서 투자자는 자신의 행동을 선택할 때 미래 지향적으로 결정하게 된다. 그 결과 현재 시점에서 자산가격은 투자자의 미래 시점에서 발생할 것으로 예상되는 다양한 변화에 반응하게 된다. 현실의 경제에서는 투자자들의 미래에 대한 기대가 항상 합리적이라고 하기 어렵다. 따라서 본 장에서는 투자자의 미래에 대한 기대가 일시적으로 비합리적으로 형성되는 경우 현재 시점에서의 자산가격에 미치는 효과를 생각해본다. 미래의 상황에 대한 낙관적 기대와 비관적인 기대가 미치는 효과를 분석하기 위해 두 가지의 경우를 생각해 본다. 첫번째 경우는 실물자산 시장에서 비록 현재 시점에서는 시장 균형이 유지된다고 할지라도 미래 시점에서 차익거래의 이득이 존재하는 상황이 발생한다고 예측되는 상황이다. 두번째 경우는 자산을 보유하고 있는 투자자가 미래 시점에서 아주 높은 가격으로 판매할 수 있는 가능성이 있다고 예측하는 상황을 분석한다.

마지막으로 본 장에서는 다음과 같은 이슈들을 생각해본다. 차익거래의 이득이 없다는 조건과 버블이 없는 상황은 어떠한 관계가 있는가? 차익거래의 이득이 없다면 자산가격의 버블은 존재하지 않는지에 대하여 궁금할 수 있다. 또한 자산가격의 버블이 거시 경제의 총수요를 증가시키는 효과를 가져다 주는가? 많은 경우 자산가격의 버블이 존재한다고 생각되는 시점에서 거시 경제도 어느 정도 과열되는 상황이 발생하는 것을 볼 수 있다. 자산가격의 버블은 어떠한 경로를 거쳐서 거시 경제의 총수요에 영향을 미치는가에 대하여 궁금할 수 있다. 만약 이러한 경로가 있다면 거시 경제 정책을 사용하여 자산가격의 버블을 완화하려는 정책적인 노력을 약화시켜 버블의 거시경제적 유혹이 발생할 가능성이 있음을 확인해볼 수 있다.

현재 가치와 증권의 가격

증권의 시장가격이 어떻게 결정되는가에 대하여 많은 사람들이 궁금해할 것이다. 증권의 시장가격이 어떻게 결정되는지를 설명해달라는 요청을 받으면 사람들은 어떻게 대답을 할 것인지 잠시 생각해본다. 증권의 가격은 증권시장의 수요와 공급에 의해서 결정된다는 대답을 예상해볼 수 있다. 누가 증권시장의 공급자가 될 것이고 누가 증권시장의 수요자가 될 것인가라는 질문을 뒤이어 해 볼 수 있다. 이러한 질문에 어떻게 답해야 하는가를 잠시 생각해보면 아마도 다음과 같은 답을 떠올릴 것이다. 자신이 평가한 증권의 가치가 증권의 시장가격보다 더 높다면 증권시장의 수요자가 될 것이고 자신이 평가한 증권의 가치가 증권의 시장가격에 비해 낮으면 증권시장의 공급자가 될 것이다. 따라서 증권시장에서의 수요와 공급이 일치하는 점에서 결정된 시장가격은 증권시장에 참여한 금융 투자자의 증권에 대한 가치평가를 반영한다. 이제 금융투자자의 증권에 대한 가치 평가는 어떻게 이루어지는가를 생각해보자. 이를 위해 증권을 왜 보유하려는지를 생각해보자. 증권을 보유하는 대부분의 사람들은 미래 시점에서 예상되는 소득을 얻기 위해서 증권을 보유한다.

간단한 수식을 사용하여 현재 시점에서의 증권의 가치가 미래 시점에서의 예상소득과 어떠한 관계가 있는가를 보기로 하자. 이를 위해 먼저 다음 시점에서 예상되는 배당소득을 D_1이라고 표시한다. 또한 다음 시점에서 증권의 시장가격을 P_1이라고 표시한다. 현재 시점에서 증권을 구매하여 다음 시점에서 처분하면 다음 시점에서 발생하는 총소득은 $(D_1 + P_1)$이 된다. 현재 시점에서 평가한 증권의 가치는 앞에서 설명한 다음 기 시점에서의 소득과 어떠한 관계가 있는가? 미래 시점에서 한 단위 소득의 현재 시점에서의 가치는 어느 정도 인가를 먼저 생각해야 한다. 많은 사람들은 미래 시점에서 한 단위 소득이 현재 시점에서의 한 단위보다 작다는 것에 동의할 것이다. 미래 시점에서 한 단위 소득의 현재 가치를 상수인 β로 가정해보자.[1] 이 경우

---

1 본 장에서는 β를 상수로 가정하기 때문에 할인 인자(discount factor)로 정의한다. 그러나 다음 장에서는 할인 인자가 확률 변수인 상황을 분석한다. 이 경우에는 β를 확률적 할인 인자(stochastic discount factor)로 대체한다.

앞에서 설명한 증권의 현재 가치는 $\beta(D_1 + P_1)$으로 쓸 수 있다. 시장에 참가하는 모든 사람들이 D_1, P_1, β 등의 값에 대하여 동일한 평가를 가지고 있다고 가정하자. 이제 증권시장의 균형점에서 차익거래 이득이 없어야 한다는 조건을 부과하면 증권시장의 균형가격은 $P_0 = \beta(D_1 + P_1)$이 된다.[2] 그 이유는 다음과 같이 확인할 수 있다. $P_0 > \beta(D_1 + P_1)$인 경우와 $P_0 < \beta(D_1 + P_1)$인 경우가 균형이 아닌 상황이기 때문이다. 여기에 덧붙여서 강조하고 싶은 점은 위의 두 경우 모두 등호가 만족되도록 현재 시점의 시장가격이 조정된다는 점이다.

첫번째 경우는 $P_0 > \beta(D_1 + P_1)$의 조건이 만족된다. 이 경우 증권의 시장가격이 어떻게 조정되는가를 생각해보자. 사람들이 평가하고 있는 증권의 가치에 비해 증권의 시장가격이 높기 때문에 증권을 가지고 있는 사람들은 증권을 매도하면 이득이 된다. 증권시장에서 상대적으로 높게 평가되어 있는 증권을 매도하는 것이 이득이 된다는 것이다. 따라서 시장에서 공급이 증가하므로 현재 시점의 증권가격이 낮아진다. 이는 $P_0 = \beta(D_1 + P_1)$이 성립할 수 있도록 가격이 조정된다는 것이다. 두 번째 경우는 $P_0 < \beta(D_1 + P_1)$의 조건이 만족된다. 이 경우 증권의 시장가격이 어떻게 조정되는가를 생각해보자. 사람들이 평가하고 있는 증권의 가치에 비해 증권의 시장가격이 낮기 때문에 증권을 가지고 있지 않은 사람들은 증권을 매수하면 이득이 된다. 증권시장에서 상대적으로 낮게 평가되어 있는 증권을 매수하는 것이 이득이 된다는 것이다. 그 결과 시장에서 수요가 증가하므로 현재 시점의 증권가격은 높아진다. 그러므로 앞에서와 마찬가지로 $P_0 = \beta(D_1 + P_1)$이 성립할 수 있도록 시장가격이 조정된다는 것을 확인할 수 있다.

앞에서 균형 조건을 도출할 때 차익거래의 이득에 대하여 명시적으로 설명하지 않았으므로 앞의 조건을 만족하는 시장가격이 차익거래 이득이 없는 상황을 반영하는 것인지에 대한 의문이 남아 있을 수 있다. 이를 설명하기 위해 다음과 같은 예를 들 수 있다. $P_0 > Q_0 > \beta(D_1 + P_1)$의 부등호 조건을 만족하는 Q_0의 가격을 현재 시

---

2 따라서 증권가격의 차분 방정식(difference equation)이 증권시장의 균형 조건이 된다. 차익거래 무이득과 증권가격의 차분 방정식 간의 관계에 대한 보다 자세한 분석은 블랜샤드(Oliver Blanchard)와 피셔(Stanley Fischer)가 1989년 공저한『Lectures on Macroeconomics』(MIT Press)를 참조하시오.

점에서 증권을 가지고 있는 사람들에게 제시하면 현재 시점에서 증권을 가지고 있는 사람들은 증권을 팔려고 할 것이다. 이와 같은 방식으로 증권을 살 수 있다면 자신에게 돈이 없더라도 다른 사람에게 돈을 빌려서 이득을 얻을 수 있는 기회가 발생한다. Q_0에 증권을 사서 P_0에 팔면 $(P_0 - Q_0)$의 이득이 발생하기 때문이다. 차익거래 이득은 동일한 재화에 대하여 두 개의 서로 다른 가격이 존재할 때 싼 가격에 매수하고 비싼 가격으로 매도하여 발생하는 이득을 의미한다. 위의 예를 보면 P_0와 Q_0의 서로 다른 가격이 존재한다. 그러므로 $P_0 = Q_0 = \beta(D_1 + P_1)$의 상황이 되어야 차익거래 이득이 없게 된다. 결론적으로 앞에서 제시한 균형 조건이 성립할 때 차익거래의 이득이 없어진다.

지금까지 설명한 분석의 틀은 다양한 종류의 증권에 적용된다. 기업이 발행하는 주식뿐만 아니라 만기가 고정되어 있는 장단기 채권의 시장가격을 설명하는 데에도 사용될 수 있다. 만기가 단기인 채권은 만기 이전에 정기적으로 이자를 지급하지 않으므로 배당소득이 없는 증권으로 볼 수 있다. 이러한 채권을 할인채(discount bond)라고 하는데 앞에서 설명한 모형으로 이들의 가격이 어떻게 결정되는지를 설명할 수 있다. 채권시장에서 결정되는 이자율도 위에서 설명한 방식으로 설명할 수 있는가? 이 질문에 답변하기 위해 우선 채권이 무엇인가를 설명해야 한다. 여기서 제시하는 채권의 정의는 다음과 같다. 미래 시점에서 제공되는 소득이 미리 고정되어 있어 현재 시점에서 이미 알려져 있는 증권을 채권으로 정의한다. 이와 같은 의미에서 채권을 고정 소득 증권(fixed income securities)으로 정의할 수 있다. 한 기간 동안 보유하면 다음 기 시점에서 항상 소비재 한 단위를 제공하는 채권이 있다고 하자. 이 채권의 가격을 위에서 설명한 방식으로 결정하면 어떻게 쓸 수 있는가? 차익거래의 이득이 없다는 조건을 다음과 같이 수식으로 쓸 수 있다.

$$\beta = 1/(1 + r)$$

위 식의 왼쪽 항은 채권을 다음 기 시점까지 보유할 때 얻는 소득의 현재 가치를 의미한다. 총 이자율을 R로 나타내고 순 이자율을 r로 나타내면 $R = 1 + r$로 쓸 수 있다. 또한 시장에서 평가한 채권의 미래 소득에 대한 현재 가치는 총 이자율의 역수이므로 오른쪽 항은 채권의 시장가격을 의미한다. 따라서 차익거래 이득이 없을 때 등호가 성립해야 한다.

투자자가 증권을 두 기 동안 보유한다면 다음 기 시점부터 투자자에게 주어지는 소득은 얼마가 될 것인가? 앞에서는 한 기 동안만 보유하는 것을 가정하여 증권의 현재 가치를 계산하였다. 두 기간 동안 제공되는 소득 흐름의 현재 가치는 얼마나 되는가? 두 기 동안 보유하는 것으로 가정하여 두 기 시점 동안 제공되는 소득 흐름의 현재 가치로 증권의 현재 가치를 계산할 수 있다. 한 기 보유와 두 기 보유의 경우 차이가 있는지 또는 없는지의 여부를 어떻게 확인할 수 있는지에 대해 의문을 가질 수 있다. 미래의 두 기간 동안 보유하는 것으로 가정하고 생각해보자. 다음 기 시점에서 얻는 소득은 D_1이고 두 기 이후 시점에서 얻는 소득은 $(D_2 + P_2)$이다. 그러므로 두 기간 동안 소득 흐름의 현재 가치는 $(\beta D_1 + \beta^2(D_2 + P_2))$이다. 두 기 시점 이후에 발생하는 소득의 현재 가치를 계산하기 위해 할인해야 한다. 이를 위해 β^2를 곱해준다. 균형에서 차익거래 이득이 없다는 조건을 부과한다면 미래 두 기간 동안 증권을 보유하려는 사람이 평가하는 증권의 현재 가치와 증권의 가격이 같아야 한다. 따라서 차익거래 이득이 없다는 조건을 부과하면 $P_0 = \beta D_1 + \beta^2(D_2 + P_2)$의 식이 성립해야 한다.

위의 문장에서 차익거래의 이득이 없다는 의미는 앞에서 설명한 의미와 차이가 있다. 이를 설명하기 위해 다음과 같이 가정한다. 두 개의 서로 다른 투자 전략이 있다. 첫번째 투자전략은 P_0의 비용을 현재 시점에 투자하여 두 기간 동안 보유하는 것이다. 이 경우 다음 기 시점에서 D_1을 소비하고 두 기간 이후 시점에서 증권을 발행한 사람으로부터 받는 소득인 D_2와 증권을 보유하고 있던 투자자가 시장에서 팔아서 얻는 소득인 P_2의 합을 소비한다. 두번째 투자전략은 첫번째 투자전략을 적용한 증권과 동일한 증권을 한 시점만 보유하여 증권을 발행한 사람이 제공하는 배당을 받고 나서 처분하는 것이다. 두번째 전략의 경우 다음 시점에서만 소득이 발생한다. 다음 시점의 소득은 $(D_1 + P_1)$이다. 두 전략의 현재 가치를 계산해본다. 첫번째 전략에서 발생하는 소득 흐름의 현재 가치는 $\beta D_1 + \beta^2(D_2 + P_2)$이다. 두번째 전략에서 발생하는 소득 흐름의 현재 가치는 $\beta(D_1 + P_1)$이다. 미래 시점에서 차익거래의 이득이 없다는 조건을 부과한다. 이 조건이 만족되면 두 개의 서로 다른 투자 전략이 제공하는 소득 흐름의 현재 가치는 같음을 보일 수 있다. 미래 시점에서 차익거래의 이득이 없다는 조건이 만족되는 경우 $P_1 = \beta(D_2 + P_2)$의 식이 만족된다. 이를 첫번째 전략의 소득 흐름의 현재 가치에 대입하면 첫번째 전략의 소득 흐름의 현재 가치는 다음과 같다.

$$\beta D_1 + \beta^2(D_2 + P_2) \rightarrow \beta(D_1 + P_1)$$

두 개의 투자 전략이 제공하는 소득 흐름의 현재 가치가 서로 같다는 것을 확인할 수 있었다. 차익거래의 이득이 없다는 조건이 만족된다면 두 개의 투자 전략을 실행하는 데 소요되는 비용도 같아져야 한다. 비용이 다르다면 동일한 재화에 대하여 두 개의 가격이 존재하는 것과 동일한 상황으로 간주할 수 있어서 차익거래 이득이 발생하게 된다. 따라서 $P_0 = \beta D_1 + \beta^2(D_2 + P_2)$의 식은 차익거래의 이득이 없다는 조건으로 간주할 수 있다.

앞에서 설명한 미래의 두 시점보다 더 긴 시점 동안 보유하는 경우도 분석할 수 있다. 현재 시점에서 차익거래의 이득이 없다는 조건이 부과되면 앞에서 이미 설명한 것과 같이 $P_0 = \beta D_1 + \beta^2(D_2 + P_2)$의 식이 성립해야 한다. 이제 두 기 이후 시점에서도 차익거래의 이득이 없다는 조건이 만족된다면 $P_2 = \beta(D_3 + P_3)$의 식이 성립해야 한다. 이 식을 앞에서 정리한 식에 대입하여 정리하면 다음의 식이 도출된다.

$$P_0 = \beta D_1 + \beta^2 D_2 + \beta^3(D_3 + P_3)$$

이와 같은 작업은 미래 시점에서 성립하는 균형 조건을 현재 시점에서 성립하는 균형 조건에 대입하는 작업이다. 미래 시점은 현재 시점과 비교하여 앞에 있는 것이므로 미래 시점의 균형 조건을 현재 시점에 대입하는 행위를 선행 대입(forward substitution)이라고 부른다. 이를 일반화하기 위해 현재 시점부터 시작하여 앞으로 k 기간 이후 시점에서 예상되는 소득을 D_k로 쓴다. β의 값이 1보다 작다고 가정한다.

이제 앞에서 설명한 작업을 반복하면 앞으로 T개의 기간 동안 보유하는 경우 미래 소득의 현재 가치는 다음과 같다.

$$P_0 = \beta D_1 + \beta^2 D_2 + \beta^3 D_3 \cdots + \beta^T (D_T + P_T)$$

무한 기간 존재할 것으로 예상되는 증권의 먼 미래의 시장가격이 유한한 값을 가질 것으로 예상된다면 $\lim_{T \to \infty} \beta^T P_T = 0$의 조건이 만족된다. 이 경우 현재 시점에서의 시장가격은 아래와 같이 미래 시점에서 제공될 것으로 예상되는 배당 소득을 모두 현재 가치로 할인한 후 이를 모두 합한 값으로 표현할 수 있다.

$$P_0 = \beta D_1 + \beta^2 D_2 + \beta^3 D_3 \cdots + \beta^T D_T + \cdots$$

위의 식과 관련하여 두 가지 포인트를 밝혀 놓는다. 첫 번째 포인트는 배당소득이 매 시점마다 동일하다면 등비급수가 되지만 배당소득이 매 시점마다 같지 않을 수 있으므로 수정된 형태의 등비급수로 생각할 수도 있다는 점이다. 두 번째 포인트는 현재 시점으로부터 멀리 떨어진 미래 시점에서의 증권가격도 유한한 값을 가질 것으로 예상하여 이를 할인한 현재 가치의 극한값은 0이 된다는 점이다.

차익거래의 이득과 자산가격의 버블

본 절의 초점은 버블을 자신의 가격이 자산의 근본적 가치와 다른 상황으로 정의할 때 차익거래 이득이 없다는 조건과 버블의 발생 간의 관계를 설명하는 것이다. 차익거래의 이득이 없다는 조건이 만족되면 자산가격의 버블이 없다는 것을 의미하는가? 차익거래의 이득이 없도록 한다면 자산가격의 버블이 제거되는 것인가? 답은 차익거래의 이득이 없다는 조건만으로 자산가격의 버블을 제거할 수 없다는 것이다. 그이유는 차익거래의 이득이 없다는 조건에서는 투자자가 자산을 보유하는 기간에 대한 제약이 없기 때문이다. 버블이 없는 상황에서는 투자자가 자산을 보유하는 기간에 따라 자산이 제공하는 미래 소득의 현재 가치가 달라지지 않는다. 그러나 버블이 있다면 단기적으로 자산을 보유하는 경우와 자산이 소멸될 때까지 보유하는 경우의 소득 흐름의 현재 가치가 달라질 수 있다. 이와 같은 점을 감안하면 자산의 근본적인 가치를 정의할 때 어떻게 정의하는 것이 바람직할 것인가의 문제가 발생한다. 자산의 근본적인 가치에 대한 바람직한 정의에서는 미래 시점에서 발생할 것으로 예상되는 버블이 현재 시점에서 측정한 자산의 근본적인 가치에 미치는 영향이 없어야 한다.

자산을 단기적으로 보유하는 경우에 차익거래 이득이 없다는 조건의 의미는 이미 앞에서 여러 차례 설명하였다. 따라서 설명을 생략하고 아래에 다시 쓰기로 한다.

$$P_0 = \beta(D_1 + P_1)$$

위에서 정리한 균형조건이 성립하더라도 자산가격의 버블이 존재할 수 있다. 그 이유는 위의 식이 성립한다고 하더라도 미래 시점에서 발생하는 자산가격의 버블이 현재 시점의 가격에 미치는 효과가 차단되지 않기 때문이다. 다음에서는 이를 수식을 사용하여 설명한다. 자산의 근본적인 가치는 자산을 매수하여 보유하기 시작한 시점부터 자산이 소멸되는 시점까지 자산이 제공하는 소득 흐름의 현재 가치로 정의된다. 현재 시점에서 자산의 근본적인 가치를 P_0^F로 표기하면 다음과 같이 수식으로 표시할 수 있다.

$$P_0^F = \sum_{t=1}^{\infty} \beta^t D_t$$

다음 시점에서 자산의 근본적인 가치는 다음과 같이 주어진다.

$$P_1^F = \sum_{t=1}^{\infty} \beta^t D_{t+1}$$

앞의 두 식을 결합하여 인접한 두 시점에서 평가한 자산의 근본적인 가치가 만족해야 하는 식을 다음과 같이 도출할 수 있다.

$$P_0^F = \beta(D_1 + P_1^F)$$

이 식은 자산의 가격에 대한 버블이 현재 시점과 미래 시점에서 존재하지 않을 때 성립하는 차익거래의 이득이 없다는 조건으로 해석할 수 있다.

현재 시점에서 자산의 시장가격에서 자산의 근본적인 가치를 뺀 차이를 자산가격의 버블로 정의하고 이를 B_0로 표시한다. 버블의 정의를 수식으로 표시하면 $B_0 = P_0 - P_0^F$이다. 위에서 설명한 시장가격에 대하여 차익거래 이득이 없다는 조건을 나타내는 식에서 자산의 근본적인 가치에 대하여 차익거래 이득이 없다는 조건을 나타내는 식을 빼면 다음과 같은 버블의 기간 간 변화에 대한 식이 도출된다.

$$B_0 = \beta B_1 \rightarrow B_1 = (1 + r)B_0$$

이 식의 의미는 미래 시점에서 자산가격의 버블이 있을 것으로 예상되면 현재 시점에서도 버블이 존재할 수 있다는 것이다. 위의 식에서 화살표 오른편이 의미하는 것은 버블은 실질 이자율과 같은 비율로 증가한다는 것이다. 실질 이자율과 같은 비율로 증가하는 자산가격의 버블이 있다면 차익거래의 이득이 없다는 조건만으로는 이를 제거하지 못한다는 것이다. 어떠한 상황에서 버블이 없어지는가? 자산의 가격이 어떠한 조건을 만족시키면 위에서 설명한 버블이 사라지는가? 답은 먼 미래 시점에서 자산을 매도하여 얻는 수입에 대한 현재 가치가 0으로 수렴해야 한다는 조건이 만족되어야 한다는 것이다. 자산의 근본적인 가치로 매도할 수 있다면 먼 미래 시점에서 자산의 매도 가격에 대한 현재 가치는 0으로 수렴한다. 이 조건이 성립하면 아래의 식과 같이 먼 미래 시점에서의 자산의 시장가격에 대한 현재 가치는 현재 시점에서의 버블과 같다.

$$\lim_{T \to \infty} \beta^T P_T^F = 0 \rightarrow \lim_{T \to \infty} \beta^T P_T = \lim_{T \to \infty} \beta^T B_T = B_0$$

위의 식이 함의하는 것은 먼 미래 시점에서 자산의 시장가격에 대한 현재 가치가 0
으로 수렴해야 한다는 조건이 만족되면 현재 시점에서의 버블은 사라진다는 것이다.

　다음에서는 앞에서 설명한 모형에 대한 간단한 예를 제시한다. 생산 비용을 추가
적으로 투입하지 않더라도 매년 동일한 크기로 D개의 과일을 산출하는 나무의 시장
가격을 계산한다. 여기서 $0 < D < \infty$의 조건을 부과한다. 실질 이자율 r은 상수로 고
정되어 있으며 양수이다. 이 경우 할인 인자는 $\beta = 1/(1 + r)$이다. 매년 동일한 크기의
산출이 있고 실질 이자율도 상수로 고정되어 있으므로 나무의 근본적인 가치는 매
시점마다 동일하고 $P^F = D/r$이다. 이러한 상황에서 버블이 있다면 버블의 기간 간
변화는 다음의 식을 만족해야 한다.

$$B_0 = \beta B_1 \rightarrow B_1 = (1 + r)B_0$$

　버블이 존재하는 경우 나무의 근본적인 가치는 항상 고정되어 있지만 나무의 시
장가격은 지속적으로 상승한다. 수식을 사용하여 설명하면 버블이 있는 경우 임의의
T시점에서 시장가격은 다음과 같이 결정된다.

$$P_T = \frac{D}{r} + (1 + r)^T B_0$$

위의 식이 함의하는 것은 최초 시점에서 양의 버블이 있었다면 시장가격은 시간이
지나면서 무한히 증가하는 모습을 보인다는 것이다. 그러나 음의 버블이 있다면 시장
가격은 시간이 흐르면서 계속해서 감소하는 모습을 보인다. [3]

---

3 본 절의 차익거래 이득이 없는 상황에서 발생하는 자산가격 버블은 블랜샤드와 피셔가 공저한 저서
　의 합리적 버블(rational bubble)에 해당한다. 다음 절에서는 차익거래 이득의 가능성을 인정하면 먼
　미래의 버블에 대한 예상이 없어도 자산가격 버블이 발생할 수 있음을 보인다.

실물자산의 가격 결정

금융증권의 가격과 실물자산의 가격은 서로 다른 방식으로 결정되는가에 대하여 궁금할 수 있다. 실물자산은 가계 및 기업이 보유한 부동산 또는 생산을 위해 필요한 기계설비 및 운송장비 등을 포함하므로 금융시장에서 거래되는 채권 및 주식 등과 같은 유가 증권과는 차이가 있다. 그러나 실물자산의 경우도 차익거래 이득이 없는 균형에서의 가격은 그 자산을 보유하면 미래에 발생시킬 것으로 예상되는 소득 흐름의 현재 가치와 같아지게 됨을 보일 수 있다. 이와 같은 이유로 금융증권의 가격과 실물자산의 가격 결정을 설명하는 모형은 자산이 발생시키는 이득의 성격은 다르더라도 기본적으로 동일한 가격 결정 모형으로 설명할 수 있다고 주장할 수 있다.

주택가격의 예를 보기로 한다. 현재 시점에서 주택을 매입하면 매입하는 즉시 편익이 발생하지 않는다. 현재 시점에서 새로운 거주지로 이주하는 데 소요되는 시간 및 비용이 들기 때문에 이를 고려하여 다음 기간부터 주택 보유로부터의 편익이 발생하는 것으로 가정한다. 주택을 한 단위 보유하면 발생하는 이득을 어떻게 측정할 것인가? 소비재(비 내구재)의 실질가격으로 자산의 가치를 측정하기 때문에 주택 한 단위의 한계효용을 소비재의 한계효용으로 나눈 비율로 정의한다. 다음 기간에 주택 한 단위 보유가 제공하는 한계효용을 소비재의 한계효용으로 나눈 비율을 앞에서 사용한 기호와 맞추기 위해 D_1으로 표기한다. 또한 앞에서 이미 가정한 바와 동일하게 모든 소비자들은 미래의 소득 한 단위의 현재 가치를 β로 간주한다. β가 1보다 작은 양수라는 가정도 계속 유지한다. 이러한 가정에 의하면 주택을 한 기간 동안만 보유하는 사람의 경우 앞에서와 같이 현재 시점에서 주택 한 단위에 대한 가치는 $\beta(D_1 + P_1)$이다. 주택시장의 균형에서도 차익거래 이득이 없어야 한다면 현재 시점에서의 주택가격은 $P_0 = \beta(D_1 + P_1)$이다.

차익거래 이득이 존재하는 상황에서 어떠한 일이 벌어지는가? 자산시장에서 차익거래 이득이 남아 있다면 자산의 시장가격은 어떤 형태일 것인가에 대하여 생각해볼 수 있다. 앞의 설명에서는 균형에서 차익거래 이득이 존재하지 않는다는 가정을 사용하여 자산의 시장가격은 자산을 보유하면 미래 시점에서 제공할 것으로 예상되는 소득 흐름의 현재 가치로 표현됨을 보였다. 본 절에서는 앞에서 설명한 자산가격 결정 모형이 단기적으로 성립하지 않는 경우를 분석한다. 자산 보유자가 판매할 의사가 있는 가격과 투기적 투자자가 예상하는 매도 가격 간의 차이가 발생하는 상황을 생각해본다. 자산 보유자가 산정한 현재 시점의 자산가격을 Q_0로 표시하고 미래 시점의 자산가격에 대한 기대값을 Q_1^e이라고 표시한다. 자산 보유자는 앞에서 설명한 자산가격의 결정 모형에 의거하여 자기가 보유하고 있는 자산가격을 계산하는 것으로 가정하여 $Q_0 = \beta(D_1 + Q_1^e)$의 식이 성립한다. 또한 자산 보유자의 다음 시점의 자산시장에 대한 예상에 따라 Q_1^e의 값이 달리 결정된다. 예를 들어 다음 시점의 자산가격이 근본 가치와 같을 것이라고 예상하는 경우와 다음 시점의 자산시장에서 초과수요가 있을 것이라고 예상하는 경우로 나누어 볼 수 있다. 전자의 경우 $Q_1^e = \beta(D_2 + P_2)$이다. 후자의 경우는 $Q_1^e = P_1$이다. P_1의 결정을 설명하는 식은 본 절의 뒷부분에 있다. 두 가지의 경우를 구분하여 본 절의 모형에서는 다음 시점의 자산가격에 대하여 어떻게 예상하는 지에 따라 현재 시점의 자산가치에 대한 자산 보유자의 평가가 달라질 수 있다는 점을 지적한다.

투기적 투자자는 자신의 정보를 사용하여 현재 시점에서 자산을 매도할 수 있는 가격을 예측한다. 투기적 투자자의 예상 매도 가능 가격을 P_0^e를 사용하여 표시한다. 투기적 투자자가 실제로 자산시장에 진입하는지의 여부는 다음과 같이 결정 된다. 첫째, $Q_0 < P_0^e$인 상황에서는 투기적 투자자가 시장에 진입하여 자산 보유자에게 자산을 매수하여 시장에서 매도하고자 한다. 이 경우 투기적 투자자의 이득은 $(P_0^e - Q_0)$이다. $Q_0 \geq P_0^e$의 조건을 만족하는 상황에서는 투기적 투자자는 시장에 진입하지 않는다. 본 절에서 가정한 투기적 투자자는 적극적인 투자자로 볼 수 있다. 현재 시점의 시장가격이 근본 가치보다 낮기 때문에 자산을 매수하여 보다 더 높은 가격에 매도하려는 투자자와는 다르다. 본 절에서 분석하고 있는 투자자는 자신이 앞으로 매도할 수 있는 가격이 단기적으로 자산의 근본 가치보다 더 높을 것이라고 예상하기 때문에 자산을 매수한다는 것이다. 어떻게 더 높은 가격에 자산을 매도할 수 있을 것이라는 예상을 가지게 되는지 의문이 들 수 있다. 정상적으로 거래가 진행되고 있어서 현재 시점에서 자산의 시장가격이 근본 가치와 동일하더라도 사람들의 미래에 대한

예상에 영향을 주는 사건이 발생하면 단기적으로 보다 더 높은 가격에 매도할 수 있다는 낙관적인 전망이 발생할 수 있다. 예를 들어 특정 지역에 대한 대규모 개발 계획이 발표되거나 특정 지역이 다른 지역이 제공할 수 없는 특수한 요인을 가지고 있다는 인식이 확산되는 상황을 생각해볼 수 있다. 본 절에서는 이와 같은 뉴스나 인식의 변화들은 확정되거나 증명되지 않았기 때문에 자산의 근본 가치에 영향을 미치지 않는 것으로 가정한다.

본 절에서는 예상 차익거래 이득을 이용하려는 단기적인 시계를 가진 투기적 투자자가 존재하는 경우를 분석한다. 본 절의 모형이 앞 절에서 설명한 모형과 다른 점은 일시적으로 증권시장의 수요와 공급이 일치하지 않을 수 있는 가능성을 인정하는 것이다. 또한 증권시장의 수요와 공급이 일치하지 않을 때 차익거래 이득이 시장에 남아 있을 수 있다는 점을 강조한다. 투기적인 투자자들은 자산 보유자들이 생각하는 자산의 근본 가치(fundamental value)에 비해 자신들이 매도할 수 있는 자산의 시장가격이 더 높다고 예상하면 현재 자산을 보유하고 있는 사람들로부터 증권을 사들여서 이득을 보려고 한다. 현재 시점에서 단기 이득을 보려는 투자자들이 예상하는 차익거래 이득은 $(P_0^e - Q_0)$이다. 이들의 투기적 수요는 $(P_0^e - Q_0)$에 비례하는 것으로 가정한다. 비례 상수는 a라는 양수로 표기한다. 또한 a는 투기적 투자자가 차익거래 이득에 대하여 어느 정도 반응하는가를 나타내는 척도로서 단기적으로 변하지 않는 것으로 가정한다. 현재 시점의 총수요는 단기적 투자자의 수요와 실수요자의 수요의 합으로 정의된다. 현재 시점의 총공급에 비해 총수요가 더 크다면 이는 단기적 투자자가 차익거래 이득을 목표로 주택시장에 들어와서 주택을 매수하기 때문에 발생하는 것으로 가정한다. 앞에서 설명한 가정 하에서 주택시장의 가격이 어떻게 결정되는가를 수식으로 나타내기 위해 단기적 투자자의 수요를 M_0로 표기하고 정상적인 실수요자의 수요를 N_0로 표기한다. 또한 현재 시점의 총공급은 S_0로 나타낸다. 주택시장의 초과수요는 $(M_0 + N_0 - S_0)$이다. 여기서 강조해야 하는 것은 주택시장의 수요와 공급을 측정하는 단위이다. M_0, N_0, S_0 모두 주택의 수량을 나타내는 것이 아니라 주택의 시장수요의 명목 가치를 물가로 나눈 비율인 실질 가치를 의미한다. 주택의 가격도 실질 가격을 의미한다. 이는 원화 또는 달러화 단위로 측정한 것이 아니라 모두 명목 가격을 물가로 나눈 비율로 정의된다는 것이다.

차익거래의 이득과 시장의 초과수요는 어떠한 관계가 있는가? 현재의 모형에서는 단기적인 투자자가 차익거래 이득이 있어서 자산을 매수하지만 총수요와 총공급이 일치하지 않는 상황을 가정하고 있다. 이를 반영한 주택시장의 수급 조건은 $M_0 = (S_0 - N_0) + a(P_0^e - Q_0)$이다. 이 식은 투기적 수요의 결정 조건으로 볼 수 있다. 투기적 투자자가 예상하는 가격에 자산을 팔 수 있는 상황을 생각해볼 수 있다. 자산가격이 더 이상 높아질 것 같지 않아서 자기가 보유한 자산을 매도했지만 얼마 안 지나서 자산의 실제 가격이 상승하는 상황을 생각해볼 수 있다. 이 경우 누군가 자산의 가격이 더 올라갈 것을 예상하였고 이들의 예상이 실제로 실현되는 것으로 간주할 수 있다. 이러한 상황을 수식으로 표현하면 $P_0^e = P_0$의 조건이 충족된다. 실제의 자산 매도 가격이 예상 가격과 같아지면 현재 시점에서 자산시장의 초과수요와 차익거래 이득 간의 관계는 $M_0 = (S_0 - N_0) + a(P_0 - Q_0)$이다. 초과수요는 단기적인 현상이라는 점을 반영하여 투기적 투자자의 수요는 단기적으로만 발생하는 것으로 가정한다. 구체적으로 설명하여 두 기 시점 이후부터 시장가격은 차익거래의 이득이 없는 상황에서 결정되는 것으로 가정한다.

위에서 설명한 가정들을 반영하여 자산의 가격과 자산이 발생시킬 것으로 예상되는 미래 소득의 흐름 간의 관계를 살펴 보기로 하자. 미래 시점의 주택시장에서 초과수요가 발생할 것으로 예상되는 기간에 따라 현재 시점의 가격이 달라진다. 다음 시점에서는 현재 시점과 같이 초과수요가 발생하지만 그 이후 미래 시점에서는 초과수요가 사라질 것으로 예상한다. 이러한 가정 하에서 현재 시점의 주택가격은 다음과 같이 결정된다.

$$P_0 = \beta D_1 + \beta^2 (D_2 + P_2) + \left(\frac{1}{a}\right)(M_0 + N_0 - S_0) + \left(\frac{\beta}{a}\right)(M_1 + N_1 - S_1)$$

이 식의 오른편에서 마지막 두 항은 현재 시점과 다음 시점에서 초과수요가 발생한다는 가정으로 인해 미래 시점의 예상 초과수요가 현재 시점의 시장가격에 반영된 부분이다. 다음 시점의 자산가격은 어떻게 될 것인가? 다음 시점에서도 초과수요가 계속 존재하면 다음의 식에서 볼 수 있듯이 다음 시점의 시장가격도 근본 가치보다 더 커진다.

$$P_1 = \beta(D_2 + P_2) + \left(\frac{1}{a}\right)(M_1 + N_1 - S_1)$$

앞의 식이 함의하는 점에 대하여 좀 더 자세히 설명한다. 첫째 포인트는 미래 시점에서 초과수요가 발생하는 기간이 더욱 길 것으로 예상되면 이러한 예상은 현재 시점의 자산가격이 더 높게 형성되도록 한다는 점이다. 현재 시점에서만 초과수요가 발생하는 경우 아니면 다음 기 시점에서만 초과수요가 발생할 것으로 예상되는 경우는 일시적으로 초과수요가 발생하는 상황이다. 그러나 현재 시점과 미래 시점 모두 발생할 것으로 예상되는 경우는 초과수요가 지속적으로 발생하는 상황으로 정의해 볼 수 있다. 이와 같이 두 경우로 나누는 이유는 초과수요가 지속적으로 진행될 것으로 예상되는 상황이 현재 시점의 주택가격에 미치는 효과를 분석하기 위해서이다. 같은 크기의 초과수요가 발생할 것으로 예상된다면 지속성이 높을수록 현재 시점에 미치는 효과가 커진다는 점을 지적한다. 둘째 포인트는 시장 참가자의 시장수급에 대한 예상이 동일하더라도 단기 이자율이 낮을수록 자산의 가격이 높아진다는 것이다. 그 이유는 다음과 같이 설명할 수 있다. 앞에서 $\beta = 1/(1+r)$의 관계가 성립함을 보였다. 따라서 이자율이 낮으면 할인 인자의 값이 커져서 미래 소득의 현재 가치가 높아진다. 따라서 이자율이 낮아지면 현재 시점의 주택가격이 높아진다.

다음에서는 본 절의 모형이 자산가격의 버블에 함의하는 점을 간단히 정리한다. 본 절에서는 현재 시점과 다음 시점에서 예상되는 초과수요로 인해 자산가격 결정 모형이 단기적으로 성립하지 않을 때 자산의 시장가격이 자산의 기본 가치보다 더 높게 형성될 수 있음을 보였다. 따라서 본 절에서 분석한 자산가격의 버블은 차익거래 무이득의 조건이 만족되는 상황에서 발생하는 버블과는 다른 이유로 발생한다. 그러면 본 절에서 분석한 버블과 앞에서 설명한 버블은 어떠한 차이가 있는가? 본 절의 모형에서는 현재 시점의 버블이 다음 시점의 버블보다 더 크다는 점이 앞에서 설명한 모형과 다른 점이다. 본 절의 함의를 수식으로 정리한다. 현재 시점에서 자산가격의 결정 조건은 $P_0 = P_0^F + B_0$이다. 이 식에서 P_0^F는 현재 시점에서 성립하는 자산의 근본 가치를 나타내고 B_0는 현재 시점에서 측정한 자산가격의 버블이다. 버블을 나타내는 기호는 앞 절과 같지만 기호의 내용은 다르다. 다음 시점에서 성립하는 자산가격의 결정 조건은 $P_1 = P_1^F + B_1$이다. 이 식에서 P_1^F는 다음 시점에서 자산의 근본 가치를 나타내고 B_1는 다음 시점에서 측정된 자산가격의 버블이다. 다음 시점 이후 자산가격의 결정 조건은 $P_2 = P_2^F$이다. 본 절의 모형에서 $B_0 > B_1$의 부등호 조건을 만족하기 때문에 차익거래 이득이 적극적으로 형성되어 발생하는 버블은 시간이 지나면서 감소하는 것이 가능하다는 것을 알 수 있다. 이것이 차익거래의 이득이 없다는 조건 하에서 발생하는 버블과 차이점이다.

자산가격 결정에서 기대의 역할

앞에서 설명한 모형에서는 시장 참가자 모두 미래 시점에서 발생하는 상황에 대하여 동일한 예상을 가지고 있다고 가정하였다. 모든 사람들이 동일한 예상을 공유하고 있다면 누가 자산의 매도자이고 누가 매수자가 되는지를 설명하기 어려운 모형이라는 비판을 면하기 어렵다. 실제로 자산시장에서 거래가 되지 않지만 자산의 가격이 결정되는 상황으로 볼 수 있다. 루카스(Robert E. Lucas)는 부존자원 경제에서 모두 동일한 사람들만 거주하더라도 자산가격이 결정될 수 있음을 보였다. 따라서 모든 사람들이 동일한 기대를 가지고 있는 상황이 이론적으로 전혀 이상한 것은 아니다.[4] 그럼에도 불구하고 투자자들의 미래에 대한 기대가 서로 다를 수 있음을 고려하는 모형이 더욱 현실적이다. 본 절에서는 미래의 상황에 대한 서로 다른 기대를 가진 투자자들 중에서 내생적으로 매수자와 매도자가 결정되는 모형을 소개한다. 미래 시점에서 두 개의 상황만 발생하는 것으로 가정한다. 하나는 낙관적인 상황이고 다른 하나는 낙관적이지 않은 상황이다. 또한 사람들은 낙관적인 상황이 발생하는 확률에 대한

---

4 루카스가 제시한 자산가격 설정 모형은 뒤에서 자세히 설명할 예정이다.

평가를 달리하는 것으로 가정한다. 특정한 사람이 다른 사람에 비해 더 낙관적인 기대를 한다는 것을 어떻게 측정할 것인가? 보다 더 낙관적인 사람은 미래 시점에서 낙관적인 상황이 발생할 확률에 더 높은 값을 준다.

다음에서는 투자자들이 미래 상황에 대하여 긍정적으로 예측하는 정도가 서로 다른 상황을 설명한다. 다양한 실물자산 중에서도 주택의 예를 들기로 한다. 특정한 지역 내에서 결정되는 주택가격을 설명하는 모형을 소개하기 위해 다음과 같은 가정을 도입한다. 첫째, 주택시장에서 거래가 가능한 새로운 주택의 크기를 I_0 로 나타낸다. 둘째, 현재 시점 이전에 이미 주택시장에서 거래할 수 있었던 주택의 규모를 S_0 로 나타낸다. 셋째, 현재 시점의 초기에 거래가 가능한 주택의 일부는 감가상각되어 시장에서 거래할 수 없는 것으로 가정한다. 매 시점마다 감가상각되는 주택의 비율을 δ 로 표기한다. 감가상각율은 양수이며 1보다 작은 상수이다. 이와 같은 가정에 의거하여 다음 시기의 기초에 주택시장에서 거래가 가능한 주택은 다음과 같다.

$$S_1 = (1 - \delta)S_0 + I_0$$

이 식은 매 시기마다 주택시장의 총공급이 어떻게 결정되는지를 나타내는 식으로 해석할 수 있다.

분석하고 있는 지역에 거주하는 사람의 수는 변화한다. 실제의 상황에서는 무주택자도 있고 다주택 소유자도 있을 수 있다. 그러나 여기에서는 사람들의 서로 다른 기대가 주택가격 결정에 미치는 효과에 집중하기 위해 모형을 단순화하여 각각의 개별 거주자들이 한 단위의 주택을 보유하는 것으로 가정한다. 이러한 가정을 부여하면 현재 시점의 인구 규모는 S_0 이다. 누가 주택시장에서 매도자이고 누가 매수자가 될 것인가? 이를 설명하기 위해 주택을 가지고 있는 사람들의 기대가 어떻게 형성되는지를 설명해야 한다. 모든 사람들은 다음과 같은 방식으로 미래의 상황을 예측한다. 자신이 소유하고 있는 주택에 대한 최고 매도 가격이 있는 것으로 가정한다. 더 이상 높은 가격에 팔 수 없다고 판단하는 가격이 있으며 이를 정규화 한다. 다른 적절한 값으로 대체할 수 있지만 설명의 단순화를 위해 최고 매도 가격을 1이라고 가정한다. 자신이 현재 소유하고 있는 주택에 대한 최고 매도 가격에 대해서는 모두 동일한 의

견을 가지고 있다. 또한 최고 매도 가격으로 판매할 수 없는 경우 매수자에게 받을 수 있는 가격이 있다고 예상한다. 이를 P_1으로 나타낸다. P_1이 가장 높은 가격은 아니다. 가장 높은 가격으로 판매할 수 있는 상황을 일종의 복권이 당첨되는 상황으로 해석하면 복권이 당첨되지 않은 상황에서 주택을 팔 때 적용되는 가격으로 해석할 수 있다. 앞에서의 설명을 요약하면 현재 시점에서 주택 소유자가 자신의 주택에 대한 가치를 계산할 때 다음 시기에서 매우 유리하게 판매할 수 있는 상황과 그렇지 않고 차선의 가격으로 판매할 수 있는 상황이 있는 것으로 예상한다. 두 개의 상황이 발생한다는 점에 대해서는 모든 사람들이 동의한다. 각각의 사람이 서로 다르게 평가하는 부분은 최대한 유리하게 판매하는 상황이 발생할 확률이다. 최고 매도가격으로 판매할 수 있는 확률을 q로 표시한다. 또한 $(1-q)$의 확률로 P_1의 가격으로 팔릴 수 있다고 생각한다. 따라서 q는 미래 시점에서 낙관적인 상황이 발생할 가능성을 나타낸다. 사람마다 q에 대한 서로 다른 값을 가진다.

현재 설명하고 있는 모형에서 가장 중요한 점은 시장 참가자들의 미래 시점의 상황에 대한 확률적 평가가 서로 다르다고 가정하는 것이다. 낙관적인 상황이 발생할 가능성에 대한 평가가 개인마다 다르다.[5] 낙관적인 상황의 발생 가능성이 높다고 생각하는 사람도 있는 반면에 발생 가능성이 낮다고 판단하는 사람도 있다. 이와 같은 이질적인 기대를 수식으로 분석할 수 있도록 하기 위해 다음과 같은 가정을 도입한다. q는 $[0, 1]$사이의 한 점의 값을 가질 수 있다. 따라서 $q = 1$인 사람이 가장 낙관적으로 평가하는 사람이고 $q = 0$인 사람이 가장 비관적으로 평가하는 사람이다. 각각의 q값에 대해 동일한 기대를 가진 사람의 수는 어떻게 계산하는가? 현재 시점에서는 각각의 q값에 대해 $1/S_0$의 사람들이 있다. 다음 시점에서는 각각의 q값에 대해 $1/S_1$의 사람들이 있다. 모든 부동산 소유자는 위험 중립적 선호를 가지고 있는 것으로 가정한다. q의 확률로 다음 시점에서 최고의 가격으로 판매할 수 있다고 믿는 사

---

5 지나코플로스(John Geanakoplos)가 2009년에 발표한 「The Leverage cycle」에서 투자자의 낙관적인 상황에 대한 비동질적 믿음이 자산가격에 미치는 효과를 분석하였다. 본 절의 모형에서는 지나코플로스의 비동질적인 믿음을 주택시장의 참가자에게 적용하였다. 지나코플로스의 논문은 NBER Macroeconomic Annual 2009(Vol.24, pp. 1-65)에 수록되어 있다.

람이 현재 시점에서 평가한 주택의 가치는 $\beta(D_1 + q + (1-q)P_1)$이다. 이 식에서 D_1은 다음 시기에서 주택을 보유함으로써 얻는 편익을 의미한다. 현재 시점의 시장 가격이 자신이 평가한 주택의 가치보다 더 높다면 자신이 소유한 주택을 매도한다. 이를 수식으로 나타내면 매도하는 사람의 조건은 다음과 같다.

$$\beta(D_1 + q + (1-q)P_1) < P_0$$

매수하는 사람의 경우를 보자. 현재 시점의 시장가격이 자신이 평가한 주택의 가 치보다 더 낮다면 주택을 매수한다. 이를 수식으로 나타내면 매수하는 사람의 조건은 다음과 같다.

$$\beta(D_1 + q + (1-q)P_1) > P_0$$

매도하거나 매수하거나 무차별한 사람은 다음과 같다.

$$\beta(D_1 + q + (1-q)P_1) = P_0$$

낙관적인 상황이 발생할 확률에 대한 믿음이 서로 다르기 때문에 현재 시점에서 부동산을 매수하는 것이 이득이 된다고 생각하는 사람과 현재 시점에서 부동산을 매 도하는 것이 유리하다고 생각하는 사람이 있다. 매도하는 것과 매수하는 것에 대하여 어느 쪽도 유리하다고 생각하지 않고 두 대안에 대하여 무차별하게 생각하는 사람도 있다. 무차별한 사람에 대한 조건을 만족하는 q의 값을 θ_0로 나타난다. θ_0의 정의를 적용하여 위의 식을 다시 쓰면 다음과 같다.

$$\beta(D_1 + \theta_0 + (1-\theta_0)P_1) = P_0$$

이 식에 의해서 정의되는 θ_0의 값을 기준으로 현재 시점에서 부동산을 매수하는 것 이 이득이 된다고 생각하는 사람과 현재 시점에서 부동산을 매도하는 것이 유리하다고 생각하는 사람을 식별할 수 있다. 매수하는 사람의 경우 미래 소득의 현재 가치가 현재 시점의 가격에 비해 더 커야 한다. 이 조건을 사용하면 다음의 조건을 도출할 수 있다.

$$\beta(D_1 + q + (1-q)P_1) > P_0 \rightarrow q > \theta_0$$

매도하는 사람의 경우 미래 소득의 현재 가치가 현재 시점의 가격에 비해 더 작아야 한다. 이 조건을 사용하면 다음의 조건을 도출할 수 있다.

$$\beta(D_1 + q + (1-q)P_1) < P_0 \rightarrow q < \theta_0$$

매수자의 크기와 매도자의 크기를 알면 주택시장의 수요와 공급을 계산할 수 있다. 이를 위해 위의 두 식을 정리하면 매도자와 매수자의 크기를 다음과 같이 표시할 수 있다.

$$\text{매도자의 수} = S_0\theta_0; \ \text{매수자의 수} = S_0(1-\theta_0)$$

따라서 자산시장에서의 시장 청산 조건은 다음과 같이 주어진다.

$$I_0 + S_0\theta_0 = (1-\theta_0)S_0$$

위의 식에서 왼편은 주택시장의 총공급을 의미한다. 왼편의 첫번째 항은 새로 건설되는 주택의 공급을 의미한다. 두번째 항은 현재의 자산가격 하에서 주택을 매도하는 것이 유리하다고 판단하는 사람들의 공급을 의미한다. 위의 식의 오른편은 현재의 주택가격 하에서 주택을 매수하는 것이 유리하다고 판단하는 사람들의 수요를 의미한다. 위에서 설명한 두 식을 동시에 만족하는 P_0와 θ_0의 값을 계산하면 현재 시점의 주택가격과 현재 시점에서 주택을 매수하거나 매도하려는 사람의 수를 계산할 수 있다. 예를 들면 다음 시점에서 최고의 가격으로 매도할 확률에 대한 임계치는 다음과 같이 결정된다.

$$\theta_0 = \frac{S_0 - I_0}{2S_0}$$

위의 식을 보면 S_0와 I_0가 모두 양수인 경우 $S_0 > I_0$의 조건이 만족되면 θ_0는 0과 1 사이의 양수가 됨을 알 수 있다. 따라서 이 조건을 부과하여 매 시점마다 주택시장에서 매수자와 매도자가 있도록 한다.

새로운 주택 공급과 현재 시점의 주택시장가격 간의 관계를 보기로 한다. 위의 식에서 I_0는 새로 건축하여 주택시장에 공급된 물량을 나타낸다. 위의 식이 함의하는 점은 새로 건축된 주택의 공급이 증가하면 이는 θ_0의 크기를 낮추는 효과를 가져다준다. 이제 θ_0가 낮아지면 시장에서 어떠한 상황이 벌어지는지를 보기로 하자. 미래 시점에서 정상적인 상황에서의 판매 가격이 주어진 상태에서 θ_0가 낮아지면 미래 시점에서 자신이 보유하고 있는 자산을 높은 가격으로 판매할 가능성이 감소하는 것을 의미한다. 이는 자산시장에 참가하는 거래자들의 기대를 반영하여 계산된 근본적인 가치의 값이 낮아지는 것을 의미한다. 따라서 새로 건축한 주택의 공급이 증가할수록 현재 시점의 주택가격이 낮아진다. 본 절의 모형에서 주택 공급의 증가가 현재 시점의 주택가격을 인하시키는 효과는 미래 시점에서 높은 가격으로 자신이 보유한 주택을 매도할 수 있는 낙관적인 상황의 발생 가능성에 대한 평가를 낮춤으로써 발생한다.

다음에서는 위의 모형이 함의하는 장기 균형 조건을 분석한다. 장기 균형에서는 모든 변수들의 값이 시간이 지남에 따라 변화하지 않고 일정한 상수의 값을 가진다. 이러한 상황을 균제 상태(steady state)로 정의하면 장기 균형은 균제 상태에서 성립하는 균형으로 정의할 수 있다. 언제 균제 상태가 달성되는가? 모든 변수들이 자유롭게 변동할 수 있지만 시간이 무한히 지남에 따라 이들의 균형값은 일정한 상수의 값으로 수렴한다. 따라서 균제 상태는 시간이 무한히 지난 이후 도달한다. 이제 장기 균형에서 성립하는 주택가격의 결정을 설명한다. $S_0 = S_1$의 조건을 S_1의 결정식에 부과하면 $I = \delta S$의 식이 된다. 이 조건을 낙관적인 상황이 발생하는 확률에 대한 임계치의 식에 대입하면 균제 상태의 임계치는 $\theta = (1 - \delta)/2$가 된다. 균제 상태의 임계치를 주택가격의 장기 균형 조건에 대입하면 균제 상태의 주택가격은 다음과 같이 결정된다.

$$P = (2D + 1 - \delta)/(2r + 1 - \delta)$$

이 식에서 D와 r이 양수이고 δ의 값도 1보다 작은 양수이므로 P의 값이 양수임을 쉽게 확인할 수 있다. 또한 P의 값은 가정에 의해서 1보다 작아야 한다. 이를 만족시키는 조건은 $r > D$의 조건이다. 따라서 $r > D$의 조건을 부과한다. 앞에서 도출한 식을 사용하여 주택의 장기 균형가격을 결정하는 요인들에 대하여 분석한다. 첫째, 다른 변수들이 일정할 때 실질 이자율이 장기적으로 낮아지면 주택가격은 상승한다. 둘째, 주택이 제공하는 편익이 장기적으로 상승하면 주택가격이 상승한다. 셋째, 공급 요인의 변화가 장기적으로 주택가격에 미치는 효과는 어떻게 되는가? 균제 상태에서 $\delta = I/S$의 관계가 성립하므로 δ의 값이 상승한다는 것은 새로운 주택이 차지하는 비중이 높아진다는 것이다. 그러면 δ의 값이 상승할 때 주택가격은 어떻게 되는가? 주택가격의 δ에 대한 편도함수를 계산하면 다음과 같다.

$$\frac{\Delta P}{\Delta \delta} = \frac{2(D - r)}{(2r + 1 - \delta)^2}$$

따라서 $r > D$의 조건을 만족시키는 경우 새로운 주택의 공급이 장기적으로 증가하면 장기 균형의 주택가격은 낮아진다. 그러나 $r = D$인 경우 장기 균형의 주택가격은 1로 고정되어 δ의 변화가 장기 균형의 주택가격에 미치는 효과는 사라진다.[6]

---

6 D를 주택 한 단위에 대한 실질 임대료라고 해석한다면 본 절의 모형에서는 주택 한 단위에 대한 실질임대료가 실질 이자율과 같을 때 장기 균형의 주택가격이 1로 고정된다.

버블의 자산 효과와 경기순환

자산의 버블은 어떻게 정의할 것인가? 많은 경우 자산의 가격이 자산의 근본적인 가치 또는 본원적 가치와 다른 경우 버블이 있는 것으로 정의한다. 앞에서 차익거래 이득이 없다면 자산의 시장가격은 본원적 가치와 같아져야 함을 보였다. 자산가격의 변화가 소비에 미치는 부의 효과(wealth effect)가 있다는 점은 소비자들의 생애 전체 예산 제약을 통해 확인할 수 있다. 따라서 자산의 버블은 자산가격에 영향을 미치므로 자산의 버블이 소비에 미치는 효과가 있을 가능성을 생각해 볼 수 있다. 본 절에서는 소비와 자산의 버블이 어떠한 관계가 있는가를 소비자의 예산제약식을 사용하여 구체적으로 살펴 보기로 한다. 소비자의 예산제약식은 두 가지 형태로 쓸 수 있다. 첫째, 한 기 시점만 따져 보았을 때 소득과 지출의 흐름이 맞아야 한다는 의미에서 유량 변수에 대해 적용되는 예산제약식이 있다. 둘째, 생애 전체를 놓고 보았을 때 만족되어야 하는 예산제약식이 있다. 이는 생애 기간 동안 예상되는 소비 지출 흐름의 현재 가치가 같은 기간 동안 예상되는 소득의 현재 가치와 최초에 보유한 자산의 가치를 합한 것보다 작아야 한다는 것이다. 이와 같은 두번째 경우의 예산제약식은 생애 전체의 지출과 소득의 현재 가치에 대하여 적용된다.

주택가격 버블이 소비에 미치는 효과를 보기 위해 모든 소비자가 최초 시점이 시작하기 이전부터 각각 한 단위의 주택을 보유하고 있었던 것으로 가정한다. 각각의 소비자는 현재 시점에서 자신이 보유하고 있는 주택을 판매하고 임대주택으로 입주하여 임대료를 지불하는 선택을 할 수도 있고 자신이 보유하고 있는 주택에서 그대로 살 수 있는 선택도 가능하다. 요약하면 다음의 세 개의 옵션 중 하나를 선택할 수 있다.

(1) 자신이 보유한 주택을 팔고, 다음 시점부터 임대 주택으로 입주한다.
(2) 자신이 보유하고 있는 주택에 추가하여 주택을 구매하여 임대 주택 사업자가 된다.
(3) 자신이 보유하고 있는 주택에 그대로 거주한다.

첫번째 대안에 대하여 설명한다. 최초 시점에서 소비자가 자신의 주택을 P_0의 가격에 파는 경우 예산제약식은 다음과 같다.

$$C_0 + S_0 = Y_0 + P_0$$

위의 식에서 C_0는 최초 시점의 소비, S_0는 최초 시점의 저축, Y_0는 최초 시점의 소득이다. 다음 시점에서의 예산제약식을 수식으로 표시하기 위해 계속해서 소득은 대문자 Y, 저축은 대문자 S, 소비는 대문자 C로 표시한다. 다음 시점부터 소비자는 자신이 주거할 주택을 소유하지 않고 임대할 예정이다. 따라서 매 시기마다 임대료가 지불되어야 한다. 이를 고려하면 다음 시기의 예산제약식은 아래와 같다.

$$C_1 + S_1 + D_1 = (1 + r)S_0 + Y_1$$

이 식에서 D_1은 1기 시점에서 지불하는 임대료를 나타낸다. 두 식에서 공통으로 포함된 변수가 있으므로 하나의 식을 이용하여 공통으로 포함된 변수인 S_0를 다른 식에서 소거할 수 있다. 이러한 작업은 유량 예산제약식을 사용하여 현재 가치의 예산제약식을 도출하는 데 사용된다. 예를 들어 위의 두 식을 보면 S_0가 공통으로 포함되어 있으므로 미래에서 성립하는 식을 S_0에 대하여 정리한다. S_0에 대하여 정리된 식을 현재 시점에서 성립하는 예산제약식에 대입하여 S_0를 소거한다. 이러한 작업을 가리켜서 선행 대입이라고 한다. 선행 대입을 적용하여 도출한 식은 아래와 같다. 유량 예산제약식과 구분하기 위해 현재 가치 예산제약식 또는 생애 전체 예산제약식으로 부른다.[7]

$$C_0 + \beta C_1 + \beta S_1 = \beta Y_1 + Y_0 + (P_0 - \beta D_1)$$

---

7 생애 전체 예산제약식을 평생 예산제약식으로 부를 수도 있다. 개별 소비자의 일생 동안 소비 지출 계획을 태어나는 시점에 결정하는 상황에서 적용되는 예산제약식이라는 의미이다. 평생 제약식에서는 모든 미래 시점의 지출과 수입이 현재 가치로 평가된다.

한 사람이 일생 동안 매기 시점마다 빠지지 않고 가계부를 작성하면 가계부에 적는 내용을 단기적인 유량 예산제약식에 기록하는 내용으로 볼 수 있다. 위에서 설명한 두 식은 모두 유량 예산제약식이다.[8] 그러면 한 사람의 생애 전체를 적용 기간으로 하는 예산제약식은 단기적인 유량 예산제약식과 어떻게 다른지가 궁금하다. 특히 사람들이 먼 미래를 고려하여 현재 시점에서 소비와 저축을 결정해야 한다면 앞으로 오랜 기간 동안의 소비 계획과 동일한 기간 예상되는 소득 흐름에 대한 계산이 있어야 한다. 그러면 이러한 장기적인 계획을 수립할 때 필요한 예산제약식은 미래의 상황에 대한 고려가 없는 단기적인 유량 예산제약식과는 다르다는 점을 쉽게 이해할 수 있다. 또한 주택의 예를 들면 주택을 사고 파는 거래는 보다 장기적인 시계를 가지고 판단해야 한다. 따라서 주택의 구입과 판매가 그 외의 일반적인 소비에 미치는 효과를 분석하기 위해서 장기적인 관점에서 성립하는 예산제약식이 필요하다는 점을 이해할 수 있다.

위에서 도출한 식은 현재 시점과 다음 시점의 두 시기 동안 소득 흐름과 소비 흐름을 고려한 예산제약식이다. 더욱 더 먼 장래를 고려하는 식을 도출하기 위해 선행 대입을 더 먼 미래에 성립하는 유량 제약식에 대하여 적용하여 다음의 식을 도출할 수 있다.

$$\sum_{t=0}^{T} \beta^t C_t = -\beta^T S_T + \sum_{t=0}^{T} \beta^t Y_t + B_0$$

이 식은 유량 예산제약식과 비교하면 현재가치 예산제약식이라고 부를 수 있다. 예를 들어 이 식의 왼편은 현재와 미래 소비의 현재 가치 합이다. 위의 식에서 B_0는 주택 가격의 버블을 나타내는 변수로 해석할 수 있으며 아래와 같이 정의된다.

---

8 본 절에서는 유량 변수(flow variable)들의 입출금을 기록한다는 의미에서 유량 예산제약식으로 부른다.

$$B_0 = P_0 - \sum_{t=1}^{T} \beta^t D_t$$

현재 가치 예산제약식을 보면 B_0가 커지면서 현재와 미래 소비를 위해 사용할 수 있는 소비자의 재산이 증가하는 효과가 발생함을 알 수 있다.

항상소득가설과 소비자의 합리적 기대를 결합하면 소비는 임의 보행의 확률 과정을 따른다는 결과가 홀(Robert Hall)의 연구 논문 또는 맨큐(Gregory Mankiw)의 거시경제학 교과서를 통해서 널리 알려져 있다.[9] 소비가 임의 보행의 확률 과정을 따른다는 것은 미래 시점에서 지출될 것으로 예상되는 소비의 크기는 현재 시점의 소비 수준과 같다는 것이다. 소비자들이 합리적 기대 가설에서 가정한 것과 동일하게 기대를 형성한다면 과거 시점에서 예상되지 않은 소득의 변화에 대해서만 자신의 소비를 변화시킨다. 그 이유는 과거의 시점에서 예상된 변화에 대해서는 이미 과거 시점에서 결정한 소비 수준에 반영하였기 때문이다. 따라서 임의의 시점에서 예측되지 않은 소비의 변화가 있다면 이는 과거 시점에서 예상되지 않은 변화를 의미한다. 그 결과 예상된 소비의 변화는 항상 제로가 된다. 본 장에서는 확률적 변동이 없고 미래에 대한 완전 예견이 가능한 것으로 가정하였기 때문에 소비가 임의 보행의 확률 과정을 따른다는 조건은 아래의 식에서 볼 수 있듯이 모든 시점의 소비수준이 같다는 조건이 된다.

$$C_0 = C_1 = C_2 = \cdots$$

이 식을 현재 가치 예산제약식에 대입하여 정리하면 현재 소비는 소비자의 항상 소

---

9 홀(Robert Hall)의 연구에 대한 자세한 내용은 1978년에 출간된 다음의 논문에서 찾을 수 있다. 「Stochastic Implication of the Life Cycle Permanent Income Hypothesis」, Journal of Political Economy, 86(6), pp. 971-987. 또한 맨큐(Gregory Mankiw)의 거시경제학 교과서는 2009년에 Worth Publishers에서 출간된 「Macroeconomics」를 말한다.

득과 주택가격의 버블에 비례함을 알 수 있다.

$$C_0 = (1 - \beta)(Y_0^* + B_0)$$

이 식은 소비의 결정식으로 볼 수 있다. 이 식에서 Y_0^*는 항상 소득을 의미한다. 항상 소득은 소비자가 현재 시점부터 앞으로 받을 것으로 예상하는 소득 흐름의 현재 가치로 정의된다. 이를 수식으로 표현하면 $Y_0^* = \sum_{t=0}^{\infty} \beta^t Y_t$이다.

첫 번째 대안에 대하여 설명하였으므로 다른 대안들을 선택하는 경우를 보기로 하자. 세 번째 대안을 먼저 생각해본다. 최초 시점에서 보유하고 있던 주택에 그대로 사는 소비자의 경우 주택을 처분하여 얻는 이득이 없으므로 $C_0 = (1 - \beta)Y_0^*$로 쓸 수 있다. 두 번째 대안을 따르면 소비의 결정식은 $C_0 = (1 - \beta)(Y_0^* - B_0)$이다. 따라서 $B_0 > 0$이면 소비자는 주택을 매도하여 임대 주택으로 입주하는 것이 소비자의 소비를 더 늘리는 선택이다. 이는 주택가격의 버블이 있다면 소비에 대한 부의 효과가 발생하여 소비가 증가할 수 있음을 의미한다. 앞에서 자산가격의 버블이 거시 경제의 총수요를 증가시키는 효과를 가져다 주는가에 대한 질문이 있었다. 모든 경우에 총수요를 증가시키는 효과가 있다고 단정적으로 말하기는 어렵다. 그러나 본 절에서 소개하는 단순한 모형에서는 현재 시점에서 소비자가 보유하는 부를 증가시켜서 소비를 증가시키는 효과가 발생할 가능성이 있음을 보였다. 만약 이러한 경로가 있는 것을 믿는다면 거시 경제정책을 사용하여 자산가격의 버블을 완화하려는 정책적인 노력보다는 버블의 거시경제적 유혹이 발생할 가능성이 더 클 수 있음을 생각해볼 수도 있다.

연습문제

1. 다음의 문장이 맞는지 또는 틀리는지를 답하고 그 이유를 설명하시오.
   (1) 중앙은행은 단기 명목 이자율을 조정한다. 경기불황으로 인해 중앙은행이 명목 이자율을 낮추면 그 결과 실질 이자율이 낮아져서 주택가격을 상승시킨다.
   (2) 중앙은행이 오랫동안 저금리 기조를 유지하면 부동산 시장이 과열될 가능성이 높다.

2. 앞에서 설명한 자산가격 결정 모형을 사용하여 다음의 문제에 답하시오. 시장 참가자가 모두 동질적인 예상을 하는 것으로 가정한 모형을 사용하시오.
   (1) 현재 시점에서 증권을 매수하여 앞으로 세 기간 동안만 보유하고 매수할 예정인 투자자가 평가하는 증권의 가치를 수식으로 도출하시오.
   (2) 현재 시점에서 증권을 매수하여 앞으로 네 기간 동안만 보유하고 매수할 예정인 투자자가 평가하는 증권의 가치를 수식으로 도출하시오.
   (3) 서로 다른 기간 동안 보유할 목적으로 증권을 구매하더라도 차익거래 이득이 없는 시장 균형에서 평가된 가치는 서로 같아야 한다는 점을 위에서 제시한 답을 이용하여 설명하시오.

3. 앞에서 설명한 자산가격 결정 모형을 사용하여 다음의 문제에 답하시오. 시장 참가자가 모두 동질적인 예상을 하는 것으로 가정한 모형을 사용하시오.
   (1) 실질이자율이 0.25일 때 β의 값을 계산하고 계산과정을 설명하시오.
   (2) 위 문제의 답을 사용하여 현재 시점부터 앞으로 무한 기간 동안 매 시점마다 각각 1의 편익을 발생시키는 증권의 현재 시점에서의 균형가격을 계산하시오.
   (3) 정부가 보유 기간에 관계없이 모든 거래에 대하여 10%의 양도 소득세를 부과한다고 가정하시오. 양도 소득세는 앞으로 계속해서 부과되는 것으로 가정하시오. 이와 같은 가정 하에서 현재 시점부터 앞으로 무한 기간 동안 매 시점마다 각각 1의 편익을 발생시키는 증권의 현재 시점에서의 균형가격을 계산하시오. 앞에서 계산한 문제의 답과 비교하여 양도소득세의 부과가 현재 시점의 증권가격에 미치는 효과를 설명하시오.
   (4) 정부가 보유 기간에 관계없이 모든 부동산 보유자에게 0.1의 보유세를 부과한다고 가

정하시오. 보유세는 앞으로 계속해서 부과되는 것으로 가정하시오. 이와 같은 가정 하에서 현재 시점부터 앞으로 무한 기간 동안 매 시점마다 각각 1의 편익을 발생시키는 증권의 현재 시점에서의 균형가격을 계산하시오. 문제 (2)에서 계산한 답과 비교하여 보유세의 부과가 현재 시점의 증권가격에 미치는 효과를 설명하시오.

4. 양도소득세란 개인이 토지, 건물 등 부동산이나 주식의 양도 또는 분양권과 같은 부동산에 관한 권리를 양도함으로 인하여 발생하는 이익(소득)을 과세대상으로 하여 부과하는 세금으로 정의된다. 종합부동산세는 과세기준일(매년 6월 1일) 현재 국내에 소재한 재산세 과세대상인 주택 및 토지를 유형별로 구분하여 개인별로 합산한 결과, 그 공시가격 합계액이 각 유형별 공제액을 초과하는 경우 그 초과분에 대하여 과세되는 세금으로 정의된다. 어느 세금이 주택가격을 안정화시키는 데 상대적으로 더 효과적인지를 앞에서 분석한 모형을 사용하여 설명하시오.

5. 미국의 서브프라임 모기지 사태를 발생시킨 원인 중의 하나로 중앙은행의 저금리 정책을 주장하는 사람들이 있다. 이들의 주장을 간단히 요약하여 인용하면 다음과 같다. "90년대 후반, 2000년대 초반에 있었던 닷컴 버블로 인해 제조업, 서비스업 시장의 이자율이 하락해 해당 산업에 투자를 많이 하지 못했고, 그로 인해 연준의 금리 하락에 따라 시장에 풀린 돈이 고스란히 부동산으로 몰리게 되는 현상이 발생했다." 본문에서 제시한 자산가격 결정 모형을 사용하여 이러한 주장의 타당성을 설명할 수 있음을 보이시오.

6. 시장 참가자들이 미래에 대하여 서로 다른 예상을 하고 있는 경우의 자산가격 결정 모형을 사용하시오. 실질이자율이 0.25이고, 주택을 소유하여 얻는 편익의 크기가 매 기간 0.2이다. 매 기간 전체 주택 중에서 신규주택이 차지하는 비중이 0.1인 경우 장기 균형에서 주택가격을 계산하시오.

7. 부동산 보유세를 설명하고 본 장에서 설명한 자산가격 결정 모형을 사용하여 부동산 보유세 증가가 주택가격의 버블과 주택의 근본가치에 미치는 효과를 각각 분석하시오. 부동산 거래세를 설명하고 본 장에서 설명한 자산가격 결정 모형을 사용하여 부동산 거래세의 증가가 주택의 근본 가치에 미치는 효과를 분석하시오.

8. 어느 경제학자가 차익거래 이득이 없는 주택시장에서 버블이 발생한다면 버블의 증가율은 이자율과 같아져야 한다고 주장한다. 본문에서 설명한 단순한 자산가격 결정모형을 사용하여

이 주장을 평가하시오.

9. 주택시장에서 차익거래의 이득이 없더라도 주택가격의 버블이 발생했다면 일시적인 현상이 아니라 먼 미래에서도 주택가격 버블이 계속 발생할 것으로 투자자들이 예상하기 때문이라는 주장이 있다. 본문에서 설명한 단순한 자산가격 결정 모형을 사용하여 이 주장을 평가하시오.

제2장

확률적 할인 인자와 자산가격

확률적 할인 인자와 자산가격

    본 장의 목표는 자산가격이 어떻게 결정되는가를 설명하는 균형 조건을 이해하기 위해 필요한 개념들을 정리하는 것이다. 특히 앞 장에서는 미래에 대한 불확실성이 없이 분석을 진행하였으나 본 장에서는 미래 시점에서 발생하는 수익이 확률변수라고 가정하여 앞 장의 분석을 확장시킨다. 그럼에도 불구하고 확률적 할인 인자의 개념을 이해하면 자산가격의 결정을 쉽게 설명할 수 있다. 이를 위해 본 장에서 강조하는 단순한 균형 조건은 어느 투자자이든 임의의 자산을 한 시기 동안 보유할 때 확률적 할인 인자와 다음 시기에서 실현되는 수익률을 곱한 변수의 기대값은 1이 된다는 것이다. 이를 간단한 수식으로 나타내면 다음과 같다.

$$E[m'R'] = 1$$

이 식에서 m'은 확률변수인 할인 인자를 의미하고 확률적 할인 인자(stochastic discount factor)로 부른다. 또한 이 식에서 E는 기대값을 의미한다. 확률적 할인 인자는 미래 시점에서 발생하는 소득 한 단위의 현재 가치를 계산할 때 사용된다. R'은 한 시기 동안 자산을 보유할 때 얻는 총 수익률을 의미한다. 다음 시점에서 값이 알려지는 변수는 따옴표를 사용하여 표시한다.

위의 식은 차익거래의 이득이 존재하지 않는 자산시장의 균형점에서 성립하는 조건이다. 이 식의 다른 표현은 총 수익률의 정의를 사용하여 도출할 수 있다. 총 수익률의 정의를 앞 장에서 이미 사용한 기호를 이용하여 수식으로 나타내면 다음과 같다.

$$R' = (D' + P')/P$$

이를 위에서 설명한 균형 조건에 대입하여 정리하면 다음과 같다.

$$P = E[m'(D' + P')]$$

이 식의 의미를 설명하면 다음과 같다. 현재 시점의 자산가격은 그 자산을 한 시기 동안 보유할 때 미래 시점에서 발생하는 소득을 확률적 할인 인자로 할인한 가치와 같다는 것이다. 위에서 소개한 세 개의 식이 자산가격의 결정을 설명하는 중요한 수식이라는 점을 강조하기 위해 본 장의 서론에 단순한 형태로 소개하였다.[1]

앞의 설명을 읽으면서 확률적 할인 인자의 개념이 추상적이라는 생각이 들 수 있다. 그러나 확률적 할인 인자가 실제로 존재한다면 매우 유용하리라는 점을 쉽게 이해할 수 있다. 따라서 확률적 할인 인자는 어떻게 결정되는지가 궁금할 수 있다. 이를 설명하기 위해 본 장에서 조건부 청구권(contingent claim)이라는 특별한 증권의 개념과 조건부 청구권의 시장가격이 어떻게 결정되는지를 설명한다. 그러나 이러한 순서로 설명을 진행하는 것은 단순히 설명의 편의를 위한 것임을 지적한다. 그 이유는 사실 조건부 청구권이라는 증권은 그 나름대로의 고유한 역할이 있기 때문이다. 조건부 청구권은 그 자체로 중요한 개념이고 확률적 할인 인자를 설명하기 위한 보조 개념으로 발생한 것은 아니라는 것이다.

---

1 확률적 할인인자와 자산가격 결정모형에 대한 자세한 설명은 2000년 Princeton University Press에서 출판한 코크레인(John Cochrane)의 「Asset Pricing」과 2012년 MIT Press에서 출판한 룽크비스트(Lars Ljunggvist)와 사전트(Thomas Sargent)의 「Recursive Macroeconomic Theory」 등에서 찾아볼 수 있다.

조건부 청구권은 무엇인가? 조건부 청구권의 이름에서 조건부라는 수식어가 붙어 있듯이 상황에 따라 증권이 제공하는 소득이 달라진다는 의미이다. 이렇게 이해한다면 조건부의 의미는 상황 조건부로 이해해야 한다. 조건부 청구권을 보다 더 정확하게 설명하면 다음과 같다. 조건부 청구권은 서로 다른 상황 중에서 단 하나의 상황에서만 회계 단위로 간주할 수 있는 소비재 또는 화폐 한 단위를 제공하고 다른 상황들에서는 아무 것도 제공하지 않는 증권을 말한다. 따라서 미래 시점에서 발생할 수 있는 서로 다른 상황이 다수인 경제에서 증권의 역할을 분석하는 데 유용하다. 사실 조건부 청구권은 현실의 상황에서 쉽게 찾아볼 수 있는 주식이나 채권 등과는 거리가 멀다. 그럼에도 불구하고 조건부 청구권을 사용하면 증권의 역할을 보다 쉽게 이해할 수 있다는 장점이 있다. 증권은 투자자가 보유하는 재산을 축적하는 중요한 수단일 뿐만 아니라 미래의 상황에 따라 투자자의 미래 소득이 낮거나 높을 수 있다면 서로 다른 상황 간 소득을 이전시키는 역할을 수행한다. 본 장에서는 조건부 청구권의 개념을 이용하면 이와 같은 증권의 역할을 쉽게 이해할 수 있다는 점을 강조한다.

본 장에서 강조하는 결론 중의 하나는 조건부 청구권의 완전한 세트가 있는 경제에서는 자산시장에서 거래되는 모든 자산의 균형가격을 조건부 청구권만으로 구성된 포트폴리오의 가치로 표현할 수 있다는 점이다. 조건부 청구권의 완전한 세트는 발생 가능한 상황의 수와 조건부 청구권의 개수가 같은 경우를 말한다. 이러한 결론을 앞에서 설명한 자산가격의 균형 조건과 결합하면 조건부 청구권의 가격과 확률적 할인 인자가 서로 만족하는 조건을 도출할 수 있다. 이러한 과정을 다음에서 자세히 설명한다.[2]

---

2 조건부 청구권과 증권시장의 역할에 대한 대표적인 참고문헌은 애로우(Kenneth Arrow)가 1965년에 발표한 다음의 논문이다. 「The Role of Securities in the Optimal Allocation of Risk-Bearing」, The Review of Economic Studies, Vol.31, No.2, pp. 91-96.

조건부 청구권의 가격과 확률적 할인 인자

앞 장에서는 투자자들이 미래의 상황이 어떻게 될 것인지를 정확히 알고 있다고 가정하였다. 본 장에서는 앞 장의 가정과 달리 미래 시점에서 발생하는 상황에 대한 완전한 예견 능력이 없는 것으로 가정한다. 그러나 미래 시점에서 발생할 수 있는 상황들이 무엇인지 설명할 수 있으며 또한 각각의 상황이 발생할 가능성을 정확히 안다고 가정한다. 두 개의 가정에 덧붙여서 투자자들은 합리적 기대 가설에 따라 미래에 대한 예측을 형성한다. 따라서 투자자들은 미래 시점에서 발생하는 상황이 어떻게 결정되는지를 설명하는 확률적 모형에 대하여 정확한 정보가 있으며 이를 효율적으로 이용한다. 그러나 정확히 어느 상황이 실현되는지를 미리 알 수는 없다. 이처럼 미래 시점에 대한 상당한 수준의 지식이 있지만 미래 시점에서 어떤 상황이 실제의 상황이 될지는 모른다.

상황조건부의 개념을 동일한 재화에 부과하면 어떻게 될 것인가? 예를 들어 내일 비가 오는 상황과 비가 오지 않는 상황이 가능하다. 내일 비가 올 때 우산과 내일 비가 오지 않을 때 우산을 오늘의 관점에서 동일한 재화로 간주할 것인지 아니면 서로 다른 재화로 정의할 것인지를 생각해볼 수 있다. 위의 질문에 대한 직접적인 답변을 제시하기 보다는 다음과 같은 계약을 설명하여 우회적인 답변을 제시한다. 우산은 비가 내리는 경우만 유용하다고 가정하자. 우산을 생산하는 기업이 내일 비가 내리면 우산 한 개를 소비자에게 직접 배달하고 비가 내리지 않으면 우산을 배달하지 않는 계약을 시장에서 판매한다고 가정하자. 이러한 계약을 하나의 조건부 청구권으로 볼 수 있다. 그러면 개념적으로 우산을 생산하는 기업이 내일 비가 내리지 않으면 우산 한 개를 소비자에게 직접 배달하고 비가 내리면 우산을 배달하지 않는 계약도 생각해볼 수 있다. 이러한 계약이 시장에서 판매되더라도 어느 누구도 사지 않을 것이다. 그러나 머릿속에서는 생각할 수 있는 계약이다.

동일한 재화일지라도 미래 시점에서 발생 가능한 다양한 각각의 상황에 대하여 서로 다른 조건부 청구권을 만들 수 있음을 설명하였다. 아직도 의문이 있는 사람이 있다면 화재가 발생한 주택과 화재가 발생하지 않은 주택을 생각하면 보다 더 쉽게 수긍할 것이다. 이 경우에도 현재 시점에서는 동일한 재화이지만 미래 시점에서 주택

그림 2-1 조건부 청구권과 확률적 할인 인자

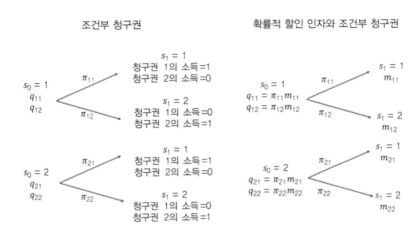

을 실제로 사용할 수 있는지의 여부는 미래 시점에서 발생하는 상황에 따라 달라진다. 미래 시점에서 화재가 발생하면 미래 시점에서 주택 한 단위를 구매할 수 있는 비용을 지급하고 화재가 발생하지 않는다면 아무런 보상이 없는 계약을 생각해볼 수 있다. 앞에서 설명한 내용에 비추어 보면 이러한 계약도 조건부 청구권의 하나로 볼 수 있다.

　<그림 2-1>은 각각의 시점에서 두 개의 상황이 발생할 수 있는 경우를 설명하고 있다. 현재 시점에서도 두 개의 상황이 발생할 수 있지만 그 중에서 단 하나의 상황만 실현되는 것이다. 미래 시점에서도 두 개의 상황이 발생할 수 있지만 그 중에서 단 하나의 상황만 실현된다. 이러한 특성을 나타내기 위해 <그림 2-1>에서는 현재 시점에서 상황 1이 발생하는 경우와 상황 2가 발생하는 경우로 나누고 각각의 상황에 대하여 화살표를 사용하여 미래 시점의 상황이 전개되고 있음을 보여 주고 있다. 예를 들어 왼쪽 패널의 위에 위치한 화살표는 현재 시점에서 상황 1이 실현되었을 때 다음 시점에서 상황 1과 상황 2가 실현될 가능성을 의미한다. 여기서 s_0과 s_1는 각각 0기 시점의 상황을 나타내는 변수와 1기 시점의 상황을 나타내는 변수를 의미한다. π_{11}과 π_{12}는 각각 현재 시점에서 상황 1이 발생하였다는 조건 하에서 다음 시

점에서 상황 1이 발생할 확률과 상황 2가 발생할 확률을 의미한다. 왼쪽 패널의 아래에 위치한 화살표는 현재 시점에서 상황 2가 실현되었을 때 다음 시점에서 상황 1과 상황 2가 실현될 가능성을 의미한다. 여기서 π_{21}과 π_{22}는 각각 현재 시점에서 상황 2가 발생하였다는 조건 하에서 다음 시점에서 상황 1이 발생할 확률과 상황 2가 발생할 확률을 의미한다.

<그림 2-1>의 목적은 조건부 청구권의 미래 수익이 어떻게 실현되는지를 설명하려는 것이다. 왼편의 패널을 보면 두 개의 상황이 존재하는 경우 두 개의 조건부 청구권이 가능함을 보여주고 있다. 청구권 1은 상황 1이 발생하는 경우에만 재화 한 단위를 제공한다. 상황 2가 발생하면 소득이 전혀 없다. 반대로 청구권 2는 상황 2가 발생하는 경우에만 재화 한 단위를 제공한다. 상황 1이 발생하면 소득이 전혀 없다. 현재 시점에서 이미 특정한 상황이 실현된 이후 두 개의 조건부 청구권이 가능하다. 그런데 현재 시점에서 두 개의 상황이 가능하므로 총 4개의 청구권 가격을 생각해볼 수 있다. 이들은 모두 q_{11}, q_{12}, q_{21}, q_{22} 등으로 표시된다. 그러나 현재 시점에서 상황이 실현된 이후에는 두 개의 청구권만 가능하다.

조건부 청구권과 확률적 할인 인자는 서로 어떠한 관계가 있는가? 먼저 확률적 할인 인자는 미래 시점에서 실현되는 특정한 상황에서 한 단위 재화에 대한 현재 시점의 가치로 정의된다. 확률적 할인 인자는 현재 시점의 상황과 미래 시점의 상황을 연결시켜 주는 변수이므로 그 값은 두 인접 시점의 상황이 어떻게 실현되는지에 따라서 영향을 받게 된다. <그림 2-1>의 오른편 패널은 확률적 할인 인자의 값이 미래 시점의 상황과 결합하여 결정된다는 것을 보여주고 있다. 예를 들어 m_{11}은 현재 시점에서 실현된 상황이 상황 1이고 다음 시점에서 실현될 상황도 상황 1인 경우의 확률적 할인 인자를 나타내고, m_{12}는 현재 시점에서 실현된 상황이 상황 1이고 다음 시점에서 실현될 상황이 상황 2인 경우의 확률적 할인 인자를 나타낸다. 또한 m_{21}은 현재 시점에서 실현된 상황이 상황 2이고 다음 시점에서 실현될 상황이 상황 1인 경우의 확률적 할인 인자를 나타내고, m_{22}는 현재 시점에서 실현된 상황이 상황 2이고 다음 시점에서 실현될 상황도 상황 2인 경우의 확률적 할인 인자를 나타낸다.

확률적 할인 인자를 알면 조건부 청구권의 가격도 결정할 수 있다. 앞 장에서 이미 설명한 바와 같이 할인 인자를 아는 경우 증권의 가격을 쉽게 계산할 수 있다. 예를 들어 임의의 증권이 미래 시점에서 제공하는 수익에 할인 인자를 곱하면 그 증권의 가격이 된다. 미래 시점에서 발생할 수 있는 상황이 다수인 경우 각각의 상황에 대응하는 확률적 할인 인자를 사용하여 각각의 상황에서 제공되는 증권의 수익에 대한 현재 가치를 계산할 수 있다. 조건부 청구권은 단 하나의 상황에서만 수익이 있으므로 그 상황에 대응하는 확률적 할인 인자를 곱하여 현재 가치를 계산할 수 있다. 각각의 상황이 발생하는 확률이 반영되어야 하므로 조건부 청구권의 현재 가치에 대하여 각각의 상황이 발생하는 확률이 곱해져야 한다. <그림 2-1>에서는 조건부 청구권의 가격은 확률적 할인 인자에 각각의 상황이 발생할 확률을 곱하여 계산할 수 있음을 보여주고 있다. 예를 들어 청구권 1의 경우 미래 시점에서 첫번째 상황이 발생하는 경우에만 수익이 있다는 점을 반영하면 현재 시점에서 첫번째 상황이 실현되는 경우의 조건부 청구권의 가격은 $q_{11} = \pi_{11} m_{11}$이 된다. 청구권 2의 경우에 대해서도 미래 시점에서 두번째 상황이 발생하는 경우에만 수익이 있다는 점을 반영하면 현재 시점에서 첫번째 상황이 실현되는 경우의 조건부 청구권의 가격은 $q_{12} = \pi_{12} m_{12}$가 된다.

위의 설명에서는 두 개의 상황에서 두 개의 조건부 청구권이 존재함을 보였다. 여러 개의 서로 다른 재화가 존재한다면 각각의 재화에 대하여 조건부 청구권을 만들 수 있으므로 재화의 개수가 많을수록 복잡해진다. 그러나 기본적인 원리는 동일하므로 설명을 단순하게 진행하기 위해 하나의 재화만 존재하는 경제를 가정한다. 하나의 재화를 소비재로 부르기로 한다. 조건부 청구권을 추상적인 하나의 기본 증권으로서 분석하는 것이므로 조건부 청구권의 몇 가지 특징을 정리한다. 첫째, 조건부 청구권에 의해서 정의되는 계약은 단 한 기만 유효하다. 둘째, 각 조건부 청구권이 제공하는 수익은 재화 한 단위이다. 따라서 현재 시점에서 발행된 조건부 청구권이 미래 시점에서 제공하는 수익에는 배당 소득만 포함된다. 조건부 청구권의 개념을 이해하면 증권의 역할에 대하여 설명할 수 있다. 소비자들이 왜 자산을 보유하려 하는가? 소비자들이 소비자인 동시에 생산자인 것으로 가정하면 생산에 필요한 자산을 보유할 수 있다. 생산을 위해 필요한 자산 이외에도 자산을 보유하는 이유를 다음과 같이 설명할 수 있다. 우선 저축의 목적을 들 수 있다. 저축은 서로 다른 시점에서 발생하는

그림 2-2 상황의 전개와 미래 시점에서의 소득

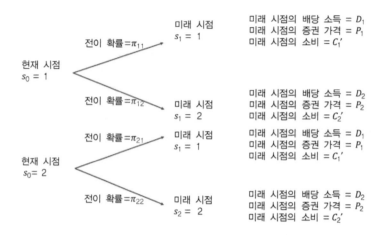

소득을 될 수 있으면 균등하게 유지하려는 행위로 간주할 수 있다. 이와 같은 저축 행위는 미래 시점에서 발생하는 상황에 대하여 정확히 예견할 수 있는 경우에서도 이루어 진다. 따라서 저축의 이유를 간단히 요약하면 가처분 소득의 기간 간 이동이다.

저축의 이유에 추가하여 미래 시점에서 발생하는 상황에 대하여 완전한 예견이 가능하지 않은 상황에서 소비자들이 증권을 보유하려는 이유는 무엇인가? 앞에서 설명한 예로 다시 돌아가서 화재가 발생하는 상황에서 주택은 제 기능을 할 수 없으므로 주택이 제공하는 서비스를 누릴 수 없게 된다. 이러한 결과를 방지하기 위해 주택을 소유한 사람은 금융증권을 구매할 수 있다. 가장 간단한 것은 화재 보험에 드는 것이다. 보험료를 지불하고 화재가 발생하여 미리 약정한 보험금을 받게 되면 화재가 발생하더라도 원래의 상태와 동일한 서비스를 받을 수 있도록 조치할 수 있게 된다. 여기서 포인트는 보험도 일종의 금융증권이라는 점이다. 또한 보험이 존재하지 않는 상황에서 화재 보험의 역할을 할 수 있는 금융증권들의 포트폴리오를 구성할 수 있는지가 궁금하다. 만약 보험이 존재하지 않을지라도 금융증권의 적절한 거래를 통해서 보험의 역할을 할 수 있는 증권의 포트폴리오를 구성할 수 있다면 소비자의 입장에서 증권의 기능을 다음과 같이 설명할 수 있다. 미래 시점에서 발생할 상황에 따라서 손해가 있을 수도 있고 이득이 있을 수도 있다면 소득의 차이가 발생한다. 실질적으로 손해가 예상되는 상황에서 높은 수익이 예상되는 증권이 있다면 이러한 증권을 보유하여 미래 시점에서 어떠한 상황이 발생하더라도 소비 수준을 일정하게 유지할 수 있다.

다음에서는 앞에서 설명한 개념을 사용하여 $P = E[m'(D' + P')]$를 자료가 있는 상황에서 실제로 어떻게 계산하는지를 설명한다. 실제로 계산해야 하는 경우 D와 P를 벡터로 간주하는 것이 편리하다. 여기서 미리 지적해야 하는 것은 본 장에서는 시점이 다르더라도 같은 상황이 실현되면 증권의 가격은 같은 경우를 분석한다는 것이다. 또한 매 시점마다 상황별 증권 가격의 분포는 동일하다. 이는 정상 상태를 가정한 것이다. 정상 상태란 시점이 변화할지라도 모든 확률변수의 분포가 동일하게 유지되는 상태를 말한다. 이를 위해 상황의 발생에 대한 조건부 확률인 전이 확률이 시점에 관계없이 상수로 고정되어 있으며 증권의 배당 소득과 확률적 할인 인자도 시점에 따라 달라지지 않는 것으로 가정한다. 이러한 가정이 부과되면 두 개의 상황이 존재하는 경우 어느 시점이거나 관계없이 두 개의 증권 가격이 가능하다. 위의 P는 이차원의 열벡터를 나타낸다. 첫번째 원소는 P_1이고 두번째 원소는 P_2이다. 마찬가지로 D도 이차원의 열벡터를 나타낸다. 첫번째 원소는 D_1이고 두번째 원소는 D_2이다. <그림 2-2>에서는 임의의 증권에 대한 배당소득과 미래 시점의 가격이 미래 시점에서 발생할 상황이 바뀌면 어떻게 달라지는지를 요약하고 있다. 위에서 설명한 증권 가격 설정 공식을 벡터와 행렬을 사용하여 다시 쓰면 아래와 같다.

$$P = E[\text{m}'(D' + P')] \rightarrow \begin{pmatrix} P_1 \\ P_2 \end{pmatrix} = \begin{bmatrix} \pi_{11}m_{11} & \pi_{12}m_{12} \\ \pi_{21}m_{21} & \pi_{22}m_{22} \end{bmatrix} \begin{pmatrix} D_1 + P_1 \\ D_2 + P_2 \end{pmatrix}$$

위의 식에서 화살표 왼편의 균형 조건에서는 P와 P'을 구분하였다. P는 현재 시점의 가격이고 P'은 미래 시점의 가격이다. 그러나 화살표 오른편에서는 구분이 없다. 그 이유는 다음과 같이 쓸 수 있다. 왼편의 P는 함수이다. 그러나 오른편은 동일한 식을 벡터 기호를 사용하여 다시 표현하였다. 벡터 기호를 사용하는 경우 현재 시점에서 발생 가능한 두 개의 상황과 미래 시점에서 발생 가능한 두 개의 상황을 벡터로 모은 것이므로 정상 상태라는 가정이 부여되면 동일한 기호를 사용할 수 있다.

앞에서는 확률적 할인 인자를 사용하여 증권의 가격을 계산하였다. 이는 확률적 할인 인자와 조건부 청구권의 가격을 알고 있으므로 조건부 청구권의 가격을 사용하여 증권의 가격을 계산할 수 있음을 의미한다. <그림 2-1>에서 설명한 수식을 아래와 같이 다시 정리한다.

$$q_{11} = \pi_{11}m_{11}; \ q_{12} = \pi_{12}m_{12}; \ q_{21} = \pi_{21}m_{21}; \ q_{22} = \pi_{22}m_{22}$$

위의 식을 증권의 가격을 계산하는 공식에 대입하여 확률적 할인 인자를 대체하면 증권의 가격을 계산하는 공식은 다음과 같이 다시 쓸 수 있다.

$$\begin{pmatrix} P_1 \\ P_2 \end{pmatrix} = \begin{bmatrix} q_{11} & q_{12} \\ q_{21} & q_{22} \end{bmatrix} \begin{pmatrix} D_1 + P_1 \\ D_2 + P_2 \end{pmatrix}$$

조건부 청구권의 가격을 사용하여 증권의 가격을 계산하는 경우 앞의 경우와 어떠한 차이가 있는가? 조건부 청구권의 가격을 사용하면 조건부 확률을 사용하지 않아도 된다. 이는 조건부 청구권의 가격에 이미 특정한 상황이 미래 시점에서 발생할 확률이 반영되어 있기 때문이다. 위의 식을 해석하면 다음과 같다. 모든 상황에 대한 조건부 청구권의 값을 안다면 각각의 상황에서 발생하는 증권의 수익과 그에 대응하는 조건부 청구권의 가격을 곱하고 이를 모든 상황에 걸쳐 합한 값이 증권의 근본적인 가치가 된다. 이제 차익거래가 없다는 조건이 부과되면 현재 시점에서 임의의 증권에 대한 균형 시장가격은 위에서 설명한 공식에 의해서 결정된다. 본 절에서 강조하는 결론 중의 하나는 조건부 청구권의 완전한 세트가 있는 경제에서는 자산시장에서 거래되는 모든 자산의 균형가격을 조건부 청구권만으로 구성된 포트폴리오의 가치로 표현할 수 있다는 점이다. 이미 앞에서 확률적 할인 인자를 사용하여 현재 시점의 자산가격 1에 대한 균형 조건을 도출하였다. 또한 조건부 청구권의 가격을 사용하여 현재 시점의 자산가격에 대한 균형 조건을 도출하였다. 균형에서 차익거래가 없다는 점이 부과되면 서로 다른 형태의 증권의 가격 결정 조건들은 모두 같은 의미가

되어야 한다. 바로 이러한 점을 이용하여 위에서 소개한 식을 도출하였다.

소비자의 한계 효용과 조건부 청구권의 시장가격

다음에서는 조건부 청구권 시장이 있어서 소비자들이 시장에 참가한다면 조건부 청구권의 균형가격은 어떻게 결정되는지를 설명한다. 설명의 편의를 위해 두 개의 상황만 존재하는 경우를 예로 든다. 먼저 현재 시점에서 발생한 상황이 k라고 하자. 본 절의 예에서는 $k = 1$ 또는 $k = 2$이다. 현재 시점이 시작될 때 소비와 저축에 쓸 수 있는 재산의 크기가 W인 소비자의 생애 전체 예산제약식은 다음과 같다.

$$W = C_k + q_{k1}C_1{}' + q_{k2}C_2{}'$$

<그림 2-2>에서와 같이 미래 시점의 상황이 전개되는 경우를 가정한다. 다음 시점에서 상황 1이 발생하는 경우의 소비를 $C_1{}'$, 상황 2가 발생하는 경우의 소비를 $C_2{}'$로 표기한다. 앞에서와 마찬가지로 정상 상태를 가정하여 다른 시점이더라도 발생하는 상황이 같다면 소비 수준은 동일한 것으로 표시한다. 첫번째 청구권의 가격은 첫번째 상황에서 소비재 한 단위의 현재 시점 시장가격이다. 두번째 청구권의 가격은 두번째 상황에서 소비재 한 단위의 현재 시점 시장가격이다. 따라서 위의 식 오른편에서 두번째 항과 세번째 항의 합은 미래 시점에서 발생할 소비 지출의 현재 가치이다. C_k는 현재 시점 상황이 k일 때 소비이다. 소비자가 두 시점만 생존하는 것으로 가정한다면 위 식의 오른편은 소비자가 생존하는 기간 동안 발생하는 총 지출의 현재 가치이다. 또한 W는 두 기 동안 생존하는 소비자의 생애 전 기간 동안 받는 소득의 현재 가치와 태어나는 시점에서 물려받은 재산의 가치를 합한 값이다. 따라서 위의 식은 소비자 생애 전체 동안 예상되는 소비 흐름의 현재 가치가 만족시켜야 하는 제약 조건이다.

생애 전체 동안 예상되는 소비 흐름에 대한 주관적인 만족도는 생애 효용 함수에 의해서 평가된다. 현재 시점에서 평가한 소비자의 생애 효용 함수는 다음과 같다.

$$U(C_k) + \beta(\pi_{k1} U(C_1') + \pi_{k2} U(C_2'))$$

이 식에서 β는 시간 선호 할인 인자이다. 0과 1 사이의 양수이고 미래 시점에서 발생하는 효용을 현재 시점에서의 효용 단위로 환산할 때 사용된다. U는 미분가능한 오목 함수를 나타낸다. π_{k1}는 현재 시점에서의 상황이 k일 때 미래 시점에서 상황 1이 발생할 확률을 나타낸다. 또한 π_{k2}는 현재 시점에서의 상황이 k일 때 미래 시점에서 상황 2가 발생할 확률을 나타낸다.[3] 소비자는 생애 예산제약식을 반영하여 자신의 생애 효용 함수를 극대화하는 현재와 미래 소비 계획을 계산한다. 생애 효용 함수를 극대화하는 소비 계획을 최적 소비 계획이라고 부른다. 최적 소비 계획을 달성할 수 있도록 소비자들은 조건부 청구권을 거래한다. 효용 극대화 조건을 도출하기 위해 무차별 곡선의 기울기를 설명한다. 먼저 현재 시점에서 소비를 희생하고 그 대신 미래 시점의 상황 1에서 소비를 증가시키는 경우를 생각해보자. 두 상황에서 얻는 효용 수준이 일정하도록 하기 위해 어느 정도 소비의 기간 간 대체가 필요한지를 계산한다. 이처럼 소비자의 생애 효용 함수를 사용하여 평가한 소비의 기간 간 대체 비율을 수식으로 표현하면 다음과 같다.

$$\frac{\Delta C_1'}{\Delta C_k} = - \frac{U'(C_k)}{\beta\, \pi_{k1}\, U'(C_1')}$$

소비의 기간 간 한계 대체율(inter-temporal marginal rate of substitution)은 현재 시점에서 소비를 한 단위 증가시킬 때 두 기간 동안 효용 수준을 일정하게 유지하기 위해 대체되어야 하는 다음 시점에서 소비의 크기를 의미한다. 소비의 기간 간 한계 대체율은 현재 시점과 미래 시점의 효용을 모두 현재 시점의 효용 단위로 환산하여 계산한다. 여기서 중요한 포인트는 다음과 같다. 확률적 할인 인자를 효용 극대화의 소비 이론에 의거하여 설명하면 소비의 기간 간 한계 대체율과 동일하다는 것이다.

---

3 앞에서 이미 설명한 바와 같이 시간이 지나면서 하나의 상황에서 다른 상황으로 옮겨갈 조건부 확률을 의미한다. 이들을 전이 확률(transition probability)이라고 부른다.

소비의 기간 간 대체율은 무차별 곡선의 기울기이다. 예를 들어 소비의 기간 간 대체율은 $D = U(C_k) + \beta\pi_{k1}U(C_1')$로 정의한 후 D의 값을 고정시킨 채 이 식을 만족하는 C_k와 C_1' 간의 관계를 나타내는 곡선의 기울기이다. 앞에서는 소비자의 주관적인 교환 비율에 대하여 설명했으므로 다음에서는 시장의 균형에서 도출되는 객관적인 교환 비율을 계산한다. 예산제약식이 함의하는 교환 비율을 수식으로 표현하면 다음과 같다.

$$\frac{\Delta C_1'}{\Delta C_k} = -\frac{1}{q_{k1}}$$

생애 예산제약식이 함의하는 소비의 기간 간 교환 비율은 예산제약식의 기울기이다. 위의 두 식을 결합하여 효용 극대화의 조건을 다음과 같이 도출할 수 있다.

$$q_{k1} = \beta\pi_{k1}\frac{U'(C_1')}{U'(C_k)}$$

미래 시점에서 발생할 두번째 상황과 현재 상황 간의 관계에 대해서도 앞에서 설명한 방식과 동일한 방법을 적용하여 다음과 같은 조건을 도출한다.

$$q_{k2} = \beta\pi_{k2}\frac{U'(C_2')}{U'(C_k)}$$

위의 두 조건이 의미하는 것은 조건부 청구권의 가격은 소비의 기간 간 대체율에 각각의 상황이 발생할 확률을 곱한 것과 같다는 것이다. 또한 소비자들은 미래 시점의 재화를 할인하기 위해 한계 효용의 비율을 사용한다는 것이다. 소비자들이 자신의 효용 함수를 사용하여 미래 시점의 재화를 할인한다면 할인 인자가 곧 확률변수임을 의미한다. 또한 조건부 청구권과 확률적 할인 인자 간의 관계를 위의 효용 극대화 조건에 적용하면 다음과 같이 확률적 할인 인자는 소비의 기간 간 한계 대체율과 같아짐을 보일 수 있다.

$$m_{k1} = \beta \frac{U'(C_1')}{U'(C_k)}, \quad m_{k2} = \beta \frac{U'(C_2')}{U'(C_k)}$$

완전한 조건부 청구권 시장이 존재하는 경제에서 소비자가 조건부 청구권 시장에서 거래하는 이유는 무엇인가? 소비자가 조건부 청구권 시장에 참가할 때 어떤 결과가 발생할 수 있는지를 생각해본다. 완전한 조건부 청구권 시장이 존재하면 비록 미래 시점에서 발생 가능한 서로 다른 상황에서 얻게 될 소득이 다르다고 할지라도 소비자는 자신의 소비를 항상 동일하게 유지할 수 있다. 소득이 서로 다른 상황에서도 소비가 서로 같고 아울러 서로 다른 시점의 소비도 서로 동일하다면 소비의 평탄화 (consumption smoothing)가 완전하게 달성된다. 완전한 조건부 청구권 시장이 존재하면 완전한 소비의 평탄화가 가능하다. 소비의 평탄화를 가능하게 하는 조건부 청구권의 시장가격이 존재하는가? 조건부 청구권의 가격이 시장에서 $q_{k1} = \beta\pi_{k1}$와 $q_{k2} = \beta\pi_{k2}$으로 결정된다고 하자. 이 경우 시점이 변화하거나 상황이 변화하더라도 소비자의 균형 소비는 항상 일정하다. 균형 소비 수준을 C로 표시하면 $C = C_k = C_1' = C_2'$의 조건을 만족시킨다. 소비의 평탄화가 달성된 균형에서 성립하는 생애 전체 예산제약식을 사용하여 계산한 소비는 $C = W/(1+\beta)$이다. 또한 생애 효용 함수의 값은 $U(C)(1+\beta)$이다. 어느 경우에 이러한 상황이 균형점에서 달성되겠는가? 만기가 한 기간인 무위험 채권의 실질 이자율을 r로 표기하자. 이제 다음의 두 조건이 만족된다면 소비의 완전 평탄화가 달성된다.[4]

(1) 첫째 조건은 무위험 실질 이자율이 $\beta(1+r)=1$에 의해서 결정된다.
(2) 둘째 조건은 두 개의 서로 다른 조건부 청구권이 존재한다.

---

4 생애 전체의 예산제약식에서 W의 값이 현재 시점에서 발생한 상황에 관계 없이 같다는 가정이 부과되어야 $C_1 = C_2 = C$의 결과가 도출된다.

완전한 조건부 청구권 시장과 불완전한 조건부 청구권 시장

완전한 조건부 청구권 세트가 존재하는 것의 사회적인 이득은 무엇인가? 소비의 평탄화를 가능케하여 사회적 후생을 증가시키는 것이다. 완전한 조건부 청구권 세트가 존재하여 소비의 평탄화가 가능해진다면 이는 금융시장이 존재함으로써 누릴 수 있는 사회적 이득이 존재한다는 뜻이다. 이와 같은 주장을 이해하기 위해 먼저 금융시장이 없기 때문에 저축과 차입이 불가능한 경제를 생각해 볼 수 있다. 이러한 상황에서는 타인과의 대차거래가 불가능하다. 자신이 생산한 산출물이 저장이 불가능한 소비재인 경우 소비자는 자신이 산출한 것을 산출한 시점에서 모두 소비해야 한다. 이러한 금융부재경제에서는 생산의 변동성과 소비의 변동성이 같아진다. 따라서 혹독한 천재지변의 효과가 그대로 소비에 반영된다. 그러나 완전한 조건부 청구권 세트가 있다면 조건부 청구권의 거래를 통해서 자신의 소득을 서로 다른 시점으로 또는 같은 시점의 서로 다른 상황으로 이전시킬 수 있고 이를 통해 보다 더 높은 수준의 소비의 평탄화를 달성할 수 있다. 금융시장이라는 제도가 제공하는 사회적 후생의 증가는 어느 정도인가? 앞에서 설명한 모형을 사용하여 금융시장의 후생 효과를 측정한다. 소득은 다음과 같이 현재 시점에서 소비해야 하는 비 내구재의 형태로 주어진다. 현재 시점의 소득은 Y_k이고, 다음 시점에서 상황 1이 발생하는 경우의 소득은 Y_1'이다. 다음 시점에서 상황 2가 발생하는 경우 소득은 Y_2'이다. 또한 소득의 크기는 $Y_k = C, Y_1' = C + e, Y_2' = C - e$이다. 이 식에서 e는 C보다 작은 양수이다. 이와 같이 노동 소득을 가정하는 이유는 두 개의 상황만 존재하는 단순한 경제에서 소득이 높은 상황과 소득이 낮은 상황으로 분리하여 조건부 청구권의 시장이 서로 다른 상황 간 소비의 평탄화에 어떠한 효과를 제공하는지를 분석하기 위해서이다. 상황 1은 소득이 상대적으로 높은 상황이고 상황 2는 소득이 상대적으로 낮은 상황이다. 부존자원 경제를 가정하여 소득은 소비자의 선택과 관계없이 외생적으로 결정된다. 금융부재경제에서 소득을 그대로 소비하는 경우 생애 효용은 다음과 같다.

$$U(Y_k) + \beta(\pi_{k1}U(Y_1') + \pi_{k2}U(Y_2'))$$

효용 함수가 오목 함수일 때 각각의 상황에서 소득이 모두 동일하지 않다면 조건부 청구권 시장에 참여하지 않는 경우의 생애 효용수준이 조건부 청구권 시장에 참여하는 경우에 비해 더 낮다. 소비자의 효용 함수가 일반적으로 만족시켜야 하는 성질 중의 하나가 오목 함수의 조건이다. 오목 함수의 효용 함수를 가지고 있는 소비자들은 일반적으로 위험에 대한 기피 선호를 가지고 있다. 위험에 대한 기피 선호를 가지고 있는 소비자들은 완전한 조건부 청구권 시장에 참가할 수 있는 기회가 주어지면 조건부 청구권의 거래를 적절히 사용하여 소비의 평탄화를 달성한다.[5] 소비의 평탄화를 위해 구매해야 하는 조건부 청구권의 크기는 어느 정도인가? 이 질문에 답하기 위해 먼저 미래 시점의 상황 1에서 소비재 한 단위를 지급하는 조건부 청구권의 수요와 공급을 분석한다. 상황 1에서 받는 소비자의 소득이 소비의 평탄화를 달성하기 위해 필요한 소득보다 더 많다. 따라서 소비자는 상황 1에서 소비재 한 단위를 제공하는 조건부 청구권을 구매하지 않고 오히려 시장에서 판매하려는 유인이 있다. 따라서 조건부 청구권의 공급은 $x_{k1} = e$이다. 다음에서는 미래 시점의 상황 2에서 소비재 한 단위를 지급하는 조건부 청구권의 수요와 공급을 분석한다. 상황 2의 경우 소비자의 소득은 소비의 평탄화를 달성하기 위해 필요한 소득보다 더 낮다. 소비자는 상황 2에서 소비재 한 단위를 제공하는 조건부 청구권을 미리 구매하여 소비의 평탄화를 달성할 수 있다. 따라서 소비자는 시장에서 상황 2에서 소비재 한 단위를 제공하는 조건부 청구권을 매수하려고 한다. 그 결과 소비자의 조건부 청구권의 수요는 $x_{k2} = e$이다.[6]

모든 경제에서 N개의 조건부 청구권이 반드시 존재한다는 것을 보장할 수 있겠는가? 만약 N개보다 작은 수의 조건부 청구권이 존재하는 경제가 있다면 어떤 점에서 N개의 조건부 청구권이 존재하는 경제와 차이가 나겠는가? 설명이 편의를 위해 단순한 예를 사용하여 위의 질문에 대한 답을 생각해본다. 하나의 증권만 구매할 수

---

5 완전한 소비의 평탄화가 달성되기 위해 완전한 조건부 청구권 세트의 존재에 부가하여 추가적으로 만족되어야 하는 조건들이 있다.

6 각각의 상황에서 소비자가 동일한 소득을 받는다면 모든 소비자가 동일한 크기로 조건부 청구권의 수요와 공급을 결정하게 된다. 모든 소비자가 동일하면 공급자와 수요자가 동시에 있는 상황이 발생하지 않아서 거래가 발생하지 않을 수 있다. 관련된 이슈에 대한 보다 자세한 분석은 본 책의 범위를 넘기 때문에 본 절에서는 조건부 청구권 시장에 소비자 이외의 다른 참가자가 있다고 가정한다.

있는 경우를 보기로 한다. 완전한 세트의 조건부 청구권이 거래되지 않는 금융시장을 불완전한 금융시장이라고 한다. 본 절에서는 본드 경제(bond conomy)를 상정하여 분석한다. 본드 경제는 투자자가 금융시장에서 채권만 거래할 수 있는 경제를 말한다. 현실 경제에서 거래가 가능한 채권의 종류가 다양하지만 본 절에서는 만기가 한 기간인 무위험 채권만 거래할 수 있다고 가정한다. 이 채권을 보유하면 다음 시점에서 상황 1이 발생하든 상황 2가 발생하든 관계없이 한 단위의 소비재만 지급된다. 또한 다음 시점에서 채권의 수명이 종료되어 시장에서 더 이상 팔 수가 없기 때문에 배당소득만 발생한다. 앞의 상황과 비교가 가능하도록 하기 위해 무위험 채권의 이자율은 $(1+r)\beta = 1$의 조건을 만족하는 것으로 가정한다. 소비자의 소득도 앞에서와 동일하게 주어진다. 현재 시점에서의 저축을 소비재 단위로 측정하면 현재 시점에서의 예산제약식은 $C_k + S = Y_k$ 이다. 다음 시점에서 상황 1이 발생하는 경우 예산제약식은 $C_1' = Y_1' + S(1+r)$ 이다. 다음 시점에서 상황 2가 발생하는 경우 예산제약식은 $C_2' = Y_2' + S(1+r)$이다. 본드 경제에서 소비자는 현재 시점에서의 소비와 저축을 다음에서 정리한 효용 극대화 문제를 풀어서 결정한다.

$$\max_S U(Y_k - S) + \beta\{\pi_{k1}U(Y_1' + S(1+r)) + \pi_{k2}U(Y_2' + S(1+r))\}$$

효용 극대화 문제를 풀기 위해 S에 대하여 효용 함수를 미분하여 극대화 조건을 도출한다. 이를 정리하면 아래와 같이 쓸 수 있다.

$$U'(C_k) = \beta(1+r)(\pi_{k1}U'(C_1') + \pi_{k2}U'(C_2'))$$

이 식을 오일러 방정식이라고 한다. 이 식을 만족하는 S의 값은 효용 극대화 문제의 해가 함의하는 저축의 크기이다. 소비자들이 자신의 효용을 극대화하는 저축의 크기를 계산하고 이에 맞추어 저축을 실행하여 얻는 효용 수준은 불완전한 금융시장이 존재할 때 얻을 수 있는 가장 높은 생애 효용 수준이다.

표 2-1 **본드 경제의 예: 극대화 조건과 생애 효용**

극대화 조건	$am^2 + Cm - e^2 = 0$
최적 저축	$S = \left(\dfrac{\beta}{2}\right)\left(\sqrt{C^2 + 4ae^2} - C\right)$
생애 효용 수준	$U\left(C\left(1 + \dfrac{\beta}{2}\right) - \beta h\right) + \beta\left(\pi_{k1}U\left(h + e + \dfrac{C}{2}\right) + \pi_{k2}U\left(h - e + \dfrac{C}{2}\right)\right)$

주: 극대화 조건에서 m은 $m = S(2 + r)$로 정의되고 a는 $a = (1 + r)/(2 + r)$로 정의된다. 생애 효용에서 h의 정의는 $h = \left(\dfrac{\beta}{2}\right)\sqrt{C^2 + 4ae^2}$이다.

우리의 목적은 완전한 청구권 시장이 소비자에게 주는 이득을 분석하는 것이다. 이를 위해 불완전한 금융시장에서 얻는 소비자의 효용과 완전한 청구권 시장이 존재할 때의 소비자의 효용을 비교해야 한다. 완전한 조건부 청구권 시장이 존재할 때 소비자가 달성할 수 있는 효용 수준이 그렇지 않은 경우에 비해 더 높다는 점을 보임으로써 완전한 청구권 시장이 바람직한 제도라는 점을 부각시키고자 한다. 다음에서는 구체적인 효용 함수를 사용하여 사회후생의 증가를 어떻게 계산하는지를 보인다.

효용 함수를 로그 함수로 가정하여 $U(x) = \ln x$로 쓴다. 수식을 단순화하기 위해 $\pi_{k1} = \pi_{k2} = 0.5$로 가정한다. 불완전한 금융시장이 존재하는 경제에서 도출된 효용 극대화의 조건에 부과하여 정리하면 이차 방정식이 도출된다. <표 2-1>의 첫째줄에는 극대화 조건이 정리되어 있다. 이차 방정식의 근의 공식을 적용하여 풀고 난 후에 저축에 대하여 정리하면 최적 저축을 계산할 수 있다. <표 2-1>의 두 번째 줄에 최적 저축이 정리되어 있다. <표 2-1>의 세 번째 줄에는 최적화된 저축을 실행하여 얻는 생애 효용이 정리되어 있다. <표 2-1>을 보면 $e=0$인 경우 모든 상황에서 소득이 일정하기 때문에 저축하지 않더라도 소비의 평탄화가 달성된다. 그러므로 $e=0$이면 $S=0$이 된다. 이는 저축의 기회가 주어지더라도 저축할 이유가 없기 때문에 발생하는 결과이다.

그림 2-3 **완전한 조건부 청구권 시장의 후생 효과**

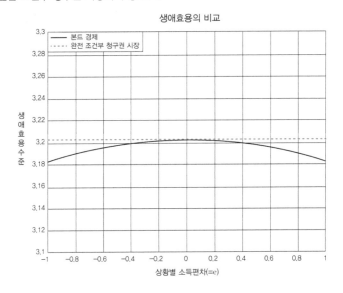

<그림 2-3>은 앞에서 분석한 두 경우에 소비자가 얻는 생애 효용의 수준을 비교하고 있다. 파란색 점선이 완전한 조건부 청구권 시장이 존재하는 경우의 생애 효용 수준이다. 검은색 실선은 본드 경제에서 소비자가 얻는 생애 효용 수준이다. 본드 경제의 경우 e의 값이 변화하면서 효용 수준이 달라지고 $e=0$인 경우를 제외하면 항상 완전한 조건부 청구권이 있는 경제의 효용보다 낮다. 따라서 두 효용의 차이는 완전한 조건부 청구권 시장이 존재하여 발생하는 사회 후생의 증가로 볼 수 있다.[7]

선도 거래

조건부 청구권과 유사한 거래가 현실 경제에 실제로 사용되는 사례가 있는가? 조건부 청구권이라는 증권이 하나의 추상적인 개념으로만 의미가 있는 것이 아니라 실

---

7 루카스(Robert E. Lucas)는 1978년에 발표한 다음의 논문에서 서로 동일한 소비자들이 거주하는 교환경제에서 결정되는 균형 자산가격을 분석하였다. 「Asset Prices in an Exchange Economy」, Econometrica, Vol.46, No.6, pp. 1429-1445.

제의 경제 생활에서도 쉽게 찾아볼 수 있는지 궁금할 것이다. 조건부 청구권에서 중요한 포인트는 미래 시점에서 행해지는 상품의 교환 조건이 미리 결정된다는 것이다. 상품의 교환 조건이 미리 결정되는 거래 방식은 오래 전부터 실제로 존재해왔던 것으로 짐작해볼 수 있다. 하나의 사례를 농산물의 거래에서 찾아볼 수 있는데 이는 우리나라에서도 행해지고 있는 포전거래이다. 포전거래 또는 포전매매는 농작물의 파종 직후 또는 파종 후 수확기 전에 작물이 밭에 심긴 채로 그 밭 전체 농작물을 통째로 거래하는 방법을 말하며, 일명 『밭떼기 계약』이라고도 한다. 농산물을 수확하기 이전에 농산물을 인도하는 가격을 미리 정한다는 점에서 앞에서 설명한 조건부 청구권과 유사하다. 그러나 하나의 조건부 청구권은 어느 특정한 상황이 발생하는 조건 하에서 상품에 대한 청구권이 있다는 점에서 포전거래와는 완전히 일치하지 않는다.

거래 당사자들이 미리 거래의 가격을 결정하려는 이유는 무엇인가? 미래 시점에서 상품을 판매해야 하는 사람들은 미래 시점에서 상품의 가격이 폭락하여 손해를 보게 되는 상황을 미리 제거하기를 원한다. 현재 시점에서 적정한 가격을 미리 결정하고 미래 시점에서 상품을 인도하는 계약을 맺으면 미래 시점에서 발생할 수 있는 가격 폭락에 의한 손해의 가능성을 방지할 수 있다. 거래의 상대편은 어떠한 이득이 있는가? 미래 시점에서 상품을 반드시 매수해야 한다면 될 수 있으면 낮은 가격에 살 수 있기를 원한다. 미리 가격을 결정한다면 이들도 가격 폭등으로 인해 비싼 가격으로 상품을 구매해야 하는 상황을 막을 수 있다. 두 상대편 모두 가격을 미리 결정하면 손실의 가능성을 제거할 수 있지만 아울러 이득의 가능성도 포기해야 한다. 상품을 판매하는 사람들은 미래 시점에서 가격이 높게 형성되어 이득을 많이 볼 상황을 포기해야 한다. 상품을 구매하는 사람들은 미래 시점에서 가격이 아주 낮게 형성되어 매우 값싸게 상품을 구매할 수 있는 상황을 포기해야 한다. 어느 가능성을 포기하고 어느 가능성을 막을 것인가를 선택할 때 각각의 선택에 따른 이득과 비용을 따져서 결정할 것이다. 이러한 과정 속에서 거래 상대방이 서로 동의하는 미래 시점에서의 가격을 발견할 수 있다면 거래가 성립될 것이다. 이처럼 거래 당사자들의 합의에 의해서 결정되는 가격을 선도 가격이라고 부른다.

앞의 설명을 요약하면 투자자들은 헤지(hedge)를 하기 위해 선도 계약을 체결한다.

헤지는 미래 시점에서 발생할 수 있는 불리한 가능성을 완화하거나 제거하기 위해 자신에게 유리한 가능성을 포기하는 내용의 금융 계약을 체결하거나 증권에 투자하는 행위로 정의할 수 있다. 미래 시점에서 자신이 판매해야 하는 상품의 가격이 미래 시점에서 낮아질 경우 손해를 볼 가능성을 차단하기 위해 선도 계약을 통해 미리 판매 가격을 결정할 수 있다. 또한 자신이 구매해야 하는 상품의 가격이 미래 시점에서 높아질 경우에 대비하여 선도 계약을 통해 미리 구매 가격을 결정할 수 있다. 이들은 선도 계약을 체결할 때 공통적으로 자신에게 미래 시점에서 상황이 유리하게 전개될 가능성을 포기해야 한다는 것이다.

소비재 한 단위의 현재 시점의 시장가격(현물 가격)과 선도 가격은 서로 어떠한 관계가 있는가? 선도 거래에서 소비재 한 단위를 매도하는 사람의 경우를 보기로 한다. 이 사람의 목표는 다음 시점에서 확실한 소득을 얻는 것이다. 두 개의 대안이 가능하다. 첫째 대안은 선도 거래를 통해서 미리 약정된 가격에 매도하는 것이다. 첫째 대안을 선택하면 다음 시점에서 선도 가격의 수입이 있다. 둘째 대안은 현재 시점에 한 단위 소비재를 판매하여 얻은 수입을 무위험 채권에 투자하는 것이다. 다음 시점에서 받는 원리금은 (1+이자율)*(현재 시점의 가격)이다. 현재 시점에서 가지고 있는 한 단위를 한 기 시점 동안 저장하기 위해 필요한 비용 없이 현재 시점과 동일한 품질로 판매할 수 있다면 균형에서 앞에서 설명한 두 대안이 제공하는 미래 시점의 소득이 같아야 한다.

두 개의 대안이 제공하는 소득이 서로 다르다면 선도 가격이 변화하든가 아니면 현재 시점의 현물 가격이 변화하여 두 개의 대안에 대한 소득이 같아지도록 조정된다. 이를 설명하기 위해 먼저 첫째 대안의 소득이 더 많은 경우를 보기로 한다. 첫째 대안의 소득이 더 많다면 다음 시점에서 판매하려는 사람들이 더 늘어나게 되어 선도 계약을 통해 미래 시점에서 소비재를 공급하려는 사람들이 더 많아지고 현재 시점에서 판매하려는 사람들이 감소한다. 현재 시점의 현물 가격은 상승하게 된다. 둘째 대안의 수입이 더 많다면 현재 시점에서 판매하려는 사람들이 증가한다. 현재 시점의 소비재 시장에서 공급이 더 증가하면 현재 시점의 소비재 가격은 하락한다. 두

표 2-2 조건부 청구권 거래와 선도 계약

	조건부 청구권 거래	선도 계약
현재 시점	증권의 발행과 인수 증권의 거래 대금 지불	선도 계약 체결 (계약 조건의 결정)
미래 시점	증권의 인도 및 회수 상품의 인도 및 인수	거래 대금 지불 상품의 인도 및 인수
미래 시점 소비재 가격	$q_{k1} + q_{k2}$	$F_k = (1+r)(q_{k1} + q_{k2})$

개의 경우를 종합해서 보면 균형에서는 첫째 대안의 수입과 둘째 대안의 수입이 같아져야 한다는 것이므로 다음의 식이 성립한다.

현물 가격 = 선도 가격/(1+이자율)

이 식을 도출하기 위한 중요한 가정은 현재 시점에서 소비재 한 단위를 가지고 있는 사람이 자신이 가지고 있는 소비재를 현재 시점에서 다음 시점으로 저장하여 보관하는 데 전혀 비용이 들지 않는다는 것이다. 소비재 한 단위를 저장하기 위해 저장 비용을 다음 시점에서 지불해야 한다면 어떻게 달라질 것인가? 선도 거래를 통해서 다음 시점에 소비재를 팔려는 사람들은 다음 시점에서 저장 비용을 지불해야 한다. 저장 비용을 감해야 한다면 첫번째 대안의 수입은 (선도 가격 – 저장 비용)이다. 위에서 설명한 것은 균형에서는 첫째 대안의 수입과 둘째 대안의 수입이 같아져야 한다는 것이므로 다음과 같은 수정된 균형 조건이 성립한다.

현물 가격 = (선도 가격–저장 비용)/(1+이자율)

선도 계약은 특정한 상품에 대하여 미래 시점에서 일정한 수량을 미리 결정된 가격으로 매매하기로 현재 시점에서 맺는 계약을 말한다. 선도 계약은 장외에서 거래 상대방의 합의에 의해서 계약이 체결되지만 선물 계약은 거래소에서 표준화된 대상에 대하여 계약이 이루어 진다는 점에서 차이가 있다. 앞에서 설명한 모형에서 등장하는 소비자들이 미래 시점에서 소비할 소비재 한 단위의 가격을 현재 시점에서 미리 약정해야 한다면 이 때 결정되는 선도 가격은 얼마인가? 어느 상황이 발생하든 관계없이 거래는 성사된다는 조건이 붙어 있다는 점이 반영되어야 한다. 앞에서 설명한 조건부 청구권 시장과 연결시켜서 설명한다.

<표 2-2>에서는 미래 시점에서 어느 상황이 발생하든 소비재 한 단위를 구매하는 두 개의 서로 다른 방법을 비교하고 있다. 첫번째 방법은 조건부 청구권 시장에서 구매하는 것이다. 현재 시점에서 실현된 상황이 k인 경우로 가정한다. 미래 시점에서 실현된 상황이 상황 1인 경우 소비재 한 단위에 대한 조건부 청구권의 현재 시점에서의 가격은 q_{k1}이다. 미래 시점에서 실현된 상황이 상황 2인 경우 소비재 한 단위에 대한 조건부 청구권의 현재 시점에서의 가격은 q_{k2}이다. 두 개의 상황 중에서 실제로 어느 상황이 발생할지에 대하여 정확히 알려지지 않았기 때문에 현재 시점에서 두 개의 조건부 청구권을 모두 매수해야 다음 시점에서 확실하게 소비재 한 단위를 얻을 수 있다. 두번째 방법은 선도 계약을 체결하는 것이다. 선도 계약을 체결하면 다음 시점에서 어느 상황이 발생하든 소비재 한 단위를 얻을 수 있지만 다음 시점에서 F_k에 해당하는 선도 가격을 지불해야 한다. 다음 시점에서 지불해야 하는 비용을 만들기 위해 현재 시점에서 저축을 할 수 있다. 이자율이 r이라면 원금과 이자를 합한 금액이 F_k와 같아야 한다. 따라서 현재 시점의 원금은 $F_k/(1+r)$이다. 두 개의 방법이 다음 시점에서 동일한 소득을 발생시키므로 현재 시점의 비용도 같아야 한다. 차익거래의 이득이 없다면 다음의 등식이 성립해야 한다.

$$q_{k1} + q_{k2} = F_k/(1+r)$$

이 등식을 이용하면 조건부 청구권 시장이 존재하는 경우 조건부 청구권의 시장 가격을 이용하여 선도 계약에서 결정된 선도 가격을 계산할 수 있다. <표 2-2>에 요약된 두 개의 방법에 대한 설명을 보면 조건부 청구권 시장을 이용하여 미래의 상품

그림 2-4 **콜옵션과 풋옵션의 미래 소득**

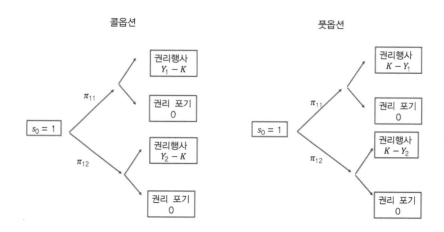

에 대한 청구권을 미리 구매하는 것은 현물 시장에서 구입하는 것과 같은 의미임을 알 수 있다. 따라서 앞에서 설명한 선도 가격과 현물 가격 간의 관계식에서 현물 가격에 해당하는 것은 $(q_{k1} + q_{k2})$이다.[8]

옵션 거래

  본 절에서 옵션 거래에 대하여 설명하는 목적을 두 가지로 요약할 수 있다. 첫번째 목적은 조건부 청구권 시장이 실제로 존재하지 않더라도 충분한 개수의 서로 다른 증권이 금융시장에서 거래된다면 이들의 가격을 사용하여 조건부 청구권의 가격

---

8 다음 시점에서 회계 단위로 사용되는 소비재에 대한 선도 계약의 선도 가격은 다음 시점을 기준으로 항상 1이 된다. 동일한 소비재를 현재 시점에서 회계 단위로 사용하면 현재 시점을 기준으로 현물 가격은 항상 1이 된다. 따라서 회계 단위로 사용되는 소비재의 경우 (선도가격)=(1+이자율)*(현물가격)의 공식이 성립하지 않는 것처럼 오해할 수 있다. 이 경우 현재 시점의 회계 단위 소비재 한 단위가 비록 동일한 소비재일지라도 다음 시점의 회계 단위 소비재 한 단위와 기준 시점에 따라서 평가되는 가치가 서로 다르다는 점을 반영해야 한다.

을 추정해 볼 수 있다는 것이다. 본 절에서 소개하고 있는 모형은 단순히 두 개의 서로 다른 상황만 발생하는 것으로 가정하고 있다. 이 경우 동일한 행사가격을 가진 콜 옵션과 풋 옵션의 시장가격을 안다면 이를 이용하여 두 개의 서로 다른 조건부 청구권의 가격을 계산할 수 있음을 보인다. 두번째 목적은 본 장에서 설명하고 있는 자산 가격 설정 모형을 사용하여 앞에서 미리 설명한 포전매매의 계약금과 잔금이 어떻게 결정되는지를 설명하는 것이다.

앞에서 설명한 선도 계약에서는 일단 선도 계약을 맺으면 나중에 선도 계약의 내용을 그대로 지키는 것이 자신에게 불리하거나 유리한 것과 상관없이 약속대로 실행해야 한다. 그러나 옵션 거래는 미리 결정된 가격에 미래의 시점에서 상품을 살 수 있는 권리 또는 팔 수 있는 권리를 현재 시점에서 거래하는 것이다. 현재 시점에서 미리 결정된 가격을 K로 표기하기로 한다. 이는 권리를 행사할 때 적용되는 가격이므로 행사가격 또는 실행가격으로 부를 수 있다. 다음에서는 포전매매의 사례를 사용하여 이와 같은 권리의 가격이 어떻게 결정되는지를 설명한다. 농부와 중간상인이 농부가 소유하고 있는 밭에 대하여 포전매매를 합의한 것으로 가정한다. 농부가 소유하고 있는 밭의 다음 시점에서 산출량을 두 가지 상황으로 나타낸다. 상황 1은 풍작의 상황이다. 풍작일 경우 산출량은 Y_1이다. 상황 2는 흉작의 상황이다. 흉작일 경우 산출량은 Y_2이다. 농부가 소유하고 있는 밭의 산출에 대한 현재 시점의 가치는 다음과 같이 결정된다. 현재 시점의 상황이 k이고 다음 시점에서 발생할 상황이 상황 1인 경우 농부의 밭에서 나오는 작물 한 단위에 대한 조건부 청구권의 가격은 q_{k1}이다. 현재 시점의 상황이 k이고 다음 시점에서 발생할 상황이 상황 2인 경우 농부의 밭에서 나오는 작물 한 단위에 대한 조건부 청구권의 가격은 q_{k2}이다.

농부와 중간상인이 다음 시점에서 작물을 수확하기 위해 투입해야 하는 비용이 제로라고 가정하자. 다음 시점에서 미리 결정한 가격에 농부의 산출량을 구매할 수 있는 권리와 판매할 수 있는 권리의 가격을 계산한다. 각각의 권리를 행사할 때 적용되는 가격은 K로 표기한다. $Y_1 > K > Y_2$의 부등식이 만족되는 것으로 가정한다. 먼저 농부와 중간상인 간의 포전매매의 가격을 계산한다. 앞에서 이미 설명한 바와 같이 다음 시점에서 상황 1이 발생하면 Y_1의 산출이 발생한다. 다음 시점에서 상황 2가 발

표 2-3 투자 전략의 미래 수입

	좌변			우변		
	콜옵션 매수	풋옵션 매도	합계	포전매매 매수	무위험 채권 발행	합계
상황 1	$(Y_1 - K)$	0	$(Y_1 - K)$	Y_1	$-K$	$(Y_1 - K)$
상황 2	0	$(Y_2 - K)$	$(Y_2 - K)$	Y_2	$-K$	$(Y_2 - K)$

생하면 Y_2의 산출이 발생한다. 완전한 조건부 청구권 시장이 존재하면 포전매매를 통해 다음 시점에서 농부가 중간상인에게 인도하기로 약속한 산출의 현재 가치는 다음과 같이 계산할 수 있다.

$$v_k = q_{k1}Y_1 + q_{k2}Y_2$$

이 식에서 v_k는 농부와 중간상인이 거래한 포전매매의 현재 가치를 나타낸다. 실제의 포전매매에서는 계약금과 잔금을 나누어 지불하기 때문에 앞에서 도출한 포전매매의 현재 가치와 동일한 금액이 미리 농부에게 지불되지 않는다. 앞에서 설명한 <표 2-2>에서 요약한 내용에 따르면 v_k를 포전거래에서 미래 시점에서 인도되는 미래 시점에서의 산출에 대한 현물시장에서의 가격으로 해석할 수 있다.

다음에서는 <그림 2-4>에서 보여주고 있는 미래 시점에서 산출되는 작물에 대한 콜 옵션과 풋 옵션에 대하여 설명한다. 농부가 콜 옵션을 중간상인에게 판매한다면 이는 농부가 소유한 밭에서 다음 시점에서 생산되는 모든 산출을 K의 가격에 살 수 있는 권리를 판매하는 것을 말한다. 현재 시점에서 판매하는 콜 옵션의 가격을 c_k로 표기한다. 상황 1이 발생하는 경우 이 권리를 사용한다면 K의 비용을 지불하는 대신 Y_1의 소득을 얻는다. $(Y_1 - K)$의 이득이 발생하므로 이 권리를 사용한다. 상황 2가 발생하는 경우 이 권리를 사용하면 K의 비용을 지불하고 Y_2의 소득을 얻기 때문에 손해가 발생한다. 흉작이면 권리를 사용하지 않는 것이 더 유리하므로 권리를 사용하지 않는다. 농부의 밭에서 나온 산출을 K의 가격에 살 수 있는 권리의 가격은 얼마인가? 차익거래의 이득이 없다는 조건 하에서 이 질문의 답은 $c_k = q_{k1}(Y_1 - K)$이다. 이 식의 오른편은 매수할 수 있는 권리가 발생시키는 미래 수익의 현재 가치이다.

풋 옵션은 농부가 소유한 밭에서 다음 시점에서 생산될 모든 산출을 K의 가격에 팔 수 있는 권리를 말한다. 중간상인이 풋 옵션을 농부에게 매도하여 농부가 이를 구매하면 자신의 산출을 미리 정해진 가격에 판매할 수 있는 권리를 가지게 된다. 현재 시점에서 판매하는 풋 옵션의 가격을 p_k로 표기한다. 상황 1이 발생하고 농부가 이 권리를 사용한다면 K의 소득을 얻는 대신 Y_1의 소득을 포기하는 것이다. 이 경우 $(Y_1 - K)$의 손해가 발생하므로 상황 1에서는 이 권리를 사용하지 않을 것이다. 상황 2가 발생하고 이 권리를 사용한다면 K의 소득을 얻는 대신 Y_2의 소득을 포기하는 것이다. 이 경우 $(K - Y_2)$의 이득이 발생하므로 상황 2에서는 이 권리를 사용할 것이다. 농부의 밭에서 나온 산출을 K의 가격에 팔 수 있는 권리의 가격은 얼마인가? 차익거래의 이득이 없다는 조건 하에서 이 질문의 답은 $p_k = q_{k2}(K - Y_2)$이다. 이 식의 오른편은 매도할 수 있는 권리가 발생시키는 미래 수익의 현재 가치이다. 위의 두 식을 이용하면 다음의 식이 성립한다는 것을 확인할 수 있다.

$$c_k - p_k = v_k - \frac{K}{1 + r}$$

이 식은 콜 옵션의 가격에서 풋 옵션의 가격을 뺀 차이는 밭떼기 가격에서 행사 가격의 현재 가치를 뺀 차이와 같다는 것이다. 이 식을 풋-콜 패리티(put-call parity)라고 부른다. <표 2-3>을 사용하여 차익거래 이득이 없는 균형에서는 위의 등식이 성립해야 한다는 것을 확인할 수 있다. <표 2-3>의 좌변은 위의 식의 좌변을 의미한다. <표 2-3>의 우변은 위의 식의 우변을 의미한다. <표 2-3>의 합계로 표시되어 있는 열은 각 상황 하에서 좌변과 우변의 소득을 의미한다. 좌변은 농부가 현재 시점에서 콜 옵션을 매도하고 동일한 행사가격의 풋 옵션을 매수하는 경우 다음 시점의 각 상황에서 농부가 얻는 수입을 정리하고 있다. 우변은 농부가 중간상인에게 포전매매를 통해 미래 시점에서의 산출을 미리 판매하는 동시에, 액면이 K인 무위험 할인채를 구매하는 경우 다음 시점의 각 상황에서 농부가 얻는 수입을 의미한다. 좌변의 투자 전략과 우변의 투자 전략은 동일한 소득을 미래 시점에서 발생시킨다. 따라서 이들을 현재 시점에서 실행하기 위해 소요되는 비용도 같아야 한다.

위의 식이 함의하는 중요한 포인트는 콜 옵션과 풋 옵션을 적절하게 합성하면 선도 계약을 맺는 것과 동일한 효과를 낼 수 있다는 것이다. 다음 시점에서 발생하는 작물의 산출을 모두 거래 상대방에게 이전한다는 계약을 현재 시점에서 체결한다. 미래 시점에서 산출될 작물의 가격을 현재 시점에서 미리 결정한다면 얼마가 될 것인가? 현재 시점에서의 가격을 먼저 결정하고 저장 비용이 없다는 가정 하에서 성립하는 현물 가격과 선도 가격 간의 관계를 이용하여 선도 가격을 계산할 수 있다. 선도 가격을 F_k로 표시하기로 하자. 차익거래 이득이 없다는 조건을 이용하면 선도 가격은 $F_k = (1 + r)v_k$이다. 위에서 정리한 풋-콜 패리티의 식에 대입하여 정리하면 다음의 식이 도출된다.

$$c_k - p_k = \frac{F_k - K}{1 + r}$$

이 식의 우변은 미래 시점에서 산출될 작물에 대한 선도 가격에서 미래 시점에서 옵션을 행사하여 작물의 산출을 얻기 위해 지불해야 하는 행사 가격을 뺀 차이를 이자율로 할인하여 계산한 '선도 가격으로 판매하여 얻는 이득의 현재 가치'이다. 미래 시점의 가격이 K로 현재 시점에서 알려지는 경우 K의 가격으로 미래 시점에서 상품을 판매하지 않는 대신 선도 계약을 통해 미리 상품을 판매하여 얻는 이득은 얼마인가? 미래 시점에서의 이득은 $(F_k - K)$이므로 이를 현재 가치로 환산하여 $(F_k - K)/(1 + r)$이다. 그러므로 이 식의 우변은 선도 계약을 통해 판매하여 얻는 이득이 된다. 이것이 제로이면 미래 시점에서의 가격이 미리 알려져 있는 상황에서 선도 계약을 체결하여 상품을 미리 판매할 이유가 없다. 그러면 우변의 부호가 플러스이거나 마이너스가 되는 것은 무엇을 의미하는가? 매수하는 경우를 롱 포지션(long position)이라고 정의하고 매도하는 경우를 쇼트 포지션(short position)이라고 정의한다. 이 정의를 위 식에 적용하면 우변은 선도 계약에 대하여 쇼트 포지션을 취할 때 얻는 미래 시점에서의 이득의 현재 가치로 해석할 수 있다. 우변의 부호가 음수이면 선도 계약의 롱 포지션을 취할 때 양의 수입이 발생한다는 것이다. 우변의 부호가 양수이면 선도 계약의 쇼트 포지션을 취할 때 양의 수입이 발생한다는 것이다. 앞에서는 위의 식의 우변에 대하여 설명하였으므로 다음에서는 위의 식의 좌변에 대하여 설명한다. 이 식의 좌변은 행사 가격이 K인 콜 옵션을 매수하고 행사 가격이 K인 풋 옵션을 매도할 때의 미래 시점에서 발생하는 수입의 현재 가치이다. 좌변과 같이 투자하는 경우 미래 시점에서 발생하는 소득은 <표 2-3>의 좌변에 요약되어 있다. <표 2-3>을 보면 우변과 좌변의 투자 선택은 미래 시점에서 동일한 소득 흐름을 제공한다는 것을 알 수 있다. 미래 시점에서 발생하는 소득 흐름이 같기 때문에 차익거래의 이득이 없는 균형에서는 현재 시점에서 지불해야 하는 비용도 같아야 한다. 이제 위의 식이 의미하는 것을 정리하면 다음과 같다. 동일한 행사 가격을 가진 콜 옵션을 매수하는 동시에 풋 옵션을 매도하는 것의 이득은 다음과 같은 투자 행위가 제공하는 이득과 동일하다는 것이다. 선도 계약을 체결하여 다음 시점에서 상품 한 단위를 인도하고 F_k의 대가를 미래 시점에서 받는 것으로 현재 시점에서 결정한다. 그 다음 미래 시점에서 K의 가격에 상품을 매수하고 이를 선도 계약에서 약속한 상품 인도에 사용한다. 이와 같은 일련의 투자 행위로부터 얻는 미래 시점의 소득은 $(F_k - K)$이다. 이를 현재 시점의 가치로 환산하기 위해 $(1+r)$로 할인하면 위의 식의 오른편과 같아진다. 따라서 위의 식의 오른편은 이러한 일련의 투자 행위의 이득으로 해석할 수 있다.

농부들이 포전매매를 선택하는 이유는 무엇인가? 앞에서 설명한 바와 같이 작물의 미래 가격이 하락하여 발생할 손해의 가능성을 차단할 수 있다. 또한 포전매매를 하게 되면 매수인이 직접 수확해 가기 때문에 농민들은 자신의 노동을 절약할 수 있는 이득이 있다. 그러나 거래 상대방인 중간상인들은 그 해 농산물의 가격이 폭락하거나 태풍 등으로 생산성이 좋지 않게 되는 경우에 매수인이 농부들에게 계약금만 지급한 상태에서 더 이상 잔금을 지급하지 않거나 수확 자체를 아예 하지 않는 것으로 알려져 있다. 다음에서는 옵션과 선도 계약의 개념을 사용하여 포전매매의 계약금과 잔액을 계산한다. 앞에서 설명한 포전매매의 현실적인 이슈를 반영한 모형을 수식으로 설명하기 위해 농부가 소유한 밭의 작물을 수확하기 위해 소요되는 노동비용을

L로 표기한다. 이 경우 완전한 조건부 청구권 시장이 존재하면 포전매매를 통해 농부가 다음 시점에서 중간상인에게 제공하는 소득의 현재 가치는 다음과 같다.

$$v_k = q_{k1}(Y_1 - L) + q_{k2}(Y_2 - L)$$

이 식에서 사용한 v_k는 앞에서 정의한 것과 동일한 의미이지만 노동 비용을 고려한 것이 차이점이다. 노동 비용을 반영하면 앞에서 설명한 콜 옵션의 가치도 다음과 같이 수정되어야 한다.

$$c_k = q_{k1}(Y_1 - L - K)$$

위의 식 오른편의 괄호 부분이 콜 옵션의 이득이 된다. 괄호로 정리된 이득은 미래 시점에서 산출되는 작물에 대하여 행사가격과 노동비용을 같이 지불해야 한다는 것을 반영한 것이다. 마찬가지로 풋 옵션의 가치도 다음과 같이 수정되어야 한다.

$$p_k = q_{k2}(K + L - Y_2)$$

위의 식 오른편의 괄호 부분이 풋 옵션의 이득이 된다. 괄호로 정리된 풋 옵션의 이득은 농부가 미래 시점에서 산출되는 작물을 K의 행사가격에 판매하고 동시에 작물의 수확을 위해 투입되는 노동에 대한 대가도 받게 되므로 이를 반영한 것이다. 앞에서 동일한 기호를 사용하여 콜 옵션과 풋 옵션의 가치를 사용하였지만 내용은 달라졌음을 지적해 놓는다.

현재 시점에서 계약금을 지불하고 수확을 한 이후 잔금을 치르는 방식으로 거래대금이 지불된다면 계약금과 잔금은 어떻게 나누어지는지를 설명한다. 두 개의 서로 다른 계약을 생각해본다. 첫번째 계약은 어느 상황이 발생하든 중간상인이 잔금 K를 농부에게 지불한다는 것이다. 두번째 계약은 이득이 발생하는 상황에서만 중간상인이 잔금 K를 농부에게 지불한다는 것이다. 두번째 계약은 중간상인에게 유리할 때만 수확하므로 포전매매가 일종의 옵션 계약과 유사하다. 다음에서 설명할 포인트는 앞에서 설명한 풋-콜 패리티 조건을 사용하면 중간상인은 두번째 계약을 염두에 두고 있으면서 농부와의 계약을 첫번째 계약인 것으로 할 유인이 있음을 보일 수 있다는 것이다. 첫번째 계약의 계약금과 두번째 계약의 계약금이 서로 다르다는 점이 포인트이다. 첫번째 계약의 계약금은 $(v_k - K/(1+r))$이다. 두번째 계약의 계약금은 c_k이다. 그러나 두 계약의 잔금은 서로 같다. 두 개의 계약과 관련하여 이슈가 되는 것은 첫번째 계약의 계약금과 두번째 계약의 계약금을 비교하여 두번째 계약의 계약금이 더 크다는 것이다. 이로 인해 발생하는 문제점은 중간상인의 약속을 강제할 수단이 없다면 중간상인은 농부와 첫번째 계약을 하지만 다음 시점에서는 두번째 계약에 해당되는 행동을 선택할 수 있다는 것이다.

균형에서 두번째 계약의 계약금이 첫번째 계약의 계약금보다 더 높다는 것을 어떻게 증명할 것인가? 이를 증명하기 위해 앞에서 설명한 풋-콜 패리티 조건을 이용한다. 풋-콜 패리티 조건은 두 계약의 계약금이 서로 만족해야 하는 다음과 같은 관계식을 함의한다.

$$\text{두번째 계약의 계약금} - \text{첫번째 계약의 계약금} = p_k$$

이 식에서 우변은 풋 옵션의 가치이다. 풋 옵션에 대한 보상이 다음의 조건을 만족하도록 풋 옵션이 설계된다면 풋 옵션의 가치는 비음수가 된다.

$$K - Y_2 + L > 0$$

위의 부등호가 만족된다는 것은 포전매매의 잔금이 흉작인 상황에서 중간상인이 얻는 이윤보다 더 크다는 것을 의미한다. 포전매매를 할 때 잔금의 크기를 어느 정도 이상 크게 하여 위의 강 부등호가 만족되도록 설정한다면 풋 옵션의 가치는 양수가 된다. 잔금이 위에서 설명한 조건을 만족한다면 두번째 계약의 계약금이 첫번째 계약의 계약금보다 더 높다. 중간상인이 현재 시점에서 계약을 체결하면서 농부와 합의한 약속을 이행할 제도적 장치가 없다면 중간상인은 현재 시점에서 보다 더 비용이 작은 계약의 형태를 선택하고 다음 시점에서 흉작의 상황이 발생하면 과거의 약속을 이행하지 않으려는 유인이 있다. 이러한 분석의 결과는 농산물의 포전매매에서 표준 계약서를 작성하는 것의 중요성을 뒷받침하는 것으로 해석할 수 있다.

앞에서 조건부 청구권 시장이 실제로 존재하지 않더라도 충분한 개수의 서로 다른 증권이 금융시장에서 거래된다면 이들의 가격을 사용하여 조건부 청구권의 가격을 추정할 수 있다는 점을 지적하였다. 위에서 분석하고 있는 모형은 단순히 두 개의 서로 다른 상황만 발생하는 것으로 가정하고 있기 때문에 동일한 행사가격을 가진 콜 옵션과 풋 옵션의 시장가격을 안다면 이를 이용하여 두 개의 서로 다른 조건부 청구권의 가격을 계산할 수 있다. 콜 옵션의 경우 다음 시점의 첫번째 상황에서 소비재 한 단위에 대한 조건부 청구권의 가격을 계산하는 데 사용할 수 있다. 이를 수식으로 표현하면 아래와 같다.

$$q_{k1} = \frac{c_k}{Y_1 - L - K}$$

또한 풋 옵션의 경우 다음 시점의 두번째 상황에서 소비재 한 단위에 대한 조건부 청구권의 가격을 계산하는 데 사용할 수 있다. 이를 수식으로 표현하면 아래와 같다.

$$q_{k2} = \frac{p_k}{K + L - Y_2}$$

오일러 방정식과 IS 곡선

거시 경제학에서 널리 사용되어 온 IS-LM모형에서 IS 곡선이 의미하는 점을 간단히 요약하면 총수요가 실질 이자율과 반대 방향으로 움직인다는 것이다. 총수요가 실질 이자율과 반대 방향으로 움직인다는 것은 소비자들이 효용 극대화의 문제를 풀어서 소비와 저축을 결정하는 경우에도 성립한다. 이자율이 상승하면 저축에 대한 미래 시점에서의 보상이 증가하므로 저축이 증가하고 소비는 감소할 수 있다. 또한 저축의

표 2-4 무위험 채권 투자에 대한 효용 극대화의 조건

효용 함수의 형태	$U(C) = \dfrac{C^{1-\left(\frac{1}{\delta}\right)} - 1}{1 - \left(\frac{1}{\delta}\right)}$
확률적 할인 인자의 형태	$m' = \beta \left(\dfrac{C'}{C}\right)^{-\left(\frac{1}{\delta}\right)}$
미래에 대한 완전 예측이 가능한 경우의 극대화 조건	$\beta \left(\dfrac{C'}{C}\right)^{-\left(\frac{1}{\delta}\right)} (1 + r) = 1$
미래에 실현되는 실질 수익률에 대한 위험이 있는 경우의 극대화 조건	$C^{-1/\delta} = \beta (1 + i) E\left[\dfrac{(C')^{-1/\delta}}{\Pi'}\right]$

증가로 인해 미래의 부가 증가하게 되고 그 결과 현재 시점의 소비를 증가시킬 수도 있다. 대체 효과가 부의 효과에 비해 충분히 크면 이자율의 상승은 소비의 감소로 이어진다. 소비수요가 총수요를 결정하는 거시 경제 모형에서는 대체 효과가 부의 효과에 비해 크면 총수요와 실질 이자율은 서로 역의 관계를 가지게 된다.

본 절의 주요 내용은 지금까지 분석한 소비자의 자산 선택과 자산가격의 결정에 관한 모형을 사용하여 IS 곡선을 도출하는 것이다. 이를 위해 이자율의 변화가 소비의 변화율에 미치는 효과를 측정하는 데 사용되는 개념을 먼저 설명한다. 소비의 기간 간 대체 탄력성(elasticity of intertemporal substitution)은 실질 이자율이 1퍼센트 변화할 때 소비의 증가율이 몇 퍼센트 변화하는지를 측정하는 척도이다. 소비의 기간 간 대체 탄력성을 δ로 표기하여 수식으로 정의하면 $\delta = \Delta \ln(C'/C)/ (\Delta \ln(1 + r))$이다. C'은 미래 시점의 소비 수준을 나타내고, C는 현재 시점의 소비 수준을 나타낸다. 본 절에서는 미래 시점의 변수를 표기할 때 동일한 변수에 프라임을 상첨자로 추가한다. 또한 소비의 기간 간 대체 탄력성이 상수인 효용 함수를 사용하여 설명을 진행한다.

<표 2-4>의 첫째 줄에는 소비의 기간 간 대체율이 일정한 상수인 효용 함수가 정리되어 있다. <표 2-4>의 두번째 줄에는 첫째 줄의 효용 함수 하에서 성립하는 확률적 할인 인자의 식이 정리되어 있다. <표 2-4>의 셋째 줄에 정리된 식의 양변에 로그

를 취하여 정리하면 $\Delta \ln (C'/C) = \delta \Delta \ln (1 + r)$이 된다. 이 식을 도출할 때 β가 상수임을 적용하였다. 따라서 $\delta = \Delta \ln(C'/C)/ (\Delta \ln(1 + r))$가 성립함을 확인할 수 있다.

앞에서 설명한 모형에서는 명목 소득과 실질 소득의 구분이 없었다. 본 절에서는 앞에서 설명한 균형 조건을 미래 시점에서 명목 소득을 제공하는 채권들의 가격을 설명하는 모형으로 확장한다. 이를 설명하기 위하여 다음 기에 어느 상황이든 1원을 제공하는 무위험 채권이 존재한다고 가정한다. 이 채권은 화폐단위로 평가하면 무위험 증권이지만 물가수준이 매 시점마다 변화할 수 있으므로 실물 단위로 평가하면 위험 채권이 된다. 이 채권에 대한 최적조건을 아래와 같이 쓸 수 있다.

$$(1 + i)E[m'/\Pi'] = 1$$

위의 식에서 i는 명목이자율을 나타내고 Π'는 다음 시기의 물가수준을 현재 시기의 물가수준으로 나눈 비율이다. 위에서 정리한 식은 중앙은행이 명목이자율을 조정함으로써 실물경제에 영향을 미칠 수 있는 가능성을 함의한다. 예를 들어서 중앙은행의 명목이자율에 대한 조정이 실질이자율에 반영된다면 명목이자율 조정으로도 소비의 증가율에 영향을 미칠 수 있다는 것이다.

모든 소비자가 동일하다는 가정을 하면 위의 조건은 모든 소비자에게 성립한다. 이 경우 위의 조건은 현재의 총소비가 미래의 총소비 수준과 예상 실질이자율에 의해서 결정됨을 의미한다. 구체적으로 설명하면 주어진 예상 소비수준하에서 예상 실질이자율이 높아지면 현재의 총소비가 낮아지고 예상 실질이자율이 낮아지면 현재의 총소비가 높아진다는 것이다. 그러므로 위의 식을 총소비 수요의 식으로 해석할 수 있다. <표 2-4>의 넷째 줄에는 지금까지의 설명을 수식으로 보이기 위해 앞에서 설명한 효용 함수를 사용하여 확률적 할인 인자를 소거하여 도출한 극대화 조건이 정리되어 있다. 이 식과 관련된 첫번째 포인트는 기간 간 대체 탄력성이 높을수록 명목이자율의 변화가 총소비에 미치는 효과가 커지게 된다는 것이다. 소비의 기간 간 대체 탄력성이 클수록 같은 크기의 이자율의 변동에 대하여 소비의 변화가 더욱 크게 반응한다는 의미이다. 따라서 <표 2-4>의 넷째 줄에 있는 식을 총수요 곡선의 식이라고 해석한다면 소비의 기간 간 대체탄력성이 높을수록 이자율 변화가 총수요에 미

표 2-5 IS 곡선의 도출 과정

1단계: 로그 함수를 사용하여 균형조건을 정리함.	$\ln Y = \ln Y' - \delta(\ln \beta + \ln(1+i) - \ln \Pi')$
2단계: 자연율 경제의 균형조건을 정리함.	$\ln Y^* = \ln Y'^* - \delta(\ln \beta + \ln(1+r^*))$
3단계: 생산 갭에 대한 균형 조건의 도출	$x = x' - \delta(i - \pi' - r^*)$

주: $C = Y$의 조건을 대입하여 정리한 수식을 사용하여 IS곡선을 설명한다.

치는 효과가 커진다고 할 수 있다.

두번째 포인트는 $E[m'R'] = 1$의 식에 m'이 소비의 기간 간 한계 대체율과 같다는 조건을 대입하여 도출되는 식은 특정한 증권의 보유에 대한 효용 극대화의 조건이 된다는 것이다. 따라서 <표 2-4>의 넷째 줄에 있는 식은 명목 무위험 채권의 보유를 효용 극대화를 통해서 결정하는 소비자에게 적용되는 조건으로 해석할 수 있다. 그 이유를 다음과 같이 설명할 수 있다. 첫째, 채권을 한 기 동안 보유하여 다음 시기에 얻을 한계 이득을 현재 시점의 효용 단위로 측정한 것이 우변이다. 둘째, 채권을 보유하기 위해 희생해야 하는 한계 비용을 현재 시점의 효용 단위로 측정한 것이 좌변이다. 따라서 이 식은 채권 투자로부터 얻는 한계 이득의 기대값과 채권 투자를 위해 현재 시점에서 지불해야 하는 한계 비용이 같다는 것을 의미한다.

앞에서 언급한 첫번째 포인트에 대한 설명을 단순화 하기 위해 미래에 대한 완전한 예견이 가능한 상황을 가정한다. 미래 시점의 상황에 대한 완전한 예견이 가능하지 않더라도 동일한 결과를 도출할 수 있지만 이 때에는 선형 근사식을 사용해야 한다. 미래에 대한 완전한 예견이 가능한 경우 오일러 방정식은 다음과 같이 다시 쓸 수 있다.

$$C^{-1/\delta} = \beta(1+i)(C')^{-\frac{1}{\delta}}/\Pi'$$

<표 2-5>에서는 위에서 정리한 오일러 방정식을 사용하여 IS 곡선을 도출하는 과정이 정리되어 있다. 여기서 중요한 가정은 실물 투자가 없는 단순한 경제를 상정하는 것이다. 이 경우 생산된 것은 모두 소비되는 경제이므로 (생산 = 소비)의 등식이 성립한다. 오일러 방정식의 양변에 로그를 취하고 나서 (생산 = 소비)의 등식을 부과하면 <표 2-5>의 첫째 줄에 정리되어 있는 식을 도출할 수 있다. 생산수준이 잠재 GDP를 실현하는 상황에서 인플레이션도 안정화되는 경제를 자연율 경제라고 정의한다. 인플레이션율이 안정화된다는 의미를 Π=1인 상황이라고 하자. 자연율 경제에 대해서도 앞에서 이미 적용한 방식을 그대로 적용하면 <표 2-5>의 둘째 줄에 있는 식이 도출된다. <표 2-5>의 첫째 줄에 있는 식에서 둘째 줄에 있는 식을 빼면 셋째 줄에 정리되어 있는 생산 갭(output gap)에 대한 식이 도출된다. <표 2-5>의 셋째 줄에서는 생산 갭은 x로 표기하고 현재 시점의 생산수준의 로그값에서 잠재 GDP의 로그값을 감한 차이로 정의한다. r^*는 자연 이자율을 나타내고 π는 인플레이션율을 나타낸다. 또한 위의 식을 도출하는 과정에서 매우 작은 m의 값에 대하여 성립하는 근사식인 $(1 + m) \approx m$을 명목 이자율과 자연 이자율에 적용하였다. 앞에서 IS 곡선의 식을 도출할 때 미래 시점에 대한 불확실성이 없는 것으로 가정하였다. 그러나 미래 시점에서 어떠한 상황이 실현되는지를 정확히 알 수 없는 경우 <표 2-5>의 셋째 줄에 있는 식은 다음과 같이 수정된다.

$$x = x^e - \delta(\mathrm{i} - \pi^e - r^*)$$

이 식에서 $x^e = E[x']$로 정의되고 미래 시점에서 예상되는 생산 갭의 수준을 나타내고 $\pi^e = E[\pi']$로 정의되고 예상 인플레이션율을 나타낸다.

위에서 정리한 식이 정태적 IS-LM 모형의 IS 곡선과 다른 점을 다음과 같이 두 가지로 요약할 수 있다. 첫째, 미래 시점의 불확실성을 반영한 효용 극대화 조건을 사용하여 IS 곡선을 도출한다는 것이다. 이는 저축과 투자가 같다는 조건으로부터 도출하는 IS 곡선과는 다른 이론적 틀을 사용하였다는 것을 의미한다. 둘째, 미래 시점에서 발생할 상황에 대한 예측이 현재 시점의 총수요에 영향을 미친다는 것이다. 위의 식을 보면 미래 시점에 대한 예상을 반영하는 두 개의 변수가 포함된다. 하나는 미래 시점에서 예상되는 생산 갭이다. 미래 시점에서 경기가 더 좋을 것으로 예상되면 이는 현재 시점의 생산 갭을 늘리는 효과를 가져다 준다. 다른 하나는 미래 시점에서 예상되는 인플레이션율이다. 이는 소비자가 예상 실질이자율을 계산하는 데 사용된다. 소비자의 예상 인플레이션율이 높아지면 주어진 명목 금리 수준 하에서 예상 실질이자율이 낮아진다. 이는 현재 시점의 총수요를 증가시켜서 현재 시점의 생산 갭을 증가시키는 효과를 가져다 준다.

연습문제

1. 미래 시점에서 발생 가능한 두 개의 상황이 존재하는 것으로 가정하시오. 소비자는 두 기간 동안 생존하고 생애 효용 함수는 다음과 같다.

$$U(C_k, C_1{}', C_2{}') = \ln C_k + \beta(\pi_{k1} \ln C_1{}' + \pi_{k2} \ln C_2{}')$$

전이 확률은 $\pi_{k1} + \pi_{k2} = 1$을 만족한다. 본문의 분석과 다른 점은 $\beta(1+r)=1$의 가정을 부과하지 않는다는 것이다.

(1) $D_{k1} = \ln C_k + \beta\pi_{k1} \ln C_1{}'$에 대응하는 무차별 곡선을 x축이 C_k이고 y축이 $C_1{}'$인 평면에 표시하시오. 앞에서 그린 무차별 곡선에 대응하는 예산제약식의 선을 어떻게 도출할 수 있는지 설명하고 동일한 평면에 표시하시오.

(2) $D_{k2} = \ln C_k + \beta\pi_{k2} \ln C_2{}'$에 대응하는 무차별 곡선을 x축이 C_k이고 y축이 $C_2{}'$인 평면에 표시하시오. 앞에서 그린 무차별 곡선에 대응하는 예산제약식의 선을 어떻게 도출할 수 있는지 설명하고 동일한 평면에 표시하시오.

(3) 위의 두 문제의 답을 이용하여 효용 극대화의 조건을 설명하시오.

2. 미래 시점에서 발생 가능한 두 개의 상황이 존재하는 것으로 가정하시오. 소비자는 두 기간 동안 생존하고 생애 효용 함수는 다음과 같다.

$$U(C_k, C_{k1}', C_{k2}') = \ln C_k + \beta(\pi_{k1} \ln C_{k1}' + \pi_{k2} \ln C_{k2}')$$

생애 효용 함수의 식에서 전이 확률들은 $\pi_{k1} + \pi_{k2} = 1$을 만족하고 $k = 1,2$이다. 소비자의 생애 전체 동안 소득 흐름의 현재 가치가 현재 시점의 상황에 따라 달라지는 경우를 생각해 보자. 현재 시점에서 상황 1이 실현되는 경우의 생애 전체의 소득 흐름의 현재 가치는 다음과 같이 주어진다.

$$W_1 = C + q_{11}(C + e) + q_{12}(C - e)$$

현재 시점에서 상황 2가 실현되는 경우의 생애 전체의 소득 흐름의 현재 가치는 다음과 같이 주어진다.

$$W_2 = C + q_{21}(C + e) + q_{22}(C - e)$$

(1) 효용 극대화에 의해서 미래 시점에서의 소비는 다음과 같이 결정됨을 보이시오.

$$C'_{k1} = \beta \frac{\pi_{k1}}{q_{k1}} C_k; \; C'_{k2} = \beta \frac{\pi_{k2}}{q_{k2}} C_k$$

(2) 효용 극대화의 조건과 생애 예산제약식을 사용하여 현재 시점의 소비가 다음의 식과 같이 결정되기 위한 조건을 도출하시오.

$$C_k = W_k/(1 + \beta)$$

(3) 위의 두 문제에서 제시한 답을 사용하여 $C_1 = C_2$의 등식이 만족되기 위한 조건을 도출하시오.

(4) 문제 (2)에서는 현재 시점의 상황이 결정된 이후 현재와 미래의 모든 상황에서 소비가 같다. 문제 (3)에서는 현재 시점에서 실현된 상황에 관계없이 현재와 미래의 모든 상황에서 소비가 같다. 전자의 경우를 조건부 소비 평탄화라고 정의하고 후자의 경우를 비조건부 소비 평탄화라고 정의한다면 두 경우의 생애 효용 함수를 비교하시오.

3. 현재 완전한 조건부 청구권 시장이 없고 소비자들은 만기가 1기인 무위험 채권만 보유할 수 있는 것으로 가정하시오. 완전한 조건부 청구권 시장을 도입하기 위해 비용이 소요된다고 가정하시오. 정부는 소비자들에게 정액세를 부과하고 거두어 들인 수입을 사용하여 완전한 조건부 청구권 시장을 도입하려고 한다. 정부가 거두어 들일 수 있는 세수의 최대치를 어떻게 계산할 수 있는지를 설명하시오. 필요하다면 본문의 예를 사용하여 설명하시오.

4. A국에서 미래에 발생하는 상황은 단순하게 두 개의 상황만 존재한다. 상황 1은 정상적인 상황이다. 상황 2는 천재지변이 발생하는 상황이다. 2017년 9월 30일 농부와 최종 소비자가 2018년 9월 30일에 수확할 예정인 농산품에 대하여 미리 직거래 계약을 체결하였다. 직거래 계약에는 농산품의 가격과 수량이 포함된다. 최종 소비자는 이 농산품 하나만 소비한다. 정상적인 상황에서는 농산품 한 단위를 소비자에게 배송한다. 천재지변이 발생하여 농산물을 제대로 소비할 수 없을 정도로 품질이 낮아지면 소비자에게 농산물을 인도하지 않는다.

   (1) 국내에서 천재지변이 발생하면 해외에서 동일한 농산품을 수입해야 한다. 이러한 경우를 대비하여 국내 소비자는 국내 농부와 동일한 방식으로 해외 농부와 직거래를 한다. 국내에서 생산하는 농부와 직거래를 하는 경우의 농산품 한 단위 가격은 0.35이다. 해외에서 생산하는 농부와 직거래하는 경우의 농산품 한 단위 가격은 0.55이다. 직거래의 대금 결제에는 두 가지 방법이 가능하다. 첫째 방법은 물건을 인도 받는 시점에서 대금을 지불한다. 둘째 방법은 물건을 받기 이전 계약하는 시점에서 대금을 지불한다. 국내 소비자는 직거래를 하기 위해 미리 가격을 지불한다. 조건부 청구권의 정의를 쓰고 농부와 소비자 간의 직거래가 조건부 청구권의 거래인지의 여부를 설명하시오.
   (2) 각각의 상황이 발생할 확률이 1/2이다. 위의 문제에서 함의되는 이자율을 계산하시오.
   (3) 위의 문제에서 함의되는 확률적 할인 인자를 계산하시오.
   (4) A국의 경우 해외 농부와의 직거래가 허용되지 않으면 조건부 청구권에 대한 완전한 시장이 존재하지 않으므로 소비자의 후생이 낮아진다는 주장이 있다. 이러한 주장이 타당한지의 여부를 설명하시오.

5. 문제 4에서 설명한 A국의 상황을 그대로 유효한 것으로 가정하고 다음에서 설명하는 새로운 계약의 형태를 분석하시오.
   (1) 미래의 상황에 관계없이 농부가 산출한 농산품을 소비자에게 인도하고 소비자는 미리 약정한 가격을 농산물이 인도되는 시점에서 지불한다. 2017년 9월 30일의 농산품 한 단위의 가격이 0.90이다. 2017년 9월 30일에 약정한 2018년 9월 30일의 가격을 계산하시오. 문제 4의 (2)에서 계산한 이자율을 사용하시오.
   (2) 위의 문제에서 설명한 계약이 2018년 9월 30일의 농산품 시장에서 구매하는 것과 비교하여 어떠한 이점이 있는지를 설명하시오.
   (3) 우리나라에서 행해지고 있는 포전거래를 설명하시오. 또한 앞에서 설명한 방식과 비교하여 어떠한 차이가 있는지를 설명하시오.

6. 다음의 문장을 읽고 'true', 'false', 'uncertain' 중의 하나를 선택하고 선택한 이유를 자세히 설명하시오.

   (1) 차익거래의 이득이 없는 균형에서 미래의 초과수익률을 할인하여 예상한 값은 0이다.

   (2) 시장에서 거래되는 모든 증권에 대하여 각각의 증권이 지니고 있는 위험 중 그 증권의 가격에 반영되는 위험 단위당 초과 수익률이 같다면 이 값을 위험의 시장가격이라고 할 수 있다.

   (3) 장기 이표채의 가격은 할인채 가격들의 함수로 표현할 수 있다. 따라서 다양한 만기의 이표채 가격들을 충분히 알면 실제로 시장에서 거래되지 않는 장기 할인채의 가격도 추정할 수 있다.

7. 문제 1과 2에서 분석한 모형을 사용하여 답하시오. 완전한 조건부 청구권 시장을 도입할 수 없지만 단 하나의 조건부 청구권을 만들 수 있다고 가정하시오. 두 개의 조건부 청구권 중 어느 청구권이 더욱 바람직한 증권인가를 판단하기 위해 어떠한 분석이 필요한지를 설명하시오. 본문에서 설명한 그래프와 유사한 방식으로 설명하시오. 조건부 청구권 대신 무위험 단기 채권을 발행할 수 있는 방안이 추가된다면 이 방안이 조건부 청구권을 하나만 발행하는 것보다 더 나은 대안인지의 여부를 분석하시오.

8. 농부가 소유하고 있는 배추 밭의 다음 시점에서의 산출을 두 가지 상황으로 나타낸다. 풍작의 상황이 1/2의 확률로 발생하고 풍작일 경우 산출량은 100포기이다. 흉작의 상황이 1/2의 확률로 발생하고 흉작일 경우 산출량은 50포기이다. 배추를 수확하기 위해 풍작이거나 흉작인 것과 관계없이 배추 10포기에 해당하는 비용을 지불해야 한다. 현재 시점에서 결정된 조건부 청구권의 가격은 다음과 같다. 다음 시점에서 풍작이 발생할 경우 배추 한 포기에 대한 조건부 청구권의 가격은 0.4이다. 다음 시점에서 흉작이 발생할 경우 배추 한 포기에 대한 조건부 청구권의 가격은 0.5이다. 현재 시점과 미래 시점에서 배추 한 포기의 가치는 회계 단위로 사용되는 재화 한 단위와 동일하다.

   (1) 다음 시점에서 농부가 소유한 밭에서 산출된 배추를 60의 가격으로 구매할 수 있는 권리를 현재 시점에서 거래한다면 그 권리의 가격을 계산하시오.

   (2) 다음 시점에서 농부가 소유한 밭에서 산출된 배추를 60의 가격으로 판매할 수 있는 권리를 현재 시점에서 거래한다면 그 권리의 가격을 계산하시오.

   (3) 다음 시점에서 어느 상황이 발생하든 반드시 60의 가격으로 배추를 인도하는 포전 매매계약의 계약금을 계산하시오.

9. 앞에서 설명한 자산가격 설정 모형을 사용하여 다음의 문제에 답하시오. 실질이자율을 0.25 로 가정 하시오. 현재 시점부터 앞으로 무한 기간 동안 매 시점 마다 각각 1/2의 확률로 1.5 의 편익을 주고 1/2의 확률로 1의 편익을 제공하는 증권의 현재시점에서의 균형가격을 계산 하시오.

제3장

포트폴리오 선택 모형과
확률적 할인 인자

포트폴리오 선택 모형과 확률적 할인 인자

매크로 파이낸스(Macro-Finance)라는 용어의 의미는 두 가지로 해석할 수 있다. 첫째, 증권시장을 대표하는 하나의 위험 증권과 하나의 무위험 채권이 있으며 이들의 가격이 어떻게 결정되는지를 분석한다는 의미에서의 매크로 파이낸스이다. 다양한 증권들이 있지만 증권시장에서의 대표적인 증권들에 대하여 보다 더 초점을 맞춘다는 의미이다. 둘째, 위에서 언급한 증권들이 거시 경제의 주요 변수들과 어떠한 관련이 있는가를 설명한다는 것이다. 또한 개별 증권의 가격도 거시 경제의 변동에 항상 자유롭게 결정되는 것은 아니다.[1] 1990년대 초반 이후 매크로 파이낸스 분야의 핵심은 확률적 할인 인자의 개념을 이용한 증권가격의 결정이었다. 제2장에서 확률적 할인 인자를 사용하여 모든 개별적인 증권에 대하여 동일하게 적용할 수 있는 균형가격의 산정 공식을 도출하였다. 균형가격 산정 공식은 차익거래의 이득이 존재하지 않는 균형에서 성립해야 하는 균형 조건이다. 확률적 할인 인자를 사용하는 이점은 확

---

1 코크레인(John Cochrane)은 매크로 파이낸스를 자산가격과 경제 변동 사이에 있는 연결을 밝히는 분야라고 지적한다. 코크레인의 견해에 관한 자세한 설명에 대해서는 2017년 Review of Finance (Vol. 21(3), pp. 945-985)에 실린 『Macro-Finance』를 참고하시오.

률적 할인 인자를 증권가격의 산정 공식에서 기계적으로 적용할 수 있다는 것이다. 예를 들면 확률적 할인 인자를 상품을 생산하기 위해 사용되는 일종의 제품 생산 기계와 같은 역할을 하는 변수로 이해할 수도 있다. 어느 증권이든 그 증권이 미래 시점에서 제공할 소득을 확률적 할인 인자라고 하는 증권가격 산출 기계에 투입하면 자동적으로 현재 시점에서 성립해야 하는 균형 시장가격이 산출된다.

확률적 할인 인자가 증권의 균형 시장가격이 결정되는 데 중요한 역할을 한다면 확률적 할인 인자는 과연 어떻게 결정되는가에 대하여 궁금할 것이다. 확률적 할인 인자가 증권시장에서 결정되는 증권의 시장가격 또는 수익률에 의해서 충분히 설명이 되는가에 대해서도 궁금할 것이다. 아니면 증권시장의 외부에서 결정되는 변수들의 변화를 반영하는가? 이처럼 확률 인자의 정체에 대하여 이해하려는 질문이 가능하다. 이와 같은 의문을 해결하는 하나의 방법은 확률적 할인 인자와 증권가격의 결정을 설명하는 다른 이론 모형과 어떠한 관계가 있는지를 분석하는 것이다. 동일한 맥락에서 확률적 할인 인자는 증권가격의 결정 과정을 설명하는 기존의 이론과 어떠한 관계가 있는가에 대하여 궁금할 수 있다. 예를 들어 확률적 할인 인자는 조건부 청구권 시장과 어떠한 관계가 있는가? 확률적 할인 인자는 한계 효용 이론과 어떠한 관계가 있는가? 확률적 할인 인자는 위험의 시장가격과 어떠한 관계가 있는가? 등의 질문이 될 수 있다. 제2장에서 이미 확률적 할인 인자와 조건부 청구권 가격 간의 관계와 확률적 할인 인자와 소비의 기간 간 한계 대체율 간의 관계에 대하여 설명하였다. 확률적 할인 인자와 조건부 청구권 간의 관계를 간단히 요약하여 설명하면 확률적 할인 인자는 조건부 청구권의 가격에 비례한다. 또한 소비자들이 참가하는 완전한 증권시장이 존재하면 확률적 할인 인자는 소비의 기간 간 한계 대체율과 같다. 확률적 할인 인자가 소비의 기간 간 한계 대체율과 같다는 결과가 함의하는 점은 확률적 할인 인자는 가계가 결정하는 최종 소비의 기간 간 변화에 의해서 결정된다는 것이다. 증권시장이 자금의 수요자와 공급자를 연결시켜주는 역할을 한다는 것을 고려하면 앞에서 정리한 결론의 함의는 기업의 생산을 위한 투자 결정과 가계의 무위험 증권에 의거한 저축에 대한 결정은 최종 소비의 기간 간 변화와 상호 작용이 있다는 것이다. 이러한 의미에서 확률적 할인 인자는 증권가격의 결정과 거시 경제 현상 간의 관계를 연결시키는 역할을 한다.

위험 증권의 예상 수익률이 무위험 채권 수익률과 비교하여 더 높아야 할 이유는 무엇인가? 위험 증권은 미래 시점에서 실현될 투자 수익률을 미리 확정할 수 없고 수익률이 매우 낮아질 수 있는 가능성이 있다. 항상 수익률이 낮다면 무위험 채권과 비교하여 위험 증권을 보유할 이유가 없다. 수익률이 높게 나타날 가능성도 충분히 있어서 낮게 나타나는 경우에 대한 충분한 보상이 있어야 한다. 이처럼 수익률이 낮게 실현되어 투자에 대한 적절한 보상이 없을 위험을 부담하는 대가로 높은 수익률의 가능성도 충분히 있어야 한다는 것이다. 이처럼 높은 수익률의 기회와 낮은 수익률의 가능성이 미치는 효과가 모두 반영되어 위험 증권의 예상 수익률이 결정된다. 따라서 위험 증권의 예상 수익률이 무위험 채권의 수익률보다 더 높다면 그 차이는 투자자가 위험 증권을 보유하여 부담할 위험에 대한 보상이라고 말할 수 있다.

개별 증권이 가지고 있는 위험을 측정하기 위해 사용할 수 있는 척도는 무엇인가? 개별 증권이 제공하는 수익률의 변동성이 높다면 위험이 높은 것으로 간주할 수 있고 아울러 변동성의 척도로 수익률의 표준편차를 사용할 수 있다. 어느 증권이 다른 증권에 비해 위험을 효율적으로 보상하고 있는가? 무조건 예상 수익률이 높다고 해서 좋은 것이라고 평가하기보다는 수익률의 변동성이 낮으면서 예상 수익률이 높은 증권을 더 바람직한 증권으로 볼 수 있다. 이와 같은 기준을 반영하여 개별 증권이 위험에 대하여 보상하는 크기를 평가해야 한다면 예상 초과 수익률을 변동성의 척도인 수익률의 표준편차로 나눈 비율을 사용하는 것이 적절하다. 이렇게 정의한 비율은 예상 수익률이 높다고 할지라도 수익률의 변동성이 같이 높다면 크게 높아지지 않기 때문이다. 낮은 변동성과 높은 예상 수익률이 결합되어야 높은 값으로 나타난다. 이와 같은 배경을 바탕으로 샤프 비율(Sharpe ratio)이 정의된다. 위험 증권의 예상 수익률에서 무위험 이자율을 뺀 차이를 예상 초과 수익률로 정의한다. 예상 초과 수익률을 수익률의 표준편차로 나눈 비율을 샤프 비율로 정의한다. 다른 표현을 쓰면 위험 보상 비율이라고 한다.

증권시장의 역할은 앞에서 자금의 수요자와 자금의 공급자를 연결시켜 주는 역할을 하는 것으로 설명하였다. 앞에서 설명한 위험의 개념으로 증권의 역할을 설명하면 여러 참가자들은 다양한 증권이 가지고 있는 위험을 거래하여 위험에 대한 합의된 가치를 결정한다는 것이다. 위험에 대한 가격 발견이라고 요약할 수 있다. 투자자들이 증권시장에 참가하여 얻는 이득은 무엇인가? 단순히 여유 자금을 가지고 다양한 종류의 위험을 쇼핑하는 것이 가능하도록 하기 위해서 증권시장이 존재해야 하는 것인가? 제대로 작동하는 증권시장이 존재하면 가능한 한 다양한 증권의 적절한 결합을 통해 달성할 수 있는 가장 높은 위험 보상 비율을 보장하는 증권의 포트폴리오를 만들고 그 수익률을 실현시킬 수 있다. 개별 증권 하나로는 가능하지 않지만 다양한 증권을 적절하게 결합하면 그 결과 단위 당 위험에 대한 보상이 더 높은 증권의 모음을 형성하여 위험 보상 비율의 극대화를 실현할 수 있다. 증권시장에서 달성할 수 있는 가장 높은 위험 보상 비율을 위험의 시장가격으로 정의한다면 결국 위험에 대한 보상은 증권시장이 존재하여 투자자들이 서로 증권을 거래하여 생산한 산출물로 간주할 수 있다. 확률적 할인 인자가 위험의 시장가격의 함수라면 확률적 할인 인자는 증권시장에서 결정되는 위험에 대한 보상을 반영하는 것으로 볼 수 있다. 이와 같은 확률적 할인 인자의 특성으로 인해 임의의 증권에 대하여 확률적 할인 인자와 그 증권의 수익률 간의 상관 관계를 분석하면 그 증권의 위험에 대한 시장의 평가를 측정할 수 있다.

본 장에서는 확률적 할인 인자와 위험의 시장가격 간의 관계에 대하여 설명한다. 위험의 시장가격은 기존의 포트폴리오 선택을 설명하는 이론의 중요한 개념이다. 포트폴리오 선택 이론은 증권이 제공하는 수익률의 평균과 분산을 고려하여 여러 다양한 증권들의 최적 포트폴리오를 선택하는 투자자를 상정하고 있다. 본 장에서는 확률적 할인 인자가 평균-분산의 포트폴리오 모형에서 도출되는 위험의 시장가격과 어떠한 관계가 있는지를 설명한다. 따라서 본 장의 목적은 기존의 평균-분산 포트폴리오 선택 모형과 확률적 할인 인자로 증권의 가격을 설정하는 접근법 간의 관계를 설명한다. 본 장에서는 다음과 같은 내용으로 진행된다. 첫째, 증권의 위험과 위험의 시장가격에 대하여 설명한다. 둘째, 시장 포트폴리오와 위험의 시장가격에 대하여 설명한다. 셋째, 확률적 할인 인자를 위험의 시장가격에 대한 함수로 표시할 수 있음을 보인다.

포트폴리오 선택과 위험의 시장가격

본 절에서는 예산 제약 하에서 자신의 효용을 극대화하여 위험 증권에 대한 투자를 결정하는 투자자의 선택을 설명한다. 투자자의 효용은 자신이 소유하고 있는 부(wealth)의 함수이다. 구체적으로 설명하면 투자자의 효용은 투자자가 소유하는 부의 크기에 대해서 증가 함수이고 부의 변동성에 대하여 감소 함수이다. 한편, 투자자의 부는 투자자가 보유하는 위험 증권의 수익률의 영향을 받는다. 투자자가 보유하는 증권의 수익률이 평균적으로 커지면 예상되는 부의 크기가 늘어나서 투자자의 효용이 증가한다. 투자자가 보유하는 증권의 수익률에 대한 변동성이 커지면 부의 변동성이 증가하여 투자자의 효용을 감소시킨다. 투자자의 효용은 자신이 보유한 자산 가치의 함수이지만 앞에서 설명한 경로를 통해 투자자는 증권 투자의 위험과 위험에 대한 보상에 대해 선호가 있는 것으로 바꾸어 생각해 볼 수 있다. 예를 들어 위험의 크기가 동일하다면 위험에 대한 보상이 클수록 효용이 높아진다. 그리고 위험의 보상이 동일하다면 위험의 크기가 작을수록 효용이 높아진다. 앞에서 설명한 투자자의 효용 함수를 사용하여 x축이 수익률의 표준편차이고 y축이 예상 수익률인 평면 안에 무차별 곡선을 그릴 수 있다. 무차별 곡선의 형태는 어떻게 결정되는가? 먼저 무차별 곡선의 기울기는 양수가 됨을 알 수가 있다. x축은 증가할수록 효용이 감소하는 일종의 비재화로 간주할 수 있고 아울러 y축은 증가할수록 효용이 증가하는 재화로 간주할 수 있다. 동일한 효용 수준을 유지하기 위해 x축에서 증가하면 그에 따른 효용의 감소를 보상하기 위해 y축에서 증가해야 하므로 무차별 곡선은 기울기가 양수가 되어야 한다.

다음에서는 투자자의 예산 제약을 이용하여 위에서 설명한 평면에서 투자자의 제약 집합을 설명한다. 투자자의 예산 제약은 투자자가 소유하는 부의 기간 간 변동과 관련이 있다. 현재 시점에 들어오면서 과거 시점부터 투자자가 마련한 부가 있는 것으로 가정한다. 이것이 투자자가 외부 자금의 차입 없이 자신의 투자에 쓸 수 있는 투자 자금이다. 투자자는 자신에게 가용한 자금을 위험 증권과 무위험 증권으로 나누어 투자할 수 있다. 투자자는 무위험 채권을 발행하여 차입을 통해 투자 자금을 늘릴 수 있으나 위험 증권에 투자하는 총 투자 자금은 일정한 한도를 넘을 수 없는 것으로 가정한다. 증권시장에서 거래되는 위험 증권은 개인 투자자가 발행할 수 없는 것으로 가정한다. 따라서 투자자는 예산 제약 하에서 위험 증권에 대한 투자와 무위험 채권에 대한 투자 또는 발행을 결정해야 한다.

위험 증권에 대한 투자 선택은 두 개의 서로 다른 선택을 포함한다. 첫번째 선택은 위험 증권에 대한 총 투자 금액에 대한 선택이다. 두번째 선택은 위험 증권에 대한 총 투자 금액을 개별 위험 증권에 어떻게 배분할 것인지에 대한 선택이다. 이 두 가지 선택은 투자자가 다음 시점에서 소유할 부에 영향을 미친다. 첫번째 선택부터 설명한다. 투자자가 소유한 위험 증권들로 구성된 포트폴리오의 예상 수익률은 무위험 이자율보다 더 높은 것으로 가정한다. 일반적으로 투자자가 위험 증권에 투자하는 것에 대한 보상이 필요하므로 이와 같은 가정이 무리한 가정은 아니다. 이 경우 투자자의 위험 증권에 대한 투자액이 더 커질수록 다음 시점에서 투자자가 소유할 부에 대한 기대값과 변동성이 동시에 증가한다. 따라서 투자자가 다음 시점에서 자신이 소유하는 부의 기대값이 증가하는 방향으로 투자 결정을 조정한다면 이는 다음 시점에서 투자자가 소유할 부에 대한 표준편차가 증가하는 것을 의미한다. 두번째 선택은 투자자가 처한 제약을 설명하는 식의 기울기를 결정한다. 제약을 설명하는 식의 위치는 무위험 이자율의 크기에 의해서 결정된다. 투자자는 개별 위험 증권을 선택할 때 효율적인 포트폴리오를 형성한다. 효율적인 포트폴리오를 어떻게 찾아내는지를 설명하기 위해 단순한 예를 사용한다. 두 단계로 나누어 진행한다. 첫번째 단계에서는 세 개의 증권이 있는 상황에서 예산 제약을 도출한다. 두번째 단계는 예산 제약 하에서의 효용 극대화이다.

효율적 변경(efficient frontier)의 개념을 소개한다. 효율적 변경은 예상 수익률을 고정시키고 고정된 예상 수익률을 달성할 수 있는 포트폴리오 중에서 수익률의 분산이 최소인 포트폴리오를 계산하는 작업을 각각의 예상 수익률에 대하여 반복하여 도출한 포트폴리오들의 예상 수익률과 수익률의 표준편차의 궤적을 말한다. 효율적 변경은 x축이 포트폴리오의 표준편차이고 y축이 포트폴리오의 예상 수익률인 평면에서 곡선의 형태로 도출된다. 무위험 이자율로부터 시작하는 효율적 변경의 접선 중에

표 3-1 두 증권 모형의 효율적 변경과 시장 포트폴리오의 수익률

두 위험 증권 포트폴리오의 수익률	$R' = \omega R_1' + (1 - \omega) R_2'$
두 위험 증권 포트폴리오의 분산	$\sigma^2 = \omega^2 \sigma_1^2 + (1 - \omega)^2 \sigma_2^2 + 2\omega(1 - \omega)\sigma_{12}$
최소 분산 포트폴리오에서 증권 1의 비중	$\omega^* = (\sigma_2^2 - \sigma_{12})/(\sigma_1^2 + \sigma_2^2 - 2\sigma_{12})$
효율적 변경의 식(음함수 형태)	$\sigma^2 = a_0 \left(\dfrac{R^e - R_2^e}{R_1^e - R_2^e} - \omega^* \right)^2 + a_1$ $a_0 = \sigma_1^2 + \sigma_2^2 - 2\sigma_{12};\ a_1 = (\sigma_1^2 \sigma_2^2 - \sigma_{12})/a_0$
시장 포트폴리오에서 증권 1의 비중	$\omega_m = (a\sigma_2^2 - \sigma_{12})/(\sigma_1^2 + a\sigma_2^2 - (1 + a)\sigma_{12})$ $a = (R_1^e - F)/(R_2^e - F)$
자본시장선의 식	$R^e = \lambda \sigma + F$

서 기울기가 가장 큰 접선이 예산 제약을 나타내는 직선이다. 이를 자본시장선이라고 부른다. 또한 접점에서 결정되는 예상 수익률과 수익률의 표준편차를 달성하도록 하는 위험 포트폴리오를 시장 포트폴리오(market portfolio)라고 정의한다. 시장 포트폴리오는 주어진 무위험 이자율 하에서 가장 높은 위험 보상 비율을 달성한다. 이를 위험의 시장가격으로 부른다. 자본시장선(capital market line)은 투자자의 효용 극대화 문제에서 투자자가 직면한 제약식이 된다. 투자자가 풀어야 하는 효용 극대화의 문제를 무차별 곡선의 분석에 의해서 설명한다면 다음과 같다. 투자자의 무차별 곡선은 x축이 수익률의 편차이고 y축이 수익률의 기대값으로 정의되는 평면에서 기울기가 양수인 곡선이다. 투자자의 제약을 나타내는 선은 자본시장선이다. 자본시장선은 x축이 수익률의 편차이고 y축이 수익률의 기대값으로 정의되는 평면에서 x축의 절편이 무위험 채권의 수익률과 같으며 기울기가 위험의 시장가격이다. 투자자의 효용을 극대화하는 위험 증권의 총 투자액과 무위험 채권에 대한 총 투자액은 무차별 곡선과 자본시장선이 접하는 점에서 결정된다.

앞에서 설명한 내용들을 구체적인 모형을 사용하여 설명한다. 모형의 분석을 단순화 하기 위해 두 개의 위험 증권과 하나의 무위험 증권이 존재하는 증권시장을 가정하여 설명한다. 위험 증권 1의 수익률은 R_1'로 표시하고 이 확률 변수의 값은 다음 시점에서 알려진다. 위험 증권 1의 수익률의 평균은 R_1^e이고 표준편차는 σ_1이다. 위험 증권 2의 수익률은 R_2'로 표시하고 이 확률 변수의 값도 다음 시점에서 알려진다. 위험 증권 2의 수익률의 평균은 R_2^e이고 표준편차는 σ_2이다. 위험 증권의 수익률 간의 공분산은 σ_{12}이다. 첫번째 단계에서는 위험 증권의 포트폴리오를 구성한다. 증권 1의 투자 비중은 ω이고 증권 2의 투자 비중은 $1 - \omega$이다. 다음 시점에서 위험 증권의 포트폴리오로부터 예상되는 수익률의 기대값과 표준편차의 식은 다음과 같다. 위험 증권 포트폴리오의 수익률은 두 개의 서로 다른 증권이 제공하는 수익률의 선형 결합으로 주어진다. 포트폴리오의 수익률을 R'로 표기하면 $R' = \omega R_1' + (1 - \omega)R_2'$로 정의된다. 위험 증권으로 구성된 포트폴리오가 제공하는 수익률의 표준편차는 개별 증권이 제공하는 수익률의 표준편차들의 비선형 결합이 된다. 수익률의 표준편차는 σ로 표기한다. <표 3-1>의 둘째 줄에 있는 식은 두 개의 확률변수의 가중 평균에 대한 분산의 공식을 사용하여 위험증권 포트폴리오가 제공하는 수익률의 분산을 계산한 것이다.

두 개의 가용한 증권을 적절히 조합하여 형성한 포트폴리오 중에서 수익률의 변동성이 가장 낮은 포트폴리오는 어떻게 만들 수 있는가? <표 3-1>의 둘째 줄에 있는 식을 ω에 대하여 미분한 식을 제로로 하여 ω의 값을 계산하면 수익률의 분산을 최소로 하는 포트폴리오에서 증권 1이 차지하는 비중을 계산할 수 있다. 이렇게 해서 달성되는 포트폴리오를 최소 분산 포트폴리오로 정의한다. 최소 분산 포트폴리오에서 증권 1의 비중은 <표 3-1>의 셋째 줄에 정리되어 있다.

최소 분산 포트폴리오를 달성하면 위험 보상 비율을 극대화할 수 있는가? 위의 비중으로 결합하는 것이 위험 증권에 대한 위험의 보상 비율을 가장 높게 하는 포트폴리오인지를 생각해볼 수 있다. 답은 위험 보상 비율을 가장 높게 하는 포트폴리오가 아니라는 것이다. 여기서 위험 보상 비율은 예상 초과 수익률을 수익률의 표준편차로 나눈 비율로 정의된다. 단지 수익률의 위험을 최소화 한다고 하여 위험에 대한

그림 3-1 효율적 변경과 최적 포트폴리오의 결정

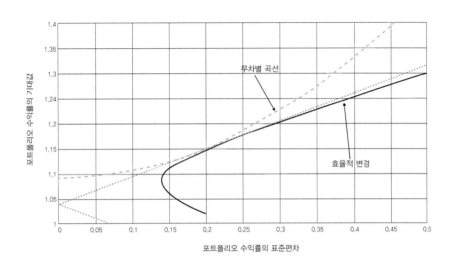

보상 비율을 가장 높게 하는 것은 아니라는 것이다. 최소 분산 포트폴리오를 계산하는 문제는 예상 수익률이 고정된 상태에서 수익률의 변동성이 가장 낮은 포트폴리오를 선택하는 문제와는 구분이 되어야 한다. 예를 들어서 R'의 평균을 R^e로 고정한다면 두 개의 위험 증권의 수익률 평균이 주어진 상태에서 위험 증권 1에 대한 비중이 고정된다. 구체적인 수식으로 표현하면 위험 증권 1에 대한 비중은 $\omega = (R^e - R_2^e)/(R_1^e - R_2^e)$이다. 이를 포트폴리오 수익률 편차의 식에 대입하여 정리한 수익률의 표준편차와 수익률의 평균에 대한 식이 <표 3-1>의 넷째 줄에 있다. 이 식은 σ와 R^e의 관계를 나타낸다. 이 식의 그래프를 x축이 σ를 나타내고 y축이 R^e인 평면에 그리면 효율적 변경의 그래프가 도출된다.

<그림 3-1>은 두 개의 위험 증권이 있는 경우 도출되는 효율적 변경의 그래프를 보여주고 있다. 검은색 실선은 두 개의 위험 증권으로 구성된 포트폴리오에 대한 효율적 변경의 그래프이다. 검은색 실선의 포트폴리오는 위험 증권 1에 대한 투자 비중이 $\omega^* = (R^e - R_2^e)/(R_1^e - R_2^e)$인 포트폴리오이다. 이 곡선의 가장 왼쪽의 점은 앞에서 설명한 최소 분산 포트폴리오의 점이다. 최소 분산 포트폴리오의 점과 효율적 변경에 위치한 다른 점들 간의 차이는 무엇인가? 최소 분산 포트폴리오의 점은 아무런

제약 없이 단순히 위험 포트폴리오 수익률의 변동성을 최소화하는 위험 증권 1의 비중을 계산한 것이다. 일반적으로 효율적 변경에 속하는 포트폴리오는 포트폴리오의 수익률 평균이 하나의 값으로 고정되었다는 제약이 부과된 상황에서 위험 포트폴리오 수익률의 변동성을 최소화하는 위험 증권의 비중을 계산하여 이를 적용한 포트폴리오이다. <그림 3-1>에 있는 효율적 변경의 그래프가 효율적 변경의 정의와 일치하는지에 대해 의문을 가지는 사람이 있을 수 있다. 효율적 변경의 정의를 다시 요약하면 예상 수익률을 고정시키고 고정된 예상 수익률을 달성할 수 있는 포트폴리오 중에서 수익률의 분산이 최소인 포트폴리오를 계산하는 작업을 각각의 예상 수익률에 대하여 반복하여 도출한 포트폴리오들의 예상 수익률과 수익률의 표준편차의 궤적이다. 그런데 위의 그래프를 도출할 때 최소화의 작업이 없었기 때문에 의문점이 있다. 여기서 지적할 점은 두 개의 위험 증권이 있는 경우는 포트폴리오의 예상 수익률을 고정시키면 증권 1의 비중이 고정되므로 증권 2의 투자 비중도 고정된다. 두 개의 위험 증권만 고려하는 경우 위에서 설명한 예와 같이 효율적 변경을 찾는 일은 간단하다. 그러나 위험 증권의 수가 3개 이상이 되면 효율적 변경을 찾기 위한 계산이 복잡해진다. 그 이유는 세 개 이상의 위험 증권이 있는 경우 포트폴리오의 예상 수익률을 고정시키더라도 수익률의 표준편차를 최소화하는 증권 2 또는 증권 3의 비중을 선택해야 하기 때문이다. 본 책에서는 위험 증권이 3개 이상인 경우에 대한 분석은 생략한다.

효율적 변경은 위험 증권만 존재하는 경우에 한하여 적용되는 개념인가? 아니면 무위험 증권과 위험 증권이 같이 존재하는 경우에도 적용되는 개념인가? 효율적 변경을 포트폴리오의 예상 수익률을 고정시킨 채 수익률 분산을 최소화하는 포트폴리오들이 제공하는 수익률 표준편차와 평균의 궤적이라고 정의한다면 무위험 증권이 포함된 경우에도 적용할 수 있는 개념이다. 당연한 것과 같은 질문을 왜 하는지에 대한 의문이 있을 수 있다. 그 의문이 정당화되는 이유는 무위험 증권이 포함되는 경우와 그렇지 않은 경우 효율적 변경의 형태가 달라지기 때문이다. 위험 증권으로만 구성되는 경우 효율적 변경은 수익률 변동성이 x축이고 예상 수익률이 y축인 평면에서 최소 분산 포트폴리오에서 시작하여 변동성이 커지면서 수익률의 평균도 증가하는 곡선의 형태를 보인다. 그러나 무위험 증권이 포함되면 무위험 증권의 점에서 시작하여 위험 증권만으로 구성된 기존의 효율적 변경에 접하는 직선을 새로운 효율적 변경으로 해석할 수 있다. 이 직선의 기울기는 증권시장에서 제공하는 위험 보상 비율과 같다. 이 직선을 효율적 변경이라고 부르지 않고 자본시장선(capital market line)이라고 부른다. 또한 자본시장선과 효율적 변경이 접하는 점을 시장 포트폴리오(market portfolio)라고 부른다. 시장 포트폴리오에서 '시장'이라는 수식어가 붙은 이유가 무엇인지에 대하여 궁금해할 수 있다. '시장'이라는 수식어의 의미를 두 가지로 생각해볼 수 있다. 첫째, 시장 포트폴리오는 증권시장에서 거래되는 모든 증권들이 포함되어 형성된 포트폴리오이기 때문에 포트폴리오 안에 포함되는 개별 증권들의 비중이 적절하게 부여된다면 시장의 상황을 대표할 수 있는 하나의 포트폴리오로 간주될 수 있다는 것이다. 둘째, 균형에서 수요와 공급이 일치해야 한다는 시장 청산 조건을 반영하는 의미가 있다는 것이다. 투자자가 효용 극대화의 결과로 매수하는 위험 증권은 시장 포트폴리오의 형태를 따른다. 투자자에 의해서 결정되는 증권시장의 위험 증권들에 대한 총수요는 시장 포트폴리오에 대한 수요로 나타난다. 다양한 개별 증권이 증권시장에서 거래될 수 있지만 균형에서 증권시장의 공급과 수요를 동시에 반영하는 시장 청산은 시장 포트폴리오에 대한 시장 청산이 된다. [2]

다음에서는 앞에서 설명한 내용을 시장 포트폴리오와 관련하여 정리한다. 시장 포트폴리오는 다음과 같이 네 가지 결과와 연결된다.

(1) 시장 포트폴리오는 위험의 시장가격을 결정하는 하나의 요소로서 증권시장에서 얻을 수 있는 가장 높은 위험 보상 비율을 제공한다. 위험의 시장가격을 증권시장에서 제공하는 가장 높은 위험 보상 비율이라고 정의하면 시장 포트폴리오의 위험 보상 비율이 위험의 시장가격이다.

---

[2] 매우 많은 재무학의 교과서와 논문에서 시장 포트폴리오의 개념을 설명하고 있다. 따라서 시장 포트폴리오에 대하여 특정한 참고문헌을 지적하지 않아도 보다 자세한 내용이 수록된 문헌을 쉽게 찾을 수 있다. 증권시장을 위험이 거래되는 시장으로 정의하여 자산가격의 시장 균형 이론을 제시한 초기의 연구논문 중 하나는 샤프(William F. Sharpe)가 1964년 Journal of Finance (Vol. 19(3), pp. 425-442)에 발표한 『Capital Asset Price: A Theory of Market Equilibrium under Conditions of Risk』이다.

(2) 자본시장선은 투자자의 효용 극대화 문제에서 투자자가 처한 제약을 반영하는 것으로 간주할 수 있다.

(3) 투자자는 증권시장에서 공급되는 위험 증권들을 시장 포트폴리오의 형태로 매수한다.

(4) 개별 증권이 제공하는 초과 수익률은 시장 포트폴리오의 초과 수익률과 개별 증권의 특수한 수익률 요인의 두 요인으로 직교 분해할 수 있다.

첫번째 결과인 위험의 보상 비율과 위험의 시장가격에 대하여 먼저 설명한다. 먼저 위험 증권이 가지고 있는 위험의 크기에 대한 척도는 위험 증권 수익률의 표준편차이다. 위험 증권을 보유하여 위험을 부담하는 것을 보상하기 위해 위험 증권의 예상 수익률은 일반적으로 무위험 증권의 수익률에 비해 더 높다. 이를 반영하여 위험 증권의 예상 수익률에서 무위험 증권의 수익률을 뺀 차이를 위험을 부담하는 것에 대한 보상의 크기를 측정하는 척도로 사용한다. 위험 보상 비율은 위험 단위당 위험에 대한 보상으로 정의된다. 따라서 위험 보상 비율은 앞에서 소개한 두 척도의 비율로 측정될 수 있다. 효율적 변경이 결정되면 이를 시장에서 결정된 제약으로 간주하고 투자자들은 위험 보상 비율을 가장 높게 하는 포트폴리오를 구성할 수 있을 것이다. 그러면 위험 보상 비율이 가장 높은 포트폴리오는 어떻게 구성할 것인가? 단순히 최소 분산 포트폴리오를 유지하면 위험 보상 비율을 최대로 높이는 것인가? 최소 분산 포트폴리오는 위험 보상 비율이 가장 높지 않다는 것이다. 그 이유는 분자인 예상 초과 수익률이 적절하게 높지 않기 때문이다. 분모가 조금 더 높아지더라도 분자인 예상 초과 수익률을 상대적으로 더 많이 높여서 더 높은 위험 보상 비율을 달성할 수 있기 때문이다. 위험의 시장가격(market price of risk)을 증권시장에서 거래되는 증권들로부터 계산할 수 있는 위험 보상 비율 중에서 가장 높은 값으로 정의한다. 자본시장선의 정의에 의해서 자본시장선의 기울기는 시장 포트폴리오의 위험 보상 비율이고 자본시장선의 위치는 효율적 변경보다 낮지 않다. 자본시장선의 기울기가 위험의 시장가격이 된다. 그 이유는 자본시장선의 기울기는 효율적 변경을 구성하는 모든 개별 증권 또는 모든 포트폴리오의 위험 보상 비율 중 최대값이기 때문이다.

두번째 결과를 설명한다. 두 개의 위험 증권이 있는 모형에서 도출한 자본시장선의 그림을 소개한다. <그림 3-1>에서 시장 포트폴리오는 무위험 증권의 점에서 나오는 직선의 효율적 변경에 대한 접점이다. 회색 점선은 무위험 수익률의 점과 시장 포트폴리오의 점을 잇는 직선이다. 이 그림에서 회색 점선이 자본시장선이다. 이 직선의 기울기가 증권시장에서 거래되는 증권들의 포트폴리오의 위험 보상 비율 중 가장 높은 값을 가진다. 이 기울기는 주어진 무위험 증권의 점에서 시작하여 효율적 변경의 어느 점을 잇는 직선의 기울기보다 더 높다. 또한 위험의 시장가격이 회색 점선의 기울기로 정의된다. 따라서 위험의 시장가격은 증권시장에서 가능한 위험 보상 비율의 모든 값 중에서 가장 큰 값이 된다는 것을 확인할 수 있다. 시장 포트폴리오의 기대 수익률은 R_m^e로 표기한다. 시장 포트폴리오 수익률의 표준편차는 σ_m로 표기한다. <그림 3-1>의 그래프에서 시장 포트폴리오를 형성하기 위한 증권 1의 투자비중은 <표 3-1>의 다섯째 줄에 정리되어 있다. 이 식에서 a의 정의는 $a = (R_1^e - F)/(R_2^e - F)$이다.[3] 따라서 a는 증권 1의 예상 초과수익률을 증권 2의 예상 초과수익률로 나눈 비율을 의미한다. 증권 1의 기대 수익률을 R_1^e로 표기하고 그것이 제공하는 수익률의 표준편차는 σ_1로 표기한다. 증권 2의 기대 수익률을 R_2^e로 표기하고 그것이 제공하는 수익률의 표준편차는 σ_2로 표기한다. 시장 포트폴리오의 기대 수익률은 $R_m^e = \omega_m R_1^e + (1 - \omega_m)R_2^e$이다. 위험에 대한 보상비율은 $\lambda = (R_m^e - F)/\sigma_m$이다. 자본시장선 위에 있는 임의의 한 점을 (σ, R^e)로 표기하면 자본시장선의 수식은 <표 3-1>의 여섯째 줄의 식과 같다. 이 식에서 F는 무위험 채권의 수익률이다. 또한 λ는 위험의 시장가격이다. 이 식을 보면 위험 증권들만으로 구성된 포트폴리오에 대한 효율적 변경이 무위험 증권이 추가되어 구성된 포트폴리오에 대한 효율적 변경보다 더 낮은 곳에 있는 이유가 명확하다. 위의 설명에서 λ를 주어진 무위험 이자율 하에서 가장 높은 위험 보상 비율로 정의하였다. 따라서 $\lambda\sigma$는 수익률 표준편차가 σ인 포트폴리오들이 달성할 수 있는 예상 초과 수익률 중에서 가장 큰 예상 초과 수익률이다. 여기에 공통적으로 적용되는 무위험 증권의 수익률을 더하면 수익률 표준편차가 σ인

---

3 본 절의 뒷 부분에 있는 개별 증권 수익률과 시장 포트폴리오의 수익률 간의 관계를 설명하는 부분에 ω_m의 계산 과정에 대한 설명이 있다.

표 3-2 투자자의 효용 극대화와 위험 증권 투자

다음 시점 자산과 현재 시점의 증권 투자	$W' = R'D + F(W - D)^2$
투자자의 효용 함수	$U = E[W'] - \left(\frac{\tau}{2}\right) \mathrm{VAR}(W')$
증권 투자와 투자자의 효용	$U = (W - D)F + DR^e - \left(\frac{\tau}{2}\right) D^2 \sigma^2$
무차별 곡선의 식	$R^e = \kappa \sigma^2 + v$ $\kappa = \tau D / 2$ $v = (U - F(W - D))/D$
효용 극대화 조건	$2\kappa\sigma = \lambda \rightarrow D^* = \lambda/(\tau\sigma_m)$

주: D는 위험 증권에 대한 실질 투자액이고 D^*는 효용 극대화 조건을 만족하는 D의 값이다. W'는 다음 시점에서 투자자가 보유하는 자산을 나타낸다.

포트폴리오들이 달성할 수 있는 예상 수익률 중에서 가장 높은 예상 수익률이 된다.

세번째 결과를 확인하기 위해 현재 시점에서 W의 재산을 가지고 있는 소비자의 투자 결정을 설명한다. 투자자는 위험 증권과 무위험 증권에 나누어 투자한다. 또한 위험 증권에 할당하는 투자자금을 결정하면 이를 두 개의 서로 다른 위험 증권에 분산 투자한다. 따라서 현재 시점에서 투자자의 결정을 다음과 같이 요약할 수 있다.

(a) 투자자는 W를 D와 $(W - D)$로 나누어 D를 위험 증권에 투자한다. 그리고 나머지는 무위험 증권에 투자한다.

(b) 위험 증권에 할당된 투자자금을 ω의 비중으로 위험 증권 1에 투자하고, $(1 - \omega)$의 비중으로 위험 증권 2에 투자한다.

<표 3-2>는 투자자의 효용 극대화를 통해서 위험 증권에 대한 투자액이 결정되는 과정을 수식을 사용하여 보여주고 있다. 먼저 다음 시점에서 투자자가 보유하게 될 자산은 다음과 같이 결정된다. 위험 증권에 투자하여 얻는 총 소득은 $(\omega R'_1 + (1-\omega) R'_2) D$이다. 무위험 증권에 투자하여 얻는 총 소득은 $F(W - D)$이다. 따라서 다음

시점에 투자자가 보유하는 자산은 <표 3-2>의 첫째 줄에 정리되어 있다. 첫째 줄에 있는 식에서 $R' = \omega R'_1 + (1 - \omega) R'_2$로 정의된다. <표 3-2>의 둘째 줄에는 투자자의 효용 함수가 정리되어 있다. 투자자의 효용은 미래 시점의 자산이 커질수록 높아진다. 그러나 자산의 변동성이 높아질수록 효용이 낮아진다. 둘째 줄에 있는 식에서 U는 효용 수준을 나타내고 τ는 투자자가 자산의 변동을 싫어하는 정도를 나타내는 척도이다.

첫째 줄에 있는 식을 효용 함수에 대입해 정리하여 <표 3-2>의 셋째 줄에 정리한다. 이 식을 보면 투자자의 효용은 위험 증권 포트폴리오의 수익률에 대한 평균과 분산의 함수임을 알 수 있다. <표 3-2>의 셋째 줄에 정리된 식에서 R^e는 위험 증권 수익률의 평균, 그리고 σ는 위험 증권 수익률의 표준편차를 나타낸다. 투자자가 결정해야 하는 변수는 D와 ω이다. 투자자는 동시에 두 변수를 모두 결정할 수 있지만 본 절에서는 <그림 3-1>에서 보여주고 있는 무차별 곡선을 도출하기 위해 일단 D의 값이 고정된 것으로 가정한다. 이 경우 ω의 선택은 R'의 선택과 같아지므로 위에서 정리한 효용 함수를 사용하여 위험 증권으로 구성된 포트폴리오의 수익률의 평균과 표준편차에 대한 무차별 곡선을 도출할 수 있다. 무차별 곡선의 식은 <표 3-2>의 넷째 줄에 정리되어 있다. 여기서 κ의 부호는 양수이고 효용의 수준이 증가하면 ν의 값이 증가한다. 따라서 무차별 곡선은 효용 수준이 높아지면 위로 수평 이동한다. 또한 무차별 곡선의 기울기도 양수이고 표준 편차가 증가하면서 기울기도 증가하므로 무차별 곡선은 볼록 함수의 형태를 보인다.

<그림 3-1>에서 파란색 점선은 무차별 곡선의 그래프이다. 이 곡선은 자본시장선에 접하는 무차별 곡선이다. <그림 3-1>에서 회색 점선이 효율적 변경에 접하는 점과 무차별 곡선에 접하는 점이 서로 다르다. 회색 점선이 효율적 변경과 접하는 점을 시장 포트폴리오로 정의한다. 그리고 무차별 곡선과 접하는 점은 최적 포트폴리오로 정의한다. 두 개의 점이 모두 자본시장선 위에 놓여 있지만 의미는 다르다. 무차별 곡선의 기울기와 자본시장선의 기울기가 서로 같다는 조건을 사용하여 최적 포트폴리오가 제공하는 수익률의 표준편차와 수익률의 평균을 계산할 수 있다. <표 3-2>의 다섯째 줄에 정리되어 있는 기울기가 서로 같다는 조건은 $2\kappa\sigma = \lambda$이다. 따라서 κ의 값이 고정된 경우 최적 포트폴리오의 수익률 표준편차는 $\sigma^* = \lambda/(2\kappa)$이다. 또한 최적

표 3-3 **개별 증권의 수익률과 시장 포트폴리오의 수익률**

증권 1 수익률 분해	$R'_1 = F + \beta_1(R'_m - F) + \varepsilon_1$
증권 2 수익률 분해	$R'_2 = F + \beta_2(R'_m - F) + \varepsilon_2$
예상 초과 수익률과 균형 조건	$(R^e_1 - F)/\sigma_{1m} = (R^e_2 - F)/\sigma_{2m}$
시장 포트폴리오 수익률과 개별 증권 수익률 간의 공분산	$\sigma_{1m} = \omega_m(\sigma^2_1 - \sigma_{12}) + \sigma_{12}$ $\sigma_{2m} = -\omega_m(\sigma^2_2 - \sigma_{12}) + \sigma^2_2$

포트폴리오의 수익률 평균은 $R^* = (\lambda^2/2\kappa) + F$이다. 위에서 설명한 최적 조건이 함의하는 개별 증권에 대한 투자 자금 배분에 대하여 설명한다. 위험 증권으로만 구성된 포트폴리오의 수익률은 시장 포트폴리오의 수익률과 같다. 이제 무차별 곡선의 기울기와 자본시장선의 기울기가 서로 같다는 조건을 사용하여 도출한 최적 포트폴리오에 대한 조건은 $2\kappa\sigma_m = \lambda$이다. 여기에 $\kappa = \tau D/2$의 식을 대입하여 도출된 식을 D에 대하여 다시 정리한다. 그 결과로 도출된 조건이 $D^* = \lambda/(\tau\sigma_m)$이다. 시장 포트폴리오에 투자하는 금액이 이 조건을 만족하도록 설정된다면 투자자는 최적 포트폴리오를 달성할 수 있다. 또한 시장 포트폴리오를 도출하기 위해 적용한 위험 증권 1의 투자 비중과 투자자가 예산 제약 하에서 효용 극대화의 결과로 도출한 위험 증권 1의 투자 비중은 서로 같아야 한다는 것이다. 이 경우 D는 시장 포트폴리오에 투자하는 금액이 된다.

네번째 결과를 설명한다. 개별 증권의 수익률은 시장 포트폴리오의 수익률과 어떠한 관계가 있는가를 설명한다. 증권시장에서 거래되는 모든 개별 증권이 제공하는 초과 수익률은 두 개의 부분으로 나누어 볼 수 있다. 하나는 시장 포트폴리오의 초과 수익률에 의해서 설명되는 부분이다. 다른 하나는 시장 포트폴리오와 무관한 부분이다. 이렇게 분리를 할 수 있다면 서로 상관관계가 없는 두 부분으로 나뉘어진다. 이와 같은 분해 방식을 위험 증권 1의 수익률에 적용하면 <표 3-3>의 첫째 줄에 있는 수식과 같이 정리된다. 이 식에서 위험 증권 1의 수익률의 시장 포트폴리오의 초과 수익률에 대한 계수의 정의는 $\beta_1 = \sigma_{1m}/\sigma^2_m$이고, 위험 증권 1의 수익률의 시장 포트

그림 3-2 증권시장선

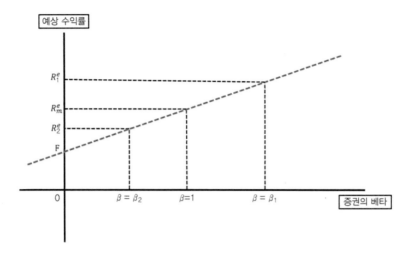

폴리오의 수익률에 대한 회귀 방정식의 계수로 해석할 수 있다. 이 식에서 ε_1은 위험 증권 1의 수익률에서 시장 포트폴리오의 수익률에 의해서 설명되지 않는 부분으로 해석할 수 있다. 위험 증권 1의 수익률을 나타내는 것과 동일한 방식을 사용하면 위험 증권 2의 수익률은 <표 3-3>의 둘째 줄에 있는 수식과 같이 분해된다. 앞에서와 마찬가지로 증권 2의 수익률의 시장 포트폴리오의 초과 수익률에 대한 계수의 정의는 $\beta_2 = \sigma_{2m}/\sigma_m^2$이고, 위험 증권 2의 수익률의 시장 포트폴리오의 수익률에 대한 회귀 방정식의 계수로 해석할 수 있다. 이 식에서 ε_2은 위험 증권 2의 수익률에서 시장 포트폴리오의 수익률에 의해서 설명되지 않는 부분으로 해석할 수 있다.

개별 증권의 위험에 대하여 시장 포트폴리오의 수익률에 의해서 설명되는 부분을 체계적인 위험이라고 하고 그렇지 않은 부분을 비체계적인 위험으로 정의할 수 있다. 개별 증권의 체계적인 위험은 시장 포트폴리오의 변화에 대하여 반응하는 부분이다. 앞에서 정의한 증권 1과 증권 2의 비례 상수는 모두 각 증권의 수익률이 시장 포트폴리오의 수익률에 반응하는 정도를 나타낸다. β_1은 시장 포트폴리오의 초과 수익률이 한 단위 변화할 때 증권 1의 초과 수익률이 반응하는 정도를 측정한다. 증권 2에 대하여 동일한 정의가 적용된다. 따라서 β_2는 시장 포트폴리오의 초과 수익률이 한 단위 변화할 때 증권 2의 초과 수익률이 반응하는 정도를 측정한다. 비체계적 위험을 나타내는 부분의 기대값은 모두 제로가 된다. 따라서 증권 1의 예상 초과 수익률과 시장 포트폴리오의 예상 초과 수익률 간에 성립하는 식은 $R_1^e - F = \beta_1(R_m^e - F)$이다. 증권 2의 경우에도 $R_2^e - F = \beta_2(R_m^e - F)$의 식이 성립한다.

다음에서는 증권시장선이 시장 포트폴리오에 대하여 함의하는 점을 설명한다. 결론부터 요약하면 개별 증권의 베타가 증권시장선 위에 위치한다는 결과를 이용하여 개별 증권들이 시장 포트폴리오에서 차지하는 투자 비용을 계산할 수 있다는 것이다. 증권 1과 증권 2에 대한 두 개의 조건을 결합하면 <표 3-3>의 셋째 줄에서 볼 수 있듯이 개별 증권들의 예상 초과 수익률을 개별 증권의 수익률과 시장 포트폴리오의 수익률 간의 공분산으로 나눈 비율이 같다는 것을 보일 수 있다.

증권시장에서 거래되는 증권의 수가 더 많은 경우에도 동일한 결과가 성립한다. 따라서 증권시장선이 함의하는 점은 개별 증권의 예상 초과 수익률을 개별 증권과 시장 포트폴리오 수익률 간의 공분산으로 나눈 비율이 모두 동일하다는 것이다. 이 조건은 효율적 변경 위에 있는 시장 포트폴리오가 만족해야 하는 균형 조건이다. 이를 수식으로 보이기 위해서 다음과 같은 작업을 해야 한다. 먼저 증권 1과 증권 2의 수익률의 시장 포트폴리오 수익률 간의 공분산은 시장 포트폴리오의 정의를 사용하여 <표 3-3>의 넷째 줄과 같이 쓸 수 있다.

<표 3-3>의 넷째 줄에 있는 식을 셋째 줄에 있는 균형 조건에 대입하면 ω_m에 대한 방정식이 되므로 이를 ω_m에 대하여 풀어서 정리한다. 그 결과 도출되는 식이 앞에서 계산한 시장 포트폴리오의 비중과 같다는 것을 확인할 수 있다. 따라서 개별 증권의 예상 초과 수익률이 시장 포트폴리오의 예상 초과 수익률과 비례한다는 것은 시장 포트폴리오가 형성될 때 만족해야 하는 하나의 균형 조건이라고 할 수 있다. 앞에서 설명한 개별 증권의 예상 초과 수익률과 시장 포트폴리오의 예상 초과 수익률 간의 관계를 요약하여 정리하면 다음과 같다. 먼저 시장 포트폴리오의 예상 초과 수익률이 주어진 상태에서 개별 증권의 반응 계수가 알려지면 그 증권의 예상 초과 수익률을 계산할 수 있다. 이러한 관계는 증권시장의 균형에서 성립하는 조건으로 간주할 수 있다. 개별 증권의 반응 계수를 x축에 표시하고 y축에 개별 증권 또는 각 포

트폴리오의 수익률을 표시하면 앞에서 설명한 결과는 하나의 직선으로 요약된다. 이 것을 증권시장선(security market line)이라고 한다.[4]

<그림 3-2>에서 볼 수 있듯이 증권시장선은 원점을 지나는 점선으로 표시된다. <그림 3-2>에서 x축은 증권의 베타로 표시되어 있는데 이는 앞에서 설명한 베타 계수를 의미한다. 증권시장선의 절편은 무위험 채권의 수익률이 된다. <그림 3-2>에서 x축의 값이 1을 가질 때 y축의 값은 시장 포트폴리오의 예상 수익률에 해당한다. 따라서 효율적 변경의 내부에 위치하는 증권의 예상 수익률도 증권시장선에 포함되지만 시장 포트폴리오의 수익률도 증권시장선에 포함된다. 증권시장선이 함의하는 점은 개별 증권의 위험에 대한 보상 비율을 계산할 때 수익률의 표준편차가 아니라 시장 포트폴리오의 수익률과의 공분산이 사용된다는 것이다. 따라서 개별 증권의 수익률에 포함되어 있는 모든 위험이 시장에서 평가되는 것이 아니라 시장 포트폴리오의 수익률에 의해서 설명되는 부분만 증권시장에서 거래되는 개별 증권의 위험이 된다.

확률적 할인 인자와 위험의 시장가격

확률적 할인 인자를 사용하여 증권의 가격을 설명하는 방식의 이점은 투자자가 위험기피적인 선호를 가지고 있더라도 투자자들이 위험중립적인 선호를 가진 상황에서 성립하는 증권가격 결정 모형과 유사한 방식으로 증권의 가격이 결정되는 것으로 설명할 수 있다는 점이다. 이와 같은 점을 반영하여 후속되는 질문은 확률적 할인 인자를 사용하여 증권의 시장가격이 설정되는 과정을 설명하는 경우 개별 증권에 대한 투자의 위험은 시장가격에 어떻게 반영되는가에 대한 의문이다. 예를 들어 증권시장에서 거래되는 임의의 증권을 하나 선택하여 그 증권을 단위 기간 동안 보유 할 때

---

4 2000년 Prentice Hall에서 출판한 보디(Zvi Bodie)와 머튼(Robert Merton)의 「Finance」에서 자본 자산가격 결정 모형(Capital Asset Pricing Model)을 위험 증권시장의 균형가격을 설명하는 이론으로 정의하고 있다. 또한 자본 자산가격 결정 모형의 중요한 개념으로서 자본시장선과 증권시장선을 설명하고 있다.

그림 3-3 확률적 할인 인자와 증권의 수익률 변화

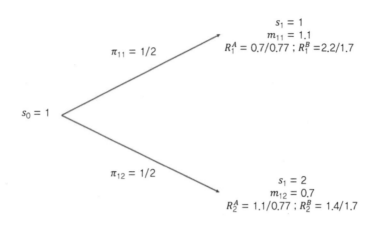

$$\pi_{11} = 1/2$$

$$\begin{aligned} s_1 &= 1 \\ m_{11} &= 1.1 \\ R_1^A &= 0.7/0.77 \; ; \; R_1^B = 2.2/1.7 \end{aligned}$$

$$s_0 = 1$$

$$\pi_{12} = 1/2$$

$$\begin{aligned} s_1 &= 2 \\ m_{12} &= 0.7 \\ R_2^A &= 1.1/0.77 \; ; \; R_2^B = 1.4/1.7 \end{aligned}$$

어느 정도의 보상이 제공되는가를 알고 싶다면 그 증권의 예상 수익률에서 무위험 증권의 수익률을 뺀 차이로 측정할 수 있다. 확률적 할인 인자를 사용하여 증권가격의 설정을 설명하는 이론에서는 증권 투자의 위험에 대한 보상이 어떻게 결정되는가? 이 질문의 답은 자산가격 결정의 기본 공식에 내재되어 있다.

<그림 3-3>에서는 두 개의 서로 다른 증권의 수익률을 요약하고 있다. 두 개의 증권을 각각 증권 A와 증권 B로 표시한다. 이 그림에서 요약되어 있는 두 개의 증권이 제공하는 수익률은 모두 $E[m'R'] = 1$의 조건을 만족한다. 제2장에서 사용하였던 단순한 예를 그대로 사용하기 위해 다음 시점에서 두 개의 상황만 실현 가능한 것으로 가정한다. 현재 시점에서 실현된 상황이 첫번째 상황일 경우 다음 시점에서 첫번째 상황이 발생할 확률은 1/2이고 두번째 상황이 발생할 확률도 1/2이다. 미래 시점에서 첫번째 상황이 발생하는 경우 소비재 한 단위의 현재 가치는 $m_{11} = 1.1$이다. 미래 시점의 두번째 상황에서 소비재 한 단위의 현재 가치는 $m_{12} = 0.7$이다. 두 증권의 수익률은 확률적 할인 인자와 비교하면 서로 반대되는 특성이 있다. 증권 A의 수익률은 확률적 할인 인자와 서로 반대 방향으로 변화하는 경향이 있다. 예를 들면 확률적 할인 인자의 값이 평균보다 더 높은 상황에서 증권 A의 수익률은 평균보다

표 3-4 **확률적 할인 인자의 편차와 증권 수익률의 편차**

	확률적 할인 인자의 편차	증권 A의 편차	증권 B의 편차
상황 1	0.2	-20/77	4/17
상황 2	-0.2	20/77	-4/17

더 낮다. 반대로 확률적 할인 인자의 값이 평균보다 더 낮은 상황에서 증권 A의 수익률은 평균보다 더 높다. 증권 B의 수익률은 확률적 할인 인자와 서로 같은 방향으로 변화하는 경향이 있다. 예를 들면 확률적 할인 인자의 값이 평균보다 더 높은 상황에서 증권 B의 수익률은 평균보다 더 높다. 반대로 확률적 할인 인자의 값이 평균보다 더 낮은 상황에서 증권 B의 수익률은 평균보다 더 낮다. 구체적인 수치는 <표 3-4>에 정리되어 있다. 상황 1에서 확률적 할인 인자의 편차는 0.2이고 상황 2에서 확률적 할인 인자의 편차는 -0.2이다. 증권 A의 수익률은 상황 1에서 편차는 -20/77이고 상황 2에서의 편차는 20/77이다. 증권 B의 수익률은 상황 1에서 편차가 4/17이고 상황 2에서 편차는 -4/7이다. 이와 같이 서로 다른 특성이 있다면 두 개의 수익률은 어떠한 차이를 보이는가? 본 절에서 지적하는 요점은 두 개의 증권에 대한 예상 초과 수익률의 부호가 서로 다르다는 것이다. 증권 A의 예상 초과 수익률을 증권 A의 수익률의 평균에서 무위험 채권의 수익률을 뺀 차이로 정의한다. 마찬가지로 증권 B의 예상 초과 수익률을 증권 B의 수익률의 평균에서 무위험 채권의 수익률을 뺀 차이로 정의한다. <그림 3-3>에서 정리한 정보를 사용하여 예상 초과 수익률을 계산하면 증권 A의 예상 초과 수익률은 양수이고 증권 B의 예상 초과 수익률은 음의 부호를 보인다. 구체적인 수치를 제시하면 증권 A의 경우 평균 총 수익률이 1.1688이다. 무위험 채권의 총 수익률은 확률적 할인 인자의 평균에 대한 역수이다. <그림 3-3>의 예를 이용하면 무위험 채권의 총 수익률은 1.1111이다. 따라서 증권 A의 예상 초과 수익률은 0.0577이 된다. 증권 B의 경우 평균 총 수익률이 1.0588이다. 따라서 증권 A의 예상 초과 수익률은 -0.0523이 된다. 증권 B의 경우 두 개의 서로 다른 상황

에서 수익률이 서로 다르게 실현되기 때문에 위험 증권이라고 할 수 있다. 투자자들이 위험 증권을 보유할 때 무위험 채권의 수익률보다 더 높은 수익률이 보장되어야 보유하는 것이 상식적으로 이해가 된다. 그런데 <그림 3-3>에서 제시하고 있는 예를 보면 확률적 할인 인자를 사용하여 증권의 가격을 설정하는 모형에서 함의하는 증권 B의 예상 수익률은 무위험 채권의 수익률에 비해 낮게 책정된다. 투자자들이 감당할 위험에 대한 보상이 전혀 반영되지 않는 증권가격 설정 모형인 것으로 보인다. 그러나 여기에 대한 반론을 다음과 같이 제시할 수 있다. 확률적 할인 인자를 사용하는 경우 증권의 위험을 단순히 수익률의 표준편차로 평가하지 않는다는 것이다. 증권의 위험은 증권의 수익률과 확률적 할인 인자 간의 공분산에 의해서 결정된다. 예를 들어 증권 B의 수익률과 확률적 할인 인자 간의 상관 계수는 양수이다. 확률적 할인 인자와의 상관 계수가 양수인 수익률을 가진 증권을 보험의 성격을 가진 증권으로 간주한다면 이러한 증권의 예상 수익률이 무위험 채권의 수익률에 비해 더 낮게 책정되는 것은 이해가 된다. 본 절에서 설명하고 있는 증권가격 설정 모형에서는 증권의 수익률이 확률적 할인 인자와 같은 방향으로 변화하면 보험의 성격을 가진 증권으로 평가되고 증권의 수익률이 확률적 할인 인자와 반대 방향으로 변화하면 위험한 증권으로 평가된다는 것을 지적한다.

위에서 강조한 점을 수식으로 보이기 위해 증권가격 설정 공식을 사용한다. 첫번째 단계에서는 확률적 할인 인자와 임의의 증권을 한 기간 동안 보유하여 얻는 수익률 간의 공분산에 증권의 가격 설정 공식을 아래와 같이 대입한다.

$$E[m'R'] = 1 \ \rightarrow \ \text{cov}(m', R') = 1 - E[m']E[R']$$

두번째 단계에서는 위의 식 양변을 $E[m']$로 나눈 후 $F = 1/E[m']$의 식을 대입하여 다음과 같이 정리한다.

$$E[R'] - F = -\text{cov}(m'/E[m'], R')$$

위의 식에서 F는 무위험 채권의 총 수익률을 의미한다. 위의 식에서 왼편은 증권의 예상 초과 수익률이다. 오른편은 증권의 수익률과 확률적 할인 인자를 확률적 할인 인자의 평균으로 나누어 정규화를 한 확률변수 간의 공분산에 마이너스 부호를 붙인 값이다. 이 식이 함의하는 것은 확률적 할인 인자와 수익률 간 서로 양의 상관 관계가 있으면 음의 예상 초과 수익률이 된다는 것이다. 예상 초과 수익률을 위험에 대한 보상이라고 해석한다면 위의 결과는 확률적 할인 인자와 수익률 간 서로 양의 상관 관계가 있는 증권은 보험의 성격이 있는 증권으로 간주할 수 있다. 위의 식이 실제로 성립하는지를 확인하기 위해 <그림 3-3>에서 소개한 예를 사용한다. 앞에서 위의 식의 왼편에 있는 예상 초과 수익률은 이미 계산을 하여 정리하였다. 따라서 확률적 할인 인자와 수익률 간의 공분산을 계산하여 이를 확률적 할인 인자의 평균으로 나눈 뒤 마이너스 부호를 붙여서 계산한 값이 예상 초과 수익률과 같은지를 보이면 된다. <표 3-4>에 정리되어 있는 편차의 값들을 이용하면 쉽게 공분산을 계산할 수 있다. 계산한 결과를 정리하면 먼저 증권 A의 수익률과 확률적 할인 인자 간의 공분산은 $\text{cov}(R^A, m') = -0.0519$이다. 증권 B와 확률적 할인 인자 간의 공분산은 $\text{cov}(R^B, m') = 0.0471$이다. $E[m'] = 0.9$이므로 앞에서 정리한 공분산을 이 수치로 나누어서 계산한 값에 마이너스 부호를 붙이면 각각의 예상 초과 수익률과 같음을 확인할 수 있다.

확률적 할인 인자를 사용하는 경우에도 개별 증권의 수익률의 모든 부분이 위험에 대한 보상을 결정하는 데 사용되는 것이 아니다. 예를 들어 개별 증권의 수익률을 둘로 나누어서 확률적 할인 인자와 상관관계가 있는 부분과 확률적 할인 인자에 대하여 독립적으로 결정되는 부분이 있다면 후자는 증권의 시장가격에 반영되지 않는다. 앞에서 설명한 자산가격의 기본 공식에 따르면 임의의 위험 증권의 예상 초과 수익률이 존재하기 위해 확률적 할인 인자와 수익률 간의 공분산이 제로가 아니어야 함을 설명하였다. 앞에서의 설명을 수식으로 정리하면 다음과 같다.

$$R' = R'' + e \rightarrow R^e - F = -\text{cov}(m'/E(m'), R'')$$

이 식에서는 위험 증권의 수익률을 두 부분으로 나누었다. R''는 확률적 할인 인자와 관련이 있는 부분이고 e는 확률적 할인 인자에 대하여 독립적으로 결정되는 부분이다. 이와 같이 수익률을 분리할 수 있다면 위험 증권의 예상 초과 수익률은 R''와 확률적 할인 인자 간의 공분산에 의해서 결정된다.

다음에서는 확률적 할인인자를 사용하여 도출한 자산가격 설정의 기본 공식이 개별 증권의 샤프 비율(Sharpe ratio)에 대하여 제공하는 함의에 대하여 설명한다. 본 절에서는 한센(Lars Hansen)과 자가나단(Ravi Jaganathan)이 1991년 발표한 연구에서 분석한 Hansen-Jaganathan bound를 사용하여 설명한다.[5] 여기서 샤프 비율은 표준 편차 한 단위당 예상 초과 수익률(또는 위험 프리미엄)이다. 샤프 비율은 위험의 보상 비율로 간주할 수 있다. 따라서 투자자가 임의의 증권을 보유할 때 투자자가 부담하는 위험을 그 증권의 수익률이 얼마나 잘 보상하는가를 나타낸다. 또한 자산가격 설정의 기본 공식은 모든 증권에 대하여 확률적 할인 인자와 그 증권의 수익률의 곱으로 정의된 확률변수의 기대값이 1이 됨을 의미한다. 증권의 초과 수익률에 대해서는 어떠한 형태의 공식이 있는가? 이 질문에 대한 답은 확률적 할인 인자와 그 증권의 초과 수익률의 곱으로 정의된 확률 변수의 기대값은 0이라는 것이다. 앞의 결과를 간단히 정리하면 차익거래 이득이 없다는 가정 하에서 임의의 증권에 대한 수익률의 가격은 1이고, 임의의 증권에 대한 초과 수익률의 가격은 0이다.

다음에서는 초과 수익률의 가격이 제로라는 점이 개별 증권의 샤프 비율에 대하여 어떠한 함의를 가지는가를 설명한다. 먼저 $z_i' = R_i' - F$를 임의의 증권을 한 기 동안 보유하여 얻는 총수익률에서 무위험 증권의 총 수익률을 뺀 차이를 나타내는 기호로 정의한다. 또한 위험 증권 i의 수익률의 표준편차를 σ_i로 표기한다. 임의의 증권 i에 대하여 그 증권의 샤프 비율은 $\lambda_i = E[z_i']/\sigma_i$로 정의한다. 확률적 할인 인자로 평가한 초과 수익률의 가격이 0이라는 결과를 수식을 사용하여 설명하면 $E[m'z_i'] = 0$이 된다. 확률적 할인 인자와 증권 i의 초과수익률 간의 공분산은 $\text{cov}(m', z_i') = E[m'z_i'] - E[m']E[z_i']$이다. 앞에서 초과 수익률의 가격이 제로라는 점을 이용하면 $\text{cov}(m'z_i') = -E[m']E[z_i']$이다. 양변을 확률적 할인 인자의 표준편차와 초과 수익률의 표준편차의 곱으로 나누면

---

5 이들이 발표한 논문의 제목과 학술지명은 다음과 같다. 「Implications of Security Market Data for Models of Dynamic Economies」, Journal of Political Economy, Vol.99, No.2, pp. 225-262.

확률적 할인 인자와 초과 수익률 간의 상관계수의 식이 $\rho(m',z_i') = -\lambda_i(E[m']/\sigma_{m'})$이다. 이 식에서 $\sigma_{m'}$는 확률적 할인 인자의 표준편차를 나타낸다. 상관계수의 절대값은 1보다 작다는 사실을 부과하면 모든 증권에 대하여 다음의 부등호가 성립한다.

$$\sigma_{m'}/E[m'] \geq |\lambda_i|$$

이 식은 모든 개별 증권에 대하여 성립한다. 또한 이 부등식은 상관계수의 절대값이 1보다 작다는 점을 사용하여 도출하였다. 또한 아래의 식과 같이 위험의 시장가격을 증권시장에서 거래되는 모든 증권의 λ_i 중에서 가장 큰 수치로 정의한다.

$$\lambda = \max_i |\lambda_i|$$

위의 두 식에 확률적 할인 인자는 증권들의 수익률들이 형성하는 공간에 포함된다는 가정을 부과하면 확률적 할인 인자에 대한 변동 계수가 위험의 시장가격과 같아진다. 이를 수식으로 정리하면 다음과 같다.[6]

$$\sigma_{m'}/E[m'] = \lambda$$

이 식의 등호에서 왼편의 항을 보고 이것이 왜 위험의 시장가격으로 정의되는지의 여부를 질문하면 직관적인 설명을 간단히 요약하기가 어렵다. 그러나 오른편을 보면 λ는 시장에서 달성이 가능한 가장 높은 샤프 비율이다. 오른편은 현재 작동하고 있는 증권시장의 기능을 효율적으로 사용하여 달성할 수 있는 위험에 대한 보상을 측정한다. 위 식은 어느 상황에서나 항상 성립하는 항등식이 아니라 균형에서만 성립하는 개념으로 볼 수 있다. 이를 구체적으로 설명하면 다음과 같다. 투자자들은 확률적 할인 인자가 증권시장에 존재하고 이에 의거하여 증권시장에서 거래되는 모든 증권

---

6 임의의 확률 변수에 대하여 정의되는 변동 계수(coefficient of variation)는 그 확률 변수의 표준편차를 산술 평균으로 나눈 비율을 말한다. 본 절에서는 변동 계수의 개념을 확률적 할인 인자에 적용하여 위험의 시장가격과 비교하고 있다.

의 시장가격이 설정되고 있다는 점을 정확히 이해하고 있어야 한다. 또한 개별 증권의 시장 수요와 시장 공급이 일치하는 상황에서 차익거래 이득이 없어야 한다. 이러한 상황 하에서 확률적인 할인 인자의 변동계수와 위험의 시장가격이 같다는 조건이 성립한다.

확률적 할인 인자의 모형

본 절에서는 주로 확률적 할인 인자와 시장 포트폴리오 간의 관계를 분석한다. 본 장의 앞 절에서는 확률적 할인 인자를 사용하여 개별 증권의 수익률을 분해할 수 있음을 보였다. 여기서 개별 증권의 수익률과 확률적 할인 인자 간의 관계가 있는 부분이 개별 증권의 예상 초과 수익률을 결정하게 됨을 보았다. 시장 포트폴리오를 사용하여 개별 증권의 수익률을 분해하는 경우에도 증권시장선에서 볼 수 있듯이 개별 증권의 수익률과 시장 포트폴리오의 수익률 간의 관계에 의해서 개별 증권의 예상 초과 수익률이 결정된다. 두 개의 이론은 서로 다른 이론적인 틀이더라도 확률적 할인 인자가 증권시장에서 거래되는 증권들의 수익률이 만들어내는 공간 속에 위치하고 있다고 가정해볼 수 있다. 그러면 확률적 할인 인자를 시장 포트폴리오의 함수로 표현할 수 있는가? 이와 같은 질문에 답변하는 과정에서 확률적 할인 인자가 시장 포트폴리오에 대한 위험 보상 비율로 정의되는 위험의 시장가격에 대한 함수임을 알게 된다. 이렇게 도출된 함수를 확률적 할인 인자의 결정을 설명하는 하나의 모형으로 간주할 수 있다는 의미에서 본 절의 제목을 확률적 할인 인자의 모형으로 정한다.[7]

---

7 차익거래 이득이 없다는 조건 하에서 성립하는 균형 조건을 사용하면 확률적 할인 인자가 위험의 시장가격, 시장 포트폴리오의 예상치 못한 변화, 무위험 이자율 등의 함수로 표현할 수 있음을 보일 수 있다. 이 함수를 가리켜서 확률적 할인 인자의 모형이라고 부르기로 한다. 본 절의 확률적 할인 인자 모형은 제4장에서 설명하는 이자율 기간 구조의 분석을 위한 거시 금융 모형에서 사용된다. 따라서 본 절에서 제4장에서 사용하는 확률적 할인 인자의 결정식이 어떻게 도출되는지를 미리 설명하고 있다.

표 3-5 확률적 할인 인자의 모형: 도출 과정

1단계: 확률적 할인 인자와 시장 포트폴리오 수익률 간의 관계를 나타내는 식을 설정함.	$\ln m' = a\,r'_m + b$
2단계: 자산시장의 균형 조건을 사용하여 계수에 대한 방정식을 도출함.	$E[m'R'_m] = 1 \rightarrow E[\exp((a+1)r'_m + b)] = 1$ $E[m'] = \exp(-r) \rightarrow E[\exp(ar'_m + b + r)] = 1$
3단계: 로그 정규 분포를 따르는 확률 변수의 평균과 분산을 계산하는 공식을 적용함.	$E[\exp(x)] = \exp(\mu + \sigma^2/2).$ $VAR[\exp(x)] = E[\exp(x)]^2(\exp(\sigma^2) - 1)$ $x \sim N(\mu, \sigma^2)$
4단계: 위의 공식을 사용하여 계수의 해를 계산함.	$a = -(\hat{\lambda}_m/\sigma_{r_m} + \dfrac{1}{2})$ $b = -(ar^e_m + \dfrac{(a\sigma_{r_m})^2}{2} + r)$ $\hat{\lambda}_m = (r^e_m - r)/\sigma_{r_m}$
5단계: 4단계의 결과를 1단계의 식에 대입하여 정리함.	$m' = \exp\left(-r - \dfrac{\hat{\lambda}^2}{2} - \hat{\lambda}\,\varepsilon\right)$ $\hat{\lambda} = 0.5\sigma_{r_m} + \hat{\lambda}_m$
6단계: 확률적 할인 인자와 위험의 시장가격 간의 관계를 분석함.	$\lambda = \dfrac{R^e_m - F}{\sigma_m} = \left(\dfrac{\sigma_{r_m}}{\sigma_m}\right)(0.5\sigma_{r_m} + \hat{\lambda}_m) = \left(\dfrac{\sigma_{r_m}}{\sigma_m}\right)\hat{\lambda}$

주: 소문자로 표시된 기호는 $r'_m = \ln R'_m$과 $r = \ln F$이다. 또한 $\sigma^2_{r_m} = VAR(r'_m)$와 $r^e_m = E[\ln R'_m]$를 의미한다. ε은 r'_m의 예상되지 않은 변화의 표준화된 확률 변수이다. $\sigma^2_m = VAR(R'_m)$

본 절에서는 두 가지의 가정을 부과한다. 첫째 가정은 확률적 할인 인자는 시장 포트폴리오의 로그 선형 함수라는 것이다. 둘째 가정은 시장 포트폴리오의 로그 값은 정규 분포라는 것이다. 위의 두 가정 하에서 자산시장의 균형 조건이 함의하는 확률적 할인 인자의 모형을 도출한다. <표 3-5>는 확률적 할인 인자의 모형을 도출하는 과정을 보여 주고 있다. <표 3-5>의 첫째 줄에 있는 식은 확률적 할인 인자와 시장 포트폴리오 수익률 간의 관계를 나타내는 식이다. 앞에서 설명한 첫째 가정에 의해서 <표 3-5>의 첫째 줄에 있는 식은 두 변수의 로그 값에 대한 선형식이다. 첫째 줄에서는 함수의 형태만 가정했을 뿐 (a, b)의 값에 대한 정보가 없지만 <표 3-5>의 둘째 줄에서는 두 개의 균형 조건을 사용하여 (a, b)에 대한 연립 방정식을 도출한다. 첫째 균형 조건은 확률적 할인 인자와 시장 포트폴리오의 수익률의 곱에 대한 기대값이 1이다. 둘째 균형 조건은 확률적 할인 인자의 기대값은 무위험 채권의 총수익률의 역수이다. <표 3-5>의 셋째 줄의 식은 정규 분포를 따르는 확률 변수의 지수 함수에 대한 기대값과 분산을 계산할 때 사용하는 공식이다. <표 3-5>의 셋째 줄에 정리되어 있는 공식을 <표 3-5>의 둘째 줄에 있는 (a, b)의 연립 방정식에 적용하여 정리한 후 두 계수에 대한 해를 계산한 결과가 넷째 줄에 정리되어 있다. 이제 4단계의 결과를 1단계의 식에 대입하여 정리하면 할인 인자의 로그 값은 다음 시점에서 발생하는 시장 포트폴리오의 예상되지 않은 변동, 위험의 시장가격, 무위험 이자율 등의 함수임을 확인할 수 있다. <표 3-5>의 다섯째 줄에 있는 ε은 r_m'의 예상되지 않은 변화를 표준화한 확률 변수이다. 이를 수식으로 나타내면 $\varepsilon = (r_m' - r_m^e)/\sigma_{r_m}$이고 표준 정규 분포를 따르는 확률 변수이다.

<표 3-5>의 다섯째 줄은 확률적 할인 인자의 모형을 보여 주고 있다. 확률적 할인 인자의 모형이 가지고 있는 유용성은 무엇인가? 첫번째 포인트는 제4장에서 설명할 이자율의 기간 구조를 분석하는 모형에서 유용하게 사용된다. 두번째 포인트는 확률적 할인 인자를 소비의 기간 간 대체를 나타내는 미래 소비와 현재 소비의 한계효용의 비율이 아닌 다른 변수를 사용하여 표시할 수 있다는 점이다. 첫번째 포인트에 대해서는 제4장에서 이자율 기간 구조의 모형을 다룰 때 설명하기 때문에 본 절에서는 더 이상의 설명을 생략한다. 두번째 포인트는 <표 3-5>의 다섯째 줄에 있는 확률적 할인 인자의 모형에서 $\hat{\lambda}$는 $\hat{\lambda} = 0.5\sigma_{r_m} + \lambda_m$이다. <표 3-5>의 여섯째 줄의 식에서 볼 수 있듯이 $\hat{\lambda}$는 $\sigma_m \approx \sigma_{r_m}$의 근사식이 만족된디는 조건 하에서 위험의 시장가격으로 간주할 수 있다. 따라서 본 절에서 분석하고 있는 확률적 할인 인자의 모형은 확률적 할인 인자를 위험의 시장가격의 함수로 설명하는 것으로 볼 수 있다. 확률적 할인 인자를 위험의 시장가격의 함수로 설명하면 앞에서 설명한 자산시장의 균형에서 확률적 할인 인자의 변동 계수가 위험의 시장가격과 같다는 결과와 어떻게 연관이 되는지가 궁금해질 수 있다. <표 3-5>의 셋째 줄에서 소개한 로그 정규분포의

표 3-6 확률적 할인 인자의 소비 기간 간 대체율 모형

효용함수	$u(c) = (c^{1-\gamma} - 1)/(1 - \gamma)$
확률적 할인 인자의 소비 기간 간 대체율 모형	$m' = \beta \left(\dfrac{c'}{c}\right)^{-r}$
소비의 로그 정규 분포와 확률적 할인 인자의 소비 기간 간 대체율 모형	$\dfrac{m'}{E[m']} = \exp(-\gamma \varepsilon_c - \left(\dfrac{\gamma^2}{2}\right)\sigma_c^2)$ $E[m'] = \exp(-r)$

주: σ_c는 $(\log c')$의 표준편차를 나타내고 ε_c는 $(\log c')$의 과거 시점에서 예상하지 못한 부분을 나타낸다.

표준편차에 대한 공식을 다섯째 줄에 있는 확률적 할인 인자의 모형에 적용하면 확률적 할인 인자의 변동계수는 다음과 같이 쓸 수 있다.

$$\frac{\sigma_{m'}}{E[m']} = (\exp(\hat{\lambda}^2) - 1)^{1/2}$$

이 식에서 사용한 $\sigma_{m'}$은 시장 포트폴리오의 수익률의 표준편차를 σ_m으로 표시한 것과는 구분이 되어야 한다. 이 식의 함의는 <표 3-5>에서 도출한 확률적 할인 인자의 모형은 자산시장의 균형에서 확률적 할인 인자의 변동 계수가 위험의 시장가격과 같다는 결과를 근사적으로 만족시킨다는 것이다.

<표 3-5>에서 도출한 확률적 할인 인자의 모형과 제2장에서 설명한 확률적 할인 인자를 소비의 기간 간 대체율로 정의하는 모형은 어떠한 관계가 있는지 궁금해진다. 이를 위해 두 모형이 동일한 모형이라면 위험의 시장가격은 소비자들의 소비 결정과 어떻게 연결되는지를 설명하다. 효용 함수를 상대적 위험기피계수가 상수로 고정되어 있는 경우를 보기로 한다. 상대적 위험기피계수는 효용 함수의 이차 미분을 일차 미분으로 나눈 비율에 소비를 곱한 변수의 절대값으로 정의된다. 수식을 사용하여 설명하기 위해 상대적 위험기피계수를 γ로 표기한다. 상대적 위험기피계수의 정의식은 $\gamma = -cu(c)''/u'(c)$이다. <표 3-6>의 첫째 줄에 있는 효용 함수는 상대적 위험기피계

수가 소비의 수준에 따라 변화하지 않고 양의 상수로 고정되는 특성을 가지고 있다. <표 3-6>의 둘째 줄에는 모든 소비자가 상대적 위험기피계수가 상수인 효용 함수를 가지고 있을 때 소비의 효용 함수를 사용하여 정의한 확률적 할인 인자를 보여 주고 있다. 제2장에서 설명한 확률적 할인 인자와 소비의 기간 간 한계 대체율이 같다는 결과를 반영한 것이다. <표 3-6>의 셋째 줄에서는 소비의 로그 값이 정규 분포를 따른다는 가정을 둘째 줄의 확률적 할인 인자 모형에 적용하여 계산한 결과를 정리하고 있다.

<표 3-5>와 <표 3-6>을 비교하면 동일한 변수인 확률적 할인 인자에 대하여 서로 다른 두 개의 모형이 있음을 알 수 있다. 확률적 할인 인자의 서로 다른 두 개의 모형이 반드시 서로 같아야 할 이유는 없지만 어느 때 같아지는가를 생각해본다. 두 조건을 제시할 수 있다. 첫째 조건은 위험의 시장가격과 소비의 변동성은 $\lambda = \gamma \sigma_c$의 식을 만족해야 한다는 것이다. 첫째 조건의 의미는 무엇인가? 소비의 변동성을 소비의 표준편차로 측정한다면 첫째 조건은 소비의 변동성과 위험의 시장가격은 서로 비례해야 한다는 것이다. 여기서 비례 상수는 상대적 위험기피계수가 된다. 둘째 조건은 과거 시점에서 예측되지 않은 소비 부분과 확률적 할인 인자의 예측되지 않은 부분 간의 관계는 $\varepsilon = \varepsilon_c / \sigma_c$의 관계를 만족해야 한다는 것이다.

확률적 할인 인자의 서로 다른 두 모형이 서로 같아지는 상황은 위험 증권시장의 투자자들이 모두 소비자들로 채워지는 것으로 생각할 수 있다. 이 경우 증권시장에서 결정되는 위험의 시장가격은 소비자들의 위험에 대한 선호를 반영할 것으로 추측할 수 있다. 앞에서 설명한 첫째 조건을 보면 보다 확실해진다. 첫째 조건의 식을 보면 동일한 소비의 변동성에 대하여 위험을 부담하기 싫어하는 투자자로 구성된 증권시장에서 위험의 시장가격이 더 높다는 것이다. 또한 동일한 위험기피계수에 대하여 소비의 변동성이 높을수록 위험의 시장가격이 더 높다는 것이다. 소비의 변동성은 어떠한 이유로 위험의 시장가격에 영향을 미치는 것인가에 대한 의문을 가질 수 있다. 이를 이해하기 위해 앞에서 확률적 할인 인자의 변동 계수와 위험의 시장가격이 같다는 것을 보였다는 것을 지적한다. 소비의 변동성이 높아지면 확률적 할인 인자의 변동성도 높아진다. 따라서 확률적 할인 인자의 변동성도 높아져 위험의 시장가격이 상승한다.

연습문제

1. 위험 보상 비율을 예상 초과 수익률을 수익률의 표준편차로 나눈 비율로 정의하시오. 증권시장에서 거래되는 증권 중에서 시장 포트폴리오의 위험 보상 비율이 가장 크다는 것을 증권시장선을 사용하여 수식으로 보이시오.

2. 증권시장선보다 더 높은 곳에 위치한 증권이 존재한다면 그 증권의 예상 수익률과 증권시장선의 수직 거리를 『증권의 알파』로 정의하시오. 증권의 알파가 양수이거나 음수이면 차익거래의 이득이 있을 수 있음을 보이시오.

3. 본문에서 설명한 모형과 같이 두 개의 위험 증권만 존재하는 경우를 사용하여 다음의 문제에 답하시오. 증권 1의 예상 수익률은 1.05이고 증권 2의 예상 수익률은 1.3으로 가정하시오. 증권 1의 수익률의 표준편차는 0.2이고 증권 2의 수익률의 표준편차는 0.3으로 설정하시오. 무위험 채권의 수익률은 1.025로 설정하시오.
   (1) 두 개의 위험 증권의 수익률의 상관계수가 0일 때의 시장 포트폴리오에서 증권 1의 비중을 계산하시오. 이 때의 효율적 변경과 자본시장선의 그래프를 작성하시오.
   (2) 두 개의 위험 증권의 수익률의 상관계수가 –0.3일 때의 시장 포트폴리오에서 증권 1의 비중을 계산하시오. 이 때의 효율적 변경과 자본시장선의 그래프를 작성하시오.
   (3) 두 개의 위험 증권의 수익률의 상관계수가 0.3일 때의 시장 포트폴리오에서 증권 1의 비중을 계산하시오. 이 때의 효율적 변경과 자본시장선의 그래프를 작성하시오.

4. 위의 문제를 사용하여 투자자가 풀어야 하는 효용 극대화 문제의 답을 구하시오. 본문에서 가정한 투자자의 효용 함수와 동일한 것으로 가정하시오.
   (1) 두 개의 위험 증권의 수익률의 상관계수가 0일 때 시장 포트폴리오에 대한 투자자의 수요를 계산하시오.
   (2) 두 개의 위험 증권의 수익률의 상관계수가 –0.3일 때 시장 포트폴리오에 대한 투자자의 수요를 계산하시오.

(3) 두 개의 위험 증권의 수익률의 상관계수가 0.3일 때의 시장 포트폴리오에 대한 투자자의 수요를 계산하시오.

5. 위의 문제를 사용하여 다음의 문제에 답하시오.
   (1) 두 개의 위험 증권의 수익률의 상관계수가 0일 때 증권 1과 증권 2의 베타를 계산하시오.
   (2) 두 개의 위험 증권의 수익률의 상관계수가 −0.3일 때 증권 1과 증권 2의 베타를 계산하시오.
   (3) 두 개의 위험 증권의 수익률의 상관계수가 0.3일 때 증권 1과 증권 2의 베타를 계산하시오.

6. 위의 문제를 사용하여 다음의 문제에 답하시오.
   (1) 두 개의 위험 증권의 수익률의 상관계수가 0일 때 본문에서 설명한 확률적 할인 인자의 모형을 도출하시오.
   (2) 두 개의 위험 증권의 수익률의 상관계수가 −0.3일 때 본문에서 설명한 확률적 할인 인자의 모형을 도출하시오.
   (3) 두 개의 위험 증권의 수익률의 상관계수가 0.3일 때 본문에서 설명한 확률적 할인 인자의 모형을 도출하시오.

7. 위험 증권이 3개 존재하는 경우를 가정하시오. 이 경우 효율적 변경과 자본시장선을 어떻게 도출하는지를 수식을 사용하여 설명하시오.

8. 단기 실질 이자율은 중앙은행의 경기역행적인 통화정책에 의해서 결정된다. 예를 들어 불황에는 실질 이자율이 낮고 호황에는 실질 이자율이 높다. 증권을 보유한 대가로 지불되는 수익은 경기순응적인 경우와 경기역행적인 경우가 가능한 것으로 가정한다. 경기순응적인 증권을 증권 1이라고 하자. 경기역행적인 증권을 증권 2라고 하자. 각각의 증권에 대한 예상 수익률에서 무위험 이자율을 뺀 차이를 초과 수익률로 정의한다. 앞에서 설명한 증권가격 결정 모형을 사용하여 각 증권의 초과 수익률의 부호가 어떻게 결정되는지를 설명하시오.

제4장

이자율의 기간 구조

제4장

이자율의 기간 구조

이자율의 기간 구조

　본 장의 가장 중요한 목표는 제3장에서 설명한 할인 인자를 사용하여 증권의 균형 시장가격을 도출하는 모형을 채권의 균형가격을 분석하는 데 사용하는 것이다. 그러나 채권 가격과 수익률에 대한 분석은 앞에서 설명한 자산가격 설정 모형을 단순히 응용하는 것 이외에도 독립적으로 중요한 이슈들이 많이 있다. 특히 이자율의 기간 구조에 관한 기존의 다양한 가설들이 앞에서 설명한 증권가격의 이론 모형들과 관계없이 독립적으로 제시되어 왔다. 따라서 본 장에서는 이자율 기간 구조에 대한 다양한 이슈들을 정리한다. 이자율의 기간 구조를 단순히 요약하면 서로 다른 만기를 가진 채권들의 만기 수익률 간의 관계를 의미한다. 따라서 이자율의 기간 구조는 장기 이자율과 단기 이자율이 어떻게 연결되는지를 이해하는 것을 의미한다. 아울러 이자율의 기간 구조는 채권 투자자들의 개별 채권의 투자 수익성에 대한 전망에 덧붙여서 거시 경제에 대한 예측도 반영하기 때문에 거시 경제의 예측 및 통화정책의 실물 효과를 분석하는 데 유용하다. 이자율의 기간 구조에 대한 정보는 수익률 곡선에 요약되어 있다. 수익률 곡선은 이자율의 기간 구조를 하나의 그래프로 요약한 것으로 간주할 수 있다. 수익률 곡선의 왼쪽 끝은 만기가 가장 짧은 채권의 수익률을 표시한다. 여기에서 출발하여 오른쪽으로 이동하면서 늘어난 만기에 대응하는 채권의 수익률이 어떻게 달라지는지에 대한 그래프를 그리면 이것이 바로 수익률 곡선의 그래프가 된다.

통화 정책과 관련하여 강조해야 하는 점은 이자율의 기간 구조에 대한 정확한 이해가 통화 정책의 이자율 경로를 파악하기 위해 중요한 지식이라는 점이다. 위에서 설명한 수익률 곡선에서 왼쪽 끝은 중앙은행이 결정하는 기준 금리에 의해서 결정된다. 통화 정책의 실물 경제에 대한 효과가 발생하기 위해 중앙은행이 조정하는 단기 이자율의 변화가 장기 이자율의 변화로 이어져야 한다. 이는 수익률 곡선의 오른편에 위치한 부분이 왼쪽 끝에서 발생한 변화를 어떻게 수용하는지에 달려 있다. 이러한 이유로 수익률 곡선의 움직임과 변화의 원인을 정확히 파악하는 것이 통화 정책을 담당하는 중앙은행의 중요한 일이라고 할 수 있다. 또한 이자율 기간 구조는 거시 경제 변수의 변화에 의해서 영향을 받는 것으로 알려져 왔다. 예를 들어서 장단기 금리 차이가 미래 시점에서의 인플레이션 또는 경기 상황을 예측하는데 도움이 되는지의 여부에 대한 논의는 오래 전부터 거시 금융 분야에서 진행되어 왔다. 따라서 만기가 늘어나면서 채권의 가격과 수익률이 달라지는 정도를 보다 정확히 이해하고 싶다면 단순히 채권 시장의 거래 상황만 파악하는 것이 아니라 이자율 기간 구조가 중요한 거시 경제 변수들과 어떻게 상호 작용하는지를 이해하는 것이 필요하다는 점이 강조되어 왔다.

본 장에서는 확률적 할인 인자가 존재하는 경우 차익거래 이득이 없다는 조건을 만족하는 균형에서 채권의 가격이 어떻게 결정되는지를 설명한다. 이는 앞에서 설명한 이론들이 채권 시장에서 어떻게 적용되는지를 설명하는 부분이다. 차익거래 이득이 없어야 한다는 조건을 강조하는 모형이 실증적으로 유용한지에 대하여 의문이 들수 있다. 이와 관련하여 이자율의 기간 구조를 실증적으로 이해하기 위해 기간 구조의 변동에 결정적인 영향을 미치는 몇 개의 요인을 찾아내어 이들의 움직임을 정확히 이해하려는 일련의 연구가 진행되어 왔다. 이들을 묶어서 무차익거래 선형 이자율 기간 구조 모형에 의거한 실증분석이라고 할 수 있으며 보다 자세한 내용을 본 장의 이자율 기간 구조의 거시 금융 모형에서 다루고 있다. 세 개의 요인을 정확히 파악할 수 있다면 이자율의 기간 구조의 많은 부분을 예측할 수 있다는 주장이 이와 같은 연구들의 출발점이라고 할 수 있다. 이들은 수익률 곡선을 보다 정확하게 설명하기 위한 실증적인 유용성에 중점을 둔 접근법이다. 이자율의 기간 구조를 설명하는 요인들은 이자율에 대한 자료를 수집하여 직접 관측하는 것이 아니라 수집된 자료에 대한 통계적 분석에 의해서 추출된다. 본 장에서는 수익률 곡선의 이동을 결정하는 기본 요인들이 존재하지만 이들의 움직임이 증권 시장에서 차익거래의 이득이 없다는 균형 조건에 의해서 결정되는 점을 강조하는 모형을 소개한다.

만기 수익률의 개념

본 절에서는 만기 수익률의 개념을 설명한다. 만기가 n기 남은 채권의 만기 수익률은 $y^{(n)}$으로 표기한다. 만기 수익률은 일종의 할인율의 개념이다. 그러나 아래와 같은 특별한 조건을 만족해야 한다. 만기 수익률의 정의에서 지적해야 할 두 개의 요점은 아래와 같다.

(1) 만기까지 동일한 할인율이 사용된다.
(2) 만기까지 채권을 보유하여 얻는 총수입의 현재 가치와 현재 시점에서 채권의 시장가격이 같도록 한다.

간단한 예를 들어 현재 시점에서 만기 시점이 두 시점 남아 있는 순수 할인채를 생각해 보자. 이 채권의 현재 시점의 가격을 $P^{(2)}$로 표기한다. 순수 할인채의 경우 만기 시점 이전까지 지불되는 이자가 없고 만기 시점이 되면 액면에 정해진 금액을 지급한다. 액면이 실물로 1이라고 가정하면 두 시점 동안 동일한 크기의 할인율을 사용하여 두 시점 이후 제공되는 보상을 할인하여 현재 가치를 계산하면 $1/(1 + y^{(2)})^2$이 된다. 이는 위의 첫번째 조건을 부과한 것이다. 두번째 조건을 부과하면 $P^{(2)} =$

$1/(1 + y^{(2)})^2$이다. 이 식에서 만기까지 두 시점이 남은 할인 채권의 가격을 대문자를 사용하여 표시하고 만기 수익률은 소문자를 사용하여 표기한다.

위의 식은 만기 시점이 두 시점 남은 할인 채권의 가격과 그 채권의 만기 수익률은 서로 반대 방향으로 변화하는 것을 의미한다. 채권의 만기까지 아직 남아 있는 기간의 수가 다르면 채권을 만기까지 보유하여 얻을 수 있는 보상을 측정하는 만기 수익률도 달라진다. 그러나 수익률과 채권의 가격이 서로 반대 방향으로 움직인다는 점은 계속해서 성립한다. 소문자와 대문자를 구분하여 소문자는 채권 가격의 로그 함수로 정의한다. 소문자로 표시하는 경우의 식은 다음과 같다.

$$p^{(2)} = -2 \log(1 + y^{(2)}) \;\rightarrow\; p^{(2)} = -2y^{(2)}$$

위의 화살표로 가리키는 식은 근사식을 의미한다. 원래의 식에 대하여 양변에 로그를 취한 식에 대한 근사식을 계산한다. 근사식을 보면 할인 채권 가격의 로그 값은 만기 수익률을 만기까지 남은 기간 수를 곱하여 나온 값에 마이너스를 취한 값과 같다.

할인 기간이 매우 짧은 연속 시간 모형을 사용하면 위에서 설명한 근사식을 사용하지 않고 채권의 가격과 만기 수익률 간의 선형식을 직접 도출할 수 있다. 두 가지의 경우를 다음과 같이 구분한다. 할인을 하는 시점 간의 시간 거리가 하나의 단위 시간으로 정의하는 이산 시간 모형에서는 이산 할인(discrete discounting)을 사용한다. 그러나 시간 거리가 매우 짧은 연속 시간 모형에서는 연속 할인(continuous discounting)을 사용한다. 이산 할인과 연속 할인 간의 구분은 이산 복리(discrete compounding)와 연속 복리(continuous compounding) 간의 차이와 유사하다. 연속으로 할인한다면 어떻게 되는지를 간단히 설명한다. 만기가 두 시점 이후인 할인 채권의 가격과 이에 대응하는 만기 수익률 간의 관계는 지수 함수를 사용하여 $P^{(2)} = \exp(-2\,y^{(2)})$이다. 앞에서와 같이 이 식의 양변에 로그 함수를 취하면 $p^{(2)} = -2y^{(2)}$이다. 이 식은 앞에서와 동일한 식이지만 연속 시간 모형에서는 근사식이 아니라는 것이 차이점이다. 임의의 n에 대하여 일반화하면 할인 채권의 만기 수익률과 가격 간의 관계는 $y^{(n)} = -p^{(n)}/n$이다.

그림 4-1 채권의 소득 흐름과 만기 수익률

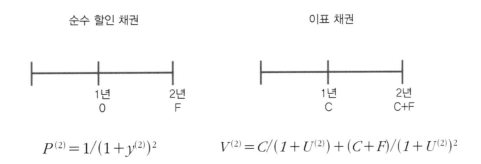

$$P^{(2)} = 1/(1+y^{(2)})^2$$

$$V^{(2)} = C/(1+U^{(2)}) + (C+F)/(1+U^{(2)})^2$$

앞에서는 만기 수익률의 정의에 대하여 설명하였다. 다음에서는 수익률 곡선에 대하여 설명한다. 수익률 곡선(yield curve)은 임의의 시점에서 x축에는 만기를 표시하고, y축에는 할인 채권의 만기 수익률을 나타내는 평면에 작성된 만기와 만기 수익률 간의 그래프를 의미한다. 통상 이자율 기간 구조를 설명하는 이론이 있다면 그 이론이 함의하는 수익률 곡선의 형태가 있다. 따라서 수익률 곡선은 이자율 기간 구조에 대한 다양한 가설들의 차이를 설명하기 위한 중요한 도구이다. 또한 수익률 곡선을 이용한 실증 분석이 가능하다. 현실의 채권 시장에서 거래되는 다양한 채권들에 대한 가격 자료가 있다면 이를 사용하여 수익률 곡선의 형태를 추정할 수 있다. 수익률 곡선을 현실의 자료를 사용하여 추정하기 위해 해결해야 하는 문제가 있다. 현실의 금융시장에서는 수익률 곡선을 작성하는 데 필요한 모든 만기에 대하여 순수 할인 채권이 직접 거래되지 않는다. 특히 장기 채권은 이표 채권의 형식으로 발행되므로 만기가 일정 기간이 넘는 장기 할인채의 수익률은 직접적으로 관측할 수 없다. 현실의 금융시장에서 장기 할인채가 거래되지 않기 때문에 장기 할인채의 수익률은 이표 채권의 가격을 사용하여 추정해야 한다. 이표 채권은 채권이 발행된 이후 만기 시점 이전까지 일정한 기간마다 한 번씩 이표(coupon)에 약정된 이율에 의거하여 정해진 이자를 지급하는 채권이다. 반면에 할인 채권은 만기 이전에 지급하는 이자가 없는 채권이다. <그림 4-1>에서는 순수 할인 채권과 이표 채권의 차이를 보여주고 있다. 이 그림에서 F는 채권의 액면 가치를 의미한다. 그리고 C는 이표 이자를 의미한다. 또한 $V^{(2)}$는 만기가 두 기간 남은 이표 채권의 가격이고 $U^{(2)}$는 동일한 이표 채권의 만기 수익률을 나타낸다. 이표 채권은 만기가 되기 이전에 이표 이자 C를 지급하고 있음을 보여주고 있다.

다음에서는 어떻게 이표 채권의 가격 자료를 사용하여 할인 채권의 수익률 자료를 추계할 수 있는지에 대하여 설명한다. 여기서 주요한 포인트는 이표 채권은 여러 종류의 할인 채권들로 구성된 포트폴리오로 간주할 수 있다는 것이다. 따라서 장기 채권의 경우 이표 채권의 가격만 관측할 수 있더라도 충분히 다양한 만기의 이표 채권의 가격 자료가 있다면 만기가 장기인 할인 채권의 가격을 추정할 수 있다. 이를 설명하기 위해 만기 수익률의 개념은 이표 채권과 할인 채권에 대하여 동일하게 적용할 수 있다는 점을 지적한다. 특정한 시점에서 특정한 채권의 만기 수익률은 그 채권을 그 시점부터 만기 시점까지 보유할 때 투자자에게 제공될 모든 소득 흐름의 현재 가치 합과 현재 시점의 채권 가격이 같아지도록 하는 할인율로 정의된다. 앞에서 설명한 만기 수익률의 정의를 이표 채권에 적용한다. 만기가 앞으로 n기 남아있다고 가정하자. 다음 시점부터 매 시점마다 지급되는 이자를 C라고 한다. 채권의 액면은 F로 표시한다. 만기 시점에서 지급되는 소득은 $(F + C)$이다. 이표 채권의 가격은 $V^{(n)}$으로 표시하고 이표 채권의 만기 수익률은 $U^{(n)}$로 표시한다. 임의의 n에 대하여 성립하는 이표 채권의 만기 수익률 정의식은 <표 4-1>의 여섯째 줄에 정리되어 있다. <표 4-1>의 정의식은 이표 채권의 실질 가격을 계산하거나 명목 가격을 계산하는 경우 모두 성립한다. 한편, 할인 채권은 만기 이전에 이자가 지급되지 않고 만기에 액면가에 해당하는 금액을 지불한다.

다음에서는 차익거래가 없는 경우 성립해야 하는 이표 채권의 가격과 할인 채권의 가격 간의 관계를 사용하여 장기 할인 채권이 실제로 채권 시장에서 거래되지 않더라도 이표 채권의 가격을 사용하여 할인 채권의 가격을 추정할 수 있다는 것을 보인다. 할인 채권을 제로 쿠폰 본드라고 부르기도 하므로 앞에서 설명한 방식을 사용하여 생성한 수익률 곡선을 제로 쿠폰 본드(zero coupon bond)의 수익률 곡선이라고 할 수 있다. 먼저 간단한 예를 들기 위해 현재 시점에서 두 시점 이후가 만기 시점인 이표 채권의 가격을 알고 있다고 가정한다. 순수 할인 채권은 만기가 한 시점인 단기

표 4-1 이표 채권의 가격 자료와 할인 채권의 만기 수익률의 추계: 순차적 방식

$m = 2$인 경우 균형 조건	$V^{(2)} = \dfrac{C}{1 + y^{(1)}} + \dfrac{F + C}{(1 + y^{(2)})^2}$
만기가 2기 남은 할인 채권의 만기 수익률의 추계	$y^{(2)} = \sqrt{(F + C)/(V^{(2)} - \dfrac{C}{1 + y^{(1)}})} - 1$
$m = 3$인 경우 균형 조건	$V^{(3)} = \dfrac{C}{1 + y^{(1)}} + \dfrac{C}{(1 + y^{(2)})^2} + \dfrac{F + C}{(1 + y^{(3)})^3}$
만기가 3기 남은 할인 채권의 만기 수익률의 추계	$y^{(3)} = \sqrt{(F + C)/(V^{(3)} - \dfrac{C}{1 + y^{(1)}} - \dfrac{C}{(1 + y^{(2)})^2})} - 1$
$m = n$인 경우 균형 조건	$V^{(n)} = \dfrac{C}{1 + y^{(1)}} + \dfrac{C}{(1 + y^{(2)})^2} + \cdots \dfrac{F + C}{(1 + y^{(n)})^n}$
만기가 n기 남은 이표 채권의 만기 수익률의 정의식	$V^{(n)} = \dfrac{C}{1 + U^{(n)}} + \dfrac{C}{(1 + U^{(n)})^2} + \dfrac{C}{(1 + U^{(n)})^3} + \cdot \cdot \dfrac{F + C}{(1 + U^{(n)})^n}$

주: 이 표에서 균형 조건은 차익거래의 이득이 없는 경우 성립하는 조건이라는 의미이다.

채권만 존재하는 것으로 가정한다. 이처럼 만기 시점이 두 시점 남은 할인 채권이 채권 시장에서 실제로 거래되지 않는 경우, 어떻게 이 할인 채권의 만기 수익률을 계산할 수 있는지를 설명한다.

두 개의 투자 전략을 고려한다. 첫번째 투자 전략은 만기가 두 기인 이표 채권을 하나 구매하는 것이다. 두번째 투자 전략은 단기 할인 채권을 C개 구입하고 만기가 두 기인 할인 채권을 $(C + F)$구입하는 것이다. 두번째 전략은 장기 할인 채권이 실제로 존재하지 않기 때문에 시장에서 직접 사용할 수 없으나 두 개의 투자 전략은 앞으로 두 기 시점 동안 동일한 미래 소득을 발생시킨다는 점을 이용하여 차익거래의 이득이 없는 경우 성립해야 하는 장기 할인 채권의 이론 가격을 계산한다. 첫번째 전략을 실행하기 위해 현재 시점에서 지불해야 하는 비용은 $V^{(2)}$이다. 두번째 전략을 실행하기 위해 지불해야 하는 비용을 계산한다. 다음 시점에서 한 단위의 액면금액을 지불하는 할인 채권의 가격과 이자율은 시장에서 거래되어 알고 있는 자료이다. 이 할인 채권을

C만큼 구매하면 다음 시점에서 C의 소득을 얻는다. 이 부분의 비용은 $C/(1+y^{(1)})$이다. 또한 만기가 두 기인 할인 채권을 $(C+F)$개 구입하는 비용은 $(C+F)/(1+y^{(2)})^2$이다. 차익거래의 이득이 없다는 조건은 <표 4-1>의 첫째 줄에 정리되어 있다. <표 4-1>의 균형 조건은 $y^{(2)}$가 미지수인 방정식으로 간주할 수 있다. 이 식을 풀어서 미지수를 알고 있는 자료의 함수로 정리하면 <표 4-1>의 둘째 줄에 있는 식과 같다. 이 식을 이용하여 만기가 두 기간 남은 할인 채권의 만기 수익률을 계산한 이후 앞에서 설명한 방식을 동일하게 적용하여 만기가 세 기간 남은 할인 채권의 만기 수익률을 계산할 수 있다. 예를 들어 만기가 세 기간 남은 이표 채권의 가격에 대하여 성립해야 하는 차익거래의 이득이 없다는 조건은 <표 4-1>의 셋째 줄에 정리되어 있다. 이제 $y^{(1)}$과 $y^{(2)}$는 알고 있다. 따라서 시장에서 거래된 $V^{(3)}$의 자료가 있다면 위의 식을 사용하여 $y^{(3)}$를 계산할 수 있다. 이러한 방식을 순차적으로 반복하면 만기가 네 기간 또는 더 이상 긴 기간인 할인 채권이 실제로 시장에서 거래되지 않더라도 이들의 만기 수익률을 이표 채권의 시장가격을 사용하여 알아 낼 수 있다. 이 때에 순차적으로 사용하는 식은 <표 4-1>의 다섯째 줄에 정리되어 있다. 이표 채권의 거래 자료가 있는 최장 기간에 해당하는 n의 값을 n^*로 표기하면 $n=1, 2, 3, ..., n^*$이다. 이와 같은 방식으로 제로 쿠폰 본드의 수익률 곡선을 추계하는 것을 부트스트랩 방식(bootstrap method)이라고 한다.

앞에서 설명한 방식을 사용하더라도 모든 만기 시점에 대하여 수익률 곡선의 값을 추정할 수 없다. 모든 만기 시점에 대하여 연속적인 곡선의 형태를 추정하기 위해 추정된 자료 사이를 매끄러운 곡선으로 잇는 작업이 필요하다. 문헌에서는 넬슨-시겔의 방법과 스벤슨의 방법 등이 많이 인용된다.[1] 이들이 사용한 절차를 간단히 요약하면 다음과 같다.

(1) 선도 이자율을 만기에 대한 비선형 함수라고 가정한다. 비선형 함수의 형태를 결정하는 몇 개의 계수들이 있으며 채권의 가격 자료에 의해서 결정된다.

---

1 넬슨-시겔 방법과 스벤슨의 방법에 대하여 본 장의 수익률 곡선의 추정을 설명하는 절에서 자세하게 설명한다.

그림 4-2 최근 미국의 만기 수익률 곡선

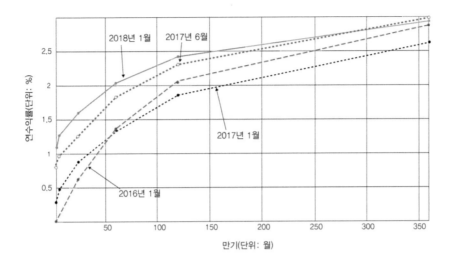

(2) 할인 채권의 만기 수익률과 선도 이자율 간의 관계를 이용한다. 그 결과 만기 수익률도 만기에 대한 비선형 함수로 쓸 수 있다.

(3) 앞에서 설명한 이표 채권의 가격과 할인 채권의 만기 수익률 간의 관계를 사용하여 이표 채권의 가격을 만기의 함수로 표시한다.

(4) 이표 채권의 가격에 대한 자료가 있는 만기 시점에 대하여 위의 함수의 값과 실제의 이표 채권의 가격 간의 거리를 측정하는 척도를 선택하여 이를 최소화하는 계수들의 값을 추정한다.

앞에서 요약한 방식의 이점은 무엇인가? 관측된 채권 가격 자료를 사용하여 몇 개의 계수들의 값을 추정해 수익률 곡선을 비교적 작은 수의 파라미터를 가진 연속적이고 부드러운 곡선의 함수로 설명할 수 있다는 것이다. 이에 추가하여 실제의 자료에 의해서 관측되지 않는 금융시장 참가자의 미래에 대한 예측 정보를 담고 있는 선도 이자율을 동시에 추정할 수 있다. 구체적인 함수의 형태는 선도 이자율을 설명하는 부분에서 소개하기로 한다.

수익률 곡선

<그림 4-2>는 최근 미국의 수익률 곡선을 보여주고 있다. 회색 실선은 2018년 1월의 자료를 사용하여 작성한 수익률 곡선을 나타내고 있다. 수익률 곡선은 만기가 낮은 쪽에서 오른편으로 이동하면서 위로 증가하는 모습을 보여주고 있다. 수익률 곡선의 위치와 형태는 측정하는 시점에 따라 달라질 수 있다. 예를 들어 <그림 4-2>에서 볼 수 있듯이 2016년 1월부터 2018년 1월까지 2년 동안 수익률 곡선의 형태는 지속적으로 더욱 완만한 모습으로 변화해왔다. 2015년 12월 미국의 연방기금금리가 제로 금리로부터 정상화된 시점에서 단기 금리가 가장 낮은 수준을 유지하고 있었다. 그 이후 미국 중앙은행이 연방기금금리를 올리면서 단기금리도 상승하게 된다. 그 결과 수익률 곡선의 위치는 왼편 끝에서 점점 위로 이동하는 모습을 보이고 있다. <그림 4-2>에서 왼쪽 끝은 이동 폭이 상대적으로 크지만 오른쪽으로 이동할수록 이동 폭이 작아진다. 따라서 오른쪽 끝의 크기에서 왼쪽 끝의 크기를 뺀 차이를 보면 곡선의 전반적인 기울기가 낮아지고 있음을 볼 수 있다. 뿐만 아니라 왼쪽 끝에서 만기 시점이 60개월 남은 채권의 수익률과 만기 시점이 30년 남은 채권의 수익률과의 차이를 비교하면 전자의 변화 폭이 더 커진 것을 알 수 있다. 이는 수익률 곡선의 전반부와 후반부의 기울기의 차이를 측정한 것이므로 수익률 곡선의 곡률을 파악한 것으로 볼 수 있다.

수익률 곡선이 변화하는 원인을 이해하고 앞으로의 변화를 예측하기 위해 단순한 몇 개의 요인을 사용하는 요인 분석을 적용해왔다. 이러한 시도에서 가장 단순한 방법은 수준 요인(level factor), 기울기 요인(slope factor), 곡률 요인(curvature factor) 등의 세 요인으로 구성된 하나의 수익률 곡선모형을 분석하고 예측하는 것이다.[2] 앞에서도 이미 언급한 바와 같이 <그림 4-2>의 서로 다른 수익률 곡선들을 비교하면 앞에서 언급한 수준 요인(level factor), 기울기 요인(slope factor), 곡률 요인(curvature factor) 등의 세 요인의 변화가 어떻게 수익률 곡선에 영향을 미치는지를 어느 정도 짐작할 수 있게 한다. 통

---

2 채권 수익률에 대한 요인별 분석의 효시로 인용되는 논문은 리터만(Litterman)과 쉐인크만(Scheinkman)이 1991년 Journal of Fixed Income (1권, pp. 54-61)에 발표한 「Common Factors Affecting Bond Returns」이다.

화정책으로 조절하는 초단기 이자율의 변화는 수익률 곡선의 위치를 변동시킨다. 이는 수준 요인의 변동에 따른 수익률 곡선의 변화로 볼 수 있다. 만기가 30년인 미국 국채의 만기 수익률은 수익률 곡선의 오른편 끝에 위치하고 있다. 단기 금리는 지난 2년간 상당한 변동이 있었지만 장기 채권의 수익률은 상대적으로 변동 폭이 작다. 그 결과 곡선의 전반적인 기울기는 낮아진다. 수익률 곡선의 곡률도 2016년 1월의 곡선과 비교하면 낮아진 것을 알 수 있다. 따라서 기울기 요인과 곡률 요인도 수익률 곡선의 모습에 영향을 미치고 있음을 알 수 있다. 앞에서 설명한 방식으로 수익률 곡선을 이해하는 것은 어떠한 변수들이 어떠한 과정을 거쳐서 수익률 곡선의 변화를 발생시키는가에 대한 의문에 답변을 명확히 한다고 볼 수 없다. 수준 요인, 기울기 요인, 곡률 요인은 특정한 경제적 의미를 가진 변수라고 하기 어렵기 때문이다. 이에 덧붙여서 이자율 기간 구조는 거시 경제 변수의 변화에 의해서 영향을 받는 것으로 지적되어 왔다. 장단기 금리 차이가 미래 시점의 인플레이션 또는 경기 상황에 대한 투자자들의 예측을 반영하는지에 대한 실증적 논쟁이 오래 전부터 진행되어 왔다. 또한 앞에서 이미 통화정책은 수익률 곡선의 변화를 발생시키는 하나의 요인임을 설명하였다. 이러한 점을 반영하여 거시 경제 변수와 금융 변수 간에 존재하는 실제의 관계를 보다 정확히 이해하기 위한 시도로서 이자율 기간 구조에 대한 거시 금융 모형을 사용할 수 있다. 관련 문헌에서는 거시 경제 요인과 자료에 직접적으로 관측되지 않지만 수익률의 변동에 영향을 미치는 요인들이 어떻게 수익률 곡선을 변화시키는지를 분석해왔다. 이와 같은 분석 방법은 본 장의 후반부에서 다시 소개한다.

다음과 같은 두 가지 사항을 덧붙이고자 한다. 첫째, 실제로 관측이 가능한 만기 수익률의 자료는 유한하다. 따라서 수익률 곡선 위의 점들 중에서 단지 몇 개의 점에 대해서만 시장에서 거래된 자료에 의거하여 추계된 것이다. 통상적으로 몇 개의 점들을 부드러운 곡선으로 이어서 수익률 곡선을 나타낸다. 그 결과 시장에서 거래되지 않은 만기에 대해서도 수익률을 이해할 수 있게 된다. 이를 위해 다양한 비선형 보간법이 사용되어 왔다. 앞에서는 넬슨-시겔 모형과 스벤슨 모형을 간략히 소개하였다. 이외에도 다른 방법을 사용할 수 있지만 본 책의 범위를 넘는 것으로 간주하여 더 이상의 자세한 설명은 생략하기로 한다. 둘째, <그림 4-2>에서는 위로 올라가는 모습

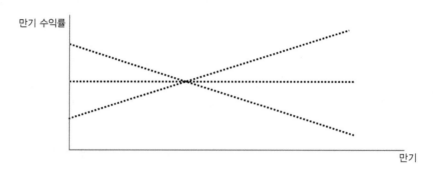

그림 4-3 수익률 곡선의 형태

의 수익률 곡선을 보여주고 있다. 그러나 수익률 곡선을 추정한 시점에 따라 서로 다른 모습을 보일 수 있다. 예를 들어 기울기가 플러스인 곡선, 평평한 수평선, 기울기가 마이너스인 곡선 등으로 나타날 수 있다. 현재 시점에서 기준 금리가 상당히 높은 수준이고 앞으로 지속적으로 기준 금리가 내려갈 것으로 예상되는 경우 기울기가 마이너스인 수익률 곡선이 가능하다. 따라서 앞에서 설명한 수익률 곡선의 자료를 보면 다음과 같은 세 개의 실증적 사실이 성립할 수 있음을 짐작할 수 있다.

(1) 서로 다른 만기의 채권 수익률들은 같이 움직인다.
(2) 단기 이자율이 낮으면 양의 기울기를 가진 수익률 곡선이 나타나고 단기 이자율이 높으면 음의 기울기를 가진 수익률 곡선이 나타나는 경향이 있다.
(3) 장기적으로 평균적인 모습을 추정하면 양의 기울기를 가진 수익률 곡선이 된다.

<그림 4-3>은 수익률 곡선이 취할 수 있는 세 개의 서로 다른 형태를 보여 주고 있다. 위의 설명에서 두번째 항목은 단기 이자율이 상대적으로 높은 시기와 상대적으로 낮은 시기에는 서로 다른 모습의 수익률 곡선을 관측할 수 있음을 의미한다. 그러나 위의 세 번째 항목은 평균적으로 수익률 곡선의 기울기가 양수라는 것을 지적하고 있다.

수익률 곡선의 형태가 어떻게 결정되는지에 관한 다양한 가설들이 제시되어 왔다.

이자율 기간 구조를 설명하는 네 개의 가설을 요약할 수 있다. 첫째, 기대 가설이다. 이는 장기 이자율은 현재 시점의 단기 이자율과 미래 시점의 단기 이자율의 가중 평균으로 결정된다는 것이다. 이러한 관계가 성립하도록 하기 위해 만기가 서로 다른 채권들의 시장 간 투자 자금이 자유롭게 이동할 수 있어야 한다. 따라서 차익거래 이득이 발생한다면 투자자는 장기 채권 시장 또는 단기 채권 시장 중 어느 곳이든 비용을 지불하지 않고 자금을 이동한다는 가정이 부여된다. 기대 가설에 따른 수익률 곡선의 형태는 어떠한가? 기대 가설에 따르면 미래 시점에서 이자율이 현재보다 더 높아질 것으로 예상하면 수익률 곡선의 기울기가 양수가 된다. 미래 시점에서 이자율이 현재보다 더 낮아질 것으로 예상하면 수익률 곡선의 기울기가 음수가 된다. 기대 가설은 미래 시점과 현재 시점의 이자율이 모두 같아지는 장기에서는 수익률 곡선이 수평선이 되어야 함을 의미한다. 이러한 함의는 앞에서 설명한 세 번째 사실을 설명하지 못한다는 비판을 받아왔다. 둘째, 유동성 선호 가설이다. 앞에서와 같이 만기가 서로 다른 시장 간 자금 이동은 자유롭게 이루어진다. 그러나 장기 채권을 매수하여 장기간 보유하는 것은 투자 자금을 하나의 증권 투자에 오랫동안 묶어 두는 것이므로 단기 채권을 보유하여 얻는 수익보다 더 높은 보상이 투자자에게 부여되어야 한다는 것이다. 이와 같이 생각하는 투자자가 채권 시장의 투자자라면 수익률 곡선은 평균적으로 양수의 기울기를 가지는 곡선이어야 한다. 두번째 가설의 포인트는 투자 수익뿐만 아니라 증권의 유동성도 같이 고려하는 투자자가 채권 시장의 투자자라는 것이다. 채권 시장의 투자자가 유동성에 대한 선호를 가진 투자자라면 수익률 곡선은 평균적으로 양의 기울기를 가진 곡선이 된다는 것이다. 셋째, 만기가 서로 다른 채권을 어떻게 보아야 할 것인가에 따라 수익률 곡선의 형태에 대한 서로 다른 가설을 제시할 수 있다는 점을 지적한다. 시장 분할의 의미는 서로 다른 만기를 가진 채권의 시장 사이에는 일종의 칸막이가 있어서 이들은 서로 연결성이 없다는 것이다. 서로 다른 만기를 가진 채권 시장들이 서로 독립적으로 움직인다면 어떻게 앞에서 설명한 수익률 곡선에 대한 실증적 사실을 설명할 수 있는가에 대하여 궁금하다. 미쉬킨(Mishkin)은 시장 분할 가설(market segmentation hypothesis)은 평균적으로 양의 기울기를 가진 수익률 곡선이 된다는 점을 보일 수 있으나 서로 다른 만기의 수익률들이

표 4-2 확률적 할인 인자의 모형과 채권 가격

제1장의 모형과 채권 가격	$P^{(1)} = \beta$ $P^{(2)} = \beta^2$	$(1+r)\beta = 1$
제2장의 모형과 채권 가격	$P^{(1)} = E[m']$ $P^{(2)} = E[m'(P^{(1)})']$	$(1+r)E[m'] = 1$
제3장의 모형과 채권 가격	$P^{(1)} = E[m']$ $P^{(2)} = E[m'(P^{(1)})']$	$m' = \exp\left(-r - \dfrac{\lambda^2}{2} - \lambda\varepsilon\right)$ $\lambda = \lambda_0 + \lambda_1 x$ $x' = \mu + Ax + B\varepsilon$ $\varepsilon \sim N(0,1)$

서로 같이 움직이고 단기 이자율과 수익률 곡선의 기울기 간의 관계를 설명할 수 없다고 지적한다.[3] 넷째, 선호군락가설에서는 각각의 만기에 대하여 이를 선호하는 투자자 그룹이 있다고 주장한다. 예를 들어 연금을 주로 취급하는 금융기관은 자신의 대차대조표에 기록되어 있는 부채는 주로 장기적인 부채이므로 만기가 장기인 자산을 보유하려는 유인이 강하게 있다. 또한 단기적인 투자를 위주로 자신의 투자자금을 운용하는 투자자는 단기 채권을 보다 더 선호한다. 이처럼 투자자의 개별적인 특성에 따라 채권의 만기에 대한 선호가 있을 수 있기 때문에 자신이 선호하는 만기 이외의 다른 만기를 가진 채권을 보유하기 위해서는 더 높은 수익률 보상이 있어야 한다는 것이다. 선호군락가설에서는 모든 투자자가 단기 채권 보유를 선호하는 것은 아니라는 점을 지적하고 만기가 다른 채권 시장은 각각의 시장에 터줏대감처럼 선호하는 투자자들이 있을 수 있다는 점을 강조한다. 그럼에도 불구하고 투자 수익이 있다면 다른 만기의 채권 시장에 진입하여 채권을 보유할 수 있다는 것을 지적한다는 점에서 유동성 선호 가설과 대비된다.

---

3 미쉬킨(Frederic S. Mishkin)의 교과서인 「The Economics of Money, Banking, and Financial Markets」에서는 이자율 기간 구조에 관한 다양한 견해를 설명하고 있다. 본 절에서 인용하고 있는 미쉬킨의 교과서는 2013년 피어슨(Pearson) 출판사에서 발간한 10판이다.

확률적 할인 인자와 채권의 시장가격

본 장의 가장 중요한 목표는 앞에서 이미 설명한 바와 같이 할인 인자를 사용하여 증권의 균형 시장가격을 도출하는 모형을 순수 할인 채권의 균형가격을 분석하는 데 사용하는 것이다. <표 4-2>에서는 확률적 할인 인자의 모형을 순수 할인 채권에 적용하는 경우 어떻게 채권의 가격이 결정되는지를 보여주고 있다. 제1장의 경우 수익률 위험이 없는 상황을 분석하였기 때문에 만기가 늘어나면서 단순히 동일한 할인 인자를 곱하는 횟수를 늘려 주면 할인 채권의 가격을 계산할 수 있다는 것이다. 제2장 이후에는 미래 시점에서 실현되는 수익률에 대한 위험이 있는 모형을 분석하기 때문에 더 이상 단순하게 계산되지 않는다. 그러나 <표 4-2>가 제공하는 키 포인트는 다음과 같다. 순수 할인 채권의 현재 시점의 가격은 만기가 한 기 감소된 채권의 미래 시점의 가격의 현재 가치와 같다.

<표 4-2>에서 정리한 채권 가격 모형은 앞에서 설명한 만기 수익률의 결정에 대한 다양한 가설과 어떠한 관계가 있는가에 대하여 궁금할 수 있다. 서로 다른 만기의 채권 시장들 사이로 투자 자금이 자유롭게 이동할 수 있음을 인정한다. 따라서 균형에서 차익거래를 통한 이득이 발생하지 않는다. 이러한 측면에서 기대 가설과 일맥상통한다. 그러나 기대 가설에서는 만기 프리미엄의 존재에 대하여 설명이 없다. <표 4-2>의 채권 가격 모형에서는 만기 프리미엄이 확률적 할인 인자와의 관계에 의해서 결정된다. 이를 설명하기 위해 기대 가설에 대하여 먼저 설명한다. 단순한 예를 들기 위해 잠시 동안 투자자들이 모두 위험 중립적인 투자자들이라고 가정한다. 각각의 투자자들은 만기가 두 시점 이후인 채권에 투자하여 만기까지 기다리는 투자 방식과 만기가 한 기인 할인 채권을 구매하고 다음 시점에서 원금을 받으면 이를 다시 만기가 한 기인 할인 채권에 투자하는 방식 중 하나를 선택할 수 있다. 두 개의 투자 전략 중에서 하나를 선택해야 하는데 이 때 각각의 투자 방식으로부터 예상되는 기대 수익률을 기준으로 결정한다. 차익거래 이득이 없다면 $1/P^{(2)} = (1+r)(1+E[r'])$의 조건이 성립해야 한다. 등호의 왼편은 현재 시점에서 장기 채권에 투자하여 만기 시점인 두 시점 이후까지 그대로 가지고 있다가 채권이 보장한 금액을 그대로 받는

표 4-3 만기 프리미엄의 정의와 분해 과정

만기 프리미엄의 정의	$y^{(2)} = \dfrac{r + E[r']}{2} + \sigma^{(2)}$
1단계: 채권 가격의 균형 조건을 정리함	$e^{-2y^{(2)}} = e^{-r}E[e^{-r'}] + \text{cov}(m',e^{-r'})$
2단계: 로그 정규 분포의 가정함	$E[e^{-r'}] = e^{-E[r']+\text{var}(r')/2}$
3단계: 2단계 식을 1단계 조건에 대입함	$e^{-2y^{(2)}} = e^{-r-E[r']+\text{var}(r')/2} + \text{cov}(m',e^{-r'})$
4단계: 만기 프리미엄의 식을 정리함	$e^{-2\sigma^{(2)}} = e^{\text{var}(r')/2} + \text{cov}(m'/E[m'],e^{-(r'-E[r'])})$
5단계: 근사식을 도출함	$\sigma^{(2)} = -\text{var}(r')/4 - \text{cov}(m'/E[m'],e^{-(r'-E[r'])})/2$

투자 전략을 선택할 경우의 총수익률이다. 등호의 오른편은 현재 시점에서 만기가 다음 시점인 단기 채권에 투자하고 다음 시점이 되면 현재 시점에서 구매한 채권에서 얻는 원리금을 모두 다음 시점의 단기 채권에 다시 투자하는 투자 전략을 따르는 경우 예상되는 총수익률이다.

왜 등호가 성립해야 하는가? 그 이유는 시장의 균형 조건으로 간주할 수 있다는 것이다. 예를 들어 두 개의 투자 전략이 제공하는 예상 수익률이 서로 다르다면 만기가 두 시점 남은 장기 채권에 대한 수요와 공급이 변화하게 된다. 결국 장기 채권의 시장가격은 조정과정을 거쳐 균형에서 등호가 성립하게 된다. 이제 앞에서 설명한 근사 과정을 적용하면 만기 수익률과 단기 이자율 간의 관계식은 $y^{(2)} = (r + E[r'])/2$이다. 이 식은 이자율 기간 구조에 대한 여러 가설 중에서 기대 가설에서 주장하는 식이다. 이를 하나의 문장으로 간단히 정리하면 다음과 같다. 장기 채권의 만기 수익률은 단기 채권의 현재와 미래 이자율의 산술 평균이다.

기대 가설이 성립한다면 수익률 곡선은 어떠한 형태를 가지고 있겠는가? 사실 매 시점 채권 시장에서 형성되는 가격에는 일시적인 요인들이 크게 영향을 미칠 수 있으므로 일시적인 효과를 반영한 수익률 곡선의 형태는 매 시점 달라질 수 있다. 그러면 단기적인 요인의 변화를 제거한 수익률 곡선이 장기적으로 어떠한 형태를 가지고 있겠는가? 기대 가설의 경우 단기 이자율의 장기 평균이 계속해서 미래에도 성립할 것으로 예상되면 $y^{(n)} = r$이므로 수익률 곡선은 일정한 수평선이 되어야 한다.

그러나 현실의 자료에서는 기대 가설이 함의하는 형태와 동일한 형태의 수익률 곡선이 나타나지 않는다. 이는 장기 채권의 만기 수익률과 단기 이자율의 산술평균 간의 괴리가 있다는 것을 의미한다. 현실의 자료를 설명하려면 이 차이가 발생하는 이유를 설명해야 한다. 괴리를 설명하기 위해 만기 프리미엄(term premium)의 개념을 도입한다. 만기 프리미엄은 만기 수익률에서 단기 이자율의 산술평균을 뺀 차이로 정의된다. 이를 고려하여 앞에서 설명한 식을 수정하면 <표 4-3>의 첫째 줄에 있는 식이 된다. 이 식에서 $\sigma^{(2)}$는 만기 시점이 두 시점 남은 할인 채권의 만기 프리미엄이다. 위의 식에서 왼편은 관측된 수익률이다. 오른편의 첫째 항은 기대 가설에 의해서 설명되는 부분이다. 둘째 항은 기대 가설에 의해서 설명되지 않는 부분이다. 이 부분이 발생하는 이유는 투자자가 위험 중립적이 아닌 선호를 가지고 있으며 동시에 확률적 할인 인자도 미래 시점에서 수익률과 상관 관계가 있는 확률 변수이기 때문이다.

다음에서는 만기 프리미엄이 어떻게 결정되는지를 설명한다. 이를 위해 먼저 무위험 할인 채권의 가격이 어떻게 결정되는지를 설명해야 한다. 무위험 할인 채권은 미래의 특정한 시점에서 어떠한 상황이 발생하더라도 현재 시점에서 약속한 크기의 보상을 제공하는 채권으로 정의된다. 예를 들어 현재 시점에서 두 기간 이후의 미래 시점에서 소비재 한 단위를 제공하는 무위험 할인 채권의 현재 시점에서의 가격을 확률적 할인 인자를 사용하여 계산할 수 있다.

현재 시점에서 만기가 두 기간 남은 할인 채권은 다음 시점으로 넘어가면 만기가 한 기간만 남은 채권이 된다. 따라서 만기가 두 기간 남은 채권을 한 기 동안 보유하고 다음 시점에서 판다면 이러한 투자 전략으로부터 예상되는 미래 소득의 현재 가치는 $E[m'(P^{(1)})']$이다. 현재 시점에서의 가격은 투자 전략을 수행하기 위한 비용이므로 차익거래의 이득이 없다면 $P^{(2)} = E[m'(P^{(1)})']$의 등식이 성립해야 한다. 앞에서 이미 설명한 자산가격 설정을 위한 기본 공식을 이용하여 위의 식이 도출되는 이유를 다시 설명할 수 있다. 할인 채권은 정의에 의해서 만기 이전에 제공되는 이자가 없다. 따라서 다음 시점에서 채권을 보유하여 얻을 수 있는 소득이 있다면 이는 다음 시점에서 현재 보유하고 있는 증권을 처분하여 발생하는 소득만 있다. 그 결과 만기까지 두 시점 남아 있는 할인 채권의 현재 시점의 가격은 다음 시점의 가격을 할인한 크기로 정해진다.

만기 시점이 다음 시점인 할인 채권의 가격은 어떻게 결정되는가? 이미 앞에서 설명하였지만 이는 단순히 확률적 할인 인자의 기대값이 된다. 예를 들어 현재 시점에서 앞으로 만기가 한 기간만 남은 채권의 가격은 $P^{(1)} = E[m']$으로 결정된다. 만기 시점까지 두 시점 남은 할인 채권의 가격은 어떻게 결정되는가? 다음 시점에서는 만기가 한 시점만 남은 채권이 되므로 이를 팔아서 얻는 소득이 만기 시점까지 두 시점 남은 채권을 한 기 동안 보유했을 경우의 소득이다. 따라서 $P^{(2)} = E[m'(P^{(1)})']$의 등식이 성립한다. 기대값을 나타내는 기호 안에 들어가 있는 부호에 대하여 따옴표를 붙인 것은 미래 시점에서 값이 알려지는 변수라는 뜻이다.

다음에서는 채권 가격에 대한 균형 조건을 분해하여 만기 프리미엄이 어떻게 결정되는지를 수식을 사용하여 설명한다. 단기 이자율과 단기 채권의 가격은 서로 역수라는 점을 반영하여 단기 이자율을 r이라고 표기하면 $P^{(1)} = e^{-r}$의 식으로 단기 이자율을 정의할 수 있다. 위의 식에 만기 수익률의 정의와 단기 이자율의 정의를 적용하면 $e^{-2y^{(2)}} = E[m'e^{-r'}]$으로 쓸 수 있다. 이 식의 오른편을 정리하여 <표 4-3>의 둘째 줄에 수록하였다. 이 식을 도출하기 위해 두 개의 확률 변수의 곱에 대한 평균은 각 확률 변수의 평균의 곱과 두 변수의 공분산을 더한 것과 같다는 공분산을 계산하는 공식을 이용하였다. 이 식을 만기 수익률의 결정식이라고 부르기로 한다.

미래의 단기 이자율이 정규분포를 따르는 것으로 가정한다. 로그 정규분포를 따르는 확률변수의 기대값을 계산할 때 많이 적용되는 공식을 사용하여 미래 단기 이자율의 지수 함수의 기대값을 <표 4-3>의 셋째 줄에 정리한다. 이 식을 <표 4-3>의 둘째 줄에 있는 식에 대입하여 정리하면 <표 4-3>의 넷째 줄에 있는 식이 도출된다. 만기 프리미엄에 대한 정의식을 <표 4-3>의 넷째 줄에 있는 식에 대입하여 만기 수익률을 소거한다.

위에서 설명한 작업의 결과로 만기 수익률의 결정식은 만기 프리미엄의 결정식이 된다. 구체적으로 수식을 사용하여 정리하면 <표 4-3>의 다섯째 줄에 있는 식이 된다. 이 식을 보면 만기 프리미엄을 결정하는 두 개의 요인이 있음을 알 수 있다. 오른편의 첫째 항은 미래 시점의 단기 이자율이 지니고 있는 변동성의 크기에 의해서 결정된다. 따라서 첫 번째 요인은 미래 시점의 단기 이자율의 변동성이다. 이는 만기 프리미엄의 결정요인 중에서 확률적 할인 인자와 연관성이 없이도 발생하는 부분이 있음을 의미한다. 오른편의 둘째 항은 미래 시점의 단기 이자율과 확률적 할인 인자와의 관계가 어떻게 형성되는지에 따라 달라지는 부분이다. 따라서 두 번째 요인은 미래 시점의 단기 이자율과 확률적 할인 인자 간의 공분산이다. 위의 식은 비선형 함수이다. 만기 프리미엄 값이 제로 값 주변에서 매우 작을 때 어떻게 결정되는지를 알기 위해 제로 값 근방에서 선형 근사한다. 그 결과 만기 프리미엄의 근사식은 <표 4-3>의 마지막 줄에 있는 식이 된다.

이 근사식을 보면 앞에서 설명한 두 개의 결정요인이 만기 프리미엄에 미치는 효과를 보다 명확하게 확인할 수 있다. 앞에서 확률적 할인 인자가 소비자의 기간 간 대체율과 같은 경우 소비자의 한계 효용을 이용하여 증권의 위험 정도를 평가할 수 있음을 보였다. 다음에서는 확률적 할인 인자가 소비자의 한계 효용에 의해서 결정된다면 어떠한 경우 만기 프리미엄이 양수가 되는지를 생각해본다. 소비가 높은 상황에서 소비자의 한계 효용은 낮아진다. 따라서 미래 시점의 소비가 상대적으로 높은 상황에서 m'은 낮아진다. 미래 시점에서 소비가 높은 상황에서 실질 이자율도 같이 높아지는 특성이 있다면 할인 채권이 제공하는 보험적 기능이 상대적으로 약하다. 따라서 이러한 경우 두 시점 남은 채권을 보유하기 위해 더 높은 프리미엄을 받아야 할 것이다. 이와 같은 설명이 앞에서 도출한 만기 프리미엄에 대한 결정식에서도 그대로 성립하는지를 확인해보기로 한다. $m/E[m]$과 $(r' - E[r'])$이 같은 방향으로 이동한다면 공분산의 부호는 양이 된다. 그러나 반대 방향으로 이동한다면 공분산의 부호는 음이 된다. 앞에서의 설명이 성립한다면 소비와 수익률이 같은 방향으로 움직이는 증권들은 모두 공분산의 부호가 음이 된다. 또한 같이 움직이는 정도가 보다 클수록 공분산의 크기가 증가한다. 첫째 항의 부호는 음수이고 두번째 항의 부호는 양수이다. 그러므로 오른편 첫째 항의 절대값이 둘째 항에 비해 작아지는 경우 오른편의 부호가 양수로 결정된다. 공분산이 음수이면서 그 절대값이 커지면 만기 프리미엄이 상승한다는 것을 확인할 수 있었다. 따라서 <표 4-4>에서 볼 수 있듯이 본 절에서 설명한 채권의 만기 프리미엄이 결정되는 방식도 앞에서 이미 분석한 자산가격 설정 모

표 4-4 만기 프리미엄의 부호의 결정

이자율 충격	확률적 할인 인자	미래 시점의 소비	미래 시점의 수익	공분산 부호	프리미엄의 부호
높음	높음	낮음	낮음	음수	양수
높음	낮음	높음	낮음	양수	음수
낮음	높음	낮음	높음	양수	음수
낮음	낮음	높음	높음	음수	양수

주: 프리미엄의 부호는 프리미엄이 미래의 단기 이자율과 확률적 할인 인자 간의 공분산에 의해서만 결정
되는 것으로 가정하였다. 또한 이 표의 결과는 가상적인 이자율 충격의 소비효과에 의거하여 정리하였
음을 지적한다.

형에 의해서 설명이 가능하다는 점을 확인할 수 있다.

통화정책은 만기 프리미엄에 어떠한 영향을 미치는가? 통화정책의 충격이 발생하
여 실물 경제에 영향을 미친다면 이는 수익률 곡선에 어떠한 영향을 미치는가? 현재
시점에서 통화정책의 충격은 과거 시점에서 예측되지 않은 통화정책의 변화로 정의
된다. 미래 시점에서 발생하는 통화정책의 충격은 현재 시점에서 예측하지 못한 미래
시점에서 발생하는 통화정책의 변화이다. 미래 시점에서 발생하는 통화정책의 충격
이 가계의 미래 소비에 영향을 미치는 경로가 있다면 만기 프리미엄 중에서 통화정
책의 충격에 의해서 설명되는 부분이 있음을 의미한다. <표 4-4>의 분석을 통화정책
의 변화가 만기 프리미엄의 부호에 미치는 효과에 적용하면 다음과 같다. 미래 시점
에서 통화 공급이 증가하면서 유동성 효과가 발생하여 단기 이자율이 하락한다. 그에
따라 경기가 좋아지면서 총소비가 증가한다. 따라서 미래 시점의 가계 소비가 늘어난
다. 이는 미래 단기 이자율과 확률적 할인인자 간의 공분산이 음수임을 의미한다. 따
라서 만기 프리미엄의 첫번째 결정 요인의 크기가 매우 작다면 만기 프리미엄의 부
호는 양수가 된다. 이자율이 상승하는 경우를 보기로 하자. 미래 시점에서 통화 공급
이 감소하면서 단기 이자율이 상승한다. 그에 따라 경기가 하강하면서 총소비가 감소
한다. 따라서 미래 시점에서 가계 소비가 감소한다. 이는 미래 단기 이자율과 확률적
할인인자 간의 공분산이 음수임을 의미한다. 따라서 만기 프리미엄의 첫번째 결정 요
인의 크기가 매우 작다면 만기 프리미엄의 부호는 양수가 된다.

표 4-5 만기 수익률과 선도 이자율

선도 이자율의 정의	$1/P^{(2)} = (1 + f^{(1)})/P^{(1)}$
만기 수익률과 선도 이자율	$(1 + y^{(2)})^2 = (1 + f^{(1)})(1 + r) \rightarrow y^{(2)} = (r + f^{(1)})/2$
선도 프리미엄의 정의	$\theta^{(1)} = f^{(1)} - E[r']$
선도 이자율의 정의	$1/P^{(3)} = (1 + f^{(2)})/P^{(2)}$
만기 수익률과 선도 이자율	$\left(1 + y^{(3)}\right)^3 = \left(1 + f^{(2)}\right)\left(1 + f^{(1)}\right)(1 + r)$ $\rightarrow y^{(3)} = (r + f^{(1)} + f^{(2)})/3$

수익률 곡선의 추정

내재 선도 이자율(implied forward interest rate)은 현재 시점의 채권 가격과 이자율이 함의하는 미래 시점의 단기 이자율을 말한다. 내재 선도 이자율에는 채권 시장의 투자자들이 자신의 금융 거래에 적용하고 있는 미래 시점의 단기 이자율에 대한 정보가 담겨 있다고 할 수 있다. 예를 들어 투자자들이 만기가 두 시점 이후인 할인 채권의 시장가격과 만기가 다음 시점인 할인 채권의 시장가격을 알고 있다고 가정하자. 이러한 금융시장의 정보로부터 미래 시점의 단기 이자율에 관한 정보를 어떻게 추출할 수 있느냐를 생각해보자. 다음 시점에서 성립할 것으로 예상되는 내재 선도 이자율을 $f^{(1)}$이라고 표시한다. 내재 선도 이자율은 현재 시점에서 그 값이 알려져 있으므로 기대값이라는 표시를 하지 않아도 된다.[4] 차익거래 이득이 없다면 <표 4-5>의 첫째 줄에 있는 식이 균형에서 성립되어야 한다.

이 식의 왼편은 장기 채권을 구매하여 만기까지 그대로 보유하는 투자 전략을 선택했을 때의 예상 수익률이다. 오른편은 장기 채권의 만기 시점보다 한 시점 이전이 만기인 할인 채권을 구매하고 이 채권을 만기 시점까지 보유하여 얻은 미래 시점의 수입으로 단기 채권을 매수하는 투자 전략으로부터 예상되는 수익률을 의미한다. 두

---

4 본 절에서는 내재 선도 이자율을 필요에 따라 선도 이자율로 혼용하여 쓰고 있다. 따라서 선도 이자율의 표현이 있더라도 이는 새로운 용어가 아니라 내재 선도 이자율을 간단히 표현한 것임을 지적해 놓는다.

개의 투자 전략으로부터 예상되는 수익이 다르다면 상대적으로 적은 수익을 주는 투자 전략에 대한 수요가 감소하여 채권의 시장가격이 달라진다. 따라서 채권 시장의 균형에서 등호가 성립해야 한다.

이제 <표 4-5>의 둘째 줄에서 볼 수 있듯이 위의 식 양변에 로그 함수를 취하여 근사식을 계산하면 만기 수익률과 내재 선도 이자율 간의 관계를 도출할 수 있다. <표 4-5>의 둘째 줄에 있는 식이 함의하는 점은 할인 채권의 가격들을 알아도 내재 선도 이자율을 추계할 수 있으며 또한 만기 수익률의 자료가 있어도 내재 선도 이자율을 추계할 수 있다는 것이다. 또한 앞에서 설명한 기대가설이 성립한다면 $E[r'] = f^{(1)}$의 식이 성립해야 한다.

그러나 선도 이자율과 미래의 단기 이자율에 대한 기대값이 다른 경우가 발생할 수 있다. 선도 이자율에서 미래의 단기 이자율에 대한 기대값을 뺀 차이를 선도 프리미엄(forward premium)으로 정의한다. 선도 프리미엄은 θ로 표기하고 수식으로 정의하면 <표 4-5>의 셋째 줄과 같다. 이제 만기 프리미엄과 선도 프리미엄은 어떠한 관계가 있는가를 생각해보자. 이를 위해 <표 4-5>의 둘째 줄과 셋째 줄의 식을 결합하여 $f^{(1)}$을 소거한 후 도출한 식을 <표 4-3>의 첫째 줄에 있는 만기가 2기인 할인 채권에 대한 만기 프리미엄의 정의식에 대입한다. 그 결과 만기 프리미엄과 선도 프리미엄 간의 관계식을 도출할 수 있다. 이를 수식으로 쓰면 $\sigma^{(2)} = \theta^{(1)}/2$이다.

현재 시점의 채권 가격과 이자율이 함의하는 두 기 이후 미래 시점에서 단기 이자율은 어떻게 계산할 것인가? 두 기 이후 내재 선도 이자율을 $f^{(2)}$로 표시하면 채권 시장의 균형에서 만족되어야 하는 조건은 <표 4-5>의 넷째 줄에 정리되어 있다. 앞에서 설명한 방식을 적용하여 근사식을 계산하면 <표 4-5>의 다섯째 줄에 있는 식이 도출된다. <표 4-5>에서 정리된 수식들을 통해 강조하고 싶은 점은 만기 수익률은 선도 이자율의 가중평균으로 표시된다는 것이다.

다음에서는 수익률 곡선을 추정하는 데 사용되어 온 넬슨-시겔-스벤슨 모형을 소개한다. 넬슨-시겔 모형과 스벤슨 모형의 차이점은 선도 이자율의 함수 형태에서 나타난다. 이를 설명하기 위해 <표 4-6>의 첫째 줄에서 선도 이자율 함수를 소개한다. 선도 이자율 함수는 선도 이자율이 선도 이자율이 적용되는 미래 시점과 현재 시점

표 4-6 수익률 곡선과 넬슨-시겔-스벤슨 모형의 추정

1단계: 선도 이자율을 만기의 함수로 나타냄.	$f^{(n)} = \beta_0 + \beta_1 e^{-n/\tau} + \beta_2 \left(\dfrac{n}{\tau}\right) e^{-n/\tau} + \beta_3 \left(\dfrac{n}{\gamma}\right) e^{-n/\gamma}$
2단계: 만기 수익률 정의식에 1단계식 대입함.	$y^{(n)} = \dfrac{1}{n} \displaystyle\int_0^n f^{(k)} dk$
3단계: 만기 수익률을 만기의 함수로 정리함.	$y^{(n)} = \beta_0 + \dfrac{\beta_1 \left(1 - e^{-\frac{n}{\tau}}\right)}{\dfrac{n}{\tau}} + \beta_2 \left(\dfrac{1 - e^{-\frac{n}{\tau}}}{\dfrac{n}{\tau}} - e^{-\frac{n}{\tau}}\right)$ $+ \beta_3 \left(\dfrac{1 - e^{-\frac{n}{\gamma}}}{\dfrac{n}{\gamma}} - e^{-\frac{n}{\gamma}}\right)$
4단계: 채권 가격 균형 조건에 3단계식 대입함.	$V^{(n)} = C e^{-y^{(1)}} + C e^{-y^{(2)}} + \cdots + (C + F) e^{-y^{(n)}}$
5단계: 모형의 계수들을 추정함.	이론 가격과 실제 가격 간의 차이의 제곱의 합을 최소화하는 $(\beta_0, \beta_1, \beta_2, \beta_3, \tau, \gamma)$의 값을 추정함.

간의 차이를 나타내는 n에 의해서 어떻게 결정되는지를 설명한다. 이 식을 보면 내재 선도 이자율의 함수를 정의하기 위해 $(\beta_0, \beta_1, \beta_2, \beta_3, \tau, \gamma)$의 계수들이 사용되었다. 위의 식은 스벤슨 모형에서 가정한 함수 형태이다. 넬슨-시겔 모형은 $\beta_3 = 0$, $\gamma = 0$인 경우이다. 두 모형의 공통점은 연속 시간 모형을 사용한다는 것이다. 따라서 앞에서는 n을 자연수로 정의하였으나 잠시 동안 n을 양의 실수로 가정한다. <표 4-6>의 둘째 줄에서 볼 수 있듯이 만기까지 남은 시점의 거리가 n인 할인 채권의 만기 수익률은 선도 이자율의 가중평균으로 정의된다. 이 식에서 $f^{(k)}$는 미래의 k시점에 대한 내재 선도 이자율을 의미한다. <표 4-6>의 셋째 줄에 있는 식은 앞에서 정의한 선도 이자율의 함수를 둘째 줄에 있는 식에 대입하여 적분을 계산한 후 정리한 식이다. 이 식에서는 할인 채권의 만기 수익률을 만기의 함수로 표시할 수 있다.

장기의 할인 채권은 현실의 채권 시장에서 거래되지 않기 때문에 위의 모형이 함의하는 이표 채권을 계산한다. 앞에서 설명한 이표 채권의 가격과 할인 채권의 수익률 간의 균형 조건을 사용하면 이표 채권의 가격을 만기의 함수로 표시할 수 있다. 기억을 되살리기 위해 <표 4-6>의 넷째 줄에서는 이표 채권의 가격과 할인 채권의

수익률 간의 관계를 수식으로 정리한다. 결국 넬슨-시겔-스벤슨 모형에서는 이표 채권의 가격을 $(\beta_0, \beta_1, \beta_2, \beta_3, \tau, \gamma)$의 함수로 표시한다. 실제의 가격이 관측되는 만기에 대하여 모형의 가격과 실제의 가격 간의 차이를 계산할 수 있으므로 두 가격 차이의 제곱의 합을 최소화하는 모형의 파라미터 $(\beta_0, \beta_1, \beta_2, \beta_3, \tau, \gamma)$의 값을 추정할 수 있다. 추정된 파라미터의 값들을 할인 채권의 만기 수익률 함수에 대입하여 연속인 수익률 곡선의 그래프를 그릴 수 있다.[5]

선도 이자율에 대한 정보는 금융시장의 투자자들에게 유용한 정보이다. 뿐만 아니라 통화정책을 실시하는 데에도 유용하게 쓰일 수 있다. 아래에서는 통화정책을 수행하는 데 사용되는 예를 간단히 정리한다. 첫째, 중앙은행이 선제 지침의 일환으로 미래 시점의 기준 금리 수준에 대하여 약속하는 경우 금융시장의 반응을 분석하는 데 도움이 된다. 둘째, 중앙은행이 앞으로 기준 금리를 어떻게 운용할 것인가에 관한 금융시장의 예측을 분석하는 데 도움이 된다. 셋째, 금융증권에 포함되어 있는 예상 인플레이션에 관한 정보를 분석하는 데 도움이 된다. 넷째, 중앙은행이 현재 시점에서 기준 금리를 변동시켰을 때 미래의 어느 시점에서의 단기 이자율이 가장 민감하게 반응하는가를 알아 보는 데 도움이 된다.

앞에서의 설명에 대한 간단한 사례를 들기로 한다. 널리 알려진 피셔 방정식은 금융자료를 사용하여 예상 인플레이션을 알 수 있다는 것을 의미한다. 피셔 방정식에 의하면 명목 이자율은 실질 이자율과 기대 인플레이션율의 합으로 구성된다. 따라서 명목 이자율과 실질 이자율의 자료가 있다면 피셔 방정식을 사용하여 기대 인플레이션율을 추계할 수 있다. 실제의 경제에서도 인플레이션 연계 채권 또는 물가 연동 채권 등으로 불리는 채권들은 장기의 채권에서 액면값이 물가 상승률에 연동하여 변하도록 설계된 채권이다. 예를 들어 최초 발행할 때 10년 만기의 액면값이 100만원이라면 인플레이션율이 10퍼센트 상승하는 경우 액면값이 110만원으로 조정된다. 만기 시점 이전에 지급되는 이자에 적용되는 이표율은 물가상승률에 관계없이 원래 약정

---

5 넬슨(Charles Nelson)과 시겔(Andrew Siegel)이 1987년 Journal of Business(60권, pp. 473-489)에 발표한 「Parsimonious Modelling of Yield Curves」에서 분석한 모형을 넬슨-시겔의 모형이라고 한다. 스벤슨 (Lars. E.O. Svensson)이 1994년 NBER Working Paper Series(No. 4871)에 발표한 「Estimating and Interpreting Forward Interest Rates: Sweden 1992-4」에서 분석한 모형을 스벤슨 모형이라고 한다.

한 대로 그대로 있지만 만기 시점에서 지급되는 원금이 물가상승률이 변화하면서 조정된다면 실질 이자율을 제공하는 채권으로 간주할 수 있다. 우리나라의 경우 물가연동 국고채가 발행되고 있고 미국의 경우도 재무성이 발행하는 인플레이션 보장 채권(Treasury Inflation Protected Securities)이 있다.

실질 만기 수익률과 명목 만기 수익률의 자료가 가능하다면 앞에서 설명한 피셔의 방정식을 그대로 적용하여 예상 인플레이션율을 계산할 수 있다. 그러나 이 경우 다음과 같은 두 종류의 오차가 발생할 수 있다. 첫번째 오차는 유동성 프리미엄의 가능성이다. 물가연동 국고채 시장의 거래 규모가 충분히 크지 않다면 물가연동 국고채 시장에서 채권을 구매한 투자자가 필요한 시점에 팔아서 자신이 보유하고 있는 채권을 다른 증권에 비해 쉽게 현금화하기 어려울 수 있다. 따라서 투자자는 물가연동 국고채를 보유하기 위해 앞에서 설명한 위험에 대한 프리미엄을 요구할 수 있기 때문에 물가연동 국고채의 만기 수익률에는 유동성의 부족을 반영한 유동성 프리미엄이 포함되어 있을 가능성이 있다. 두번째 오차는 인플레이션 위험 프리미엄(inflation risk premium)의 가능성이다. 미래의 인플레이션이 미리 정확하게 알려져 있지 않기 때문에 화폐 단위로는 위험이 없더라도 국채가 미래 시점에서 제공하는 명목 소득의 실질 가치는 인플레이션율의 정도에 따라 달라질 수 있는 위험이 있다. 이러한 인플레이션율의 변동성에 의해서 발생하는 프리미엄을 제거해야 순수한 예상 인플레이션율을 계산할 수 있다.

피셔 방정식이 미래 시점에서도 성립한다면 다양한 미래시점에 대하여 추계된 선도 이자율은 미래의 특정 시점에서 발생할 장기 또는 단기 예상 인플레이션을 추계하는 데 도움이 된다. 예를 들어 다음 해에 중기 안정 목표를 어떻게 조정해야 하는 지를 파악하기 위한 하나의 자료로서 내년도부터 앞으로 3년간 예상 인플레이션율을 추정하고자 한다면 앞에서 설명한 방식을 실질 수익률 곡선과 명목 수익률 곡선에 적용하여 추정한 선도 이자율 함수를 사용할 수 있다. 이 경우에도 앞에서 설명한 유동성 프리미엄과 인플레이션 위험 프리미엄을 어떻게 조정하는가에 대한 설명이 필요하다.

이자율 기간 구조의 거시 금융 모형

거시 경제의 상황과 수익률 곡선 간의 관계는 자주 논의되는 주제이다. 본 절에서는 거시 경제의 상황을 요약할 수 있는 몇 개의 중요한 변수들이 위험의 시장가격과 만기 수익률의 변동에 상당한 영향을 미치는 요인이 될 수 있음을 강조하는 모형을 소개한다. 중앙은행이 결정하는 정책 금리가 수익률 곡선의 위치를 결정하는 변수일 수 있음을 앞에서 간단히 설명하였다. 다음에서는 각각의 시점에서 매우 다양한 종류의 수익률이 존재하지만 이들의 움직임을 결정하는 몇 개의 요인이 있어서 이 움직임을 정확히 안다면 수익률의 변동을 비교적 정확하게 이해할 수 있다는 주장이 담겨 있는 모형을 소개한다.[6]

모형의 주요 포인트를 미리 요약하면 다음과 같다. 위험의 시장가격이 몇 개의 요인에 의해서 설명이 가능하다고 가정한다. 이는 확률적 할인 인자가 몇 개의 요인에 의해서 설명될 수 있음을 의미한다. 이 경우 채권 시장의 균형에서 차익거래의 이득이 없어야 한다는 조건은 채권의 가격과 결정 요인이 서로 만족해야 하는 관계식을 의미하기 때문에 이를 이용하면 각각의 시점에서 채권 시장의 균형가격을 몇 개의 요인들의 함수로 표시할 수 있다는 것이다. 이제 앞에서 말한 몇 개의 요인이 시간이 지남에 따라 어떻게 변화하는지를 정확히 알고 있다면 만기 수익률의 기간 간 변화도 정확하게 이해할 수 있게 된다. 따라서 지금 설명하고 있는 모형의 유용성 중의 하나는 수익률 곡선의 움직임을 예측하는 데 유용하다는 것이다. 몇 개의 요인이 무엇인가에 대하여 구체적으로 규정하지 않고 있다는 점이 단점으로 간주될 수도 있으나 실제 자료를 예측하는 것이 분석의 목적인 경우 오히려 유연성을 제공할 수도 있다. 몇 개의 요인으로 수익률 곡선의 움직임을 파악할 수 있다는 아이디어는 앞에서 이미 설명한 바와 같이 수준 요인, 기울기 요인, 곡률 요인 등과 같은 단지 세 개의

---

6 본 절에서 소개하는 내용은 2005년도 American Economic Review 5월호(pp. 415-420)에 실린 디볼드(Francis Dieblod), 피아제시(Monika Piazessi), 루드부쉬(Glenn Rudebusch)의 「Modelling Bond Yields in Finance and Macroeconomics」에서 제시한 모형의 이산 시간 모형을 소개하고 모형의 유용성을 설명하는 거시 금융 모형이라는 이들의 연구에서 주장한 것과 동일한 맥락에서 본 절의 제목은 이자율 기간 구조를 이해하는데 거시경제적 변수의 역할을 반영한 금융 모형이 필요하다는 점을 반영한 것이다.

표 4-7 모형의 가정과 채권 가격에 대한 균형 조건

가정 1: 경제 상황의 기간 간 변동	$x' = \mu + Ax + B\varepsilon$
가정 2: 경제 상황과 위험의 시장가격	$\lambda = \lambda_0 + \lambda_1 x$
가정 3: 경제 상황과 단기 이자율	$r = d_0 + d_1 x$
가정 4: 경제 상황과 채권의 균형가격	$P^{(n)} = \exp(a_n + b_n x)$
채권 가격에 대한 균형 조건	$P^{(n+1)} = E[m'P^{(n)'}]$
확률적 할인 인자의 모형	$m' = \exp\left(-r - \dfrac{\lambda^2}{2} - \lambda\varepsilon\right)$
모형의 해	$a_{n+1} = a_n - d_0 + b_n(\mu - B\lambda_0) + (b_n B)^2 / 2$ $b_{n+1} = b_n(A - B\lambda_1) - d_1$

요인이면 수익률 곡선의 상당한 부분을 예측할 수 있다는 사실을 반영한 것으로 볼 수 있다.

본 절에서 소개하는 모형에서는 앞에서 설명한 수익률 곡선을 움직이는 요인들을 경제 상황을 나타내는 변수라고 가정한다. 경제 상황을 나타내는 변수를 상황 변수라고 부르기로 한다. 상황 변수의 현재 시점의 값은 상황 변수의 전기 시점의 값과 현재 시점에서 발생한 경제 충격의 선형 함수로 표현할 수 있다. 경제 충격은 평균이 0이고 분산이 1인 정규분포를 따르는 확률변수로 가정한다. 미래 시점의 상황은 현재 시점의 상황과 미래 시점의 경제 충격의 선형함수로 가정하여 거시 경제 상황의 기간 간 변화를 설명하는 식을 <표 4-7>의 첫째 줄과 같이 가정한다. 이 식에서 μ와 A는 상수로 가정하고, A는 절대값이 1보다 작다. B는 양수로 가정한다. 또한 ε은 기대값이 0이고 분산 1인 표준 정규분포를 따르는 확률변수로 가정한다. <표 4-7>의 첫째 줄에 있는 식의 의미를 구체적인 예를 들어 설명하면 다음과 같다. 거시 경제 상황을 나타내는 변수로 정의되는 x가 현재 시점의 경제 성장률을 의미한다면 현재 시점의 경제 성장률은 전기 시점의 경제 성장률에 의해서 결정되는 부분과 현재 시점에서 발생한 새로운 사건으로 인해 전기 시점에서 예상되지 않은 요인에 의해서 영향을 받는 부분으로 나뉘어진다는 의미이다. $B\varepsilon$은 과거 시점에서 예측되지 않은 변화를 나타내는 부분이다. 나머지 부분은 과거 시점에서 예측되는 부분이다. 현재 시점의 경제 성장률이 과거 시점의 값에 얼마나 영향을 받는지를 결정하는 것이 A의 크기이다.

다음에서는 거시 금융 모형에서 많이 사용되고 있는 확률적 할인 인자의 모형에 대하여 설명한다. 이 부분은 두 단계로 이루어진다. 첫번째 단계에서는 확률적 할인 인자와 위험의 시장가격 간의 관계를 규정한다. 두번째 단계에서는 위험의 시장가격이 경제 상황을 나타내는 변수들의 선형 함수라고 가정한다. 첫번째 단계에서는 확률적 할인 인자를 다음과 같이 만기가 1기인 할인 채권의 이자율, 위험의 시장가격, 미래의 충격의 함수로 가정한다. 확률적 할인 인자의 모형을 설명하는 식은 <표 4-7>의 여섯째 줄에 정리되어 있다. 이 식에서 ε은 기대값이 0이고 분산 1인 정규분포를 따르는 확률변수이다. 이와 같은 형태로 확률적 할인인자의 모형을 가정하는 이유가 궁금할 수 있다. 이에 대한 답은 확률적 할인인자의 중요한 두 개의 특징을 만족시킨다는 것이다. 첫째, 위에서 정의한 확률적 할인 인자의 식을 만기가 1기인 채권에 대한 오일러 방정식에 대입하여 계산하면 다음과 같이 확률적 할인 인자의 기대값은 만기가 1기인 할인 채권의 총 수익률의 역수가 된다. 이를 수식으로 표시하면 $E[m'] = \exp(-r)$이다.

둘째, <표 4-7>에 있는 확률적 할인 인자의 모형을 이용하여 확률적 할인 인자의 변동 계수의 자승을 계산하면 다음과 같다.

$$\frac{E[(m' - E[m'])^2]}{E[m']^2} = \exp(\lambda^2) - 1$$

위의 식은 확률적 할인 인자의 변동 계수가 위험의 시장가격인 λ와 같다는 조건에 대한 근사식으로 해석된다. 두번째 단계에서는 위험의 시장가격을 상황 변수에 대한 선형 함수로 가정한다. <표 4-7>의 둘째 줄에 정리되어 있는 식이 경제 상황과 위험의 시장가격 간에 성립하는 선형 관계를 수식으로 표현한 것이다. 이 식에서 λ_0와 λ_1은 모두 상수이다. 또한 단기 무위험 이자율도 거시 경제 상황의 선형함수로 가정한다. 단기 이자율에 대한 선형식은 <표 4-7>의 셋째 줄에 정리되어 있다. 이 식에서

d_0와 d_1은 상수이다.

다음에서는 차익거래의 이득이 없다는 균형 조건을 이용한다. 이 조건을 사용하여 채권 가격이 어떻게 결정되는지를 설명할 수 있다. 먼저 자산가격 설정에 대한 기본 공식을 현재 시점에서 만기가 $(n+1)$기 남은 할인채에 적용하면 <표 4-7>의 다섯째 줄에 있는 균형 조건의 식을 도출할 수 있다. 이 식에서 $P^{(n+1)}$은 현재 시점에서 만기가 $(n+1)$기 남은 할인채의 가격을 의미한다. 이 채권을 다음 시기까지 보유하여 발생하는 소득은 다음 시기에 이 채권을 팔아서 얻는 소득이므로 투자자의 다음 시점에서 채권을 팔아서 얻는 수입은 $P^{(n)}$이 된다. 확률적 할인 인자가 거시 경제 상황의 함수라는 가정 하에서 차익거래의 이득이 없다는 조건을 만족시키는 채권 가격은 거시 경제 상황의 함수가 된다는 것을 보인다. 특히 채권 가격의 로그 함수가 상황 변수에 대하여 선형 함수가 되고 이 선형 함수의 계수들을 미정 계수법에 의해서 계산할 수 있음을 보인다. 이를 수식으로 표시하면 현재 시점에서 만기가 n기 남은 할인 채권의 시장가격은 <표 4-7>의 넷째 줄에 있는 형태로 쓸 수 있다. 이 식에서 계수의 값은 어떻게 결정되는가? 앞의 함수를 채권 가격의 균형 조건에 대입하면 a_n과 b_n의 방정식이 도출된다. 채권 가격의 균형식이 모든 x의 값에 대하여 성립해야 한다는 조건을 사용하여 a_n과 b_n에 대한 방정식을 도출할 수 있다. 이와 같은 방식을 사용하기 때문에 앞에서 미정 계수법이라는 표현을 사용하였다.

앞에서 설명한 방식에 의거하여 도출한 a_n과 b_n에 대한 방정식은 <표 4-7>의 마지막 줄에 정리되어 있다. <표 4-7>의 마지막 줄에 있는 두 식은 각각 a_n과 b_n에 대한 차분 방정식이다. 차분 방정식은 매 시점마다 초기값을 알면 이를 계속 대입하여 해를 계산할 수 있다. 이를 구체적으로 설명한다. 먼저 $n=1$인 경우부터 시작한다. 초기값은 $a_0 = 0$과 $b_0 = 0$이라고 가정한다. 위의 식에 이를 대입하면 $a_1 = -d_0$와 $b_1 = -d_1$이 도출된다. 이는 $p^{(1)} = -r$의 식과 일치한다. 또한 $n=2$인 경우 $n=1$에서 이미 도출한 결과를 다시 <표 4-7>의 마지막 줄에 있는 차분 방정식에 적용하여 a_2와 b_2의 값을 다음과 같이 계산한다.

$$a_2 = a_1 - d_0 + b_1(\mu - B\lambda_0) + (b_1 B)^2/2$$

$$b_2 = b_1(A - B\lambda_1) - d_1$$

이 값들을 알게 되면 만기까지 두 시점 남은 할인 채권의 가격과 수익률이 거시 경제 상황의 변화에 어떻게 반응하는지를 계산할 수 있다.

다음에서는 위의 결과를 이용하여 만기 프리미엄을 어떻게 계산하는지를 설명한다. 만기가 n기 남은 할인 채권의 현재 시점에서의 만기 수익률을 $y^{(n)}$이라고 하자. 만기 수익률과 채권 가격 간의 관계는 $y^{(n)} = -\log{(P^{(n)})}/n$으로 쓸 수 있다. 만기 프리미엄은 만기 수익률에서 단기 이자율의 가중 평균의 예측치를 뺀 차이로 정의된다. 이를 수식으로 표시하면 아래와 같다.

$$\sigma^{(n)} = y^{(n)} - \sum_{k=0}^{n-1} E[r(k)]/n$$

위의 식에서 $\sigma^{(n)}$는 만기가 n기 남은 할인 채권의 만기 프리미엄을 의미한다. 또한 $r(k)$는 k시점 이후의 단기 이자율이다. 만기 프리미엄은 위험의 시장가격에 의해서 영향을 받는 부분과 채권 가격이 상황 변수에 대하여 비선형 함수여서 발생하는 부분으로 나누어 볼 수 있다. 구체적인 예를 제시하기 위해 만기가 두 기인 할인 채권의 만기 프리미엄을 계산한 결과를 아래의 식에 정리한다.

$$\sigma^{(2)} = \left(\frac{Bb_1}{2}\right)\lambda - \frac{B^2 b_1^2}{4}$$

우변의 첫째 항은 위험의 시장가격에 의해서 영향을 받는 부분이다. 우변의 둘째 항은 채권 가격이 상태 변수에 대하여 비선형 함수이어서 발생하는 부분이다.

위의 식을 보면 만기 프리미엄에 대한 세 개의 결정 요인이 있음을 말할 수 있다. 첫째, 위험의 시장가격이다. 둘째, 채권 가격이 경제 상황의 변화에 대하여 어느 정도로 민감하게 반응하는지에 따라서 만기 프리미엄의 크기가 달라진다. 셋째, 거시 경제의 변동성이다. 세 개의 결정요인 중에서 위험의 시장가격이 거시 경제 상황에 따라 달라진다. 예를 들어 중앙은행의 통화정책이 변화하면 거시 경제 상황에 영향을 미친다. 그 결과 위험의 시장가격이 영향을 받게 되어 만기 프리미엄도 변화하게 된다. 따라서 거시 경제 상황이 만기 프리미엄에 영향을 미치는 과정 속에서 위험의 시장가격이 매개 변수의 역할을 한다고 볼 수 있다.

거시 금융 모형을 사용하여 내재 선도 이자율을 추정할 수 있다면 이로부터 금융시장 참가자들의 미래 이자율에 대한 예측을 유추할 수 있다. 금융시장 참가자들의 예측이 반드시 정확하다고는 할 수 없다. 그러나 금융시장의 참가자들이 형성하는 미래의 이자율에 대한 예측치가 중앙은행의 결정에 어떻게 반응하는지를 아는 것은 금융시장과의 소통이라는 측면에서 중앙은행에게 유용한 정보이다. 또한 일반적인 금융기관도 미래 이자율에 대한 정보를 활용하여 자금의 조달 및 투자 선택을 보다 효율적으로 진행할 수 있다. 이에 덧붙여서 거시 금융 모형을 사용하여 선도 이자율이 거시 경제 상황의 변화에 어떻게 반응하는지 분석할 수 있다.

선도 이자율은 할인 채권의 시장가격을 안다면 쉽게 계산할 수 있다. 선도 이자율은 만기가 $(n-1)$기 남은 채권 가격의 로그 값에서 만기가 n기 남은 채권 가격의 로그값을 뺀 차이로 계산할 수 있다. $f^{(n)}$을 현재 시점으로부터 $(n-1)$기 이후부터 n기까지 1기간 선도 이자율이라고 한다면 $f^{(n)} = \log P^{(n-1)} - \log P^{(n)}$이 된다. 선도 이자율은 미래 시점의 단기 이자율에 대한 예측치와는 다를 수 있다. 선도 이자율과 $(n-1)$기 이후 시점의 단기 이자율에 대한 예측치 간의 차이를 선도 프리미엄으로 정의한다. 선도 프리미엄이 없다면 이는 현재 시점으로부터 $(n-1)$기 이후부터 n기까지의 단기 이자율에 대한 예측치와 같아져야 한다. 그러므로 다음과 같은 식으로 표현할 수 있다.

$$f^{(n)} = E[r_{n-1}] + \theta^{(n)}$$

이 식에서 $\theta^{(n)}$는 현재 시점으로부터 $(n-1)$기 이후에서 n기까지 미래의 한 시기 동안에 적용되는 선도 이자율에 대한 선도 프리미엄을 의미한다.

다음에서는 선도 프리미엄과 만기 프리미엄 간의 관계를 보기로 한다. 위에서 설명한 선도 프리미엄에 대한 식을 만기 수익률에 대한 식에 대입하면 만기 프리미엄은 선도 프리미엄의 가중 평균이 됨을 알 수 있다. 이를 수식으로 표현하면 아래의 식과 같다.

$$\sigma^{(n+1)} = \sum_{i=0}^{n} \theta^{(i)}/(n+1)$$

이 식에서 $\theta^{(0)} = 0$ 이다. 또한 아래의 식에서 볼 수 있듯이 현재 시점으로부터 $(n-1)$기 이후부터 n기까지 미래의 기간에 대하여 성립하는 선도 프리미엄은 만기 수익률에 대한 만기 프리미엄을 이용해서 계산할 수 있다.

$$\theta^{(n)} = (n+1)\sigma^{(n+1)} - n\sigma^{(n)}$$

이 식에서 $\sigma^{(1)} = 0$이다.

이자율 위험

　은행의 전통적인 업무는 단기 채권인 예금을 통해서 자금을 조달하고 이를 기초로 예금에 비해 만기가 더 긴 장기 채권인 대출을 기업에게 제공하는 것이다. 채권 가격의 단기 이자율 변동에 대한 반응이 만기가 늘어나면서 더욱 크게 증가한다. 따라서 은행의 자산이 부채에 비해 더 영향을 많이 받기 때문에 단기 이자율의 변화는 은행의 대차대조표에 비대칭적인 효과를 미친다. 일반 투자자의 경우에도 이자율의 변화는 투자자의 자산 가치에 영향을 미친다. 이자율의 예측되지 않는 변동이 현재 시점의 채권 가격과 미래 시점의 채권 가격에 영향을 미쳐서 발생하는 위험을 투자자가 부담해야 한다. 이자율 위험이라고 할 수 있다.

　이자율 위험을 측정하는 척도 중의 하나는 만기 수익률이 1퍼센트 변했을 때 채권 가격이 몇 퍼센트 변화하는지를 측정하는 것이다. 본 장의 앞 절에서 설명한 이표 채권의 가격에 대한 공식을 이용하여 채권 가격의 수익률 탄력성을 계산할 수 있다.

표 4-8 듀레이션과 채권 가격의 탄력성

채권 가격의 만기 수익률에 대한 1차 도함수	$\dfrac{\Delta V^{(n)}}{\Delta U^{(n)}} = -\left(\dfrac{1}{1+U^{(n)}}\right)\left(\dfrac{C}{1+U^{(n)}} + \dfrac{2C}{(1+U^{(n)})^2} \cdots + \dfrac{n(F+C)}{(1+U^{(n)})^n}\right)$
듀레이션의 정의	$D^{(n)} = \dfrac{C}{(1+U^{(n)})V^{(n)}} + \dfrac{2C}{(1+U^{(n)})^2 V^{(n)}} + \cdots \dfrac{n(F+C)}{(1+U^{(n)})^n V^{(n)}}$
듀레이션과 채권 가격의 수익률 탄력성 간의 관계	$D^{(n)} = -\dfrac{\Delta V^{(n)}}{\Delta U^{(n)}} \dfrac{(1+U^{(n)})}{V^{(n)}}$
수익률 곡선에 대한 가정	$\dfrac{1+y^{(1)}}{1+y^{(i)}} \dfrac{\Delta y^{(i)}}{\Delta y^{(1)}} = 1$
듀레이션과 채권 가격의 단기 이자율 탄력성 간의 관계	$D^{(n)} = -\dfrac{\Delta V^{(n)}}{\Delta y^{(1)}} \dfrac{(1+y^{(1)})}{V^{(n)}}$
컨벡시티의 정의	$C^{(n)} \equiv \dfrac{\Delta^2 V^{(n)}}{(\Delta U^{(n)})^2} \dfrac{1}{V^{(n)}} \rightarrow C^{(n)} = \dfrac{1}{(1+U^{(n)})} \sum_{k=1}^{n} \dfrac{k(k+1)C_k}{(1+U^{(n)})^k V^{(n)}}$

주: 여섯째 줄의 수식에서 사용한 기호의 정의는 $C_n = C+F, C_k = C, k = 1, \cdots n-1$이다.

<표 4-8>에는 채권 수익률의 탄력성을 계산하기 위해 필요한 수식들이 정리되어 있다. <표 4-8>의 첫째 줄에는 이표 채권의 가격을 만기 수익률로 미분한 식이 정리되어 있다. 첫째 줄에 있는 수식의 오른편에서 두번째 괄호 안의 값을 이표 채권의 가격으로 나누어 주면 현재 시점부터 만기 시점까지 이르는 개별 기간 수의 가중 평균이 된다. <표 4-8>의 둘째 줄에는 이 가중 평균의 식이 정리되어 있다. 둘째 줄에 있는 식에서 가중치는 각각의 시점에서 제공되는 수입을 채권의 가격으로 나눈 비율이다. 관련문헌에서는 이를 듀레이션(duration)으로 정의한다. <표 4-8>의 식에서 $D^{(n)}$은 현재 시점에서 만기 시점까지 n개의 기간이 남은 채권의 듀레이션을 나타낸다. 듀레이션의 정의를 설명하는 수식을 보면 만기 시점까지 남은 기간의 가중평균임을 쉽게 확인할 수 있다.

듀레이션과 채권 가격의 수익률에 대한 탄력성은 서로 어떠한 관계가 있는가? 이 질문에 대한 답은 <표 4-8>의 셋째 줄에 정리되어 있다. 이 식의 오른편은 채권 가

격의 만기 수익률에 대한 탄력성으로 해석할 수 있다.[7] 따라서 듀레이션을 채권 가격의 만기 수익률에 대한 탄력성을 반영하는 척도로 해석할 수 있다. 듀레이션과 채권 가격의 단기 이자율에 대한 탄력성은 서로 어떠한 관계가 있는가? 단기 이자율을 만기가 1기 남은 할인 채권의 만기 수익률로 측정한다면, 채권 가격의 단기 이자율에 대한 탄력성은 채권 가격의 만기가 1기 남은 할인 채권의 만기 수익률에 대한 탄력성으로 측정할 수 있다. 이제 듀레이션이 채권 가격의 단기 이자율에 대한 탄력성과 같아지기 위해 수익률 곡선에 대한 가정이 필요하다는 점을 지적한다. 단기 이자율의 변화에 대하여 장기 이표 채권 가격의 반응을 채권 가격의 단기 이자율에 대한 미분 값으로 측정한다면 <표 4-8>의 넷째 줄에 있는 조건이 만기보다 작은 모든 i의 값에 대하여 성립해야 한다. 넷째 줄에 있는 조건이 모든 i에 대하여 성립한다면 이는 단기 이자율의 변화가 제로 쿠폰 본드의 수익률 곡선 자체를 동일한 크기로 변화시키는 것을 의미한다. 이와 같은 조건이 만족되면 <표 4-8>의 마지막 줄에서 볼 수 있듯이 듀레이션은 채권 가격의 단기 이자율의 탄력성이 된다. 앞에서 설명한 듀레이션은 1차 미분 함수를 사용하여 정의하였다. 채권 가격이 수익률의 비 선형 함수이기 때문에 수익률의 변화가 매우 큰 경우 듀레이션만을 사용하여 수익률의 가격 효과를 분석하는 것에 대한 오차가 커질 수 있다. 이를 보완하기 위해 컨벡시티(convexity)로 불리는 채권 가격의 수익률에 대한 2차 미분 함수를 사용한다. 컨벡시티의 정의는 <표 4-8>의 여섯째 줄에 정리되어 있다.

투자자들은 이자율 위험으로부터 자산 가치를 방어하는 투자 전략을 설계할 때 듀레이션의 개념을 이용할 수 있다. 듀레이션이 액면 원금이 지급되는 만기 시점까지 남은 기간의 수에 비해 짧은 경우 채권을 듀레이션에 맞는 시점까지만 보유하면 이자율 위험으로부터 방어할 수 있다는 점이 강조되어 왔다. 이를 목표 기간 면역 전략이라고 한다. 다음에서는 목표 기간 면역 전략이 어떻게 작동하는지를 간단히 요약한

---

7 채권 가격의 만기 수익률에 대한 탄력성을 채권 가격의 수익률에 대한 도함수를 채권 가격의 만기 수익률에 대한 비율로 나누어 계산된 값으로 정의하자. 이 경우 듀레이션은 채권 가격의 만기 수익률에 대한 탄력성에 마이너스 기호를 붙인 것으로 볼 수 있다. 이와 같이 정의하면 듀레이션은 채권 가격의 만기 수익률에 대한 탄력성의 절대값이다. 그러나 채권 가격의 만기 수익률에 대한 탄력성을 채권 가격의 수익률에 대한 도함수를 채권 가격의 만기 수익률에 대한 비율로 나누어 계산된 값의 절대값이라고 정의할 수 있다. 이 경우 듀레이션은 채권 가격의 만기 수익률에 대한 탄력성이 된다.

다. 듀레이션에 맞추어 채권을 보유한다면 채권을 판매하는 시점에서 투자자가 얻는 총 수입은 서로 다른 두 종류의 수입의 합이 된다. 첫째, 보유하는 기간 동안 지급받은 이자 수입을 계속해서 모두 무위험 채권에 투자하여 얻는 원리금이다. 둘째, 채권을 판매하여 얻는 수입이다. 이자율이 상승하면 첫번째 수입은 증가하지만 두번째 수입은 감소한다. 반대로 이자율이 하락하면 첫번째 수입은 감소하지만 두번째 수입은 증가한다. 따라서 채권의 판매 시점을 적절하게 정해서 두 개의 상반된 효과가 서로 상쇄되어 채권을 판매하는 시점에서 투자자가 얻는 총 수입이 이자율의 변동에 영향을 받지 않도록 한다는 것이 중심 아이디어이다.

앞에서 설명한 내용에 대한 간단한 예를 제시하기 위해 3년 만기 국고 채권의 예를 생각해본다. 앞에서 설명한 모형과 동일하게 액면값이 F이다. 매 시점마다 지급되는 이자는 C로 표기한다. 분석의 편의를 위해 실제로 지급되는 횟수와 관계없이 채권의 이자는 매년 1회씩 지급되는 것으로 단순화하여 가정한다. 원금과 이자 모두 원화 단위로 표시되는 명목 무위험 채권으로 가정한다. 무위험 명목 이자율을 r로 표기한다. 모형의 단순화를 위해 현재 시점에서 수익률 곡선이 수평선이고 항상 평행이동하는 것으로 가정한다. 이 가정에 의해서 $y^{(2)} = y^{(3)} = r$의 등식이 성립한다. 앞에서 설명한 가정을 반영하여 결정되는 3년 만기 국채의 가격은 <표 4-9>의 넷째 줄에 정리되어 있다.

투자자는 만기 시점이 3년 남은 이표 채권의 보유 기간을 현재 시점에서 계획하려고 한다. 투자자는 채권을 1년 동안만 보유하고 매도하는 경우 매도 시점에서 발생하는 총 소득을 계산하여 이를 I_1이라고 표시한다. 채권을 2년 동안만 보유하고 매도하는 경우 매도 시점에서 발생하는 총 소득은 I_2이다. 채권을 만기까지 3년 동안 보유하고 매도하는 경우 매도 시점에서 발생하는 총 소득은 I_3이다. 보유 기간이 다른 경우 채권을 매도하는 시점에서 평가된 총 소득의 크기가 서로 다르다. 앞에서 정의한 총 소득들의 단기 이자율에 대한 반응을 보기 위해 이들을 단기 이자율에 대하여 미분한다. <표 4-9>의 첫째 줄 항목에서 볼 수 있듯이 1년 동안만 보유하는 경우 총 소득의 단기 이자율에 대한 미분은 $(1 - D^{(3)})$이다. <표 4-9>의 둘째 줄 항목에서

표 4-9 듀레이션과 이자율 위험 면역 전략

채권 보유 기간이 한 기간인 경우	매도 시점 소득	$I_1 = C + \dfrac{C}{1+r} + \dfrac{F+C}{(1+r)^2} = (1+r)V^{(3)}$
	매도 시점 소득 이자율 반응	$\dfrac{\Delta \ln I_1}{\Delta \ln(1+r)} = 1 - D^{(3)}$
채권 보유 기간이 두 기간인 경우	매도 시점 소득	$I_2 = C(1+r) + C + \dfrac{F+C}{1+r} = (1+r)^2 V^{(3)}$
	매도 시점 소득이 자율 반응	$\dfrac{\Delta \ln I_2}{\Delta \ln(1+r)} = 2 - D^{(3)}$
채권 보유 기간이 세 기간인 경우	매도 시점 소득	$I_3 = C(1+r)^2 + C(1+r) + (F+C) = (1+r)^3 V^{(3)}$
	매도 시점 소득 이자율 반응	$\dfrac{\Delta \ln I_3}{\Delta \ln(1+r)} = 3 - D^{(3)}$
만기 시점이 세 기간 남은 이표 채권의 가격		$V^{(3)} = \dfrac{C}{(1+r)} + \dfrac{C}{(1+r)^2} + \dfrac{F+C}{(1+r)^3}$
듀레이션의 정의		$D^{(3)} = -\dfrac{(1+r)\Delta \ln V^{(3)}}{V^{(3)}\Delta \ln(1+r)}$

볼 수 있듯이 2년 동안만 보유하는 경우 총 소득의 단기 이자율에 대한 미분은 $(2 - D^{(3)})$이다. <표 4-9>의 셋째 줄 항목에서 볼 수 있듯이 만기 시점까지 보유하는 경우 총 소득의 단기 이자율에 대한 미분은 $(3 - D^{(3)})$이다. <표 4-9>에서 사용한 듀레이션의 정의는 <표 4-9>의 마지막 줄에 정리되어 있다.

<표 4-9>에서 정리된 결과가 함의하는 점은 채권을 듀레이션과 동일한 기간 동안 보유하면 이자율의 변화가 매도 시점에서 발생하는 총 소득에 미치는 효과는 없다는 것이다. 이는 매도 시점의 총 소득에 대한 이자율 위험이 사라진 것으로 간주할 수 있다. 따라서 본 절에서 분석한 단순한 예의 이자율 위험 관리에 대한 함의는 대차대조표에서 자산 부분의 듀레이션과 부채의 듀레이션이 일치되면 이자율 위험의 대차대조표 효과를 차단하는 대안이 될 수 있다는 것이다.

1. 현재 수익률(current yield)은 이표 채권이 제공하는 쿠폰 이자를 채권의 가격으로 나눈 비율로 정의된다. 2년 만기 이표 채권의 시장가격, 원금 및 이자에 대한 정보를 사용하여 2년 만기 할인 채권의 만기 수익률을 계산하려고 한다. 이표 이자율이 연 10%, 현재 수익률이 10%, 단기 이자율이 10%일 때 2년 만기 할인 채권의 만기 수익률을 계산하시오. 답을 도출하는 과정을 설명하시오. 이표 이자는 1년에 1회씩 지급되는 것으로 가정하시오.

2. 본문에서 설명한 수익률 곡선에서 사용한 자료를 사용하여 다음의 문제에 답하시오.
    (1) 수준 요인을 $(y^{(3)} + y^{(12)} + y^{(60)})/3$으로 정의하여 계산하시오.
    (2) 기울기 요인을 $(y^{(60)} - y^{(3)})$이라고 정의하여 계산하시오.
    (3) 곡률 요인을 $(y^{(60)} - y^{(12)}) - (y^{(12)} - y^{(3)})$이라고 정의하여 계산하시오.

3. 어느 경제학자가 채권의 만기 프리미엄은 위험의 시장가격과 같은 방향으로 움직이는 경향이 있다고 했다. 그 이유는 위험의 시장가격이 낮아지면 금융시장에서 제공하는 위험 보상의 수준이 낮아지므로 채권 보유로 인한 위험에 대한 보상도 낮아지기 때문이다. 위험의 시장가격에 대한 개념을 설명하고 위의 주장이 타당한 주장인지를 평가하시오.

4. 만기가 1년 남은 액면이 1000만원인 순수 할인 채권의 가격이 현재 시점에서는 900만원이다. 만기 시점에서 1000만원을 지급하는 3년 만기 이표 채권의 가격이 현재 시점에서 700만원이다. 이표율은 10%이고 이자는 매년 1회 만기 시점 이전에 2회 지급한다. 만기 시점에서 1000만원을 지급하는 2년 만기 이표 채권의 가격이 현재 시점에서 800만원이다. 이표율은 10%이고 이자는 매년 1회 만기 시점 이전에 1회만 지급한다. 만기가 앞으로 2년 남은 현재 시점에서의 순수 할인 채권의 만기 수익률을 계산하시오.

5. 어떤 경제학자가 고령화가 진행되면서 실질 수익률로 추계한 수익률 곡선의 장기 평균은 마이너스 기울기를 가지는 형태가 될 것으로 주장한다. 또한 장기적인 시계에서는 단기 실질 이자율이 변동하더라도 장기 수익률이 크게 반응하지 않는다고 주장한다. 이 주장이 타당한 주장인지의 여부를 판단하고 그 이유를 설명하시오.

6. 어느 경제학자가 인플레이션율이 높아지면 위험의 시장가격이 높아지기 때문에 고인플레이션이 발생한 시점에서 만기 프리미엄이 높아서 장기 수익률이 높아지는 것으로 주장한다. 위의 주장이 타당한 주장인지를 분석하시오.

7. 순수 할인 채권의 듀레이션(duration)은 만기와 동일하지만 이표 채권의 듀레이션은 채권의 만기보다 더 짧다는 주장이 타당한 주장인지의 여부를 판단하고 그 이유를 설명하시오.

8. 이표 채권을 보유한 투자자는 자신이 보유한 채권의 듀레이션을 계산하여 듀레이션과 동일한 기간 동안 보유하면 채권보유로부터 발생하는 이자율 위험을 제거할 수 있다고 주장한다. 이 주장이 타당한 주장인지의 여부를 판단하고 그 이유를 설명하시오.

9. 거시 경제의 산출을 결정하는 총생산함수에서 생산성 향상이 발생하면 총소득과 가계소비가 증가하면서 인플레이션은 낮아진다. 미래 시점에서 단기적인 생산성 향상이 갑작스럽게 발생하는 일이 가능하다면 이는 현재 시점에서 결정되는 만기 프리미엄의 부호에 어떠한 영향을 미치는지를 설명하시오.

제5장

뉴스와 증권 가격

제5장

뉴스와 증권가격

중대한 뉴스는 대체로 증권시장에 큰 효과를 미치는 것으로 알려져 있다. 실제 현실 속에서도 중대한 뉴스가 발생하면 그에 따른 증권시장의 반응을 미디어 보도를 통해 자주 접할 수 있다. 뉴스가 증권가격에 영향을 미친다는 것은 투자자가 뉴스를 접하여 획득한 정보를 자신의 증권 투자에 반영하고 있음을 의미하는 것이다. 뉴스 자체만 중요한 것인가 아니면 뉴스가 증권 투자의 수익성에 대하여 가지는 의미에 대한 해석이 중요한 것인가에 대하여 생각해볼 여지가 있다. 같은 내용의 뉴스에 대해서도 투자의 수익성에 대한 서로 다른 해석이 가능하기 때문이다. 본 장에서는 두 가지 이슈에 대하여 중점적으로 분석한다. 뉴스의 내용을 상황에 대한 정보와 보도하는 상황이 증권 투자의 수익성에 미치는 효과의 분석으로 나누어 볼 수 있다. 첫번째 이슈는 뉴스는 투자자가 평가하는 위험 보상 비율과 위험의 크기에 어떠한 영향을 미치는지를 알아보는 것이다. 두번째 이슈는 경제 자료의 편향적인 해석이 증권 투자에 미치는 효과이다. 예를 들어 어떠한 경우에 뉴스의 투자 수익성에 대한 편향된 함의가 발생하는가? 편향된 해석이 첨부된 뉴스는 어떠한 경로를 거쳐서 투자자의 증권 투자에 영향을 미치는가? 등으로 정리해볼 수 있다. 뉴스가 증권가격에 미치는 효과에 대한 실증적 사실에 다양한 견해가 있을 수 있다. 우선 다음과 같이 정리해 본다. 첫째, 뉴스가 함의하는 내용의 중요성에 대하여 동일한 반응을 보이지 않는다. 둘째, 처음 겪는 생소한 뉴스와 지속적으로 반복되고 있는 뉴스 간 차별적 효과가 있다. 셋째, 좋은 뉴스와 나쁜 뉴스 간 비대칭적 효과가 있다. 넷째, 시가 총액이 큰 기업과 작은 기업 간 비대칭적인 효과가 있다. 본 장에서 소개하는 모형이 위의 견해에 대하여 어떠한 함의가 있는지를 아울러 살펴 본다.

현실 경제에서 찾아볼 수 있는 뉴스와 증권가격 간의 관계에 관한 사례는 무엇인가? 최근 북핵 문제가 주식가격에 어떠한 영향을 주었는지 검색해보는 것이 좋은 예가 될 것이다. <그림 5-1>은 신문기사에서 증권 거래소의 자료를 정리하여 작성된 것이다. 그림의 설명을 위해 9월 4일의 기사를 인용한다.『4일 코스피 낙폭(1.19%)은 2006년 이후 다섯 차례 있었던 핵실험 당일(휴일인 경우 첫 거래일) 평균 등락률 (0.8%)보다는 다소 높은 수치다. 하지만 2006년 10월 9일에 있었던 1차 핵실험일 당일 하락률(2.41%)보다는 낮다. 당시는 북한의 첫 핵실험이었기에 주식 및 외환시장은 상당한 충격을 받았다. 코스닥시장에서는 사이드카(주가가 급등락할 경우 프로그램 거래를 5분간 정지시키는 것)가 발동되기도 했다. 이후 북한의 핵실험에 대해서는 증시가 대체로 차분하게 반응했다. 2009년 5월 25일 있었던 2차 핵실험 날에는 코스피 지수가 0.20% 하락했고, 다음 날에는 핵실험 당일보다 2.06%나 떨어졌지만, 5거래일 후 1% 이상 올라 진정됐다. 2013년 3차 핵실험 때엔 당일에 전날보다 0.26% 떨어졌지만, 다음 날과 5거래일 후에는 당일보다 각각 1.56%, 2.06%씩 올랐다. 반면 4·5차 핵실험은 1·2차보다는 상대적으로 증시 영향이 컸다. 작년 1월에 있었던 4차 핵실험 당일에는 0.26% 떨어졌고, 그 다음 날에도 1.10% 하락했다. 작년 9월 9일 5차 핵실험 당일에는 1.25% 하락했고, 그 다음 날에는 2.28%나 떨어졌다. 하지만, 모두 평균 5일 정도가 지나면 증시는 제자리를 찾았다.』

그림 5-1 북핵 실험과 주가 변동률 간의 관계

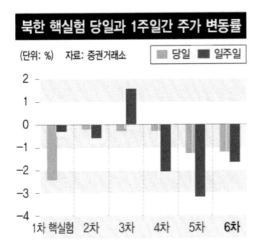

출처: 「주식시장에선 북핵문제 정점 지났다.」 한겨레, 2017년 9월 15일, 이종우.

앞에서 인용한 구체적인 사례를 보다 일반화하여 생각하면 우리 나라의 특수성을 반영한 좋은 예는 남북관계가 주식가격에 미치는 효과일 것으로 짐작해볼 수 있다. 일반적으로 남북관계의 개선을 의미하는 뉴스는 투자자들로 하여금 한반도의 긴장을 완화시켜 경제활동의 활성화로 이어질 수 있다고 전망하게 할 것이다. 그 결과 남북 관계 개선을 의미하는 뉴스를 좋은 뉴스(good news)로 볼 수 있으며 일반적으로 주가를 상승시킬 것으로 예측된다. 그러나 남북관계의 악화를 의미하는 뉴스를 나쁜 뉴스(bad news)로 분류할 수 있다. 이는 투자 감소 및 경제활동의 위축으로 이어져 일반적인 주가의 하락을 가져 올 것으로 예측된다. 본 장에서 분석하는 증권의 수요가 어떻게 결정되는가를 설명하는 이론 모형에서는 미래 시점에서 실현되는 수익률에 관한 뉴스를 좋은 뉴스와 나쁜 뉴스로 분류하고 이들이 증권의 수요에 어떠한 영향을 미치는가를 분석한다.

뉴스의 의미

뉴스와 증권가격 간의 관계를 분석하기 위해 뉴스를 어떻게 정의할 것인가를 생각해야 한다. 뉴스는 현재 시점의 상황과 미래 시점에서 발생할 상황에 대한 정보를 제공하는 일체의 행위로 정의할 수 있다. 이와 같이 뉴스를 정의하는 것은 뉴스의 기능에 초점을 맞추어서 정의하는 것으로 간주할 수 있다. 뉴스의 정보 전달 기능이 완전한 것인가에 대한 의문이 있다. 실제의 상황에서는 뉴스가 현재와 미래의 상황을 완전하게 정확히 알려주는 것은 아니다.

뉴스의 기능은 현재 시점의 상황에 관한 정보와 미래 시점에서 발생할 상황에 관한 정보의 전달이다. 뉴스의 기능이 완전한 것인가에 대하여 다음과 같은 두 가지 가정을 한다. 첫째, 뉴스에 담겨있는 현재 시점의 상황에 대한 정보는 정확하다. 둘째, 뉴스에 담겨 있는 미래 시점의 정보는 불완전하다. 첫번째 가정에 의해서 뉴스를 접한 투자자는 현재 시점의 자료는 정확하게 알고 있는 것으로 간주할 수 있다. 두번째 가정은 미래 시점에 어떠한 일이 발생할 것인가에 대하여 미리 알려 주는 기능이 있는데 이러한 기능이 불완전하다는 뜻이다. 이는 미래 시점에서 발생할 상황에 대한 예측이 어느 정도 가능하지만 완전하지 않다는 것을 의미한다.

그러나 최근의 문헌 중에는 뉴스의 미래 시점에서 발생할 상황에 대한 예측 기능이 완전하다고 가정하는 경우도 있다.[1] 이 경우 뉴스 충격이라는 용어를 사용한다. 뉴스 충격의 의미는 미래에 벌어질 상황에 대하여 예전에는 몰랐으나 현재 시점에 들어서서 뉴스를 통해 정확하게 알게 된다는 것이다. 이 경우 합리적인 의사 결정자는 미래의 상황에 미리 대비하게 된다. 따라서 현재 시점에 들어서서 사람들의 정보에 충격을 주는 두 가지 경우가 있게 된다. 하나는 현재 시점에서 발생하는 상황에 대하여 예측하지 못한 부분과 다른 하나는 미래 시점에서 발생하는 상황에 대하여 예측하지 못하는 부분이다.

본 장에서 다루고자 하는 내용은 미래 시점에서 벌어지는 상황에 대한 정확한 정

---

[1] 최근 일련의 연구에서는 뉴스 충격이 현실 경제의 경기 변동을 발생시키는 중요한 요인이라는 주장이 제기되어 왔다. 일례로 2012년 Econometrica(Vol. 80(6), pp. 2733-2764)에 출간된 슈미트 그로헤(Stephanie Schmitt-Grohe)와 우리베(Martin Uribe)의 「What's News in Business Cycles」를 들 수 있다.

보가 과거에는 없었지만 현재 시점에서 뉴스를 통해 알게 되는 경우가 아니다. 뉴스를 통해 유용한 정보가 알려지는 것은 사실이지만 정보가 불완전하다는 것이다. 어떠한 의미에서 불완전하다는 것인가? 뉴스의 내용이 그대로 실현되지 않는다는 것이다. 뉴스 미디어가 생산하는 미래에 대한 예측이 반드시 정확하다고 볼 수 없기 때문에 뉴스의 내용 중 일부는 맞고 일부는 틀린 경우를 고려한다. 이와 같은 뉴스의 미래 예측에 대한 불완전성을 반영하여 앞의 뉴스 충격이라는 단어와 차별되는 단어를 쓰라면 시그널 충격이라고 할 수 있다.

불완전한 뉴스이므로 유용하지 않다고 할 수 있는가? 실제로 미래에 실현될 상황에 대하여 어느 정도 정보를 가지고 있으므로 차라리 없는 것이 더 좋은 것이라고 주장하지는 못한다. 여기에 덧붙여서 보통의 의사 결정자들이 나름대로 합리적으로 뉴스에 포함되어 있는 유용한 정보를 추출할 수 있다고 가정한다. 본 장의 초점은 불완전한 뉴스를 접하게 되었을 때 투자자들은 자신의 투자에 유용한 정보를 효율적으로 처리하는 방식을 가지고 있어서 이를 사용하여 정보를 추출하고 이를 바탕으로 미래에 대한 기대를 업데이트 한다는 것이다.

뉴스는 투자자의 투자 선택에 어떻게 영향을 미치는가? 뉴스를 접하게 되어 정보를 업데이트하게 되면 그에 따라 투자자는 자신이 선택하는 증권들의 위험 보상 비율에 대한 평가를 업데이트하게 된다. 비록 불완전한 뉴스일지라도 투자자가 뉴스를 접하게 되면 임의의 증권이 제공하는 위험 보상 비율에 대한 보다 더 정확한 평가가 가능해진다는 것이다. 이와 같은 상황에서 투자자가 뉴스를 접하면 어느 정도 자신의 투자 선택을 변경하려고 하는가를 분석하는 것이 본 장의 중요한 목적이다. 또한 정확한 정보를 가진 뉴스 충격으로 인해 미래 시점의 수익률을 정확히 안다면 수익률 변동에 대한 위험이 사라지게 되므로 위험에 대한 보상이 필요 없다. 그러나 이와 같은 상황은 위험 증권에 대한 현실의 투자 결정과는 일치하지 않기 때문에 본 장에서는 불완전한 뉴스 충격의 효과를 중점적으로 설명한다.

증권 수요의 결정 요인

투자자의 증권 수요를 결정하는 세 개의 요인이 있는 상황을 생각해본다. 실제의 현실 경제에서 증권 투자를 고려한다면 더 많은 요인들을 분석하여 증권 투자를 결정할 가능성이 높다. 그러나 본 장에서 설명하는 모형에서는 세 개의 요인을 고려하고 각각의 요인과 증권 수요는 어떠한 관계가 있는지를 설명한다.

첫째 요인은 증권이 보유한 위험의 시장가격이다. 다른 변수들이 일정할 때 증권의 수요는 증권이 지니고 있는 위험에 대한 시장가격에 비례한다. 앞에서 위험의 시장가격은 증권의 보유로 인해 예상되는 초과수익률을 수익률의 표준편차로 나눈 비율로 정의된다. 증권을 보유하는 것에 대한 위험을 표준편차로 측정한다면 이는 증권 보유의 위험에 대한 보상 비율로 해석할 수 있다. 둘째 요인은 증권 수익률의 위험이다. 증권이 제공하는 수익률의 표준편차를 위험의 척도로 정의한다. 다른 변수들이 일정할 때 증권의 수요는 위험에 반비례한다는 것이다. 셋째 요인은 투자자의 위험에 대한 기피 정도이다. 다른 변수들이 일정할 때 투자자의 기피를 나타내는 계수의 크기와 반비례한다.

다음에서는 위에서 설명한 증권 수요 함수를 효용 극대화의 결과로서 도출할 수 있게 하는 모형은 어떤 모형인지를 간단히 설명한다. 본 절에서 소개하는 모형은 제3장의 <표 3-2>에서 정리한 모형과 동일하지만 본 절의 분석 목적이 다르므로 다시 한번 간략하게 소개한다. 현재 시점에서 투자자에게 가용한 자산을 W로 표시한다. 투자자는 W를 무위험 채권에 대한 투자와 위험 증권에 대한 투자로 분리한다. 투자자가 두 개의 서로 다른 증권 투자의 비중을 어느 정도로 할 것인지를 결정할 때 효용 극대화의 문제를 풀어서 결정한다. 본 절에서는 D를 위험 증권 투자에 할당하는 금액으로 정의한다. 따라서 $(W - D)$는 무위험 채권에 대한 투자를 의미한다.

현재 시점에서 결정한 증권 투자의 결과는 다음 시점에 알려진다. 위험 증권의 총 수익률을 R'로 표시하자. 현재 시점에서 1원 투자하면 다음 시점에서 R'의 원리금을 받는다는 뜻이다. 무위험 채권의 총 수익률은 F로 표시한다. 위험 증권의 수익률은 현재 시점에서 알려지지 않고 다음 시점이 되어야 알려진다. 다음 시점에서 위험 증권의 수익률이 알려진 이후 투자자의 순자산은 <표 3-2>의 첫째 줄에 정리되어 있다. 이 식에서 W'는 다음 시점에서의 순 자산을 나타낸다. 투자자의 효용은 다음 시점에서 실현되는 순자산의 함수로 정의된다. 투자자의 효용 함수에 대하여 두 가지의 원칙이 부과된다. 첫째, 투자자는 순자산의 크기가 증가하는 것을 좋아한다. 이는 소비에 사용할 수 있는 자원이 더 많아지기 때문이다. 둘째, 투자자는 순자산의 변동성이 커지는 것을 싫어한다. 변동성을 싫어하는 이유는 위험을 싫어하기 때문이다.

위의 원칙에 어긋나지 않으면서 단순한 형태의 효용 함수는 <표 3-2>의 둘째 줄에 정리되어 있다. $E[W']$는 투자자의 다음 시점에서의 순자산에 대한 예상 값을 의미한다. 또한 $VAR(W')$는 다음 시점에서의 순자산에 대한 분산을 의미한다. 분산은 변동성의 지표이므로 순자산의 분산이 커지면 투자자의 효용이 낮아진다. 투자자의 효용이 낮아지는 정도는 τ의 크기에 의해서 결정되므로 τ는 위험 기피의 정도를 나타내는 계수로 해석할 수 있다. 앞에서 정의한 효용 함수에 예산제약식을 대입하여 정리하면 투자자의 효용 함수를 위험 증권에 투자한 금액에 대한 함수로 정리할 수 있다. <표 3-2>의 셋째 줄에 있는 효용 함수의 식은 투자자의 효용이 위험 증권에 투자한 금액의 함수임을 보여 주고 있다. <표 3-2>의 셋째 줄에 있는 효용 함수를 D에 대한 단순한 이차 형식으로 정리하면 다음과 같이 다시 쓸 수 있다.

$$U = -\left(\frac{\tau\sigma_R^2}{2}\right)\left(D - \frac{\lambda}{\tau\sigma_R}\right)^2 + FW + \frac{\lambda^2}{2\tau}$$

이 식에서 σ_R은 위험 증권 수익률의 표준편차를 나타내고 λ는 위험 증권의 위험 보상 비율을 나타낸다. 위험 보상 비율은 위험 증권이 수익률의 표준편차 단위당 평균적으로 무위험 증권에 비해 어느 정도로 초과하여 수익률을 제공하고 있는지를 측정하는 척도이다. 투자자의 효용을 극대화하는 위험 증권의 투자액은 수식으로 표시하면 다음과 같다.

$$D = \frac{\lambda}{\tau\sigma_R}$$

표 5-1 투자자의 정보 처리 과정

	뉴스 발생 이전	뉴스 생성 시점	뉴스 정보 처리 결과
정보의 구분	선험적 정보	시그널 관측	사후적 정보
정보의 내용	총 수익률의 확률 분포에 대한 평균적인 지식을 의미함.	다음 시점의 총 수익률의 값에 대한 정보임.	총 수익률의 확률 분포에 대한 지식을 업데이트 함.
정보의 정확성	선험적 정보는 정확한 정보임.	시그널은 불완전한 정보임.	총 수익률에 대한 변동성이 감소함.
정보처리의 과정	$E(R')$과 $VAR(R')$을 알고 선험적으로 알고 있음.	N을 관측함.	$E(R'|N)$과 $VAR(R'|N)$을 계산함.

다음의 분석에는 이 식을 이용하여 투자자가 접한 뉴스의 내용과 정확성에 따라 위험 증권에 대한 수요가 어떻게 달라지는지를 분석한다. 투자자의 정보가 업데이트 되더라도 위의 수요 함수 형태는 그대로 유지된다. 그러나 수요 함수에 들어가 있는 결정 요인들이 투자자의 정보가 업데이트 되면서 달라지게 되어 증권 수요에 영향을 미치게 됨을 보인다.

뉴스와 투자자의 정보 업데이트

뉴스를 접히면 위험 증권의 수익률에 대한 투자자의 정보는 어떻게 달라지는가를 먼저 설명해야 한다. 이를 설명하기 위해 <표 5-1>에서는 뉴스를 접하기 이전과 이후의 정보를 비교하고 있다. 투자자는 뉴스를 접하기 이전에도 이미 수익률에 대한 정보를 가지고 있다. 이를 선험적 정보로 정의한다. 선험적 정보의 내용은 수익률의 확률 분포에 대한 정보이다. 수익률의 확률 분포는 수익률의 값을 생성하는 확률 모형이다. 확률 모형의 구조는 확률 분포의 파라미터들에 의해서 결정된다. 투자자는 적어도 수익률의 값을 생성하는 확률 모형의 구조는 정확하게 알고 있다고 가정한다.

투자자가 이론적으로는 정확히 알고 있더라도 실제의 자료를 관측하지 못해 다음 시점에서 자료의 값이 어떻게 나타날지에 대한 정보가 부족할 수 있다. 뉴스는 다음 시점에서 자료가 어떤 값을 가지는가를 정확하게 알려주지는 못하지만 유용한 정보를 제공한다. 다음 시점에서 자료 값에 대한 유용한 정보가 있다면 이를 추출하여 앞으로의 예측에 사용하는 것이 이득이 된다. <표 5-1>의 사후적 정보는 투자자가 뉴스에 담겨 있는 유용한 정보를 반영하여 수익률의 확률 모형에 관한 지식을 업데이트한 상황에서 투자자가 보유한 정보를 의미한다. <표 5-1>의 선험적 정보와 뉴스에 담겨 있는 정보 간의 차이에 대하여 설명한다. 앞에서 이미 설명한 바와 같이 선험적 정보는 수익률의 분포에 관한 정보이므로 증권 투자의 수익률이 확률적으로 어떻게 생성되는가에 대한 정보라고 할 수 있다. 투자자는 수익률의 분포에 대하여 정확히 알고 있는 것으로 가정한다. 뉴스는 미래 시점에서 실현될 수익률의 값에 대한 정보이다. 투자자에게 전달되는 미래 시점에서의 수익률의 값은 정확하지 않고 오차가 있을 수 있다. 오차의 확률 분포에 대해서는 정확히 알고 있지만 투자자가 접하는 뉴스가 가지고 있는 오차의 크기를 정확하게 알지 못한다.

투자자는 어떻게 뉴스의 정보를 반영하여 사후적 정보를 산출하는가? 본 절에서는 투자자의 사후적 정보를 수익률의 예측치와 분산으로 표시할 수 있다고 가정한다. 이 경우 뉴스를 접한 이후 투자자가 자신이 원래 알고 있던 수익률의 기대값과 분산을 어떻게 업데이트하는지를 설명해야 한다. 투자자는 다음 시점에서 실현될 수익률의 기대값을 뉴스를 접하기 이전에 원래 알고 있는 기대값과 뉴스가 함의하고 있는 수익률 값의 가중 평균으로 설정하는 것으로 가정한다. 또한 수익률의 분산은 각각의 수익률에 대하여 수익률의 평균을 감하여 정의되는 수익률 편차를 제곱한 변수의 평균으로 정의된다. 따라서 투자자는 새로운 기대값 하에서 계산된 수익률 편차를 사용하여 수익률의 분산을 업데이트한다.

다음에서는 수익률의 뉴스가 어떠한 구조를 가지고 생성되는지를 설명한다. 수익률 뉴스는 다음 시점에서 실현되는 실제의 수익률에 대한 정보를 가지고 있지만 그에 더하여 필요하지 않은 정보도 더해져 있다. 필요 없는 정보가 같이 섞여 있지만 필요한 정보와 분리할 수 없어서 수익률 뉴스 그 자체로 판단해야 한다. 다만 필요하

표 5-2 수익률 뉴스와 투자자의 정보 처리

수익률 뉴스의 구조	$N = R' + \varepsilon$
뉴스를 접한 이후 예상 수익률	$E(R'\|N) = E(R') + \theta(N - E(R'))$
가중치의 결정	$(1 - \theta)\text{VAR}(R') = \theta\text{VAR}(\varepsilon)$
뉴스를 접한 이후 수익률 분산	$\text{VAR}(R'\|N) = (1 - \theta)\text{VAR}(R')$
좋은 뉴스와 예상 수익률의 변화	$E(R'\|N) - E(R') = \theta(N - E(R')):$ $N > E(R') \to E(R'\|N) > E(R')$
나쁜 뉴스와 예상 수익률의 변화	$E(R'\|N) - E(R') = \theta(N - E(R')):$ $N < E(R') \to E(R'\|N) < E(R')$

지 않은 정보가 포함되어 있으며 이는 실제의 수익률과 전혀 무관하다는 것을 알고 있다.

투자자는 필요 없는 정보가 생성되는 메커니즘을 알고 있는 것으로 가정한다. 필요 없는 정보는 정규분포에 의거하여 생성되는 난수(random number)로 나타난다. 구체적으로 설명하면 실제의 수익률을 결정하는 요인들과 전혀 관계없이 단순히 평균이 0이고 분산이 σ_ε^2인 정규분포에 의거하여 생성되는 난수로 가정한다. 통상 이러한 변수를 '노이즈'로 부른다. 따라서 수익률 뉴스는 (수익률 뉴스) = (실제의 수익률) + (노이즈)로 생성된다. 수익률 뉴스를 N이라고 하고 노이즈를 ε이라고 표기한다면 수익률 뉴스의 구조를 나타내는 수식은 $N = R' + \varepsilon$이다. 이 식에서 강조해야 하는 것은 투자자는 N은 알지만 R'과 ε을 분리하여 알아내는 능력이 없다는 것이다.

투자자들은 미래 시점의 수익률에 대한 뉴스를 접하게 되면 적응적 기대 가설에 따라 자신의 믿음을 수정하는 사람과 유사한 방식을 채택하여 정보를 처리한다. 적응적 기대 가설은 사람들이 특정한 변수에 대한 예측치를 형성할 때 현재 시점의 값에 대한 과거 시점에서 형성한 예측치에 현재 시점에서 발생한 예측 오차를 반영하여 새로운 예측치를 형성하는 방식으로 자신의 기대를 수정한다는 주장이다. 여기서 예측 오차는 현재 시점에서 실제로 관측한 값에서 과거 시점에서 형성한 예측치를 뺀 차이로 정의된다. 그러나 적응적 기대 가설과는 차이가 있다. 그 이유는 본 절에서는 뉴스의 수익률을 실제의 관측치 대신 사용한다는 것이다. 수식으로 표시하면 (뉴스를 접한 이후 새로운 예측치) = (원래의 예측치) + θ(수익률 뉴스－원래의 예측치)의 형태가 된다. 이 식에서 θ는 새로 들어 오는 뉴스에 대한 반응 계수로 해석할 수 있다. θ의 크기는 1보다 작은 양수로 제한한다.

위의 식이 함의하는 점을 정리하면 다음과 같다. 수익률에 대한 뉴스가 원래의 예측치에 비해 차이가 클수록 새로운 예측치와 원래의 예측치 간의 차이는 더욱 커진다. 수익률 뉴스와 원래의 예측치 간의 차이가 같더라도 θ의 값에 따라서 새로운 예측치의 크기가 결정된다. 지금까지 사용한 기호를 사용하여 수식으로 표현하면 <표 5-2>의 둘째 줄에 정리된 식과 같다. 이 식에서 $E(R'|N)$은 수익률 뉴스 N을 접한 이후 형성한 새로운 예측치를 나타낸다. 앞에서 이미 설명한 바와 같이 위의 식은 적응적 기대 가설의 형식을 따르지만 적응적 기대 가설의 내용과는 다르다는 점을 지적한다.

수익률의 변동성에 대한 투자자의 평가는 어떻게 달라지는가? 투자자는 뉴스를 접한 이후 자신의 수익률에 대한 예측치를 수정하기 때문에 실제로 실현된 수익률에서 새롭게 수정한 예측치 간에 발생하는 편차도 뉴스를 접하기 이전에 계산한 편차와 다르다. 두 개의 서로 다른 편차가 있다면 서로 어떠한 관계인가? 이는 (실현된 수익률－새로운 예측치) = $(1-\theta)$(실현된 수익률－원래의 예측치) $-\theta$(노이즈)이다. 분산의 정의는 편차의 제곱에 대한 기대값이다. 따라서 뉴스를 접한 이후 다시 계산한 새로운 편차의 제곱에 대한 평균이 사후적 정보 하에서 수익률의 분산이다.

뉴스에 유용한 정보가 포함되어 있다면 뉴스를 접한 이후 투자자가 추정한 수익률에 대한 분산은 뉴스를 접하기 이전에 추정한 수익률의 분산과는 달라야 한다. 어떻게 하는 것이 가장 효율적으로 정보를 추출한 것인가? $E(R'|N)$이 가장 효율적으로 생성된 것인지의 여부는 θ의 값이 어떻게 결정되는지에 달려 있다. 이를 위해 투자자들이 자신의 정보를 업데이트할 때 사용하는 θ의 값을 어떻게 결정하는지를 설명한다. 투자자는 다음의 두 가지 작업을 실시한다. 첫째, 투자자는 자신이 수집하는 수익률의 자료를 발생시키는 모형의 구조를 분석한다. 투자자의 자료는 과거 시점에서 실현된 수익률과 과거 시점의 뉴스들과 현재 시점에서 관측된 수익률과 현재 시

점의 뉴스를 합한 데이터 베이스이다. 투자자는 이들을 정리하여 뉴스가 두 개의 독립적인 요인의 합으로 표시될 수 있다는 것을 알아낸다. 하나는 실제의 수익률이고 다른 하나는 노이즈이다. 둘째, θ의 값은 각 요인의 분산에 각 요인의 가중치를 곱한 수치가 일정하도록 결정된다. 투자자가 이러한 원칙을 적용하면 개별 요인에 대하여 가중치와 분산을 곱하여 계산되는 가중치를 고려한 개별 요인의 변동성은 모든 변수에 대하여 동일하게 된다.

이와 같은 원칙에 대하여 직관적인 설명이 가능한가에 대하여 의문이 있을 수 있다. 이에 대한 답변은 앞에서 설명한 원칙에서는 변동성이 높은 요인에 대하여 낮은 가중치를 부여하고 변동성이 낮은 요인에 대하여 높은 가중치를 부여하는 원칙을 적용하고 있다고 해석할 수 있다는 것이다. 앞에서 설명한 원칙을 수식으로 표현하면 $(1-\theta)$(뉴스를 접하기 이전의 수익률 분산)$=\theta$(노이즈의 분산)이다. 앞에서 설명한 가중치 설정 방식을 적용하면 (뉴스를 접한 이후 수익률 분산)$=(1-\theta)$(뉴스를 접하기 이전의 수익률 분산)임을 보일 수 있다. 이를 수식으로 표시하면 <표 5-2>의 셋째 줄에 있는 식이 된다. <표 5-2>의 둘째 줄과 셋째 줄에 있는 두 식을 보면 <표 5-1>의 마지막 행에서 요약한 정보 처리 과정이 어떻게 진행되는지를 알 수 있다. 특히 뉴스를 접한 이후 새로 계산한 수익률에 대한 예측치와 분산이 뉴스를 접하기 이전부터 이미 알고 있던 수익률의 예측치와 분산과 어떻게 다른지를 설명하고 있다.

뉴스를 접한 이후 투자자의 정보는 어떻게 달라지는가? 먼저 θ는 0과 1사이의 양수이다. 위의 식이 함의하는 점은 뉴스를 접한 이후 수익률에 대한 분산이 뉴스를 접하기 이전에 비해 감소한다는 것이다. 따라서 증권 보유의 위험에 대한 척도를 수익률의 표준편차로 정의하는 경우 유용한 뉴스는 증권 보유의 위험을 감소시킨다. 예상수익률은 어떻게 달라지는가? 뉴스를 접한 이후 달라지는 예상 수익률의 변화는 다음과 같이 쓸 수 있다. 뉴스의 내용이 수익률의 예상치의 업데이트에 반영된다. 예를 들어 증권 보유자에게 좋은 뉴스는 예상 수익률을 올리고 나쁜 뉴스는 예상 수익률을 낮춘다. 또한 θ의 값이 클수록 투자자의 예상 수익률이 뉴스가 제공하는 새로운 정보에 대하여 더 크게 반응한다는 것이다.

그러면 어떤 뉴스가 좋은 뉴스이고 어떤 뉴스가 나쁜 뉴스인가? 증권을 매수하는 투자자에게는 미래 시점에서 수익률이 높을 것이라는 뉴스가 좋은 뉴스이다. 또한 미래 시점에서 수익률이 낮을 것이라는 뉴스가 나쁜 뉴스이다. 그러나 증권을 매도하는 사람은 미래 시점에서 수익률이 높을 것이라는 뉴스가 나쁜 뉴스이고 미래 시점에서 수익률이 낮을 것이라는 뉴스가 좋은 뉴스이다. 매도하는 사람과 매수하는 사람의 입장은 서로 반대이므로 좋은 뉴스와 나쁜 뉴스에 대한 판단도 서로 반대가 된다. 다음에서는 매수하는 투자자의 입장에서 구별한다.

첫째, $(N > E(R'))$인 경우를 먼저 보기로 한다. 뉴스에 담겨 있는 수익률의 수준이 수익률의 평균 수준에 비해 높은 상황이다. 증권을 매수하는 사람에게 다음 시점에서 얻는 수익률이 평균적인 수준보다 더 높다는 뉴스가 들어온 것이다. 따라서 좋은 뉴스가 들어온 것으로 정의한다. 좋은 뉴스가 들어오면 미래 시점에서 실현되는 위험 증권의 수익률에 대한 예측치는 올라간다. 앞에서의 설명을 수식으로 요약하면 <표 5-2>의 넷째 줄에 있는 식이 된다. 둘째, $(N < E(R'))$인 경우를 보기로 한다. 뉴스에 담겨 있는 수익률의 수준이 수익률의 평균 수준에 비해 낮은 상황이다. 증권을 매수하는 사람에게 다음 시점에서 얻는 수익률이 평균적인 수준보다 더 낮다는 뉴스가 들어온 것이다. 따라서 나쁜 뉴스가 들어온 것으로 정의한다. 나쁜 뉴스가 들어오면 미래 시점에서 실현되는 위험 증권의 수익률에 대한 예측치는 낮아진다. 나쁜 뉴스의 경우를 수식으로 요약하면 <표 5-2>의 다섯째 줄에 있는 식이 된다.

매수하는 사람에게 좋은 뉴스일 때는 증권의 수요가 증가하고 나쁜 뉴스이면 증권의 수요가 감소하는가? 이에 대한 분석은 다음에서 계속 이어진다.

뉴스와 증권 수요

앞에서 투자자의 증권 수요를 결정하는 세 개의 요인이 있는 상황을 설명하였다. 본 절에서도 앞에서와 마찬가지로 세 개의 요인으로 증권투자가 결정되는 모형을 그대로 고려한다. 그러나 투자자의 정보가 업데이트되었기 때문에 투자자의 세 개 요인에 대한 평가가 달라질 수 있다.

표 5-3 수익률 뉴스와 증권 수요

수익률 뉴스를 접한 이후 위험의 시장가격	$\lambda_N = \dfrac{(ER + \theta\,(ENR - ER))}{\{(1 - \theta\,)\mathrm{VAR}(R')\}^{1/2}}$
수익률 뉴스의 괴리율과 위험의 시장가격 변화	$\lambda_N = \dfrac{(1 + \theta\,H)}{(1 - \theta\,)^{1/2}}\lambda$
수익률 뉴스의 크기와 위험의 시장가격의 변화	$H < -\theta^{-1}\left(1 - \sqrt{1 - \theta}\right) \to \lambda_N < \lambda$ $H \geq -\theta^{-1}\left(1 - \sqrt{1 - \theta}\right) \to \lambda_N \geq \lambda$
수익률 뉴스의 괴리율과 위험 증권 수요의 변화	$\dfrac{D_N}{D} = \dfrac{1}{1 - \theta} + \dfrac{\theta}{1 - \theta}H$
수익률 뉴스의 크기와 위험 증권 수요의 변화	$H < -1 \to D_N < D$ $H \geq -1 \to D_N \geq D$

주: $ER(= R^e - F)$ 은 예상 초과수익률, $ENR(= N - F)$ 은 뉴스의 초과수익률이다. $H = (ENR - ER)/ER$

정보가 업데이트되면서 위험의 시장가격이 어떻게 달라지는지를 보기로 한다. 위험의 시장가격은 증권의 보유로 인해 예상되는 초과수익률을 수익률의 표준편차로 나눈 비율로 정의된다. 뉴스를 접한 이후 예상 수익률이 달라졌기 때문에 초과수익률에 영향이 있다. 또한 뉴스를 접한 이후 수익률의 위험에 대한 평가가 달라졌다. 따라서 투자자가 뉴스를 접하게 되면 위험의 시장가격을 정의하는 비율의 분자 및 분모 모두 변화하게 된다. 투자자는 새로 업데이트된 초과수익률과 수익률의 표준편차를 사용하여 다음과 같이 위험의 시장가격을 업데이트 한다. 예를 들면 분자의 경우 새로 업데이트 된 초과수익률이 사용되는데 이는 (원래의 초과수익률) + θ(초과수익률 뉴스 − 원래의 초과수익률)이다. 또한 분모는 새로 업데이트된 표준편차인데 뉴스 이전의 수익률 표준편차에 비례한다. 비례상수는 $\sqrt{1 - \theta}$이다. 따라서 위험의 시장가격에 대한 새로운 추정치를 수식으로 표현하면 <표 5-3>의 첫째 줄에 있는 식이 된다. 이 식에서 ER은 뉴스를 접하기 이전의 예상 초과수익률을 나타내고 ENR은 수익률의 뉴스에서 무위험 이자율을 뺀 차이로 정의되어 수익률 뉴스가 함의하는 초과수익률이라고 할 수 있다.

중요한 강조점은 수익률 뉴스의 초과수익률이 뉴스를 접한 이후의 위험의 시장가격에 영향을 미치기 때문에 증권의 수요는 증권시장에 알려진 뉴스의 내용에 영향을 받는다는 것이다. 매수자에게 좋은 뉴스이면 위험의 시장가격이 증가하고 매수자에게 나쁜 뉴스이면 위험의 시장가격이 낮아진다는 것이다. 그 이유는 좋은 뉴스인 경우 위험 보상률에 대한 평가가 높아지고 나쁜 뉴스인 경우 위험 보상률에 대한 평가가 낮아지기 때문이다. 수익률 뉴스가 담고 있는 수익률 평가의 크기를 측정하기 위해 뉴스의 괴리율을 정의한다. 수식으로 표현하면 괴리율을 H로 표기할 때 $H = (ENR - ER)/ER$이다. H가 양수이면 매수자에게 좋은 뉴스이고 H가 음수이면 매수자에게 나쁜 뉴스이다. 따라서 뉴스의 괴리율은 수익률 뉴스의 초과수익률이 뉴스를 접하기 이전에 형성한 예상 초과수익률로부터 어느 정도 떨어져 있는지를 나타내는 척도로 해석할 수 있다.

다음에서는 뉴스를 접한 이후의 위험의 시장가격은 예전의 위험의 시장가격과 어떠한 관계가 있는지를 보기로 한다. 위에서 설명한 업데이트된 위험의 시장가격에 괴리율의 식을 대입하여 정리하면 <표 5-3>의 둘째 줄에 있는 식이 된다. 뉴스를 접한 이후 업데이트한 위험의 시장가격은 뉴스를 접하기 이전의 위험 시장가격과 비례한다. 비례상수가 뉴스의 내용에 의존한다. 예를 들면 좋은 뉴스일 때 뉴스를 접한 이후의 위험의 시장가격은 그 이전의 위험의 시장가격에 비해 더 높아진다. 괴리율의 크기가 커질수록 뉴스를 접한 이후의 위험의 시장가격은 더 커진다. 미래 시점에서 실현되는 수익률이 더 높다는 소식을 접할수록 위험의 보상 비율에 대한 평가가 더 높아지기 때문이다. 나쁜 뉴스이면 괴리율의 크기에 따라 달라진다. 구체적인 괴리율의 크기와 위험 시장가격의 변화 간의 관계는 <표 5-3>의 셋째 줄에 수식으로 정리되어 있다. 이 식에서 볼 수 있듯이 뉴스의 괴리율이 음수일지라도 일정 수준 이하일 경우에만 위험의 시장가격이 더 낮아진다.

앞의 설명들을 정리하여 뉴스를 접한 이후 업데이트된 정보 하에서 증권 수요를 도출하면 <표 5-3>의 넷째 줄에 있는 식이 된다. 이 식에서 D_N은 뉴스를 접한 이후 위험 증권에 투자하는 금액이고 D는 뉴스를 접하기 이전 위험 증권에 투자하는 금액을 의미한다. 첫째 항은 뉴스로 인해 수익률에 대하여 보다 정확한 정보를 얻게 되어 증권 수요가 증가된 부분을 의미한다. 둘째 항은 뉴스의 내용을 반영하는 부분이다. 초과수익률로 평가한 뉴스의 괴리율(= H)이 양수이면 괴리율이 커질수록 증권 수요가 증가된다. 반대로 괴리율(=H)이 음수이면 괴리율의 크기에 따라 뉴스를 접하기 이전의 증권 수요에 비해 감소되는 여부가 결정된다. 괴리율이 음수이더라도 반드시 뉴스를 접한 이후의 증권 수요가 뉴스를 접하기 이전의 수요보다 낮아지는 것은 아니다. 뉴스 괴리율이 −1미만으로 떨어지면 뉴스를 접한 이후의 증권 뉴스가 뉴스를 접하기 이전의 증권 수요보다 더 낮아진다. 앞의 설명을 요약하면 <표 5-3>의 다섯째 줄에 있는 식이 된다.

본 절에서 설명한 결과에 의거하여 강조해야 할 점은 뉴스가 증권 수요에 미치는 효과의 비대칭성이다. 뉴스의 내용이 증권 수요에 영향을 미치지만 뉴스의 내용을 괴리율로 평가하였을 때 같은 절대값의 크기로 양수인 경우 증권 수요에 미치는 효과와 음수인 경우 증권 수요에 미치는 효과가 다르다. 음수인 경우 많은 사람들이 증권 수요를 감소시킬 것으로 생각하지만 그렇지 않다는 것이다. 상당히 부정적인 뉴스인 경우에만 증권 수요를 감소시키는 결과가 발생한다는 것이다.

이러한 결과가 실제의 증권거래에 함의하는 점은 무엇인가? 앞에서 설명한 모형의 함의는 네거티브한 뉴스에 대하여 투자자의 반응은 나타나지 않을 수도 있다는 것이다. 또는 투자자의 반응이 나타나더라도 반응의 크기가 미약할 수 있다는 것이다. 어떠한 뉴스에 대해서는 증권거래의 규모가 쉽게 반응하지만 어떠한 뉴스에 대해서는 증권거래가 반응하지 않는 현상도 일어날 수 있다는 것이다. 따라서 뉴스의 내용이 놀랍다고 할지라도 반드시 투자자의 증권 수요가 놀랄 만큼 반응하지 않을 수도 있다.

뉴스의 지속성과 증권 수요

비슷한 뉴스가 지속되면서 증권 수요에 미치는 효과가 달라질 수 있다. 이와 관련하여 앞에서 인용한 기사와 관련된 기사를 재인용 한다. "주식시장은 처음 겪는 일에

표 5-4 뉴스의 지속성과 증권 수요

새로운 수익률 뉴스의 구조	$M = R' + \varepsilon_0$
예상 수익률의 업데이트	$E(R'|M) = E(R'|N) + \theta_0(M - E(R'|N))$
수익률 분산의 업데이트	$\text{VAR}(R'|M) = (1 - \theta_0)\text{VAR}(R'|N)$
가중치의 결정	$\theta_0 = \dfrac{\text{VAR}(R'|N)}{\text{VAR}(R'|N) + \text{VAR}(\epsilon_0)}$
가중치의 기간 간 변화	$\theta_0 = \dfrac{\theta_{-1}}{1 + \theta_{-1}}$
증권 수요의 기간 간 변화	$D_0 = D_{-1} \dfrac{1 + \theta_0 H_0}{1 - \theta_0}$ $D_{-1} = D \dfrac{1 + \theta_{-1} H_{-1}}{1 - \theta_{-1}}$

대해서는 실제보다 더 큰 의미를 부여하는 반면 한번 경험한 일은 과다할 정도로 평가절하하는 성향을 가지고 있다." 본 장에서 설명하고 있는 모형이 앞에서 인용한 시장의 반응을 그대로 설명할 수 있는지에 대하여 판단하려면 보다 더 정치한 방법을 사용해야 한다. 그럼에도 불구하고 시간이 지나면서 계속 수익률에 대한 뉴스가 들어오게 되면 현재 분석하고 있는 모형의 투자자들은 어떻게 반응하는지에 대하여 궁금할 것이다. 이와 같은 궁금증을 풀어 보기 위해 현재 시점과 다음 시점에 계속해서 뉴스가 들어오는 상황에서 새로 접한 뉴스에 대하여 투자자가 어떻게 반응하는지를 분석한다.

이전 시점에서 투자자가 접한 수익률 뉴스는 N이고 현재 시점의 수익률 뉴스는 M인 경우를 가정한다. 앞에서 수익률 뉴스가 N인 경우 어떻게 정보가 업데이트되는지를 분석하였다. 현재 시점에서 수익률 뉴스 M을 접하기 이전에 알고 있는 수익률에 대한 정보는 $E(R'|N)$과 $\text{VAR}(R'|N)$이다. 수익률 뉴스에서 발생하는 노이즈를 ε_0이라고 표기한다면 수익률 뉴스 M의 구조를 나타내는 수식은 $M = R' + \varepsilon_0$이다. 이 식에서 ε_0은 실제의 수익률을 결정하는 요인들과 전혀 관계없이 단순히 평균이 0이

고 분산이 $VAR(\varepsilon_0)$인 정규분포에 의거하여 생성되는 난수로 가정한다. 이는 두 노이즈의 평균과 분산이 같다고 가정하였기 때문에 ε과 ε_0의 확률 분포가 서로 같다는 가정을 부과한 것을 의미한다.

투자자는 앞에서 설명한 방식과 동일하게 예측치를 업데이트하는 것으로 가정한다. 이는 수익률 뉴스 M을 접한 이후 수익률 뉴스 N을 접하고 난 뒤에 형성한 예측치인 $E(R'|N)$을 <표 5-4>의 둘째 줄에 정리되어 있는 방식으로 업데이트하는 것을 의미한다. 이 식에서 사용한 θ_0은 투자자가 뉴스 M을 접한 이후 수익률에 대한 예측치를 업데이트할 때 뉴스 M에 부여하는 가중치를 의미한다. 뉴스 N에 대한 가중치는 이전 시점에서 사용한 가중치이므로 θ_{-1}으로 표기한다. 뉴스를 접한 이후의 수익률에 대한 분산은 어떻게 달라지는가? 이에 대한 답은 <표 5-4>의 셋째 줄에 정리되어 있다.

다음에서는 뉴스 M에 부여하는 가중치가 어떻게 결정되는지를 설명한다. 뉴스에 대한 가중치가 결정되는 방식은 항상 동일하다고 가정한다. 이 경우 θ_0의 값이 만족시켜야 하는 조건은 $(1 - \theta_0)VAR(R'|N) = \theta_0 VAR(\varepsilon_0)$이다. 이 조건은 R'에 대한 변동성과 노이즈에 대한 변동성에 각각의 가중치를 곱한 수치가 서로 같아야 한다는 조건이다. 앞에서 설명한 식과 다른 점은 R'의 변동성에 대한 평가를 사전적인 정보하에서 계산한 것이 아니라 뉴스 N을 보고 난 후에 형성한 사후적 정보 하에서 계산한 것을 사용하였다는 것이다. 이제 뉴스 M에 대한 가중치는 <표 5-4>의 넷째 줄에 정리되어 있다.

투자자가 뉴스에 대하여 부과하는 가중치의 기간 간 변화를 설명한다. 투자자가 뉴스 M을 접하기 이전 시점에서 뉴스에 부과한 가중치와 현재 시점에서 결정된 가중치는 어떠한 관계를 보이는가? 시간이 지나더라도 항상 일정한 값을 가중치로 사용하는가? 위의 결과를 보면 가중치의 기간 간 변화가 발생한다는 것을 알 수 있다. <표 5-4>의 다섯째 줄에 가중치의 기간 간 변화를 설명하는 식이 정리되어 있다. 또한 이 식은 시간이 지나면서 뉴스에 부여되는 가중치가 어떻게 변화하는지를 알려준다. 시간이 지나면서 제로로 수렴하는 것을 알 수 있다. 그러므로 새롭게 들어오는 정보에 대한 가중치가 시간이 흐르면서 점점 감소한다는 것을 의미한다.

뉴스 M을 관측한 이후 업데이트된 정보 하에서 증권 수요를 D_0로 표기한다. 또한 뉴스 N을 관측한 이후 업데이트 된 정보 하에서 증권 수요를 D_{-1}로 표기한다. 서로 다른 시점에서 결정된 증권 수요이지만 순차적으로 결정된 것이므로 앞에서 이미 설명한 사전적 정보 하에서 증권 수요와 뉴스 N을 접한 이후 증권 수요 간의 관계를 응용하면 <표 5-4>의 여섯째 줄에 있는 D_0와 D_{-1} 간의 관계를 나타내는 식이 도출된다. 이 식에서 H_0는 뉴스 M의 뉴스 N에 대한 뉴스 괴리율을 나타낸다. 또한 앞에서 설명한 결과를 적용하면 이전 시점의 증권 수요는 <표 5-4>의 여섯째 줄의 두번째 식이 된다. 따라서 최초 선험적 정보를 가지고 있는 상황부터 시작하여 계속 순차적으로 정보가 업데이트되면서 증권 수요가 어떻게 변화하는지를 계산할 수 있다. 뉴스에 대한 가중치는 최초 시점에서 1보다 작은 양수에서 출발하면 시간이 지나면서 제로로 수렴한다. 이는 뉴스의 괴리율의 크기에 관계없이 시간이 지나면서 증권 수요의 규모도 유한한 값으로 수렴하게 된다는 것이다. 따라서 시간이 지나면서 동일한 뉴스가 반복되면 뉴스의 증권 수요에 대한 효과는 점차 작아진다.

경제 뉴스의 편향과 증권 투자

관련 문헌에서는 고객의 주식 투자를 부추기기 위해 경제 뉴스가 편향적으로 해석될 수 있다는 점이 지적되어 왔다. 멀레티네이턴과 슬라이퍼는 2005년에 발표한 논문에서 미디어의 편향 보도에 대한 실제의 예를 제시한다.[2] 미국의 주류 신문사는 노동부가 실업률이 6.1%에서 6.3%로 상승했다고 발표한 사실을 보도하면서 주식투자에 대하여 서로 상반된 권고가 포함된 기사를 게재하였다는 것이다. 첫번째 기사에서는 실업률의 상승이 경기가 불황으로 들어가는 증거로 볼 수 있다고 해석하였다. 이에 덧붙여서 앞으로 더욱 어두운 소식이 전해질 것으로 전망한다. 두번째 기사에서는 실업률이 0.2%만 상승한 것은 경기가 다시 좋아지는 징조로 해석할 수 있다는 것

---

2 2005년도 American Economic Review(95권 4호, pp. 1031-1053)에서 출간된 멀레티네이턴(Sendhill Mullati-nathan)과 슬라이퍼(Andrei Shleifer)의 논문인 「The Market for News」에 수록된 예를 인용하였다.

그림 5-2 투자금융회사의 정보 전달

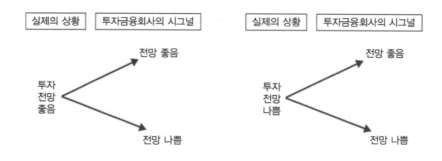

이다. 앞으로 경기가 호전될 것을 전망할 수 있으므로 주식투자를 늘려야 할 좋은 시점이라는 투자 권고를 덧붙인다. 거시 경제 주요 변수의 동일한 변화를 놓고 증권 투자에 유리한 뉴스인지를 해석할 때 서로 상반된 의견을 제시하는 것이다.

이들이 분석한 모형은 아니지만 이미 앞에서 설명한 투자자가 정보를 처리하는 과정을 이용하여 투자금융회사가 제공하는 증권의 투자에 대한 정보와 이를 반영하여 투자를 결정하는 투자자의 선택에 대하여 설명한다. 앞에서 설명한 실업률의 변화에 대한 사례를 적용한다. 실업률이 0.2% 상승한 사실이 실제로 경기가 좋아지는 징조일 수도 있고 그렇지 않을 수도 있다. 실제로 경기가 좋아지는 징조인 경우는 ω_1이고 실제로 경기가 좋아지는 징조가 아닌 경우는 ω_2이다. 투자자는 신문을 읽으면 실업률이 변화한 것은 알지만 실업률의 변화가 실제로 앞으로의 경제 상황에 어떠한 의미가 있는지를 정확하게 알 수 없다. 투자금융회사는 자신의 분석을 추가하여 실업률의 변화에 대한 해석을 제공할 수 있다. 이는 투자금융회사가 고객에게 제공하는 투자정보에 담겨 있는 것으로 가정한다. 투자금융회사의 시그널도 두 개의 경우로 나뉘어진다. 경기가 좋다는 분석 결과가 나타나는 상황을 s_1이라고 표시하고 경기가 나쁘다는 분석 결과가 나타나는 상황을 s_2로 표시한다.[3] 투자자들은 투자금융회사의 자

---

3 제2장에서는 s_1을 첫 번째 시점의 상황을 나타내는 확률 변수이고 s_2를 두 번째 시점의 상황을 나타내는 확률 변수로 정의하였다. 본 절에서는 동일한 기호를 사용하지만 제2장의 의미와는 전혀 다르다는 점을 지적한다. 본 절에서는 실제 상황이 아니라 뉴스의 특정한 내용을 나타내는 기호를 사용한다.

문을 받기 이전에, 자신들이 가지고 있는 선험적인 정보가 있다. 투자금융회사의 정보를 받기 이전에 실업률이 미래 경기 전망에 대하여 지니고 있는 의미를 투자자 자신의 정보로 해석하여 가지고 있던 선험적이고 확률적인 판단이 있다. 예를 들어 실업률이 0.2% 상승한 것이 앞으로 경기가 좋아지는 전망일 확률이 g이다. 그리고 동일한 실업률의 변화가 경기가 좋아지는 전망이 아닐 확률은 $1-g$이다. <그림 5-2>는 위에서 설명한 투자 금융회사의 정보 전달을 그림으로 정리하고 있다.

투자자가 투자금융회사의 정보제공과 자문을 받아 투자하면 수수료를 지불해야 하는데 수수료는 c이다. 실제의 상황이 투자를 해서 이득을 얻는 경우 투자자는 R의 투자 수입을 얻는다. 그러나 실제의 상황이 투자를 하지 않아야 하는 경우 투자자는 제로의 투자 수입을 얻는다. 투자자가 투자를 선택하는 경우 투자 비용은 c이다. 투자자가 적절한 투자를 실행한 경우 $R-c$의 순 수입이 발생한다. $R > c$으로 가정하여 적절한 투자인 경우 투자자에게 보상이 있는 것으로 가정한다. 그러나 적절한 투자가 아닌 경우 투자자의 수입은 $-c$가 되어 투자 손실이 발생한다.

투자금융회사는 개별 투자자가 가지고 있는 정보가 투자를 하기에 적절한 징조인지에 대한 평가에 영향을 미쳐서 투자자들이 투자를 선택하여 수수료를 지불하게 할 수 있다. 투자금융회사는 실제의 투자 전망에 대한 정보를 담은 메시지를 투자자들에게 보낸다. 그 이후 합리적으로 정보를 처리하는 투자자들은 베이지안 규칙에 의거하여 실제의 투자 전망에 대한 사후적 믿음을 형성하게 된다.[4] 개별 투자자들은 사후적 믿음 하에서 계산한 투자의 예상 순 이득이 투자를 포기하는 경우의 소득보다 더 높다면 투자를 선택한다. 언제 투자금융회사가 투자를 적극적으로 권하는 정보를 제공하는 상황이 되는가? 이를 위해 다음과 같은 가정을 부과한다. 투자자들은 자신이 원래 가지고 있는 선험 정보 하에서 현재 시점에서 관측된 실업률의 변화가 앞으로 경제가 좋아질 것이라는 징조가 아니므로 증권 투자를 하지 않는 것이 바람직한 것으로 평가한다. 투자자는 투자금융회사의 정보를 받아서 실제의 상황에 대한 자신의 평

---

4 본 절에서 소개하는 모형은 금융회사의 투자자에 대한 베이지안 설득을 설명하는 모형이다. 2011년도 American Economic review(101권 6호 pp. 2590-2614)에 출간된 카멘니카(Emir Kamenica)와 젠츠코프 (Matthew Gentzkow)의 「Bayesian Persuasion」은 본 절에서 사용하고 있는 베이지안 설득 모형을 처음으로 분석하였다.

표 5-5 투자금융회사의 역할과 투자자의 정보 처리 과정

	투자금융회사의 분석 결과 이전	자료 관측 및 분석 결과 생성 시점	투자자의 정보 처리 이후 시점
정보의 구분	선험적 정보	시그널 관측	사후적 정보
정보의 내용	평균적으로 실업률의 상승이 밝은 투자 전망일 확률의 값	실업률의 상승이 밝은 투자 전망이라는 분석 결과 또는 반대의 분석 결과	투자금융회사가 제공한 분석의 결과를 반영하여 투자자가 업데이트한 사후적 확률
정보의 정확성	확률에 대한 투자자의 선험적 정보는 정확한 정보임.	투자금융회사의 분석 결과는 불완전한 정보임.	실업률의 상승이 실제로 밝은 전망일 사후적 확률
정보처리의 과정	투자자는 g의 값을 알고 있음.	s_1 또는 s_2 중 하나를 관측함.	$p(\omega_1|s_1)$과 $p(\omega_1|s_2)$을 계산함.

가를 업데이트한다. 사후적 믿음 하에서 어느 행동을 선택하는 것이 더 유리한지를 판단한다. 예를 들어 투자금융회사가 경제 전망이 좋지 않다는 정보를 제공한다면 이를 기초로 실제로 경제 전망이 좋을 확률과 좋지 않을 확률을 계산한다. 자신의 평가를 업데이트한 이후 업데이트된 평가에 의거하여 현재 시점에서 증권에 투자하는 것과 투자하지 않는 것 중 어느 쪽의 선택이 더 이득이 되는지를 계산한다.

다음에서는 투자금융회사의 정보처리 과정을 설명한다. 투자금융회사는 시그널을 생성하는 시스템을 만들고 여기로부터 생산된 시그널을 투자자에게 전달한다. 투자금융회사가 제공하는 정보는 실제로 전망이 좋은지 아닌지를 알려주는 것을 목적으로 작성된다. 따라서 간단히 요약하여 '전망이 밝음 또는 전망이 어두움'의 두 개의 값을 가지는 것으로 가정한다. 전망이 밝다는 시그널을 s_1으로 나타내고 전망이 어두움을 의미하는 시그널을 s_2로 나타낸다. 투자금융회사는 자신에게 유리하도록 투자자에게 거짓 정보를 제공하지 않는 것으로 가정한다. 자신이 분석한 결과가 부정확할 수 있지만 결과는 그대로 투자자에게 알려준다. 투자자를 속이지는 않지만 분석에 쏟는 능력과 기술을 적절히 선택하여 정보의 정확성을 조절한다. 그 결과 자신에게 유리한 분석의 결과가 나오는 확률을 조정할 수 있다. 투자금융회사의 투자자 설득에서는 역선택이나 도덕적 해이의 문제가 발생하지 않는다. 그러나 투자금융회사가 생성

하는 정보는 항상 실제의 상황과 일치하지 않을 수 있다. 실제로 전망이 좋은 경우를 ω_1로 나타내고 실제로 전망이 어두운 경우를 ω_2로 나타낸다. 예를 들어 실제의 상황은 전망이 좋은 것이지만 시그널은 전망이 좋지 않음으로 나올 수도 있다. 이처럼 투자금융회사의 분석이 틀릴 수 있을 가능성을 고려한다면 실제의 상황과 시그널 간의 관계는 확률적이다. <표 5-5>는 투자금융회사가 투자자에게 제공하는 정보와 투자자의 정보처리 과정을 요약하여 정리하고 있다.

투자금융회사가 투자자에게 전달하는 정보의 정확성은 다음과 같이 조건부 확률로 나타낼 수 있다. 예를 들어 $q(s_1|\omega_1)$는 실제의 전망이 밝을 때 투자금융회사의 분석 결과도 전망이 밝다는 시그널이 나올 확률을 나타낸다. $q(s_1|\omega_2)$는 실제의 전망이 밝지 않을 때 투자금융회사의 분석 결과는 전망이 밝다는 시그널이 나올 확률을 나타낸다. $q(s_2|\omega_1)$는 실제의 전망이 밝을 때 투자금융회사의 분석 결과는 전망이 밝지 않다는 시그널이 나올 확률을 나타낸다. $q(s_2|\omega_2)$는 실제의 전망이 밝지 않을 때 투자금융회사의 분석 결과도 전망이 밝지 않다는 시그널이 나올 확률을 나타낸다. 여기서 $q(s_1|\omega_1)$의 값이 클수록 투자금융회사가 투자자에게 전달하는 정보의 정확성이 높다. 마찬가지로 $q(s_2|\omega_2)$의 값이 클수록 투자금융회사가 투자자에게 전달하는 정보의 정확성이 높다. 투자자는 투자금융회사가 제공하는 분석 결과를 보고 자신의 정보를 업데이트한다. 투자자는 합리적 베이지안이다. 투자금융회사가 제공하는 분석 결과를 보고 실제로 전망이 좋은지에 대한 투자자의 평가는 베이즈 규칙을 사용하여 업데이트한다. 예를 들어 투자금융회사가 현재 시점의 경제 전망이 밝다는 분석 결과를 제공하면 투자자는 이를 보고 실제로 전망이 밝을 확률을 베이즈 규칙을 사용하여 계산한다. 투자자가 사용하는 공식은 <표 5-6>의 첫째 줄의 첫째 식에 정리되어 있다. 이 식에서 $p(\omega_1|s_1)$은 투자금융회사의 분석결과가 밝은 전망일 때 실제의 투자 전망도 밝을 확률을 나타낸다. 또한 $p(s_1)$은 실제의 전망과 관계없이 투자금융회사의 분석 결과가 밝은 전망으로 나올 확률을 나타낸다. 또한 $p(\omega_1|s_2)$은 투자금융회사의 분석 결과가 밝은 전망이 아닐 때 실제의 투자 전망이 밝을 확률을 나타낸다. 이의 경우도 앞의 경우와 마찬가지로 베이즈 규칙에 의해서 결정된다. <표 5-6>의 첫째 줄의 둘째 식이 투자자가 사용하는 베이즈 규칙이다.

표 5-6 투자금융회사 이윤 극대화의 목적 함수와 제약 조건의 도출

베이즈 규칙과 투자자의 정보 처리	전망 좋음의 시그널	$p(\omega_1\mid s_1) = \dfrac{q(s_1\mid\omega_1)g}{p(s_1)}$
	전망 나쁨의 시그널	$p(\omega_2\mid s_2) = \dfrac{q(s_2\mid\omega_2)(1-g)}{p(s_2)}$
투자금융회사 투자 권유 유효성 조건		$Rp(\omega_1\mid s_1) \geq c; \;\; Rp(\omega_1\mid s_2) \leq c$
투자금융회사 투자 권유 유효성 조건의 투자금융회사의 시그널에 미치는 효과		$p(\omega_1\mid s_1) = \dfrac{q(s_1\mid\omega_1)g}{p(s_1)} \to R\dfrac{q(s_1\mid\omega_1)g}{p(s_1)} \geq c$ $p(\omega_1\mid s_2) = \dfrac{q(s_2\mid\omega_1)g}{p(s_2)} \to R\dfrac{q(s_2\mid\omega_1)g}{p(s_2)} \leq c$
베이지안 합리성 조건		$g = p(\omega_1\mid s_1)p(s_1) + p(\omega_1\mid s_2)p(s_2)$ $1 - g = p(\omega_2\mid s_1)p(s_1) + p(\omega_2\mid s_2)p(s_2)$
베이지안 합리성 조건과 목적 함수의 형태		첫째 식 $\to p(s_1) = \dfrac{y+g-1}{x+y-1}$ 둘째 식 $\to p(s_1) = \dfrac{y+g-1}{x+y-1}$
투자금융회사 투자 권유 유효성 조건과 이윤 극대화 문제의 제약		$Rp(\omega_1\mid s_1) \geq c \to x \geq R/c$ $Rp(\omega_1\mid s_2) \leq c \to y\,1 - c/R$
투자금융회사 이윤 극대화 문제		$\max c\,\dfrac{y+g-1}{x+y-1}$ s.t. $\dfrac{c}{R} \leq x \leq 1, 1 - \dfrac{c}{R} \leq y \leq 1$

투자금융회사가 고객에게 제공하는 투자 정보는 어떻게 효과가 발생하는가? 투자자는 투자금융회사의 분석 결과를 받아보고 실제의 투자 전망에 대한 자신의 판단을 업데이트한다. 업데이트된 정보 하에서 투자를 할 것인지 아니면 투자하지 않고 다른 기회를 기다리는 것 중에서 어느 선택이 더 유리한 선택이 될 것인지를 판단한다. 예를 들어 투자금융회사가 제시하는 분석결과가 투자전망이 밝다는 것으로 요약되어 나왔다면 투자자는 실제의 투자 전망이 밝을 확률과 밝지 않을 확률을 앞에서 설명

한 방식으로 계산한다. 그리고 투자가 성공하여 얻는 이득이 있으므로 투자 전망이 밝은 경우 예상되는 높은 수익률에 실제로 좋은 투자 결과가 나올 수 있는 확률을 곱해서 예상 이득을 계산한 후에 지불해야 하는 수수료를 뺀 이후 순 이득을 계산한다. 순 이득이 양수이면 투자를 하지 않는 선택과 비교하여 더 높은 순 이득을 제공하므로 증권 투자를 선택한다. 투자를 해서 얻을 것으로 예상되는 순 이득과 투자를 하지 않는 경우의 순 이득이 서로 같은 경우 두 개의 대안에 대하여 무차별하다. 이 경우 투자금융회사가 제공한 투자 권유의 내용과 일치하도록 선택한다. 예를 들어 전망이 밝다는 투자금융회사의 분석 결과라면 투자자는 투자하는 것을 선택한다.

투자금융회사는 투자자가 가지고 있는 경제 전망에 대한 평가를 변화시키기 위해서 시그널을 보내므로 투자자가 순응할 수 있도록 시그널을 보낼 유인이 있다. 투자금융회사는 투자자의 믿음을 조정하여 증권투자를 선택하도록 해야 한다. 이를 위해 투자자의 사후적 믿음은 어떠한 조건을 만족해야 하는지를 알아야 한다. 이는 투자금융회사의 투자 권유가 유효하도록 하는 조건으로 간주할 수 있다. 투자 권유를 유효하게 하는 조건을 먼저 투자자의 사후적 믿음에 대한 부등호 조건으로 표시할 수 있다. 또한 투자자의 사후적 믿음에 대한 조건이 도출된다면 이에 대하여 베이즈 규칙을 적용하여 투자금융회사가 생성하는 시그널의 조건부 확률에 대한 부등호 조건으로 바꾸어 표시할 수 있다. 투자금융회사의 투자 권유가 유효한 조건은 <표 5-6>의 둘째 줄에 정리되어 있다.

<표 5-6>의 둘째 줄에 있는 식에서 첫번째 부등호는 투자금융회사가 현재 시점에서 관측된 실업률의 변화가 경제 전망이 좋다는 의미라는 시그널을 보냈을 때 투자자가 증권투자를 선택할 조건이다. 두번째 부등호는 투자금융회사가 현재 시점에서 관측된 실업률의 변화가 경제 전망이 좋지 않다는 의미라는 시그널을 보냈을 때 투자자가 증권투자를 선택하지 않을 조건이다. 위의 조건에서 등호가 들어간 이유는 무차별할 경우 투자자는 투자금융회사의 시그널대로 선택한다고 가정하기 때문이다. 첫번째 부등호는 투자자의 사후적 믿음에 대한 부등호이다. 이를 투자금융회사의 시그널이 생성되는 조건부 확률의 부등호로 전환할 수 있다. <표 5-6>의 셋째 줄의 첫번째 화살표가 어떻게 부등호가 전환되는지를 보여 주고 있다. 마찬가지로 두번째 부

등호는 투자자의 사후적 믿음에 대한 부등호이다. 이를 투자금융회사의 시그널이 생성되는 조건부 확률의 부등호로 바꿀 수 있다. 예를 들어 <표 5-6>의 셋째 줄의 두 번째 화살표가 표시하는 대로 전환할 수 있다.

투자자가 투자금융회사의 분석 결과를 보고 나서 투자금융회사의 메시지가 의도하는 대로 선택할 조건은 무엇인가? 투자금융회사가 제공하는 분석 결과는 실업률 상승이 앞으로의 경제를 전망하는 데 어떠한 의미를 가지고 있는지를 분석한 결과이다. 투자금융회사가 제공하는 요약된 분석의 결과가 전망이 밝다면 이는 투자를 하는 것이 바람직하다는 뜻이다. 이와 같이 이해한다면 바로 위에서 정리한 두 개의 부등식 조건이 투자금융회사의 권고에 맞추어 투자자가 자신의 행동을 선택하는 조건이 된다. 투자금융회사는 예상 이윤을 극대화하는 것으로 가정한다. 투자금융회사는 경제 자료의 분석을 위해 자신의 노력을 투입한다. 여기서는 분석을 단순화하기 위해 노력의 비용이 제로인 것으로 가정하여 예상 수입과 예상 이윤은 서로 같다. 투자금융회사가 자신에게 유리하도록 분석 결과가 나오는 정보 생성 시스템을 구축하고자 한다면 적어도 앞에서 정리한 부등호 조건이 만족되도록 해야 한다. 따라서 앞에서 설명한 두 개의 부등식 조건은 투자금융회사가 예상 이윤을 극대화하는 정보 시스템을 구축할 때 제약 조건으로 반영되어야 한다.

앞에서 투자금융회사의 제약 조건을 설명하였으므로 다음에서는 투자금융회사의 예상 이윤을 수식으로 도출한다. 앞에서 설명한 제약 조건이 만족된다는 가정 하에서 예상 이윤을 계산한다. 시그널의 값이 s_1이면 투자자는 증권투자를 선택하고 투자금융회사는 수수료를 받을 수 있다. 투자금융회사의 예상 이윤은 s_1이 발생하는 확률에 수수료를 곱하여 계산된 값이다. 따라서 투자금융회사의 예상 이윤은 $p(s_1)c$이다. $p(s_1)$에는 투자금융회사가 직접적으로 조정하는 변수와 조정할 수 없는 변수가 동시에 들어가 있으므로 투자금융회사가 조정할 수 있는 변수가 어떻게 영향을 미치는지를 정확하게 표시해야 한다. 이를 알기 위해 베이지안 합리성의 조건을 설명한다. 이 조건을 두 단계로 설명한다. 첫째, 투자자가 투자금융회사의 자료 분석 결과를 보고 알게 되는 사후 조건부 분포와 시그널의 비조건부 분포에 의거하여 계산할 수 있는 시그널과 실제의 상황에 대한 결합 분포를 사용하여 실제의 상황에 대한 한계 분포를 도출한다. 둘째, 이와 같은 방식으로 사후적 정보를 사용하여 계산할 수 있는 실제 상황에 대한 한계 분포가 결국 투자금융회사와 투자자가 투자금융회사가 경제 자료를 분석하기 이전에 이미 공유하고 있었던 실제 상황에 대한 사전적 분포와 같아야 한다는 것이다. 실업률의 상승이 미래의 상황이 호전된다는 징조일 사전적 확률에 대하여 성립하는 베이지안 합리성에 대한 조건은 <표 5-6>의 넷째 줄에서 g에 대한 식으로 정리되어 있다. 실업률의 상승이 미래의 상황이 호전되는 것이 아닐 것이라는 사전적 정보에 해당하는 베이지안 합리성의 조건은 <표 5-6>의 넷째 줄에서 $(1-g)$에 대한 식으로 정리되어 있다.

두 개의 조건을 사용하여 $p(s_1)$을 $p(\omega_1|s_1)$과 $p(\omega_2|s_2)$의 함수로 표현한다. 쉽게 도출 과정을 확인하기 위해 $x=p(\omega_1|s_1)$과 $y=p(\omega_2|s_2)$로 정의하고 이를 두 식에 대입한다. <표 5-6>의 넷째 줄에 있는 각각의 두 식은 모두 동일한 식을 함의한다. 이러한 결과를 <표 5-6>의 다섯째 줄에 수식으로 정리하였다. 또한 투자금융회사의 투자 권유 유효성 조건도 (x, y)에 대한 제약조건이 된다. <표 5-6>의 여섯째 줄에 이윤 극대화 문제의 제약 조건이 도출되는 과정이 정리되어 있다. 이제 앞에서 설명한 투자금융회사의 예상 이윤과 제약 조건을 수식으로 정리한다. 투자 금융회사의 이윤 극대화의 문제는 <표 5-6>의 일곱째 줄에 정리되어 있다.

이윤 극대화의 문제에서 투자금융회사가 선택하는 변수는 x와 y이다. 투자금융회사는 이들의 값을 선택하기 위해 다음의 극대화 조건을 따르면 된다.

(1) 목적 함수가 x에 대하여 감소함수이기 때문에 x의 값은 가능한 영역 내에서 최소값을 선택해야 한다.

(2) 목적 함수가 y에 대하여 증가함수이기 때문에 y의 값은 가능한 영역 내에서 최대값을 선택해야 한다.

첫번째의 원칙에 따르면 $x=c/R$이다. 두번째의 원칙에 따르면 $y=1$이다. 앞에서 이미 $c<R$의 조건이 만족되어야 함을 설명하였다. 따라서 x의 값은 1보다 작은 양수가 된다. 투자금융회사가 이윤 극대화의 조건에 맞추어서 생성된 경제 전망에 대한

정보는 어떠한 특성을 가지고 있는지를 살펴 본다. 먼저 $y=1$의 극대화 조건의 의미를 설명한다. 이는 $p(\omega_2|s_2) =1$을 의미한다. 투자자는 투자금융회사가 실업률의 상승이 밝은 전망이 아니라고 분석한다면 이를 그대로 믿는다는 뜻이다. 이러한 투자자의 믿음이 뒷받침되기 위해 투자금융회사의 분석 능력은 어떠한 조건을 만족해야 하는가? 베이즈 규칙을 적용하면 $q(s_2|\omega_1) =0$이 됨을 알 수 있다. 이는 $q(s_1|\omega_1) =1$임을 의미한다. 따라서 전망이 밝을 때 투자금융회사는 전망이 밝지 않다고 하는 경우가 없어야 한다는 것이다. 최소한 앞으로 전망이 밝은 것이 사실이면 그대로 이를 알아낼 수 있는 투자금융회사의 자료 분석 능력이 있어야 한다는 것이다.

투자금융회사의 자료를 분석하는 능력이 정확하지 않은 상황은 어느 경우인가? 실업률의 상승이 실제로 밝은 전망이 아닌 상황이다. 실업률의 상승이 실제로 밝은 전망이 아니지만 투자금융회사는 자료 분석을 통해 실제의 전망을 정확하게 투자자에게 전달할지 말지를 결정해야 한다. 앞에서 도출한 극대화의 해는 $q(s_2|\omega_2) = (c-Rg)/(c(1-g))$를 의미한다. 투자금융회사가 완전히 정확하지 않고 적절하게 자신에게 유리하도록 자료를 분석하는 시스템을 조정한다는 의미이다. 모형에서는 분석의 결과에 대하여 거짓정보를 주는 등의 왜곡을 하지 않는 것으로 가정하였기 때문에 투자금융회사가 취할 수 있는 조치는 자료를 분석하는 정보 처리 시스템을 적절히 자신에게 유리하도록 디자인하는 것이다. 앞에서 설명한 극대화의 해가 의미 있는 식이 되도록 하기 위해 필요한 조건은 $Rg < c$이다. 그 이유는 이 조건이 만족되어야 위에서 도출한 확률이 다음과 같이 양수가 되기 때문이다

$$Rg < c \;\rightarrow\; q(s_2|\omega_2) > 0$$

이 조건이 함의하는 점을 다음과 같이 요약할 수 있다. 투자자가 원래 가지고 있던 선험적인 정보 하에서 실업률의 상승을 관측하면 투자자는 증권 투자를 선택하지 않는다는 것이다. 그러므로 투자금융회사가 자료 분석을 통해 분석 결과를 제공하지 않는다면 투자금융회사의 수입은 없다. 이 같은 이유로 앞에서 설명한 $Rg < c$의 조건이 만족된다면 투자금융회사는 자료의 분석 결과를 투자자에게 제공하여 자신의 이윤을

증가시킬 유인이 존재한다. 따라서 모형의 분석이 의미가 있도록 하기 위한 g의 범위는 $0 < g < c/R$이다. 앞에서 이미 $R > c$의 조건이 부과되어 있음을 지적한다.

위의 설명을 읽고 있으면 원래 투자금융회사의 정보 제공이 투자자가 가지고 있던 선험 정보에 비해 어느 정도로 낙관적인 전망을 유도하는 것인가에 대한 질문이 생긴다. 투자자가 선험적으로 가지고 있던 믿음 하에서 실업률이 상승할 때 이것이 밝은 전망을 나타내는 징조일 확률은 g이다. 분석하고 있는 모형에서 투자자는 투자금융회사의 분석 결과를 그대로 받아들여서 투자의 여부를 결정하므로 투자금융회사의 정보 제공이 있은 이후 투자자의 평가는 $p(s_1)$이다. 이제 $p(s_1)$이 g보다 더 크다면 투자자는 투자금융회사가 제공하는 정보를 접한 이후 현재 시점에서 관측된 실업률의 증가가 앞으로 경기가 밝을 전망일 확률을 더 높게 잡는다. 그러므로 $(p(s_1) - g)$는 투자금융회사가 투자자에게 제공하는 자료 분석의 효과로 볼 수 있다. 이를 계산하기 위해 극대화의 해를 목적 함수에 대입하여 실업률의 상승이 밝은 전망이라는 분석 결과를 낼 확률을 계산하면 답은 $p(s_1) = Rg/c$임을 확인할 수 있다. 따라서 투자금융회사의 자료 분석이 투자자의 믿음에 미치는 효과인 $(p(s_1) - g)$는 다음과 같이 주어진다.

$$p(s_1) - g = \frac{g}{c}(R - c) > 0$$

이 식을 보면 $R > c$의 조건 하에서 투자금융회사는 투자자에게 경제전망에 대한 자료를 제공하여 보다 더 낙관적인 투자자의 전망을 유도하고 자신의 이윤을 늘릴 수 있는 여지가 있다는 것을 알 수 있다.[5]

---

[5] 본 절에서 분석한 금융투자회사의 설득 모형은 금융 설득 모형 중의 하나로 볼 수 있다. 베이지안 설득 모형에 대한 자세한 설명은 박영사에서 출간된 「설득의 경제학: 거시 경제학 접근」(윤택)에 수록되어 있다.

연습문제

1. 경제 전문가 A는 투자금융회사의 정보 분석의 편향을 완화하기 위해 새로운 투자금융회사의 시장 진입을 보다 더 자유롭게 하는 것이 바람직하다고 주장한다. 경제 전문가 B는 투자금융회사의 시장 규제를 완화하는 정책보다도 투자자들이 다양한 견해를 가지고 있을 수 있는 환경조성이 결국 투자금융회사에서 제공하는 정보의 편향을 완화시킬 것으로 주장하였다. 두 사람의 견해에 대하여 어느 견해가 더 타당한지의 여부를 설명하시오.

2. 정부의 연구기관에서 소비자의 소비심리와 기업의 투자심리가 위축되는 것을 막기 위해 실제의 경제 전망보다 더 낙관적인 경제 전망을 내놓는 일이 빈번하게 발생한다는 주장이 있다. 본 장에서 설명한 모형을 사용하여 이러한 주장이 실제로 타당한지의 여부를 구체적인 자료 또는 실제의 사례를 들어 설명하시오.

3. 양치기 소년의 거짓말에 대한 교훈은 널리 알려져 있다. 양치기 소년의 우화가 잘 맞아 떨어지는 증권시장에서 뉴스와 증권 투자 간의 구체적인 사례를 골라서 설명하시오. 본 장에서 소개한 첫번째 모형을 사용하여 어떻게 분석할 수 있는지를 설명하시오. 필요하다면 본 장에서 소개한 모형의 어느 부분을 수정해야 하는지를 설명하시오.

4. $VAR(R'|N)$이 θ의 2차 함수임을 보이시오. $VAR(R'|N)$을 최소화하는 θ의 값을 계산하시오.

5. 비슷한 뉴스가 반복되면 뉴스를 접하여 예상수익률을 업데이트할 때 뉴스에 부여하는 가중치의 기간 간 변화가 아래와 같음을 수식을 사용하여 도출하시오.

$$\theta_0 = \frac{\theta_{-1}}{1 + \theta_{-1}}$$

x축이 θ_{-1}을 나타내고 y축이 θ_0를 나타내는 평면에 위의 식에 대한 그래프를 그리시오. θ_{-1}이 0과 1사이의 양수일 때 θ_0가 θ_{-1}보다 작음을 그래프를 사용하여 보시오.

6. 어느 경제학자가 미래 수익률에 대한 좋은 뉴스와 나쁜 뉴스에 대하여 위험 증권 수요의 반응정도가 다르다면 이는 투자자가 뉴스에 담겨있는 정보를 효율적으로 처리하지 못한다는 증거라고 주장한다. 앞에서 설명한 모형을 사용하여 위의 주장을 분석하시오.

7. 어느 경제학자가 위험 증권투자의 뉴스에 대한 반응이 작다는 것이 뉴스가 위험 증권시장에 미치는 효과가 작다는 것을 의미하지는 않는다고 주장한다. 앞에서 설명한 모형을 사용하여 위의 주장을 분석하시오.

제6장

제한적 합리성과 증권 투자

제6장

제한적 합리성과 증권 투자

본 장에서는 투자자의 정보 처리 능력이 유한하다는 가정이 부과되는 상황에서 투자자의 증권 투자에 대하여 설명한다. 본 장에서 가정하는 제한적 합리성은 투자자의 정보 처리 능력이 유한하다는 제약이 부과되는 상황을 의미한다. 정보 처리 능력의 크기에 대한 제약을 명시적으로 부과하지 않고 단순히 투자자는 실제의 상황을 정확하게 알 수 없다고 가정하는 경우가 있다. 예를 들어 제5장에서는 현실 경제에 대한 뉴스의 오차가 존재한다는 것만 가정하였다. 본 장의 분석이 제5장과 다른 점은 뉴스의 오차는 투자자의 정보 처리 능력이 유한하기 때문에 발생한다는 점을 명시적으로 설명하는 것이다.

투자자의 정보 처리 능력이 유한한 경우 그렇지 않은 경우에 비해 다른 점은 무엇인가? 첫번째 포인트는 정보를 처리하는 능력의 부족으로 인해 불완전한 금융시장이 존재할 수밖에 없는 상황이 되어 그 결과 사회 후생이 감소한다는 것이다. 금융시장의 참가자들이 현재 시점에서 벌어지고 있는 상황이 어떠한 상태인지를 명확하게 구분할 수 없고 서로 간에 어떠한 상황인지에 대한 합의가 없다면 그 상황에 대한 조건부 청구권이 존재할 수 없다. 따라서 조건부 청구권 시장이 완전하게 작동할 수 없다. 투자자의 정보 처리 능력이 유한하다는 제약으로 인해 불완전한 금융시장으로 운영될 수밖에 없다면 소비의 변동성이 상대적으로 높아져 사회 후생이 감소한다.

두번째 포인트는 다양한 증권들이 있을 때 정보처리 능력의 유한성으로 인해 이들의 특징을 모두 학습하지 못해서 완전한 분산 투자를 하지 못하고 소수의 증권에 집중할 수밖에 없게 될 수 있다는 것이다. 그 결과 분산 투자의 이득을 얻지 못하여 투자자의 후생이 감소한다. 이는 학생들이 시험 준비 기간이 충분하면 시험 범위 안에 포함된 모든 내용을 공부할 수 있지만 시험 일시가 가까워서 시험을 준비하면 시험 범위 내에서 중요한 포인트만 준비하게 되어 평균적으로 후자의 경우가 전자의 경우에 비해 낮은 점수를 받게 되는 것과 유사하다.

세번째 포인트는 투자자의 정보처리 능력의 변화는 위험 증권이 제공하는 위험 보상 비율에 영향을 미친다는 것이다. 위험의 보상 비율은 주어진 무위험 이자율 하에서 위험 증권이 제공하는 수익률의 평균과 표준편차에 의존한다. 투자자의 정보 처리 능력이 달라지면 투자자가 추정한 수익률의 평균과 수익률의 표준편차가 달라진다. 따라서 투자자가 평가하는 개별 증권에 대한 위험 보상 비율이 달라진다. 그 결과 시장에서 달성 가능한 위험 보상 비율의 최대값으로 정의되는 위험의 시장가격도 달라진다.

본 장의 첫째 절에서는 미래에 대한 정확한 예견이 가능하지 않은 상황에서 투자자가 가지고 있는 정보의 내용이 시간이 흐르면서 어떻게 달라지는지를 설명한다. 둘째 절에서는 투자자가 가지고 있는 정보의 내용이 달라지면서 발생하는 정보량의 변화를 측정하기 위해 사용되어 온 엔트로피(entropy)와 상호 정보(mutual information)의 개념을 설명한다. 투자자가 보유한 정보 처리 용량의 제약이 존재하는 이유는 상호 정보의 상한이 존재하기 때문이다. 따라서 셋째 절과 넷째 절에서는 상호 정보의 상한이 유한하다는 가정을 자세히 분석한다. 다섯째 절에서는 상호 정보에 대한 제약이 투자자의 증권 투자 결정에 미치는 효과를 분석한다.

그림 6-1 **상황의 전이 과정**

0기 시점	1기 시점	상황의 전이	2기 시점	상황의 전이	3기 시점
사전적 정보의 형성 시점	상황 1		상황 1 (1,1)		상황 1 (1,1,1)
					상황 2 (1,1,2)
			상황 2 (1,2)		상황 1 (1,2,1)
					상황 2 (1,2,2)
	상황 2		상황 1 (2,1)		상황 1 (2,1,1)
					상황 2 (2,1,2)
			상황 2 (2,2)		상황 1 (2,2,1)
					상황 2 (2,2,2)

투자자 정보의 기간 간 변화

투자자의 정보는 시간이 지남에 따라 달라질 수 있다. <그림 6-1>에서 정리한 예를 이용하여 투자자의 정보가 어떻게 변화하는가를 설명하기로 한다. <그림 6-1>에서 사용한 상황은 다양한 기준으로 구분할 수 있다. 예를 들어 미래 시점에서 위험증권의 수익률이 서로 다른 값을 가지는 경우, 높은 수익률이 나타나는 경우를 상황 1이라고 하고 낮은 수익률이 나타나는 경우를 상황 2로 정의할 수 있다. 또는 거시경제의 상황에 따라 분류할 수도 있다. 호황 국면이 실현되면 상황 1이라고 하고 불황 국면이 실현되면 상황 2라고 정의할 수 있다. 보다 더 세분화하여 상황을 구분할 수 있지만 본 절에서는 설명의 편의를 위해 두 개의 서로 다른 상황만 발생하는 경우를 분석한다.

투자자가 정보를 처리하는 과정은 두 가지의 작업으로 설명할 수 있다. 첫번째 작업은 투자자가 시간이 흐르면서 관측한 자료를 축적하는 것이다. 이는 상황의 역사 (History of state)를 기록하여 남겨 놓는 것이다. 두번째 작업은 상황이 발생하는 과정에 대한 정보를 업데이트하는 것이다. 상황이 발생하는 과정에 대한 정보라는 의미는 상황의 발생에 대한 확률 모형에 대한 정보를 의미한다. 매기 시점마다 새로운 확률 모형으로 업데이트하는 이유는 매기 시점마다 하나의 상황을 겪고 나서 새롭게 관측된 자료를 얻게 되어 이를 자신의 정보에 반영하기 위함이다.

첫번째 작업을 설명한다. 시간이 흐르면서 각 시점에서 발생한 상황을 기록하여 현재 시점까지 어떠한 상황들이 발생하였는지를 기록한 상황의 역사를 만들 수 있다. 따라서 최초 시점에서 출발하여 현재 시점에 이르기까지 발생한 사건들을 기록하여 모은 상황들의 집합을 상황의 역사로 정의한다. 투자자는 각각의 시점에서 상황의 역사를 새롭게 수정하여 표시할 수 있다.

<그림 6-1>에서 괄호들은 각각의 시점에서 정리한 상황의 역사이다. 최초 시점인 1기 시점에서 상황 1과 상황 2가 발생할 수 있다. 1기 시점부터 2기 시점까지 발생 가능한 상황의 역사를 나열하면 (1,1), (1,2), (2,1), (2,2)와 같이 4개의 서로 다른 역사가 가능하다. 이들의 발생 확률을 각각 1/4이라고 가정한다. 최초 시점부터 3기 시점까지 발생 가능한 상황의 역사를 나열하면 (1,1,1), (1,1,2), (1,2,1), (1,2,2), (2,1,1), (2,1,2), (2,2,1), (2,2,2) 등과 같이 8개의 경우이다. 각각의 발생 확률을 1/8이라고 가정한다.

<그림 6-1>에서와 같이 상황이 진행된다면 투자자가 알고 있는 자료를 어떻게 표현할 것인가? 투자자가 가지고 있는 자료는 이미 지나온 각각의 시점에서 발생하였던 상황의 역사들을 모은 집합으로 정의된다. 따라서 투자자의 자료는 시간이 지남에 따라 달라질 수 있다. 투자자들이 시간이 지나면서 관측하는 것은 상황의 역사들이다. 내가 직접 겪는 상황의 역사는 단 하나이지만 자신이 겪지 않았던 상황의 역사도 실제로 일어났던 것과 같이 정확하게 알고 있다고 가정한다. 따라서 각각의 시점에서 투자자가 축적하는 자료의 집합은 다음과 같이 표현된다.

$$I_1 = \{1,2\}$$

$$I_2 = \{1, 2, (1,1), (1,2), (2,1), (2,2)\}$$

$$I_3 = \{1, 2, (1,1), (1,2), (2,1), (2,2), (1,1,1), (1,1,2), (1,2,1),$$
$$(1,2,2), (2,1,1), (2,1,2), (2,2,1), (2,2,2)\}$$

위의 식에서 I_1은 1기 시점에서 투자자가 축적한 상황의 역사를 원소로 하는 집합이다. I_2는 2기 시점에서 투자자가 축적한 상황의 역사를 원소로 하는 집합이다. I_3은 3기 시점에서 투자자가 축적한 상황의 역사를 원소로 하는 집합이다. 위의 예에서 쉽게 확인할 수 있는 것은 시간이 지나면서 투자자의 자료 집합은 확대된다는 것이다. 이전 시점에서의 자료 집합은 이후 시점에서의 자료 집합의 부분 집합이 된다.

두번째 작업을 설명한다. 투자자는 정보를 그대로 쌓는 것뿐만 아니라 정보를 처리해야 한다. 그 이유는 투자자는 현재 자신의 증권 투자를 결정하기 위해 미래 시점에서 실현되는 증권 수익률의 예측치와 수익률의 분산을 계산해야 하기 때문이다. 여기서 증권 수익률의 예측치를 계산한다는 것은 기대값을 계산하는 것과 같은 뜻이다. <그림 6-1>의 예를 보면 다음 시점에서 상황 1 또는 상황 2가 발생할 확률과 각각의 상황에서 실현된 수익률의 값을 알아야 증권 수익률을 예측할 수 있다. 0기 시점은 어떠한 상황이 발생하기 이전의 시점으로 정의된다. 이 시점은 어떠한 상황의 역사도 없는 상황이다. 이 시점에서 계산한 증권 수익률의 예측치를 사전적 기대값 또는 비조건부 기대값이라고 부른다. 증권 수익률의 분산에 대해서도 사전적 분산 또는 비조건부 분산이라고 말한다.

투자자가 정보를 처리하는 과정은 무엇인가? 최초 시점이 시작하기 전에 투자자가 이미 가지고 있는 지식이 있다. 이를 사전적 정보라고 한다. 실제로 실현된 상황을 관측하기 시작하면서 투자자는 과거 시점에서 형성한 지식을 수정한다. 수정해야 하는 대상은 상황을 발생시키는 메커니즘에 대한 지식이다. 이는 상황의 발생에 대한 확률 분포를 의미한다. 따라서 투자자의 정보 처리 과정은 최초 시점부터 시간이 지나면서 다음과 같은 방식으로 진행된다.

사전적 정보 → 자료 관측 → 확률 분포의 수정 → 자료 관측 → 확률 분포의 수정

앞에서 설명한 것들을 요약하면 투자자는 매기 시점에서 동일한 두 가지 작업을 반복 수행한다는 것이다. 하나는 자료의 축적과 다른 하나는 새롭게 관측된 자료에 의거한 확률 모형의 업데이트이다.

실제로 하나의 상황도 관측하지 않은 상황에서 투자자는 어느 정도 알고 있는가? 합리적 기대 가설에 부합하는 투자자를 가정한다면 이는 투자자가 상황의 발생에 관한 확률 모형에 대하여 정확히 알고 있다고 가정하는 것이다. 이와 같은 가정 하에서 0기 시점에서 투자자는 이미 각각의 시점에서 서로 다른 상황의 역사를 통해 하나의 상황에 도달한다는 것을 알고 있다. 어떠한 확률로 도달할 수 있는지에 대해서도 정확히 알고 있다. 그러나 실제로 어떠한 상황이 실현되는지는 미리 정확히 예견할 수 없다. 사전적 정보 하에서는 투자자가 직접 관측하여 쌓은 자료가 없는 상황이다. 다만 확률 분포에 대해서만 정확히 알고 있다. 확률 분포에 대한 지식이 있기 때문에 0기 시점에서 투자자는 수익률의 기대값과 수익률의 분산을 계산할 수 있다.

<그림 6-1>을 이용하여 사전적인 분포를 설명한다. 예를 들어 투자자는 0기 시점에서 1기 시점에 상황 1이 발생할 확률을 1/2로 부여하고 상황 2가 발생할 확률에 대해서 1/2을 부여하는 것이다. 투자자가 0기 시점에서 2기 시점에 발생할 수 있는 가능한 4개의 역사에 대하여 모두 동일한 확률을 부과하는 것으로 가정하면 (1,1), (1,2), (2,1), (2,2)와 같이 4개의 서로 다른 역사의 발생 확률은 각각 1/4이다. 3기 시점의 경우 (1,1,1), (1,1,2), (1,2,1), (1,2,2), (2,1,1), (2,1,2), (2,2,1), (2,2,2) 등과 같이 8개의 경우가 가능한데 모두 동일한 발생 확률을 부여하면 각각의 발생 확률은 1/8이다. 투자자가 0기 시점에서 가지고 있는 사전적인 정보를 설명한 것이고 이들은 실제로 상황이 발생하는 확률이다.

내가 어디에 위치한지를 정확히 안다면 위치한 곳에서 다음 시점에 각각의 상황이 발생할 확률을 계산해야 한다. 앞에서 설명한 확률은 최초 시점이 발생하기 이전의 시점에서 1기 시점이 펼쳐지면서 그 이후 각각의 점에 도달하는 확률을 의미한다. 투자자가 계산해야 하는 것은 특정한 점에 도달한 것을 조건으로 하고 그 이후 시점에서 상황들이 발생할 확률들이다. 이를 위해서 투자자는 베이즈 규칙을 사용한다. 예를 들어 (1,1)에 도달하였다고 하자. (1,1)에서 (1,1,1)에 도달하는 것은 (1|(1,1))로 표

기할 수 있다. 이와 같은 상황이 발생할 확률은 베이즈 규칙을 사용하면 다음과 같다.

$$Prob[1|(1,1)] \times Prob[(1,1)] = Prob[(1,1,1)]$$

투자자는 위의 식에서 $Prob[(1,1)]$와 $Prob[(1,1,1)]$에 대하여 이미 알고 있다. 따라서 투자자가 위의 등식이 성립한다는 것을 안다면 투자자는 자신의 사전적인 지식을 바탕으로 조건부 확률을 계산할 수 있다. 이와 같은 조건부 확률을 계산하는 과정이 매기 시점마다 투자자가 처리하는 작업의 하나로 포함된다.

합리적 기대 가설에서 상정하고 있는 투자자는 위의 작업을 정확히 수행할 수 있다. 그 이유는 자신에게 주어진 정보를 가장 효율적으로 처리할 수 있다는 가정이 부과되기 때문이다. 또한 합리적 기대 가설의 투자자는 각 점에 도달하는 확률도 정확히 알고 있으므로 이미 상황이 시작되기 이전에 어느 점에 도착할 것이라는 가정 하에서 앞에서 설명한 작업을 사전적으로 완료할 수도 있다. 이와 같은 점을 고려하면 합리적 기대 가설이 성립한다는 가정이 부과되는 경우 조건부 확률도 정확히 알고 있다고 가정하는 것과 동일한 효과가 발생한다.

<그림 6-1>에서 화살표는 기간 간 상황의 전이를 나타내고 있다. 예를 들어 1기 시점에서 상황 1이 발생하는 경우 여기에서 시작되는 화살표는 2기 시점에서 상황 1로 갈 수도 있고 상황 2로 갈 수도 있음을 보여주고 있다. 마찬가지로 1기 시점에서 상황 2가 발생하는 경우 여기에서 시작되는 화살표는 2기 시점에서 상황 1로 갈 수도 있고 상황 2로 갈 수도 있음을 보여주고 있다. 각각의 화살표에 대하여 실제의 상황으로 나타날 확률이 부여된다. 각각의 화살표에 부여되는 확률은 서로 인접한 두 시점에서 상황이 어떻게 전이되는지의 가능성을 나타내는 확률이므로 전이 확률(transition probability)이라고 정의한다. 그러나 각각의 상황에서 나오는 두 개의 화살표가 모두 실현되는 것이 아니라 이 중 하나만 실제로 실현된다.

특정한 시점에 도달하면 이 시점에 도달하기까지 투자자는 자신이 관측한 자료가 있다. 투자자는 자신이 직접 경험하여 축적한 자료를 완전히 정확하게 기억하고 있는 것으로 가정한다. 투자자가 경험한 상황의 역사가 매기 시점에서 증권 수익률의 기대

값과 분산을 계산하는 데 어느 정도 도움이 되는가? 투자자가 기대값을 계산하는 데 사용할 수 있는 두 가지의 서로 다른 방식을 생각해볼 수 있다. 첫번째 방식은 자신이 지나온 모든 상황의 역사를 담은 정보 집합을 사용하여 계산한 수익률의 기대값이다. 두번째 방식은 단지 현재 시점에서 발생한 상황과 관련된 지식을 사용하여 계산한 수익률의 기대값이다.

어떤 경우에 두 개의 방식이 서로 같은 답을 산출하는가? 첫째, 매기 시점에서 발생할 수 있는 상황의 수가 항상 같다. 둘째, 현재 시점에서 발생한 상황에서 다음 시점의 상황으로 전이되는 확률이 모든 상황에 대하여 항상 상수로 고정되어 있다. 이 경우 어느 시점에 도달하든 전이 확률을 사용하여 미래 시점에서 실현되는 증권 수익률의 기대값을 계산할 수 있다. 또한 과거에 어느 시점을 거쳐온 것과 관계없이 현재 시점에서 어느 상황이 실현된 것인지의 여부만 중요하다. 따라서 앞에서 설명한 두 개의 방식은 서로 같은 기대값을 산출해야 한다. 이처럼 미래 시점의 상황을 예측하는 데 현재 시점에서 실현된 상황에 관한 정보만으로 충분하다면 마코프 특성(Markov property)을 만족시키는 것으로 정의된다.

시간이 지나면서 투자자의 정보 집합이 어느 정도 증가하는지를 어떻게 측정할 수 있는가? 이를 위해 정보의 내용이 어떻게 달라지는지를 설명해야 한다. 정보의 내용이 어떻게 달라지는지에 대한 이해를 돕기 위해 <그림 6-1>의 예를 사용한다. 먼저 0기 시점에서 투자자가 알고 있는 사전적 정보 하에서 (1,1,1)의 실현 확률은 1/8이다. 그러나 2기 시점에서 투자자가 (1,1)의 상황의 역사를 겪었다면 이 경우 (1,1,1)의 실현 확률은 1/2이다. 따라서 동일한 상황의 경로이지만 어느 시점에서 발생 가능성을 계산하는지에 따라서 발생할 확률은 달라진다. 이는 1기 시점과 2기 시점을 관측한 이후 형성되는 사후적 정보 하에서 투자자는 서로 다른 확률 모형을 가지게 된다는 것을 의미한다. 투자자의 확률 모형이 달라지면 투자자가 보유하는 정보량의 차이가 발생한다. 다음 절에서는 이를 어떻게 측정하는지를 설명한다.

정보의 측정

본 절에서는 먼저 다양한 메시지가 존재할 때 각각의 메시지가 담고 있는 정보의 크기를 측정하기 위해 어떠한 개념을 적용하는 것이 적절한지를 생각한다. 요점은 발생할 가능성이 낮은 메시지의 발생은 발생할 가능성이 높은 메시지의 발생에 비해 더 많은 정보를 제공하는 것으로 간주할 수 있다는 것이다. 앞에서 설명한 내용에 대한 이해를 위해 예를 들기로 한다. 발생 가능한 모든 메시지를 두 그룹으로 나누는 시도를 생각해보자. 이제 하나의 그룹은 놀라운 메시지 그룹이고 다른 하나의 그룹은 평범한 메시지 그룹이다. 각각의 메시지에 대하여 놀라운 메시지와 평범한 메시지 두 개 중 하나로 분류해야만 한다. 두 개의 그룹 중 놀라운 메시지 그룹에 속하는 메시지들을 놀랍다고 하는 이유를 생각해보자. 두 가지 이유 중 하나일 것이다. 첫번째 이유는 놀랍다는 표현 자체가 새로운 정보가 상대적으로 더 많다는 것을 의미하는 경우이다. 놀라운 과학적 발견과 놀라울 정도로 신선한 디자인을 갖춘 제품 등을 생각해볼 수 있다. 자주 발생하지 않는 메시지에 대하여 놀랍다는 표현을 사용하게 되는 두번째 이유는 메시지가 담고 있는 내용에 익숙하지 않기 때문이다. 지식을 늘리기 위한 목적으로 전달하는 메시지가 아니더라도 과거에서 유사한 사례를 찾아보기 어려운 경험이나 사건에 대해서도 놀랍다는 표현을 사용할 수 있다. 이러한 경우에도 새로운 사실에 대한 정보를 제공한다는 것은 부인할 수 없다. 종합하면 특정한 메시지 자체가 담고 있는 정보의 크기는 그 메시지의 발생 확률에 의해서 결정되는 것으로 주장해 볼 수 있다는 것이다.

발생할 가능성을 기준으로 메시지가 담고 있는 정보의 크기를 측정하겠다는 아이디어에 대하여 동의한다고 할지라도 어떻게 구체적으로 측정해야 하는지에 대해서는 궁금할 것이다. 그 이유는 단순히 개별 메시지가 발생할 확률 그 자체를 정보의 양을 재는 척도로 쓰는 것보다 더 나은 방법이 있을 가능성에 대하여 궁금하기 때문이다. 따라서 다음에서는 개별 메시지가 발생할 확률을 이용한 정보의 척도를 소개한다. 하나의 사건과 하나의 메시지는 서로 일대일 대응의 관계가 되도록 하나의 상황 또는 하나의 사건을 정의한다. 이렇게 하나의 상황 또는 하나의 사건을 정의한다면 임의의 사건이나 임의의 상황이 가지고 있는 정보의 크기를 발생 확률을 이용하여 측정할 수 있다. 또한 수식에 의거한 구체적인 척도를 제시하기 위해 다음의 사항들을 고려해야 한다. 첫번째로 고려해야 할 점은 발생 확률이 낮을 때 사건의 발생이 제공하는 정보의 크기가 커진다는 점을 반영하는 척도를 제시하는 것이다. 임의의 메시지가 발생할 확률이 p일 때 그 메시지가 가지고 있는 정보의 크기가 $(1/p)$의 증가 함수가 된다면 위의 기준에 부합하는 척도가 될 것이다. 두번째로 고려해야 하는 점은 서로 다른 상황들이 제공하는 메시지들을 합하여 정보의 크기를 재는 경우에도 일리가 있는 기준이 부과되어야 한다는 것이다. 이를 위해 모든 경우에 비음수이면서 동시에 가법성(additivity)이 만족되도록 한다는 제약을 부과한다. 위의 두 조건을 만족시킬 수 있는 척도로 로그 함수를 사용할 수 있다. 구체적으로 임의의 상황을 A로 표기하고 $H(A)$는 사건 A가 담고 있는 정보의 크기를 표기하는 것으로 약속한다면 $H(A)$의 정의는 $H(A) = \log(1/p)$이다.

정보를 측정하는 단위는 무엇인가? 위에서 설명한 것처럼 로그 함수를 사용한다면 로그 함수의 특성으로 인해 밑(base)의 선택에 따라 단위가 달라질 수 있다. 예를 들어 밑이 2인 경우 정보의 측정 단위는 비트(bit)가 되고 밑이 e인 경우 정보의 측정 단위는 내트(nat)가 된다. 이를 정리하면 아래의 두 식과 같다.

$$\text{비트: } H(A) = \log_2(1/p)$$

$$\text{내트: } H(A) = \log_e(1/p)$$

위에서 정의한 두 개의 식은 로그의 밑 변환 공식을 이용하면 서로 연결이 된다. 이는 내트와 비트 간의 관계를 도출할 수 있음을 지적한다. 이를 단순히 말로 표현하면 (비트) =(내트/0.693)가 된다.

앞에서 각각의 사건 또는 상황에 대하여 이들의 발생이 제공하는 정보의 크기를 발생할 확률과 연결하여 측정하였다. 이러한 개념을 확장하여 확률 변수가 담고 있는 정보의 크기를 측정하는 데에도 계속 이용하기 위해 엔트로피라는 개념을 정의한다. 엔트로피(entropy)는 발생 가능한 모든 사건을 대상으로 수집한 개별 사건에 대한 정보의 평균치로 정의된다. 평균치를 계산할 때 사용하는 각 사건의 정보에 대한 가중 치는 그 사건이 발생할 확률이다. 따라서 엔트로피는 정의에 의해서 항상 비음수가 된다. 또한 로그 함수를 사용하기 때문에 엔트로피의 단위는 앞에서 설명한 바와 같 이 로그 함수의 밑(base)에 대한 선택에 따라 달라질 수 있다. 예를 들어 밑이 2인 경 우 측정 단위는 비트(bit)가 되고 밑이 e인 경우 측정 단위는 내트(nat)가 된다. 로그 의 밑 변환 공식을 이용하면 내트와 비트 간의 관계를 도출할 수 있다.

상황의 발생 확률과 엔트로피 간의 관계를 설명한다. 이를 위해 <그림 6-1>의 단 순한 예로 돌아간다. 상황 1이 p의 확률로 발생하고 상황 2가 $(1-p)$의 확률로 발 생한다고 가정하자. 상황 1이 발생하였다는 하나의 메시지가 담고 있는 정보를 비트 단위로 측정하자. 상황 1을 ω_1이라고 표시하자. 또한 상황 2를 ω_2로 표시하자. 이제 상황 1이 발생하였다는 메시지가 담고 있는 정보를 비트 단위로 측정하면 $H(\omega_1) = \log_2(p^{-1})$이다. 상황 2가 발생하였다는 메시지가 담고 있는 정보를 비트 단위로 측 정하면 $H(\omega_2) = \log_2((1-p)^{-1})$이다. 이처럼 상황이 발생할 확률 분포가 고정되어 있는 경우 각각의 상황이 발생하였다는 메시지가 담고 있는 정보의 평균을 비트 단 위로 측정하면 다음과 같다.

$$H = pH(\omega_1) + (1-p)H(\omega_2)$$

이 식은 상황을 나타내는 변수가 가지고 있는 평균적인 정보를 의미한다. 이 식을 보면 $p = 1/2$일 때 엔트로피가 극대화 된다는 것을 알 수 있다. 이 경우 엔트로피의 값은 1비트가 된다. 발생할 수 있는 상황의 수가 증가하면 어떻게 되는가? 세 개의 상황이 발생할 수 있다고 가정하자. 상황 1의 발생 확률을 p_1이라고 표기한다. 상황 의 2의 발생 확률은 p_2이다. 두 상황의 발생 확률을 알면 나머지 상황 3의 발생 확률 은 $(1-p_1-p_2)$ 이 된다. 앞에서와 동일한 척도를 적용하면 상황 1의 정보는 $H(\omega_1) = \log_2(p_1^{-1})$이다. 상황 2의 정보는 $H(\omega_2) = \log_2(p_2^{-1})$이다. 상황 3의 정 보는 $H(\omega_3) = \log_2((1-p_1-p_2)^{-1})$이다. 세 개의 상황으로 구성되는 경우 상황을 나타내는 변수의 엔트로피는 다음과 같다.

$$H = p_1 H(\omega_1) + p_2 H(\omega_2) + (1 - p_1 - p_2) H(\omega_3)$$

이 식을 이용하면 $p_1 = p_2 = 1/3$이면 엔트로피의 값이 가장 커진다는 것을 알 수 있다. 이 경우 달성되는 엔트로피의 최대치는 $\log_2(3)$비트이다.

앞에서 설명한 엔트로피가 정보의 크기를 측정하는 척도라면 시간이 지나면서 투자자가 가지고 있는 정보의 크기가 변화한다는 것을 어떻게 측정할 것인가? 이를 위해 조건부 엔트로피(conditional entropy)의 개념을 소개한다. 조건부 엔트로피는 두 개의 확률 변수가 존재할 때 하나의 확률 변수에 대한 지식이 추가된 상황 하에서 다른 확률 변수의 평균적인 엔트로피로 정의한다. <그림 6-1>에서 기술하고 있는 2기 시점에서의 상황과 1기 시점의 상황을 사용하여 조건부 엔트로피의 개념을 설명한다. 투자자의 사전적인 정보하에서 2기 시점의 상황에 대한 엔트로피를 계산할 수 있다. 이를 수식으로 표시하면 $H(T = 2) = 2$이다. 그 이유는 다음과 같다.

$$H(T = 2) = \left\{ \left(\frac{1}{4}\right) \times \log_2(4) + \left(\frac{1}{4}\right) \times \log_2(4) + \left(\frac{1}{4}\right) \times \log_2(4) + \left(\frac{1}{4}\right) \times \log_2(4) \right\}$$

이 식에서 $T = 2$는 2기 시점을 의미한다. 위의 식은 1기 시점이 시작되기 이전의 지식으로만 계산한 엔트로피이다. 투자자는 1기 시점에 들어서서 상황 1이 실현되거나 상황 2가 실현된 사실을 알게 된다. 이는 투자자에게 1기 시점에서의 상황이라는 확률 변수에 대한 지식이 추가된 것으로 간주할 수 있다.

이제 1기 시점에서 실현되는 상황에 대한 지식이 추가된 이후 2기 시점의 상황에 대한 엔트로피를 어떻게 계산할 것인가를 설명하기로 한다. 먼저 1기 시점에서 상황 1이 실현되는 경우 이를 조건으로 2기 시점의 상황에 대한 엔트로피를 계산하면 다음과 같다.

$$H\big(T = 2 | \text{상황 } 1\big) = \{(1/2) \times \log_2(2) + (1/2) \times \log_2(2)\} = 1$$

또한 1기 시점에서 상황 2가 실현되는 경우 이를 조건으로 2기 시점의 상황에 대한 엔트로피를 계산하면 다음과 같다.

$$H(T = 2|상황\,2) = \{(1/2) \times \log_2(2) + (1/2) \times \log_2(2)\} = 1$$

1기 시점의 정보하에서 2기 시점의 상황을 나타내는 변수에 대한 엔트로피는 1기에서 발생하는 각 상황의 엔트로피에 대한 가중 평균으로 정의된다. 1기 시점에서 상황 1이 발생하는 확률이 1/2이고 상황 2가 발생하는 확률이 1/2이다. 따라서 1기 시점에서의 정보하에서 2기 시점에서의 상황을 나타내는 변수에 대한 엔트로피는 $H(T = 2|T = 1)$이다.

조건부 엔트로피가 엔트로피에 비해 작다면 이를 어떻게 설명해야 하는가? 엔트로피를 정보의 척도로 간주한다면 조건부 엔트로피가 작다는 결과는 목표 변수에 대한 정보가 작아진 것으로 해석이 가능하다고 보아야 한다고 주장할 수 있다. 이러한 주장을 옳다고 판단하면 엔트로피라는 척도를 사용하는 것이 문제가 있다고 볼 수 있다. 그 이유는 자료를 관측하여 목표 변수에 대한 정보가 감소하는 것으로 나타나기 때문이다. 이러한 의문에 대하여 다음과 같은 답변이 가능하다. 앞에서 엔트로피는 놀람의 정도로 표현하였으며 엔트로피가 작아지면 놀람의 정도가 낮아짐을 의미한다. 놀람의 정도가 감소한다면 이는 오히려 목표 변수에 대한 지식이 늘어난 결과로 볼 수 있다. 다른 해석도 가능하다. 예를 들어 엔트로피를 확률 변수의 불확실성의 척도로 간주할 수 있다는 것이다. 두 개의 상황이 가능한 단순한 확률 변수의 예에서 균등 분포를 따르는 경우가 확률 변수의 불확실성이 가장 큰 경우이다. 균등 분포가 부여된다면 이는 어느 상황이 더 빈번하게 나타날 것인지에 대한 정보가 전혀 없는 상황으로 간주할 수 있기 때문이다. 조건부 엔트로피가 엔트로피에 비해 낮아진다면 목표 변수에 대한 불확실성이 낮아진 것이므로 이는 목표 변수에 대한 정보가 증가한 것으로 간주할 수 있다.

1기 시점의 상황에 대한 지식이 추가된 이후 2기의 상황에 대한 투자자의 정보는 1기 시점이 시작되기 이전에 투자자가 가지고 있던 2기의 상황에 대한 정보에 비해 어느 정도 증가하였는가? 이를 측정하기 위해 상호 정보(mutual information)의 개념을 소개한다. 상호 정보는 두 개의 확률 변수가 존재할 때 하나의 확률 변수에 대한 엔트로피에 다른 확률 변수의 지식이 추가된 상황 하에서 정의되는 조건부 엔트로피를

감하여 계산한 두 엔트로피의 차이로 정의된다. 앞에서 설명한 <그림 6-1>의 예로 돌아가서 상호 정보의 개념을 적용한다. 1기 시점의 상황과 2기 시점의 상황에 대한 상호 정보를 $I(T = 2|T = 1)$로 표시한다. 상호 정보는 다음과 같이 정의된다.

$$I(T = 2|T = 1) = H(T = 2) - H(T = 2|T = 1)$$

위에서 설명한 예를 사용하면 $I(T = 2|T = 1) = 1$이다. 따라서 투자자가 1기 시점을 지나면서 2기 시점의 상황에 대하여 추가적으로 얻은 정보의 크기는 1비트가 된다.

투자자의 기간 간 정보의 변화를 상호 정보라는 척도를 사용하여 측정할 수 있음을 보였다. 상호 정보의 두 가지 특징에 대하여 간단히 요약한다. 첫번째 특징은 상호 정보의 비음수성이다. 상호 정보는 마이너스 값을 가지지 않는다. 그 이유는 조건부 엔트로피가 비조건부 엔트로피에 비해 크지 않기 때문이다. 두번째 특징은 두 개의 확률 변수가 존재할 때 상호 정보의 정의가 가능한데 이 때 어느 확률 변수가 조건이 되는 확률 변수이고 어느 확률 변수가 목표가 되는 변수인지의 순서에 관계없이 동일한 값을 준다는 것이다. 이는 상호 정보의 대칭성을 의미한다. <그림 6-1>의 예에서는 $I(T = 2|T = 1) = I(T = 1|T = 2) = 1$이어야 한다. $I(T = 1|T = 2) = 1$이 되는 이유를 다음과 같이 요약할 수 있다. 첫째, $I(T = 1|T = 2)$의 정의는 $I(T = 1|T = 2) = H(T = 1) - H(T = 1|T = 2)$이다. 둘째, $H(T = 1) = 1$이다. 셋째, $H(T = 1|T = 2) = 0$이다. 이를 종합하면 $I(T = 1|T = 2) = 1$이 된다.

정보 처리 능력에 대한 제약

투자자에게 정보 처리 능력의 제약이 발생하면 그렇지 않은 경우와 비교하여 어떠한 차이가 있는가? 투자자들의 정보 처리 능력이 유한하면 실제의 상황을 정확히 알 수 없게 될 수 있다. 실제 상황을 전혀 모르는 것은 아니지만 정확히 알지 못할 수 있다는 것이다. 투자자들이 실제의 상황이 상황 1 또는 상황 2로 실현되는 것을 직접 관측할 수 없는 경우를 생각해본다. 투자자들은 실제의 상황을 직접 관측하지

표 6-1 투자자가 알고 있는 지표의 정확성

실제로 발생한 상황	투자자가 관측하는 지표의 값	지표의 값이 산출될 확률
상황 1	1	q
	2	$1-q$
상황 2	2	q
	1	$1-q$

못하더라도 실제의 상황을 알려주는 중간 지표가 있어서 이를 보고 실제의 상황을 판단할 수 있는 것으로 가정한다. 중간 지표의 역할은 실제의 상황을 투자자에게 정확하게 전달하는 것이다. 투자자의 정보 처리 능력은 중간 지표의 정확한 전달 능력에 의해서 평가된다. 투자자의 정보 처리 능력이 향상되면 보다 더 정확성이 높은 중간 지표를 만들어 낼 수 있다는 것이다. 따라서 투자자의 정보 처리 능력에 제약이 있다면 중간 지표가 달성할 수 있는 정확성에 제약이 부과된 것과 같다. 간단한 예를 들면 수업시간의 강의 내용을 듣고 수강생이 정리한 노트의 내용이 중간지표이다.

<그림 6-1>의 예를 사용하여 투자자가 현재 시점의 상황에 대한 정보를 얻는 과정을 설명한다. 중간 지표는 다음과 같은 방식으로 실제로 발생한 상황을 전달한다. 중간 지표는 상황 1이 실현되면 1의 숫자가 산출되고 상황 2가 실현되면 2의 숫자가 산출되는 것을 목표로 작성된다. 중간 지표는 최초에 설계된 것과 동일하게 작동하지 않을 수 있다. 즉, 오류의 가능성이 있다. <표 6-1>은 중간 지표의 정보 처리 능력에서 오류가 발생하는 과정을 요약하고 있다.

<표 6-1>을 설명하면 다음과 같다. 투입되는 상황이 상황 1일 때 중간 지표는 q의 확률로 원래 설계된 것과 동일하게 1의 숫자를 산출한다. 또한 상황 1일 때 $(1-q)$의 확률로 원래 설계된 것과는 달리 2의 숫자를 산출한다. 상황 2가 산출되는 경우는 중간 지표는 q의 확률로 원래 설계된 것과 동일하게 2의 숫자를 산출한다. 또한 상황 2일 때 $(1-q)$의 확률로 원래 설계된 것과는 달리 1의 숫자를 산출한다. 따라서 중간 지표가 오류를 발생시킬 확률은 $(1-q)$이다. 중간 지표의 오류는 투자자가 실제의 상황을 파악할 때 투자자의 정보 처리 능력이 유한하다는 제약에 의해서 실제의 상황을 정확히 파악하지 못하는 것을 반영한다.

표 6-2 중간 지표와 채널 용량: 이산 분포

중간 지표의 분포	$$p(s_1) = q\left(\frac{1}{2}\right) + (1-q)\left(\frac{1}{2}\right) = 1/2$$ $$p(s_2) = q\left(\frac{1}{2}\right) + (1-q)\left(\frac{1}{2}\right) = 1/2$$
베이즈 규칙과 사후적 분포	$$p(\omega_1\|s_1) = \frac{q\,p(\omega_1)}{p(s_1)}$$ $$p(\omega_2\|s_2) = \frac{q\,p(\omega_2)}{p(s_2)}$$
중간 지표와 조건부 엔트로피	$$H(\omega\|s_1) = -(p(\omega_1\|s_1)\log p(\omega_1\|s_1) + p(\omega_2\|s_1)\log p(\omega_2\|s_1))$$ $$H(\omega\|s_2) = -(p(\omega_1\|s_2)\log p(\omega_1\|s_2) + p(\omega_2\|s_2)\log p(\omega_2\|s_2))$$ $$H(\omega\|s) = H(\omega\|s_1)p(s_1) + H(\omega\|s_2)p(s_2)$$
조건부 엔트로피와 오류의 확률	$$H(\omega\|s) = H(q)$$ $$H(q) = -(q\,\log_2 q + (1-q)\log_2(1-q))$$
상호 정보의 정의	$$I(\omega, s) = H(\omega) - H(\omega\|s)$$
채널 용량과 오류의 확률	$$C = \max_x H(x) - H(q) \rightarrow C = 1 - H(q)$$

주: $I(\omega, s)$는 중간 지표 변수 s와 원래의 상황 변수 ω 간의 상호 정보를 나타낸다.

투자자가 정보를 처리하는 과정은 다음과 같이 설명할 수 있다. 투자자가 직접 상황을 정확하게 알지 못하기 때문에 중간 지표의 값을 보고 실제 상황이 어떤 상황인지를 추측해야 한다. 투자자가 중간 지표를 관측하기 이전에 사전적으로 가지고 있는 정보는 상황 1과 상황 2가 발생하는 확률이다. 투자자의 정보 처리 과정은 중간 지표의 값을 관측한 이후 시작된다. 투자자는 <표 6-1>에 정리되어 있는 중간 지표에 오류가 있을 수 있다는 것과 오류의 확률을 알고 있다. 투자자는 베이즈 규칙을 사용하여 관측된 중간 지표의 값을 조건으로 하는 상황 1과 상황 2의 발생 확률을 계산한다. 앞에서 설명한 예에 의거하여 수강생이 자신의 강의노트를 보고 실제의 강의내용을 이해하는 과정과 대비하여 투자자의 정보 처리 과정을 생각해 볼 수 있다.

첫번째 단계에서 중간 지표의 값이 1이 나오는 확률과 중간 지표의 값이 2가 나오는 확률을 계산해야 한다. 이는 투자자의 사전적 정보와 <표 6-1>에 정리되어 있는 정보를 알고 있으면 자동적으로 계산할 수 있다. 중간 지표의 값이 1로 관측되는 확률을 $p(s_1)$이라고 하고 중간 지표의 값이 2로 관측되는 확률을 $p(s_2)$로 표기하면 이들의 값은 <표 6-2>의 첫째 줄에 정리되어 있다.

두번째 단계에서 조건부 확률을 계산하기 위해 베이즈 규칙을 사용할 수 있다. 투자자가 계산해야 하는 조건부 확률은 $p(\omega_1|s_1)$과 $p(\omega_s|s_2)$이다. 전자는 중간 지표의 값이 1일 때 실제의 상황이 1로 나타났을 확률이고 후자는 중간 지표의 값이 2일 때 실제의 상황이 2로 나타났을 확률이다. 조건부 확률들을 계산하기 위해 사용하는 베이즈 규칙의 식들은 <표 6-2>의 둘째 줄에 정리되어 있다. <표 6-2>의 첫째 줄에서 계산한 $p(s_1) = 1/2$을 <표 6-2>의 둘째 줄에 있는 식에 대입하면 $p(\omega_1|s_1) = q$의 결과가 도출된다. 동일한 방식을 적용하여 $p(\omega_2|s_2) = q$임을 확인할 수 있다.

앞에서 설명한 정보 처리 과정이 투자자에게 제공하는 이득은 얼마인가? 이 질문에 답하기 위해 투자자가 보유한 정보의 변화를 측정해야 한다. 정보의 변화는 상호 정보를 계산하여 측정한다. 먼저 $H(\omega|s_1)$과 $H(\omega|s_2)$의 값을 계산하기 위해 <표 6-2>의 셋째 줄에 있는 공식을 사용한다. 조건부 엔트로피는 앞에서 계산한 두 개의 엔트로피의 가중 평균이다. 조건부 엔트로피를 $H(\omega|s)$로 표기한다. <표 6-2>의 셋째 줄에 있는 세 번째 식이 조건부 엔트로피의 공식에 해당된다. 이 공식을 <표 6-1>의 상황에 적용하면 조건부 엔트로피는 q의 함수가 됨을 확인할 수 있다. <표 6-2>의 넷째 줄에서 볼 수 있듯이 조건부 엔트로피의 값을 $H(q)$의 함수로 표기할 수 있다. 상호 정보는 사전적 정보 하에서 계산한 상황에 대한 엔트로피에서 조건부 엔트로피를 뺀 차이로 정의된다. <표 6-2>의 다섯째 줄에 상호 정보의 정의가 정리되어 있다.

다음에서는 채널 용량에 대하여 설명한다. 채널 용량은 상호 정보의 최대값으로 정의된다. 채널 용량을 계산하기 위해 상호 정보의 최대값을 계산할 때 투입 사건의 발생 확률에 대하여 최대값을 취한다. 위에서 설명한 사례를 사용하여 설명하면 다음과 같은 의미를 가지고 있다. 채널 용량은 모든 사전적 정보에 대하여 투자자가 자신의 정보 처리 과정을 통해 얻을 수 있는 가장 큰 정보의 증가이다. 여기서 투자자의 정보 처리 과정은 앞에서 설명한 중간 지표를 설계하여 직접 관측이 불가능한 상황에 대한 정보를 얻는 것을 의미한다.

그림 6-2 채널 용량과 오류의 확률

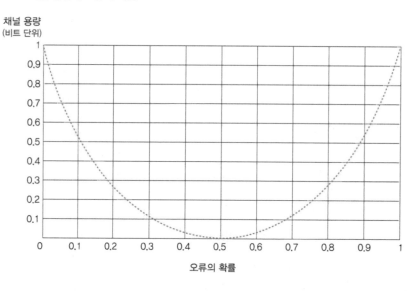

앞에서 설명한 사례를 사용하여 채널 용량을 계산한다. 이를 위해 $H(\omega)$은 ω의 사전적 확률의 값에 따라 크기가 달라진다는 점을 지적한다. 구체적인 예를 들면 상황 1의 발생 확률을 x라고 표기할 때 상황에 대한 엔트로피는 x의 값에 의해서 결정된다는 것이다. 엔트로피의 정의를 적용하면 상황 변수에 대한 엔트로피를 $H(x) = -(x\log_2 x + (1 - x)\log_2(1 - x))$로 나타낼 수 있다. <표 6-2>의 넷째 줄에서 조건부 엔트로피는 $H(q)$로 나타낼 수 있음을 보였다. 이제 위의 두 결과를 상호 정보의 식에 대입한 후 채널 용량의 정의를 적용한다. 그 결과 <표 6-2>의 여섯째 줄 앞에 있는 식으로 쓸 수 있다.

<표 6-2>에서 대문자 C는 채널용량의 값을 나타낸다. 상황 변수의 엔트로피를 극대화하는 x의 값은 $x = 1/2$이다. 또한 $x=1/2$일 때 상황 변수에 대한 엔트로피의 값은 1이 된다. 따라서 <표 6-2>에서 분석하고 있는 사례에서 채널 용량은 $C = 1 - H(q)$이다. 상호 정보의 대칭성을 이용하여 실제의 상황을 조건으로 하는 경우 채널 용량은 어떻게 계산되는가? <표 6-1>의 중간 지표에 대한 정의를 적용하면 $H(s|\omega) = H(q)$임을 확인할 수 있다. 앞에서 지표의 발생 확률은 $p(s_1) = p(s_2) = 1/2$임을 보였다. 따라서 중간 지표의 엔트로피는 $H(s)=1$이다. 두 결과를 결합하면

실제의 상황을 조건으로 하는 경우 중간 지표에 대한 조건부 엔트로피를 사용하더라도 상호 정보는 $1 - H(q)$임을 확인할 수 있다. 결론적으로 앞에서 설명한 상호 정보의 대칭성이 성립한다.

다음에서는 정보 처리 능력의 제약과 채널 용량 간의 관계에 대하여 설명한다. 투자자의 정보 처리 능력에 대한 제약은 투자자가 달성할 수 있는 채널 용량의 상한이 있기 때문에 발생한다. 투자자의 정보 처리 능력이 유한하다는 제약은 채널 용량의 크기에 대한 제약으로 부과된다. 예를 들어 투자자가 설계하고 운영하는 중간 지표의 채널 용량이 1/2비트 이하라는 제약이 부과될 수 있다. 이러한 제약은 위에서 도출한 식인 $(1 - H(q))$의 값이 1/2보다 더 커질 수 없음을 의미한다. 이러한 채널 용량의 상한에 대한 제약은 중간 지표가 정확한 값을 산출할 확률의 값에 대한 제약으로 이어진다. 예를 들어 <그림 6-2>를 보면 $H(q) = 1/2$이 되기 위해 약 $q = 0.11$이어야 한다. 이 경우 오류의 확률은 약 0.89이다.

채널 용량이 어느 정도가 되어야 오류 없이 실제의 상황을 정확히 파악할 수 있는가? 실제의 상황을 정확히 알기 위해 항상 무한히 큰 채널 용량이 필요한가? 오류가 없는 중간 지표를 만들기 위해 반드시 무한하게 큰 채널 용량이 필요한 것은 아니다. 채널 용량이 충분히 크면 상한이 무한하게 크지 않더라도 오류가 없는 중간 지표를 설계하여 운영할 수 있다. 예를 들어 $C = 1$인 경우 $H(q) = 0$이다. $H(q) = 0$을 달성하기 위해 $q = 1$이 되어야 한다. 그리고 $q = 1$인 경우 중간 지표의 정보 전달 능력은 다음과 같다.

상황 1 → 1; 상황 2→ 2

이 경우 오류가 없는 중간 지표의 설정이 가능하다. 이를 위해 필요한 최소한의 채널 용량은 1비트가 된다. 또한 $q = 0$인 경우에도 채널 용량이 1이 된다는 것을 발견할 수 있다. $q = 0$인 경우 중간 지표의 정보 전달 능력은 다음과 같다.

상황 1 →2; 상황 2→ 1

이 경우 의도한 것과는 정반대의 시그널이 항상 들어온다. 중간 지표가 산출한 숫자의 의미를 반대로 해석하면 오류가 전혀 없는 중간 지표와 마찬가지가 된다. 중간 지표가 정확하게 정보를 전달하는 확률이 $q=0$에서 $q=1/2$까지의 구간에 위치할 때 투자자의 정보 처리 능력과 중간 지표가 정확하게 정보를 전달하는 확률이 $q=1/2$에서 $q=1$까지의 구간에 위치할 때 투자자의 정보 처리 능력은 $q=1/2$을 중심으로 서로 대칭이 된다. 그 이유는 앞에서 잠시 설명한 것과 같이 중간 지표가 산출하는 숫자를 중간 지표를 설계할 때 의도한 것과 반대로 해석하면 동일한 크기의 정보를 얻을 수 있기 때문이다. 채널 용량이 오류의 확률에 대하여 대칭인 그래프를 보인다는 점을 확인하기 위해 앞서 <그림 6-2>는 채널 용량을 오류가 발생할 확률인 q의 함수로 표시하고 있다. 이 그림에서 채널 용량은 비트 단위로 표시되어 있다. <그림 6-2>를 보면 $q=1/2$에서 채널 용량이 제로가 된다. 오류의 확률이 제로인 경우 채널 용량은 1이 된다. 또한 앞에서 설명한 바와 같이 $q=1/2$을 중심으로 대칭인 것을 알 수 있다. 오류의 확률이 감소하면 투자자는 보다 더 정확한 정보를 가지게 된다. 따라서 증권 수익률에 대한 정보 처리 능력을 나타내는 채널 용량을 늘리면 그에 따라 투자자는 보다 정확한 정보 하에 자신의 투자를 결정하는 이득을 얻게 된다.

상황의 연속적인 변화와 학습 능력의 제약

앞에서는 실제의 상황이 유한 개의 상황으로 구분되는 경우를 분석하였다. 다음에서는 실제의 상황이 연속 확률변수로 표시될 수 있는 경우를 분석한다. 실제의 상황을 ω로 표시하고 ω는 평균이 제로이고 표준편차가 σ_ω인 정규 분포를 나타내는 확률 변수로 가정한다. 투자자가 실제의 상황에 대하여 알고 있는 것은 s로 표시한다. 투자자는 실제의 상황을 정확히 이해하지 못하고 실제의 상황과 오차가 있어서 투자자가 알고 있는 것은 실제의 상황에 오차를 더한 것으로 가정한다. 오차를 ε으로 표시한다. 투자자가 알고 있는 것과 실제의 상황 간의 관계를 수식으로 표시하면 $s = \omega + \varepsilon$의 선형 관계가 된다. <그림 6-3>에서는 학습된 상황과 실제의 상황 간의

그림 6-3 **실제의 상황과 학습된 상황**

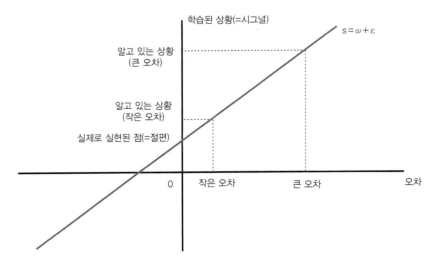

관계를 그래프로 보여주고 있다. 실제의 상황이 하나의 값으로 결정되어 있더라도 다양한 크기의 오차가 발생할 수 있음을 가정한다. 따라서 투자자가 알고 있는 상황은 오차의 크기에 따라 실제의 상황으로부터 멀리 떨어질 수도 있고 가까이 있을 수도 있다. 투자자는 s의 값은 정확히 알지만 ω와 ε의 값을 정확히 알지 못한다. 두 가지의 경우를 생각해볼 수 있다. 첫번째의 경우는 자신이 직접 정보를 처리하여 요약하는 경우이다. 예를 들어 강의를 들은 학생이 정리한 노트의 내용이 s이고 강의 시간의 실제 내용이 ω이다. 노트에 정리한 내용과 강의 내용이 서로 일치하면 ε으로 표시한 오차의 크기가 제로가 된다. 오차의 표준편차를 σ_ε이라고 표시하면 평균적으로 σ_ε이 작을수록 평균적으로 평가한 노트의 정확성이 더 높다. 두번째의 경우는 다른 곳에서 이미 요약된 정보를 넘겨 받는 경우이다. 투자자가 넘겨 받은 정보를 정확히 이해하지만 정보가 정확하지 않고 어느 정도 오차가 있는 경우이다.

투자자가 알고 있는 정보를 사용하여 원래의 상황을 복원하려는 시도를 생각해보자. 투자자는 최소한 자신이 알고 있는 정보를 가장 효율적으로 사용하여 원래의 상황을 복원하는 것으로 가정한다. 어떻게 정보를 사용하는 것이 효율적으로 사용하는 것인가? 복원하는 작업의 오차는 원래의 상황과 투자자가 복원한 값 간의 차이로 정의한다. 자신이 가지고 있는 정보를 사용하여 가장 효율적으로 정보를 복원하였다면 복원하는 작업의 오차는 복원 작업의 나머지이므로 이로부터 더 이상 이용할 것이 없는 상태가 되어야 한다. 이러한 상황이 되려면 복원하는 작업의 오차와 자신이 알고 있는 것과는 서로 독립적으로 되어야 한다. 이 조건이 만족되지 않으면 오차로 남아 있는 부분을 더 줄일 수 있는 여지가 있다는 것이다. 그러므로 모른다는 의미는 지금 알고 있는 것으로 더 이상 표현할 수 없는 상태이다.

그러면 투자자의 정보 처리 능력이 유한하다는 말의 뜻은 무엇인가? 본 장의 초점은 투자자가 정보를 전달 받거나 수집하는 능력에 제약이 있지만 일단 가지고 있는 정보는 효율적으로 사용한다는 것이다. 위에서 설명한 내용을 수식으로 표시하기로 한다. 앞에서 원래의 상황은 $\omega \sim N(0, \sigma_\omega^2)$의 분포를 따르는 것으로 가정하였다. 오차의 분포는 $\varepsilon \sim N(0, \sigma_\varepsilon^2)$이다. 투자자가 알고 있는 정보는 두 변수의 분포와 두 변수가 서로 독립이라는 것이다. 투자자는 s의 값을 알고 있을 때 원래의 상황이 어느 값을 가졌는지를 알기 위해 자신이 알고 있는 s의 값이 발생하도록 한 ω의 값을 추정하려고 한다. 이는 s의 값을 알 때 어떻게 ω의 값을 복원하는지의 문제이다. 이 때 복원한 값을 조건부 기대치의 기호를 사용하여 $E[\omega|s]$로 표시할 수 있다. 정보 처리 능력이 유한하면 완벽하게 복원이 되지 않는다. 투자자의 정보 처리 능력이 높을수록 보다 더 정확하게 복원한다. 복원된 값과 실제 값 사이의 오차를 $e = \omega - E[\omega|s]$로 쓸 수 있다. 투자자가 실제의 값을 복원하기 위해 어떠한 방법을 사용하는지를 설명한다. 투자자는 실제의 값을 복원하는 데 적용하는 하나의 규칙을 찾아내어 이를 반복적으로 사용한다. 예를 들면 하나의 s값을 알면 이 규칙에 대입하여 그에 대응하는 실제의 값을 계산하는 방식을 사용한다.

투자자의 조건부 기대치를 $E[\omega|s] = \varphi s$의 선형 함수로 정의하고 오차의 제곱에 대한 평균을 최소화하는 φ의 값을 계산한다. 수식을 사용하여 표현하면 <표 6-3>의 둘째 줄에 있는 최소화 문제의 해를 계산한다. 이 최소화 문제의 해를 정리하여 도출한 계수의 값은 $\varphi = \sigma_\omega^2/(\sigma_\omega^2 + \sigma_\varepsilon^2)$으로 나온다. 따라서 투자자는 s의 값을 알면 조건부 기대값을 계산할 수 있다. 제5장에서 설명한 결과를 적용하면 조건부 분산은 $(1 - \varphi)\sigma_\omega^2$이다. 투자자가 s를 알고 있다는 조건 하에서 원래의 상황에 대한 확률

표 6-3 중간 지표와 채널 용량: 연속 분포

중간 지표의 구조	$s = \omega + \varepsilon$ $\omega \sim N(0, \sigma_\omega^2); \ \varepsilon \sim N(0, \sigma_\varepsilon^2)$
중간 지표와 사후적 분포의 선택	$\min_\varphi E[(\omega - \varphi s)^2] \to \varphi = \sigma_\omega^2 / (\sigma_\omega^2 + \sigma_\varepsilon^2)$ $\omega \| s \sim N(\varphi s, (1 - \varphi)\sigma_\omega^2)$
중간 지표와 조건부 엔트로피	$H(\omega) = \left(\dfrac{1}{2}\right)\log(2\pi e \sigma_\omega^2)$ $H(\omega \| s) = \left(\dfrac{1}{2}\right)\log(2\pi e \mathrm{VAR}(\omega \| s))$
상호 정보의 정의	$I(\omega, s) = H(\omega) - H(\omega \| s)$
상호 정보와 오차의 분산	$I(\omega, s) = \left(\dfrac{1}{2}\right)\log\left(1 + \left(\dfrac{\sigma_\omega}{\sigma_\varepsilon}\right)^2\right)$
채널 용량과 파워 제약	$C = \left(\dfrac{1}{2}\right)\log\left(1 + \left(\dfrac{\sigma_\omega}{\sigma_\varepsilon}\right)^2\right)$ $\sigma_\omega^2 = \mathrm{E}[\omega^2] \le b$

주: $\mathrm{VAR}[\omega \| s] = (1 - \varphi)\sigma_\omega^2$. $H(\omega)$는 실제 상황의 엔트로피이다. $H(\omega \| s)$는 중간 지표를 조건으로 한 실제 상황의 조건부 엔트로피이다.

분포는 <표 6-3>의 둘째 줄에 정리되어 있다.

투자자의 정보 처리 능력이 유한하다는 것이 위에서 정리한 분포의 어느 부분에 반영되는가? 정보 처리 능력이 달라지면 φ의 크기도 달라진다. 서로 다른 투자자들이라고 할지라도 정보를 처리하는 방식은 동일하기 때문에 위에서 정리한 분포의 형태는 같지만 정보를 처리하는 능력의 수준이 차이가 난다면 이는 개별 투자자들이 계산한 φ의 값이 서로 다르다는 것을 의미한다.

중간 지표가 연속분포를 따르는 경우에도 투자자의 정보 처리 능력을 측정하기 위해 앞에서와 마찬가지로 엔트로피의 개념을 사용한다. 투자자가 s를 알기 이전에 ω에 대한 분포는 선험적으로 알고 있었다. 투자자의 선험 정보 하에서 ω의 엔트로피는 ω의 밀도 함수에 로그 함수를 취하여 계산한 확률변수의 평균에 마이너스 값을 붙인 것이다. 이를 비트 단위로 측정하면 <표 6-3>의 셋째 줄에 있는 첫째 식과 같다. 위에서 투자자가 s를 알고 난 이후 형성한 ω에 대한 확률분포를 설명하였다. 이를 사후적 분포라고 한다. 사후적 분포를 사용하여 계산한 조건부 엔트로피의 식은 <표 6-3>의 셋째 줄에 있는 둘째 식이다.

상호 정보의 정의는 <표 6-3>의 넷째 줄에 정리되어 있다. 이 식에서 볼 수 있듯이 상호 정보는 두 엔트로피의 차이로 정의된다. 앞에서 정리한 결과들을 적용하여 계산한다. 실제의 상황 변수와 중간 지표 변수 사이의 상호 정보는 <표 6-3>의 다섯째 줄에 정리되어 있다. 이 식에서 볼 수 있듯이 상호 정보는 실제의 상황을 나타내는 변수의 분산을 오차의 분산으로 나눈 비율의 증가함수이다.

투자자가 가지고 있는 정보 처리 능력이 유한하다는 것은 채널 용량의 값이 유한한 것을 의미한다. 채널 용량은 파워 제약(power constraint)을 반영하여 채널을 통해서 전달될 수 있는 정보의 최대치로 정의된다. 본 절의 모형에서 파워 제약은 실제 상황 변수의 변동성 크기에 대한 제약이다. 파워 제약은 확률 변수 ω에 대한 2차 모멘트의 크기에 대한 제약으로 주어진다. 따라서 실제의 상황을 나타내는 확률 변수인 ω의 분산이 취할 수 있는 상한이 있고 이를 초과하지 않는다는 제약을 만족시키면서 가장 큰 상호 정보의 값을 계산하면 이것이 채널 용량이 된다. 이를 수식으로 보이기 위해 파워 제약을 수식으로 표시한다. 임의의 양수 b에 대하여 $\mathrm{E}[\omega^2] \leq b$의 제약이 파워 제약이다. 이 제약이 부과되어 있는 가운데 앞에서 정리한 상호 정보의 크기를 가장 크게 한 값을 C로 표기한다. <표 6-3>의 여섯째 줄에는 파워 제약이 반영된 채널 용량의 식이 정리되어 있다.

투자자의 정보 처리 능력이 유한하다는 것은 투자자가 가지고 있는 채널 용량에 대한 상한이 유한하다는 것으로 해석할 수 있다. 상황 변수의 분산이 고정되어 있는 상황에서 투자자가 상황을 이해하는 정보의 정확성은 채널 용량에 부과된 상한의 증가 함수임을 보일 수 있다. 중간 지표인 시그널 정확성은 시그널의 분산에 대한 역수로 정의하고 p로 표기한다. 앞에서 설명한 조건부 분산의 식은 위에서 설명한 시그널 정확성의 정의식에 대입하면 투자자가 보유한 정보의 정확성은 다음과 같다.

$$p = \frac{2^C}{\sigma_\omega^2}$$

위에서 정리한 시그널 정확성은 비트 단위로 평가한 것으로 간주할 수 있다. 내트 단위로 평가한다면 다음과 같이 바꾸어 쓸 수 있다.

$$p = \frac{e^c}{\sigma_\omega^2}$$

투자자의 사후적 분포는 어떻게 채널 용량의 영향을 받는가? 채널 용량에 대한 제약이 있으면 이는 투자자의 조건부 예측치에 영향을 미친다. 조건부 예측치를 형성할 때 새로운 정보에 대한 반응 계수인 φ의 정의를 사용하여 채널 용량과 φ의 관계를 비트 단위로 정리하면 다음과 같다.

$$p = \frac{1}{(1-\varphi)\sigma_\omega^2} \rightarrow \varphi = 1 - 2^{-2C}$$

위의 식이 함의하는 것을 다음과 같이 요약할 수 있다. 첫째, 개별 투자자들이 정보를 처리하는 방식이 동일하다고 해서 이들이 가지고 있는 정보의 정확성이 동일하지는 않다. 위에서 정리한 시그널 정확성의 식을 보면 채널 용량이 다르면 정보의 정확성이 다르다. 개별 투자자들은 선형 회귀 분석이라는 정보를 효율적으로 처리하는 방식을 알고 이를 충분하게 응용하지만 정보의 정확성은 서로 다를 수 있다. 둘째, 투자자가 알고 있는 s의 값이 같다고 할 지라도 투자자의 채널 용량이 다르면 이들의 조건부 예측치도 달라진다. 위에서의 설명을 수식으로 요약하기 위해 투자자들의 사후적 분포를 다음과 같이 정리한다.

$$\omega | s \sim N((1 - 2^{-2C})s, 2^{-2C}\sigma_\omega^2)$$

위에서 정리한 사후적 분포를 보면 C의 값이 증가하면 동일한 크기의 s의 값에 대하여 조건부 예측치는 증가하고 조건부 분산은 감소한다.

투자자의 정보 처리 능력과 뉴스에 대한 반응

제5장에서는 경제 뉴스가 발생하여 투자자의 증권 수요에 영향을 미치게 되는 과정을 설명하였다. 투자자의 정보 처리 능력이 다르면 동일한 경제 상황의 변화라고 할 지라도 증권시장에 미치는 효과가 달라질 수 있다는 점을 미루어 짐작할 수 있다. 본 절에서는 채널 용량에 대한 제약이 주어지는 경우 투자자가 얻는 정보의 정확성이 달라지면서 경제 뉴스가 증권시장에 미치는 효과가 어떻게 달라지는지를 설명한다. 결론은 간단하다. 정보 처리 능력이 더 높은 투자자들이 증권시장에 더 많이 참가할수록 경제 뉴스에 대한 증권시장의 반응이 커진다는 것이다. 제5장에서 설명한 모형과 비교할 수 있도록 하기 위해 본 절에서도 동일한 모형을 이용한다. 투자자들은 미래 시점의 수익률에 대한 뉴스를 접하게 되는 것으로 가정한다. 투자자가 알고 있는 정보를 s라고 표시하면 투자자의 정보는 $s = R' + \varepsilon$로 구성되어 있다.[1] R'은 미래 시점에서 실현되는 수익률을 의미하고 이는 원래의 상황을 의미한다. 제5장에서 이미 설명한 사후적 분포를 도출하는 과정을 그대로 적용한다. 사후적 분포의 조건부 기대치를 수식으로 표현하면 다음과 같다.

$$E(R'|s) = E[R'] + \varphi(s - E(R'))$$

또한 제5장에서 사용한 방법을 그대로 사용하여 계산한 조건부 분산은 <표 6-3>의 둘째 줄에 정리되어 있는 결과와 동일하게 주어진다. <표 6-3>의 설명과 차이가 있다면 실제의 상황이 미래의 수익률로 바뀌는 것이므로 조건부 분산은 아래와 같이 표기된다.

$$VAR(R'|s) = (1 - \varphi)VAR(R')$$

---

[1] 제5장에서는 수익률 뉴스를 N으로 표시하였다. 본 절에서는 수익률 뉴스를 s로 표시한다. 제5장의 수익률 뉴스는 다른 경제 주체가 작성하여 제공하는 정보를 의미한다. 본 절의 수익률 뉴스는 다른 경제 주체가 제공하는 정보와 자신이 처리한 것들을 포함하여 투자자가 알고 있는 수익률 정보를 말한다.

정보가 업데이트 되면서 위험의 시장가격이 어떻게 달라지는지를 설명한다. 위험의 시장가격은 증권의 보유로 인해 예상되는 초과수익률을 수익률의 표준편차로 나눈 비율로 정의된다. 뉴스를 접한 이후 예상 수익률이 달라졌기 때문에 예상 초과수익률에 영향이 있다. 또한 뉴스를 접한 이후 수익률의 위험에 대한 평가가 달라졌다. 따라서 위험의 시장가격이 비율로 정의되는데 투자자가 뉴스를 접하게 되면 분자 및 분모 모두 변화하게 된다. 새로 업데이트 된 초과수익률과 수익률의 표준편차를 사용하여 위험의 시장가격을 계산하게 된다. 예를 들면 분자의 경우 새로 업데이트 된 예상 초과 수익률이 사용되고 분모는 새로 업데이트된 표준편차이다. 따라서 위험의 시장가격에 대한 새로운 추정치를 수식으로 표현하면 다음과 같다. [2]

$$\lambda_s = \frac{(ER + \varphi(ENR - ER))}{\{(1 - \varphi)\text{VAR}(R')\}^{1/2}}$$

이 식에서 ER은 뉴스를 접하기 이전의 예상 초과 수익률을 나타내고 수익률의 뉴스에서 무위험 이자율을 뺀 차이로 정의된다. 괴리율은 앞에서와 같이 수익률 뉴스에서 무위험 채권의 수익률을 뺀 차이를 무위험 채권의 수익률로 나눈 비율로 정의한다. 수식으로 표현하면 괴리율을 H로 표기할 때 $H = (ENR - ER)/ER$이다. H가 양수이면 매수자에게 좋은 뉴스이고 H가 음수이면 매수자에게 나쁜 뉴스이다. 다음에서는 뉴스를 접한 이후의 위험의 시장가격은 제5장에서 설명한 공식을 사용하여 예전의 위험의 시장가격의 함수를 표시할 수 있다. 이를 수식으로 나타내면 다음과 같다.

$$\lambda_s = \frac{(1 + \varphi H)}{(1 - \varphi)^{1/2}}\lambda \;\; \rightarrow \;\; \lambda_s = (1 + (1 - 2^{-2C})H)2^C\lambda$$

위의 식에서 화살표 앞에 있는 식은 제5장의 공식을 그대로 적은 것이다. 화살표 뒤에 있는 식은 동일한 식에 본 장에서 설명한 채널 용량이 새로운 정보에 대한 반

---

2 위험의 시장가격을 도출하는 공식은 제5장에서 설명하였다. 본 절에서도 동일한 공식을 사용한다.

응 계수에 미치는 효과를 반영한 것이다. 이 식을 보면 C가 상승하면 주어진 H와 λ의 값에 대하여 위험의 보상 비율이 더 커짐을 확인할 수 있다. 투자자의 정보 처리 능력이 높아지면서 사후적 분포를 사용하여 평가한 위험의 시장가격이 더 크게 상승한다는 것을 보여준다.

앞에서 설명한 결과들을 정리하면 뉴스를 접한 이후 업데이트된 정보 하에서 투자자의 증권 수요는 채널 용량의 함수임을 보일 수 있다. 제5장에서 도출 과정을 이미 설명하였으므로 동일한 식에 채널 용량의 새로운 정보에 대한 반응 계수에 미치는 효과를 반영하여 정리하면 다음과 같이 쓸 수 있다.

$$\frac{D_s}{D} = \frac{1}{1-\varphi} + \frac{\varphi}{1-\varphi}H \rightarrow \frac{D_s}{D} = 2^{2C} + (2^{2C}-1)H$$

위 식의 첫번째 항은 뉴스로 인해 수익률에 대하여 보다 정확한 정보를 얻게 되어 증권 수요가 증가된 부분을 의미한다. 투자자의 정보 처리 능력이 높아지면서 첫번째 항은 커진다. 두번째 항은 뉴스의 내용에 반응하는 부분이다. 두번째 항에서도 투자자의 정보 처리 능력이 높아지면서 동일한 크기의 뉴스에 대한 반응이 커진다는 것을 확인할 수 있다.

연습문제

1. 거시 경제의 호황과 불황이 발생할 확률의 가능성에 대한 정보가 전혀 없을 때 호황과 불황이 나타날 확률은 서로 같다고 평가하는 경향이 있다고 한다. 이와 같은 주장이 맞는지 설명하시오.

2. 강수 확률은 주어진 지역 내에 속하는 모든 지점에서 0.1mm이상의 강수가 12시간 내에 내릴 평균 확률로 정의된다. 극단적으로 단순한 경우를 분석하기 위해『눈 또는 비가 내림』또는『그렇지 않음』의 두 가지 상황만 구분이 가능한 것으로 가정한다. 이처럼 단순하게 파악한 강수 현상이 마코프 특성을 만족하는지의 여부를 판단하기 위해 어떠한 점들을 알아보아야 하는지 설명하시오.

3. 경제 상황을 경기 호황, 경기 중립, 경기 불황의 세 국면으로 파악하는 것으로 가정한다. 경기 호황을 상황 1, 경기 중립을 상황 2, 경기 불황을 상황 3으로 정의한다. 현재 시점의 상황이 경기 불황인 경우 다음 시점에서 경기 호황이 발생할 확률을 π_{31}, 다음 시점에서 경기 중립이 발생할 상황을 π_{32}, 다음 시점에서 경기 불황이 발생할 상황을 π_{33}이라고 한다. 경기 불황이 발생한 경우 미래 시점에서의 경제 상황에 대한 엔트로피를 계산하시오. 현재 시점의 상황이 경기 호황인 경우 다음 시점에서 경기 호황이 발생할 확률을 π_{11}, 다음 시점에서 경기 중립이 발생할 상황을 π_{12}, 다음 시점에서 경기 불황이 발생할 상황을 π_{13}이라고 한다. 앞에서와 동일한 방법을 사용하여 경기 호황이 발생한 경우 미래 시점에서의 경제 상황에 대한 엔트로피를 계산하시오. 현재 시점에서 경기 호황이 발생한 경우 다음 시점에서의 경기 상황에 대한 불확실성과 비교하여 현재 시점에서 경기 불황이 발생한 경우 다음 시점에서의 경기 상황에 대한 불확실성보다 더 클 조건을 분석하시오. 도출한 조건이 현실적으로 어떠한 의미가 있는지를 구체적인 예를 들어 설명하시오.

4. 정부가 발표하는 실질 경제 성장률을 잠재 성장률과 성장률 갭의 합으로 표시할 수 있다. 상황 1을 잠재 성장률이 평균 수준이거나 평균보다 높은 경우로 정의한다. 상황 2는 잠재 성장률이 평균보다 낮은 경우로 정의한다. 따라서 상황 1은 저성장 기조가 아닌 경우를 의미하고

상황 2는 저성장 기조를 의미한다. 본문에서 설명한 모형을 사용하여 잠재 성장률을 분석하는 사람의 채널 용량이 1/2일 때 실제의 상황과 다른 상황으로 판단할 확률을 계산 하시오. 채널 용량이 3/4일 때 오류의 확률을 계산하시오.

5. 특정한 증권의 다음 시점에서의 수익률이 평균적인 수준에 비해 10퍼센트 더 높게 실현될 것이라는 뉴스가 있다. 이와 같은 뉴스가 모든 투자자에게 비용없이 동시에 전해지는 것으로 가정하시오. 투자자의 정보 처리 용량이 c=1/2일 때 증권 수요에 미치는 효과를 계산하시오. 투자자의 정보 처리 용량이 c=1일 때 증권 수요에 미치는 효과를 계산하시오. 앞에서의 답을 이용하여 증권의 공급이 일정한 경우 동일한 뉴스가 증권의 시장가격에 미치는 효과와 투자자의 정보 처리 용량 간의 관계에 대하여 설명하시오.

6. 동일한 내용의 낙관적인 수익률 뉴스에 대해서 정보 처리 능력이 더 높은 투자자들이 거래하는 증권시장에서 결정되는 위험의 시장가격이 더 민감하게 반응한다. 이와 같은 주장이 맞는지의 여부를 판단하고 그 이유를 설명하시오.

제7장

통화정책의 운용

제7장

통화정책의 운용

인플레이션 타기팅(inflation targeting)이 도입된 많은 나라에서는 물가상승률에 대한 목표치를 달성하기 위해 정책금리에 대한 목표치를 결정하고 이를 유지하는 방식으로 통화정책이 운용되고 있다. 과거 통화량 타기팅을 실시하던 시기에는 통화 지표 중 하나를 중간 목표 변수로 설정하고 중간 목표 변수의 증가율에 대한 목표치를 발표하여 이를 지키는 방식으로 통화정책이 운용되었다. 이는 통화정책의 수단을 사용하여 최종적인 목표변수인 물가 상승률에 실효적인 영향을 직접적으로 미치기 어렵기 때문에 중간 목표를 설정하는 것이 바람직한 것이라는 견해를 반영한 것이었다. 그에 비해 인플레이션 타기팅 하에서는 어떠한 근거를 가지고 금융기관 간 대차거래에 적용되는 단기 명목 금리를 중앙은행이 적절히 조절하면 최종 목표 변수인 물가 상승률에 영향을 미칠 수 있다고 주장하는가에 대하여 궁금증을 가질 수 있다. 이러한 궁금증을 해소하기 위해 본 장에서는 한국의 물가안정목표 제도를 살펴보고 물가안정목표 제도의 실효성을 뒷받침하는 총수요 모형을 설명한다.[1]

---

1 본 장에서는 인플레이션 타기팅과 물가안정목표 제도를 동일한 의미를 가지고 있는 것으로 해석하고 있다. 연구자의 연구 목적에 따라 상세한 구분을 시도할 수 있지만 본 책의 범주에서 벗어나는 것으로 판단하여 두 용어를 혼용하여 쓰기로 한다.

본 장의 두 번째 목표는 통화정책의 운용을 위해 중앙은행이 보유한 통화정책의 정책 도구에는 어떠한 것들이 있는가를 설명하는 것이다. 공개시장조작, 재할인 정책, 지불 준비금제도가 전통적인 통화정책의 정책 도구이다. 모든 통화정책의 정책 도구가 통화정책의 목표를 달성하기 위한 정책수단으로 항상 빈번하게 사용되지 않는다. 공개시장조작이 가장 많이 사용되는 정책 도구라고 할 수 있다. 그러나 다른 정책수단들이 실효성이 없어서 사용되지 않는 것이라고 주장하기는 어렵다. 상황에 따라서는 효과가 과도하게 강하게 나타날 수 있어서 회피할 수도 있다. 본 장에서는 중앙은행의 정책 도구들을 설명하고 이들을 사용하면 어떠한 효과가 발생하는지를 설명한다. 중앙은행이 정책 도구를 조정하면 일차적으로 영향을 받는 곳은 지불 준비금을 쌓기위해 마련된 자금이 초 단기적으로 거래되는 금융시장이다. 그 이유는 통화정책의 정책 도구가 조정되면 지불 준비금의 변동이 뒤따르게 되기 때문이다.

금융위기가 진행되면서 중앙은행은 금융시장의 유동성 공급 기능을 강화하기 위해 기존에 사용해오던 통화정책의 수단을 개편하거나 보강하였다. 예를 들어 중앙은행의 시중은행에 대한 재할인 정책은 중앙은행의 여수신제도로 확대 개편되어 금융시장이 불안한 시기에 중앙은행이 원활하게 유동성을 조절할 수 있는 수단으로 활용되었다. 미국의 경우 2008년부터 지불 준비금에 대하여 이자를 지급하는 제도가 실시되었으며 기간부 예금과 같이 지불 준비금으로 잡히지 않지만 금융기관이 중앙은행에 예금하는 제도도 실시되었다. 우리나라에서도 자금 조정 예금 및 대출과 같이 지불 준비금의 과부족이 발생하면 금융기관이 이를 신축적으로 조정할 수 있도록 하기 위한 제도가 도입되었다. 이에 추가하여 통화 안정 계정도 도입되었다.

한국의 물가안정목표 제도

한국은행은 물가안정목표 제도를 채택하고 있음을 홈페이지에서 명시적으로 밝히고 있다. 이는 인플레이션 타기팅을 채택하고 있다는 의미로 받아들여도 된다. 이를 위해 통화량 등의 중간 목표를 두지 않고 최종 목표인 물가상승률 자체를 목표로 설정하고 중기적 시계에서 이를 달성하려고 한다. 한국은행은 「한국은행법」 제6조 제1항에 의거 정부와 협의하여 중기 물가안정목표를 설정하고 있다. 2016년 이후 물가안정목표는 소비자물가 상승률을 기준으로 하여 연 2%이다. 물가안정목표를 모든 시점에서 항상 달성해야 하는 것이 아니라 실제의 물가상승률이 중기적 시계에서 물가안정목표에 근접하도록 하는 것을 목표로 한다.

물가안정목표의 성취를 위해 어떠한 책임을 지는가? 중앙은행이 자신이 설정한 목표를 달성하기 위해 최선을 다할 것이라는 믿음이 있어야 소비자와 기업은 중앙은행이 제시한 물가안정목표가 실제로 달성이 될 것이라는 믿음을 가질 수 있다. 이를 위해 소비자물가 상승률이 6개월 연속 물가안정목표를 ±0.5%p 초과하여 벗어난다면 한국은행 총재가 기자간담회 등을 통해 물가안정목표와의 괴리 원인, 소비자물가 상승률 전망 경로, 물가안정목표 달성을 위한 통화신용정책 운영방향 등에 대하여 설명한다. 이후에도 물가가 목표를 ±0.5%p 초과하여 벗어나는 상황이 지속되면 3개월마다 후속 설명하는 책임을 이행한다. 물가안정목표는 한번 결정되면 영구히 지속되는 것이 아니다. 한국의 경우 물가안정목표는 3개년 동안 유지된다. 예를 들어 2017년 말 물가안정목표는 2016년부터 2018년까지 적용된다. 다음 번 물가안정목표는 2018년 말 이전에 경제여건을 점검하여 다시 설정된다. 그러나 2018년 이전이라도 향후 예상치 못한 국내외 경제 충격과 경제여건 변화 등으로 물가안정목표의 변경이 필요할 경우 정부와 협의하여 물가 목표가 재설정될 수 있다.

인플레이션 타기팅 제도는 어떻게 운용되는가? 많은 국가들은 금융시장의 단기 금리에 대한 목표치를 공개적으로 발표하고 이를 통화정책의 정책 수단을 조정하여 달성하는 방식으로 물가안정목표 제도를 운용하고 있다. 따라서 단기 금리가 물가안정목표 제도에서의 운용목표변수로서 사용되고 있다. 우리나라에서도 단기금리를 운용목표변수로 사용하고 있으며 이를 어떻게 운용하고 있는가를 설명하면 다음과 같이 요약할 수 있다. 한국은행의 최고 의사결정 기구인 금융통화위원회가 기준 금리를 결정한다. 한국은행에서 결정하는 정책금리는 기준 금리이다. 금융통화위원회의 본회의는 기준 금리에 대한 목표치를 결정하기 위해 연 8회 개최된다. 기준 금리 결정, 즉 통화정책방향 결정을 위한 금융통화위원회의 회의 일자는 연간 단위로 미리 정하고 있으며 경제여건 급변 등으로 정책대응이 필요한 경우에는 임시회의를 개최할 수 있다. 기준 금리를 결정하는 본회의 전일에는 동향보고회의가 열린다. 동향보고회의에서 한국은행의 주요 부서는 금융통화위원회 위원들에게 국내외 금융 및 경제 상황에 대한 종합적인 보고를 한다. 아울러 금융통화위원들 간의 토론도 같이 이루어진다. 본회의는 통상 오전 9시에 열리며 이곳에서 기준 금리가 결정되고 통화정책방향 의결문이 작성되고 목표 기준 금리가 결정된 당일 한국은행 홈페이지를 통해 발표된다. 또한 기준 금리를 결정하는 과정에서 사용된 현재와 미래 시점에서의 경제 상황에 대한 정보의 내용이 일정한 시간을 두고 공개되는 제도가 실시되고 있다. 예를 들어 금융통화위원회에서 기준 금리를 결정할 때에는 국내 물가, 경기 및 금융 및 외환시장 상황, 세계경제의 흐름 변화 등을 포괄적으로 반영하여 결정하고, 본회의에서 논의된 내용을 정리한 의사록은 금융통화위원회가 개최된 날 이후 2주가 지난 후 공개된다. 의사록에서는 금융통화위원회에서 어떠한 의견이 교환되었는지를 알 수 있어서 경제상황에 대한 판단과 향후 통화정책의 운영을 예측하는 데 도움이 된다.

한국은행이 제시한 기준 금리의 정의는 다음과 같다. "한국은행 기준 금리는 한국은행이 금융기관과 환매조건부증권(RP) 매매, 자금 조정 예금 및 대출 등의 거래를 할 때 기준이 되는 정책금리로서 간단히 기준 금리(base rate)라고도 한다." 한국은행은 기준 금리를 어떻게 사용하는가? 한국은행은 기준 금리를 7일물 RP매각시 고정입찰금리로 사용한다. 또한 7일물 RP매입시 최저입찰금리(minimum bid rate)로 사용한다. 그리고 자금 조정 예금 및 대출 금리를 기준 금리에서 각각 -100bp 및 +100bp 가감하여 운용한다.[2] 한국은행이 결정한 기준 금리는 일반적인 지준시장에서 결정되는 시장금리와는 차이가 있다. 예를 들어 미국의 경우 연방기금금리에 대한 목표치를 연방공개시장조작위원회가 결정한다. 연방기금금리는 금융기관 간 단기의 자금거래에서 적용되는 시장금리이다. 이에 반하여 한국은행이 결정한 기준 금리는 중앙은행의 RP거래

---

2 환매조건부매매(RP 또는 repo)는 계약 당시 약정한 기간이 경과한 후 미리 정한 가격으로 반대매매하는 조건으로 증권을 매매하는 것을 의미한다. RP거래는 증권매매 형태로 거래되지만 실질적으로는 담보대출로 간주할 수 있다. RP거래는 중앙은행이 통화정책을 운용하는 데 중요한 수단이다. 또한 금융기관들이 단기자금을 조달하기 위하여 사용하는 자금조달수단이다. 환매조건부매매시장에 관한 자세한 내용은 한국은행의 홈페이지에 있는 「한국의 금융시장」이라는 간행물에 수록되어 있다.

에 적용되는 금리이다. 따라서 한국은행은 기준 금리의 목표치를 설정하여 자신과 금융기관 간 RP거래에 적용하지만 이렇게 적용된 금리가 민간의 금융기관들이 자발적으로 거래하는 초 단기 대차거래에 영향을 미치도록 모니터링해야 한다.

인플레이션 타기팅 제도를 실시할 경우 통화정책을 사용하여 어떻게 인플레이션율을 목표하는 수준으로 달성할 수 있는가? 인플레이션 타기팅이 성공할 수 있기 위해 소비자와 기업이 중앙은행의 인플레이션 목표와 통화정책의 운용을 신뢰해야 한다는 점이 강조되어 왔다. 중앙은행이 물가상승률에 대한 목표치를 일단 결정하여 발표하면 중앙은행의 약속이 이행되도록 하는 제도적 장치가 물가안정목표 제도의 안정적인 성공을 위해 중요하다. 중앙은행의 신뢰성에 추가하여 중앙은행이 어떻게 통화정책을 운용하는지도 중요하다. 앞에서 설명한 한국의 물가안정목표 제도에서는 물가상승률의 목표치를 미리 발표해놓고 경제 상황이 변동하더라도 실제 물가상승률이 목표치에 근접하도록 기준 금리의 목표치를 계속 조정한다. 왜 이러한 방식으로 통화정책을 운영하는가? 기준 금리 대신 통화공급의 증가율에 대한 목표치를 조정하는 방식을 채택하면 안되는가? 다음에서는 위에서 제기한 의문에 대하여 설명한다. 첫번째 의문은 인플레이션 타기팅을 채택하고 있는 국가들에서 많이 운용되고 있는 통화정책의 운용 방식을 이론적으로 뒷받침하는 모형에 대한 질문으로 간주할 수 있다. 이 질문에 답변하기 위해 먼저 다음의 두 가정을 부과한다.

(1) 실질 이자율이 낮아지면 총수요는 증가한다. 실질 이자율이 높아지면 총수요는 감소한다.

(2) 총수요가 증가하면 인플레이션율이 상승한다. 총수요가 감소하면 인플레이션율이 하락한다.

위의 두 가정이 현실 경제에서 성립된다면 중앙은행이 자신이 조절할 수 있는 통화정책의 정책 도구를 사용하여 인플레이션 타기팅을 달성할 수 있다. 예를 들어 중앙은행은 실제 인플레이션율이 목표 인플레이션율에 비해 높아지면 실질 이자율을 높이고 실제 인플레이션율이 목표 인플레이션율에 비해 낮아지면 실질 이자율을 낮춘다. 이는 테일러 준칙(Taylor rule)을 요약한 것이다.[3] 테일러 준칙에서 준칙이라는 표현을 사용한 이유는 중앙은행이 앞에서 설명한 방식으로 통화정책을 운영한다는 것에 대한 커미트먼트(commitment)가 있어야 한다는 것이다. 그 결과 중앙은행의 통화정책 운용방식에 대하여 소비자와 기업이 믿게 된다. 또한 앞에서 요약한 두 가정이 현실 경제에서 성립한다면 테일러 준칙의 안정성이 성립한다. 테일러 준칙의 안정성은 중앙은행이 테일러 준칙에서 제시한 대로 금리를 조정한다면 실제 인플레이션율이 목표 인플레이션율에서 벗어난다고 할지라도 실제 인플레이션율이 다시 목표 인플레이션율에 근접하게 된다는 것이다. 다음에서는 어떠한 이유로 테일러 준칙의 안정성이 보장되는지를 설명한다.

첫째, 실제 인플레이션율이 목표 인플레이션율보다 높을 때 중앙은행의 통화정책에 의해 실질 이자율이 상승한다. 총수요와 실질 이자율은 서로 반대 방향으로 움직이므로 총수요가 감소한다. 총수요가 감소하면 인플레이션율이 낮아진다. 그 결과 인플레이션율과 목표 인플레이션율 간의 괴리는 감소한다. 둘째, 실제 인플레이션율이 목표 인플레이션율에 비해 낮으면 중앙은행의 통화정책에 의해 실질 이자율이 낮아진다. 총수요와 실질 이자율은 서로 반대 방향으로 움직이므로 총수요가 증가한다. 총수요가 증가하면 인플레이션율이 올라간다. 따라서 실제 인플레이션율과 목표 인플레이션율 간의 괴리는 감소한다.

이와 같은 방식으로 실제 인플레이션율을 목표 인플레이션율에 근접시킬 수 있다면 인플레이션은 화폐적 현상이라는 주장과는 어떠한 관계가 있는 지에 대하여 궁금해진다. 인플레이션은 화폐적 현상이라는 주장은 장기 인플레이션의 결정에 적용되는 원칙이고 앞에서 설명한 금리를 운용목표변수로 설정하는 통화정책의 운용은 인플레이션의 단기적인 조정에 적용되는 것이므로 서로 상반되는 것은 아니라는 절충형의 견해를 제시할 수도 있다. 그러나 인플레이션은 화폐적인 현상이라는 주장이 단기적으로도 성립하는 명제라고 주장한다면 이는 금리를 운용목표변수로 설정하기보다는 통화공급의 증가율을 운용목표로 설정하는 것이 바람직하다고 주장하는 것으로

---

3 테일러(John Taylor)가 1993년에 발표한 「Discretion Versus Policy Rules in Practice」에서 제시한 이자율 준칙을 테일러 준칙이라고 한다. 이 논문은 Carnegie-Rochester Conference Series on Public Policy(Vol. 39, pp. 195-214)에 수록되어 있다.

간주할 수 있다. 금리에 대한 운용목표를 설정하지 말고 통화량의 증가율에 대한 목표를 설정하여 인플레이션을 조절해야 한다고 주장하는 이론적인 근거는 무엇인가? 이에 대한 답변으로 화폐수량설을 생각해볼 수 있다. 화폐 수요는 실질 잔고에 대한 수요로 표시된다. 실질 잔고는 명목 통화공급을 물가로 나눈 비율로 정의된다. 단순한 형태의 화폐수량설에서 실질 잔고에 대한 수요는 실질 소득의 크기에 비례한다. 비례 상수가 이자율에 의해서 영향을 받을 수 있지만 단순한 형태의 화폐수량설에서는 상수로 고정된 것으로 가정한다. 실질 GDP의 증가율로 정의되는 경제 성장률은 실물 경제에서 결정되므로 통화공급이나 물가에 의해서 거의 영향을 받지 않는다고 생각한다면 화폐수량설을 주장하는 사람들은 물가상승률이 통화공급의 증가율에 비례한다고 주장해야 한다. 이와 같은 견해를 가지고 있다면 중앙은행은 물가상승률과 연관성이 높으면서 중앙은행이 비교적 손쉽게 조절할 수 있는 통화 지표를 선정하여 이에 대한 목표를 조정하는 방식으로 통화정책을 운용해야 한다고 주장할 것이다.

인플레이션 타기팅 이전 많은 나라들은 인플레이션율과 안정적이고 밀접한 관계가 있는 변수 중에서 중앙은행이 인플레이션율에 비해 보다 쉽게 조절할 수 있는 변수를 중간 목표 변수로 설정하고 이 변수에 대한 목표치를 결정하여 목표를 달성하는 여부에 따라 통화정책의 성과를 평가하는 제도를 실시하고 있었다. 다양한 변수들이 중간 목표 변수로 선정될 수 있지만 앞에서 설명한 통화량 타기팅을 주장한다면 통화 지표의 증가율을 중간 목표 변수로 선택할 수 있다. 이러한 중간 목표 설정 방식의 문제점은 중간 목표 변수와 최종 목표 변수 간의 관계가 제도의 변화 또는 시간이 지나면서 불안정해지거나 실효성이 약화될 수 있다는 것이다. 따라서 중간 목표 변수에 대한 목표를 달성한다고 할지라도 이것이 최종 목표인 인플레이션율에 원하는 효과를 가져다 줄 지에 대하여 확신을 가지기 어렵다는 것이다.

인플레이션 타기팅의 실효성을 옹호하기 위해 앞에서 설명한 모형의 경우 화폐의 역할을 제한적으로 가정하고 있다. 전통적으로 화폐의 역할은 세 가지로 요약할 수 있다. 첫째, 가치의 저장 수단이다. 둘째, 교환의 매개 수단이다. 셋째, 회계의 단위이다. 앞에서 설명한 모형의 경우 화폐의 중요한 역할은 회계의 단위이다. 따라서 화폐 수요를 명시적으로 설명하지 않고서도 인플레이션율의 결정과정에 대하여 설명할 수 있었다. 이러한 모형이 함의하는 인플레이션의 결정은 인플레이션은 화폐적 현상이라는 주장과 어떠한 차이가 있는가? 앞에서 설명한 모형에서 물가 지수는 소비자와 기업 간의 거래에서 적용되는 가격들의 가중 평균으로 정의된다. 개별 제품의 가격은 생산비용과 소비자의 수요곡선의 형태를 반영하여 기업의 이윤 극대화에 의해서 결정된다. 개별 가격의 상승률을 가중 평균하여 계산되는 인플레이션율은 일차적으로 생산비용 또는 시장구조 등의 실물 변수에 의해서 결정된다. 그 결과 이와 같은 모형에서 인플레이션은 일차적으로 실물 현상이라는 함의를 가지고 있다. 또한 화폐의 역할에 대하여 소극적인 역할만 하는 것으로 가정하고 있다. 따라서 인플레이션이 전통적인 의미의 화폐로 정의되는 화폐적 현상이라는 주장과는 차별되는 견해를 가지고 있다.

지준시장 모형

중앙은행이 통화정책의 정책수단을 사용하면 일차적으로 영향을 받는 금융시장이 지준시장이다.[4] 지준시장은 지불 준비금을 예치해야 하는 금융기관들이 초 단기간 자금을 거래하는 시장으로 정의할 수 있다. 미국의 경우 연방기금금리가 결정되는 연방기금시장이 지준시장이다. 은행의 지불 준비금에 대한 수요는 필요 지불 준비금과 초과 지불 준비금에 의해서 발생한다. 은행은 예금주의 예금 인출에 대비하여 필요 지불 준비금 이상으로 지불 준비금을 확보해야 할 유인이 있다. 어느 정도로 여유 준비금을 가질 것인가는 지불 준비금의 형태로 보유하는 것에 대한 기회 비용인 지준시장에서 결정되는 시장 이자율에 의존한다. 지준시장에서 결정되는 이자율을 지준시장 금리로 부르기로 한다. 총 지불 준비금을 필요 지불 준비금과 초과 지불 준비금의 합으로 정의한다. 지준시장 금리가 높아지면 총 지불 준비금에 대한 수요는 낮아진다. 지준시장 금리가 낮아지면 총 지불 준비금에 대한 수요가 높아진다. 총 지불 준비금

---

4 지준시장에서 「지준」은 지불 준비금의 줄인 말이다. 또한 본 장 전체에서 지불 준비금이라는 용어 대신 지급 준비금 또는 지준 예치금이라는 용어를 사용하는 곳도 있을 수 있다. 독자의 이해를 돕기 위해 이들은 서로 같은 의미라는 것을 지적해 놓는다.

그림 7-1 지준시장 모형

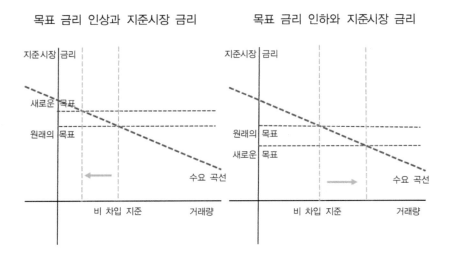

목표 금리 인상과 지준시장 금리   목표 금리 인하와 지준시장 금리

에 대한 수요 곡선이 음의 기울기를 가지는 중요한 이유는 초과 지불 준비금이 은행이 법적으로 반드시 쌓아야 하는 지불 준비금보다 더 많이 보유하는 여유 지불 준비금의 성격을 지니고 있기 때문이다. 지준시장 금리 이외에 다양한 요인에 의해서도 초과 지불 준비금의 규모가 달라질 수 있으나 단순화된 모형을 설명하기 위해 다른 요인들에 대한 영향이 없다고 가정한다. 최근 미국의 경우 시중은행이 중앙은행에 예치한 지불 준비금에 대하여 이자를 지급되는 정책을 실시하고 있다. 지불 준비금에 대하여 적용되는 이자율이 지준시장 금리보다 높으면 은행들이 예금 인출에 대비하기 위해 준비한 여윳돈을 단기로 빌려줘서 이자소득을 얻는 것보다 중앙은행에 예치하는 것으로부터 얻는 소득이 더 크다. 지준시장 금리가 중앙은행이 설정한 지불 준비금에 대한 이자율보다 낮아지면 은행의 지불 준비금에 대한 수요는 무한히 커진다. <그림 7-1>은 지준시장 모형을 보여 주고 있다. 이 그림에서 x축은 지준시장의 수요 또는 공급을 나타낸다. y축은 지준시장 금리를 나타낸다. <그림 7-1>은 지불 준비금에 대한 이자 지급의 효과를 반영하지 않았다. 그러나 지불 준비금에 대한 이자 지급의 효과를 반영하면 지준시장 수요 곡선은 지준시장 금리가 중앙은행이 지급하는 지불 준비금에 대한 이자율보다 높은 부분에서는 음의 기울기를 가진 곡선이고 지준시

장 금리가 이보다 낮아지면 수평선이 된다.

은행의 지불 준비금에 대한 공급은 어떻게 결정되는가? 지불 준비금의 공급은 은행이 어떻게 지불 준비금을 조달하는지에 따라서 결정된다. 예를 들어 은행은 지불 준비금을 급히 마련해야 하는 시점에서 중앙은행으로부터 대출을 받아서 지불 준비금을 마련할 수도 있다. 이와 같이 마련된 지불 준비금을 차입 지불 준비금으로 정의한다. 이와는 달리 중앙은행의 대출에 의존하지 않고 은행이 직접 조달한 지불 준비금이 있다. 예를 들어 지준시장에서 다른 은행으로부터 빌려서 자신의 지불 준비금을 마련한다면 이는 은행이 직접 조달한 것으로 분류된다. 이와 같이 마련된 지불 준비금을 비차입 지불 준비금이라고 정의한다. 지불 준비금의 공급 부분에서 중요한 포인트는 다음과 같다. 중앙은행에 개설된 계좌에 예치하는 모든 금융기관들의 지불 준비금을 합한 총량 중에서 비차입 지불 준비금의 총량은 중앙은행이 조정하는 것으로 가정한다. 중앙은행이 통화정책을 수행할 수 있는 능력이 있다는 것은 비차입 지불 준비금의 규모를 조절할 수 있기 때문이다. 그 이유는 중앙은행이 실시하는 공개시장조작을 통해서 금융기관의 비차입 지불 준비금을 증가시키거나 감소시키는 효과가 발생하기 때문이다.[5]

이를 자세히 설명하기 위해 중앙은행과 금융기관 간의 증권매매가 이루어지는 경우 결제가 어떻게 마무리 되는지를 설명해야 한다. 중앙은행이 금융기관으로부터 증권을 매입하는 경우를 보기로 한다. 중앙은행은 증권의 구매 대금을 금융기관에 지불해야 하는데 이를 금융기관이 중앙은행에 개설한 계좌에 입금한다. 이 경우 금융기관의 지불 준비금이 증가하게 되고 중앙은행의 대출에 의해 마련한 지불 준비금이 아니므로 비차입 지불 준비금이 증가한 것이다. 중앙은행이 보유하고 있는 증권이 금융기관에게 매각되는 경우를 보기로 한다. 중앙은행은 증권을 금융기관에 넘기고 이에 대한 대금을 중앙은행에 있는 금융기관의 계좌에서 인출한다. 이 경우 금융기관의 지불 준비금이 감소하게 되고 중앙은행의 대출에 의해 마련한 지불 준비금이 감소한

---

5 비차입 지불 준비금의 총액은 중앙은행의 통화정책에 의해서 결정될 수 있지만 개별 은행이 가지고 있는 비차입 지불 준비금의 잔고는 개별 은행 간 대차 거래를 통해서 매일 바뀔 수 있다. 이와 같은 의미에서 지준 시장이라는 이름을 사용할 수 있는 것으로 해석할 수 있다.

것이 아니므로 비차입 지불 준비금이 감소한 것이다. 결론적으로 중앙은행은 공개시장조작을 통해 비차입 지불 준비금의 규모를 조절할 수 있다. 비차입 지불 준비금의 규모는 지준시장 금리에 연동하여 결정되는 것이 아니라 중앙은행의 정책적인 의사에 따라 결정된다. 차입 지불 준비금은 어떻게 결정되는가? 지준시장 금리가 중앙은행의 대출 금리보다 낮으면 시중 은행은 중앙은행에 대출을 신청할 이유가 없다. 그러나 지준시장 금리가 중앙은행의 대출 금리보다 높아지면 은행은 중앙은행의 대출을 사용하여 지불 준비금을 마련하는 것이 더 유리하다. 은행은 지준시장 금리가 중앙은행의 대출 이자율인 재할인율보다 낮으면 비차입 지불 준비금으로 자신의 지불 준비금에 대한 수요를 모두 충당하려고 한다. 그러나 지준시장 금리가 중앙은행의 재할인율보다 높아지고 중앙은행의 재할인 창구를 활용하는 것에 대한 이자 비용 이외의 다른 추가적인 비용이 없다면 모든 은행들은 중앙은행의 재할인 창구에서 대출을 받아서 이를 지준시장에서 운용하려 할 것이다. 이 경우 은행은 중앙은행의 대출을 많이 받을수록 수입을 늘릴 수 있으므로 될 수 있는 한 증가시키려고 할 것이다. <그림 7-1>에서는 총 지불 준비금의 공급 곡선을 단순하게 수직선으로 표시하였다. 앞에서 설명한 중앙은행의 대출의 효과를 반영하면 총 지불 준비금의 공급 곡선은 다음과 같이 달라진다. 지준시장 금리가 중앙은행의 재할인율보다 낮으면 총 지불 준비금은 비차입 지불 준비금으로 충당되므로 공급 곡선은 수직선이 된다. 그러나 지준시장 금리가 중앙은행의 재할인율보다 높아지면 재할인 창구에서 자금을 조달하여 지준시장에서 다른 금융기관에게 빌려주면 차익거래 이득을 얻을 수 있기 때문에 재할인 창구를 통한 자금 조달에 대한 요구가 무한히 커지므로 공급 곡선이 수평선이 된다.

지준시장에서 결정되는 균형 시장 금리는 수요 곡선과 공급 곡선이 만나는 곳에서 결정된다. 예상하지 못한 유동성 부족이 없는 정상적인 상황에서 은행은 중앙은행의 재할인 창구를 사용하지 않는 것으로 가정한다. 이러한 상황에서 은행권의 지불 준비금은 모두 비차입 지불 준비금으로 충당된다. 앞에서 설명한 바와 같이 비차입 지불 준비금의 규모는 중앙은행이 결정하므로 비차입 지불 준비금의 공급 곡선은 수직선이다. 따라서 정상적인 상황에서 결정되는 지준시장의 균형 시장 금리는 우하향하는 수요 곡선과 수직선인 공급 곡선이 교차하는 점에서 결정된다. 인플레이션 타기팅 제도를 실시하는 많은 국가에서는 중앙은행이 미리 결정한 목표 인플레이션율을 달성하기 위해 필요하다고 판단한 단기 금리에 대한 목표치를 결정하여 이를 발표하고 있다. 앞에서 설명한 지준시장 모형은 단기 금리에 대한 목표치를 유지하기 위해 중앙은행이 통화정책의 정책 도구를 어떻게 사용하는지 이해하는 데 도움이 된다. <그림 7-1>을 보면 왼편의 그래프는 목표 금리를 인상하는 경우 중앙은행이 어떻게 새로운 목표 금리를 달성하는지를 보여주고 있다. 오른편의 그래프는 목표 금리를 인하하는 경우 중앙은행이 어떻게 새로운 목표 금리를 달성하는지를 보여주고 있다. 이 그래프들을 사용하여 우리나라의 통화정책이 실시되는 과정에 맞추어 설명한다면 다음과 같이 요약할 수 있다.

한국은행이 기준 금리에 대한 목표치를 발표하면 이는 <그림 7-1>의 지준시장 금리에 대한 목표치를 발표하는 것이라고 가정하자. 발표하는 시점에서 지준시장 금리가 목표치에 비해 높으면 한국은행은 지준시장 금리를 목표치로 낮추어야 한다. 이를 위해 지준시장의 공급 곡선을 오른편으로 수평 이동시켜야 한다. 지준시장에서 공급을 늘리기 위해 한국은행은 시중 은행이 보유하고 있는 채권을 매입해야 한다. 매입 대금을 한국은행에 개설된 시중 은행의 계좌로 지불하면 이는 비차입 지불 준비금을 증가시킨다. 그 결과 지준시장의 공급 곡선이 오른편으로 이동한다. 반대로 발표하는 시점에서 지준시장 금리가 목표치에 비해 낮으면 한국은행은 지준시장 금리를 목표치로 높여야 한다. 이를 위해 지준시장의 공급 곡선을 왼편으로 수평 이동시켜야 한다. 지준시장에서 공급을 줄이기 위해 한국은행은 자신이 보유하고 있는 증권을 시중 은행에게 매각해야 한다. 한국은행은 한국은행에 개설된 시중 은행의 계좌에서 증권의 매각 대금을 인출한다. 이는 은행권의 비차입 지불 준비금을 감소시킨다. 그 결과 지준시장의 공급 곡선이 왼편으로 이동한다.

<그림 7-1>을 그대로 우리나라의 상황에 적용할 수 없다는 주장이 가능하다는 점을 지적한다. 그 이유는 기준 금리는 한국은행과 금융기관이 RP거래를 할 때에 적용되는 금리이므로 금융기관 간 대차거래에 적용되는 금리가 아니기 때문이다. 이와 같은 상황을 반영하기 위해 금융기관들이 단기자금을 거래하는 시장에서 결정되는 금리가 있으며 기준 금리의 변화가 어떻게 이 단기 시장 금리에 영향을 미치는가를

설명해야 한다. 한국은행이 기준 금리에 대한 목표치를 변경하면 다음과 같은 과정을 거쳐서 금융기관 간 단기 자금 거래에 적용되는 금리에 영향을 미치게 된다. 예를 들어 한국은행이 금융기관에게 RP매각을 하는 상황을 보기로 하자. 한국은행의 RP매각은 금융기관이 자금을 한국은행에 빌려주는 것과 같다. RP매각에 적용되는 금리와 동일한 만기의 금융기관 간 자금 거래 시장의 금리가 다르다면 자금을 공급하는 금융기관은 보다 더 유리한 곳에 자금을 빌려주려고 할 것이다. 기준 금리에 대한 목표치가 금융기관 간 단기 자금 시장의 금리에 비해 높다면 한국은행의 RP매각에 참여하는 것이 더 유리하다. 그 결과 금융기관 간 단기 자금 시장에서 공급이 감소하므로 공급 곡선이 왼편으로 이동하고 그 결과 금융기관 간 단기 자금 시장의 금리가 상승하게 된다. 한국은행이 금융기관에게 RP매입을 실시하는 상황을 보기로 하자. 한국은행의 RP매입은 한국은행이 금융기관에게 자금을 빌려주는 것과 같다. RP매입에 적용되는 금리와 금융기관 간 단기 자금 거래의 시장 금리가 다르다면 자금을 조달해야 하는 금융기관은 보다 더 유리한 곳에서 자금을 조달하려고 할 것이다. 기준 금리에 대한 목표치가 상대적으로 더 낮아지면 한국은행의 RP매입에 참여하는 것이 더 유리하다. 그 결과 금융기관의 단기 자금에 대한 수요가 감소하므로 수요 곡선이 왼편으로 이동하여 시장 금리가 하락하게 된다. 한국은행과 거래할 수 있는 금융기관에 대한 제약이 있기 때문에 단기 자금을 수요하는 금융기관이 한국은행의 RP매입에 참여할 수 없을 수도 있다. 이 경우 RP매입에 참여할 수 있는 금융기관이 더 낮은 기준 금리 하에서 조달한 자금을 단기 자금을 수요하는 금융기관에게 빌려줄 수 있다. 그 결과 공급 곡선이 오른 쪽으로 이동하여 시장 금리가 하락하게 된다.

기준 금리와 콜 시장

앞에서 설명한 기준 금리는 사실 RP거래에 적용되는 금리이다. 우리나라의 초 단기 금융시장은 콜 시장이라고 한다. 기준 금리를 지준시장의 균형 금리로 정의하고 콜 시장을 지준시장으로 정의할 수 있다면 <그림 7-1>에서 설명한 모형을 그대로

그림 7-2 기준 금리 변화와 콜 금리의 조정

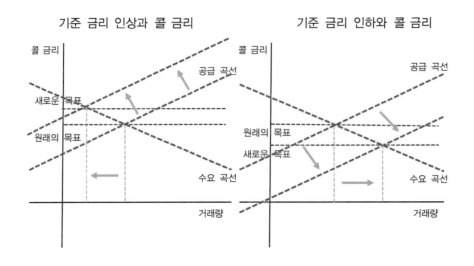

우리나라의 상황을 분석하는 데 적용할 수 있다. 그러나 현실 경제에서는 RP시장과 콜 시장은 서로 다른 시장이므로 RP금리의 변동이 어떠한 과정을 거쳐서 콜 시장에 영향을 미치는 지를 설명해야 한다. 이를 위해 먼저 <그림 7-1>에서 설명한 지준시장 모형과의 차이점은 크게 두 가지로 생각해볼 수 있다.

첫번째 포인트는 지준시장 모형의 실질적인 공급 곡선은 수직선으로 표시하였지만, 콜 시장의 공급 곡선은 반드시 수직선으로 표시하여 설명해야 할 이유가 없다는 것이다. 원칙적으로 중앙은행이 콜 시장에 직접 참가하지 않는다면 중앙은행의 외생적인 결정에 의해서 콜 시장의 공급이 결정되어야 할 이유가 없다. 지준을 적립하는 금융기관도 콜 금리에 따라 콜 시장뿐만 아니라 다른 시장에 여유 자금을 투입할 수 있다. 또한 지불 준비금의 적립금과 관계없이 증권시장의 단기 투자를 위해 필요한 자금을 운용할 목적으로 참가하는 금융기관도 있다는 점도 포함하여 공급 곡선이 우상향하는 모습을 보일 수 있다. 두번째 포인트는 콜 금리를 목표 금리로 설정하지 않는다면 콜 금리의 조정은 차익거래 이득이 없다는 균형 조건에 의해서 이루어진다는 것이다. 이를 설명하기 위해 금융기관은 동일한 만기의 거래를 RP시장에서도 할 수 있고, 콜 시장에서도 할 수 있다고 가정하자. 이 경우 RP금리인 기준 금리를 움직이면 두 개의 대안 중 하나의 대안을 선택할 때 얻는 이득에 변화가 발생한 것이다. 어느 한 쪽이 다른 한 쪽에 비해 더 이득이 있는 것으로 판단되면 이는 차익거래 이득이 있다는 의미이다. 차익거래 이득이 있다면 더 높은 수익을 제공하는 시장으로 자금이 이동하게 된다. 이와 같은 과정을 거쳐서 기준 금리의 변동이 발생하면 콜 금리에 영향을 미치게 된다.

우리나라 콜 시장의 구조를 앞에서 설명한 지준시장의 모형과 일치하는 구조로 바꾸고 기준 금리에 대하여 목표치를 설정하는 대신 지준시장의 시장 금리에 대하여 목표치를 부과하는 방식으로 통화정책의 운용 방식을 전환하는 것이 더 바람직한 것인지에 대한 질문이 있을 수 있다. 이 질문에 답하기 위해 여러 가지 요인들이 포괄적으로 고려되어야 한다. 따라서 현재 설명하고 있는 모형에 대한 규범적인 논의는 차후로 미루기로 한다. 다만 실증적인 측면에서 콜 시장이 금융기관의 단기 자금 조달 비용에 결정적인 영향을 미치는 단 하나의 금융시장인지에 대하여 생각해볼 필요가 있다. 금융기관 간 RP거래도 많이 이용되고 있다면 단순하게 RP금리에 대하여 목표를 설정하는 것보다 콜 금리에 대하여 목표를 정하는 것이 바람직하다고 주장할 이유는 없는 것으로 보인다. 그러나 금융위기가 전개되는 상황에서 금융기관의 유동성에 대한 저장 욕구가 매우 강화되면 차익거래 이득이 존재하더라도 쉽게 없어지지 않는 경우가 발생할 수 있다. 따라서 위기 상황에서 기준 금리와 콜 금리 간의 연계성이 약화될 수 있다. 현재의 운용 방식은 금융위기 상황 중 통화정책의 금리 경로가 원만하게 작동하지 않을 가능성을 높일 수 있으므로 이러한 측면에서 통화정책 운용에서 일종의 꼬리 위험(tail risk)이 있다는 점을 지적할 수 있다.

<그림 7-2>에서는 앞에서 설명한 기준 금리와 콜 금리 간의 관계를 보여 주고 있다. 중앙은행의 RP매각은 중앙은행이 보유하고 있는 증권을 담보로 금융기관에게 일시적으로 자금을 빌리는 것이다. 따라서 중앙은행이 시중의 유동성을 환수하는 효과가 발생한다. 그 결과 시중의 금리가 상승해야 한다. 기준 금리가 인상된다면 중앙은행이 금융기관의 자금을 차입할 때 적용되는 금리가 인상되는 것을 의미한다. 중앙은행이 금융기관으로부터 차입하는 자금은 어디에서 오는 것인가? 콜 시장에서 운용되고 있던 자금이 콜 시장에서 빠져 나가서 바로 중앙은행의 RP거래로 흘러가야만

그림 7-3 우리나라 콜 금리와 기준 금리의 추이

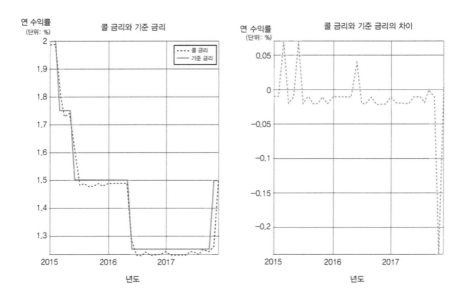

할 이유는 없다. <그림 7-2>의 왼편에 있는 그림에서는 원래의 목표 수준에서 기준 금리와 콜 금리가 동일한 수준으로 유지되고 있던 상황을 가정한다. 이제 중앙은행이 기준 금리를 인상하면 목표 금리가 새로운 목표 금리 수준으로 이동한다. 지불 준비 금 등 다른 목적으로 보유하고 있던 자금을 미리 사용하더라도 결국 동일한 성격을 가진 대차 거래에서 두 개의 서로 다른 가격이 있다면 낮은 가격이 형성된 시장에서 높은 가격이 형성된 시장으로 자금이 이동한다. 콜 시장에서 자금을 공급하던 금융기 관은 콜 시장에서 자금을 운용하는 것보다 중앙은행에 자금을 빌려주는 것이 더 이득 이 된다. 따라서 콜 시장에서는 동일한 콜 금리 수준에서 공급이 감소하여 공급 곡선 이 위로 수평 이동한다. <그림 7-2>의 오른편 그림은 기준 금리를 인하하는 경우 콜 금리의 조정을 보여주고 있다. 중앙은행이 RP매수를 실시한다는 것은 금융기관이 보 유하고 있는 증권을 담보로 중앙은행이 금융기관에게 자금을 빌려주는 것이다. 금융 기관의 입장에서는 콜 시장의 시장 금리보다 낮은 금리로 중앙은행의 RP거래를 통해 차입할 수 있다. 특히 중앙은행에서 차입한 자금을 콜 시장에서 부도의 위험이 없이 안전하게 대출하여 이자 수입을 받을 수 있다면 차익거래의 이득이 발생한다. 이처럼 원래의 콜 금리 수준에서 차익거래 이득이 있다면 이는 콜 시장의 공급 곡선을 아래로 수평 이동 시킨다. 따라서 중앙은행의 기준 금리 인하는 콜 시장의 공급을 증가시키는 방향으로 작용하여 콜 시장의 금리를 인하시키는 효과를 발생시킬 수 있다.[6]

<그림 7-3>은 금융통화위원회가 결정한 기준 금리의 목표치와 콜 금리를 비교하고 있다. 그래프를 작성하기 위해 사용한 자료는 2015년 1월부터 2017년 12월까지의 월별 자료이다. 왼편의 패널에서 기준 금리는 실선으로 표시하고 콜 금리는 점선으로 표시한다. 두 변수가 항상 일치하는 것은 아니지만 거의 유사하게 움직이고 있다. 오른편의 패널은 기준 금리에서 콜 금리를 뺀 차이를 점선으로 보여주고 있다. 2015년 전반기와 2017년 후반기에 상대적으로 편차가 크게 나타나고 있다. 기준 금리가 지속적으로 하락하거나 상승하는 시점에서 콜 금리가 뒤따라가는 모습을 보이면서 편차가 발생하고 있다. 그래프에서 나타난 기준 금리와 콜 금리 간의 관계를 다음과 같이 두 가지로 요약해볼 수 있다.

(1) 기준 금리와 콜 금리는 월간 자료에서는 추세적으로 동일한 방향으로 이동하고 있으며 두 변수 간의 편차도 크지 않다.
(2) 기준 금리가 상승하는 국면의 초기 또는 하락하는 국면의 초기에 콜 금리와의 괴리가 그 이외의 기간에 비해 상대적으로 크게 나타난다.

지불 준비금의 이자 지급과 지준시장 모형

미국은 은행의 지불 준비금에 대하여 이자를 지급하는 제도를 2008년에 도입하였다. 지불 준비금에 지급하는 이자율이 연방기금금리의 하한이라고 볼 수 있다. 연방기금금리가 지불 준비금에 지급하는 이자율보다 낮아지면 자금의 여유가 있는 은행

---

6 <그림 7-2>에서는 콜 시장의 공급 곡선이 수평 이동하여 조정되는 것으로 설명하고 있다. 이러한 결과의 타당성을 뒷받침하기 위해 중앙은행과 RP거래가 가능한 금융기관은 콜 시장에서 자금을 차입하지 않고 자금을 공급하는 금융기관이라는 가정이 필요하다. 중앙은행과 RP거래를 하도록 허용된 금융기관이 콜 시장에서 만성적으로 자금을 차입하면 수요 곡선의 이동이 발생할 수도 있다.

들이 연방기금시장에서 자금을 공급할 이유가 없다. 이들은 중앙은행에 개설되어 있는 자신의 계좌에 예치하여 받을 수 있는 이자가 더 높기 때문에 다른 금융기관에게 빌려주기보다는 지불 준비금으로 보유하는 것을 선택한다. 또한 일반은행이 중앙은행의 대출을 받는 경우 부담해야 하는 일종의 스티그마(stigma) 효과를 무시하고 단순히 금전적인 비용만 생각한다면 중앙은행의 재할인율은 연방기금금리에 대한 상한이라고 할 수 있다. 그 이유는 자금이 부족한 은행은 연방기금금리가 중앙은행의 재할인보다 더 높은 경우 중앙은행의 재할인 창구에서 차입을 하는 것에 대한 이자비용이 더 낮기 때문이다. 우리나라에서는 일반 은행이 중앙은행에 적립한 지불 준비금에 대하여 중앙은행이 이자를 지급하는 정책을 실시하는가? 한국 은행법의 제55조를 요약하면 다음과 같다. 첫째, 금융기관은 예금 채무와 그 밖에 대통령령으로 정하는 채무를 지불 준비금 적립 대상 채무로 정의하고 이에 대하여 지급 준비율을 적용하여 산정한 금액 이상의 금액을 지불 준비금으로 보유하여야 한다. 둘째, 지불 준비금에 대해서는 금융통화위원회가 정하는 바에 따라 이자를 지급할 수 있다. 따라서 제도적으로 이자를 지급할 수 있지만 현재는 지불 준비금에 이자가 지급되고 있지 않는 것으로 알려져 있다.

위의 설명을 지준시장 모형의 그래프에 반영한다면 다음과 같이 수정되어야 한다. 첫째, 지준시장 수요 곡선은 지준 이자율보다 더 높은 부분에 대해서는 우하향인 곡선이지만 지준 이자율보다 더 낮은 부분에 대해서는 지준 이자율 수준에서 뻗어나가는 수평선이 된다. 그 이유는 연방기금금리가 지준 이자율보다 더 낮은 수준으로 떨어지면 연방기금시장에서 자금을 빌려주지 않고 모두 중앙은행 지불 준비금으로 예치하는 것이 더 수입이 크기 때문이다. 둘째, 지준시장 공급 곡선은 지준 이자율보다 재할인율보다 더 낮은 부분에서는 수직선이지만 재할인율보다 더 높은 수준에서는 재할인율 수준에서 뻗어 나오는 수평선이다. 수평선으로 그리는 이유는 연방기금금리가 재할인율보다 더 높을 때 금융기관은 재할인 창구에서 자금을 빌려서 연방기금시장에 빌려주면 수익을 얻을 수 있기 때문이다. 따라서 지불 준비금에 대하여 이자를 지급하는 제도가 통화정책의 운용에 대하여 함의하는 것을 간단히 정리하면 다음

그림 7-4 자금 조정 예금 및 대출 제도의 효과

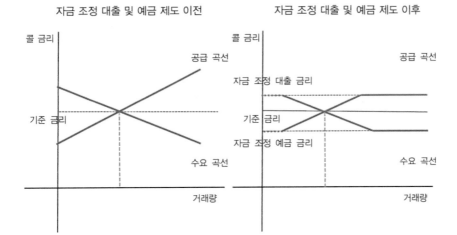

과 같다. 지준 수요의 외생적인 변동으로 인하여 지준시장 수요 곡선이 위 아래로 이동하더라도 지준시장의 균형 금리가 변동할 수 있는 폭을 제한하는 역할을 할 수 있다는 것이다. 중앙은행이 목표하는 지준시장 금리 수준이 지준시장의 균형 금리가 되도록 하는 작업의 효율성을 높여 준다.

한국은행이 실시하는 자금 조정 예금 및 대출 제도가 콜시장에 미치는 효과는 앞에서 설명한 지불 준비금에 대한 이자 지급이 지준시장 모형에 주는 효과와 비교하여 설명할 수 있다. 예를 들어 한국은행이 실시하고 있는 자금 조정 예금 및 자금 조정 대출은 콜 금리를 일정한 범위 이내로 제한하기 위한 제도적 장치로서 이해될 수 있다. 자금 조정 예금은 금융기관이 자금 수급 과정에서 발생한 여유 자금을 금액 및 횟수에 대한 제약 없이 한국은행에 예치할 수 있는 제도를 의미한다. 만기는 영업일 하루 동안이고 예금 금리는 기준 금리에서 1퍼센트를 낮춘 수준으로 설정하는 것으로 알려져 있다. 자금 조정 대출은 금융기관이 자금 수급 과정에서 발생한 자금의 부족을 충당하기 위해 금액 및 횟수에 대한 제약 없이 한국은행으로부터 차입이 가능할 수 있는 제도를 의미한다. 만기는 영업일 하루 동안이고 대출 금리는 기준 금리에서 1퍼센트를 더한 금리로 설정되는 것으로 알려져 있다.

<그림 7-4>에서는 이와 같은 자금 조정 예금과 대출 제도가 콜 시장에 미치는

효과를 그래프로 보여 주고 있다. 콜 시장에 참가하는 금융기관의 대부분이 자금 조정 예금과 대출을 이용할 수 있는 자격을 갖춘 금융기관이라는 가정 하에서 그린 그래프이다. 자금 조정 예금 금리가 기준 금리에서 1퍼센트 뺀 금리로 결정된다는 가정 하에서 이보다 더 낮은 금리 수준에서 콜 금리가 결정될 경우 모두 한국은행에 자금 조정 예금을 하게 된다. 따라서 콜 금리가 자금 조정 예금 금리보다 더 낮은 부분에서 콜 시장 공급이 없기 때문에 <그림 7-4>에서는 점선으로 처리된다. 또한 콜 금리와 자금 조정 예금 금리가 서로 같을 때 콜 시장 수요 곡선은 수평선이 된다. 콜 금리가 자금 조정 대출 금리보다 더 높게 결정된다면 금융기관들은 모두 자금 조정 대출을 신청한다. 따라서 콜 금리가 자금 조정 대출 금리보다 높은 부분에서 콜 시장 수요가 없기 때문에 <그림 7-4>에서는 점선으로 처리된다. 또한 콜 금리와 조정 대출 금리와 같을 때 콜 시장 공급 곡선은 수평선이 된다. 자금 조정 예금 금리가 콜 금리의 하한이 되지만 콜 시장 공급 곡선에 영향을 미치기 때문에 지급 준비금에 대한 이자 지급이 지준 시장 수요 곡선에 미치는 효과와는 구별되어야 한다.

한국은행의 통화정책 수단

공개시장조작은 중앙은행이 금융시장에서 금융기관을 상대로 국채 등 증권을 사고 팔아 시중에 유통되는 화폐의 양이나 금리 수준에 영향을 미치려는 가장 대표적인 통화정책 수단이다. 한국은행의 공개시장조작은 증권매매, 통화안정증권 발행 및 환매, 통화 안정 계정 예금 등 세 가지의 형태로 이루어진다. 증권매매는 국공채 등을 매매하여 본원통화를 조절하는 것을 의미한다. 한국은행이 금융시장에서 증권을 매입하면 그 결과 시중에 공급되는 본원통화가 증가한다. 반대로 보유 증권을 매각하면 이에 상응하는 본원통화가 감소한다. 한국은행의 매매대상 증권은 공개시장조작의 효율성과 대상 증권의 신용리스크를 감안하여 국채, 정부보증채, 금융통화위원회가 정하는 기타 유가증권으로 제한되어 있다. 매매대상 기타 유가증권에는 통화안정 증권이 포함된다. 2008년 9월 리먼 사태 이후 신용경색 완화를 위해 대상 증권을

2008년 11월 7일~2009년 11월 6일 기간 중 한시적으로 확대한 적이 있다. 증권매매의 종류에는 단순매매와 일정기간 이후 증권을 다시 사거나 다시 파는 약정을 하는 환매조건부매매(RP거래)가 있다. 단순매매는 유동성이 영구적으로 공급 또는 환수되어 장기 시장금리에 직접적인 영향을 줄 수 있기 때문에 제한적으로 활용된다. 따라서 증권매매에 주로 사용되는 수단은 환매조건부매매이다. 이는 통상 7일물을 중심으로 이루어진다.

한국은행과 금융기관 사이의 RP거래에 대하여 간단히 설명한다. 한국은행은 공개 시장조작 수단의 하나로 RP거래를 사용하고 있다. RP거래는 단기 금융거래이므로 일시적인 유동성 과부족을 조절하기 위한 수단으로 활용된다. RP매매는 RP매각과 RP매입으로 구분된다. 금융시장의 유동성을 흡수하기 위해서 RP매각을 실시하고 유동성을 공급하기 위해서는 RP매입을 실시한다. RP매입의 경우 한국은행이 금융기관의 채권을 매입하면서 일정 기간 후에 그 채권을 되팔기로 하는 계약을 한다. 한국의 경우 기관 간 거래 및 한국은행과 금융기관 간 거래의 경우 3자간 RP가 주로 이용된다. RP거래에 따른 채권의 평가, 일일 정산, 조세 처리 등의 환매서비스업무는 한국예탁결제원(장외) 및 한국거래소(장내) 등이 담당하고 있다.

통화안정증권은 한국은행이 발행하는 채무증서로서 한국은행이 통화안정증권을 발행하면 한국은행의 부채가 증가한다. 증권의 만기가 비교적 길기 때문에 그 기간 동안 정책효과가 지속되는 기조적인 유동성 조절 수단으로 활용된다. 이름은 유사하지만 기능이 다른 정책수단이 있다. 2010년 10월 이후 활용되고 있는 통화 안정 계정은 기간부 예금 입찰 제도(term deposit)이다. 따라서 통화안정증권과 통화 안정 계정은 별개의 제도이다. 통화 안정 계정은 주로 지불 준비금을 맞추기 위해 필요한 자금의 미세 조절 및 예상치 못한 지불 준비금의 수급 변동에 대응하는 수단으로 활용되고 있다. 통화 안정 계정이 지불 준비금으로 인정이 되는 것인가에 대하여 확인할 필요가 있다. 통화 안정 계정의 잔고가 시중은행의 지불 준비금으로 인정된다면 이는 지불 준비금에 이자를 지급하는 제도가 상시적으로 운용되고 있는 것으로 간주할 수 있다. 그러나 한국은행법에 따르면 통화 안정 계정은 지불 준비금으로 인정되지 않는 것으로 명시되어 있다. 이를 확인하기 위해 한국은행법 제70조 한국은행 통화 안정 계정의 설치에 대한 규정을 요약한다. 첫째, 한국은행은 금융통화위원회가 정하는 바에 따라 한국은행 통화 안정 계정을 설치하여 금융기관으로 하여금 그 계정에 예치하게 할 수 있다. 둘째, 한국은행의 통화 안정 계정에 예치된 금액은 제4장 제2절의 규정에 따른 지불 준비금으로 보지 아니한다. 따라서 통화 안정 계정의 잔고가 변동하면 지준시장에 영향을 미칠 수 있지만 한국은행법에 따르면 지불 준비금 자체의 변동은 아니다.

다음에서는 한국은행의 여수신 제도에 대하여 설명한다. 중앙은행의 여수신 제도는 중앙은행이 개별 은행 금융기관을 상대로 대출을 해 주거나 예금을 받는 정책수단이다. 전통적으로 중앙은행의 통화정책 수단은 공개시장조작, 지급준비제도, 재할인 대출제도 등을 의미하였다. 그러나 최근 들어 많은 중앙은행들이 개별 금융기관을 상대로 한 일시적 부족자금 대출과 함께 일시적 여유자금을 예금으로 받을 수 있는 제도를 도입하였다. 예를 들어 한국은행은 2008년 3월 대기성 여수신 제도인 자금 조정 대출과 자금 조정 예금을 새롭게 도입하였다. 그 결과 종래의 중앙은행의 대출제도는 중앙은행의 여수신 제도로 확대되었다. 현재 한국은행이 상시적으로 운용하고 있는 대출제도는 세 가지로 구분할 수 있다. 첫째, 은행 금융기관의 자금수급 과정에서 발생한 부족자금을 지원하는 자금 조정 대출이다. 둘째, 은행 금융기관의 중소기업 등에 대한 금융중개기능에 필요한 자금을 지원하는 금융중개지원대출이다. 셋째, 은행 금융기관의 일중 지급 및 결제에 필요한 일시적인 부족자금을 당일 결제마감시까지 지원하는 일중 당좌대출이다. 이들 대출은 어음 재할인 또는 증권담보대출의 형태로 실행될 수 있다. 은행 금융기관이 한국은행에 담보로 제공할 수 있는 증권의 종류에는 금융기관이 대출로 취득한 신용 증권, 국공채, 통화안정증권 등이 있다. 이밖에도 한국은행은 한국은행법에 의거 자금조달 및 운용 불균형 등으로 유동성이 악화된 금융기관에 대한 긴급 여신이 가능하다. 금융기관으로부터의 자금조달에 중대한 애로가 발생하거나 발생할 가능성이 높은 경우 금융기관이 아닌 영리 기업에 대해서도 특별 대출이 가능하다. 또한 한국은행은 금융기관이 자금수급 과정에서 발생한 여유자금을 예치할 수 있는 자금 조정 예금 제도를 운용하고 있다.

지급준비제도는 금융기관으로 하여금 지급 준비금 적립 대상 채무의 일정비율을 지급 준비율로 정하고 이에 해당하는 금액을 중앙은행에 지급 준비금으로 예치하도록 의무화하는 제도로 정의된다. 지급준비제도는 중앙은행이 통화정책의 수행을 위해 사용할 수 있는 정책수단의 하나이다. 그 이유는 중앙은행은 지급 준비율을 조정하면 금융기관의 자금사정을 변화시키게 되어 금융시장의 유동성을 조절할 수 있기 때문이다. 지급 준비율을 올리면 은행들은 예금으로 받은 자금 중, 보다 더 많은 자금을 지급 준비금으로 예치해야 한다. 이는 은행이 대출이나 유가증권 매입에 할애할 수 있는 자금이 감소함을 의미한다. 그 결과 통화 지표의 크기를 감소시키는 효과가 발생한다. 반대로 지급 준비율을 낮추면 민간 경제에 풀려 나가는 통화량을 증가시키는 효과가 발생한다. 지급준비제도는 전 세계적으로 통화정책이 통화량 중심에서 금리 중심으로 전환되면서 그 활용도가 과거에 비해 현저히 낮은 것으로 알려져 있다. 그럼에도 불구하고 금융기관으로 하여금 중앙은행에 일정 규모의 지급 준비금을 당좌예금으로 예치하게 함으로써 중앙은행의 당좌예금계좌를 이용한 금융기관 간 지급 결제가 원활히 되도록 이용할 수 있다. 또한 금융기관이 지급 준비금을 보유함에 따라 지급결제에 소요될 자금을 금융시장에서 차입하려는 수요를 줄여준다. 그 결과 그렇지 않은 경우에 비해 금융기관 간 단기자금 거래 시장인 콜 시장 등에서 시장 금리가 안정된다. 현재 우리나라의 지급준비제도 적용대상 금융기관에는 일반은행 및 특수은행이 있다. 이들 금융기관은 예금 종류에 따라 현재 0~7%로 차등화 되어 있는 지급 준비율에 해당하는 금액을 지불 준비금으로 보유하여야 한다. 한편, 한국은행법 개정에 따라 2011년 12월 17일부터는 기존 예금 채무 이외에 일부 금융채에 대해서도 지급 준비율을 부과할 수 있게 되었다. 금융기관은 지불 준비금을 원칙적으로 한국은행 당좌예금으로 보유하여야 하나 필요 지불 준비금의 35%까지 금융기관 자신이 보유하고 있는 한국은행권을 지준예치금으로 인정해주고 있다. 지급 준비율은 최고 50%를 초과하지 않는 범위 내에서 금융통화위원회가 지불 준비금 적립 대상 채무의 종류별 및 규모별로 결정하도록 되어 있다. 다만 현저한 통화팽창기에는 지정일 현재의 지급 준비금 적립 대상 채무 금액을 초과하는 증가액에 대하여 최대 100%까지의 한계 지급 준비율을 정함으로써 이에 해당하는 금액을 추가로 보유하도록 할 수 있다. 또한 발행 만기 2년 이하의 원화표시 채권 중 금융통화위원회가 현저한 통화팽창기에 또는 현저한 통화팽창기가 될 우려가 있는 경우에 지준 적립이 필요하다고 인정하는 기간 동안 발행되는 일반은행 발행 금융채와 금통위가 현저한 통화팽창기에 정부와 지준 적립 여부 및 그 기간에 대해 협의를 거쳐 정하는 기간 동안 발행되는 특수은행(농협 및 수협, 기업은행 및 산업은행) 발행 금융채에 대해 지급 준비율을 부과할 수 있다.

다음에서는 은행이 적립해야 하는 지불 준비금을 어떻게 계산하고 은행이 지불 준비금을 정확하게 보유하는지를 확인하는 방식에 대하여 설명한다. 매월 1일부터 말일까지 기간 중 지준 대상인 예금의 평균 잔액에 대하여 법정 지불 준비율을 적용하여 필요 지불 준비금을 매월 계산한다. 이와 같이 계산된 지불 준비금을 은행들이 다음 한 달 동안에 적립하도록 하여 매월 말일 은행들이 부여된 지불 준비금을 제대로 적립하고 있는지를 확인한다. 예를 들어 지급 준비금을 계산하는 기간은 2016년 5월의 경우 2016년 5월 1일부터 2016년 5월 31일이다. 그 이후 2016년 6월 7일부터 2016년 7월 11일까지 한달 동안 이미 계산 기간에 계산한 준비금을 적립해야 한다. 지준의 보유기간 중 마지막 날을 지준 마감일이라고 한다. 지준 마감일에 필요 지불 준비금보다 더 많이 지불 준비금을 보유한 은행은 여유자금을 한국은행에 예치할 수 있다. 지준 마감일에 필요 지불 준비금보다 더 작게 지불 준비금을 보유한 은행은 부족한 자금을 한국은행으로부터 차입할 수 있다. 전자의 경우 기준 금리보다 1퍼센트 낮게 책정된 지준 마감일의 자금 조정 예금 금리가 적용된다. 후자의 경우 1퍼센트 높게 책정된 지준 마감일의 자금 조정 대출 금리가 적용된다.

통화 안정 계정 시장의 모형

앞에서 설명한 통화 안정 계정은 중앙은행이 금융기관에게 제공하는 기간부 예금이다. 미국의 중앙은행도 금융기관에게 기간부 예금 창구(term deposit facility)를 개설하여 운영하였다. 미국의 경우는 제로 금리에서 금리를 정상화하는 과정에서 은행이 보유하고 있는 지불 준비금을 기간부 예금으로 이동시켜서 통화공급량을 조절하는

표 7-1 지준시장 모형과 통화 안정 계정 모형의 비교

	지준 시장 모형	통화 안정 계정 모형	기간부 예금 창구제도
분석 대상	지불 준비금 잔고	통화 안정 계정의 잔고	기간부 예금 잔고
계약 이자율	지준 금리	통화 안정 계정 금리	기간부 예금 금리
타깃 이자율	기준 금리 (미국: 연방기금금리)	단기 시장 금리	단기 시장 금리
지불 준비금 인정 여부	인정됨	인정 안됨	인정 안됨
계약의 만기	익일	28일	–
거래의 자격 제한	제약이 있음	제약이 있음	제약이 있음

수단으로서 실시하였다. 우리나라의 경우 통화 안정 계정은 공개시장조작을 위한 하나의 수단으로 도입하여 실시되고 있다. 통화 안정 계정이 도입되면서 기준 금리에 대한 목표치를 달성하기 위한 공개시장조작의 실효성이 있는 수단이 다양화된다는 데 의미가 있다. 그 결과 금융시장에 무리가 가지 않고 중앙은행이 의도하는 정책목표를 달성하는 데 도움이 된다는 것이다. 통화 안정 계정의 잔고가 지불 준비금으로 인정되지 않는다는 측면에서 통화 안정 계정의 효과를 기존의 지준시장 모형으로 분석하는 것은 적절하지 않다고 볼 수 있다. 그러면 지불 준비금으로 인정되지 않는 자금을 중앙은행에 예치하고 반대급부로 이자를 제공받는 통화정책의 수단이 금융시장에 어떠한 효과를 미치는지에 대하여 생각해볼 수 있다.

본 절에서 소개하는 모형의 목적은 통화 안정 계정이 단기 금융시장에서 결정되는 금리에 미치는 효과를 설명하는 것이다. 여기서 의미하는 단기 금리는 반드시 콜 금리가 되어야 할 이유는 없다. 그 이유는 통화 안정 계정의 기간부 예금에 대한 만기가 콜 시장에서 거래되는 금융계약의 만기보다 더 길게 책정될 수 있기 때문이다. 그럼에도 불구하고 본 절에서 소개하는 통화 안정 계정의 모형은 일반적으로 많이 인용되는 지준시장 모형과 유사하다. 본 절에서 소개하는 통화 안정 계정의 모형에 대한 직관적인 이해를 돕기 위해 <표 7-1>에서는 지준시장 모형과 통화 안정 계정 모형 간의 공통점과 차이점을 요약하여 비교하고 있다. 공통점은 두 가지로 볼 수 있

그림 7-5 통화 안정 계정의 단기 시장 금리 효과

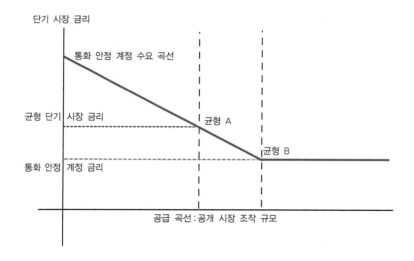

다. 첫째, 중앙은행 대차대조표의 부채로 잡힌다는 것이다. 지준시장에서 의미하는 지준은 금융기관이 중앙은행에서 개설한 계좌의 잔고를 의미한다. 통화 안정 계정은 지불 준비금이 아닌 다른 계좌의 잔고를 의미하지만 금융기관이 중앙은행에 개설한 계좌의 잔고라는 점에서 공통점이 있다. 둘째, 거래에 참가하는 금융기관에 대한 제약이 있다. 지불 준비금의 경우도 일부 금융기관에게만 지불 준비금의 의무가 부과되고 있다. 통화 안정 계정에 대해서도 참가할 수 있는 기관에 대한 제약이 부과되어 있다. 그러나 통화 안정 계정에 입금된 자금은 지불 준비금으로 인정되지 않는다.

<그림 7-5>는 중앙은행에서 제공하는 통화 안정 계정과 금융시장에 존재하는 만기가 동일한 다른 단기 금융계약 간 하나를 선택해야 하는 금융기관의 결정을 반영한 통화 안정 계정의 모형이다. 동일한 만기의 금융상품에 대한 이자율이 통화 안정 계정에서 제공되는 이자율보다 더 높다면 통화 안정 계정의 기간부 예금을 신청할 유인이 없다. 따라서 단기 금리가 더 높아지면서 통화 안정 계정에 대한 금융기관의 수요는 감소하므로 <그림 7-5>의 통화 안정 계정 수요 곡선은 음의 기울기를 가지고 있다. 여기서 y축은 민간 금융시장의 단기 시장 금리를 나타낸다. 동일한 만기를 가진 금융상품의 금리가 통화 안정 계정의 금리보다 더 낮아지는 경우 모든 금융기

관들은 통화 안정 계정에 입금하는 것을 선호한다. 따라서 금융시장의 단기 금리가 통화 안정 계정의 금리와 같아지는 점에서 수요곡선은 수평선이 된다.

통화 안정 계정을 만들어 낸 목적이 공개시장조작의 수단으로서 활용하자는 것이므로 통화 안정 계정의 규모는 중앙은행이 필요하다고 판단한 공개시장조작의 규모에 의해서 결정된다. 따라서 공급 곡선은 지준시장 모형과 동일하게 수직선으로 가정한다. 수직선의 위치는 중앙은행이 결정한 공개시장조작의 규모 중 통화 안정 계정에 할당된 잔고에 의해서 결정된다. 오른쪽으로 이동할수록 통화 안정 계정에 할당된 규모가 더욱 크다. <그림 7-5>에서는 두 개의 균형이 가능한 것으로 표시하고 있다. 첫 번째 경우는 민간의 단기 금리와 통화 안정 계정의 금리가 같아지는 경우이다. 이는 균형 B에 해당한다. 두번째 경우는 민간의 단기 금리가 통화 안정 계정의 금리보다 더 높은 수준에 위치하는 것이다. 이는 균형 A에 해당한다. 따라서 통화 안정 계정의 금리는 민간 금융시장에서 결정되는 단기 금리의 하한이 된다. <그림 7-5>를 보면서 통화 안정 계정에 대한 수요와 공급이 만나는 점에서 결정되는 금리가 통화 안정 계정의 금리가 아니고 민간의 금융시장에서 결정되는 단기 금리가 되는 것인가에 대하여 의문을 가지는 사람이 있을 수 있다. 이는 <그림 7-5>의 통화 안정 계정 모형에서도 <그림 7-1>의 지준시장 모형과 동일한 원리가 작동하기 때문이다. 우선 미국의 경우를 예로 들어 설명한다. 금융기관이 자신의 자금을 지불 준비금으로 중앙은행의 계좌에 예치하는 것에 대한 기회비용이 연방기금시장에서 결정되는 연방기금금리다. 연방기금금리는 지불 준비금에 대한 기회비용으로 간주할 수 있으므로 지불 준비금에 대한 수요는 기회 비용인 연방기금금리와 역의 관계에 있다. 이제 우리나라의 상황으로 돌아와서 통화 안정 계정의 모형을 설명한다. 통화 안정 계정에 대하여 이자를 지급하기 때문에 이는 지불 준비금에 대하여 이자를 지급하는 경우와 대비하여 설명할 수 있다. 지준시장 모형에서 지불 준비금에 대하여 이자를 지급하는 경우 이는 지준시장 금리에 대한 하한으로 간주할 수 있음을 설명하였다. 따라서 동일한 논리로 통화 안정 계정에 적용되는 금리는 민간 금융시장에서 결정되는 단기 금리에 대한 하한으로 간주할 수 있다.

한국은행의 대차대조표

중앙은행이 앞에서 설명한 통화정책의 수단을 사용하여 금리를 조정하거나 통화량을 조절하면 이는 중앙은행의 대차대조표에 영향을 미치게 된다. 예를 들면 공개시장조작의 경우 증권을 민간 금융기관으로부터 매입하면 자산의 유가증권 항목이 증가하면서 동시에 부채가 증가한다. 시중 은행에 대한 대출을 늘리는 경우에도 중앙은행의 자산이 증가한다. 지불 준비율을 증가시키면 은행 금융기관이 중앙은행에 개설한 계좌의 예금이 증가하여 중앙은행의 부채가 증가한다. 따라서 중앙은행의 대차대조표는 중앙은행이 통화정책을 수행하기 위해 실시한 일련의 정책 행위가 담겨있는 일종의 기록표로 간주될 수 있다.

한국은행이 대차대조표를 작성하기 위해 적용하고 있는 몇 가지 원칙은 다음과 같다. 첫째, 자산은 취득 시점에 계상하고 부채는 부담 시점의 가치로 계상하고 있다. 예를 들어 유가증권의 경우 채권은 상각후원가로 계상한다.[7] 주식은 취득원가로 계상한다. 따라서 현재의 시가에 의한 평가는 실시하지 않고 있다. 둘째, 외화 자산 및 외화 부채는 대차대조표일 현재의 매매기준율 및 재정된 매매기준율을 적용하여 원화로 환산한 금액을 대차대조표에 계상하고 있다.[8] 셋째, 환매조건부매매거래는 증권을 담보로 한 자금의 대차 거래로 처리한다. 환매조건부로 증권을 매입하고 자금을 대여하는 경우에는 대차대조표상 환매조건부매입증권의 계정에 계상한다. 환매조건부로 증권을 매각하고 자금을 차입하는 경우에는 환매조건부매각증권의 계정에 계상한다.

한국은행이 보유하고 있는 외환보유액은 어떻게 운용이 되고 있는지를 설명한다. 한국은행은 운용 목적에 따라 외화자산을 현금성자산과 투자자산으로 구분한다. 이중 투자자산은 운용방식에 따라 직접투자자산과 위탁자산으로 나누어 운용되고 있다. 현금성자산은 거래비용이 작고 즉시 현금화가 가능한 미국의 단기 국채 및 예치금

---

7 상각후원가는 액면가액에 비해 할인된 가격으로 취득한 채권을 계속해서 보유할 때 대차대조표에 계상하는 가치를 계산하는 방식을 말한다. 예를 들어 최초 시점의 채권 가격이 P_0이고 한기동안 상각액이 Δ_0이다. 이 경우 다음 시점의 대차대조표에서는 $P_1 = P_0 + \Delta_0$로 계상된다. 동일한 방법을 사용하여 두 시점 이후 가치는 $P_2 = P_1 + \Delta_1$으로 계상된다.

8 한국은행의 홈페이지에 따르면 매매기준율은 전날 외국환중개회사를 통해 거래된 미 달러화의 거래량과 거래환율을 가중 평균하여 산출한 시장 평균 환율이다.

등 단기금융상품으로 운용되고 있다. 직접투자자산은 높은 수준의 유동성을 유지하면서 안정적인 수익을 획득하는 것을 목표로 하여 정부채권, 정부기관의 채권, 회사채 및 자산유동화채 등의 채권 위주로 운용하고 있는 것으로 한국은행은 밝히고 있다. 이에 반하여 위탁 자산은 해외의 자산운용사와 한국투자공사 등에 위탁하여 운용하고 있다. 한국은행의 통계 자료에 따르면 2016년 말 현재 전체 외환보유고 중 현금성 자산은 4.7%이다. 나머지는 직접투자자산 77.3%와 위탁 자산 18.0%로 구성되어 있다.

<표 7-2>는 한국은행의 대차대조표에 계상되어 있는 부채와 자본의 항목들을 요약한 표이다. <표 7-2>에 따르면 한국은행의 부채는 2016년 말 466조 8,976억 원으로 지난해 말의 476조 9,516억 원보다 10조 540억 원 감소한다. 주요 항목을 보면 통화안정증권 발행과 예금 잔액이 각각 168조 3,730억 원과 115조 1,335억 원이다. 이는 지난해 말 대비 각각 15조 9,944억 원과 11조 995억 원 감소하였다. 한편 화폐 발행과 통화 안정 계정 잔액은 각각 97조 3,823억 원과 18조 7,000억 원이다. 이는 지난해 말에 비해 각각 10조 6,251억 원과 8조 7,000억 원이 증가한 것이다. 한국은행의 자본은 2016년 말 13조 4,227억 원이다. 지난해 말의 11조 9,457억 원보다 1조 4,769억 원 증가하였다. 한국은행의 자본은 법정 적립금, 임의 적립금 및 미처분 이익 잉여금으로 구성된다. 한국은행은 한국은행법 제99조에 따라 당기순이익의 30%를 법정 적립금으로 적립한다. 잔여 이익 중 일부를 정부의 승인을 얻어 특정 목적을 위한 임의 적립금으로 적립할 수 있다. 나머지 순이익은 정부에 세입으로 납부한다.

<표 7-3>은 한국은행의 대차대조표에 계상되어 있는 자산의 항목들을 요약한 표이다. 한국은행이 보유하고 있는 자산의 대부분은 외화증권 및 예치금 등으로 구성되어 있다. 한국은행의 대차대조표를 보면 2016년 말 현재 총자산 규모는 480조 3,203억 원으로 지난해 말의 488조 8,973억 원보다 8조 5,770억 원 감소하였다. 주요 항목을 보면 유가증권과 기타자산 잔액이 각각 372조 665억 원, 32조 3,728억 원으로 지난해 말에 비해 5조 3,559억 원, 12조 862억 원 감소한 반면 출자금 및 출자증권이 9조 4,117억 원 증가하였다.

표 7-2 한국은행의 부채와 자본

	2014	2015	2016
부채합계	475,179.9	476,951.6	466,897.6
국내부채	410,026.0	423,489.2	417,833.3
화폐발행잔액	74,944.8	86,757.2	97,382.2
예금계	117,632.9	120,646.9	106,952.4
은행 금융기관지준예금	40,742.8	42,399.9	44,200.5
비은행 금융기관예금	654.0	1,025.1	920.3
중앙정부예금	3,775.9	3,753.7	7,171.5
특수자금융자기금	0.0	0.0	0.0
통화안정증권발행	181,514.9	184,367.3	168,373.0
환매조건부채권매각	17,000.0	15,000.0	12,850.0
통화 안정 계정	12,500.0	10,000.0	18,700.0
충당금	144.3	146.5	159.0
기타국내부채	2,513.2	2,817.6	6,245.5
국외부채	65,153.9	53,462.4	49,064.3
비거주자예금	4,701.9	4,190.4	7,106.7
IMF특별인출권배분	3,828.0	3,908.2	3,894.0
출자증권발행	1,359.1	1,360.5	7,719.7
기타국외부채	55,264.9	44,003.3	30,343.9
자본	10,619.4	11,945.8	13,422.8

출처: Kosis의 한국은행 주요 계정(말잔, 단위: 십억원).

표 7-3 한국은행의 자산

	2014	2015	2016
자산합계	485,799.2	488,897.3	480,320.3
국내자산	50,290.2	42,253.6	38,411.6
현금	0.1	0.2	0.2
대출금	14,162.5	18,732.0	17,330.3
유가증권	16,867.3	16,177.8	14,499.4
국채	16,867.3	16,177.8	14,499.4
대정부대출금	4,117.2	1,280.1	1,289.8
정부대행기관	0.0	0.0	0.0
고정자산	2,127.4	2,326.9	2,325.2
환매조건부채권매입	0.0	0.0	0.0
기타국내자산	13,015.6	3,736.7	2,966.7
국외자산	435,509.0	446,643.7	441,908.7
지금은	5,270.4	5,619.5	5,794.5
외국증권	347,406.9	361,244.6	357,567.1
외화예치금	17,069.0	24,663.1	26,318.1
IMF특별인출권보유	3,605.8	3,798.9	3,478.0
국제금융기구출자금	7,791.7	7,824.1	17,235.8
기타국외자산	54,365.2	43,493.5	31,515.2

출처: Kosis의 한국은행 주요 계정(말잔, 단위: 십억원).

연습문제

1. 통화 안정 계정은 지불 준비금으로 분류되지 않고 자금 조정 예금은 지불 준비금으로 분류된다. 이와 같은 차이에 대한 근거에 대하여 분석하시오.

2. 우리나라의 콜 시장과 미국의 연방기금금리 시장 간의 차이에 대하여 설명하시오.

3. 인플레이션 타기팅을 실시하는 많은 국가에서는 단기 금리를 운용목표변수로 사용하고 있다. 이와 같은 방식을 통해 목표하는 인플레이션율을 달성할 수 있음을 뒷받침하는 거시 경제 모형에 대하여 설명하시오.

4. 공개시장조작의 수단으로 RP거래와 통화 안정 계정을 사용할 수 있다. 두 개의 수단이 어떠한 차이가 있는지를 설명하시오.

5. 지불 준비금에 대한 이자를 지급하는 제도의 도입이 지준시장 모형에 미치는 효과를 그림으로 그리고 그 이유를 설명하시오.

6. 화폐수량설을 주장하는 통화론자가 물가 안정 목표 제도를 운용해야 한다면 어떠한 방식을 선택할 것인지를 설명하시오.

7. 물가안정만을 통화정책의 최종 목표로 추구하는 나라와 물가안정과 고용안정을 동시에 통화정책의 최종 목표로 추구하는 나라의 예를 찾아보고 어떠한 차이가 있는지에 대하여 조사하시오.

8. 콜 금리에 대하여 목표치를 설정하는 방식과 기준 금리에 대하여 목표치를 설정하는 방식이 가능하다. 두 개의 운용 방식에 대한 장점과 단점을 설명하시오.

9. 중앙은행과 RP거래를 하는 금융기관이 콜 시장에서 만성적으로 자금을 차입하는 금융기관
    이라고 가정하자. 이 경우 〈그림 7-2〉에 어떠한 변화가 발생하는지를 설명하시오.

제8장

통화정책의 금리 경로와

IS-LM 모형

제8장

통화정책의 금리 경로와 IS-LM 모형

중앙은행이 통화정책의 수단을 조정하여 거시 경제의 실물 변수에 영향을 미치는 데에는 시간이 든다. 그 이유는 몇 단계의 중간 과정을 거치기 때문이다. 또한 하나의 과정만이 있는 것이 아니라 서로 다른 여러 종류의 과정이 동시에 작용할 수 있다. 따라서 한국은행 홈페이지에서 소개한 설명을 그대로 인용하면 다음과 같다. "한국은행의 기준 금리 변경은 다양한 경로를 통하여 경제 전반에 영향을 미친다. 이러한 파급 경로는 길고 복잡하며 경제상황에 따라 변할 수도 있기 때문에 기준 금리 변경이 물가에 미치는 영향의 크기나 그 파급 시차를 정확하게 측정할 수는 없지만 일반적으로 다음과 같은 경로를 통하여 통화정책의 효과가 파급된다고 할 수 있다." 위의 인용에서 '다음과 같은 경로'는 금리 경로를 의미한다.

또한 한국은행 홈페이지에서 설명하고 있는 금리 경로의 과정과 비교하여 모형의 특성을 설명하기 위해 먼저 한국은행 홈페이지에서 설명하고 있는 금리 경로를 다음과 같이 그대로 인용한다. "기준 금리 변경은 단기시장금리, 장기시장금리, 은행 예금 및 대출 금리 등 금융시장의 금리 전반에 영향을 미친다. 예를 들어 한국은행이 기준 금리를 인상할 경우 콜 금리 등 단기시장금리는 즉시 상승하고 은행 예금 및 대출 금리도 대체로 상승하며 장기시장금리도 상승압력을 받는다. 이와 같은 각종 금리의 움직임은 소비, 투자 등 총수요에 영향을 미친다. 예를 들어 금리 상승은 차입을 억제하고 저축을 늘리는 한편 예금이자 수입 증가와 대출이자 지급 증가를 통해 가계의 소비를 감소시킨다. 기업의 경우에도 다른 조건이 동일할 경우 금리 상승은 금융비용 상승으로 이어져 투자를 축소시킨다." 위에서 설명한 내용을 간단히 축약하면 다음과 같다.

기준 금리 → 단기 시장 금리 → 장기 시장 금리 → 총수요

본 장의 첫 번째 목적은 제2장에서 도출한 IS곡선을 사용하여 금리 경로를 설명하려는 것이다. IS곡선의 함의는 현재 시점의 총수요는 장기 실질 금리의 변화에 의해서 영향을 받는다는 것이다. 두 번째 목적은 필립스 곡선의 도출에 대한 설명을 추가하여 단순한 IS-LM모형을 확장한 거시 경제 모형을 소개한다. 본 장에서 소개하는 모형은 다음과 같은 점에서 정태적 IS-LM모형과 구분된다. 첫째, 가계와 기업의 미래에 대한 예측이 현재 시점의 총수요에 영향을 미친다는 점을 반영한다. 따라서 본 장에서 소개하는 모형은 동태적인 IS-LM모형으로 간주할 수 있다. 둘째, 총수요 곡선을 도출하기 위해 화폐 수요 함수와 화폐 공급으로 구성된 화폐시장의 균형으로부터 도출되는 LM곡선 대신 중앙은행이 이자율의 목표치를 결정하는 방식을 설명하는 행동 방정식을 사용한다는 점이다. 이러한 변화는 인플레이션 타기팅의 운영방식을 반영하는 것이라고 설명할 수 있다. 인플레이션 타기팅을 채택하고 있는 많은 나라에서는 통화량 등의 중간 목표를 두지 않고 통화정책의 최종 목표인 인플레이션율에 대한 목표치를 달성하기 위해 필요한 기준 금리에 대한 목표치를 발표하고 이를 달성하려고 한다. 화폐시장에서 결정되는 균형 금리가 있다면 이 균형 금리가 중앙은행이 발표한 금리 목표와 부합하도록 하기 위해 필요한 통화량을 화폐 시장에 공급한다. 따라서 통화 공급이 외생적으로 결정되는 것이 아니다. 금리 목표치가 경제 상황에 반응하여 어떻게 결정되는지를 설명하는 과정이 화폐 시장의 화폐 공급을 결정한다고 볼 수 있다. 그 결과 통화 공급은 수동적으로 결정된다. 이러한 점을 반영하여 이자율 결정을 설명하는 식이 동태적 IS-LM모형에 포함된다. 세 번째 목표는 단순한 뉴 케인지언 모형을 소개하고 국민의 복지를 반영하여 설정된 최적 인플레이션율 목

표치를 어떻게 달성할 수 있는지에 대하여 분석하는 것이다. 또한 준칙에 의한 정책과 정부의 재량에 의한 수정이 가능한 재량적 정책 간의 차이를 분석한다.

IS곡선과 금리 경로

단순히 현재의 총수요와 현재의 이자율은 서로 반대 방향으로 움직인다는 것만 의미하는 정태적 IS곡선은 장단기 금리의 구분을 적절히 반영할 수 없기 때문에 앞에서 설명한 금리 경로의 설명을 제대로 담을 수 없는 분석 도구이다. 그러나 동태적 IS곡선은 장단기 금리의 구분이 반영되기 때문에 금리 경로를 설명하는데 유용하다. 이 점을 구체적으로 설명하기 위해 먼저 정태적 IS곡선의 수식을 다음과 같이 쓰기로 한다.

$$x = -\delta(i - \pi^e - r^*)$$

한편 제2장에서 도출 과정을 설명한 동태적 IS곡선은 다음과 같다.

$$x = x^e - \delta(i - \pi^e - r^*)$$

위의 두 식에서 사용한 기호는 제2장에서 사용한 기호와 동일하다. 위의 두 식을 비교하면 단순히 x^e가 포함되어 있는지의 여부가 다른 점이라는 것을 쉽게 알 수 있다. 그러므로 큰 차이가 없다고 생각할 수 있다. 그러나 금리 경로를 설명할 때에는 큰 차이가 있다는 점을 지적한다.

표 8-1 IS곡선의 기간 간 결합

1기 시점 IS곡선	$x_1^e = x_2^e - \delta(i_1^e - \pi_2^e - (r_1^*)^e)$
0기 시점 IS곡선	$x_0^e = x_1^e - \delta(i_0^e - \pi_1^e - r_0^*)$
IS곡선의 기간 간 결합: 두 인접 기간	$x_0 = x_2^e - \delta(i_0 - \pi_1^e - r_0^* + i_1^e - \pi_2^e - (r_1^*)^e)$
IS곡선의 기간 간 결합	$x_0 = x_T^e - \delta T(v_T - v_T^*)$ $v_T = \left(\dfrac{1}{T}\right) \displaystyle\sum_{t=0}^{t=T-1} (i_t^e - \pi_{t+1}^e); \; v_T = \left(\dfrac{1}{T}\right) \displaystyle\sum_{t=0}^{t=T-1} (r_t^*)^e$
장기 균형조건과 IS곡선의 기간 간 결합	$x_0 = -\delta T(v_T - v_T^*)$

주: IS곡선의 기간 간 결합은 선행대입(forward substitution)을 말한다. x_1^e와 x_2^e는 0기 시점에서 형성한 1기 시점과 1기 시점의 생산 갭에 대한 예상을 나타낸다. 여기서 장기 균형조건은 충분히 먼 미래에 실질 GDP는 잠재 GDP 수준으로 수렴한다는 조건을 의미한다. 장기 균형조건이 성립할 것으로 예상되면 충분히 먼 미래에 대하여 $x_T^e = 0$이 된다.

동태적 IS곡선은 앞에서 설명한 통화정책의 금리경로를 설명할 수 있음을 보이고 자 한다. 이를 위해서 <표 8-1>에 정리되어 있는 동태적 IS곡선의 기간 간 결합을 이용해야 한다. 동태적 IS곡선의 기간 간 결합은 미래 IS곡선의 식을 현재 IS곡선의 식에 대입하여 현재 IS곡선의 식에 있는 예상 생산 갭을 소거하는 작업을 반복하여 연속적으로 진행하는 것을 말한다. 이제 동태적 IS곡선의 식이 미래 시점에서도 성립하는 것으로 가정하자. 현재 시점을 0기 시점으로 표시한다. 다음 기 시점이 1기 시점에서도 동태적 IS곡선의 관계가 그대로 성립한다고 예상하는 동시에 이러한 예상이 맞는 것으로 가정한다. 0기 시점에서 예상된 1기 시점에서의 동태적 IS곡선의 식은 <표 8-1>의 첫째 줄에 정리되어 있다. 이 식에서 하첨자는 모두 시점을 의미하고, 상첨자 e는 예상된 값을 의미한다. 예측치를 형성하는 시점은 0기 시점이다. 그리고 현재 시점에서 성립하는 식은 <표 8-1>의 둘째 줄에 정리되어 있다. 앞의 두 식을 결합하여 x_1^e을 소거하여 정리하면 <표 8-1>의 셋째 줄에 있는 식이 된다. 이 식을 보면 현재 시점에서의 총수요는 0기와 1기 시점에서의 예상 실질 이자율 갭의 합과 2기 시점에서의 총수요에 대한 예측치의 함수가 된다. 이 식과 2기 시점에서 성립할 것으로 예상되는 IS곡선의 식을 동일한 방식을 더한다. 이러한 작업을 반복하여

$(T-1)$기 시점까지 연장하면 <표 8-1>의 넷째 줄에 있는 식이 도출된다.

<표 8-1>의 넷째 줄에 있는 식은 0기 시점부터 $(T-1)$기 시점까지 동태적 IS곡선이 성립할 것이라는 예상 하에서 도출된 IS곡선이다. 이 식에서 v_T는 현재의 단기 실질 이자율과 미래 시점의 단기 실질 이자율에 대한 기대치를 가중 평균하여 계산되는 장기 실질 이자율을 의미하고 v_T^*는 현재의 단기 자연 이자율과 미래 시점의 단기 자연 이자율에 대한 기대치의 가중 평균으로 정의된 장기 자연 이자율을 의미한다. <표 8-1>의 넷째 줄에 있는 식은 현재 시점의 생산 갭이 장기 실질 이자율에서 장기 자연 이자율을 뺀 장기 실질 이자율 갭의 감소함수라는 것을 의미한다. 또한 면 미래의 생산 갭에 대한 예상치도 현재 시점의 생산 갭에 영향을 미친다. 충분히 면 미래 시점에서 잠재 GDP 수준으로 산출할 것으로 예상한다면 x_T^e는 거의 0에 가까운 값이 될 것이다. 이러한 점을 반영하면 <표 8-1>의 넷째 줄에 있는 식에 대한 근사식으로서 <표 8-1>의 다섯째 줄 식이 성립한다고 볼 수 있다.

정태적 IS곡선과 비교하기 위해 <표 8-1>의 다섯째 줄에 있는 식에서 시점을 나타내는 하첨자들을 없애면 다음과 같이 쓸 수 있다.

$$x = -\delta T(v - v^*)$$

이 식을 보면 정태적 IS곡선과 동일한 형태이지만 장기 실질 이자율에 의해서 영향을 받는다는 점이 명확하다. 혹자는 정태적 IS곡선도 동일한 의미를 가지고 있음을 주장할 수 있으나 단기 이자율과 장기 이자율 간의 관계가 반영되어 있지 않다. 따라서 정태적 IS곡선에서는 금리 경로의 설명에서 단기 금리의 변화가 장기 금리의 변화로 이어져 이것이 실물 변수에 영향을 미치는 과정이 반영되어 있지 않다. 그 결과 한국은행의 홈페이지에 있는 금리 경로의 설명을 보다 정확하게 설명할 수 있는 모형은 동태적 IS곡선이라는 점을 이해할 수 있다.

뉴케인지언 모형도 IS-LM모형과 같이 그림을 사용하여 다양한 정책의 효과를 분석할 수 있다. 뉴케인지언 모형의 그래프 분석에서는 LM곡선이 사라지고 대신 그 자리에 중앙은행의 이자율 준칙이 들어온다. 이를 간단한 선형식으로 표시하기 위해

그림 8-1 금리의 총수요 효과

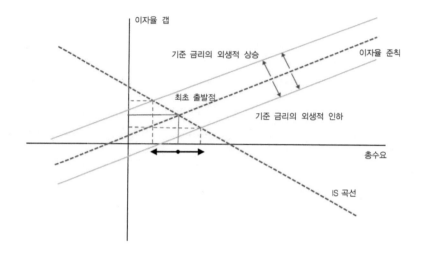

(명목)이자율 갭을 명목 이자율에서 자연 이자율과 목표 인플레이션율의 합을 뺀 차이로 정의한다. 이 경우 중앙은행의 이자율 준칙은 다음과 같이 쓸 수 있다.

$$(\text{이자율 갭}) = a(\text{생산 갭}) + b(\text{인플레이션율}) + \epsilon$$

이 식에서 a와 b는 양수이고 ϵ는 중앙은행이 경제 상황과 관련없이 이자율을 조정하는 부분을 의미한다. 앞에서 설명한 동태적 IS곡선의 식도 기호가 아닌 용어를 사용하여 아래와 같이 표시한다.

$$(\text{생산 갭}) = (\text{예상 생산 갭}) - \delta(\text{이자율 갭} - \text{예상 인플레이션율})$$

두 식을 x축은 생산 갭이고 y축은 이자율 갭으로 정의되는 평면에 그래프를 표시할 수 있다. 이 경우 IS곡선은 음의 기울기를 가진 직선이고 통화정책의 식은 양의 기울기를 가진 곡선이다. 두 곡선의 그래프를 그릴 때 정태적 IS-LM모형에서와 마찬가지로 물가 또는 인플레이션율이 주어진 것으로 가정한다

<그림 8-1>은 중앙은행이 경제 상황과 관련없이 명목 금리를 인상하거나 인하하

는 경우 총수요에 미치는 효과를 보여주고 있다. 즉 이자율 준칙의 식에서 ϵ의 값이 변동하는 상황이다. 값이 증가하면 실선이 위로 수평이동하고 ϵ의 값이 감소하면 아래로 수평이동한다. ϵ의 증가(감소)로 이자율이 상승(하락)하면 두 곡선이 교차하는 점에서 결정되는 총수요는 감소(증가)한다. IS곡선에 미래 시점에서 결정되는 변수들이 포함되어 있다. 이들이 현재 시점의 총수요에 미치는 효과는 IS곡선의 절편에 반영되어 있다. 미래 시점의 인플레이션율과 총수요에 대하여 현재 시점에서 형성한 예상치가 모두 양의 값을 가진다는 가정 하에서 위의 그래프를 그렸다. 또한 현재 시점에서 기준 금리의 변동이 있으면 이는 미래 시점의 인플레이션율과 총수요에 미치는 효과가 발생하지만 기준 금리의 동태적 효과가 없다는 가정 하에서 그래프를 그렸다. 이는 비현실적인 가정이지만 정태적 IS-LM모형과 유사한 그래프를 사용하여 통화정책의 총수요 효과를 쉽게 설명할 수 있다는 장점이 있다. 따라서 동태적 효과를 반영하면 원래의 모형에 대한 해는 <그림 8-1>의 그림과는 다를 수 있음을 지적해 놓는다.

이 그림에서 가정한 이자율 준칙의 식은 테일러 준칙의 변형된 형태이다. 이미 제7장에서 설명한 바와 같이 테일러(John Taylor)는 1993년에 발표한 학술 논문에서 미국의 중앙은행이 조정하는 연방기금금리의 실제 자료가 인플레이션율 갭과 생산 갭에 반응하는 단기 이자율의 모형으로부터 산출되는 시뮬레이션 자료에 의해서 잘 설명됨을 보였다. 테일러 준칙의 구체적인 수식은 뒤에서 뉴케인지언 모형을 설명할 때 소개한다.

다음에서는 현재의 총수요가 장기 예상 이자율 갭에 의해서 결정된다는 결과의 기대 관리 정책에 대한 함의를 정리한다. 제로 금리 정책과 선제적 지침을 설명하기 위해 2015년 12월 17일 연합 신문의 기사 내용을 그대로 인용한다. "미국이 마침내 금리인상을 단행해, 2008년 금융위기 이후 7년 동안 유지했던 '제로 금리' 시대가 막을 내렸다. 미 중앙은행인 연방준비제도이사회(Fed 또는 연준)는 워싱턴 D.C. 본부에서 진행된 이틀간의 연방공개시장위원회(FOMC) 정례회의를 통해 기준 금리인 연방기금금리를 현재의 0.00%~0.25%에서 0.25%~0.50%로 0.25%포인트 올리기로 위원 10명이 만장일치로 결정했다고 16일(현지시간) 공식 발표했다." 제로 금리의 상황을 계속하여 유지하면 중앙은행은 금리를 변동시킬 여지가 없다. 이러한 상황에서 중앙은행의 통화정책은 더 이상 없는 것인지 궁금할 수 있다. 현실 경제의 상황을 보면 양적 완화를 생각해볼 수 있다. 그러나 양적 완화를 고려하지 않더라도 중앙은행은 선제적 지침(forward guidance)을 통해 통화정책을 수행할 수 있다.

선제적 지침은 미래 시점에서 중앙은행이 결정하는 단기 금리 수준을 미리 약정하여 가계와 기업 등을 포함하는 민간 경제 주체들의 기대에 영향을 미치는 정책을 의미한다. 앞에서 분석한 IS곡선의 식을 사용하여 선제적 지침의 총수요 효과를 설명한다. 현재 시점이 제로 금리의 상황이라는 점이 동일하더라도 중앙은행이 더 먼 미래까지 제로 금리의 상황을 발표하고 이를 민간의 경제 주체들이 받아들이면 장기 이자율이 더 낮아지고 그 결과 총수요가 더 높아진다. 선제적 지침의 실효적인 효과가 존재하기 위해 필요한 것은 중앙은행의 미래 행동에 대한 약속을 가계와 기업들이 믿어야 한다는 것이다. 미래 시점에 도달하면 과거에 한 약속들을 무시하고 그 시점에서 가장 유리한 선택을 한다고 예상한다면 가계와 기업들은 중앙은행의 발표를 믿지 않는다. 따라서 선제적 지침의 효과가 발생하기 위해 가계와 기업의 중앙은행에 대한 신뢰가 필요하다. 이러한 점을 감안하면 평시에 중앙은행이 금융시장과의 소통을 중시하고 그 결과 착실하게 쌓아온 신뢰성은 금융위기 등의 경제 위기가 발생하는 상황에서 중앙은행이 실시하는 정책의 실효성을 가질 수 있도록 한다는 점에서 중앙은행이 평소에 착실하게 쌓아가야 하는 중요한 자산이라고 하겠다.

필립스 곡선의 도출

현재 시점에서 기업이 새로운 가격을 결정하여 발표하면 그 이후 매기 시점마다 α의 확률로 그대로 고정시켜야 한다는 제약을 반영한 기업의 이윤 극대화 문제를 설명한다. 기업의 경영자는 시장의 상황과 비용 변동의 요인을 고려하여 적정한 시점이라고 판단되는 상황이 발생하면 새롭게 가격을 재조정할 것으로 생각하고 있다. 기업은 소비자와 장기 공급 계약을 체결한다. 매기 시점마다 $(1 - \alpha)$의 확률로 약정한 계약대로 실행되지 못하고 계약을 새롭게 갱신해야 할 가능성이 있다. 매 시점에서 소

표 8-2 필립스 곡선 도출 과정

예상 한계 수입	$PMR_0 = (P_0^* - P_0) + \alpha\beta(P_0^* - P_1) + (\alpha\beta)^2(P_0^* - P_2) + (\alpha\beta)^3(P_0^* - P_3) + \cdots$
예상 한계 비용	$PMC_0 = mc_0 + \alpha\beta mc_1 + (\alpha\beta)^2 mc_2 + (\alpha\beta)^3 mc_3 + \cdots$
0기 예상 수입	$PMR_0 = \dfrac{P_0^* - P_0}{1 - \alpha\beta} + (\alpha\beta)(P_0 - P_1) + (\alpha\beta)^2(P_0 - P_2) + (\alpha\beta)^3(P_0 - P_3) + \cdots$
1기 예상 수입	$PMR_1 = \dfrac{P_1^* - P_1}{1 - \alpha\beta} + (\alpha\beta)(P_1 - P_2) + (\alpha\beta)^2(P_1 - P_3) + (\alpha\beta)^3(P_1 - P_4) + \cdots$
한계 수입 기간 변화	$PMR_0 - \alpha\beta PMR_1 = \dfrac{p_0^*}{1 - \alpha\beta} - \dfrac{\alpha\beta}{1 - \alpha\beta}(p_1^* + \pi_1)$
한계 비용 기간 변화	$PMC_0 - \alpha\beta PMC_0 = mc_0$
이윤 극대화 조건	$p_0^* = (1 - \alpha\beta)mc_0 + \alpha\beta(p_1^* + \pi_1)$
0기 물가지수 식	$P_0 = (1 - \alpha)P_0^* + (1 - \alpha)\alpha P_{-1}^* + (1 - \alpha)\alpha^2 P_{-2}^* + \cdots$
(−1)기 물가지수 식	$P_{-1} = (1 - \alpha)P_{-1}^* + (1 - \alpha)\alpha P_{-2}^* + (1 - \alpha)\alpha^2 P_{-3}^* + \cdots$
물가지수 기간 변화	$P_0 = (1 - \alpha)P_0^* + \alpha P_{-1} \rightarrow \alpha\pi_0 = (1 - \alpha)p_0^*$
인플레이션 기간 변화	$\pi_0 = \beta\pi_1 + \left(\dfrac{(1 - \alpha)(1 - \alpha\beta)}{\alpha}\right)mc_0$

주: 예상 한계 수입과 예상 한계 비용은 한 시점의 판매 수입과 생산 비용만 고려한 것이 아니라 계약 기간이 유효할 것으로 예측되는 전 기간을 고려하여 계산한 것이다.

비재 한 단위를 생산하기 위한 비용은 mc로 표기한다. 또한 한계 비용이 개별 기업의 생산량에 의존하지 않는 것으로 가정한다.[1] 대문자 P는 명목 가격이고 소문자 p는 실질 가격을 나타낸다. 이들을 로그 값으로 정의하여 $p_0^* = P_0^* - P_0$의 관계가 성립한다. P에 별표를 상첨자로 붙이면 이윤 극대화의 가격이라는 의미이다. 수식을 사용한 위의 정의식을 말로 설명하면 이윤 극대화의 명목 가격을 물가지수로 나눈 비율에 대하여 로그 함수를 취한 것이 실질 가격의 로그 값과 같다는 것이다. 소문자

---

1 이를 위해 기업은 한계 생산 비용과 평균 생산 비용이 같도록 하는 규모 수익 불변의 생산 기술을 보유하고 있는 것으로 가정한다. 생산 요소 시장은 완전 경쟁이고 요소 가격은 완전 신축적으로 변동하는 것으로 가정한다.

p_0에 별표의 상첨자를 붙인 이유는 이윤 극대화의 실질 가격을 표시하기 위해서이다. 또한 0기 시점의 인플레이션율은 물가지수의 기간 간 차이로 정의하여 $\pi_0 = P_0 - P_{-1}$으로 쓸 수 있다.

기업은 계약이 지속되는 기간 동안 예상 이윤이 0이 되도록 명목 계약 가격을 결정한다. 이윤이 0이 되도록 설정하려면 단위당 수입과 단위당 생산 비용이 같아져야 한다. 기업이 제시한 실질 가격을 p^*로 표기한다. 미래시점에서 받을 수입의 현재 가치를 계산하기 위해 기업이 사용하는 할인 인자를 β로 표기한다. 계약기간 동안 예상 수입의 현재 가치는 <표 8-2>의 첫째 줄에 정리되어 있다. 이 식에서 PMR_0는 0기 시점의 재화를 기준으로 평가한 예상 한계 수입을 나타낸다. 이 식 우변에서 첫번째 항은 현재 시점인 0기의 실질 수입이다. 두번째 항은 다음 시점인 1기에서 예상되는 실질 수입을 현재 가치로 환산한 것이다. α를 곱한 이유는 계약이 다음 시점에서도 유효하여 수입이 들어올 가능성을 고려하기 위함이다. β를 곱한 이유는 다음 시점의 가치를 현재 가치로 환산하기 위함이다. 동일한 방식을 그 이후의 시점에도 그대로 적용하여 나머지 항들이 포함된다.

예상 비용의 현재 가치는 <표 8-2>의 둘째 줄에 정리되어 있다. 이 식에서 PMC_0는 0기 시점의 재화를 기준으로 평가한 예상 한계 비용을 나타낸다. 이 식의 우변에서 첫 번째 항은 현재 시점인 0기의 실질 비용이다. 두 번째 항은 다음 시점인 1기의 실질 비용을 현재 가치로 환산한 것이다. α를 곱한 이유는 계약이 다음 시점에서도 유효하여 생산하는 비용이 소요될 가능성을 고려하기 위함이다. β를 곱한 이유는 다음 시점의 가치를 현재 가치로 환산하기 위함이다. 동일한 방식을 그 이후의 시점에도 그대로 적용하여 나머지 항들이 포함된다.

매기 시점마다 새로이 가격을 결정하는 기업이 항상 존재한다. 그러나 모든 기업이 매기 시점마다 가격을 새로 결정하지 않는다. 예를 들면 0기 시점에서는 P_0^*를 결정하는 기업이 있다. 1기 시점에서는 P_1^*를 결정하는 기업이 있다. 각각의 시점에서 새롭게 가격을 결정하는 기업들에게 적용되는 이윤 극대화의 조건도 다르다. $PMC_0 = PMR_0$의 조건은 0기 시점에서 성립해야 하는 이윤 극대화의 조건이다. $PMC_1 = PMR_1$의 조건은 1기 시점에서 성립해야 하는 이윤 극대화의 조건이다. 다음에서는 현재 가치로 측정한 한계 수입의 기간 간 변화 식과 현재 가치로 측정한 한계 비용의 기간 간 변화 식을 도출한다. 먼저 현재 가치로 측정한 한계 수입의 기간 간 변화 식을 도출하기 위해 PMR_0과 PMR_1의 식을 <표 8-2>의 셋째 줄과 넷째 줄에 다시 쓴다. 앞에서 이미 PMR_0의 식을 설명하였지만 두 식의 비교를 위해 다시 쓰기로 한다. PMR_0의 식에서 P_0^* 항이 무한개 포함되는데 이들의 계수는 등비급수가 된다는 점을 반영하여 <표 8-2>의 셋째 줄에 정리한다. 이 식에서 시점을 나타내는 하첨자들의 값에 1을 더하여 다시 쓰면 1기 시점에서 재화 한 단위로 측정한 한계 수입의 식이 된다. 이를 수식으로 정리하면 <표 8-2>의 넷째 줄에 있는 식이 된다. 위에서 도출한 두 식을 적절하게 조작하면 <표 8-2>의 다섯째 줄과 같이 쓸 수 있다. 이 식은 현재 가치로 측정한 한계 수입의 기간 간 변화가 어떻게 이루어지는지를 설명하는 식으로 해석할 수 있다. 이 식은 현재 시점의 한계 수입과 다음 시점의 한계 수입이 어떻게 연결되는지를 보여주고 있기 때문에 동일한 변수에 대한 인접한 시점에서 값들의 관계를 설명한다. 이와 같은 의미에서 한계 수입에 대한 차분 방정식으로 간주할 수 있다. 유사한 방식을 사용하면 현재 가치로 측정한 한계 비용의 기간 간 변화의 식은 <표 8-2>의 여섯째 줄에 있는 식이 된다. 이 식은 현재 시점의 한계 비용과 다음 시점의 한계 비용이 어떻게 연결되어 있는지를 보여주고 있어서 한계 비용에 대한 차분 방정식으로 간주할 수 있다.

위에서 도출한 현재 가치로 측정한 한계 수입의 기간 간 변화 식과 현재 가치로 측정한 한계 비용의 기간 간 변화 식을 이윤 극대화 조건에 대입한다. 그 결과 <표 8-2>의 일곱째 줄에 있는 식이 도출된다. 이 식에는 매 시점마다 새롭게 결정되는 가격이 포함되어 있다. 따라서 <표 8-2>의 일곱째 줄에 있는 식은 이들의 실질 가치의 기간 간 변화를 나타내는 식으로 해석할 수 있다. 여러 개의 수식을 사용하여 도출하였지만 결국 <표 8-2>의 일곱째 줄에 있는 식은 이윤 극대화 조건에 의해서 함의되는 식으로 간주할 수 있다. 한 기간만을 고려하는 경우에는 한계 수입과 한계 비용이 같다는 조건이므로 이윤 극대화의 조건이 변수의 기간 간 변화를 나타내는 식의 형태로 정리될 이유가 없다. 그러나 여러 기간 동안 명목 가격이 고정될 수 있으므로 이윤 극대화의 조건이 새롭게 결정되는 가격의 실질 가치의 기간 간 변화를 나타내는 식의 형태로 정리된다는 것이다. 여기에서는 0기에서 가격을 설정하는 기업의 이윤 극대화 조건과 1기에서 가격을 설정하는 기업의 이윤 극대화 조건을 동시에 사용하여 <표 8-2>의 일곱째 줄에 있는 식을 도출하였다.

다음에서는 물가지수가 어떻게 결정되는지를 설명한다. 0기 시점에서 명목 물가지수는 기존의 명목 가격들의 가중 평균으로 정의된다. 가중치는 각각의 명목 가격에 대하여 이를 받는 기업들의 비중이 된다. 0기 시점의 물가지수에 대한 정의식은 <표 8-2>의 여덟째 줄에 있다. 이 식의 오른편에서 각각의 시점에 결정된 명목 가격에 대한 계수는 각각의 명목 가격을 제품 가격으로 팔고 있는 기업의 비중이다. 또한 앞에서와 동일한 방식으로 정의된 (−1)기 시점의 물가지수는 <표 8-2>의 아홉째 줄에 있다.

두 시점의 물가지수를 보면 오른편 각 항의 계수가 같다는 것을 알 수 있다. 첫째 항은 각 시점에서 새로 계약을 체결한 기업들에 해당된다. 이들은 제품가격을 새로 책정한 기업들이다. 둘째 항은 한 기 이전 시점에서 계약을 체결하였으나 현재에도 계약을 그대로 유지하고 있는 기업들에 해당된다. 이들은 전기에 제품가격을 새로 책정하여 그 다음 시점에서도 그대로 유지하고 있으며 이들의 비중은 $(1-\alpha)\alpha$이다.

앞에서 인접한 두 시점의 물가지수 식을 설명한 이유는 인플레이션율과 이윤 극대화 가격 간의 관계를 도출하기 위함이다. 예를 들어 P_{-1}의 결정식의 양변에 α를 곱한 후에 P_0의 결정식으로부터 빼면 실질 가격과 인플레이션율 간의 관계식이 도출된다. 이 식은 <표 8-2>의 열번째 줄에 정리되어 있다. 여기서 화살표로 연결된 두번째 식은 물가지수의 결정식이 함의하는 인플레이션율과 이윤 극대화의 실질 가격 간의 균형 조건이다.

다음의 작업은 위의 식을 이윤 극대화 조건에 대입하여 필립스 곡선을 도출하는 것이다. 첫째, 앞에서 이윤 극대화 조건은 이윤 극대화의 실질 가격에 대한 차분 방정식으로 정리하였다는 점을 지적한다. 둘째, 물가지수의 결정식을 이윤 극대화의 실질 가격에 대한 차분 방정식에 대입한다. 그 결과 이윤 극대화 조건은 이윤 극대화의 실질 가격에 대한 차분 방정식이 아니라 인플레이션율에 대한 차분 방정식이 된다. <표 8-2>의 열번째 줄에 있는 식을 이윤 극대화의 조건에 대입하여 인플레이션율에 대한 기간 간 변화의 식을 <표 8-2>의 열한번째 줄과 같이 도출할 수 있다. 이 식이 함의하는 것은 현재 시점의 인플레이션율인 π_0는 다음 시점의 인플레이션율인 π_1과 현재 시점의 실질 한계비용에 비례한다는 것이다. 이 식은 기대를 고려한 필립스 곡선의 식이라고 할 수 있다. 기대를 고려한 필립스 곡선이라는 점을 보다 명확히 보이기 위해서 일반적인 교과서에 많이 사용되는 기호를 사용하여 <표 8-2>의 열한번째 줄에 있는 식을 다시 쓴다. 현재 시점의 인플레이션율을 π로 표기한다. 다음 시기의 인플레이션율에 대한 예상치를 π^e로 표기한다. 이것은 π_1에 대한 0기 시점에서 형성한 기댓값을 의미한다. 또한 한계생산비용은 생산 갭과 비례하는 것으로 가정한다. 예를 들어서 $mc = \lambda x$로 쓸 수 있다. λ는 양수이다. 이 식은 매 시점마다 성립하는 식이어서 시점의 표시를 생략하였다.

$$\pi = \beta\pi^e + \kappa x$$

이 식에서 π^e는 기대 인플레이션율을 의미한다. κ는 필립스 곡선의 기울기를 나타내는 것으로 간주할 수 있으며 $\kappa = \lambda((1-\alpha)(1-\alpha\beta)/\alpha)$로 정의된다.

앞에서 지금까지 설명한 필립스 곡선의 식도 기대를 고려한 필립스 곡선의 식이라고 할 수 있으나 기대를 고려한 필립스 곡선의 식이라는 용어를 사용할 때 다른 식을 의미할 수도 있음을 지적한다. 이 경우에 많이 인용되는 필립스 곡선의 식은 아래와 같다.

$$\pi = \kappa x + \pi^e_{-1}$$

위의 식에서 π^e_{-1}은 한 기 이전 시점에서 형성한 현재 시점의 인플레이션에 대한 기댓값을 의미한다. 따라서 이 식의 의미는 과거에 형성한 현재 시점의 인플레이션에 대한 기댓값이 현재 시점의 인플레이션에 영향을 미친다는 것이다. 앞에서 설명한 필립스 곡선의 기댓값은 미래 시점의 인플레이션율에 대한 기댓값이므로 '기대를 고려한 필립스 곡선'이라는 용어는 동일하지만 그 의미는 매우 다르다.

표 8-3 뉴케인지언 모형

IS곡선의 식	$x = x^e - \delta(i - \pi^e - r^*)$
필립스 곡선의 식	$\pi = \beta\pi^e + kx$
이자율 준칙의 식	$i = r^* + \varphi_x x + \varphi_\pi \pi + e$

주: r^*는 현재 시점의 자연 이자율을 나타낸다. 이자율 준칙의 e는 외생적인 이자율의 변화를 나타낸다.

　통화정책의 실물 효과에 대한 함의도 다른 점이 있다. 현재 시점에서 실현된 인플레이션율의 값에서 이전 시점에서 예상하지 못한 부분이 있는 경우에만 생산 갭이 0이 아니다. 이는 통화정책을 통해 생산 갭을 움직이려면 과거에 예상하지 못한 충격을 발생시켜야 한다는 것이다. 그러나 가격 경직성의 모형을 사용하여 도출한 필립스 곡선의 경우 이와 같은 제약이 없으며 아울러 통화정책 자체의 충격이 아니라 중앙은행이 거시경제 상황의 변동에 어떻게 반응하느냐에 따라서 통화정책의 실물 생산 효과가 달라질 수 있다는 것도 분석할 수 있다는 차이가 있다.

뉴케인지언 모형

　단순한 형태의 뉴케인지언 모형은 다음과 같이 세 개의 식으로 구성된다. 첫째, 동태적 IS곡선의 식이다. 현재의 총수요가 미래의 예상 총수요와 예상 실질 이자율에 어떻게 반응하는가를 설명한다. 둘째, 기대를 고려한 필립스 곡선의 식이다. 현재의 인플레이션율이 미래의 예상 인플레이션율과 생산 갭에 어떻게 반응하는가를 설명한다. 이미 두 개의 식을 어떻게 도출하는지를 설명하였다. 따라서 본 절에서는 도출과정에 대한 설명없이 수식만 <표 8-3>에 소개한다. 현재 두 개의 식에 세 개의 내생변수가 있다. 하나의 식이 더 추가되어야 세 개의 식으로 구성된 선형 연립 방정식이 된다. 추가되는 식은 금리 결정식이다. 이를 위해 단기 명목 이자율은 중앙은행이 결정하는 것으로 가정한다. 본 절에서 가정하는 금리 결정식은 앞에서 간단히 설명한 테일러의 이자율 준칙이다. <표 8-3>의 셋째 줄에 있는 테일러 준칙의 식은 뉴케인지언 모형의 세번째 식이 된다. 이 식에서 φ_x는 명목 이자율이 생산 갭에 반응하는 계수를 나타내고 φ_x는 명목 이자율이 실제 인플레이션율에서 목표인플레이션율을 뺀 차이에 반응하는 계수를 나타낸다. 또한 e는 명목 이자율이 경제 상황에 반응하여 변화하는 것이 아니라 중앙은행의 자의적인 결정에 의해서 조절되는 부분을 나타낸다. 따라서 e는 통화정책의 외생적인 충격을 나타낸다.

본 절에서 소개하는 뉴케인지언 모형의 현실적인 유용성은 어디에 있는지 궁금할 수 있다. 모형의 현실적인 성과에 대하여 여러 측면에서 서로 다른 의견이 있을 수 있지만 뉴케인지언 모형의 장점은 인플레이션 타기팅 제도 하에서 통화정책의 실물 효과를 분석하는 데 유용하다는 것이다. 물론 재정정책이나 금융정책의 효과도 분석할 수 있으나 본 절에서는 통화정책의 효과만 중점적으로 설명한다. <표 8-3>에 정리되어 있는 뉴케인지언 모형은 세 개의 균형식으로 구성된 방정식들의 모음이다. 비록 세 개의 식으로 구성된 모형이지만 현실에서 자주 등장하는 경제 이슈를 구체적으로 분석하는데 유용하다. 예를 들어 중앙은행이 경제 상황과 관련 없이 금리를 1% 올리면 인플레이션율과 국내총생산에 어떠한 영향을 미치는지를 수치로 계산하면 얼마인가? 또는 유가 충격이 발생하여 기존의 유가에 비해 1%의 유가상승이 발생하면 이것이 인플레이션과 국내총생산에 미치는 효과를 수치로 계산하면 얼마인가? 등의 질문을 생각해볼 수 있다. 이러한 질문들에 대하여 답변하기 위해 뉴케인지언 모형을 직접적으로 사용할 수 있다.

또한 기존의 정태적인 IS-LM모형과 비교하여 어떠한 장점이 있는지에 대하여 생각해볼 수 있다. 뉴케인지언 모형은 정태적 IS-LM모형과 달리 동태적인 거시 경제 모형이다. 그 결과 일시적으로만 실시되는 단기 경제정책과 여러 기간에 걸쳐 실시되는 지속적인 경제정책의 효과 간의 차이를 분석할 수 있다는 상대적인 장점이 있다. 이와 같은 차이점을 <표 8-3>의 식을 사용하여 쉽게 설명할 수 있다. 중요한 포인트는 π^e와 x^e가 지속적인 정책과 일시적인 정책에 대하여 반응하는 정도가 다르다는 것이다. 그 이유는 합리적으로 미래의 상황을 예측할 수 있는 능력이 있다면 가계와 기업은 일시적인 정책이 실시되는 경우 정책의 효과가 일시적일 것으로 기대할

그림 8-2 일시적인 통화정책과 지속적인 통화정책의 효과

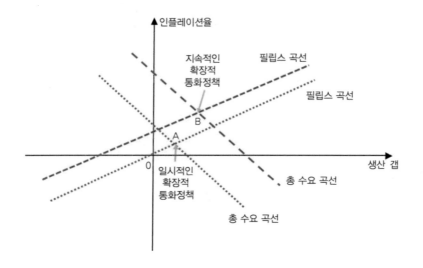

것이고 지속적으로 정책이 실시되는 경우 정책의 효과가 앞으로 일정 기간 동안 유지될 것으로 기대할 것이므로 정책의 지속성 정도에 따라 인플레이션율의 기대와 생산 갭에 대한 기대의 크기가 달라지기 때문이다.

예를 들어, 현재 시점에서만 중앙은행이 이자율을 현재 시점의 경제 상황과 관계 없이 자의적으로 인하하는 경우를 생각해보자. <표 8-3>의 셋째 줄에 있는 이자율 준칙에서 e = −1이라고 가정한다. 따라서 중앙은행은 일시적으로 경기 확장적인 통화정책을 실시하고 있다. 따라서 중앙은행은 일시적인 경기 확장적인 통화정책을 실시하고 있다. 다음 시점부터 계속해서 e = 0이기 때문에 가계와 기업은 다음 시점부터 인플레이션율과 생산 갭은 모두 장기 균형 상태에 머무르게 될 것으로 예상한다. 가계와 기업이 이와 같이 예상한다면 $\pi^e = 0$과 $x^e = 0$이 된다. 이 경우 필립스 곡선의 식은 $\pi = \kappa x$으로 주어진다. 또한 이자율 준칙의 식을 IS곡선의 식에 대입하여 도출되는 총수요의 식은 $\pi = -\tau x + \phi_\pi^{-1}$이다. 이 식에서 $\tau = (1 + \delta\phi_x)/(\delta\phi_\pi)$로 정의된다. 거시 경제의 균형은 두 개의 식이 동시에 만족되는 상황이다. 따라서 두 식을 동시에 풀면 일시적으로 경기 확장적인 통화정책이 실시되는 상황에서 결정되는 인플레이션율과 생산 갭의 균형 값을 도출할 수 있다. <그림 8-2>는 일시적인 통화

정책의 효과를 보여주고 있다. 이 그림에서 x축은 생산 갭이고 y축은 인플레이션율을 표시한다. 원점을 지나는 양의 기울기를 가진 점선이 일시적인 통화정책을 예상하는 경우의 필립스 곡선이다. 또한 음의 기울기를 가진 점선이 일시적으로 통화정책을 예상하는 경우의 총수요 곡선이다. 두 개의 선이 만나는 곳에서 일시적으로 경기 확장적인 통화정책이 실시되는 경우의 균형 생산 갭과 인플레이션율이 결정된다. 이 점을 A점으로 표시하였다. 현재의 모형에서는 장기 균형 상태가 원점인 것으로 가정하고 있다. 경기 확장적인 통화정책이 실시되기 이전에 거시 경제는 장기 균형 상태에 위치하고 있는 것으로 가정한다. 따라서 중앙은행의 경기 확장적인 통화정책이 일시적으로 실시되면 그 결과 인플레이션율과 생산 갭이 모두 양수로 증가함을 알 수 있다.

이제 다음 시점에서도 중앙은행이 계속하여 확장적 통화정책을 실시하는 경우를 보기로 한다. 중앙은행이 현재 시점에서 e = −1을 선택한다. 또한 다음 시점에서도 e = −1을 선택하는 것으로 발표하고 가계와 기업은 중앙은행이 약속을 지킬 것으로 예상한다. 다음 시점에서도 계속해서 경기 확장적인 통화정책이 실시될 것으로 예상되기 때문에 일시적으로 통화정책이 실시되는 경우와 달라지는 점은 $\pi^e > 0$ 과 $x^e > 0$이다. 이를 반영한 총수요 곡선은 다음과 같다.

$$\pi = -\tau x + {\phi_\pi}^{-1} + (\delta\phi_\pi)^{-1}(x^e + \delta\pi^e)$$

이 식의 우변에서 세번째 항이 미래에 대한 기대의 효과를 나타낸다. 지속적인 경기 부양정책으로 인해 $\pi^e > 0$ 과 $x^e > 0$의 조건이 부가되면 일시적으로 경기 확장적인 통화정책을 실시하는 경우에 비해 y축의 절편이 더 커지는 것을 알 수 있다. 이와 같은 점을 반영하여 <그림 8-2>에서는 중앙은행이 지속적으로 경기 확장적인 통화정책을 실시하는 경우에 해당하는 총수요 곡선을 긴 점선으로 표시하였다. 일시적인 통화정책을 실시하는 경우의 총수요 곡선과 비교하면 기울기는 같기 때문에 위로 수평 이동한 것으로 나타낼 수 있다. 절편이 증가한 크기는 바로 위에서 설명한 총수요의 식 우변의 세 번째 항의 크기와 같다. 필립스 곡선도 예상 인플레이션율의 증가를 반영하여 일시적인 통화정책의 경우에 비해 위로 수평 이동한다. 그 결과 지속적으로 경기 확장적인 통화정책을 실시하는 경우 균형 인플레이션율과 생산 갭은 B점에서 결정된다. 요약하면 B점은 A점과 비교하여 인플레이션율도 높고 생산 갭도 더 크다. 따라서 중앙은행이 현재 시점에서 동일한 크기로 금리를 인하하더라도 가계와 기업이 중앙은행의 통화정책이 일시적으로 실시될 것으로 예측하는지 또는 지속적으로 실시될 것으로 예측하는 지에 따라 거시 경제에 미치는 효과는 달라진다는 것으로 알 수 있다.

인플레이션 타기팅과 뉴케인지언 모형

우리나라의 통화정책 제도를 가장 간단히 표현하라는 요청을 받으면 우리나라는 물가안정목표제도를 실시하고 있다고 대답할 수 있다. 여기에 최근의 상황을 반영하면 물가안정의 목표에 덧붙여서 금융안정의 목표도 같이 중요하게 실시하고 있는 것으로 보충해서 설명하면 될 것이다. 이와 같은 설명이 올바른 설명이라는 점을 뒷받침할 증거가 있느냐고 반문하면 한국은행의 홈페이지에 수록되어 있는 통화정책의 목표에 대한 설명을 인용하면 될 것이다. "「한국은행법」 제1조 제1항은 한국은행을 설립하고 효율적인 통화신용정책의 수립과 집행을 통하여 물가안정을 도모함으로써 국민경제의 건전한 발전에 이바지함을 동 법의 목적으로 규정하고 있다. 따라서 한국은행의 통화정책이 추구하는 최우선 목표는 물가를 안정시키는 일이라 하겠다. 물가가 안정되지 못하면 미래에 대한 불확실성이 높아져 전반적인 경제생활이 위축되고 소득과 자원배분이 왜곡될 수 있을 뿐 아니라 서민생활도 해치게 된다. 국민경제가 안정적 성장을 이루기 위해서는 물가안정뿐만 아니라 금융안정도 확보되어야 한다. 이와 관련하여 「한국은행법」 제1조 제2항은 한국은행은 통화신용정책을 수행할 때에는 금융안정에 유의하여야 한다고 규정하고 있다. 이에 따라 한국은행은 통화신용정책 수행을 통해 물가안정을 도모하는 가운데 금융안정을 위한 정책적 노력도 함께 경주하고 있다."

본 절에서는 물가안정을 최우선으로 달성하려는 통화정책의 운영방식을 인플레이션 타기팅 제도라고 정의한다. 본 절의 목표는 앞에서 설명한 뉴케인지언 모형을 사

표 8-4 중앙은행의 신뢰성에 대한 거시경제적 효과

인플레이션 목표 제약 조건	$(1 - \beta)\pi^* = \kappa x^*$
필립스 곡선의 식	$\pi - \pi^* = \beta(\pi^e - \pi^*) + \kappa(x - x^*)$
테일러 준칙	$i = r^* + \varphi_\pi(\pi - \pi^*) + \varphi_x(x - x^*) + \pi^*$
IS곡선의 식	$x = x^e - \delta(i - \pi^e - r^* - \pi^*)$
총수요 곡선의 식	$x - x^* = x^e - x^* - \delta\big(\varphi_\pi(\pi - \pi^*) + \varphi_x(x - x^*) - (\pi^e - \pi^*)\big)$
중앙은행의 신뢰성 조건과 균형 조건	$(1 + \delta\varphi_x)(x - x^*) = -\delta\varphi_\pi(\pi - \pi^*)$ $\pi - \pi^* = \kappa(x - x^*)$

주: 중앙은행의 신뢰성 조건은 $\pi^e - \pi^* = 0$과 $x^e - x^* = 0$을 의미한다.

용하여 인플레이션 타기팅 제도에서 인플레이션율에 관한 목표가 달성되는 과정을 이해하는 것이다. 또한 물가안정의 의미에 대하여 정리할 필요가 있다. 인플레이션율에 대한 목표치가 발표되어 이를 달성하려는 운영방식과 물가수준에 대한 목표치가 발표되고 이를 직접적으로 달성하려는 운영방식은 상호 연관성이 있지만 서로 같은 의미라고 보기 어렵다. 한국은행의 경우에도 자신의 홈페이지에서는 물가안정이라는 표현을 쓰고 있으나 발표되는 내용은 인플레이션율에 대한 목표치이다. 본 절에서 소개하는 인플레이션 타기팅 제도를 위에서 소개한 내용과 연관 지어서 이해하려고 할 때 이와 같은 차이점을 감안해야 함을 지적한다.

본 절에서는 뉴케인지언 모형에 의거하여 중앙은행이 기준 금리를 조정하여 인플레이션율의 목표치를 안정적으로 달성할 수 있는지의 여부를 설명한다. 첫번째로 고려해야 하는 점은 중앙은행이 발표하는 목표치가 경제구조에 적절한 목표치가 되어야 한다는 것이다. 필립스 곡선을 사용하여 경제 구조에 적절한 목표치에 대한 개념을 설명한다. 필립스 곡선이 인플레이션율 목표치가 달성되는 기간 중 계속 성립할 것으로 예상된다면 중앙은행이 설정한 인플레이션율 목표치에 대응하는 생산 갭과 목표 인플레이션율은 <표 8-4>의 첫째 줄에 있는 조건을 만족해야 한다. 이 식에서 π^*는 중앙은행이 설정한 인플레이션율 목표치이다. x^*는 인플레이션율 목표치가 달성되는 시점의 생산 갭 수준이다. 무한 기간이 지난 이후에 달성되는 장기적인 인플레이션율의 목표치가 아니라면 <표 8-4>의 첫째 줄에 있는 식을 고려한 인플레이션율의 목표치를 설정하는 것이 바람직하다고 볼 수 있다. 현재 시점에서 성립하는 단기 필립스 곡선에서 <표 8-4>의 첫째 줄에 있는 식을 빼면 <표 8-4>의 둘째 줄에 있는 식이 도출된다. 이 식은 실제 인플레이션율의 목표 인플레이션율에 대한 편차와 실제 생산 갭의 편차로 표현한 단기 필립스 곡선의 식이다.

중앙은행은 자신이 설정한 목표 인플레이션율을 달성하기 위해 이자율 준칙을 실시한다. 따라서 명목 이자율은 실제 인플레이션율의 목표 인플레이션율에 대한 편차와 생산 갭 편차에 반응한다. 이자율 준칙의 식은 <표 8-4>의 셋째 줄에 정리되어 있다. 이 식은 테일러의 이자율 준칙과 동일한 형태임을 알 수 있다. 우변의 마지막 항에 인플레이션 목표치가 포함되어 있는 이유를 간단히 설명한다. $(i - \pi^*)$는 인플레이션율의 목표치가 달성된 시점에서의 실질 이자율이라고 할 수 있다. <표 8-4>의 셋째 줄에 있는 이자율 준칙이 함의하는 통화정책의 운용 방식은 다음과 같다. 인플레이션율 목표치가 달성된 시점에서의 실질 이자율과 자연 이자율 간의 차이를 실제 인플레이션율과 목표 인플레이션율 간의 괴리와 실제의 생산 갭과 목표 인플레이션율이 달성된 시점의 생산 갭 간의 괴리에 반응시켜 이자율을 조정한다.

<표 8-4>의 넷째 줄에 있는 이자율 준칙의 식을 IS곡선에 대입하면 IS곡선이 함의하는 생산 갭의 목표 괴리에 대한 기간 간 변화의 식을 계산할 수 있고 이를 <표 8-4>의 다섯째 줄에 정리한다. <표 8-4>의 둘째 줄에 있는 식과 다섯째 줄에 있는 식은 인플레이션율의 괴리와 생산 갭의 괴리에 대한 두 개의 식이다. 두 개의 식을 보면 현재 시점의 인플레이션율 괴리와 생산 갭 괴리는 두 변수의 예상 괴리에 대한 함수가 됨을 알 수 있다. 이와 같은 모형 분석을 실시하는 이유는 어느 경우에 인플레이션율의 목표치를 달성할 수 있는지를 명확하게 이해할 수 있는 데 도움이 되기 때문이다. 두 식을 사용하여 미래 시점에서 중앙은행의 목표치가 달성된다고 사람들이 믿으면 현재 시점에서도 중앙은행의 목표가 달성되는 지를 보기로 한다. 현재 시점에서도 중앙은행의 목표가 달성이 된다면 사람들의 미래에 대한 기대가 중앙은행이 제시한 목표와 일치되는 것이 현재 시점의 목표를 달성하기 위한 선행 조건이라는 것을 의미한다. 먼저 <표 8-4>의 다섯째 줄에 있는 식을 보기로 하자. $\pi^e - \pi^* =$

0과 $x^e - x^* = 0$의 조건을 이 식에 대입하면 <표 8-4>의 여섯째 줄에 있는 첫번째 식이 도출된다. 또한 <표 8-4>의 둘째 줄에 있는 식에 대해서도 동일한 방식을 적용하면 여섯째 줄에 있는 두번째 식이 도출된다. 두 식을 보면 쉽게 $\pi = \pi^*$과 $x = x^*$가 답이라는 것을 알 수 있다. 이는 현재 시점에서도 인플레이션율에 대한 목표치가 달성된다는 것이다.

　<표 8-4>의 수식을 통해서 중앙은행의 발표에 대한 신뢰성이 거시경제적으로 중요한 의미가 있음을 보았다. 다음에서는 어떻게 중앙은행의 발표가 가계와 기업의 신뢰를 얻게 되는지에 대하여 설명한다. 실제 인플레이션율이 목표 인플레이션율에서 벗어나면 중앙은행이 목표 인플레이션율로 근접하게 하는 능력이 있다는 점을 믿을 수 있어야 한다. 또한 중앙은행이 가지고 있는 이러한 능력을 적절하게 쓰고 있다는 것을 확인할 수 있어야 한다. 총수요는 실질 금리와 반대 방향으로 움직이고 있다는 점이 중앙은행이 명목 금리를 조정할 때 고려해야 하는 중요한 포인트이다. 예를 들어 실제의 인플레이션율이 목표 인플레이션율에 비해 1% 포인트 높아졌다고 가정하자. 이 경우 φ_π의 크기가 1보다 크다면 명목 금리를 1%보다 더 높게 조정한 것이다. 따라서 인플레이션율의 상승보다 명목 금리의 상승폭이 더 높으므로 실질 금리도 높아진 것으로 볼 수 있다. 실질 금리가 상승하면 그에 따라 총수요가 감소한다. 총수요가 감소한다면 미래에 대한 예상 인플레이션율의 변동이 없는 경우 필립스 곡선의 식이 성립하는 경제에서 인플레이션율은 감소하게 된다. 그 결과 실제 인플레이션율이 목표치로 회귀하게 된다. 실제 인플레이션율이 목표 인플레이션율에 비해 더 낮아지는 경우에도 동일한 방식으로 설명할 수 있다. 앞의 설명을 요약하면 중앙은행이 명목 금리를 조정할 때 실제 인플레이션 목표치로부터의 괴리에 대한 반응 계수의 크기를 1보다 크게 해야 중앙은행이 실제 인플레이션율이 목표 인플레이션율에 근접하도록 통화정책을 실시할 수 있다는 것이다. 이러한 특성을 테일러 준칙이 함의하는 테일러 준칙의 안정성이라고 정의한다. 결국 테일러 준칙의 안정성을 달성할 수 있도록 명목 금리를 조정한다면 이를 통해 민간 기업과 가계의 미래에 대한 기대가 중앙은행의 목표치와 같아지도록 안정화 시킬 수 있다는 것이다. 이제 본 절을 마치기 전에 현재 분석하고 있는 뉴케인지언 모형의 유용성을 다음과 같이 정리한다. 뉴케인지

언 모형은 인플레이션 타기팅 제도 하에서 중앙은행이 단기 명목 금리를 조정하여 어떻게 인플레이션 목표치를 달성할 수 있는지에 대한 이론적인 근거를 제시한다. 이 과정에서 가계와 기업의 기대를 중앙은행이 의도하는 대로 움직이는 것이 중요하다는 점도 지적할 수 있다.

준칙과 재량

가계와 기업의 정부에 대한 신뢰가 정부가 가지고 있는 중요한 정책 도구라는 점을 명확하게 보여주는 간단한 예를 소개한다.[2] 가계와 기업의 정부에 대한 신뢰는 정부가 미래 시점에서 실시할 것으로 발표한 정책이 약속한 대로 실시될 것이라는 것에 대한 신뢰를 의미한다. 어떠한 경우 정부의 발표가 신뢰를 얻을 수 있는가? 정부가 앞으로 자신의 약속을 지킨다고 공식적으로 발표한다고 하여 신뢰를 얻는 것은 아니다. 미래 시점에서 실제로 정책을 실시하려고 할 때 정부가 과거의 약속을 그대로 실행하지 않고 재검토하여 미래 시점에서 가장 바람직한 정책을 찾아서 수정할 수 있는 권한이 있다면 정부는 과거의 약속을 그대로 지키지 않고 수정할 것이라는 것이 본 절의 강조점이다. 정책을 실시하는 시점에서 정부의 재량에 의해 과거에 약속한 정책을 포기하고 다른 정책으로 변경할 수 있는 권한이 주어지면 정부는 다른 정책으로 바꾸려는 경우가 발생할 수 있다.

위에서 설명한 상황을 가리켜서 시간 불일치(time inconsistence)라고 부른다. 시간 불일치는 정부가 자신의 재량적 권한을 국민의 복지를 위해서만 사용하는 경우에서도 발생한다. 즉, 선한 목적으로 재량권을 사용하는 경우에도 시간 불일치는 발생한다. 정부가 정책을 발표하는 시점과 실행하는 시점 간 차이가 발생하면 발표하는 시점에서 가장 바람직한 선택이 실제로 실행하는 시점에서는 가장 바람직한 선택이 되지 않을 수 있다는 것이다. 정부가 정책을 발표하는 시점과 실행하는 시점 사이에 가

---

2 본 절에서는 인플레이션율의 목표치가 어떻게 설정되는지를 설명한다. 본 절의 뒷부분에 한국은행과 정부가 협의하여 물가안정목표를 결정한다는 점을 설명하고 있다. 따라서 본 절에서는 '중앙은행이 목표치를 설정한다'는 표현 대신 '정부가 목표치를 설정한다'는 표현을 사용한다.

계와 기업의 의사결정이 이루어져야 하는 상황을 생각해보자. 가계와 기업이 정부의 발표를 믿고 행동을 선택하는 경우와 정부의 발표를 신뢰하지 않고 행동을 선택하는 경우가 가능하다. 두 경우는 서로 다른 결과를 가져다 준다. 따라서 정부가 자신의 정책을 실제로 실행하는 시점에서 서로 다른 상황에 처하게 된다. 정부가 처한 상황이 다르다면 정부의 입장에서 바람직한 선택의 내용도 당연히 달라진다.

시간 불일치의 상황이 발생하지 않도록 해야 하는 이유는 무엇인가? 시간 불일치의 비용이 발생하기 때문이다. 선의의 목적으로 과거에 발표한 약속을 저버리고 새로운 정책을 실시하는 유인이 있다면 합리적으로 판단하는 가계와 기업은 정부가 발표한 정책의 약속이 그대로 지켜지지 않을 것이라는 점을 이해한다. 정부가 약속을 그대로 이행하지 않는다면 정부의 발표가 지켜지지 않는다는 가정 하에서 가계와 기업은 행동을 선택하게 된다. 지불해야 하는 사회적 비용은 가계와 기업이 정부가 의도하는 것에 맞추어서 행동을 선택하지 않기 때문에 발생하는 후생의 감소이다. 가계와 기업은 정부의 발표를 신뢰할 때 이를 그들의 기대에 반영하여 선택하기 때문에 그렇지 않은 경우에 비해 더 높은 국민 복지를 달성할 수 있다.

어떻게 하면 정부가 가계와 기업의 신뢰를 얻을 수 있는가? 정부가 과거에 약속한 정책의 내용을 수정할 수 있는 정부의 재량적인 권한을 제거해야 한다. 단순히 재량적 권한을 제거하는 것에 덧붙여서 미래 시점에서 실시될 정책에 대한 정부의 약속이 반드시 지켜지도록 하는 제도적인 장치가 있어야 한다. 이러한 선행조건이 만족되면 정부의 미래 행동에 대한 구속력이 있는 약속으로 정의되는 커미트먼트(commitment)가 가능하다고 한다. 두 종류의 커미트먼트를 생각할 수 있다. 하나는 정부가 달성하려는 거시 경제 변수의 목표 수치가 정해지면 이를 무조건적으로 지키는 것에 대한 커미트먼트이다. 예를 들어 인플레이션율에 대한 목표치를 2퍼센트로 결정하면 미래 시점에서 어떠한 상황이 발생하더라도 이를 달성하는 것을 의미한다. 다른 하나는 상황 조건부 커미트먼트이다. 동일한 거시 경제 변수에 대하여 거시 경제의 상황에 따라 다른 목표 수치를 부여하는 것이다. 목표 수치 자체가 앞으로 벌어지는 상황의 함수로 계산되는 것을 의미한다. 목표 수치가 수정될 수 있지만 어떻게 수정되는지를 결정하는 방법에 대한 커미트먼트이다. 무조건적으로 하나의 수치만을 고집하는 방식으로 약속을 하는 것은 일반적인 사람들이 이해하기 쉽다. 앞으로의 상황이 완전히 예견되는 상황에서는 하나의 수치로 약속을 하는 것이 바람직할 것이다. 그러나 미래 시점에 대한 완전한 예측이 불가능한 상황에서 중요한 경제 상황의 변동에 따라 목표 수치를 적절하게 변화시키는 것이 더 높은 국민 복지 수준을 달성하게 할 것이라는 점은 쉽게 이해할 수 있다. 따라서 분석하고 있는 거시 경제의 특성에 따라서 두 종류의 커미트먼트 중 어느 것이 더 바람직한 것인지의 여부가 결정된다.

준칙(rule)과 재량(discretion)의 용어로 앞에서 설명한 내용을 정리할 수 있다. 준칙은 커미트먼트가 가능한 경우를 말한다. 재량은 과거에 어떠한 약속을 했는지에 대하여 제약을 받지 않고 정부가 정책을 실행하는 시점에서 가장 바람직하다고 판단이 되는 정책을 실행할 수 있는 경우를 말한다. 준칙에 의한 경우를 경직적인 정책의 운영으로 받아들이면 재량적 정책이 더 바람직한 것으로 오해할 수 있다. 정부가 재량권을 가지면 정부가 정책을 실시하는 과정에서 필요한 유연성 또는 신축성을 가지게 되어 보다 더 높은 국민 복지를 달성할 수 있는 것으로 보인다. 그러나 문헌에서의 결론은 준칙의 경우 더 높은 국민 후생을 실현시킬 수 있다는 것이다.[3] 그 이유를 간단히 요약하면 다음과 같다. 준칙을 실시하면 정부의 약속에 대한 가계와 기업이 신뢰가 형성되어 발생하는 이득이 있다. 재량적 정책이 실시되면 이러한 이득은 사라진다. 시간의 불일치가 발생하는 상황에서는 준칙을 실시하여 얻는 이득이 재량적인 정책이 가지는 이득을 초과하기 때문에 준칙을 채택하여 달성할 수 있는 국민의 후생이 더 높다는 것이다.

다음에서는 뉴케인지언의 모형을 사용하여 최적 인플레이션을 달성하려는 정부가 준칙에 의한 정책과 재량에 의한 정책을 실시할 때 어떠한 차이가 있는지를 설명한다. 외생적인 공급 충격이 없는 것으로 가정하여 필립스 곡선의 위치가 항상 일정하게 고정되어 있는 경우를 분석한다. 정부는 국민의 복지를 극대화하는 목표를 가지고 있는 것으로 가정한다. 국민의 복지는 정부가 거시 경제정책을 사용하여 영향을 미칠

---

3 널리 알려진 논문은 키드랜드(Finn Kydrand)와 프레스콧(Edward Prescott)이 1977년 Journal of Political Economy(Vol.85, No.2, pp. 473-490)에 발표한 「Rules rather than Discretion: The Inconsistency of Optimal Plans」이다.

수 있는 거시 경제 변수의 함수이다. 예를 들어 인플레이션율의 변동성이 높아지거나 생산 갭의 변동성이 높아지면 국민의 복지 수준이 낮아진다. 본 절의 분석에서 사회 후생의 손실을 측정하는 손실 함수는 다음과 같이 인플레이션율과 생산 갭에 대한 이차 함수로 가정한다.

$$L = \pi^2 + \lambda(x - b)^2$$

이 식에서 L은 사회후생 손실을 나타낸다. 이 식에서 b는 생산 갭이 제로가 되더라도 국민이 감수해야 하는 후생의 손실을 나타내고 b의 값이 양수이면 생산 갭이 제로가 되더라도 소비재의 생산을 더 늘려서 사회후생을 증가시킬 수 있는 여지가 있다는 것이다. 또한 λ 의 값은 생산 갭의 변동성이 인플레이션율의 변동성에 비해 상대적으로 더 중요한 정도를 나타낸다. 단순히 손실 함수만 보면 정부가 제로 인플레이션율과 생산 갭이 b가 되도록 선택한다면 사회후생의 손실은 제로가 된다는 것을 알 수 있다. 그러나 이 선택은 정부의 선택지 안에 없다. 그 이유는 위의 선택은 균형에서 달성될 수 없는 선택이기 때문이다.

정부의 선택이 균형에서 달성되는가의 여부를 어떻게 판별하는지를 설명한다. 정부가 선택한 인플레이션율과 생산 갭은 소비자와 기업이 형성한 균형 조건을 만족해야 한다. 그렇지 않다면 소비자와 기업의 자발적인 선택에 의해서 달성되지 않는다. 인플레이션율과 생산 갭의 균형 관계를 나타내는 조건이 필립스 곡선이다. 따라서 정부의 선택은 필립스 곡선의 균형 조건을 만족해야 한다. 정부가 목표 인플레이션율을 선택하는 과정을 보다 구체적으로 설명하면 다음과 같다. 앞에서 정의한 손실 함수가 정부의 목적 함수이다. 필립스 곡선의 식이 정부의 선택을 제약하는 제약 집합을 규정하는 식이다. 따라서 정부의 선택에 대한 제약 조건을 고려한 최소화 문제를 풀어서 나온 인플레이션율의 값이 정부의 목표 인플레이션율이다.

그림 8-3 시간 불일치의 후생 효과

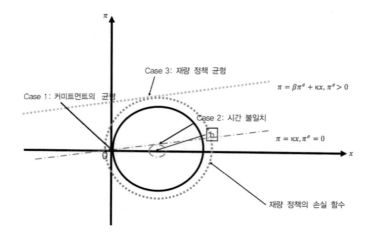

다음에서는 <그림 8-3>을 사용하여 준칙 하에서 정부의 선택과 재량 하에서 정부의 선택이 다르다는 것을 보인다. <그림 8-3>에서 수평 축은 생산 갭을 의미하고 수직 축은 인플레이션율을 나타낸다. 먼저 손실 함수의 그래프를 설명한다. 이 그림에서 $\lambda = 1$로 가정하였기 때문에 손실 함수의 그래프는 x축의 값이 b이고 y축의 값이 0인 점을 중심점으로 하는 원으로 그려진다. <그림 8-3>에서는 세 개의 경우를 보여주고 있다. 이 중에서 Case 1은 정부가 준칙을 실시하는 경우 달성할 수 있는 목표 인플레이션율과 생산 갭을 의미한다. 정부가 준칙을 실시할 때 최적 인플레이션율과 최적 생산 갭은 모두 0이 된다.

다음에서는 정부에게 재량이 있는 경우를 분석한다. 이를 위해 먼저 시간 불일치가 발생하는 상황을 설명한다. <그림 8-3>에서 시간 불일치의 상황은 Case 2에 해당한다. 예를 들어 정부의 발표를 가계와 기업이 그대로 믿는 상황의 필립스 곡선을 생각해보자. 정부가 다음 시점에 제로 인플레이션율을 달성할 것으로 발표하고 가계와 기업이 이를 믿으면 $\pi^e = 0$이 된다. 이제 $\pi^e = 0$일 때 필립스 곡선의 식은 $\pi = \kappa x$이다. <그림 8-3>에서 볼 수 있듯이 $\pi = \kappa x$를 제약식으로 하여 손실 함수를 최소화하는 인플레이션율은 양수가 된다. 원점에서 손실 함수의 값보다 Case 2에 대응하는 손실 함수의 값이 더 작다. 따라서 정부에게 선택의 재량권이 부여된다면 정부는 Case 2에 해당하는 정책을 선택할 것이다. 그 이유는 정부가 선의의 목적에서도 과거의 약속을 어기는 대신 반대급부로 받는 이득이 있기 때문이다.

가계와 기업이 정부의 발표를 믿는 것으로 가정하자. 또한 정부가 미리 발표한 다른 인플레이션율을 목표로 수정할 수 있는 재량권을 행사할 수 있다고 가정하자. 정부는 재량권을 사용할 것인지를 결정해야 한다. 정부는 재량권을 사용한다는 것이 결론이다. 그 이유는 앞의 가정이 만족되면 기존의 목표치를 수정하여 다른 목표치를 달성하는 것이 국민의 복지를 기준으로 평가하더라도 더 바람직하기 때문이다. 그러므로 정부는 이미 발표한 목표치와 다른 인플레이션율을 달성하려고 한다. 이 경우 더 생각해야 하는 점이 있다. 이는 가계와 기업이 정부를 믿을 것인지에 대한 문제이다. 가계와 기업이 정부가 약속을 지키지 않는 상황이 발생하는 것을 이해한다면 정부의 발표를 그대로 믿어야 할 이유가 없다. 가계와 기업이 정부의 발표를 믿지 않는다면 정부가 당면한 필립스 곡선의 그래프는 Case 3의 점선이 된다. 정부가 더 높은 인플레이션율을 달성할 것을 안다면 Case 2의 점선보다 더 높은 곳에 위치한 필립스 곡선이 될 것이다. 그러므로 정부가 재량권이 있는 경우를 설명하는 그래프는 회색의 점선과 회색의 원이 된다. 이 경우는 준칙을 실시하는 경우와 비교하여 더 높은 인플레이션율을 달성하게 된다. 회색의 원은 검은색의 원 바깥에 위치한다. 이는 재량 정책 하에서 달성할 수 있는 국민의 복지는 준칙이 실시되는 경우 달성할 수 있는 국민의 복지와 비교하여 더 낮다는 것이다.

앞에서 설명한 모형의 인플레이션 타기팅 운영에 대한 함의를 생각해보기 위해 먼저 우리 나라에서는 인플레이션 목표가 어떻게 결정되고 있는지를 살펴본다. 실제로 이를 담당하고 있는 기관의 설명을 그대로 인용하는 것이 바람직하다고 생각하여 한국은행 홈페이지에 수록된 내용을 요약하여 인용한다. 제7장에도 유사한 내용이 있지만 독자의 편의를 위해 본 절에서 반복하여 정리한다.

(1) 한국은행은 「한국은행법」 제6조 제1항에 의거 정부와 협의하여 중기 물가안정목표를 설정하고 있다. 2016년 이후 물가안정목표는 소비자물가 상승률 (전년 동기 대비) 기준 2%이며 한국은행은 물가상승률이 중기적 시계에서 물가

안정목표에 근접하도록 정책을 운영한다.

(2) 현재의 물가안정목표는 2016년부터 2018년까지 적용되며, 다음 물가안정목표는 2018년 말 이전에 경제여건을 점검하여 다시 설정한다.

(3) 향후 예상치 못한 국내외 경제 충격, 경제여건 변화 등으로 물가안정목표의 변경이 필요할 경우 정부와 협의하여 물가 목표를 재설정할 수 있도록 한다.

앞에서 설명한 이론 모형과 다른 점은 인플레이션 목표치를 한번 결정하면 이를 영구히 유지하지 않고 일정한 기간 내에 다시 수정하는 방식을 사용한다는 것이다. 중기 목표치를 설정하여 운용하는 방식을 옹호하는 다양한 이유들이 있을 수 있지만 앞에서 설명한 모형에 의거하여 설명할 수 있다. 현실 경제에서는 앞에서 설명한 단순한 모형과는 달리 필립스 곡선의 위치가 외생적인 공급 충격에 의해서 계속 이동한다. 필립스 곡선의 위치가 지속적으로 이동하면 최적 인플레이션의 값도 계속해서 변화하므로 단 하나의 영구적인 인플레이션 목표를 달성하도록 운영되는 것보다는 인플레이션율의 목표치를 정기적으로 재검토하는 것이 바람직하다고 볼 수 있다.

인플레이션 타기팅을 성공적으로 운영하기 위해 필요한 요소 중의 하나는 중앙은행이 자신이 발표한 인플레이션율의 목표치를 달성하지 못하는 경우 어떠한 책임을 지는지에 대한 명확한 약속이 있어야 한다는 것이다. 이를 중앙은행의 통화정책 운영에 대한 책임성의 강화라고 할 수 있다. 또한 목표치를 달성하지 못하는 경우 목표의 달성을 저해하는 이유에 대한 투명한 설명이 중앙은행의 신뢰성을 유지하는 데 도움이 된다. 이와 관련된 제도적 장치에 대하여 다음과 같이 설명할 수 있다.

(1) 물가목표 운영상황을 연 4회 점검하여 그 결과를 국회 제출 법성보고서인 통화신용정책보고서를 통해 국민들에게 설명한다.

(2) 아울러 소비자물가 상승률이 6개월 연속 물가안정목표를 ±0.5%p 초과하여 벗어나는 경우, 총재 기자간담회 등을 통해 물가안정목표와의 괴리 원인, 소비자물가 상승률 전망 경로, 물가안정목표 달성을 위한 통화신용정책 운영방향 등을 국민들에게 직접 설명한다.

(3) 이후에도 물가가 목표를 ±0.5%p 초과하여 벗어나는 상황이 지속되면 3개월 마다 후속 설명 책임을 이행한다.

이와 같은 조항들은 앞에서 설명한 준칙에 의한 정책의 이득을 얻기 위한 제도적 장 치의 사례로 간주할 수 있다.

연습문제

1. 소비의 기간 간 대체 탄력성이 높은 경제와 낮은 경제에서 통화정책의 효과가 차이가 있다고 주장하는 경제학자가 있다. 소비의 기간 간 대체 탄력성은 실물 경제에서 결정되는 것이므로 이와 같은 주장은 납득하기 어렵다고 반론을 제기하는 경제학자가 있다. 첫번째 주장과 두번째 주장을 논리적인 설명을 첨부하여 평가하시오.

2. 미국과 한국을 비교하면 한국에서의 소비의 기간 간 대체 탄력성이 미국의 경우보다 더 낮다. 따라서 중앙은행의 통화정책이 실물 경제에 미치는 효과는 미국이 한국에 비해 더 크다. 두 나라의 저축의 결정 요인을 반영하여 이 주장에 대하여 평가하시오.

3. 명목 가격 경직성은 일반적으로 기업이 한 번 결정한 가격을 얼마나 오랜 기간 동안 그대로 유지하는지에 의해서 결정된다. 본문에서 설명한 모형에서 평균적으로 가격을 일정하게 고정시키는 기간을 계산하시오. 명목 가격 경직성이 높으면 필립스 곡선의 기울기가 낮다고 하는 주장이 맞는지 또는 틀리는지를 설명하시오.

4. 연평균 실질 이자율이 4%이다. 기업의 자료를 조사한 결과를 분석하니 평균적으로 실질 한계 비용의 실질 생산에 대한 탄력성이 10이다. 매기마다 자신이 판매하는 제품에 대하여 새로운 가격을 책정하는 기업의 비중은 1/2이다. 이러한 경제에서 필립스 곡선의 기울기가 얼마인지를 본문의 뉴케인지언 모형을 사용하여 계산하시오.

5. 인플레이션 타기팅을 실시하는 국가에서는 인플레이션율의 목표치를 부여하는 변수를 소비자 물가지수의 상승률로 할 것인지 개인소비지출(personal consumption expenditures)의 디플레이터로 할 것인지에 따라서 소비자에게 미치는 효과가 달라질 수 있다고 주장한다. 이에 대하여 분석하시오.

6. 한국의 금융통화위원회에서 기준 금리의 목표치를 발표하면 민간의 금융시장에서 결정되는 콜 금리 또는 RP거래의 금리에 어떻게 영향을 미치는지를 설명하시오. 미국에서는 FOMC가

연방기금금리에 대한 목표치를 발표한다. 미국의 연방기금금리와 기준 금리 간의 차이를 설명하시오.

7. 미국의 중앙은행에 부여된 통화정책의 목표는 물가안정과 고용 극대화(또는 고용 안정)가 동시에 같은 비중으로 부여되어 있다고 한다. 이러한 두 개의 목표에 대하여 'dual mandate'이라고 한다. 한국의 중앙은행에 대해서는 고용과 관련된 목표가 부여되어 있지 않은 것으로 알려져 있다. 한국의 경우도 미국과 같이 통화정책의 목표에 고용안정이라는 목표를 추가하는 것이 바람직하다는 의견을 제시하는 학자가 있다. 이와 같은 주장에 찬성하는지 아니면 반대하는지에 대하여 본인의 입장을 결정하고 그에 대한 논리적 설명을 쓰시오.

8. 제로 금리 하에서는 자연 이자율의 변화가 총수요에 미치는 효과를 증가시킨다는 주장이 있다. 본문에서 설명한 IS곡선을 사용하여 앞의 주장이 맞는지 여부를 설명하시오. 또한 자연 이자율의 변동이라고 할 수 있는 구체적인 사례가 있다면 어 떠한 것들이 있는지를 조사하여 설명하시오.

9. 〈그림 8-3〉에서 설명한 3개의 경우에 관한 다음의 문제들에 답하시오. 커미트먼트 균형에서 손실 함수의 값을 계산하시오. 재량 정책 균형의 인플레이션율과 생산 갭을 계산하시오. 위의 답을 이용하여 재량 정책 균형의 사회후생에 대한 손실을 계산하시오.

제9장

비전통적인 통화정책

제9장

비전통적인 통화정책

　본 장의 목적은 2007년 여름 이후 지난 10여 년간에 걸쳐 많이 인용되어온 제로 금리 하에서 중앙은행이 실시한 다양한 통화정책을 설명하고 아울러 앞에서 이미 설명한 거시 경제 모형을 사용하여 이들의 거시경제적 효과를 분석할 수 있는지에 대하여 간단히 소개하는 것이다. 최근 2008년 말부터 2015년 말까지 약 7년간 미국의 연방공개시장위원회에서는 연방기금금리를 제로 금리 수준에 고정시켰다. 중앙 은행이 단기 명목 이자율을 제로 수준에서 고정시키면 더 이상 이자율 조정을 통한 통화정책의 인플레이션 및 경기 부양 효과를 기대하기 어렵다. 그러나 제로 금리를 유지하더라도 중앙은행은 적절한 커미트먼트를 통해 실물 경제에 영향을 미칠 수 있다. 그 이유는 미래 시점의 통화정책에 대한 중앙은행의 커미트먼트는 가계와 기업 그리고 다른 금융시장 참가자들의 미래에 대한 기대에 영향을 미치기 때문이다. 중앙은행이 기대에 영향을 미치게 되면 단순히 금융시장 참가자들의 기대를 바꾸는 것으로 효과가 끝나는 것이 아니다. 일반적으로 사람들은 현재 시점에서 자신의 행동을 결정할때 미래에 대한 기대를 반영한다. 따라서 미래 시점의 통화정책에 대한 중앙은행의 커미트먼트는 현재 시점에서 결정되는 주요 거시 경제 변수에 영향을 미치게 된다.

이와 같은 상황을 요약하여 중앙은행의 선제적 지침(forward guidance)이라고 한다. 선제적 지침은 미래 시점의 이자율에 대하여 민간의 소비자와 기업에게 미리 공표하고 이를 실제로 지키는 것을 통해 소비자와 기업이 형성하는 미래 시점에 대한 기대에 영향을 미치는 정책을 의미한다. 제8장에서 소개한 모형에서는 예상 인플레이션율과 예상 총수요가 현재 시점의 총수요와 인플레이션율을 결정하는 요인이다. 제8장에서 설명한 모형에 의거하여 중앙은행의 선제적 지침이 거시 경제의 주요 변수에 영향을 미치는 과정을 설명할 수 있는 이유는 중앙은행의 발표가 가계와 기업의 기대에 직접적으로 영향을 미치는 채널이 있기 때문이다. 선제적 지침의 실효성은 중앙은행의 발표에 대한 신뢰성에 의존한다.

교과서에서 많이 인용되는 형태의 IS-LM모형은 대규모로 실시된 양적 완화 (quantitative easing)가 실물 경제에 미치는 과정을 정확히 설명하지 못한다는 비판이 있다. 이와 같은 비판의 배경이 되는 가장 큰 이유는 다음과 같이 요약할 수 있다. IS 곡선에서 총수요에 영향을 미치는 명목 이자율이 중앙은행의 이자율 준칙에 의해서만 결정된다고 가정한다면 중앙은행의 모기지 증권이나 장기 국채의 매입이 총수요에 영향을 미치는 과정이 없기 때문이다. 이와 같은 문제점을 어떻게 보완할 것인가? 다양한 방법들이 가능하지만 본 장에서는 가계와 기업에게 적용되는 이자율은 중앙은행이 통화정책 수단을 사용하여 직접 결정하는 이자율과 다르다는 점을 강조한다. 신용 위험을 반영하는 프리미엄 등이 부과되어 가계와 기업에게 적용되는 이자율과 중앙은행이 결정하는 이자율 간의 스프레드가 존재한다. 두 개의 서로 다른 이자율 간의 스프레드가 양적 완화의 규모에 반응할 수 있다면 양적 완화의 총수요 효과와 인플레이션 효과를 IS-LM모형에 반영할 수 있다는 점을 보다 강조한다. 이를 위해 두 개의 가정을 추가한다. 첫째, 가계와 기업에게 적용되는 이자율과 중앙은행이 결정하는 이자율 간 스프레드가 있다고 가정한다. 둘째, 이자율 스프레드는 양적 완화의 함수라고 가정한다.

그림 9-1 미국의 양적 완화 정책과 중앙은행 자산의 변화

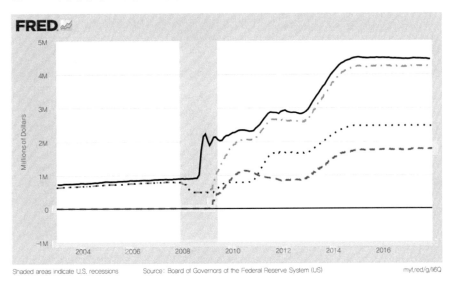

양적 완화 정책

양적 완화는 중앙은행의 대규모 자산 구매 정책으로 요약할 수 있다. 이는 중앙은행이 경기 회복을 목적으로 정부 채권과 금융증권을 대규모로 매수하는 정책을 말한다. 일반적인 공개시장조작은 금융기관 간 초 단기 대차 거래에 적용되는 이자율에 대한 목표치를 달성하기 위한 증권매매이지만 양적 완화 정책은 거래의 규모와 거래의 목적이 보다 더 크고 광범위하다. <그림 9-1>은 지난 15년간 미국 중앙은행이 보유하고 있는 자산의 총액과 구성이 변화해 온 추이를 보여주고 있다. 본 절과 다음 절에 수록된 <그림 9-1>에서 <그림 9-5>의 그래프들은 미국 세인트 루이스 연방은행의 홈페이지에서 제공하고 있는 데이터 세트인 FRED에 수록된 자료를 기초로 하여 FRED에서 제공하고 있는 프로그램을 통해 작성된 자료의 그래프를 복사한 것이다. <그림 9-1>의 그래프에서 검은색 실선은 미국 중앙은행의 총자산을 나타낸다. 총자산의 크기는 2008년 말 이전에는 뚜렷하게 감지되지 않지만 2008년 말에 이르러 가파르게 증가하는 모습을 보인다. 그 이후 2014년 중반에 이르기까지 증가세를 보여왔다.

이처럼 미국 중앙은행이 보유한 총자산이 증가하는 기간 중 세 번에 걸쳐 양적 완화 정책이 실시되었다. 1차 양적 완화 정책은 2008년 11월 600billion 달러 규모의 MBS를 매입하는 것으로 시작한다. <그림 9-1>에서 파란색 점선은 미국 중앙은행이 보유한 MBS증권의 크기를 나타낸다. 파란색 점선은 2008년 이전에는 제로 수준이었지만 2008년 말부터 증가하여 2010년까지 계속 증가하는 모습을 보인다. 2010년에는 검은색 점선보다 더 높게 올라간다. 검은색 점선은 미국 중앙은행이 보유한 미국 재무성 증권의 규모를 나타낸다. 자료에 따르면 1차 양적 완화 기간 중 MBS를 매입한 규모가 재무성 증권을 매입한 규모를 능가한다는 것을 알 수 있다. 2010년 11월 2차 양적 완화를 실시한다. 미국 중앙은행은 2011년 2분기 말까지 600billion 달러의 미국 재무성 증권을 매입한다. 2차 양적 완화 기간 중 미국 재무성 증권의 잔고가 MBS의 잔고를 역전하는 것을 볼 수 있다. 2차 양적 완화 정책은 2011년 6월 종료되었다. 3차 양적 완화 정책을 실시하기 이전에 오퍼레이션 트위스트(operation twist)라는 정책을 실시한다. 2011년 9월 21일 미국 중앙은행이 보유하고 있는 만기 3년 이하의 채권을 매도하고 만기 6년에서 30년에 걸친 채권을 400billion 달러 구매하는 정책을 발표한다. 이는 수익률 곡선의 형태에 영향을 미치려는 정책이다. 단기 금리는 이미 낮은 수준으로 고정되어 있는 상황이었으나 장기 채권의 금리는 상대적으로 높은 수준을 유지하고 있었다. 오퍼레이션 트위스트는 이미 낮은 단기 금리수준은 그대로 둔 채 장기 금리를 낮춤으로써 경기를 부양하려는 정책이라고 할 수 있다. 3차 양적 완화는 2012년 9월 13일 연방공개시장위원회의 발표를 기점으로 시작한다. 당시 연방공개시장위원회는 노동시장의 상황이 상당히 개선될 때까지 매달 40billion 달러의 MBS를 매입하는 것을 공개적으로 약속한다. 또한 2012년 12월에는 45billion 달러의 장기 재무성 채권 매입을 추가할 것을 결정한다. <그림 9-1>을 보면 3차 양적 완화 정책을 반영하여 검은색 점선과 파란색 점선이 2012년 말 동시에 다시 증가하고 있음을 볼 수 있다.

미국 중앙은행은 2013년 12월 3차 양적 완화 정책에서 그동안 실시해온 증권 매입의 규모를 점차 줄이기로 결정한다. 연방공개시장위원회의 정례 회의가 열릴 때마다 100억 달러의 규모로 증권을 매입하는 규모를 감소시키기로 결정한 것이다. 10개

그림 9-2 은행간 대출 이자율과 연방기금금리

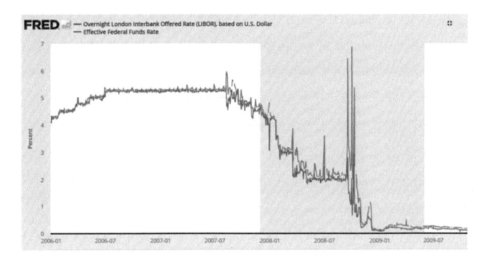

월 지난 이후 2014년 10월 미국 중앙은행은 매달 일정한 규모의 증권을 매입하는 정책을 중지하고 그 결과 양적 완화 정책은 종결된다. 그러나 미국 중앙은행의 총자산이 크게 줄지 않고 예전 수준에 그대로 남아 있음을 알 수 있다. 이미 명목 금리는 제로 금리 수준에서 벗어났지만 미국 중앙은행은 양적 완화 정책을 통해 쌓은 자산을 아직도 그대로 유지하고 있음을 알 수 있다.

유동성 위기와 중앙은행의 대출 창구

<그림 9-2>를 보면 2007년 8월 초 서브프라임 모기지 사태가 발생한 시점에서 만기가 익일인 연방기금금리와 만기가 익일인 은행 간 대출 금리의 차이가 급격하게 커지며 벌어지는 것을 볼 수 있다. 그 이전에는 두 이자율이 서로 정확히 같지는 않더라도 거의 같음을 볼 수 있었다. 그러나 다양한 금융기관과 헤지펀드가 서브프라임 모기지를 기초로 한 유동화 증권을 보유한 것으로 알려지면서 금융기관에 대한 대출이 급격하게 감소하여 <그림 9-2>에서 볼 수 있는 두 금리의 급격한 차이가 형성된

것으로 볼 수 있다.

본 절에서 강조하는 세 가지 개념은 다음과 같다. 첫번째 개념은 유동성 저장(liquidity hoarding) 현상이다. 금융시장의 불확실성이 높아지면 금융기관은 자신이 보유한 투자자금을 적극적으로 운용하지 않고 자신의 계좌에 그대로 보관하려고 한다. 이처럼 금융기관의 유동성 저장(liquidity hoarding)이 발생하면 금융시장에서 유동성 위기가 심화된다. 두번째 개념은 투자 자금이 우량 자산으로 몰리는 현상을 의미하는 양질로의 도피(flight to quality) 현상이다. 투자자들은 불확실성이 고조된 시점에서 보다 안전한 자산을 선호한다. 안전 자산으로 인식된 미국 국채의 가격이 상승하면서 국채의 이자율은 하락하지만 은행 간 대출 금리는 증가한다. 따라서 두 이자율 간 스프레드는 급격히 높아진다. 이 경우 이자율 스프레드에는 은행 간 자금 거래 시장에서 자금을 구하기 어려운 정도를 나타내는 순수한 의미의 유동성 프리미엄에 덧붙여서 미국 국채가 안전 자산으로 간주된 측면도 반영된 것이다. 미국이 금융위기를 겪고 있다면 미국 정부가 발행하는 채권의 이자율이 올라가야 하는데 그렇지 않은 이유는 무엇인가? 이는 금융위기가 여러 지역으로 퍼지면서 안전한 금융 자산을 찾아서 투자해야 하는 투자자의 유인이 증가하는 동시에 미국 정부가 발행하는 채권이 다른 채권에 비해 보다 더 안전한 자산으로 평가되어 미국 국채에 대한 수요가 증가하였기 때문이다. 세번째 개념은 유동성 프리미엄(liquidity premium)이다. 유동성 위기가 진행될 때 유동성 프리미엄의 크기를 알아보기 위해 많이 인용되는 척도가 테드 스프레드(TED spread)이다. 테드 스프레드는 만기가 3개월인 런던의 은행 간 대출금리(리보 금리)에서 만기가 3개월인 미국 국채의 이자율을 뺀 차이로 정의된다. <그림 9-3>은 2007년 초부터 2011년 초까지 기간 중 테드 스프레드(TED spread)의 추이를 보여주고 있다.[1] 2007년 8월에 테드 스프레드는 급격히 상승한다. 이 시점에서 약 2.5 퍼센트의 스프레드를 기록한다. 그 이후 어느 정도 완화되었다가 2008년 초 다시 2 퍼센트를 상회하는 정도로 상승하는 모습을 보인다. 금융기관들의 연쇄 도산이 발생한 2008년 9월에 테드 스프레드는 5퍼센트에 가까운 수치를 기록한다.

---

1 TED에서 T는 Treasury bill을 의미하고 ED는 Eurodollars를 의미한다. Eurodollars는 미국 국내가 아닌 다른 지역에서 이루어지는 달러화 표시 예금을 의미한다.

그림 9-3 런던 은행간 대출 이자율과 미국 국채 이자율 간의 차이

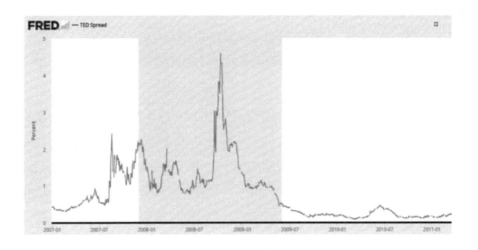

그림 9-4 기간부 옥션 창구의 대출 추이

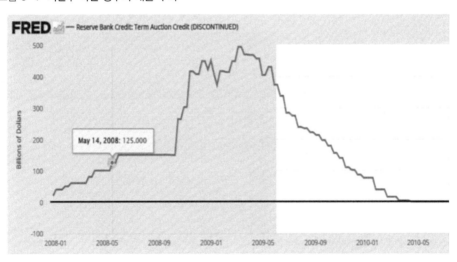

　　기간부 옥션 창구(term auction facility 또는 약자로 TAF)는 금융기관의 유동성 위기에 대처하기 위해 개발된 정책 도구이다. 이는 앞에서 설명한 은행 간 대출 시장에서 결정되는 이자율과 중앙은행이 결정하는 정책 금리 간 스프레드 또는 테드 스프레드를 완화하는 것을 목표로 하여 2007년 12월부터 실시되었다. 미국 중앙은행인

연방준비위원회가 예금 기관에게 만기 28일과 만기 84일의 담보 대출을 제공한다. 담보로 인정되는 증권은 중앙은행의 재할인 창구에서도 담보로 인정되는 증권과 그 외에 건전한 증권으로 인정되는 증권이 포함된다. 담보 대출에 적용되는 이자율은 금융기관의 경쟁 입찰에 의해서 결정되었다. 단일 가격 옥션을 채택하여 입찰에 참여한 기관이 제시한 이자율 중 가장 높은 이자율 또는 수익률이 담보 대출의 이자율로 결정되었으며 이는 중앙은행이 개설한 기간부 옥션 창구를 통해서 대출을 받는 금융기관에게 모두 동일하게 적용되었다. <그림 9-4>는 미국 연방준비위원회에서 실시한 기간부 옥션 창구의 규모를 보여주고 있다. 2009년 3월 4930억 달러가 기간부 옥션 창구에서 가지고 있던 가장 높은 잔고이다. 그 이후 계속 감소하여 2010년 4월 말에 잔고가 제로가 된다. 기간부 옥션 창구가 폐지된 시점은 테드 스프레드가 금융위기 이전의 상태로 낮아지는 시점과 일치한다.

기간부 옥션 창구가 금융기관 간 대출에 미치는 효과는 어떻게 발생하는가? 두 가지의 경로를 생각해볼 수 있다. 첫째, 금융기관의 유동성 저장(liquidity hoarding) 욕구에 미치는 효과이다. 기간부 옥션 창구가 설치되면 금융기관은 자신이 직접 유동성이 높은 증권을 보유하지 않더라도 자신이 보유한 증권을 담보로 중앙은행의 대출을 받을 수 있기 때문에 유동성을 저장하려는 욕구가 작아진다. 둘째, 신용 위험에 대한 감소이다. 금융기관 간 대출 거래에 참여하는 다른 금융기관들도 중앙은행이 제공하는 기간부 옥션 창구를 이용할 수 있기 때문에 유동성의 부족으로 단기 대출을 상환하지 못하는 상황이 발생할 위험이 작아지므로 거래 상대방에 대한 신용 위험이 감소된다. 위에서 설명한 두 가지의 효과는 기간부 옥션 창구를 실제로 이용하지 않더라도 기간부 옥션 창구가 존재하는 것만으로도 얻을 수 있는 효과인 것으로 보인다. 그러나 앞에서 설명한 <그림 9-4>를 보면 기간부 옥션 창구에서 실제로 자금의 대출을 받은 규모가 크다. 이는 예비적 동기의 자금 조달 수단으로서의 효과 이외에도 금융기관이 이득을 얻기 위한 방편으로 사용되었을 가능성이 높다는 것을 함의한다.

그림 9-5 **리보 금리와 기간부 옥션 창구의 이자율**

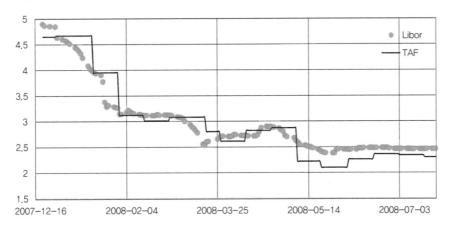

    <그림 9-5>에서는 리보 금리와 기간부 옥션 창구의 금리를 비교하고 있다. <그림 9-5>의 직선은 만기가 28일인 기간부 옥션 창구의 대출 이자율을 나타낸다. 굵은 점선은 만기가 한달인 리보 금리를 나타낸다. 두 개의 이자율이 2007년 12월 20일에 약 4.5퍼센트를 약간 상회하는 수준에서 2008년 5월 14일 약 2퍼센트를 상회하는 수준으로 하락하는 과정에서 리보 금리가 먼저 하락하고 뒤이어 기간부 옥션 창구의 금리가 하락하는 모습을 보이고 있다. 그 이후 시점에서 리보 금리는 2.5퍼센트 수준을 유지한다. 같은 기간 중 기간부 옥션 창구의 이자율은 2퍼센트보다 높지만 2.5퍼센트보다 낮은 수준을 유지하고 있다. 위의 그림이 함의하는 점을 다음과 같이 두 가지로 요약할 수 있다. 첫째, 2007년 12월 20일부터 2008년 5월 초 이전 기간 중 기간부 옥션 창구의 대출이 실시되어 자금이 금융기관에 흘러 들어가면 이로 인한 자금 공급의 증가로 인해 리보 금리가 하락하는 효과가 발생했을 가능성이 있는 것으로 추측해볼 수 있다. 둘째, 2008년 5월 초 이후에는 기간부 옥션 창구의 대출을 받아서 이를 리보 시장에서 금융기관에 대출하여 얻은 이자소득이 가능한 것으로 보인다. 그 이유는 다음과 같이 요약된다. 옥션이 있는 시점에서 리보 금리의 이자율과 기간부 옥션 창구의 이자율을 비교하면 기간부 옥션 창구의 이자율이 더 낮게 나타난다. 그 이전에는 두 이자율이 거의 유사한 것으로 나타난다. 이자율 스프레드가 크지는 않지만 지속적으로 존재하는 것으로 나타난다. <그림 9-5>의 자료를 기간부 옥션 창구가

리보 금리를 하향 안정화 시키는 단 하나의 요인이라는 주장의 결정적인 증거로 간주할 수 있는가? 두 개의 이자율이 밀접한 관계를 가지고 동일한 방향으로 이동하고 있으며 기간부 옥션 대출 창구의 대출이 발생한 이후 리보 금리가 하락하는 모습을 보였다는 점은 가능성을 제시하지만 결정적인 인과관계를 의미하는 것은 아니다. 어떠한 결론에 도달하기 위해 보다 더 자세한 분석이 필요하고 분석의 내용을 자세히 논의하는 것은 본 장의 범주를 넘기 때문에 생략하기로 한다.

기간부 옥션 창구의 총수요 효과가 IS-LM모형에 반영될 수 있는지에 대한 의문이 들 수 있다. 이를 위해 먼저 기간부 옥션 창구를 통해 유동성 공급 정책을 실시하여 테드 스프레드를 낮추는 효과를 분석하는 것이 필요하다. 금융기관의 이윤극대화에 의해서 테드 스프레드와 기간부 옥션 창구 규모 간의 균형 관계를 도출하는 것이 보다 바람직하지만 설명을 단순하게 진행하기 위해 앞에서 설명한 자료들에서 나타난 두 변수 간의 관계를 이용하여 설명하기로 한다. <그림 9-3>과 <그림 9-4>를 비교하면 2008년 9월 테드 스프레드가 급격하게 상승한 시점 이후 2009년 3월까지 기간부 옥션 창구의 규모도 급격하게 상승한다. 같은 기간 중 테드 스프레드는 2008년 9월에 급격히 상승한 이후 감소하고 있다. 이와 같은 두 변수의 관계를 수식으로 표현하면 어떻게 되겠는가? 두 변수의 관계를 단순하게 선형식으로 설명할 수 있다고 가정하자.

$$(\text{TED 스프레드}) = -a(\text{TAF의 규모}) + b$$

이 식에서 두 개의 계수 a와 b의 값을 자료를 사용하여 추정할 수 있다. 본 절에서 설명한 자료들을 보면 a의 값이 양수일 것으로 짐작할 수 있다. 본 절에서는 자료를 사용하며 추정한 계수 값을 소개하지 않고 a의 값이 양수라고 가정한다. 이 식에서 a는 중앙은행의 정책 도구인 기간부 옥션 창구의 규모를 1퍼센트 증가시킬 때 테드 스프레드로 측정한 유동성 프리미엄이 어느 정도 감소하는지를 설명한다. 이 식은 기간부 옥션 창구를 통해 유동성 공급 정책을 실시하여 테드 스프레드를 낮추려는 통화정책의 효과를 측정하는 식으로 해석할 수 있다.

중앙은행이 제로 금리를 유지하고 있는 경우 단기 국채 이자율이 거의 제로 수준이라고 가정한다면 금융기관의 자금 조달 비용을 나타내는 이자율 수준은 테드 스프레드와 같다고 가정할 수 있다. 이러한 가정을 IS곡선의 식에 부과하면 제로 금리 하에서 IS곡선의 식은 다음과 같이 쓸 수 있다.

$$x = x^e - \delta(\text{TED} - r^n - \pi^e)$$

이 식에서 TED는 테드 스프레드를 의미한다. 위의 식과 같이 쓸 수 있는 이유를 좀 더 자세히 설명한다. 리보 금리가 가계와 기업에 직접 영향을 미치는 금리라고 가정하였기 때문에 IS곡선에 포함되어야 한다. 리보 금리는 테드 스프레드와 미국 단기 국채 이자율의 합이다. 기간부 옥션 창구를 개설하는 상황에서 제로 금리가 실시되고 있는 것으로 가정한다. 또한 앞으로도 제로 금리를 일정 기간 유지할 것으로 예상되는 경우 미국 단기 국채 이자율도 제로 수준으로 고정된다고 할 수 있다. 따라서 제로 금리 정책이 앞으로도 지속적으로 유지될 것이라는 가정 하에서 도출한 IS곡선이라고 할 수 있다. 다른 부분에서 설명한 IS곡선과 차이가 있다면 이는 IS곡선에 리보 금리를 적용했다는 점이다.

앞에서 이미 설명한 바와 같이 중앙은행이 보유한 정책 도구인 기간부 옥션 대출 창구의 정책 효과를 나타내는 식은 다음과 같이 쓸 수 있다.

$$\text{TED} = -a\text{TAF} + b$$

이 식에서 TAF는 중앙은행이 결정하는 기간부 옥션 창구의 명목 잔고를 의미한다. 위의 두 식을 결합하여 분석하면 중앙은행이 조절하는 기간부 옥션 창구의 잔고가 증가할 때 IS곡선의 이자율이 낮아지고 이 경우 예상 인플레이션율과 예상 총수요가 주어진 상태에서 현재 시점의 총수요는 증가하게 된다. 실물 경기가 바람직한 수준에서 진행되고 있으며 금융기관 간 대출 시장에서도 유동성이 풍부한 상황에서는 테드 스프레드가 매우 작다. 따라서 제로 금리가 아닌 평시에는 중앙은행이 결정하는 기준 금리와 금융기관 간 대출 시장의 이자율은 서로 차이가 없는 것으로 가정할 수 있다. 이와 같은 가정을 그대로 받아 들인다면 금융시장의 불안이 같이 발생하는 제로 금리 기간의 초기 시점에서 중앙은행의 기간부 옥션 창구가 금융기관 간 대출 이자율을 하향 안정화시켜서 실물 경제를 안정시키는 효과가 있다고 주장해볼 수 있다.

오퍼레이션 트위스트의 총수요 효과

양적 완화 정책의 일환으로 미국의 중앙은행인 연방준비위원회는 장기 국채를 매입한다. 앞에서 이미 설명한 바와 같이 미국의 연방준비위원회는 2011년 9월 21일 보유하고 있는 만기 3년 이하의 채권을 매도하고 만기 6년에서 30년에 걸친 채권을 400billion 달러 구매하는 정책을 발표한다. 오퍼레이션 트위스트는 단기 금리는 이미 낮은 수준으로 고정되어 있지만 장기 국채의 금리는 상대적으로 높은 수준을 유지하고 있는 상황에서 장기 금리를 낮춤으로써 경기를 부양하려는 정책이라고 할 수 있다.

오퍼레이션 트위스트에 대한 이론적 근거는 무엇인가? 이에 대한 답변으로 선호군락가설(preferred habitat hypothesis)을 생각해볼 수 있다. 선호군락가설은 두 개의 주장으로 이루어져 있다. 첫째, 여러 종류의 만기를 가진 채권들이 채권 시장에서 거래되고 있지만 각각의 채권 투자자는 다른 만기에 비해 상대적으로 더 선호하는 만기가 있다는 것이다. 둘째, 상대적으로 선호도가 낮은 만기의 채권에 투자하기 위해서는 적정한 투자 이득이 있어야만 한다는 것이다.[2] 따라서 만기 프리미엄이 충분히 있어야 자신이 가장 선호하는 만기의 채권에만 투자하지 않고 다른 만기를 가진 채권에도 투자한다는 것이다. 예를 들어 연금과 보험은 장기 채무를 가지고 있는 금융기관이다. 따라서 이들은 장기 채권에 투자하는 것이 위험 관리의 측면에서 바람직하다. 이러한 이유로 연금과 보험은 다른 증권과 비교하여 장기 채권에 대한 선호가 있다. 그러나 일정한 수준의 수익을 내기 위해 수익률이 충분히 높고 안정적이라면 다른 증권에 투자할 수도 있다. 이자율 기간 구조를 설명하는 가설 중의 하나인 유동성 선호 가설에 따르면 장기 채권에 비해 단기 채권을 보유하는 것이 자신의 투자 자금

---

2 모디글리아니(Franco Modiqliani)와 서치(Richard Sutch)가 1966년 American Economic Review(Vol.56, No.1/2, pp. 178-197)에 실은 「Innovations in Interest Rate Policy」가 선호군락 가설을 주장한 초기 논문 중 하나이다.

에 보다 유동성을 더 높게 하는 선택이므로 장기 채권을 보유하게 하기 위해 단기 채권을 보유하여 얻는 금전적인 수익에 추가적으로 보상해야 한다는 것이다. 이와 같은 측면에서 유동성 선호 가설에서는 모든 투자자가 단기 채권에 대하여 더 높은 선호를 가지고 있는 것으로 가정한다고 볼 수 있다. 이에 대하여 선호군락가설의 주장에서는 단기 채권보다 장기 채권을 더 선호하는 채권 투자자가 있을 수 있다는 것이다. 이러한 주장을 보다 더 확장하면 각각의 만기별로 선호하는 채권 투자자가 주된 시장 참가자로서 활동하고 있다는 것이다. 따라서 특정한 만기의 채권시장에서 정부의 매수가 증가하면 그 만기에 해당하는 수익률이 낮아질 수 있음을 함의한다. 따라서 정부의 대규모 매수 정책을 통해 장기 국채의 금리를 낮출 수 있다는 이론적 근거를 제시한다.

다음에서는 제2장에서 분석한 모형을 수정하여 제로 금리 정책 하에서 장기 채권의 만기 프리미엄을 낮추면 총수요가 증가할 수 있음을 보인다. 현재 시점에서 앞으로 n개의 시점이 남은 순수 할인 채권이 존재하는 것으로 가정한다. 만기 시점에서 지불될 것으로 약속된 소득이 1원인 채권의 현재 시점의 가격을 $P^{(n)}$이라고 표기한다. 소비자가 현재 시점에서 이 채권을 구매하여 만기 시점까지 보유하는 것으로 가정한다면 일종의 정기 예금으로 간주할 수 있다. 만기 시점까지 n개의 시점이 남은 정기 예금을 들 것인지의 여부를 효용극대화에 의해서 결정한다면 효용극대화의 조건은 어떠한 형태일 것인가를 생각해본다. 먼저 현재 시점의 실질 비용은 채권의 명목 가격을 물가로 나눈 비율이 된다. 이를 효용 단위로 평가하기 위해 앞에서 계산한 실질 비용에 현재 시점의 한계 효용을 곱해야 한다. 정기 예금의 이득은 채권의 만기 시점에서 실현된다. 만기 시점에서 실현될 실질 이득은 1원을 미래 시점의 물가로 나눈 비율이다. 금전적으로 평가한 실질 이득을 효용 단위로 환산하기 위해 미래 시점의 한계 효용을 곱해야 한다. 효용극대화의 조건은 앞에서 설명한 효용의 비용과 효용의 이득이 같다는 것이다.

표 9-1 오퍼레이션 트위스트의 총수요 효과

효용 함수	$U(C) = (C^{1-\delta^{-1}} - 1)/(1 - \delta^{-1})$
효용극대화 조건	$P^{(n)}C_0^{-\delta^{-1}}P_0^{-1} = \beta^n \mathrm{E}[C_n^{-\delta^{-1}}P_n^{-1}]$
자연율 경제의 효용극대화 조건	$P^{*(n)}C^{*-\delta^{-1}}P_0^{*-1} = \beta^n \mathrm{E}[C_n^{*-\delta^{-1}}P_n^{*-1}]$
선제적 지침과 소비자의 미래에 대한 기대	$\mathrm{E}[C_n^{-\delta^{-1}}P_n^{-1}] = \mathrm{E}[C_n^{*-\delta^{-1}}P_n^{*-1}]$
선제적 지침과 효용극대화 조건	$P^{(n)}C_0^{-\delta^{-1}}P_0^{-1} = P^{*(n)}C_0^{*-\delta^{-1}}P_0^{*-1}$
선제적 지침과 총수요 곡선	$x_0 = -\delta n\,(y^{(n)} - y^{*(n)}) - \delta p_0$
제로 금리 정책과 총수요 곡선	$x_0 = -\delta n\,(\sigma^{(n)} - y^{*(n)}) - \delta p_0$

주: $p_0 (= \ln(P_0/P_0^*))$는 현재 시점 물가 수준과 자연율 경제 물가 수준 간 로그 편차이다.

앞에서 설명한 효용극대화의 조건을 수식으로 표현하기 위해 소비의 기간 간 대체 탄력성이 δ인 효용 함수를 가정한다. 만기 시점까지 앞으로 n개의 시점이 남은 순수 할인채권의 투자에 적용되는 소비자의 효용극대화 조건은 <표 9-1>의 둘째 줄에 정리되어 있다. 이 식에서 밑에 붙은 하첨자 0은 현재 시점을 나타내고 n은 n개의 시점 이후를 나타낸다. 대문자 P는 물가 수준을 의미하고 대문자 C는 소비를 의미한다. 또한 β는 시간 선호 할인 인자를 의미한다. 이 효용극대화 조건은 실질 GDP가 항상 잠재 GDP의 수준과 동일하게 유지되는 자연율 경제에서도 성립한다. 자연율 경제와 구분하기 위해 자연율 경제의 변수에 대해서는 별표를 상첨자로 붙여서 구분한다. 자연율 경제의 효용극대화 조건은 <표 9-1>의 셋째 줄에 정리되어 있다.앞에서 설명한 두 개의 수식은 모두 만기가 n기인 채권의 투자를 결정할 때 적용되는 효용극대화 조건이라는 공통점이 있다.

다음에서는 위에서 설명한 두 개의 균형식을 결합하여 제로 금리 하에서 특별한 조건이 성립하는 경우의 총수요 곡선을 도출한다. 제로 금리 상태에 있다고 가정하자. 앞으로 경제가 회복하여 n개 시점이 지나면 자연율 경제에 도달하여 회복될 것으로 예상한다고 가정하자. 가계와 기업 모두 동일하게 예상하는 것으로 가정한다면 <표 9-1>의 넷째 줄에 있는 조건이 성립해야 한다. 이 조건은 현재 시점에서는 경기 불황을 겪고 있지만 n개의 시점이 지나면서 경기 중립인 상태로 회복할 것이라는 예상을 반영한 조건이다. 이는 소비자와 기업이 n개의 시점이 지난 후 경기가 중립인 상태로 만들겠다는 중앙은행의 목표를 그대로 신뢰해야만 성립하는 조건이다. 이제 이 조건을 <표 9-1>의 둘째 줄에 있는 효용극대화 조건에 대입한다. 그 결과 <표 9-1>의 다섯째 줄에 있는 식이 도출된다. 이 식의 양변에 로그 함수를 취한 다음에 일차 선형 근사를 적용하면 <표 9-1>의 여섯째 줄에 있는 총수요 곡선의 식이 도출된다. 이 식에서 $y^{(n)}$은 만기 n인 채권의 만기수익률을 나타내고 $y^{*(n)}$는 자연율 경제에서 만기 n인 채권의 만기 수익률을 나타낸다. 이 식을 도출하기 위해 사용한 순수 할인 채권에 대한 만기 수익률을 정의하는 식은 $P^{(n)} = \left(1 + y^{(n)}\right)^{-n}$이다. <표 9-1>에서 소문자로 표시한 변수들은 모두 원래의 변수에 대하여 로그 함수를 취한 값을 나타낸다. 또한 생산 갭은 현실 경제의 소비 수준에 대한 로그 값에서 자연율 경제의 소비 수준에 대한 로그 값을 뺀 차이로 정의된다. 소문자 p_0는 현실 경제의 물가 수준에 대한 로그값에서 자연율 경제의 물가 수준에 대한 로그 값을 뺀 차이로 정의된다.

앞으로 n개의 시점 동안 제로 금리를 그대로 유지할 것을 중앙은행이 발표하였으며 이를 가계와 기업이 그대로 믿고 있다면 현재 시점과 미래 시점의 단기 이자율이 제로일 것으로 예상한다. 이 경우 만기가 n기 남은 채권의 말기 수익률은 만기 프리미엄과 같기 때문에 $y^{(n)} = \sigma^{(n)}$이다. 위의 식의 함의는 제로 금리 정책이 앞으로 지속적으로 실시될 것으로 예상되더라도 장기 채권의 만기 수익률이 양수라면 이는 만기 프리미엄이 존재하기 때문이라는 것이다. 만기 수익률과 만기 프리미엄이 같다는 조건을 위에서 도출한 총수요 곡선의 식에 대입하면 <표 9-1>의 일곱째 줄에 있는 식이 도출된다. 이 식을 보면 다른 변수들이 그대로 있을 때 만기 프리미엄을 낮추면 총수요 곡선을 수평 이동 시킬 수 있음을 알 수 있다.

어떻게 만기 프리미엄을 낮출 수 있는가? 이는 장기 국채의 가격을 낮추면 된다. 예를 들어 순수 할인 채권에 대한 만기 수익률을 정의하는 식은 $P^{(n)} = \left(1 + y^{(n)}\right)^{-n}$이다. 만기 프리미엄을 낮추는 것은 장기 채권을 거래하는 시장에 들어가서 장기 채권을 매입하여 가격이 상승하면 만기 수익률이 감소한다. 그러나 미래의 단기 이자율이 모두 제로 수준에 고정되어 있을 것으로 예상되는 경우에만 만기 수익률의 감소는 만기 프리미엄의 감소를 의미한다. 여기서 지적해야 할 점은 중앙은행이 장기 채권을 구매한다고 하여 항상 만기 프리미엄을 낮추는 것은 아니라는 것이다. <표 9-1>의 모형에서는 중앙은행이 앞으로 제로 금리를 충분한 기간 동안 유지할 것을 공개적으로 발표하였으며 이를 그대로 믿는다는 전제 조건이 부과되어 있기 때문에 위의 결과가 가능하다.

제로 금리와 선제적 지침

선제적 지침은 일종의 기대 관리 정책(expectation management policy)이다. 미래 시점에 대한 기대가 현재 시점에서 결정되는 거시 경제 변수에 영향을 미치는 경로가 있어야 선제적 지침의 실물 효과가 발생한다. 제8장에서 설명한 뉴케인지언 모형을 사용하여 제로 금리 정책 하에서 선제적 지침의 실물 효과를 분석한다. 뉴케인지언 모형에서는 미래에 대한 기대가 현재의 거시 경제 변수에 미칠 수 있는 경로가 있다. 먼저 동태적 IS곡선의 식에 제로 금리의 조건을 대입한다. 제로 금리의 조건은 $i = 0$ 이다. 이 식을 IS곡선에 대입한다. 그 결과 현재 시점의 생산 갭은 미래 시점의 인플레이션에 대한 예상치, 미래 시점의 생산 갭에 대한 예상치, 자연 실질 이자율 등에 비례한다. 이를 수식으로 표현하면 <표 9-2>의 첫째 줄에 있는 식과 같다. 제로 금리 정책 하에서 인플레이션율이 어떻게 결정되는지를 보기 위해 필립스 곡선의 식을 이용한다. 이전에서 정리한 IS곡선의 식을 필립스 곡선의 식에 대입하여 현재 시점의 총수요를 소거하면 제로 금리 하에서 인플레이션율의 결정식이 도출된다. 이 식은 <표 9-2>의 둘째 줄에 정리되어 있다.

뉴케인지언 모형에 의거한 제로 금리 정책의 거시경제적 효과 분석에서 두 개의 특징을 설명한다. 첫번째 특징은 자연 이자율의 역할이다. 동일한 거시 경제 모형을 이전에서도 분석하였는데 이전의 경우 자연 이자율의 변화가 인플레이션율과 생산 갭에 미치는 효과에 대한 설명이 없었다. 그 이유는 자연 이자율의 변동이 있었다면 이를 단기 명목 금리가 흡수하도록 중앙은행이 명목 금리를 조정하였기 때문이다. 그

표 9-2 선제적 지침의 거시경제적 효과

제로 금리 정책과 IS 곡선	$x = x^e - \delta(i - \pi^e - r^*) \;\rightarrow\; x = x^e + \delta(\pi^e + r^*)$
제로 금리와 인플레이션율	$\pi = \beta\pi^e + \kappa x \;\rightarrow\; \pi = \kappa x^e + (\kappa\delta + \beta)\pi^e + \kappa\delta r^*$
제로 금리 정책과 균형조건	$\begin{pmatrix} x \\ \pi \end{pmatrix} = \begin{pmatrix} 1 & \delta \\ \kappa & \kappa\delta + \beta \end{pmatrix}\begin{pmatrix} x^e \\ \pi^e \end{pmatrix} + \begin{pmatrix} \delta \\ \kappa\delta \end{pmatrix} r^* \;\rightarrow\; z = Az^e + Br^*$
제로 금리 하한과 이자율 준칙	$i = \max\{r^* + \phi_\pi\pi + \phi_x x, 0\}$
금리 정상화 이후 거시 경제 균형조건	$z = Dz^e$ $D = \begin{pmatrix} a & a\delta(1 - \beta\phi_\pi) \\ \kappa a & a(\beta + \delta(\phi_x + \kappa\phi_\pi)) \end{pmatrix}; \; a = (1 + \delta(\phi_x + \kappa\phi_\pi))^{-1}$

주: 위의 식에서 $z = \begin{pmatrix} x \\ \pi \end{pmatrix}$와 $z^e = \begin{pmatrix} x^e \\ \pi^e \end{pmatrix}$이다. 또한 ϕ_x과 ϕ_π는 기준 금리의 생산 갭과 인플레이션율에 대한 반응 계수이다.

러나 제로 금리 수준으로 고정되어야 하는 상태에서는 자연 이자율의 변동을 명목 금리의 변동으로 흡수할 수 있는 능력이 없어지게 되어 실물 경제의 균형조건에 등장하게 된다. 따라서 현재 분석하고 있는 모형에서는 장기적인 실질 이자율이 변동하더라도 평시에는 중앙은행이 이러한 변동을 자신이 조절하는 단기 명목 금리로 흡수한다. 그러나 금융위기가 진행되면서 중앙은행이 제로 금리로 고정시키는 경우 자연 이자율의 변동을 흡수하는 정책을 실시할 수 없게 되어 자연 이자율의 변동이 거시 경제의 주요 변수에 대하여 직접 영향을 미치게 된다.

두번째 특징은 중앙은행이 단기 명목 이자율을 제로로 고정시킨 이유가 자연 이자율이 음수이기 때문이다. 테일러 준칙의 식이 함의하는 것 중의 하나는 중앙은행이 제로 금리를 선택하게 하는 주요 변수가 자연 이자율이라는 것이다. 마이너스의 인플레이션율과 마이너스의 생산 갭이 관측되더라도 자연 이자율 수준이 충분히 높다면 중앙은행이 제로 금리를 선택할 이유가 없다. 실제의 인플레이션율이 양수이더라도 목표 인플레이션율보다 낮고 생산 갭이 음수이면 경제 상황에 반응하는 부분은 음수가 된다. 경기가 좋지 않을 때에는 주로 경제에 대하여 피드백 하는 부분은 음수가 된다. 그러나 자연 이자율이 양수이고 충분히 크면 음수 부분을 상쇄할 수 있다. 이는 평균적으로 실질 이자율이 상당히 높은 경제에서는 인플레이션율이 목표치보다 어느 정도 낮다고 하여 제로 금리까지는 고정시키지 않아도 되는 경우가 발생할 가능성이 높다는 것이다.

자연 이자율이 음수이고 충분히 크다는 조건이 중앙은행이 테일러 준칙을 따른다고 가정하는 경우 제로 금리를 선택하기 위한 충분조건이라고 할 수 있다. 경제 상황에 피드백하는 부분이 양수이더라도 자연 이자율이 절대값이 큰 음수가 되면 테일러 준칙에 맞추어 정책 금리를 결정하는 중앙은행의 선택은 제로 금리 정책을 실시하는 것이다. 물론 자연 이자율이 음수인 상황에서 인플레이션율의 갭과 생산 갭이 모두 음수이면 중앙은행이 제로 금리 정책을 실시하는 것이 더욱 정당화된다. 따라서 본 장에서 설명하는 뉴케인지언 모형에서 중앙은행이 제로 금리 정책을 선택하는 큰 이유 중의 하나는 자연 이자율이 음수이기 때문이다.

다음에서는 제로 금리 정책 하에서 자연 이자율의 변동이 생산 갭과 인플레이션율에 직접적으로 영향을 미친다는 것에 대하여 좀 더 자세히 설명한다. 제로 금리 하에서 자연 이자율의 변동은 경기 악화를 발생시키는 주 원인이 된다. 자연 이자율을 어떻게 해석해야 할 것인가? 자연 이자율은 모든 가격이 완전 신축적으로 조정되면서 잠재 생산 수준에서 실질 총 생산이 이루어지고 있으며 인플레이션율이 바람직한 장기 목표치를 달성하고 있는 경제에서 성립하는 이자율로 간주할 수 있다. 부연하면, 재화 및 용역의 가격이 신축적으로 변동하는 경제에서 실물 경제가 자연스럽게 단기적으로 경기가 좋거나 나쁘지 않은 중립적인 상황에서 결정되는 중립적인 이자율이라고 해석할 수 있다. 자연 이자율의 변동은 무엇을 의미하는가? 금융시장의 기능이 장기간 제대로 작동하지 못하는 상황이 발생한다면 자연 이자율이 변동할 수 있다. 또는 실물 경제의 잠재 생산력에 예상치 못한 충격이 발생하여 자연 이자율이 변동할 수 있다. 여러 가지 서로 다른 이유로 자연 이자율이 변동할 수 있으나 본 절에서는 특수한 개별 상황에 대한 설명없이 모두 동일하게 자연 이자율의 하락으로 간주하여 자연 이자율이 음의 값을 가지는 경우 발생하는 거시경제적 효과를 분석한다.

다음에서는 앞에서 도출한 제로 금리 정책 하에서 균형조건을 사용하여 선제적 지침의 거시경제적 효과를 설명한다. 제로 금리 정책 하에서 성립하는 균형조건은 두 개의 식으로 구성되어 있어서 이차원 열 벡터를 사용하여 간단히 쓸 수 있다. 현재 시점의 생산 갭과 인플레이션을 하나의 기호로 표시하여 이차원 열 벡터 z라고 한다. 이는 생산 갭이 위에 있고 그 아래에 인플레이션율이 오는 순서로 정의된 두 개의 원소로 구성된 열 벡터이다. 다음 시점의 생산 갭과 인플레이션에 대한 예측치로 구성된 열 벡터를 z^e로 표기한다. 따라서 z^e는 z와 동일한 원소로 구성된 열 벡터가 다음 시점에서 가지는 값에 대한 기대값을 나타낸다. 제로 금리 정책 하에서 균형조건이 함의하는 두 변수 간의 관계는 <표 9-2>의 셋째 줄에 정리되어 있다. 이 식에서 첫번째 행은 제로 금리 정책 하에서 IS곡선에 해당하고 두번째 행은 제로 금리 정책 하에서 필립스 곡선에 해당한다. <표 9-2>의 셋째 줄에 있는 식이 함의하는 점은 미래 시점에서 결정되는 총수요와 인플레이션율에 대한 예상치가 현재 시점의 총수요와 인플레이션율에 영향을 미친다는 것이다. 이 식에서 행렬 A는 화살표 왼편에 있는 행렬식에서 2×2 행렬을 나타낸다. 또한 열 벡터 B는 화살표 왼편에 있는 행렬식에서 2×1 벡터를 나타낸다.

앞에서 정리한 제로 금리 정책 하에서 성립하는 균형조건이 통화정책의 담당자들에게 함의하는 점을 요약해보자. 어느 시점에서 어떠한 조건이 만족되는 경우 제로 금리 수준에서 벗어나 명목 금리가 정상화될 것인가에 대한 소비자와 기업의 예측이 현재 인플레이션율과 생산 갭의 결정에 중요한 역할을 한다. 이 점을 이해한다면 중앙은행은 소비자와 기업의 예측에 영향을 미치는 경로를 확보하여 거시 경제가 될 수 있으면 빨리 회복하는 데 도움이 되는 정책 수단을 개발하고 싶을 것이다. 이러한 취지에서 사용할 수 있는 정책이 선제적 지침이다. 중앙은행이 선제적 지침을 운용할 때 실효성을 확보하기 위해 중요한 것은 미래 시점에서 실시될 통화정책에 대한 중앙은행의 약속을 소비자와 기업이 신뢰하는 것은 물론이고 정책의 내용을 정확하게 전달할 수 있도록 시장 친화적인 전달 프레임을 구축하는 것이다. 부연하면 제로 금리 정책이 실시되는 가운데 가계와 기업 그리고 금융시장 참가자가 형성하는 미래 시점에 대한 기대에 영향을 미치기 위해 중앙은행은 이들과의 원활한 소통이 필요하다는 것이다. 이는 어떻게 소통하는 것이 좋은 방법인지에 대한 고려가 필요하다는 의미이다. 중앙은행이 미래 시점의 정책 선택에 대하여 공적으로 약속해야 할 때 고려할 수 있는 두 가지의 약속 방법을 생각해볼 수 있다. 첫 번째 방법은 금리 정상화의 시점을 정해놓는 것이다. 이는 앞으로 2년 6개월간 제로 금리에 고정시킨다고 발표하거나, 2015년 12월까지 금리를 제로 수준에 묶어둘 것이라고 발표하는 방식을 의미한다. 두 번째 방법은 거시 경제 상황을 판단할 수 있는 지표에 대하여 금리 정상화의 조건을 부여하는 방법이다. 인플레이션율이 2%를 넘지 않고 실제의 실업률이 자연 실업률을 상회하는 시점까지 제로 금리를 그대로 유지하는 것으로 발표하는 방식을 의미한다. 두번째의 방식이 중앙은행의 실제 의사 결정을 더 정확하게 설명하는 것일 수 있지만 모든 사람들이 쉽게 이해하고 오랫동안 기억할 수 있도록 하는 방법은 첫번째 방법이다.

중앙은행이 가계, 기업, 금융시장의 참가자들에게 약속할 때 제로 금리 정책이 지속되는 기간 내에서 벌어지는 정책들에 대해서만 약속하는 것으로 끝나는 것이 아니다. 제로 금리에서 벗어나 통화정책이 정상화되는 상황에서 어떻게 할 지에 대한 예측도 가계와 기업의 현재 시점 결정에 영향을 미치게 된다. 따라서 앞에서 설명한 이자율 준칙도 여기에 맞추어 약간 수정될 필요가 있다. 특히 제로 금리가 중앙은행이 선택할 수 있는 금리 수준의 최소값이라는 점을 명시적으로 반영해야 한다. 이를 고려한 이자율 준칙의 식은 <표 9-2>의 넷째 줄에 정리되어 있다. 이 식은 자연 이자율이 음수이고 인플레이션율과 생산 갭이 모두 음수일 때 중앙은행이 제로 금리 정책을 실시하는 것을 함의한다. 또한 중앙은행이 자연 이자율이 음수의 값을 유지하다가 제로 수준으로 회복되고, 인플레이션율과 생산 갭도 목표 수준으로 회복되는 시점에서 금리가 정상화될 것으로 발표했다고 가정하자. 이러한 중앙은행의 발표도 <표 9-2>의 넷째 줄에 있는 이자율 준칙의 식과 일치한다.

다음에서는 제로 금리 정책하에서 형성되는 거시 경제 균형의 기간 간 변화를 분석한다 먼저 자연 이자율의 기간 변화에 내하여 설명한다. 최초 시점에서 그 이전에 예측되지 않은 자연 이자율의 변화가 발생한다. 1기 시점에서 자연 이자율이 $r_1^* = -1$이다. 2기 시점에서 자연 이자율은 $r_2^* = -0.5$이다. 3기 시점이 되면 자연 이자율은 장기 균형 값으로 회귀하여 $r_3^* = r^*(> 0)$의 값을 가진다. 그 이후 계속해서 자연 이자율은 장기 균형 값으로 고정된다. 이와 같은 상황에서 3기 시점에서 중앙은행이 결정하는 단기 명목 금리가 정상화되는 것을 보일 수 있다. 중앙은행은 <표 9-2>

그림 9-6 제로 금리 정책 하에서 균형 경로: 중립적인 기대

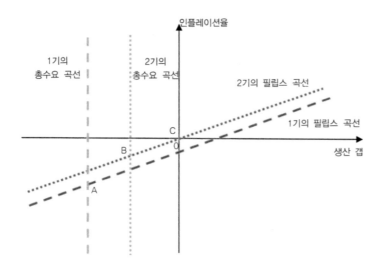

의 넷째 줄에 있는 테일러 준칙에 의거하여 금리를 결정할 것을 발표하였기 때문에 금리가 정상화된 시점부터 거시 경제의 기간 간 변화는 <표 9-2>의 다섯째 줄에 있는 식에 의해서 결정된다. 금리가 정상화되는 3기 시점부터 이 조건은 매기마다 동일하게 성립되는 거시 경제의 균형조건이다. 이 식이 3기 이후 항상 만족되어야 한다면 매기마다 z의 값은 제로 벡터이어야 한다. 이는 3기 시점부터 그 이후 계속해서 균형 인플레이션율과 균형 생산 갭은 모두 제로임을 의미한다.

앞에서 3기 시점의 균형을 설명하였으므로 이제 2기의 균형조건을 분석한다. 2기 시점에서 예측하는 미래 시점의 인플레이션율과 생산 갭은 모두 제로이다. 이를 IS곡선의 식에 대입하여 2기 시점의 총수요 곡선을 도출하면 $x_2 = \delta r_2^*$이다. 동일한 방법을 필립스 곡선의 식에 적용하면 2기 시점의 필립스 곡선의 식은 $\pi_2 = \kappa x_2$이다.

<그림 9-6>은 앞에서 설명한 두 식을 그래프로 표시하고 있다. 2기 시점의 필립스 곡선은 앞서 식에 볼 수 있듯이 원점을 지나는 직선이다. 또한 위에서 설명한 총수요의 식은 $x_2 = \delta r_2^*$의 점을 지나는 점선으로 표시된 수직선이다. 따라서 B점이 2

기 시점의 균형점이 된다. 이 경우 인플레이션율과 생산 갭이 모두 음수가 됨을 확인할 수 있다. 1기 시점의 균형은 어떻게 형성되는가? 1기 시점에서 가계와 기업은 2기 시점의 균형 인플레이션율과 균형 생산 갭을 1기 시점에서 형성하는 예상 인플레이션율과 예상 생산 갭으로 사용한다. 1기 시점이 2기 시점과 달라지는 점은 1기 시점에서는 예상 인플레이션율과 예상 생산 갭이 모두 음수가 된다는 것이다. <그림 9-6>을 보면 예상 인플레이션율과 예상 생산 갭이 모두 음수인 경우에 해당하는 필립스 곡선과 총수요 곡선의 그래프가 있다. A점이 1기 시점의 균형점이 된다. A점과 B점을 비교하면 A점의 인플레이션율과 생산 갭이 B점의 인플레이션율과 생산 갭에 비해 더 낮다. 그 이유는 예상 인플레이션과 예상 생산 갭이 더 낮기 때문이다. 이제 앞에서 분석한 제로 금리 정책 하에서 형성되는 균형의 기간 간 변화를 정리한다. 최초 1기 시점의 인플레이션율과 생산 갭이 가장 낮은 수준에서 형성되고 자연 이자율이 회복되면서 2기 시점의 인플레이션율과 생산 갭이 어느 정도 회복된다. 그러나 아직도 음수의 값을 보이고 있고 자연 이자율도 음수의 값을 보이고 있어서 중앙은행은 제로 금리 수준을 유지한다. 그러나 3기에서는 자연 이자율이 정상화되면서 균형점이 장기 균형점인 C점으로 이동한다.

위의 설명을 보면 중앙은행의 기대 관리 정책의 효과가 무엇인가에 대하여 명확히 구분이 되지 않은 듯하다. 그 이유는 자연 이자율이 장기 균형 값으로 회복되는 시점에서 거시 경제 변수들도 모두 장기 균형 값으로 회복되기 때문이다. 가계와 기업이 제로 금리 정책이 실시되는 동안 일시적으로 더 낙관적인 기대를 형성하도록 중앙은행이 적극적인 선제적 지침을 실시할 수 없는가에 대한 의문이 생긴다.

앞에서 분석한 모형을 그대로 사용하여 중앙은행이 금리가 정상화되는 시점에서 일정 기간 동안 정책 금리를 낮은 수준으로 유지한다면 결과가 달라질 수 있다는 것을 보일 수 있다. 예를 들어 제8장에서 설명한 바와 같이 한 기 시점 동안만 경제 상황과 관계없이 금리 수준을 낮추는 정책을 실시하면 인플레이션율과 생산 갭이 양수가 됨을 보였다. 제8장에서 이미 설명한 모형을 이용하여 설명하면 중앙은행은 $e_3 = -1$로 설정할 수 있다. 그러나 앞에서 분석한 경우는 $e_3 = 0$이다. 제로 금리 정책이 실시되는 기간 동안 가계와 기업이 금리가 정상화되는 시점에서 중앙은행이

$e_3 = 0$의 값을 선택할 것으로 예상한다면 이들은 중립적 기대를 형성한다. 그러나 제로 금리 정책이 실시되는 기간 동안 가계와 기업이 금리가 정상화되는 시점에서 중앙은행이 $e_3 = -1$의 값을 선택할 것으로 예상한다면 이들은 경기 확장적인 정책이 실시될 것을 기대한다. 경기 확장적인 정책을 기대하는 경우 2기 시점의 예상 인플레이션율과 예상 생산 갭이 모두 양수가 된다.

위의 설명을 그림으로 분석하기 위해 <그림 9-6>의 그래프를 인용한다. 예상 인플레이션율과 예상 생산 갭이 모두 양수가 되면 <그림 9-6>에 있는 2기 시점의 필립스 곡선을 위로 이동시킨다. 또한 총수요 곡선의 식을 오른편으로 이동시킨다. 따라서 현재의 B점보다 더 위쪽으로 이동한 점에서 2기 시점의 균형점이 형성된다. 따라서 1기 시점의 균형점도 보다 더 위쪽으로 이동한다. 그 결과 동일한 크기로 음수 값을 가진 자연 이자율이 발생하더라도 중립적인 기대를 형성하는 경우에 비해 더 완화된 수준의 불황으로 이어질 수 있게 된다.

앞에서 설명한 예의 함의를 정리하면 선제적 지침의 거시경제적 효과를 결정하는 요인은 다음과 같이 네 가지로 요약할 수 있다.

(1) 자연 이자율의 경로에 대한 예측
(2) 제로 금리 기간의 말기 시점의 인플레이션율과 생산 갭에 대한 예상치
(3) 제로 금리가 유지될 것으로 예상되는 기간
(4) (A,B)의 크기를 결정하는 거시 경제의 구조

선제적 지침은 제로 금리 수준에서만 효과가 있는 것인가에 대하여 궁금할 것이다. 선제적 지침은 중앙은행이 미래 시점의 정책 선택을 미리 발표하고 이를 지키는 것을 통해서 소비자와 기업의 기대에 영향을 미치는 정책을 의미한다. 따라서 선제적 지침을 기대 관리 정책으로 이해한다면 반드시 제로 금리의 기간에만 효과가 있는 것으로 주장할 수는 없다. 금리가 정상화된 시점에서도 중앙은행은 오랫동안 낮은 수준으로 명목 금리를 유지해야 할 것이다. 이 경우에도 미래 시점의 명목 금리에 대한 적절한 커미트먼트를 통해 소비자와 기업의 기대 형성에 영향을 미칠 수 있다.

마이너스 금리 정책

전통적인 경제학 교과서에서는 화폐를 보유할 수 있으므로 명목 이자율의 하한은 제로인 것으로 설명해왔다. 그 이유는 가계의 소비자들은 화폐 보유의 이자율이 제로이므로 은행의 예금 금리가 마이너스가 되거나 채권 이자율이 마이너스가 되면 이러한 증권들을 보유하지 않고 화폐를 보유할 것이기 때문이다. 최근 들어서 유럽의 중앙은행들이 명목 이자율을 마이너스 수치로 타깃하는 상황이 발생하여 관심의 대상이 되고 있다. 마이너스 명목 이자율은 어떻게 가능한 것인가? 마이너스 금리 정책의 효과가 어떻게 발생하는가? 마이너스 명목 이자율로 금리를 내리는 것이 적정한 정책인가? 등의 이슈를 생각해 볼 수 있다.

마이너스 금리 정책의 효과에 대하여 간단히 정리해본다. 마이너스 금리의 실물효과는 총수요가 실질 금리 수준과 반대 방향으로 이동한다는 사실 때문에 발생한다. 실질 금리는 명목 금리에서 인플레이션율을 뺀 차이로 정의된다. 예를 들어 어느 특정 국가의 명목 금리가 현재 0.1퍼센트이고 인플레이션율이 −0.6퍼센트인 디플레이션 상황이라고 하자. 이 경우 실질 금리는 0.7퍼센트가 된다. 디플레이션이 커질수록 실질 금리는 더 높아진다. 그 결과 디플레이션의 심화는 실질 금리에 의존하는 총수요를 더 감소시키게 된다. 디플레이션의 피해를 극복하기 위하여 실질 금리를 낮추려면 명목 금리를 인하해야 한다. 명목 금리의 하한이 제로가 아니고 마이너스 수준이 가능하다면 중앙은행은 경기불황에서 명목 금리를 마이너스 금리로 유지하려고 할 것이다.

중앙은행이 기준 금리의 목표치를 마이너스 금리로 책정하면 금융시장이 불안해질 수 있음이 지적되어 왔다. 예금은행의 예를 들기로 한다. 예금은행들은 예금 이자율을 마이너스로 책정하여 많은 예금자들이 은행으로부터 빠져나가는 상황을 피하고 싶을 것이다. 예금 이자율을 마이너스로 책정하지 못하고 동시에 은행의 수입을 결정하는 증권의 수익률이 낮아진다면 은행의 수익성이 낮아진다. 이러한 상황이 악화되어 은행의 자본이 잠식되는 상황이 발생한다면 금융중개기능이 약화되어 경기회복에 걸림돌이 될 것이다.

마이너스 금리 정책의 또 다른 부작용은 심리효과라고 할 수 있다. 중앙은행이 마이너스 금리 정책을 실시한다는 발표가 경제상황이 매우 심각하다는 인식을 소비자들에게 크게 확산시켜서 금리 인하 효과를 상쇄시킬만한 소비심리의 위축을 발생시킬 수 있다. 특히 제로금리를 일정 기간 유지시키는 것만으로도 경기회복이 불투명하다면 경제상황에 대한 암울한 평가를 소비자들에게 확신시키는 결과를 발생시킬 수도 있다. 소비자가 현재 소득뿐만 아니라 미래 소득도 고려하여 소비를 결정한다면 중앙은행의 비관적인 경제전망에 대한 소식은 현재 시점의 소비를 감소시킬 수 있다.

　개방 경제에서는 마이너스 금리의 환율 경로에 의해서 인플레이션을 발생시키는 효과를 기대해볼 수도 있다. 마이너스 금리 정책이 채권투자의 수익률을 낮춘다면 채권 투자자들이 국내 채권을 팔고 해외 채권투자로 투자자금을 이동시킨다. 국내의 투자자금이 해외로 이탈하면서 자국의 화폐가치는 상대적으로 낮아지게 된다. 그 결과 수입품의 국내 가격은 상승하게 되는데 이는 생산비용의 증가 또는 최종 소비재 가격 상승을 발생시켜 소비자 물가지수와 생산자 물가지수가 동시에 상승하는 효과가 발생한다. 또한 수출품에 대한 해외시장의 가격이 하락하여 수출증대 효과가 발생한다. 이는 국내 수출기업의 이윤 증가 및 국내 근로자의 소득증가를 발생시켜 총수요를 증가시키는 효과를 발생시킬 수도 있다. 그러나 여러 나라가 동시에 마이너스 금리 정책을 실시한다면 해외 채권투자로부터 기대할 수 있는 이자소득이 감소될 수 있다. 그 결과 앞에서 설명한 마이너스 금리 정책에 따라 발생하는 환율의 평가절하로 인한 인플레이션 효과가 감소할 수도 있다.

　마이너스 금리 정책의 효과를 분석하기 위해 앞에서 설명한 뉴케인지언 모형을 그대로 이용한다. 동태적 IS곡선의 식에 중앙은행이 결정하는 명목 이자율인 $i = -m$을 대입한다. 여기서 m은 양수이다. 앞에서 이미 설명한 바와 같이 현재 시점의 생산 갭은 미래 시점의 인플레이션에 대한 예상치, 미래 시점의 생산 갭에 대한 예상치, 자연 실질 이자율 등의 변수 이외에도 마이너스 금리 수준의 영향을 받는다. 이를 수식으로 표현하면 <표 9-3>의 첫째 줄에 있는 식이 된다. 마이너스 금리 정책 하에서 인플레이션율을 계산하기 위해 필립스 곡선의 식을 사용한다. 앞에서 설명한 식을 필립스 곡선의 식에 대입하여 정리하면 <표 9-3>의 둘째 줄에 있는 식이 된다.

표 9-3 마이너스 금리 정책의 거시경제적 효과

마이너스 금리 정책과 IS곡선	$x = x^e - \delta(i - \pi^e - r^*) \ \rightarrow \ x = x^e + \delta(\pi^e + r^* + m)$
마이너스 금리와 인플레이션율	$\pi = \beta\pi^e + \kappa x \ \rightarrow \pi = \kappa x^e + (\kappa\delta + \beta)\pi^e + \kappa\delta(r^* + m)$
마이너스 금리 정책과 거시 경제 균형조건	$z = Az^e + B(r^* + m)$ $A = \begin{pmatrix} 1 & \delta \\ \kappa & \kappa\delta + \beta \end{pmatrix} ; B = \begin{pmatrix} \delta \\ \kappa\delta \end{pmatrix}$

주: 위의 식에서 $z = \begin{pmatrix} x \\ \pi \end{pmatrix}$와 $z^e = \begin{pmatrix} x^e \\ \pi^e \end{pmatrix}$이다.

다음에서는 위에서 설명한 균형조건을 사용하여 마이너스 금리 정책의 거시경제적 효과를 분석한다. 앞 절에서 이미 설명한 모형을 계속 사용하고 있기 때문에 앞에서와 같이 현재 시점의 생산 갭과 인플레이션을 하나의 기호로 표시하여 z이라고 한다. 이는 생산 갭이 위에 있고 그 아래에 인플레이션율이 오는 순서로 정의된 이차원의 열 벡터이다. 다음 시점의 생산 갭과 인플레이션율에 대한 예상치를 묶어서 z^e로 표기한다. 위에서 도출한 두 식이 함의하는 균형조건은 <표 9-3>의 셋째 줄에 정리되어 있다. 이 식이 앞 절에서 분석한 균형조건과 다른 점은 m이라는 새로운 항이 추가된 것이다. B의 원소들이 모두 양수이기 때문에 다른 변수들이 동일한 수준으로 유지된다면 m의 값이 커질수록 생산 갭과 인플레이션율의 값이 높아진다. 따라서 중앙은행이 추가적인 비용 없이 마이너스 금리 정책을 실시할 수 있다면 불황의 시기에 경기를 부양하기 위해 당연히 마이너스 금리 정책을 선택할 유인이 충분히 있다.

마이너스 금리 정책을 어떻게 실행할 수 있는가에 대하여 의문이 있다. 소비자와 기업들이 참가하는 금융시장에서 결정되는 명목 금리에 대해서 마이너스 금리가 적용된다면 자금을 빌려주지 않고 오히려 현금으로 보유하는 것이 유리하기 때문에 누군가 마이너스 금리가 가능하다고 주장하면 어떠한 이유로 가능한 것인가에 대한 의문이 생긴다. 이에 대한 답변으로 다음과 같이 설명할 수 있다.

첫째, 중앙은행과 금융기관 간의 거래에서 가능하다. 중앙은행은 시중은행이 중앙은행에 예치하는 자금에 대하여 마이너스 금리를 부과할 수 있다. 이 경우 중앙은행은 중앙은행에 개설한 계좌에 자금을 예금하는 시중은행에 대하여 일종의 세금 또는 수수료를 부과하는 셈이 된다. 이러한 과태료 또는 세금을 지불하고 싶지 않다면 중앙은행에 자금을 예금하지 않으면 된다. 그러나 중앙은행이 제공하는 서비스가 반드시 필요하여 이를 위해 중앙은행에 예치해야 한다면 이는 일종의 수수료로 간주할 수 있고 비용과 편익의 분석을 통해 적절한 예치금 수준을 결정할 수 있다. 법으로 정해진 규정에 의해서 중앙은행에 예치금을 보유해야 한다면 이는 법령에 의거하여 세금을 부과한 것으로 간주할 수 있다.

중앙은행의 마이너스 금리에 대한 결정이 어떻게 금융기관의 초 단기 자금을 거래하는 지준시장에 영향을 미치는지를 보기로 한다. 중앙은행이 결정한 마이너스 금리 수준이 $-m$이라고 가정하자. 여기서 m의 값은 양수이다. 지준시장에서 참가하는 금융기관이 여유 자금을 가지고 있는 금융기관에게 중앙은행에 예치하는 대신 자신에게 빌려주면 $(m + \varepsilon)$의 명목 금리를 제공할 것을 약속할 수 있다. 이 경우에도 ε이 양수일지라도 m보다 작다면 다른 금융기관이 제시한 명목 금리도 마이너스 금리이다. 그럼에도 불구하고 중앙은행에 예치하는 것보다 더 나은 조건이다. 다른 금융기관이 제시한 조건을 일시적으로 받아들일 수 있으나 현금으로 준비금을 마련할 수 있다면 현금 보유를 선호한다. 따라서 지준시장에서도 현금의 보유가 쉽다면 중앙은행의 예치금에 대한 마이너스 금리가 쉽게 전달되지 않을 수 있다.

둘째, 장기 채권의 경우 마이너스 이자율이 가능할 수도 있을 것으로 예측된다. 예를 들어 채권을 만기까지 보유하지 않고 만기가 되기 이전에 매도하는 투자자는 자신이 매도하는 시점의 채권가격이 매수하는 시점의 가격보다 더 높게 형성될 것으로 예상한다면 현재 시점에서 계산한 만기 수익률이 음수인 채권도 매수할 수 있다. 현금 보유가 언제든지 자유롭게 가능하다면 민간의 투자자가 자발적으로 마이너스 금리로 거래하는 사례가 일반적인 상황에서 발생하기 어렵다는 견해를 반박하는 것은 쉽지 않다. 그럼에도 불구하고 최근 광범위하게 마이너스 금리의 사례를 찾아볼 수 있다는 점을 지적할 수 있다. 최근 마이너스 금리가 발생한 사례는 다음과 같다.

(1) 네덜란드, 스웨덴, 덴마크, 스위스, 오스트리아에서 마이너스 금리 정책을 실시하거나 마이너스 금리의 채권 거래가 있었다.

(2) 핀란드의 경우 국채발행시장에서 마이너스 금리에 대응하는 가격으로 국채를 판매하였다.

(3) 2015년 2월 28일에는 독일에서도 마이너스 금리인 5년 만기 채권을 판매하였다.

유럽과 일본의 마이너스 금리 정책

유럽 중앙은행(ECB)의 정책위원회(Governing Council)는 매월 2회 회의를 가진다. 첫 번째 회의에서 통화정책과 관련된 의사결정이 이루어지고 특히 주요 이자율에 대한 목표치가 결정된다. 두 번째 회의에서는 유럽 중앙은행의 다른 업무와 관련된 결정을 한다. 유럽 중앙은행의 주요 이자율은 세 종류의 이자율로 요약할 수 있다. 첫째, MRO(Main Refinancing Operations) 이자율이다. 이는 중앙은행이 은행 시스템의 유동성을 조절하기 위해 실시하는 공개시장조작에서 목표하는 이자율로 정의된다. 둘째, 중앙은행 예치금(Deposit Facility) 이자율이다. 이는 민간 은행들이 중앙은행에 예치하는 초 단기 예금(통상 1일 만기)에 적용되는 이자율이다. 셋째, 한계 대출(Marginal Lending Facility) 이자율이다. 이는 중앙은행이 민간 은행의 일시적인 자금 부족이 발생하면 1일간 대출하는 제도에 적용되는 이자율이다.

유럽 중앙은행의 마이너스 금리 정책은 중앙은행 예치금 이자율에 대하여 실시되었다. 예를 들어, 2015년 3월 5일의 회의에서 MRO 이자율은 0.05%, 긴급자금대출이자율은 0.30%, 중앙은행 예치금 이자율은 −0.20%로 결정하였다. 마이너스 금리 목표의 시작은 2014년 6월 5일의 발표문에서 찾아볼 수 있다. 이 당시 발표에서는 6월 11일부터 중앙은행 예치금에 대한 마이너스 금리가 −0.1%로 인하될 것으로 발표하였다.

중앙은행이 중앙은행의 예치금에 대하여 마이너스 이자를 지급하면 일종의 수수료를 부과하는 것과 같으므로 민간 은행들은 중앙은행에 예치하지 않고 더 높은 수익률을 제공하는 채권투자 또는 민간 대출로 자금을 이동시키게 된다. 해외 채권투자로 자금이 유출되면 환율이 평가절하되어 수출에 도움이 된다. 그러나 앞에서 이미 설명한 바와 같이 민간 은행들이 예금 이자율을 더 이상 낮추지 못하면서 대출 이자율을 많이 낮추어야 한다든가 증권투자의 수익률이 상당히 낮아지면 민간 은행들의 수입이 감소하여 금융시장의 불안정성을 증가시키는 결과를 발생시킬 수 있다.

스위스 중앙은행(SNB)은 2014년 12월 18일 시중은행이 중앙은행에 예치하는 예금에 대하여 −0.25퍼센트의 마이너스 이자율을 적용한다고 발표하였다. 스위스 중앙은행의 이자율 정책은 3개월 만기의 (스위스 프랑 표시) 리보 이자율에 대하여 목표치를 정한다. 2015년 1월 15일 기준으로 타겟 범위는 −1.25퍼센트에서 −0.25퍼센트로 설정되어 있으며, 1월 20일의 이자율은 −0.66퍼센트이다. 스위스 중앙은행의 리보금리는 공개시장조작의 파트너가 되는 금융기관들의 만기가 3개월인 대차거래에 적용되는 이자율로 정의된다. 그러므로 예금주도 금융기관임을 의미한다.

스위스 중앙은행의 마이너스 금리 목표 결정에 대한 배경은 2015년 1월 15일 스위스 중앙은행의 발표문에 설명되어 있다. 발표문에 따르면 스위스 중앙은행은 유로와 스위스 프랑 간 1.20 하한선을 폐지하는 대신 마이너스 금리 정책을 실시한다는 것이다. 스위스 프랑에 적용되는 환율의 하한은 스위스 프랑의 가치가 일정 수준 이상으로 높아지는 것을 억제하는 정책으로서 실시되었다. 이러한 환율정책을 실시하게 된 배경과 최근에 폐지한 이유를 다음과 같이 밝히고 있다. "스위스 프랑의 가치가 비정상적으로 고평가되어 있고 금융시장의 불확실성이 극도로 높은 기간에 스위스 프랑의 고평가를 차단하려는 수단으로서 스위스 프랑에 대한 환율의 하한을 설정하였다. 환율에 대한 하한선을 설정하고 이를 유지하는 정책은 비전통적이고 일시적인 정책수단이지만 스위스 프랑의 고평가가 더욱 크게 진행됨으로써 스위스 경제가 받을 피해를 막을 수 있었던 것으로 평가하고 있다. 환율 하한선 제도를 도입한 이후 스위스 프랑의 고평가 정도가 완화되었으며 이러한 상황에서 새로운 국면으로 진행하는 정책을 실시하는 것이 바람직하다고 판단한다. 특히 유로가 미국의 달러화에 비해 절하되고 있으며 그 결과 스위스 프랑도 달러화에 대해 절하되고 있으므로 더 이상 환율의 하한선을 유지할 명분이 없다고 판단된다."

중앙은행이 공개시장조작을 통하여 어떻게 마이너스 금리를 달성하는지를 생각해 보기로 한다. 액면이 1이고 만기가 3개월인 무위험 채권을 예로 들어 보자. 현재 시점에서 제로 이자율이라면 채권가격은 1이다. 중앙은행이 금리 목표치를 −1/11로 결정한다. 이는 중앙은행이 공개시장조작을 통하여 1.1의 가격을 주고 액면이 1인 만기 3개월의 무위험 채권을 매입한다는 의미이다. 민간 금융기관은 현재의 가격이 1인 채권 시장에서 채권을 처분하지 않고 1.1의 가격을 받고 중앙은행에 판매하는 것이 더 이득이 된다. 그 결과 3개월짜리 채권을 보유한 금융기관은 중앙은행과 거래하게 된다. 이러한 과정을 거쳐서 중앙은행은 만기가 3개월인 채권의 이자율이 마이너스가 되도록 할 수 있다. 그런데 공개시장조작을 통해 마이너스 금리 정책을 실시하면 중앙은행은 결국 손해를 감수해야 한다. 그 이유는 3개월 후에 1의 액면 가치를 받는 채권을 1.1의 가격에 매입하였기 때문이다. 따라서 중앙은행의 손해를 어떻게 보전할 것인가가 이슈가 된다.

그런데 스위스 중앙은행은 리보 금리에 대하여 마이너스 목표치를 설정하였다. 리보 금리는 민간 금융기관에서 자발적으로 결정하는 은행 간 예금 금리이다. 따라서 어떠한 금융기관이 마이너스 금리를 지급하고서 예금을 3개월간 하려고 하겠는가 하는 의문이 든다. 예를 들어서 스위스 프랑의 가치가 미래에도 상승할 것이라면 이자를 지급하지 않더라도 금리가 0인 국가에서 돈을 빌려서 스위스 프랑 단위의 예금 잔고를 가지려고 할 수 있다. 그러나 스위스 프랑의 가치가 하락할 것으로 예측되는 상황에서는 마이너스 금리의 이자율을 감수하고자 하는 예금자는 찾기 어려울 것이다. 마이너스 목표치를 (스위스 프랑 표시) 리보 금리에 설정하면 스위스 프랑 표시 예금에 대한 수요를 감소시켜 스위스 프랑의 가치를 하락시키는 효과를 발생시킬 것으로 기대된다.

특히 일반 시중은행은 이윤을 추구하는 데 일반 예금자들을 대상으로 하여 예금 금리를 마이너스 금리로 책정하여 예금이 줄어드는 상황을 감수할 수 있겠는가에 대해서도 질문해 볼 수 있다. 예금의 급격한 감소를 걱정하여 예금 이자율을 마이너스로 책정하지 못하고 동시에 은행의 수입을 결정하는 증권의 수익률이 낮아진다면 은행의 수익성이 낮아진다. 이러한 상황이 악화되어 은행의 자본이 잠식되는 상황이 발생한다면 금융중개기능이 약화되어 경기회복에 걸림돌이 될 것이다.

스웨덴의 중앙은행인 릭스 뱅크는 2014년 10월 28일 기준 금리인 RP금리를 0.25%

에서 0%로 인하하였다. 그리고 최근 2015년 2월 12일 기준 금리를 −0.1%로 인하하였다. 그런데 스웨덴은 유럽연합(EU) 회원국이지만 유로존(유로화 사용 19개국)에는 속하지 않기 때문에 이와 같은 점을 고려하여 스웨덴의 통화정책 결정을 이해할 필요가 있다. 스웨덴의 경우 2%의 인플레이션 목표치를 유지하고 있다. 그러나 최근 지속적으로 실제 인플레이션율이 목표 인플레이션에 못 미치고 있다. 따라서 스웨덴의 근원 인플레이션이 2퍼센트에 근접하고 장기 예상 인플레이션도 인플레이션 목표치와 같은 수준을 유지할 수 있도록 하기 위하여 마이너스 금리 정책을 동반하는 경기부양을 위한 통화정책이 필요하다고 밝히고 있다.

마이너스 금리 정책으로 인하여 유럽국가의 국채 이자율도 마이너스가 되는 상황으로 이어졌다. 예를 들어 2015년 2월 4일 핀란드는 5년 만기 국채의 수익률이 마이너스가 되는 가격으로 국채를 매각하였다. 국채 발행시장에서 마이너스 금리로 채권을 구매하는 경우 다음과 같은 점들을 고려해야 한다.

(1) 마이너스 만기 수익률인 채권을 구매한다면 이는 채권이 보장하는 액수보다 더 많은 가격을 주고 구매한다. 따라서 채권을 만기까지 보유한다면 마이너스 만기 수익률로 구매한 투자자들은 손해를 본다.

(2) 마이너스 만기 수익률인 채권을 구매한 투자자가 채권가격이 더 상승하면서 만기 이전에 채권을 매각하면 마이너스 수익률의 채권구매로부터 이득을 볼 수 있다.

어떠한 사람들이 마이너스 금리의 국채를 구매하는가에 대한 의문을 가질 수 있다. 이에 대한 답변은 유럽의 은행들은 은행 규제를 맞추기 위해 단기 우량 국채를 보유해야 한다는 것이다. 또한 우량 국채는 금융투자의 담보로 사용될 수 있으므로 증권 담보로 사용하기 위해 국채를 보유해야 하는 투자자들에게는 담보가치가 마이너스 금리에서 발생할 수 있는 손해를 커버할 수 있다. 따라서 민간의 금융기관 또는 증권투자자들이 앞으로 중앙은행이 장기간 마이너스 금리를 유지할 것이라는 기대에 의해서 단기 국채 금리가 마이너스가 되더라도 국채를 보유할 유인이 있다.

2016년 1월 29일 일본은행은 단기 정책 금리를 −0.1%로 인하한다고 발표하였다. 당시 일본은행은 시중은행이 새로운 예금한 지준에 대하여 0.1%의 수수료를 부과하고 기존의 지준에 대해서는 0.1%의 이자율을 적용한다고 발표하였다. 2018년 상반기에도 일본은행은 동일한 금리 수준의 마이너스 금리 정책을 실시하고 있다. 일본의 마이너스 금리 정책은 엔화의 가치를 하락시키지 못한 것으로 평가받고 있다. 기획재정부에서 제공하는 온라인 국가지표체계의 자료에 따르면 2015년도 말 엔·달러 환율이 120.4이다. 2016년도 엔·달러 환율은 116.6이고 2017년도 엔·달러 환율은 112.8이다. 따라서 엔·달러 환율로 평가하면 마이너스 금리 정책이 엔화 가치를 가시적으로 하락시켰다고 보기 어렵다.

연습문제

1. 어떤 경제학자가 완전한 조건부 청구권 시장이 존재하는 경제와 불완전한 조건부 청구권 시장이 존재하는 경제 중 불완전한 조건부 청구권 시장이 존재하는 경우 선제적 지침의 효과가 작다고 주장한다. 이 주장이 올바른 주장인지의 여부를 판단하고 그 이유를 설명하시오.

2. 총수요 곡선의 이자율 반응 계수의 크기와 필립스 곡선의 기울기의 변화가 선제적 지침의 인플레이션 효과와 총수요 효과의 크기에 어떠한 영향을 미치는지를 분석하시오.

3. 어떤 경제학자가 우리 나라는 소규모 개방 경제이므로 제로 금리 정책을 실시할 수 없다고 한다. 따라서 미국에서 실시하고 있는 선제적 지침과 같은 정책은 효과가 없다고 주장한다. 이 주장이 올바른 주장인지의 여부를 판단하고 그 이유를 설명하시오.

4. 어떤 경제학자가 고령화가 진행되면서 자연 이자율이 급속도로 낮아지고 있어서 앞으로 많은 나라에서 보다 더 빈번하게 제로 금리 정책을 실시해야 할 것으로 예측된다고 주장한다. 이 주장이 올바른 주장인지의 여부를 판단하고 그 이유를 설명하시오.

5. 마이너스 금리 정책이 환율에 미치는 효과는 제한적일 수 있다는 주장이 올바른 주장인지의 여부를 판단하고 그 이유를 설명하시오.

6. 양적 완화 정책과 선제적 지침은 서로 보완적인 정책인지 아니면 대체적인 정책인지를 판단하고 그 이유를 설명하시오.

제10장

은행의 역할과
은행 제도의 안정성

제10장

은행의 역할과 은행 제도의 안정성

　본 장에서는 은행 제도가 도입되면 금융중개의 기능이 전혀 없는 경제와 비교하여, 보다 더 효율적인 배분을 달성하게 하는 역할을 한다는 점을 강조한다. 따라서 은행 제도가 실시되면서 모든 상황이 순조롭게 진행되면 사회 후생이 증가한다. 그러나 대규모 예금 인출 사태가 발생할 가능성이 있다. 대규모 예금 인출 사태의 가능성이 적절하게 조정되지 않는다면 은행 제도의 도입이 금융중개의 기능이 전혀 없는 경제보다 더 못한 상태로 떨어지게 하는 원인이 될 수 있다는 점을 지적한다.

　은행은 어떠한 기능을 수행하여 자원 배분의 효율성을 높이는가? 은행의 기능을 설명하기 위해 다이아몬드(Douglas Diamond)와 디빅(Phillip Dybvig)의 모형을 소개한다.[1] 모형의 주요 내용 중의 하나는 은행이 담당하는 주요한 기능이 만기 변환(maturity transformation)이라는 점이다. 이는 만기가 짧은 예금을 받아서 조달한 자금을 예금에 비해 만기가 더 긴 대출을 통해 수익을 창출해야 한다는 점을 반영한 용어이다. 만기 변환의 기능으로 인해 은행은 유동성이 높은 단기 증권을 발행하여 유동성이 낮은 장기 증권을 보유해야 한다. 유동성의 변화를 강조하면 은행이 수행하는 기능을 유동

---

1 이들의 논문은 1983년 Journal of Political Economy (Vol.91, No.3, pp. 401-419)에 실린 「Bank Runs, Deposit Insurance, and Liquidity」이다.

성 변환(liquidity transformation)이라고 표현할 수 있다. 은행들이 이와 같은 기능을 수행하면 은행이 없는 경제와 비교할 때 더 높은 사회 후생을 달성할 수 있기 때문에 은행 제도는 자원 배분의 효율성을 제고한다는 것이다.

은행 제도를 도입하는 대신 은행의 역할을 대신하는 금융계약이 금융시장에서 이루어질 수 없는가? 예를 들어 앞에서 이미 설명한 조건부 청구권 시장을 생각해볼 수 있다. 완전한 조건부 청구권 시장이 존재할 수 있다면 모든 소비자들은 이를 이용하여 소비의 평탄화를 달성할 수 있음을 보였다. 현실의 경제에서는 개인들에게 중요한 상황이지만 조건부 청구권의 계약을 체결하는 것이 가능하지 않은 상황이 발생할 수 있다. 예를 들어 개인적인 이유로 갑작스럽게 발생하는 모든 상황에 대하여 객관적인 잣대로 정확하게 입증할 수 없다면 이러한 상황을 반영한 조건부 청구권을 시장에서 거래할 수 없다. 조건부 청구권이 가능하지 않다면 다른 대안이 없는 경우 소비자들은 갑작스럽게 지출해야 하는 위급 상황에 대비하여 현금 또는 유동성이 높은 증권으로 여유 자금을 보유해야 한다. 일반적으로 현금이 아니면서 유동성이 높은 금융증권은 부도 위험이 없는 단기 채권일 것이다. 금융시장에서 단기 채권만 거래가 가능하다면 높은 수익률을 낼 수 있는 장기 투자에 필요한 자금 조달이 어렵다. 이러한 점을 감안하면 장기적인 투자 기회에 투자하여 보다 높은 수익을 창출할 수 있도록 금융중개의 기능이 필요하다. 소비자들이 앞으로 쓸 돈이지만 당장 쓸 필요가 없는 돈이 있다면 이를 은행에 맡겨 놓고 자신이 필요한 시점에 언제든지 자유롭게 찾아갈 수 있도록 하면서 동시에 이자가 지급된다면 지급되는 이자의 적절한 조정을 통해 금융중개가 전혀 없는 경제보다는 더 높은 사회 후생을 실현할 수 있다. 이는 금융중개가 전혀 없는 경제에서는 자신이 직접 현금으로 자금을 금고에 보관해야 하므로 이자의 조정을 통한 소득의 기간 간 이전이 불가능하기 때문이다. 은행 제도의 도입을 통해서 이러한 기능이 순조롭게 이루어지는 경제에서는 자원 배분의 효율성이 높아진다. 그러나 다른 예금주들이 모두 예금을 인출하여 은행이 예금 인출에 대비하여 준비한 자금이 고갈될 것이라는 우려가 예금주들 사이에 팽배해지면 근거 없는 헛소문에도 예금주들이 흔들리는 상황이 발생한다. 자기 실현적 기대에 의거한 예금 인출 사태가 발생하면 차라리 은행 제도가 전혀 없는 경제보다 더 못한 상태로

표 10-1 우리 나라 일반 은행의 자산 구성

	2012년	2013년	2014년	2015년
현금 및 예치금	6.7%	7.3%	7.8%	6.6%
유가증권	16.7%	15.4%	14.7%	14.5%
대출금	65.7%	67.1%	67.8%	68.5%
기타	10.9%	10.2%	9.7%	10.4%
계	100%	100%	100%	100%

출처: 2015년 은행 경영 통계(금융 감독원 말잔).

떨어질 수 있다. 현실의 경제에서는 이러한 최악의 상황이 발생하지 않도록 하기 위한 방안으로서 예금보험 제도가 실시되고 있다.

본 장의 순서는 다음과 같이 진행된다. 먼저 우리 나라 일반 은행의 자산 운영과 자금 조달을 파악할 수 있는 자료를 간단히 정리한다. 그 이후 앞에서 간단히 정리한 은행 제도의 역할을 잘 요약한 모형을 분석한다. 마지막으로 은행 제도의 안정성을 위해 실시되고 있는 예금보험 제도와 은행의 자산 운용과 자금 조달에 부과되어 있는 규제들을 정리한다.

우리 나라 일반 은행의 자산 운용과 자금 조달

본 절에서는 우리 나라 일반 은행의 자산 운용과 자금 조달을 설명한다. 금융 감독원이 매년 발간하는 은행 경영 통계에 수록된 은행의 대차대조표 자료를 사용하여 설명한다. 먼저 <표 10-1>에서는 우리 나라 일반 은행의 자산에 포함되는 항목의 구성이 최근 어떻게 변화하고 있는지를 보여주고 있다. 일반 은행의 자산 중 가장 큰 항목은 대출금이다. 외화 및 원화 대출금을 포함하면 대출금이 총 자산에서 차지하는 비중은 2012년부터 2015년 기간 65% 이상 70% 미만의 수치를 보이고 있다. 그 다음으로 큰 항목은 유가 증권의 보유이다. 유가 증권의 보유가 자산에서 차지하는 비중은 2012년부터 2015년 기간 15% 내외의 수치를 보이고 있다. 현금과 예치금은 같은 기간 동안 원화와 외화를 합쳐 7% 내외의 수치를 보이고 있다. 앞에서 설명한 세 가지 항목의 합이 전체 자산의 90% 정도를 차지하고 있다. 따라서 앞에서 설명한 자료에 의거하여 자산의 구성을 크게 분류하면 대출금, 유가증권, 현금 등으로 나눌 수 있다.

은행의 자금 조달 방식은 크게 두 가지로 분류된다. 첫째, 예금에 의존하는 것이다. 금융 감독원이 발표하는 은행 경영 통계 자료에서는 예수금의 항목에 포함된다. 부채와 자본의 항목에서 원화 예수금이 차지하는 비중은 일반 은행의 경우 2013년 65.1%, 2014년 65.7%, 2015년 65.4%이다.[2] 따라서 예수금은 소비자와 기업이 자신의 일반적인 거래를 위해 가지고 있는 예금들을 포함하므로 다른 방식에 비해 이자비용이 상대적으로 낮다. 그러나 은행의 자금 수요가 급격히 증가할 때 이를 맞추기 위해 짧은 시간 내에 쉽게 증가시키는 것이 어렵다. 둘째, 시장성 수신이다. 은행이 예금 이외의 수단으로 금융시장에서 직접 조달한 자금을 의미한다. 예를 들어 양도성 예금 증서 또는 채권을 발행하여 조달하는 자금이 포함된다. 은행이 단기적으로 자금을 많이 확보해야 할 때 시장성 수신을 늘려서 자금을 조달할 수 있지만 예수금과 비교하여 이자비용이 상대적으로 높다. 은행 경영 통계에 따르면 부채와 자본의 항목에서 시장성 수신이 차지하는 비중은 일반 은행의 경우 2013년 12.9%, 2014년 13.5%, 2015년 13.2%이다.[3]

앞에서 설명한 자료를 사용하여 은행이 보유하고 있는 예금 잔액에 대한 대출금 잔액의 비율을 계산할 수 있다. 이를 예대율로 정의한다. 예를 들어 예대율을 (대출금/예수금)이라고 정의하면 앞에서 설명한 자료를 그대로 사용하여 계산할 수 있다. 이 수치가 백분비로 계산하여 100%를 넘으면 예금 잔액에 비해 대출 잔액이 크므로 이 수치가 커질수록 과다 대출의 가능성을 의미하는 것으로 해석할 수 있다. 본 절의 자

---

2 일반 은행은 2015년 기준 시중 은행 6개와 지방 은행 6개를 포함하는 것으로 정의된다.

3 시장성 수신은 양도성 예금 증서, 외화 차입금, 환매 조건부 채권 매도, 콜머니, 사채 등을 포함하는 것으로 정의하였다. 외화 예수금의 비중이 2013년 5.2%, 2014년 5.4%, 2015년 6.0%이다. 은행의 자본은 2013년 8.1%, 2014년 7.7%, 2015년 7.5%이다. 이들의 비중을 제외하고 순수한 부채 총계로 측정하면 시장성 수신의 수치는 본문에서 제시한 수치에 비해 증가한다.

료에 의거하여 계산하면 2013년 103%, 2014년 103%, 2015년 105%이다.[4] 어느 정도의 예대율이 바람직한 것인가에 대해서 수치로 일률적으로 설정하기는 쉽지 않을 것이다. 그러나 예금주의 지불 요구에 응하기 위하여 현금이나 예치금 등에 의한 지급 준비가 안정적으로 유지되는 것이 적절한 것으로 볼 수 있다. 따라서 시장성 수신을 통한 자금의 조달이 항상 원활하지 않을 수 있다는 점을 고려하면 100% 미만의 예대율을 유지하는 것이 건전한 위험 관리라고 볼 수 있다. 우리 나라에서도 예대율에 대한 규제가 있어서 실행되고 있다. 우리 나라의 경우 은행의 예대율을 100 x (원화 대출금/원화 예수금)으로 정의하여 2009년 12월 예대율을 100% 이내로 유지하도록 하는 예대율 규제 도입 방안을 도입하였다. 예대율 규제를 도입한 이유는 국내 은행이 예금 부채가 아닌 금융시장에서 증권을 발행하여 조달한 시장성 수신을 통해 대출을 위한 자금을 조달하여 2008년 말 금융 위기 직후 은행권의 유동성이 불안정해질 우려가 컸기 때문인 것으로 밝히고 있다.

일반 은행의 대차대조표에서 자본 총계를 자산으로 나눈 비율은 단순하게 계산된 자본 총계의 비율이다. 2015년 은행 경영 통계에 따르면 2012년 7.9%, 2013년 8.1%, 2014년 7.7%, 2015년 7.5%이다. 은행에 대하여 자본의 비중과 관련된 규제가 부과되어 왔다. 은행에 부과되는 규제에서는 단순한 자본 총계 비율이 아니라 은행이 보유한 자산의 위험 정도를 고려한 위험가중자산 대비 자본의 비중을 계산한 척도를 사용한다. 국제 결제 은행에서 일반 은행에 권고하는 자기자본비율이 널리 알려져 있다. 총 자산을 계산할 때 대차대조표에 있는 수치를 그대로 사용하는 것이 아니라 자산의 각 항목별로 서로 다른 가중치를 부과하여 계산한다. 이렇게 서로 다른 가중치를 부과하는 것은 은행이 보유하고 있는 증권별로 위험도가 다르므로 위험이 높은 증권에 대하여 보다 더 높은 위험 가중치를 부과하여 위험가중자산을 계산하는 것이 보다 적절한 것으로 보기 때문이다.[5] 국제 결제 은행의 기준에 의하면 자기자본비율이 8% 이

---

4 본 절에서 계산한 수치는 외화 예금과 대출금이 포함되어 있어 예대율 규제를 위해 사용되는 정의와 다르다.

5 금융 감독원 용어 사전에 따르면 기본자본은 영구적 자본으로서 기능할 수 있는 자본금, 자본 준비금, 이익 잉여금 등으로 구성된다. 보완 자본은 회계상 자기자본은 아니지만 일정한 조건 하에서 자기자본을 보완할 수 있다고 판단되어 감독당국들의 재량으로 자기자본으로 인정하는 재평가적립금 등을

상이 유지되어야 안정적인 운영이 이루어지고 있는 은행이다.

소비자의 유동성 충격과 금융부재경제

은행이 존재하지 않는 실물 경제를 먼저 설명한다. 금융의 역할이 전혀 없는 경제를 금융부재경제(financial autarchy)로 정의한다. 개인들이 겪는 상황에 대하여 객관적으로 입증할 수 없기 때문에 조건부 청구권 시장과 같은 증권 계약도 불가능한 상황으로 가정한다. 금융부재경제에서는 개인 간 정보의 비대칭성이 심하기 때문에 개인 소비자 간 금융 대차 거래의 가능성도 전혀 인정이 되지 않는 것으로 가정한다. 다음에서는 금융부재경제에서 개인 소비자들의 소비와 저축의 결정을 소개한다. 금융부재경제에서 가능한 저축의 의미는 다음과 같다. 개인 소비자들은 최초 시점에서 자신이 가지고 있는 소득을 두 기간에 걸쳐 실행되는 장기 투자사업에 투자하고 두 기시점 동안 중간에 회수하지 않으면 장기 투자에 대한 투자 소득을 얻는다. 금융부재경제에서는 이와 같은 저축 수단을 제외하고는 다른 금융 수단이 없는 것으로 가정한다. 이와 같은 상황을 구체적으로 설명하면 다음과 같다. 금융부재경제에서 거주하는 소비자의 수는 1로 고정되어 있다. [0, 1] 사이의 구간에 한 점이 하나의 개인에 대응되므로 부존자원경제에서 전체 인구 규모는 1이 된다. 이와 같은 가정을 부과하는 이유는 하나의 개인 소비자가 경제 전체에 미치는 영향이 미미하다는 특성을 모형에 부과하기 위한 것으로 이해할 수 있다. <표 10-2>에서와 같이 세 기간 동안 진행되는 모형이다. 최초 시점을 0기로 부르고 그 다음 시점을 1기로 부른다. 2기에 들어서면 장기 투자의 수익이 실현되고 투자 이득이 소비자에게 배분되면서 경제 활동은 끝나게 된다. 개인 소비자는 0기 시점에서 소비재 한 단위의 소득을 받게 된다. 소비자는 0기 시점에서 얻은 소득을 직접 저장하여 1기 시점으로 이전할 수 있다. 또는 한 단위의 소득을 장기 투자사업에 투자할 수 있다. 장기 투자사업이 제공하는 수

의미한다. 이는 기본자본의 100% 이내에서만 인정한다. 공제 항목은 자기자본 규제 목적상 자본적 성격이 없다고 판단된 자산 항목들(영업권, 연결조정차계정, 이연법인세차 등)로 성격에 따라 기본자본 또는 보완자본에서 공제한다.

표 10-2 **모형의 구조**

내용	0기	1기	2기
소비자의 소득	1	0	0
유동성 충격	유동성 충격의 내용이 알려지지 않음	유동성 충격이 발생하여 1기 소비자와 2기 소비자의 구분이 당사자에게만 알려짐	1기에서 실현된 유동성 충격은 변동 없이 그대로 유지됨
소비자의 소비	0	1기 소비자의 소비	2기 소비자의 소비
소비자의 투자	1	0	0
소비자의 투자소득	0	1	$R > 1$

익은 다음과 같이 결정된다. 0기 시점에서 한 단위의 소비재를 투자하여 1기 시점에서 투자를 회수하면 소비재 한 단위의 원금을 돌려준다. 그러나 두 기간을 기다리면 R의 소득이 제공된다. 요약하면 0기에 투자하여 두 기간을 기다리면 R이라는 1보다 더 큰 소득이 창출되지만 두 기간을 기다리지 못하고 투자사업이 진행되는 중간에 투자 원금을 회수하게 되면 원금만 건질 수 있다.

모형의 중요한 특성은 유동성 충격을 도입하는 것이다. 여기서 충격이라는 용어는 이전 시점에서 미리 예상하지 못한 상황이 발생하는 것을 말한다. 유동성이라는 용어는 어느 상황이든지 지출할 수 있도록 준비가 되어야 하는 것을 말한다. 따라서 소비자에게 유동성 충격이 발생한다는 것은 자신이 지출해야 하는 시점을 자신의 의지에 의해서 조절하지 못하고 외생적으로 발생하는 예상하지 못한 충격에 의해서 반드시 지출해야 하는 시점이 결정되는 경우를 말한다. 이러한 상황이 전개되도록 하기 위해 채택되는 주요한 가정은 어느 시점에 소비를 하느냐에 따라서 소비의 효용이 발생할 수도 있고 그렇지 못할 수도 있다는 것이다. 현실 경제에서도 많은 경우 개인들이 반드시 지출해야 하는 상황이 장기 투자사업의 수익이 실현되어 충분한 소득을 얻기 이전에 발생하기 때문에 이와 같은 가정이 비현실적인 것은 아니다. 유동성 충격의 구체적인 내용은 다음과 같이 요약된다. 모든 소비자는 0기 시점에서 동일하지만 1기 시점에서 서로 다른 두 개의 그룹으로 분리된다. 첫번째 그룹은 1기의 소비만 효용을 얻는 소비자들로 구성된다. 두번째 그룹은 2기의 소비만 효용을 얻는 소비자들이다. 첫번째 그룹에 속하는 소비자들의 규모는 α이고 두번째 그룹에 속하는 소비자들의 규모는 $(1 - \alpha)$이다.

소비자들은 자신이 어느 그룹에 속할지를 0기 시점에서는 모르지만 1기 시점에 이르러 알게 된다. 본인 이외의 다른 사람들은 어느 유형인가를 알 수 없다. 따라서 개별 소비자의 유형에 대한 불확실성이 있는 동시에 정보의 비대칭성이 존재한다. 앞에서 유동성 충격이라는 용어를 사용하는 이유는 개인이 갑작스럽게 지출해야 하는 사건이 발생하면 유동성 높은 증권 또는 현금 등이 필요하기 때문이다. 따라서 <표 10-2>에 정리되어 있는 유동성 충격은 유동성 수요가 갑작스럽게 발생할 수 있다는 것은 0기에도 이미 알고 있지만 실제로 언제 필요한지의 여부는 1기에 들어서야 알게 된다는 의미이다. 개별 소비자의 유형은 자신만이 알기 때문에 소비자들 간의 보험 계약을 통해서 개별 소비자의 위험을 헤지할 수 없다. 개인이 처한 위험에 대처하여 소비 평탄화를 달성할 수 있는 보험 계약 수단이 없다는 의미이다. 따라서 소비자들의 자발적인 금융 거래만 이루어지는 금융시장에서는 1기 유형의 소비자가 선택하는 소비와 2기 유형의 소비자가 선택하는 소비를 동일하게 할 수 있는 수단이 없다.

1기 유형 소비자의 1기 시점의 효용은 $u(c_{11})$이다. 여기서 c_{11}은 1기 유형 소비자의 1기 시점의 소비량을 의미한다. 2기 유형 소비자는 2기에 소비해야 효용을 얻게 된다. 따라서 2기 유형 소비자의 2기 시점의 효용은 $u(c_{22})$이다. 2기 유형 소비자의 효용은 2기에 얻게 되기 때문에 1기 유형 소비자의 효용 단위와 맞추어야 하는 경우 시간 할인 인자를 사용하여 2기 소비자의 효용을 할인해야 한다. 이 때 사용하는 시간 할인 인자는 β로 표기하고 이는 1보다 작은 양수로 가정한다. 유동성 충격이 발생하기 이전에 기대 효용을 계산하기 위해 각각의 소비자는 자신이 서로 다른 유형이 될 가능성을 고려해야 한다. 각각의 소비자가 1기 유형이 될 확률은 α이다. 2기 유형이 될 확률은 $(1 - \alpha)$이다. 따라서 개별 소비자의 기대 효용은 아래와 같이 쓸 수 있다.

$$v(c_{11}, c_{22}) = \alpha u(c_{11}) + \beta(1 - \alpha)u(c_{22})$$

앞의 식은 개인의 사전적 기대 효용이지만 사후적인 사회 후생으로도 해석할 수 있다. 그 이유는 개인이 1기 소비자 유형 또는 2기 소비자 유형이 되는 확률이 개별 소비자 유형의 실제 인구 비중과 일치하기 때문이다. 무차별 곡선 분석을 위해 효용 함수에 대하여 일반적으로 적용되는 가정을 그대로 부과한다. 첫째, 기대 효용에 대한 무차별 곡선은 원점에 대하여 볼록하다고 가정한다. 둘째, 원점에서 상대적으로 거리가 더 먼 곳에 위치한 무차별 곡선이 더 높은 기대 효용 수준에 대응한다. 앞에서 정의한 기대 효용 함수를 사용하여 무차별 곡선의 기울기를 계산할 수 있다. 기대 효용의 수준을 하나의 상수로 고정시키면 이에 대응하는 무차별 곡선의 기울기는 다음과 같다.

$$\frac{\Delta c_{22}}{\Delta c_{11}} = -\frac{\alpha\, u'(c_{11})}{\beta(1-\alpha)\, u'(c_{22})}$$

<그림 10-1>은 소비자가 모두 로그 함수 형태의 효용 함수를 가지고 있다는 가정 하에서 도출된 무차별 곡선을 보여주고 있다. A점은 1기의 소비가 1이고 2기의 소비가 R인 점이다. 은행 제도가 없는 금융부재경제에서는 소비자들의 자발적인 금융계약도 불가능하다. 따라서 부존자원경제에서 외생적으로 결정된 소득을 그대로 소비할 수밖에 없다. 그 이유는 소득의 기간 간 이전이 가능하지 않기 때문이다. <그림 10-1>에서 A점이 금융부재경제의 소비가 된다. 금융부재경제의 효용은 어느 정도 인가? 여기서 유동성 충격이 도입되면 개인의 경우 유동성 충격이 발생하기 이전에 계산한 사전적인 기대 효용과 유동성 충격이 발생하여 자신이 1기 유형인지 아니면 2기 유형인지를 안 이후의 사후적인 효용이 다르다. 1기 유형의 소비자들은 1기에 소비하고 효용은 $u(1)$이 된다. 2기 유형의 소비자들은 2기에 소비하고 2기 시점에서 효용은 $u(R)$이다. 사회 전체의 효용 수준은 1기 유형의 인구가 α이기 때문에 1기 유형의 총 효용은 $\alpha u(1)$이다. 또한 2기 유형의 인구가 $(1-\alpha)$이기 때문에 2기 유형의 총 효용은 $(1-\alpha)u(R)$이다. 2기 유형은 2기 시점의 효용 단위로 평가되었기 때문에 1기 시점의 효용 단위로 평가하면 $\beta(1-\alpha)u(R)$이다. 따라서 1기 시점에서 평가한 금융부재경제의 사회 후생은 다음과 같다.

그림 10-1 금융부재경제와 최적 배분의 비교

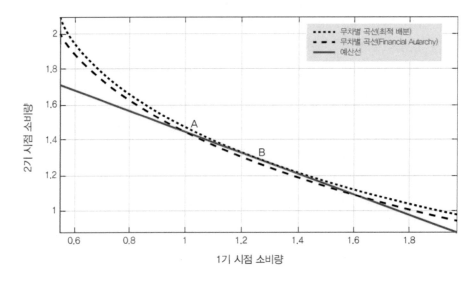

$$v(1, R) = \alpha u(1) + \beta(1 - \alpha)u(R)$$

위의 식에서 표시한 효용 수준에 대응하는 무차별 곡선이 <그림 10-1>에서 A점을 지나는 무차별 곡선이다.

다음에서는 금융부재경제의 한계를 설명한다. 금융부재경제에서는 최적 배분을 달성할 수 없다. <그림 10-1>의 A점을 지나는 무차별 곡선에 대응하는 효용 수준은 금융부재경제에서 달성할 수 있는 사회 후생이다. 이 사회 후생은 최적 배분에서 달성되는 사회 후생에 비해서 낮다. 이를 이해하기 위해 먼저 최적 배분을 알아야 한다. 최적 배분은 그 경제에서 달성할 수 있는 배분들의 집합 중에서 가장 높은 사회 후생을 제공하는 배분을 말한다. 달성 가능한 배분들의 집합을 알아보기 위해 생산가능곡선을 찾아야 한다. 본 절에서 설명하는 생산가능곡선은 여러 개의 서로 다른 재화에 대하여 적용되는 정태적인 모형이 아니라 매기 시점 단 하나의 재화가 있지만 소비의 기간 간 대체와 관련하여 개인들에게 적용되는 생산가능곡선이다. 따라서 개인 소비자의 생애 예산 제약 조건을 먼저 설명한다. 2기 시점에서 소비 한 단위의 1기 시점의 가격은 $1/R$이다. 1기 시점에서 소비 한 단위의 1기 시점의 가격은 1이다. 또한 c_{11}은 유형 1의 소비자가 되는 경우 1기 시점의 소비량이다. c_{22}는 유형 2의 소비자가 되는 경우 2기 시점의 소비량을 나타내는 것으로 정의한다. 모든 개인은 한 단위의 소득을 가지고 시작하고 또한 개인의 생애 예산 제약 조건은 일생 동안 소비를 위해 지출되는 예상 현재 가치가 생애 전체 소득의 예상 현재 가치와 같거나 작다는 조건을 의미하므로 다음과 같이 식이 성립된다.

$$\alpha\, c_{11} + \frac{(1-\alpha)c_{22}}{R} \leq 1$$

위의 식을 생산가능곡선으로도 해석할 수 있다. 여기서 생산가능곡선은 현재의 기술로 가능한 자원의 기간 간 대체를 나타낸다. 따라서 예산선의 아래에 속하는 점들은 분석하고 있는 경제에서 가용한 소비의 기간 간 배분을 나타내는 것으로 볼 수 있다. 이러한 두 가지의 해석이 가능하다는 점을 이용하면 무차별 곡선의 분석을 통해서 최적 배분을 찾을 수 있다. 이를 위해 효용 극대화 조건을 도출해야 한다. 예산선의 기울기는 $-R\alpha/(1-\alpha)$가 된다. 따라서 앞에서 계산한 무차별곡선의 기울기에 대한 식을 이용하면 예산선과 무차별 곡선의 접점에서는 다음의 조건이 만족된다.

$$u'(c_{11}) = \beta R u'(c_{22})$$

위의 조건은 소비자 개인의 사전적인 기대 효용을 극대화하는 조건이다. 동시에 최적 배분이 만족해야 하는 사회 후생의 극대화 조건이다.

앞에 잠시 설명한 <그림 10-1>로 돌아가서 은행 제도의 개인에 대한 후생 효과를 설명한다. 굵은 점선은 금융부재경제의 효용 수준에 대응하는 무차별 곡선이다. 얇은 점선은 개인의 사전적인 기대 효용을 극대화하는 효용 수준에 대응하는 무차별 곡선이다. 얇은 점선은 실선으로 표시한 예산선과 접하는 것을 확인할 수 있다. 따라서 B점은 기대 효용 극대화의 소비점이다. 1기 시점에서 최적 소비의 점은 c_{11}^*로 표기한다. 2기 시점에서 최적 소비점을 c_{22}^*로 표기한다. <그림 10-1>에서 굵은 점선으로 나타낸 무차별 곡선은 최적 소비에 대응하는 무차별 곡선에 비해 아래에 위치한다. 이는 금융부재경제는 개인의 기대 효용을 극대화하는 소비를 달성할 수 없음을 의미한다. 따라서 개인 소비자들은 은행 제도가 도입되어 은행에 예금할 것인가를 결정할 때 은행에 예금하여 은행 제도를 이용하는 것을 선택한다.

앞에서 설명한 바와 같이 본 절의 모형에서는 개인의 기대 효용을 극대화하는 점이 최적 배분의 소비점이다. 그 이유는 무차별 곡선은 사회 후생의 무차별 곡선이고 개인 소비자들의 예산 집합을 나타내는 직선을 사회의 생산가능곡선으로 해석할 수 있기 때문이다. 이러한 해석에 의하면 <그림 10-1>은 금융부재경제는 사회의 최적 배분을 달성할 수 없다는 것을 보여주고 있다. 따라서 A점과 B점에 대응하는 무차별 곡선의 차이는 은행 제도의 사회 후생 효과를 반영한다. 또한 본 절의 모형에서 무차별 곡선이 원점에 대하여 볼록 함수이므로 직선의 형태인 생산가능곡선에 대하여 접점이 단 하나 존재한다. 그러나 금융부재경제의 소비점에서는 무차별 곡선과 생산가능곡선은 서로 접하는 것이 아니라 교차한다. 이러한 조건이 만족된다면 최적 배분은 금융부재경제에서 달성되는 소비점의 오른편에 위치해야 한다. 따라서 <그림 10-1>에서 볼 수 있듯이 $c_{11}^* > 1$의 부등호가 성립한다.

은행 제도와 실물 경제의 자원 배분

다이아몬드(Diamond)와 디빅(Dybvig)이 1983년에 발표한 논문에서 분석한 은행 모형은 은행의 역할을 명확하게 이해할 수 있도록 작성된 은행 모형으로 널리 알려져 왔다. 다음에서는 다이아몬드-디빅의 모형을 사용하여 앞에서 설명한 금융부재경제에 은행 제도를 도입하면 최적 배분이 실현될 수 있음을 보인다. 그러나 예금주들이 예금을 인출할 때 선착순 지급 제약이 존재하여 자기 실현적 다균형이 발생할 수 있으며 예금보험 제도의 도입을 통해 은행 제도의 불안정성을 극복할 수 있음을 보인다. 자기 실현적 다균형의 의미를 설명한다. 은행 제도가 도입되면 좋은 균형과 나쁜 균형이 가능하다. 좋은 균형은 앞에서 최적 배분을 달성하는 균형이다. 나쁜 균형은 최적 배분에서 달성되는 사회 후생보다 낮은 사회 후생을 달성하는 균형이다. 은행 제도가 필요하다는 것은 은행 제도를 도입하여 좋은 균형을 달성할 수 있기 때문이다. 그러나 소비자들이 좋은 균형이 아니라 나쁜 균형이 달성될 것으로 예견하여 자신의 행동을 이에 맞추어 선택한다면 나쁜 균형이 실현된다는 것이다. 나쁜 균형이 빈번하게 실현되면 은행 제도를 계속 유지하려는 사회적인 합의가 무너지게 된다. 따라서 은행 제도가 사회 후생을 증대시키는 바람직한 금융 제도로서 평가받기 위해서는 나쁜 균형의 가능성을 방지하는 것이 필요하다. 여기에서 정부의 역할이 필요하게 된다. 예를 들어 정부가 민간 경제에 개입하여 나쁜 균형이 달성되지 않고 좋은 균형이 달성될 수 있도록 한다면 정부 정책을 실시하여 사회 후생을 증대시키는 역할이 가능하다.

다음에서는 은행 제도를 도입하면 최적 배분을 달성할 수 있는 가능성이 발생함을 보인다. 0기 시점에서 소비자들은 은행에 자신의 계좌를 개설할 것인지의 여부를 결정한다. 0기 시점에서 은행에 예금하는 것이 예금하지 않는 것에 비해 더 나은 선택인지를 판단해야 한다. 소비자들은 유동성 충격이 어떻게 실현되는지를 알기 이전에 예금을 할 것인가를 결정하게 된다. 따라서 예금을 할 것인지의 여부는 사전적 기대 효용을 기준으로 결정한다. 은행은 0기 시점에서 은행 예금의 원리금에 대하여 다음과 같은 약속을 발표한다. 1기 시점에서 인출하는 예금자에게 약속한 원리금은 r_1이다. 2기 시점에서 인출하는 예금자에게 약속한 원리금 r_2이다. 은행이 약속한 원리금은 모두 1보다 큰 것으로 가정하여 $r_1 > 1$과 $r_2 >$의 제약이 부과된다. 은행은 <그림 10-1>의 B점에 대응하는 소비를 가능케 하는 원리금의 지급을 약속한다. 따라서 소비자가 은행 예금을 선택하는 경우의 기대 효용은 B점을 지나가는 무차별 곡선의 효용 수준이다. 예금을 선택하지 않는 경우의 기대 효용은 A점을 지나가는 무차별 곡선의 효용 수준이다. 두 개의 선택을 비교하면 은행에 예금하는 경우의 사전적 기대 효용 수준이 더 높기 때문에 소비자는 자신이 가지고 있는 1의 소득을 모두 은행에 예금한다.

<그림 10-2>는 은행 제도가 도입되는 상황에서 소비자들의 선택이 어떻게 달라

그림 10-2 유동성 충격과 소비자의 선택: 좋은 균형

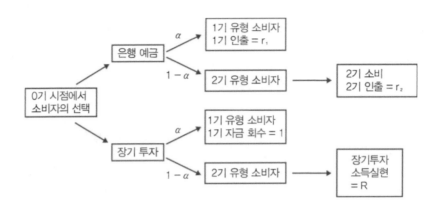

지는지를 보여 주고 있다. 앞에서 설명한 것과 같이 0기 시점에서 은행 예금 여부를 선택하게 된다. 그 이후 1기 시점에 도달하면 자신이 1기 유형의 소비자인지 아니면 2기 유형의 소비자인지의 여부를 알게 된다. 1기 유형의 소비자로 알려지면 그에 따라 은행 예금을 인출한다. 이 경우 은행에서 약속한 원리금인 r_1을 받게 된다. 이 때 2기 유형의 소비자들은 1기 시점에서 예금을 인출하지 않는 것으로 가정한다. 2기 시점에 들어서서 예금을 인출하면 은행에서 약속한 r_2의 원리금을 받는다. 현재 분석하고 있는 균형은 좋은 균형이다. 자신이 1기 유형이면 1기에서 원리금을 인출하고, 2기 유형이면 2기에서 원리금을 인출한다. 자신이 2기 유형이지만 1기 유형인 것으로 하여 1기에 예금을 인출하는 사례가 없는 경우이다. 이러한 상황에서는 은행 제도를 도입하여 최적 배분을 달성할 수 있다.

혹자는 본 절에서 설명하고 있는 모형을 보고 1기 시점의 원리금이 2기 시점의 원리금보다 많다면 2기 유형의 소비자가 자신이 1기 유형의 소비자가 아니더라도 1기 시점에서 원리금을 찾는 것이 유리할 것이므로 1기에서 예금을 찾을 유인이 있다는 것을 지적하고 싶을 것이다. 좋은 균형은 이러한 상황이 없는 균형으로 정의된다. 좋은 균형에서는 모든 소비자들이 자신의 유형에 맞는 행동을 한다는 조건이 첨가되어 있는 것으로 가정한다. 그러나 다음에서 설명하는 나쁜 균형에서는 2기 유형의 소

비자가 1기에서 예금을 인출할 수 있는 가능성을 인정한다.

인출 서비스 제약과 대규모 예금 인출 사태

은행이 제시하는 예금 계약에는 선착순 인출 서비스 제약(sequential service constraint)이 부과되어 있어서 대규모 인출 사태가 발생하면 예금주는 원금과 이자를 받지 못할 수 있다. 선착순 인출 서비스 제약을 수식으로 표현하기 위해 1기 시점에서 예금을 인출하는 사람의 수가 1기 유형의 소비자와 다를 가능성을 고려한다. 1기 시점에서 예금을 인출하는 사람의 수를 f로 표기한다. 여기서 f는 α의 값과 다를 수 있다. 그 이외 다른 변수들의 표기는 동일하다. 예를 들어 1기 시점에서 인출하는 예금자에게 약속한 원리금을 r_1으로 표기하고 2기 시점에서 인출하는 예금자에게 약속한 원리금을 r_2로 표기한다. 현재의 모형이 현실의 경우와 다른 점은 모형에서 설명하는 은행은 자신이 받은 예금의 일부를 지급 준비금으로 보유하고 있지 않다는 것이다. 1기 시점에서 소비자들이 예금의 인출을 요구하면 장기 투자에 투입되었던 투자액을 회수하여 원리금을 지급한다. 이러한 상황에서 은행이 1기 시점의 예금 인출을 위해 준비한 자금의 총액은 1이 된다. 만약 1기 시점의 인출 총액이 1보다 크다면 은행은 더 이상 회수하여 지급할 수 있는 자금이 없다. 따라서 선착순 인출 서비스 제약은 다음과 같이 표현할 수 있다.

$$r_1 f \leq 1$$

예금 인출 사태는 $\alpha < f \leq 1$인 경우를 말한다. 이 식이 의미하는 것은 예금 인출 사태가 발생하더라도 미리 약속한 원리금을 그대로 지급하지만 약정한 원리금을 지급할 수 있는 사람의 수에 제약이 부과된다는 것이다. 또한 1기 시점에서 인출되지 않고 은행에 계속 남아 있는 예금은 기업에 투자된 상태로 2기로 넘어간다. 따라서 2기 시점까지 은행이 가지고 있는 예금에 대해서는 장기 투자 수입을 얻게 된다. 1기 시점에서 인출되지 않고 은행에 계속 예금된 금액은 $(1 - r_1 f)$이고 장기 투자 수익

률이 R이므로 $R(1 - r_1 f)$이 은행의 2기 수입이다. 이를 남아 있는 예금주에게 동일하게 배당하면 $R(1 - r_1 f)/(1 - f)$이다. 따라서 2기 시점에서 예금의 원리금은 선착순 인출 서비스 제약을 고려하여 다음과 같이 결정된다.

$$r_2 = \max\left\{\frac{R(1 - r_1 f)}{1 - f}, 0\right\}$$

소비자는 은행으로부터 받은 예금에 대한 원리금을 모두 소비에 사용한다. 따라서 1기 시점에서 인출한 예금주의 소비는 r_1이고 2기 시점에서 인출한 예금주의 소비는 r_2이다. 위의 설명이 함의하는 것은 1기 시점에서 몇 명의 소비자가 자신의 예금을 인출하는지에 따라서 개별 소비자가 1기 시점에서 인출할 수 있는지의 여부와 또한 2기에서 인출하는 소비자의 원리금이 결정될 수 있다는 점이다.

자신의 예금에 대한 원리금이 다른 사람들이 어떻게 선택하는지에 따라서 영향을 받는다는 점으로 인해 예금자들의 자기 실현적 기대가 발생한다. 1기 시점에서 1기 유형으로 확정된 소비자들은 모두 1기 시점에서 예금을 인출한다. 2기 유형으로 확정된 소비자들은 1기 시점에서 예금을 인출할 수도 있고 2기 시점에서 예금을 인출할 수도 있다. 2기 유형의 소비자들은 선착순 인출 서비스 제약이 있기 때문에 앞에서 정의한 f의 값에 대하여 어느 정도로 실현될 지에 대하여 예측하게 된다. 소비자들의 자기 실현적 기대는 예금자들의 f에 대한 기대에서 발생한다. 예를 들어 모든 사람들이 인출할 것으로 예상하는 경우는 $f=1$이라고 예측하는 경우이다. 자기 실현적 기대는 기대가 현실이 되는 것을 의미한다. 모든 사람들이 이와 같이 예측하고 자기 실현적 기대가 발생하면 1기 유형과 2기 유형인 모든 예금자들이 1기 시점에서 동시에 인출해야 한다. 은행이 약속한 1기 시점의 원리금 r_1이 1보다 클 때 모든 사람들이 예금을 인출한다면 은행은 2기 시점에서 예금자에게 지불할 수 있는 돈이 없다. 1기 유형의 소비자이든 2기 유형의 소비자이든 모든 사람들이 1기 시점에서 인출한다는 예상이 들면 그에 따라 모든 사람은 1기 시점에서 자신의 예금을 인출하는 것이 합리적인 선택이 된다. 그 결과 우려하던 상황이 현실로 발생하여 자기 실현적 기대가 발생하는 것이다. 모든 사람이 인출을 시도하는 경우 $(1/r_1)$의 예금자들이 인출하

표 10-3 좋은 균형과 나쁜 균형의 비교 ($\beta R = 1$의 조건이 부과된 경우)

	좋은 균형	나쁜 균형
개인 소비자의 소비	소비자는 각각 c^*를 소비함	$1/c^*$의 비중은 c^*를 소비함. 나머지는 제로 소비임.
사회 후생	$(\alpha + (1 - \alpha)\beta)u(c^*)$	$(\alpha + (1 - \alpha)\beta)^2 u(c^*)$

주: c^*는 최적 소비 수준을 나타낸다. $\beta R = 1$인 경우 $c^* = (\alpha + (1 - \alpha)\beta)^{-1}$이다.

게 된다. 약속된 원리금을 찾아가는 사람도 있고 전혀 찾아가지 못하는 사람도 있다. 1기 유형 소비자는 1기 시점에서 소비하고 2기 유형 소비자는 2기 시점에서 소비하지만 각각의 소비자가 은행에서 받아가는 원리금은 r_1이다. 따라서 약속된 원리금을 찾아가는 사람들에게 개인의 소비량은 모두 동일하다. 앞에서 설명한 상황은 나쁜 균형이라고 할 수 있다. 자기 실현적 기대로 인한 예금 인출 사태가 발생하는 균형의 사회 후생은 좋은 균형에서 달성 가능한 사회 후생보다 더 낮다.

다음에서는 자기 실현적 기대에 의해서 발생하는 나쁜 균형의 사회 후생을 최적 배분의 사회 후생과 비교한다. 1기 유형의 소비자들 중 예금을 인출한 사람의 수와 2기 유형의 소비자들 중 예금을 인출한 사람의 수를 계산해야 한다. 모든 사람들이 인출하기 위해 은행 문 앞에 줄을 선 것으로 간주할 수 있으며 이 중에서 무작위로 $(1/r_1)$의 사람들만 인출한 것으로 된다. 이는 α의 사람들 중에서도 무작위로 $(1/r_1)$의 사람들만 인출한 것이고 $(1 - \alpha)$의 사람들 중에서도 무작위로 $(1/r_1)$의 사람들만 인출한 것이다. 또한 이들은 모두 $u(r_1)$의 효용을 얻는다. 그 중에서 (α/r_1)의 사람이 1기에 소비하고 나머지 $((1 - \alpha)/r_1)$의 사람이 2기에 소비한다. 따라서 1기 시점의 효용 수준으로 평가하면 나쁜 균형에서 달성되는 사회 후생은 $r_1^{-1}(\alpha + \beta(1 - \alpha))u(r_1)$이 된다. 좋은 균형에서 달성된 사회 후생은 $\alpha u(r_1) + (1 - \alpha)\beta u(r_2)$이다.

다음의 분석에서는 $\beta R = 1$인 경우를 가정한다. 이 조건은 모든 사람들에게 유동성 충격이 없는 경제의 균제 상태에서 성립하는 효용 극대화의 조건이다. 균제 상태는 모든 변수의 균형 값이 매 시점마다 동일한 값을 가지는 상황을 말한다. 최적화 조건에 $\beta R = 1$의 조건을 부과하면 효용 함수가 단조 증가 함수일 때 $c_{11} = c_{22}$의 조건이 성립한다. 최적 배분에서 1기 유형과 2기 유형의 소비자가 모두 동일한 수준

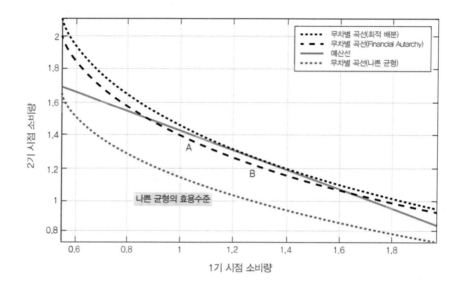

그림 10-3 예금 인출 사태의 후생 효과

으로 소비함을 의미한다. 따라서 은행 제도가 도입되어 좋은 균형이 실현되면 $c_{11} = c_{22} = c^*$이고 $c^* > 1$이 된다. <표 10-3>은 $\beta R = 1$의 조건이 부과된 경우의 좋은 균형과 나쁜 균형을 비교한다. 1기 유형 소비자와 2기 유형 소비자의 소비가 같다는 조건을 생산가능곡선의 식에 대입하면 c^*의 값을 계산할 수 있다. α와 β의 값이 1보다 작은 양수이므로 c^*의 값이 1보다 크다는 것을 확인할 수 있다. 좋은 균형에서는 모든 소비자들이 c^*를 소비한다. 그러나 나쁜 균형에서 모든 소비자들이 1기시점에서 예금을 인출하는 경우 일부 소비자만 소비가 가능하다. 나쁜 균형의 사회후생은 <표 10-3>의 두번째 열에 정리되어 있다. 첫번째 열의 좋은 균형에서 달성되는 사회 후생과 비교하여 작다는 것을 확인할 수 있다.

<그림 10-3>은 <그림 10-1>에 예금 인출 사태가 발생하는 경우 사회 후생을 추가한 그림이다. 균형에서 달성되는 해를 직접 계산하여 예금 인출 사태가 사회 후생에 미치는 효과를 직접 계산할 수 있다. 파란색의 무차별 곡선이 예금 인출 사태가 발생하는 경우 사회 후생을 의미하고 은행이 없는 경우의 후생 수준보다 더 낮아지

는 것을 알 수 있다. 따라서 나쁜 균형이 발생한다면 은행이 없는 경제에서 달성되는 사회 후생보다 더 낮은 사회 후생 수준으로 떨어져 은행 제도가 존재해야 하는 사회적 당위성을 감소시킨다.

예금보험 제도의 효과

본 절의 주요 목적은 정부의 세금으로 조달한 예금보험을 적절하게 운영하여 나쁜 균형이 발생하지 않도록 할 수 있고 그 결과 은행 제도 하에서 최적 배분을 달성할 수 있다는 것을 보이는 것이다. 본 절에서 분석하는 예금보험의 중요한 특징은 세 가지로 요약할 수 있다. 첫째, 인출자의 수가 1기 유형의 소비자의 수와 같거나 작으면 약속한 원리금을 모두 지급한다. 둘째, 인출자의 수가 1기 유형 소비자의 수를 넘는다면 원리금을 받은 사람에게 세금을 부과하여 세후 소득이 원금과 같도록 한다. 셋째, 세금징수를 통해 마련된 재원을 은행에 공급하여 선착순 인출 서비스 제약으로 인해 인출하지 못한 사람들에게 원금이 지급될 수 있도록 한다.

다음에서는 정부가 개입하여 이자 소득세를 부과하여 마련한 재원으로 인출하지 못한 사람들에게 재분배하는 정책의 효과를 분석한다. 두 경우로 나누어 설명한다. 첫 번째 경우는 모든 예금자가 예금을 인출하기 위해 은행에서 기다리고 있는 상황이다. 앞에서 도입한 기호를 이용하면 $f = 1$인 상황이다. 은행이 0기 시점에서 약속한 r_1의 원리금을 제대로 받아간 사람의 수는 $(1/r_1)$이다. 정부가 개입하는 수단은 이자 소득이 있는 사람에게 이자 소득세를 부과하는 것이다. 1기 시점에서 제대로 원리금을 찾아간 사람들에게 이자 소득세를 개인별로 $(r_1 - 1)$을 징수한다. r_1의 원리금에서 이자 소득세를 감하여 세후 소득으로 계산하면 원리금을 제대로 찾아간 예금주들은 원금만 찾아간 셈이 된다. 정부가 이자 소득세를 부과하여 징수한 총 세금 징수액은 $(1/r_1)(r_1 - 1) = 1 - 1/r_1$이다. 이를 재원으로 하여 각각의 개인에게 한 단위의 원금을 지급한다면 $(1 - 1/r_1)$명에게 원금을 지급할 수 있다. 따라서 원리금을 모두 인출할 수 있었던 $(1/r_1)$의 사람들과 정부의 소득 이전 정책을 통해서 원금을 확보한 $(1 - (1/r_1))$

표 10-4 예금보험의 효과

예금보험 시행 이전			예금보험 시행 이후		
원리금	1기 시점	2기 시점	원리금	1기 시점	2기 시점
정상적인 상황	c_{11}^*	c_{22}^*	정상적인 상황	c_{11}^*	c_{22}^*
예금 인출 사태	1	0	예금 인출 사태	1	R

주: 예금 인출 사태가 발생하는 경우 1기 시점에서의 소득은 모든 예금주가 예금을 인출하는 것으로 가정함.
이 경우 1/ c_{11}^*의 확률로 c_{11}^*의 원리금을 받을 수 있으므로 기대 소득을 1로 계산함.

의 사람들을 합하면 총 예금자 수와 같아진다. 결국 정부의 개입을 통해 은행에 예금한 모든 사람에게 원금이 지급되었다.

두번째의 경우는 $\alpha < f < 1$인 경우이다. 1기 시점에서 1기 유형의 소비자들은 당연히 예금을 찾아가야 하지만 2기 유형의 소비자 중 일부분만 찾아가는 상황이다. f명이 찾아가는 경우 은행은 기업으로부터 f만큼 자금을 회수한다. 따라서 f명이 찾아가는 경우 선착순 인출 서비스 제약이 발생한다면 은행이 약정한 원리금을 지급하는 사람의 수는 (f/r_1)이 된다. 정부는 앞에서와 같이 제대로 원리금을 받아간 사람들에게 이자 소득세를 부과하여 개인별로 $(r_1 - 1)$의 세금을 부과한다. 앞에서와 마찬가지로 원리금을 받아간 예금자들의 세후 소득으로 계산하면 원금만 찾아간 셈이 된다. 한편 총 세금 징수액은 $(f/r_1)(r_1 - 1) = f(1 - (1/r_1))$이다. 이를 재원으로 하여 각각의 개인에게 한 단위의 원금을 지급한다면 $f(1-(1/r_1))$명에게 원금을 지급할 수 있다. 따라서 먼저 원리금을 찾아간 (f/r_1)의 사람들과 나중 원금만 돌려 받은 $f(1-(1/r_1))$의 사람들을 합하면 f의 예금자가 1기 시점에서 원금을 찾게 된다. 또한 예금보험 하에서 2기 시점에 인출하는 사람들에게 제공되는 원리금은 다음과 같이 계산할 수 있다. 앞에서 f의 금액이 회수되었다. 장기 투자사업에 아직 남아 있는 투자액은 $(1 - f)$이므로 2기 시점에서 은행이 얻는 수입은 $R(1 - f)$이다. 또한 2기 시점에서 예금을 회수하는 예금자의 수는 $(1 - f)$이다. 따라서 예금보험 하에서 1기 시점에서 인출한 사람의 수가 f명인 경우 2기 시점에서 은행이 지급하는 원리금은 R이 된다.

예금보험이 실시된다면 어떠한 차이가 발생하는가? 은행 예금에 대한 원금과 이자에 미치는 효과는 <표 10-4>에 정리되어 있다. 앞에서 설명한 정부의 세금은 예금 인출 사태가 발생해야 부과되므로 일종의 상황 조건부 세금(state-contingent taxes)으로 간주할 수 있다. 이렇게 볼 수 있는 이유는 다음과 같다. $f \le \alpha$인 경우는 정부의 세금은 부과되지 않는다. 그러나 $f > \alpha$인 경우 원금과 이자를 찾아간 사람들에게 개인별로 $(r_1 - 1)$을 징수한다. 그 결과 미리 원금과 이자를 찾아가더라도 세금을 빼고 나면 항상 원금과 같아진다.

예금보험 제도가 도입이 되면 항상 좋은 균형이 실현되는지의 여부를 분석하기로 한다. 앞에서 설명한 방식으로 운영되는 예금보험 제도가 도입이 되면 2기 유형의 소비자는 1기 시점에서 예금을 회수하지 않는다. 2기 유형의 소비자는 자신이 1기 시점에서 예금을 회수하면 $(f > \alpha)$인 상황이 된다는 것을 알게 된다. 그 이유는 1기 유형의 소비자는 모두 1기 시점에서 인출하기 때문이다. 그런데 $(f > \alpha)$인 상황에서 1기 시점에 인출하는 것보다 2기 시점까지 기다리는 것이 더 높은 소비를 제공한다. 따라서 다른 사람들이 어느 정도 인출하느냐를 고려하지 않고, 2기 유형의 소비자들은 1기 시점에서 인출하지 않는다. 그러므로 예금보험 제도가 도입이 되면 항상 $f = \alpha$가 성립하므로 최적 배분을 실현하게 된다. 정부의 예금보험 제도가 사회 후생에 미치는 효과는 <그림 10-3>에서 찾아볼 수 있다. 이 그림에서 파란색의 무차별 곡선이 예금 인출 사태가 발생하는 경우 사회 후생을 의미하므로 예금보험 제도가 나쁜 균형을 제거할 수 있다면 최적 배분의 효용에서 나쁜 균형의 효용을 뺀 차이에 나쁜 균형이 발생할 확률을 곱하여 계산한 수치가 예금보험이 실시되어 증가된 사회 후생의 크기로 간주할 수 있다.

앞에서 설명한 세금을 부과하여 재원을 마련하는 예금보험 제도는 현실에서 실제로 시행되고 있는 예금보험 제도와 차이가 있다. 먼저 예금보험공사의 홈페이지에 수록된 한국의 예금보험 제도에 대한 간략한 설명을 인용하면 다음과 같다. 『예금자보험제도는 다수의 소액예금자를 우선 보호하고 부실 금융회사를 선택한 예금자도 일정부분 책임을 분담한다는 차원에서 예금의 전액을 보호하지 않고 일정액만을 보호하고 있다. 원금과 소정 이자를 합하여 1인당 5천만원까지만 보호되며 초과금액은 보호되지 않는다.』또한 재원을 마련하는 방안에서도 본 절에서 설명한 모형에서는 정부가 세금을 거두는 것으로 가정하였으나 현실에서는 금융기관이 지급하는 보험료와 예금보험공사가 발행하는 채권으로 재원이 조달되고 있다. 이와 관련하여 예금보험공사의 홈페이지에 수록된 간략한 설명을 인용하면 다음과 같다.『예금자보호법에 의해 설립된 예금보험공사가 평소에 금융회사로부터 보험료(예금보험료)를 받아 기금(예금보험 기금)을 적립한 후, 금융회사가 예금을 지급할 수 없게 되면 금융회사를 대신하여 예금(예금보험금)을 지급하게 된다. 또한, 예금보험은 예금자를 보호하기 위한 목적으로 법에 의해 운영되는 공적보험이기 때문에 예금을 대신 지급할 재원이 금융회사가 납부한 예금보험료만으로도 부족할 경우에는 예금보험공사가 직접 채권(예금보험기금채권)을 발행하는 등의 방법을 통해 재원을 조성하게 된다.』

최근 한국에서 발생한 뱅크 런 사례는 2011년 2월에 발생했던 저축은행의 예금 인출 사태다. 저축은행 예금 인출 사태의 발생과정을 한국금융연구원에서 작성한 상호저축은행백서(2012년 5월 발간 469페이지)에서 인용하면 다음과 같다.『2011년 1월 14일 삼화저축은행에 대한 영업정지 조치를 포함한 경영개선명령을 부과한 이후 부산2저축은행을 포함한 계열 저축은행들의 예금 인출 규모가 크게 증가하기 시작하였다. 특히 2011년 2월 17일 계열회사인 부산 및 대전 저축은행에 대하여 영업정지조치가 부과되면서 2011년 2월 17일 및 2월 18일 양일간 예금 인출이 급증하였으며, 영업시간 종료 이후에도 수천명의 예금자가 대기하는 뱅크 런 사태가 발생하였다.』2011년 2월 24일 연합뉴스의 기사에 따르면 다음과 같다.『전국 97개 저축은행의 예금 순 유출 규모는 2월 17일 3천 30억원, 2월 18일 5천 70억원, 2월 21일 5천 200억원, 2월 22일 2천 200억원, 23일 1천 150억원, 24일 790억원이다. 6일의 영업일 기간에 빠져 나간 예금의 총액은 1조 7천 440억원이다. 예금자의 불안감이 가장 컸던 지역이 부산으로 알려져 있다. 부산에서 빠져 나간 예금 총액은 2월 17일 2천 280억원, 2월 18일 1천 890억원, 2월 21일 1천 130억원, 2월 22일 410억원, 2월 23일 130억원, 2월 24일 60억원을 기록했다.』

유동성 괴리 현상과 유동성 규제

은행의 전통적인 업무는 유동성이 높은 단기 채무인 예금을 받아서 조달한 자금을 유동성이 낮은 장기 증권인 대출 채권에 투자하는 것이다. 따라서 대차대조표를 기준으로 자산 부분에 속하는 자산들의 유동성과 부채와 자본의 부분에 속하는 부채의 유동성 간의 괴리가 발생하는 것이 피할 수 없다. 그러나 유동성 괴리가 지나치게 확대되지 않아야 하는 것이 개별 은행의 위험 관리 측면에서는 물론 거시경제적 측면의 위험 관리에서도 바람직하다. 앞에서 소개한 모형에서는 예금으로 확보한 자금을 모두 장기 투자사업에 집중하여 투자하므로 개별 은행의 자발적인 유동성 관리는 생략되어 있다. 또한 예금 이외의 자금을 조달하는 다른 수단이 없다고 가정하였다. 비현실적인 두 개의 가정을 완화하여 현실 경제에 가깝도록 모형을 수정하면 어떻게 될 것인지에 대하여 궁금할 수 있다. 이러한 방향으로 모형을 수정하여 자세한 분석을 시도하는 것은 본 책의 범주를 넘기 때문에 생략한다. 따라서 본 절에서는 예금 이외의 자금 조달 수단과 장기 대출 채권 이외의 자산을 보유할 수 있는 상황에서 유동성 괴리의 심각한 악화를 방지하기 위한 규제들을 위주로 간략하게 소개한다.

만약 시장성 수신을 통해서 단기적으로 자금을 조달할 수 있다면 갑작스럽게 예금 인출이 늘어나더라도 CD, RP, 채권을 발행하여 자금을 마련할 수 있다. 또한 은행은 대출 채권 이외에도 다른 형태의 자산을 보유할 수 있다. 따라서 은행은 예금보호제도 이외에도 갑작스러운 예금 인출의 증가에 자율적으로 대처할 수 있는 여러 수단들을 가지고 있다. 은행이 수행해야 하는 원래의 기능으로 인해 발생하는 유동성 미스매치(liquidity mismatch)를 적절하게 조절해야 한다는 것은 안정적인 은행 경영이라는 측면에서 바람직하다. 유동성 괴리의 악화는 대규모 인출 사태로 인한 금융중개 기능의 마비 또는 약화의 가능성을 증폭시킨다. 거시경제적 관점에서 금융시장이 제공하는 금융중개기능의 안정성을 정책 목표로 추구하는 정책 당국은 유동성 괴리의 변동을 일정한 범위 안에서 유지하기 위한 정책을 실시할 수 있다. 그 결과 예금보험제도 이외에도 은행의 유동성에 대한 규제를 통해 은행 제도의 안정성을 유지하려는 정책들이 있을 수 있다.

이러한 범주에 들어가는 규제가 유동성 커버리지 비율 규제와 예대율 규제라고 할 수 있다. 따라서 이들에 간단히 소개한다. 첫째, 유동성 커버리지 비율에 대한 규제이다. 총 인출의 예상 규모 대비 고 유동성 자산의 비율을 적정한 수준으로 유지하고 있다면 이는 예금 인출 사태에 대한 대비가 상대적으로 더 잘 되어 있다고 볼 수 있다. 이와 같은 이유로 유동성 커버리지 비율(liquidity coverage ratio) 규제가 부과될 수 있다. 예를 들어 유동성 커버리지 비율을 30일 동안 유동성 스트레스가 발생한다는 시나리오 하에서 예측되는 순 현금 유출(현금 유출액-현금 유입액) 대비 은행이 보유하고 있는 현금, 국채, 지급 준비금 등과 같은 고 유동성자산의 비율로 정의하고 일반 은행이 최소한 유지해야 할 비율의 수치를 부과하는 것이다. 둘째, 예대율을 관리하는 것이다. 앞에서 예대율을 대출금을 예수금으로 나눈 비율로 정의하였다. 본 장에서 분석한 모형에서 예대율은 항상 1로 고정되어 있다. 그러나 현실 경제에서는 예대율은 변동한다. 그러면 예대율은 어떻게 변동할 것인가? 경기가 좋은 상황에서 기업의 대출 수요는 증가한다. 수익성이 높은 안전한 실물 투자가 경기가 좋은 상황에서 상대적으로 더 많다면 은행도 경기가 좋은 시점에서 대출을 증가시키려는 유인이 있다. 이 경우 소비자와 기업의 예금이 크게 변동하지 않는다면 은행은 시장성 수신을 늘려서 대출을 증가시킬 수 있다. 그 결과 예대율은 호황에서 상대적으로 높고 불황에서 상대적으로 낮은 수치를 기록하는 경기 순응적인 모습을 보일 수 있다. 따라서 유동성 괴리의 현상이 높고 유동성 리스크가 높아지는 시기에 예대율도 높아지는 가능성이 있음을 이해할 수 있다.

연습문제

1. 본 장에서 분석한 모형에서 설명한 자기 실현적 기대의 의미를 설명하고 자기 실현적 기대가 어떻게 서로 다른 균형이 발생하게 하는 원인이 되는지를 설명하시오.

2. 주택가격의 버블이 자기 실현적 기대에 의해서 발생할 수 있는지의 여부를 판단하고 그 이유를 설명하시오.

3. 어떤 경제학자가 다음과 같이 주장한다. 예금보호 제도는 예금 전액에 대하여 보호되지 않기 때문에 예금 보장에 대한 실효성이 낮음에도 불구하고 뱅크 런이 빈번하게 발생하지 않는 이유는 정부가 적어도 일반 은행의 예금에 대해서는 암묵적으로 전액을 보장하고 있기 때문이다. 이러한 주장이 타당한지의 여부를 판단하고 그 이유를 설명하시오.

4. 본 장의 모형을 이용하여 다음의 문제에 답하시오.
   (1) 은행이 있는 경제에서 $\beta R = 1$이면 인출 사태가 없는 최적 균형점에서 1기 소비자의 소비와 2기 소비자의 소비는 동일함을 보이시오.
   (2) $R > 1$인 경우 2기 소비자의 최적 소비 수준을 계산하시오. 또한 α의 값이 1보다 작은 양수일 때 2기 소비자의 최적 소비 수준이 금융부재경제에서의 소비 수준보다 낮음을 보이시오.
   (3) 금융부재경제에서 1기 소비자의 소비는 1이고 2기 소비자의 소비는 R이다. 2기 소비자의 최적 소비 수준이 금융부재경제에 비해 더 낮아짐에도 불구하고 은행이 도입되면 사회 후생이 더 높아지는 이유를 설명하시오.

5. 본 장의 모형을 이용하여 다음의 문제에 답하시오. 먼저 $m = \beta R$을 정의하시오. 또한 소비에 대한 효용 함수를 로그 함수로 가정하시오. 이 경우 최적 배분에서 2기 소비자의 최적 소비를 1기 소비자의 최적 소비로 나눈 비율이 m이 됨을 보이시오.

6. 앞에서 푼 5번 문제의 답을 이용하여 답하시오. 이 경우 m이 R보다 작다면 2기 소비자의

최적 소비는 R보다 작음을 보이시오.

7. 본 장에서 설명한 은행에 부과된 예대율 규제에 대한 장단점을 설명하시오.

8. 다음의 주장이 올바른지의 여부를 판단하고 그 이유를 설명하시오. 예금보험에서 보장하는 보험금의 지급을 담당하는 예금보험공사가 금융 회사의 경영 분석 등을 통한 부실의 조기 확인 및 대응 또는 부실 금융 회사의 정리를 담당하는 것이 효율적이다.

9. 유동성 스트레스가 있는 기간 중 30일 동안의 예수금의 순 유출 규모는 예수금의 1/10이라고 가정하시오. 현금과 예치금을 고 유동성 자산으로 정의하는 경우 유동성 커버리지 비율의 추이를 본 장의 앞 부분에서 요약한 일반 은행의 대차대조표 자료를 사용하여 계산하시오.

10. 시장성 수신의 규모는 다음과 같이 결정된다고 가정하시오. 호황 국면에서 시장성 수신을 통해 조달한 자금의 규모는 예수금의 0.5배이다. 불황 국면에서 시장성 수신을 통해 조달한 자금의 규모는 예수금의 0.1배이다. 은행의 자산에는 대출만 있는 경우 호황과 불황 국면에서의 예대율을 계산하시오. 예대율이 경기 순응적인지의 여부를 설명하시오.

제11장

제한적 차익거래와
증권의 유동성

제11장

제한적 차익거래와 증권의 유동성

본 장에서는 증권의 유동성이 증권시장에서 어떻게 결정되고 변화하는지를 설명한다. 일반적으로 자산의 유동성은 그 자산이 얼마나 쉽게 현금과 교환되는가를 나타내는 척도로서 정의되어 왔다. 유동성이 높은 자산은 가격을 크게 낮추지 않고 현금으로 전환될 수 있어야 한다. 본 장에서는 증권시장에서 개별 증권의 유동성이 어떻게 결정되는지를 설명하는 증권시장의 균형 모형을 소개한다. 본 장의 모형에서는 증권이 가지고 있는 내재가치가 존재하는 것으로 가정한다. 또한 증권시장의 균형가격이 내재가치와 달라질 수 있음을 보인다. 증권의 내재가치와 시장가격이 다르면 증권이 가지고 있는 가치에 비해 시장 참가자들이 평균적으로 저평가하든지 또는 고평가하는 것으로 간주할 수 있다. 이러한 상황이 발생하면 증권시장에서 차익거래 이득이 존재하게 된다. 차익거래 이득을 실제로 얻기 위해서 위험을 감수하지 않아도 된다면 차익거래 이득을 얻기 위한 금융거래를 위해 자본이 필요하지 않을 수 있다. 위험이 수반된 차익거래 이득을 실현하기 위해 증권시장에 참가하는 차익거래자들은 자신들이 내부적으로 조달한 자본이 필요하다. 차익거래자들이 다른 금융기관으로부터 투자자금을 빌릴 수 있더라도 이들이 내부적으로 조달한 자본이 필요한 상황에서는 차익거래자가 소유한 자본의 변동이 증권가격에 크게 영향을 미칠 수 있음을 강조하는 견해를 설명한다. 차익거래 이득이 균형에서 항상 존재하지 않는다는 조건을 통해 증권가격이 어떻게 결정되는 지를 설명하는 이전의 모형에서는 시장 참가자들이 보유한 순자산이 증권가격에 영향을 미칠 수 있는 가능성이 반영되어 있지 않았다. 본 장에서 소개하는 모형에서는 개별 증권의 균형 시장가격이 결정되는 과정에서 차익거래자들이 보유한 순자산의 역할이 강조된다는 점이 이전의 자산가격설정모형과 차별화된다.

자산의 유동성은 자산이 가지고 있는 중요한 특징으로서 자산의 수요를 결정하는 하나의 요인으로 간주되어 왔다. 브루너마이어(Markus Brunnermeier)와 페더슨(Lasse Heje Pederson)은 최근 연구에서 조달 유동성(funding liquidity)과 시장 유동성(market liquidity)의 개념을 구분하고 이들이 증권가격에 미치는 효과를 분석하였다.[1] 조달 유동성은 얼마나 쉽게 자금을 확보할 수 있는지를 나타내는 개념이다. 외부의 금융기관으로부터 차입하여 투자자금을 조달하는 차익거래자들에게 부과되는 순자산의 크기가 클수록 조달 유동성이 낮다. 이에 추가하여 앞에서 이미 설명한 시장 유동성은 얼마나 쉽게 증권을 매도할 수 있는지를 나타내는 개념이다. 자금 조달의 유동성은 차익거래자에게 요구되는 순자산의 크기로 측정할 수 있고 시장 유동성은 증권의 내재가치와 매도가격 간의 괴리로 측정할 수 있다. 이들은 서로 다른 척도이지만 증권시장의 균형이 달성되는 과정에서 상호작용이 있음을 보인다. 조달 유동성이 악화되면서 시장 유동성이 악화되고 그 결과 조달 유동성이 추가적으로 악화되는 일종의 악순환이 지속될 수 있음을 보인다. 투자자금에 대한 조달 유동성은 증권을 담보로 금융투자회사에게 자금을 대출하는 증권금융의 기능이 어느 정도 활발하게 이루어지고 있는지에 의존한다. 본 장의 모형에서 설명하고 있는 차익거래자들이 실제의 증권시장에서 어떠한 거래자들인가에 대하여 궁금할 수 있다. 본 장에서는 일정한 규모 이상의 증권금융을 이용하는 금융기관을 차익거래자로 간주할 수 있다. 예를 들면 증권딜러, 헤지펀드, 투자은행 등과 같은 증권시장의 거래자들이 증권을 구매하면 구매한

---

[1] 두 사람이 공저한 논문은 2008년 The Review of Financial Studies (Vol.22, No.6, pp. 2201-2238)에 실린 「Market Liquidity and Funding Liquidity」이다.

표 11-1 한국 주식시장의 투자 주체별 보유 비중(단위 %)

년도	기관	개인	외국인	일반법인	정부 및 정부 관리 기업	합계금액 (단위: 조원)
2009	12.5 (49.6)	31.0 (36.1)	32.7 (13.2)	22.0	1.9 (0.9)	887.3 (20.1조 달러)
2010	14.0 (48.7)	21.2 (36.8)	33.0 (13.6)	28.3	3.5 (0.7)	1,138.8 (23.6조 달러)
2011	13.6 (47.5)	20.7 (36.9)	32.9 (14.8)	30.2	2.6 (0.8)	1,039.1 (23.0조 달러)
2012	16.7 (47.6)	20.3 (36.7)	34.7 (15.1)	24.7	3.6 (0.7)	1,154.3 (26.2조 달러)
2013	17.1 (47.1)	19.7 (37.0)	35.2 (15.3)	24.4	3.6 (0.6)	1,186.0 (33.7조 달러)

주: 금융투자협회의 보도자료에 수록된 자료를 인용함(2015년 1월 21일). 괄호 안의 수치는 미국의 자료임.

증권을 담보로 제공하여 다른 금융기관으로부터 자금을 빌릴 수 있다. 증권금융을 담당하는 기관은 담보로 제공된 증권의 시장가격과 동일한 금액을 대출하지 않고 시장가격보다 더 낮은 금액을 빌려 준다.

우리나라 주식시장의 참가자와 투자 행태

실제 증권시장에서 어떠한 투자자들이 참가하고 거래하는지를 보기로 한다. 이를 위해 금융투자협회에서 조사하여 발표한 우리나라 주식시장에 참가하는 투자자별 주식 보유 비중의 자료를 <표 11-1>에 정리하였다.

첫째, 개인 투자자의 비중이 감소하는 모습을 보이고 있다. 또한 미국과 비교하면 미국의 절반 수준으로 개인 투자자의 비중이 매우 낮다. 2013년 기준 우리나라 개인 투자자들의 국내 주식시장에서의 비중은 19.7%이다. 개인 비중은 2009년 말 31%에서 지속적인 감소세로 20% 미만으로 감소하였다. 참고로 미국 주식시장에서 개인 비

표 11-2 유가증권시장 투자자별 평균 거래대금(단위 %)

년도	기관	개인	외국인	기타
2009	22.9	58.4	17.0	1.7
	(3.6)	(93.5)	(2.0)	(0.8)
2010	23.3	54.6	20.2	1.9
	(4.0)	(92.3)	(2.6)	(1.1)
2011	24.4	55.5	18.3	1.8
	(3.8)	(92.1)	(3.2)	(1.0)
2012	24.6	50.8	23.0	1.6
	(4.2)	(91.6)	(3.2)	(1.1)
2013	23.5	46.5	29.9	1.2
	(4.8)	(88.9)	(4.8)	(1.0)

주: 금융투자협회의 보도자료에 수록된 자료를 인용함. 괄호 안의 수치는 코스닥 시장 투자자별 평균 거래
대금을 의미함.

중이 2013년 기준 37.0%이다.

둘째, <표 11-1>에 따르면 기관 투자자의 비중도 20% 미만이다. 2013년 기준 미국의 기관 비중은 47.1%이므로 미국에 비해 3분의 1 수준이다. 아울러 일본보다도 낮은 수준인 것으로 알려져 있다.

셋째, 우리나라는 외국인 투자의 비중이 높다. 2013년 기준 외국인 투자자 비중은 35.2%로 주요 투자 주체 가운데 비중이 가장 크다.

넷째, 일반 법인의 비중이 24.4%로서 개인 투자자의 비중보다 더 높다. 그러나 미국의 경우 일반 법인의 비중이 거의 없는 것으로 나타난다.

그러나 거래대금을 기준으로 분석하면 투자자의 비중이 달라진다. 앞에서 제시한 보유 비중의 자료와 비교하기 위해 금융투자협회가 제시한 자료를 <표 11-2>에 정리한다. 첫째, <표 11-2>에 따르면 개인 투자자의 비중이 가장 높은 것으로 나타난다. 또한 유가 증권에 대한 거래 대금을 기준으로 한 것에 비해 코스닥 시장에서 개인의 투자 비중이 더 높은 것으로 나타난다. 유가증권시장의 경우 2009년 개인 투자자의 거래 비중은 58.4%이고 2013년에는 46.5%이다. 코스닥 시장의 경우 개인 투자자의 거래 비

중이 전체 거래의 대부분을 차지하는 것으로 나타난다. 예를 들어 2009년 93.5%이고 2013년 88.9%이다. 2016년 1월 1일의 연합뉴스 기사를 인용하면 2015년 유가증권시장(코스피)과 코스닥시장의 하루 평균 거래대금은 8조 8천 750억원이었으며 이 가운데 개인 투자자의 거래대금(6조 38억원)이 67.6%를 차지했다. 글로벌 금융위기 때인 2009년의 67.7% 이후 최고 수준이다. 전체 코스피 거래대금 중 개인 투자자의 비중은 2014년 44.8%에서 2015년 53.9%로 상승했다. 전체 코스닥 거래대금 중 개인 비중은 2014년 87.4%에서 2015년 88.5%로 상승하였다.[2]

둘째, <표 11-2>에 따르면 기관 투자자의 거래 비중은 20%를 어느 정도 넘는다. 개인 투자자와 달리 기관 투자자는 투자 비중과 거래 비중이 유사하게 나타난다.

셋째, 우리나라는 외국인 투자의 거래 비중은 조사 기간 중 꾸준히 증가하는 것으로 나타난다. 2013년 기준 29.9%를 기록하였다. 외국인 투자자의 2013년 주식 보유 비중은 35.2%이다. 개인 투자자와 달리 외국인 투자자의 투자 비중과 거래 비중은 큰 차이가 없는 것으로 나타난다.

<표 11-1>과 <표 11-2>의 자료가 이론 분석에 사용되는 모형의 구조에 주는 함의는 다음과 같이 정리할 수 있다. 첫째, 개인 투자자와 기관 투자자의 투자 행위가 서로 다르기 때문에 서로 다른 목적으로 증권거래를 하는 것으로 분리하는 것이 적절하다는 것이다. 둘째, 개인 투자자의 투자행위에는 심리적인 요인이 작용할 여지가 기관 투자자 또는 외국인 투자자에 비해 더 크다는 점이다. 이와 같은 점을 반영하여 본 장의 뒷부분에서 소개할 모형에서 분석하는 투자자의 종류는 다음과 같다. 첫째, 기관 투자자 및 외국인 투자자를 합하여 차익거래자로 분류한다. 둘째, 개인 투자자는 소액 투자자로서 비합리적인 투자자로 가정한다.

위에서 설명한 가정 중에서 개인 투자자를 왜 비합리적인 투자자로 설정해야 하는지에 대한 의문이 있을 수 있다. 관련 분야의 조사에 의하면 개인 투자자가 심리적 요인에 의해서 투자를 결정할 가능성이 높다는 지적을 찾아볼 수 있다. 개인 투자자들이 단기적인 고수익에 집착하여 투자할 회사의 실적이나 향후 성장 가능성은 뒷전

---

2 출처: http://www.yonhapnews.co.kr/bulletin/2015/12/31/

이고, 풍문에 휘둘린다는 지적이 있다. 한국의 경우 투자자들이 단기적 투자를 목표로 주식에 투자를 한다는 실증적 자료가 있다. 예를 들어 2015년 한국 투자자의 평균 주식 보유 기간은 8개월이다. 최근 보도에 따르면 선진국 대부분 개인 투자자의 평균 주식 보유 기간이 한국보다 길다.[3]

다음에서는 투자자별 투자 수익률의 차이에 대하여 보기로 한다. 이를 위해 2017년 3월 6일 조선경제의 기사 내용을 정리하여 인용한다.[4] 이 기사에서는 코스피 시장에서 개인 투자자와 외국인 투자자 그리고 기관 투자자들의 매매 비중(매수+매도)이 높은 30종목씩을 산출하여 분석한 결과를 요약한다. 각 유형의 투자자에 대하여 2007년 1월부터 2017년 12월까지 6개월 간격으로 거래 비중이 높은 30종목을 선정해 투자하는 것으로 가정하였다. 개인 투자자들이 선호하는 30개 종목을 골라서 지난 10년간 지속적으로 투자하는 것을 가정하여 시뮬레이션(가상 실험)을 해보니 수익률이 −74%로 나타났다는 것이다. 그러나 같은 기간 같은 방식으로 계산한 외국인 투자자들의 수익률은 78%로 나타났고 연기금 및 펀드 등 기관 투자가들이 주로 거래한 30개 종목의 수익률은 9%로 나타났다.

금융기관의 담보 대출 모형

주식과 채권 등 시장에서 거래되는 증권이 담보로 설정되는 경우 금융기관은 어떻게 대출을 결정하는지를 생각해본다. 본 절에서 소개하는 모형은 기관 투자자가 운용자금을 조달할 때 어느 정도 자신의 순자산을 사용해야 하고 어느 정도를 다른 금융기관으로부터 차입해야 하는지를 분석할 때 유용하다. 위험이 수반된 차익거래에서 차익거래 이득을 실현하기 위해 차익거래자들은 자본이 필요하다. 본 절에서는 차익거래자들이 다른 금융기관으로부터 투자자금을 빌릴 수 있더라도 자본이 필요하고

---

3 출처: http://news.chosun.com/site/data/html_dir/2017/03/06/2017030602584.html, http://news.hankyung.com/article/201702134882r

4 출처: http://news.chosun.com/site/data/html_dir/2017/03/06/2017030602584.html

차익거래자가 소유한 자본의 변동이 증권가격에 크게 영향을 미칠 수 있음을 강조하는 견해를 설명한다. 금융기관이 자신이 거래하는 증권을 담보로 다른 금융기관으로부터 차입하여 운용자금을 마련하면 비교적 작은 자본금을 보유하고서도 증권거래에 참여할 수 있다. 관련 연구에서는 이러한 상황에서도 금융거래에 자본이 필요하다는 점이 강조되어 왔다. 증권딜러, 헤지펀드, 투자은행 등과 같은 증권시장의 참가자들이 증권을 구매하면 구매한 증권을 담보로 제공하여 다른 금융기관으로로부터 자금을 빌릴 수 있다. 일반적으로 자금을 빌려주는 금융기관은 담보로 제공된 증권의 가격과 동일한 금액을 대출하지 않고 시장가치보다 낮은 액수를 빌려준다. 다른 금융기관으로부터 차입하여 마련한 운용자금을 사용하여 증권을 구매하는 금융기관은 자신이 구매한 증권을 담보로 차입할 수 있다면 작은 비용으로 이득을 실현할 수 있다. 차입액은 담보의 시장가격보다 작기 때문에 차액은 자신이 보유한 자본금으로 메워야 한다. 따라서 증권거래에 자본이 필요하다는 점이 지적되어 왔다.

다음에서는 마진의 개념을 정리한다. 다음에서 소개하는 모형에서 마진(margin)은 증권의 시장가격에서 동일한 증권의 담보가치를 뺀 차이로 정의된다.[5] 금융기관이 증권거래를 위해 어느 정도의 자본금이 필요하느냐는 마진의 크기에 따라 달라진다. 브루너마이어와 페더슨의 2008년 논문에서 제시하고 있는 마진의 결정 방식은 다음과 같이 요약할 수 있다. (1) 부도의 확률을 결정한다. 이를 α로 표기한다. (2) 증권가격의 분포를 추정한다. (3) 매수 포지션과 매도 포지션을 구분하여 마진을 결정한다. 매수 포지션인 경우 가격하락의 폭이 마진보다 커지는 확률이 α와 같도록 마진을 결정한다. 매도 포지션인 경우 가격상승의 폭이 마진보다 커지는 확률이 α와 같도록 마진을 결정한다.

---

5 마진(margin)이 다른 의미로 사용되고 있는 경우가 있다. 예를 들어 파생상품의 거래에서 등장하는 마진 계정(margin account)이 있다. 또한 마진 계정에 대한 주식 대출을 의미하는 신용거래 대주(stock loans on margin account)를 금융감독원 홈페이지에서는 다음과 같이 정리하고 있다. "증권회사와 고객 사이의 사전 약정에 의하여 증권회사가 고객에게 매도 주식을 대여해 주는 것을 말한다. 신용거래 대주는 신용거래 융자와 마찬가지로 자본시장법 제72조에 의해 허용된 신용공여의 일종이다. 신용거래 융자자는 증권회사가 고객의 매수대금을 대여하는 반면에, 신용거래 대주는 고객의 매도 주식을 대여한다는 점에서 차이가 있다."

구체적으로 설명하기 위해 증권가격은 p이고, 증권 한 단위를 다음 시점까지 보유하는 경우 발생할 수입은 $[v - \varepsilon, v + \varepsilon]$의 구간에서 균등 분포를 따르는 것으로 가정한다. 또한 $v > \varepsilon$의 조건도 부과된다. 첫째, 매수하는 경우를 설명한다. 증권을 매수하고 난 후 이를 담보로 제공하는 조건으로 현금 대출을 받으려고 한다. 매수한 증권의 개수는 x이다. 증권을 담보로 한 대출금은 담보의 시장가치보다 작다. 현재의 상황에서 위험이 없는 대출은 $x(v - \varepsilon)$이다. 차익거래자는 (증권담보의 시장가치 − 대출)에 해당하는 금액을 자신의 자본으로 조달하여야 한다. 증권 한 단위당 마진을 m^+로 표시한다면 다음의 식이 만족되어야 한다.[6]

$$p - (v - \varepsilon) = m^+$$

둘째, 증권을 차입하여 매도하는 경우이다. 차입한 증권의 개수는 x이다. 증권을 차입할 때 현금을 담보로 제공해야 한다. 분석을 단순화 하기 위하여 현금담보에 대한 이자는 없는 것으로 가정한다. 증권대출로 상환해야 할 최대 금액은 $x(v + \varepsilon)$이다. 증권 대출자가 증권대출을 무위험 대출로 만들기 위해 차익거래자에게 요구해야 하는 금액은 (증권대출의 최대상환액 − 증권대출의 현재 시장가치)에 해당하는 금액이다. 증권 한 단위당 마진을 m^-로 표시한다면 다음의 식이 만족되어야 한다.

$$v + \varepsilon = p + m^-$$

증권금융기관과 투자자 간 거래가 어떻게 이루어지는지에 대한 하나의 예는 다음과 같다.[7] 증권대출을 받는 투자자가 증권금융기관에 계좌를 개설한다. 투자자는 자신의 계좌에 m^-의 금액을 입금한다. 또한 증권을 차입하여 시장에서 매도하면 p의

---

6 매수 포지션에 적용되는 마진은 m^+로 표기하고 매도 포지션에 적용되는 마진은 m^-로 표기한다.
7 우리나라의 경우 한국증권금융이 증권금융전담회사의 역할을 하고 있다. 증권을 담보로 금융투자업자에게 자금을 대출하거나 투자자 예탁금을 맡아 운용한다. 본 절에서는 증권금융을 담당하는 기관을 증권금융기관으로 정의한다.

표 11-3 증권 담보 대출로 인한 대차대조표의 변동

차입자의 대차대조표(차익거래자)		대출자의 대차대조표	
자산	부채	자산	부채
증권 시가: 100억 원	증권 담보 대출: 99억 원 마진: 1억 원	증권 담보: 100억 원	100억 원

수입이 발생하는데 이를 증권금융기관에 개설한 자신의 계좌에 입금한다. 따라서 투자자가 개설한 계좌의 총 잔고는 $(p + m^-)$이 된다. 다음 기 시점의 증권가격을 p'이라고 표기한다. 다음 기 시점에서 증권을 매입하여 증권으로 상환해야 하는 경우 $p' \leq p + m^-$의 부등호가 만족되어야 자신의 계좌에 있는 잔고를 사용하여 증권을 구매하여 상환할 수 있다. 최악의 상황은 미래 시점의 증권가격이 높아질 수 있는 최고의 가격이 실현되는 것이다. 이러한 최악의 상황을 수식으로 나타내면 $p' = v + \varepsilon$이다. 위의 등식은 증권대출을 받은 투자자에게 최악의 상황이 발생하더라도 증권대출의 상환이 가능하도록 마진을 부과하는 경우를 상정하고 있다.

앞에서 설명한 증권거래방식이 실제로 실시되고 있느냐의 여부를 확인하기 위해 증권대출을 간략하게 설명한다. 증권대출(securities lending)은 담보를 기초로 한 증권의 대출이다. 증권대출의 담보로 증권 또는 현금이 사용된다. 증권대출의 계약은 RP거래의 계약과 유사하지만 증권대여와 RP거래 간의 차이가 있다. RP거래는 일반적인 담보를 이용하여 자금을 빌리거나 빌려주는 것에 초점이 맞추어져 있지만 증권대여는 특정한 증권의 대출에 초점이 맞추어져 있다. 또한 RP거래의 경우 주로 담보로 사용되는 증권이 채권이다. 이에 반하여 증권대출의 초점은 주식이다. 미국의 경우 증권대출에 대한 수요는 주식의 무차입 공매도의 금지로 크게 증가한 것으로 알려져 있다. 무차입 공매도는 증권을 보유하지 않은 기관이 증권을 공매도하는 경우를 의미한다. 대부분의 증권대출은 현금담보를 받고 대출한다. 증권을 대출하는 금융기관은 일반적으로 현금담보를 제공한 증권 차입자에게 이자를 지급한다. 뿐만 아니라 증권을 대출하는 금융기관은 현금담보를 사용하여 증권에 투자하고 그 결과 투자 수입을 얻는다. 주요 증권대출기관은 연금, 뮤추얼 펀드, 헤지펀드 또는 보험회사 등이다. 이들 기관은 투자수익을 높이기 위한 방편으로 보유하고 있는 증권을 대출한다.

앞서 <표 11-3>에서는 차익거래자가 자금을 대출하는 금융기관에게 시가 100억 원의 증권을 담보로 제시하는 경우를 설명하고 있다. 이에 대하여 금융기관은 99억 원을 차익거래자에게 대출한다. 즉, 담보의 시장가치에 비해 낮은 금액을 빌려준다. 차액이 1억이고 이는 마진에 해당한다. <표 11-3>에서는 설명의 편의를 위해 담보로 제공된 증권의 소유권이 금융기관으로 넘어가는 것으로 가정하였다.

앞에서 마진이 어떻게 설정되는지를 설명하였으므로 금융기관으로부터 대출을 받아서 투자하는 사람들의 예산제약을 설명한다. 이들을 차익거래자로 부르기로 한다. 차익거래자의 예산제약은 차익거래자가 보유하고 있는 순자산이 증권거래를 위해 제공해야 하는 마진의 총액보다 커야 한다는 것이다. 이를 수식으로 나타내기 위해 차익거래자가 n개의 증권을 거래하고 있으며 차익거래자의 순자산을 w으로 표시한다. 이 경우 예산제약은 다음과 같이 주어진다.

$$w \geq \sum_{i=1}^{n} |x_i| (m_i^+ I_{x_i > 0} + m_i^- I_{x_i < 0})$$

위의 식에서 $I_{x_i > 0}$는 상황에 따라 값이 달라지는 함수를 의미한다. 예를 들어 x_i의 값이 양수인 상황이 발생하면 함수의 값이 1이 되고 그렇지 않은 상황에서는 함수의 값은 0이 된다.

다음에서는 부도확률 α가 1보다 작은 양수인 경우를 정리한다. 증권가격의 분포는 앞에서와 동일하게 균등 분포를 따르는 것으로 가정한다. 키 포인트는 대출을 결정할 때 앞에서 이미 설정한 부도 확률과 상충되지 않도록 결정되어야 한다는 것이다. 예를 들어 매수하는 사람에게 대출하는 경우를 먼저 보기로 하자. 이 경우 대출하는 금액이 L이라고 할 때 가격이 $(v - \varepsilon)$과 L 사이로 실현이 되면 부도가 발생한다. 담보로 받은 증권을 팔아도 대부금을 커버하지 못하므로 부도가 발생한다. 균등 분포라는 가정 하에서 부도 확률의 식은 <표 11-4>의 첫째 줄에 정리되어 있다. 대출금이 증가하면 부

표 11-4 마진의 결정

증권 매수	부도 확률	$\alpha = \int_{v-\varepsilon}^{L} 1/(2\varepsilon)\ dx = (L - v + \varepsilon)/(2\varepsilon)$
	마진	$m^+ = p - v + \varepsilon(1 - 2\alpha)$
증권 매도	부도 확률	$\alpha = \int_{p+m}^{v+\varepsilon} 1/(2\varepsilon)\ dx = (v + \varepsilon - p - m^-)/(2\varepsilon)$
	마진	$m^- = v - p + \varepsilon(1 - 2\alpha)$
제로 마진	마진	$\bar{\alpha} = (p - v + \varepsilon)/(2\varepsilon)$
	마진	$\bar{\alpha} = (v + \varepsilon - p)/(2\varepsilon)$

도 확률이 높아진다. 부도 확률의 결정식을 풀어서 L을 α의 함수로 정리하면 $L = v - \varepsilon(1 - 2\alpha)$이 된다. 아울러 대차대조표의 식은 $p = L + m^+$이다. 따라서 증권을 매수하는 차익거래자에게 적용되는 마진의 결정은 <표 11-4>의 둘째 줄에 포함되어 있는 식으로 설명된다. 마진은 부도 확률의 감소 함수임을 알 수 있다.

다음에서는 차익거래자가 증권을 대출 받는 경우를 분석한다. 이 경우 p는 증권의 단위 당 대출금이 되고 마진은 m^-로 표기한다. 증권으로 대출을 받는 경우 이에 대한 담보로서 현금을 예치하도록 한다고 가정하자. 현재 시점에서 증권을 팔아서 발생한 수입과 마진을 합한 금액으로 미래 시점에서 증권을 구매할 수 있는 자금을 확보할 수 있다면 부도가 발생하지 않는다. 그렇지 않다면 미래 시점에서 증권을 반환할 수 없으므로 부도가 발생한다. 따라서 부도의 확률은 <표 11-4>의 셋째 줄의 식과 같이 결정된다. 이 식을 사용하여 m^-을 α의 함수로 정리하여 마진의 결정식을 도출할 수 있다. <표 11-4>의 넷째 줄에 있는 식이 마진의 결정식에 해당한다. 이 식에서도 마진과 부도 확률은 서로 반대 방향으로 움직인다.

<표 11-4>에 정리되어 있는 마진의 결정 과정에 의거하여 마진과 증권가격은 서로 어떠한 관계가 있는지를 정리한다. 첫째, 매수 포지션에 적용되는 마진은 증권가격의 증가 함수이다. 둘째, 매도 포지션에 적용되는 마진은 증권가격의 감소 함수이다.

그림 11-1 부도 확률과 마진

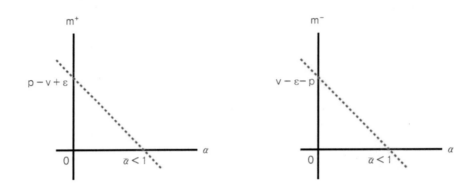

<그림 11-1>은 부도 확률과 마진 간의 관계를 요약하고 있다. 다음의 두 가지를 지적하고자 한다. 첫째, 마진의 크기는 부도 확률과 반비례한다. 여기서는 증권가격이 위치하는 구간이 알려지면 이를 기초로 증권금융기관이 대출에 대한 부도 확률을 조정하는 것으로 가정하고 있다. 증권금융을 담당하는 기관이 자신이 조정하는 대출에 대한 부도 확률을 더 높게 해도 무방하다고 판단하면 그에 맞추어 마진의 크기를 줄여 줄 수 있다. 이는 증권의 매수자에게 대출하는 경우와 증권대출을 받아서 증권을 매도하는 경우에도 동일하게 나타난다. 둘째, 마진의 크기를 제로로 하면 증권금융기관이 감내해야 하는 부도의 확률은 얼마인지가 궁금할 수 있다. 위에서 설명한 모형에서는 증권금융기관이 투자자에게 마진 계정에 대한 입금을 요청하지 않고 자금을 대출한다고 할지라도 반드시 부도가 발생하는 것은 아니다. <그림 11-1>에서는 제로 마진과 일치하는 부도 확률을 $\bar{\alpha}$로 표시하고 있다. 두 경우 모두 $\bar{\alpha}$는 1보다 작은 양수이다. 이를 수식으로 표시하면 먼저 m^{+}의 경우 <표 11-4>의 다섯째 줄의 식이 된다. 이 식에서 p가 구간의 상한과 하한 사이에 있다면 분자는 양수이다. 분자는 현재의 가격에서 최소점까지의 거리이고 분모는 최고 가격에서부터 최저 가격에 이르는 전체 구간의 크기를 의미한다. 따라서 현재 시점의 가격이 최저 가격보다 높으면 $\bar{\alpha}$는 1보다 작다. 다음은 m^{-}의 경우를 보기로 한다. 이 경우 $\bar{\alpha}$의 값은 <표 11-4>의 여섯째 줄의 식과 같이 결정된다. 이 식에서 p가 구간의 상한과 하한 사이에 있다면 분자는 양수

이다. 분자는 최대로 가능한 가격에서 현재의 가격까지의 거리이고 분모는 최고 가격에서부터 최저 가격에 이르는 전체 구간의 크기를 의미한다. 따라서 현재 시점의 가격이 최고 가격보다 낮으면 $\bar{a}$는 1보다 작다.

금융위기가 진행되는 상황에서 부도 확률이 상승하면서 마진도 같이 상승하는 상황을 보게 된다. 그런데 위에서 설명한 그림에서는 부도 확률과 마진의 크기가 서로 반대 방향으로 변화하는 것을 볼 수 있다. 이는 현실에서 관측되는 상황과 마치 괴리가 있는 것처럼 보일 수 있다. 그러나 <그림 11-1>의 그래프를 사용하여 위에서 설명한 금융위기의 상황을 설명할 수 있다. 예를 들어 최악의 상황에서 나타나는 증권의 가격이 금융위기가 진행되면서 더 낮아진 것으로 증권금융기관에서 평가할 수 있다. 이러한 비관적인 평가가 발생하면 증권대출을 받아서 매도하는 사람들에게는 이득이 될 것으로 판단되지만 증권을 담보로 대출을 받는 사람들에게는 손실이 발생할 가능성이 더 높다. 따라서 <그림 11-1>의 그래프도 이동하게 된다. m^+의 경우 y축의 절편이 위로 이동한다. 또한 x축의 절편도 오른편으로 이동한다. 그 결과 <그림 11-1>의 왼편에 있는 점선은 변화가 발생하기 이전에 비해 위쪽으로 이동하게 된다. 이는 마진의 크기를 그대로 유지하면 더 큰 부도 확률을 감내해야 함을 의미한다. 또는 예전과 동일한 부도 확률을 유지하고 싶다면 마진을 더 높게 올려야 함을 의미한다. 요약하면 <그림 11-1>의 왼편 그래프는 증권의 가격이 계속해서 큰 폭으로 떨어져 시장 참가자들의 예상을 넘어서는 정도로 하락하면 마진이 커지면서 부도의 확률도 높아지는 상황이 발생할 수 있음을 함의한다. 증권대출을 받는 경우 동일한 상황이 발생하면 어떻게 되는지가 궁금할 수 있다. <그림 11-1>의 오른편 그림에서 y축의 절편은 가격의 상한과 관련된 것이므로 가격의 하한에 대한 평가가 달라진다고 하여 변화해야 할 이유는 없다. 증권가격의 하한에 대한 비관적인 평가만 발생하는 것으로 가정하면 오른편 그림에서 y축의 절편에는 영향이 없다. 그러나 가격의 상한은 그대로 있으면서 하한이 더 아래로 내려간다면 x축의 절편이 왼쪽으로 이동한다. 오른편 그림에서 직선은 더 안쪽으로 회전 이동하게 된다. 따라서 증권금융기관의 증권가격에 대한 비관적인 평가가 발생하면 증권대출을 받아서 매도하려는 투자자의 경우 보다 더 유리한 조건으로 증권대출을 받을 수 있음을 의미한다.

최대 예상 손실액과 마진의 결정

　　금융기관의 위험 관리(risk management)에서 많이 등장하는 개념이 최대 예상 손실액(Value-at-Risk)이다. 앞에서 설명한 모형에서 금융기관들이 마진을 부과하는 이유는 마진을 부도의 위험을 조절하기 위한 수단으로 사용하기 때문이다. 따라서 앞에서 설명한 모형에 등장하는 금융기관이 최대 예상 손실액의 개념을 위험 관리에 적용하는 경우 마진은 어떻게 결정되는가에 대하여 궁금할 수 있다. 최대 예상 손실액은 일정한 기간 동안 증권들의 구성에 대한 변화 없이 보유하는 포트폴리오에서 발생할 것으로 예상되는 최대 손실액으로 정의된다. 일정한 기간 동안 편입된 증권의 변화가 없는 포트폴리오에서 손실이 발생한다면 이는 포트폴리오에 편입된 증권들의 시장가격이 변동하여 발생한다. 금융기관은 최대 예상 손실액을 결정할 때 신뢰수준(confidence level)도 같이 결정한다. 신뢰수준은 포트폴리오를 보유하는 기간 동안 실제로 발생하는 손실이 최대 예상 손실액을 넘지 않을 확률이다.

　　최대 예상 손실액의 개념을 알고 보면 앞에서 설명한 부도 확률과 연관이 있음을 쉽게 미루어 짐작할 수 있다. 금융기관이 결정한 최대 예상 손실액과 신뢰수준을 사용하여 차익거래자에게 제공되는 대출에 대한 부도 확률을 계산할 수 있다. 앞 절에서는 부도 확률을 외생적으로 결정된 것으로 가정하고 분석하였지만 본 절에서는 부도 확률이 금융기관의 위험 관리에 의해서 결정되는 것으로 가정한다. 예를 들어 최대 예상 손실액과 신뢰수준이 같이 결정되면 최대 예상 손실액에 맞추어 마진을 결정하는 것이다. 통상 최대 예상 손실액은 포트폴리오의 보유 기간과 신뢰수준에 따라 달리 계산된다. 예를 들면 한 달 기간 동안 증권가격이 변동하는 크기와 일년 동안 증권가격이 변동하는 크기는 다르기 때문에 미래 시점의 증권가격의 분포를 추정할 때 보유 기간이 어느 정도인가에 따라서 달라지는 것이 당연하다. 많은 경우 정규 분포의 가정을 하지만 앞에서 이미 균등 분포의 가정을 사용하였으므로 이에 맞추어 동일하게 균등 분포를 가정한다. 또한 신뢰수준은 보유 기간 동안 실제로 발생하는 손실이 미리 결정된 최대 예상 손실액을 넘지 않을 확률이므로 다음과 같은 예를 들어 설명할 수 있다. 1년 기간 동안 1000억원의 증권 포트폴리오에 대하여 10억원의 최대 예상 손실액을 99%의 신뢰수준으로 설정하였다면 이는 내년도까지 같은 포트폴리오를 보유할 때 손실이 발생하더라도 이는 99%의 확률로 10억 미만의 손실이라는 것을 말한다. 현재 설명하고 있는 개념은 모두 신용 리스크와 관련이 있다. 신용 리스크의 개념을 단순히 정리하면 자금을 빌려준 거래 상대방의 경영상태 악화 및 신용도 하락 등으로 인해 자산 가치에 대한 평가가 하락하던가 아니면 거래 상대방의 채무 불이행으로 인해 손실이 발생할 위험이다. 신용 리스크를 보다 구체적으로 측정하기 위해 거래 상대방에게 제공된 대출들의 포트폴리오에서 예상되는 미래 손실은 현재 분석하고 있는 모형에서는 투자자가 투자하는 증권의 가격에 대한 확률분포를 사용하여 판단할 수 있다.

앞에서 가정한 증권가격의 분포를 사용하여 증권의 매수자에게 증권 담보 대출을 제공하는 경우를 분석한다. 금융기관이 투자자에게 현재 시점에서 제공하는 대출금이 L이다. 다음 시점에서 $p' < L$의 상황이 발생하면 증권의 가격이 대출 원금을 커버하지 못하기 때문에 부도가 발생하고 이 경우 금융기관이 투자자의 모든 소득을 차압하는 것으로 가정한다. 여기서는 앞에서와 같이 설명의 단순화를 위해 순 이자율이 제로라고 가정한다. 최대 예상 손실액을 $\bar{v}$로 표시한다. 그리고 신뢰수준을 $\bar{c}$로 표시한다. 손실이 나는 경우 손실의 크기는 대출 원금에서 회수 금액을 뺀 차이로 정의할 수 있으므로 손실의 크기는 $(L - p')$이다. 신뢰수준의 정의는 손실이 최대 예상 손실을 초과하지 않는 사건의 확률이다. 이를 기호를 사용하여 표시하면 $(L - p') \leq \bar{v}$의 사건이 발생할 확률이 $\bar{c}$이다. 이를 다음 시점에서의 증권가격에 대한 구간으로 바꾸어 표기하면 $(L - \bar{v}) \leq p' \leq (v + \varepsilon)$의 부등호로 전환된다. 신뢰수준은 미래 시점의 증권가격이 앞에서 설명한 부등호를 만족하는 사건의 확률이다. 따라서 신뢰수준에 대한 식은 <표 11-5>의 첫째 줄에 있는 화살표 이전의 식이다. 이 식에서 $\bar{v} < L$의 부등호를 만족하는 것으로 가정한다. 또한 이 식의 적분을 계산하여 정리하면 신뢰수준은 <표 11-5>의 첫째 줄에 있는 화살표 이후의 식이다.

최대 예상 손실액과 마진은 어떠한 관계가 있는가? 이를 알아 보기 위해 다음과 같이 작업한다. 첫째, <표 11-5>의 첫째 줄에 있는 식을 대출에 대한 식으로 정리한다. 둘째, 첫 번째 작업에서 도출한 식을 $p = L + m^+$로 표시되는 투자자의 대차대조

표 11-5 최대 예상 손실액과 마진

신뢰수준과 최대 예상 손실액	$\bar{c} = \int_{L-\bar{v}}^{v+\varepsilon} (2\varepsilon)^{-1}\, dx \rightarrow \bar{c} = (2\varepsilon)^{-1}(v + \varepsilon + \bar{v} - L)$
최대 예상 손실액과 마진	$m^{+} = p - v - \varepsilon(1 - 2\bar{c}) - \bar{v}$
부도 확률과 마진	$m^{+} = p - v + \varepsilon(1 - 2\alpha)$
최대 예상 손실액과 부도 확률	$\alpha = 1 - \bar{c} + \bar{v}/(2\varepsilon)$

표의 식에 대입한다. 그 결과 도출되는 마진의 결정식은 <표 11-5>의 둘째 줄에 정리되어 있다. 증권가격이 균등 분포를 따른다는 가정 하에서 최대 예상 손실액과 신뢰수준이 결정되면 <표 11-5>의 둘째 줄에 있는 식을 사용하여 마진을 자동적으로 계산할 수 있다. 앞 절에서 부도 확률과 마진 간의 관계를 분석하였다. 위의 마진 결정식을 보면 부도 확률과 신뢰수준 간의 관계가 궁금해진다. 이를 위해 앞 절의 부도 확률에 의거한 마진 결정식과 본 절의 최대 예상 손실액과 신뢰수준에 의거한 마진 결정식을 비교한다. 기억을 되살리기 위해 부도 확률에 의거한 마진의 결정식을 <표 11-5>의 셋째 줄에 다시 쓴다. <표 11-5>의 둘째 줄과 셋째 줄에 있는 두 개의 마진 결정식을 결합하면 부도 확률과 신뢰수준 간의 관계는 <표 11-5>의 넷째 줄에 정리된 식이 된다. 이 식은 최대 예상 손실액에 의거한 부도 확률의 결정식이다. 이 식이 함의하는 점은 최대 예상 손실액과 신뢰수준이 결정되면 부도 확률도 결정된다는 것이다. 따라서 앞에서 설명한 마진의 역할은 증권시장에 참가하는 투자자에게 자금을 대출하거나 증권을 대출하는 금융기관이 신용 리스크 관리를 위해 최대 예상 손실액과 신뢰수준을 설정하면 이를 반영하여 자금을 공급하기 위한 수단이라고 할 수 있다. 부도 확률의 결정식을 보면 부도 확률은 신뢰수준을 높이면 낮아진다. 그 이유는 다른 변수들은 그대로 두고 신뢰수준만 높이면 투자자에 대한 대출 금액이 감소하기 때문이다. 또한 부도 확률은 최대 예상 손실액을 높이면 증가한다. 그 이유는 다른 변수들은 그대로 두고 최대 예상 손실액의 크기만 높이면 투자자에 대한 대출 금액이 증가하기 때문이다. 또한 <그림 11-2>에서는 부도 확률과 최대 예상 손실 간의 관계

그림 11-2 부도 확률과 최대 예상 손실

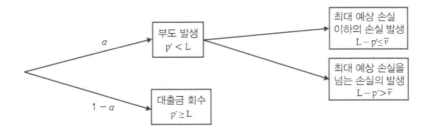

를 보여 주고 있다. 본 절에서 설명하고 있는 모형의 경우 부도 확률이 최대 예상 손실을 넘는 사건이 발생할 확률보다 더 크다는 것을 알 수 있다. 본 절에서 설명하는 모형에서는 일단 손실이 나면 부도가 발생하는 것으로 가정하였기 때문이다. <표 11-5>의 넷째 줄에 있는 부도 확률의 결정식에서도 (부도의 확률) > (1 − 신뢰수준)의 부등호가 성립함을 알 수 있다. 따라서 <그림 11-2>와 일치하는 결과를 얻었음을 알 수 있다.

증권가격의 결정

본 절에서 소개하는 모형은 증권의 시장가격이 내재가치에 비해 일정 기간 동안 저평가되어 차익거래 이득의 가능성이 있다는 점을 반영하고 있어서 시장 유동성과 조달 유동성 간의 상호작용을 분석하는 데 유용하다. 일정 기간 동안 증권가격이 내재가치에 비해 낮아지도록 하는 주요한 원인은 차익거래자의 순자산이 일정 기간 동안 낮은 수준에 머물러 있기 때문이다. 순자산이 낮으면 차익거래 이득이 존재할지라도 이를 해소할 만큼의 증권거래가 발생하지 않는다. 그 이유는 차익거래자가 증권시장에 참여하기 위해 자신의 순자산이 필요하고 순자산이 충분하지 않으면 다른 금융기관으로부터 대출을 받기 어렵기 때문이다.

모형을 설명하기 이전에 시장 유동성과 조달 유동성의 개념과 척도에 대하여 설명한다. 첫째, 증권시장의 시장 비유동성은 시장가격과 내재가치 차이의 절대값으로 정의된다. 예를 들어 시장가격이 증권의 내재가치에 비해 낮아질수록 증권시장의 시장 비유동성이 커짐을 의미한다. 이러한 척도를 제시하는 이유를 다음과 같이 생각할 수 있다. 증권시장에서 증권을 빨리 처분하기 위해 증권이 가지고 있는 가치에 비해 낮은 가격 수준으로 내놓아야 판매가 가능할 것이다. 어느 정도로 판매가격을 내려야 처분이 되는지를 측정하면 이것이 유동성의 수준을 알 수 있는 척도라고 할 수 있다. 예를 들어 현금의 경우 일반적으로 액면 가치를 내리지 않아도 액면가치와 동일한 가치로 교환되므로 현금은 유동성 그 자체로 간주할 수 있다. 앞에서 정의한 시장 비유동성과 같은 척도를 제시하면 혹자는 시장가격이 내재가치에 비해 높을 때에도 동일한 척도를 사용하여 시장 비유동성이 높은 상태로 볼 수 있기 때문에 양의 버블이 있는 경우를 시장 유동성이 낮은 상황으로 간주해야 하는지에 대하여 의문을 제기할 수 있다. 그러나 본 절에서는 분석의 초점을 시장가격이 내재가치보다 낮은 경우로 국한해 논란의 여지를 제거하기로 한다. 둘째, 증권시장의 조달 유동성은 다른 금융기관으로부터 자금을 조달할 때 좋은 조건으로 자금을 조달할 수 있는지의 여부에 따라서 결정된다. 조달 유동성은 시장에서 증권이 손쉽게 매매되는지의 여부를 측정하는 시장 유동성과 관계가 없지는 않지만 서로 다른 척도라고 할 수 있다. 자금의 조달이 더 용이한지의 여부는 대출하는 금융기관이 요청하는 순자산의 크기로 측정할 수 있다. 금융기관이 동일한 크기의 대출에 대하여 더 많은 순자산을 요청한다면 대출받는 금융기관의 입장에서 대출이 더 어려워진 것으로 받아들일 것이다. 이와 같은 의미에서 앞에서 이미 설명한 마진이 조달 유동성의 척도가 된다. 마진이 높으면 조달 유동성이 낮고 마진이 낮으면 조달 유동성이 높다.

　<표 11-6>에서는 모형에 대한 이해를 돕기 위해 여러 변수들의 기간 간 변화를 요약하여 정리하였다. 세 그룹의 서로 다른 역할을 수행하는 금융기관 또는 개인 투자자가 존재한다. 비합리적인 투자자와 기관 투자자는 직접 금융거래에 참가한다. 이에 덧붙여서 증권을 담보로 대출하는 금융기관이 있다. 이들은 부도 확률과 마진을 결정한다. 앞에서 이미 마진의 결정을 설명하였으므로 본 절에서는 생략하기로 한다. 증권을 담보로 대출하는 금융기관을 '금융 대부업자'로 정의하여 기관 투자자와 구별

표 11-6 증권시장의 기간 간 진행과정

	1기	2기	3기
마진	$m_1 = p_1^e - v + \varepsilon(1 - 2\alpha)$	$m_2 = p_2^e - v + \varepsilon(1 - 2\alpha)$	$m_3 = p_3^e - v + \varepsilon(1 - 2\alpha)$
기관 수요	$x_1 = w_0/m_1$	$x_2 = w_1/m_2$	$x_3 = w_2/m_3$
개인 수요	$d_1 = v - p_1 - z_1$	$d_2 = v - p_2 - z_2$	$d_3 = v - p_3$
시장 청산	$d_1 + x_1 = 0$	$d_2 + x_2 = 0$	$d_3 + x_3 = 0$
기관 순자산	w_0	$w_1 = m_1 x_1 + e_1$	$w_2 = m_2 x_2 + e_2$

한다. 모형은 1기에 시작하여 3기에 끝나는 것으로 가정한다. <표 11-6>의 첫째 줄은 마진의 결정식들을 정리하고 있다. 이를 다시 쓰면 아래와 같다.

$$m_1 = p_1^e - v + \varepsilon(1 - 2\alpha)$$

앞 절에서 설명한 마진의 결정식과의 차이점은 시점이 변화하면서 증권가격과 마진이 달라질 수 있음을 고려하고 있다는 것이다. 따라서 각 변수를 나타내는 기호의 아래에 하첨자를 붙여서 서로 다른 기간을 구분하고 있다. 마진 결정식은 자금을 대출하는 금융 대부업자에 대하여 다음과 같은 가정을 부과하여 도출하였다. (1) 자신이 감내할 수 있는 부도 확률을 α로 설정한다. (2) 증권가격이 앞 절에서 설명한 분포와 동일한 분포를 따르는 것으로 간주한다. (3) 증권시장의 균형가격을 정확히 관측하지 못한 상태에서 대출을 결정해야 한다. 따라서 본 절에서 채택한 가정은 금융 대부업자가 마진을 책정할 때 증권시장의 균형가격을 정확히 관측하지 못할 수 있는 가능성을 고려한다는 점이다. <표 11-6>의 두번째 줄은 대출을 받는 기관 투자자의 증권수요를 요약하고 있다. 대출을 받는 기관 투자자는 항상 자신에게 가용한 자금을 모두 증권에 투자하는 것으로 가정한다. 따라서 자신이 소유한 순자산을 w_0이라고 하면 순자산을 모두 마진을 마련하기 위해 사용한다. 이와 같은 가정에 의해서 기관 투자자의 증권수요 결정식인 $x_1 = w_0/m_0$을 도출할 수 있다. 기관 투자자의 증권수요는 순자산에 비례하고 마진에 대하여 반비례한다.

비합리적 투자자의 투자 결정에 대하여 <표 11-6>의 셋째 줄에 정리되어 있다.

<표 11-6>에서 d_1은 비합리적 투자자의 1기의 수요를 나타낸다. 비합리적 투자자의 수요 함수를 도출하기 위해 다음과 같은 가정을 부과한다. (1) 비합리적 투자자는 일시적으로 증권의 내재가치를 정확하게 관측하지 못한다. (2) 비합리적 투자자의 내재가치에 대한 주관적인 평가는 z에 의해서 결정된다. (3) 비합리적 투자자의 증권수요는 비합리적 투자자의 내재가치에 대한 주관적인 평가와 증권가격 간의 차이와 정비례한다. 이러한 수요 함수의 의미는 내재가치의 주관적 평가에서 증권가격을 뺀 차이가 증권의 순가치에 대한 주관적인 평가이므로 순가치와 증권수요를 맞추어 같게 한다는 것이다. (4) 비합리적 투자자는 시장에 직접 참여하므로 시장가격을 그대로 관측할 수 있다고 가정한다. 앞에서 설명한 가정들을 반영한 개인 투자자의 1기, 2기, 3기의 증권수요는 <표 11-6>의 셋째 줄에 정리되어 있다. <표 11-6>의 셋째 줄에 정리되어 있는 비합리적 투자자의 수요 함수에서 $(v - z_1)$은 증권의 내재가치에 대한 1기 시점에서 비합리적 투자자의 주관적인 평가를 나타낸다. 또한 $(v - z_2)$는 2기 시점에서 비합리적 투자자의 주관적인 평가를 나타낸다. 1기 시점과 2기 시점에서는 비합리적 투자자인 개인 투자자들이 증권에 대하여 비관적인 평가를 내리고 있는 것으로 가정한다. 이를 반영하여 z_1과 z_2의 값이 양수이다. 그러나 3기 시점에서는 비합리적 투자자의 비관적인 평가가 사라진다.

차익거래자인 기관 투자자의 순자산은 최초 w_0로부터 시작한다. 차익거래자의 경우 $p_1 x_1$이 위험 증권에 투자하는 금액이고 이 중에서 자신의 순자산으로 마련해야 하는 금액이 $m_1 x_1$이다. 따라서 차익거래자의 예산제약식은 $w_0 = m_1 x_1$이 된다. 다음 시점에서의 순자산은 얼마인가? 총수입에서 대출금을 제한 금액이 자신의 순수입이 된다. 그런데 이는 대출금을 위해 제공한 마진과 동일한 금액이다. 따라서 마진으로 제공한 금액과 동일한 금액을 세속해서 순자산으로 보유하게 된다. 그 결과 $w_1 = m_1 x_1$의 등식이 성립한다. 최초 시점에서 주어진 자신의 순자산을 모두 마진으로 사용하면 다음 시점의 초기 자산도 최초 시점의 자산과 같아진다. 순자산의 외생적인 변동이 없다면 $w_1 = w_0$의 등식이 성립한다. 2기 시점에 들어와서도 1기 시점에서 마찬가지로 자신에게 주어진 모든 순자산을 마진에 사용한다. 2기의 증권수요는 $x_2 = w_1/m_2$이다. 또한 2기 시점의 예산제약식은 $w_2 = m_2 x_2$의 등식을 만족하게 된다.

그림 11-3 균형의 결정

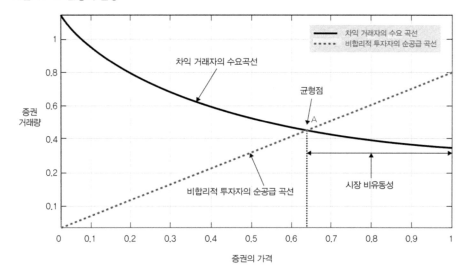

따라서 현재의 모형에서는 차익거래자의 순자산에 직접적으로 영향을 미치는 외생적인 충격 요인이 없다면 순자산의 변동은 발생하지 않는다. 이와 같은 점을 반영하여 <표 11-6>의 마지막 줄에는 순자산의 외생적인 변동을 나타내는 변수들이 포함되어 있다. 1기의 경우 e_1이고 2기의 경우는 e_2이다. 이들은 증권거래와 관계없이 나타나는 순자산의 변동을 볼 수 있다. 예를 들어 주주에게 배당을 지급하든가 아니면 정부가 금융기관이 새로 발행한 주식을 매수하여 금융기관의 자본금을 확충하는 정책을 사용하는 경우 이들의 변동이 발생할 수 있다.

금융 대부업자가 어떻게 증권시장의 균형가격을 예측하는지에 따라서 증권시장의 균형가격이 달라진다. 먼저 금융 대부업자가 증권시장의 균형가격을 정확히 알고 있는 것으로 가정한다. 따라서 $p_1^e = p_1$의 등식을 마진의 결정식에 대입한다. <그림 11-3>에서 볼 수 있듯이 먼저 x축은 증권의 가격이고 y축은 차익거래자의 수요를 나타내는 평면에 차익거래자의 수요 함수의 그래프를 그린다. 여기서 $x_1 = w_0/(p_1 - v + \epsilon(1 - 2\alpha))$의 그래프를 그리면 된다. 이는 반비례 곡선이 된다. 차익거래자의 수요에 대하여 다음의 조건을 부과한다. 시장가격이 내재가치보다 낮은 경우에만 차익거래자는 증권을 매수한다. 그 이유는 차익거래자는 차익거래 이득이 있다고 판단되는 상황에서만 증권시장에 참가하기 때문이다. 이 조건이 부과되면 차익거래자의 수요 곡선은 시장가격이 0과 내재가치 사이에 위치하는 경우만 그릴 수 있게 된다. 수요의 최대값은 $w_0/(\varepsilon(1-2\alpha)-v)$이고 최소값은 $w_0/(\varepsilon(1-2\alpha))$이다. 가격이 0인 경우 차익거래자의 수요가 양수일 조건은 $\varepsilon(1-2\alpha)>v$의 부등식이 만족되어야 한다는 것이다. 비합리적 투자자의 순공급은 비합리적 투자자의 수요에 대하여 마이너스 기호를 붙여서 $f_1 = -d_1$으로 정의된다. <표 11-6>의 개인 투자자 수요 함수를 사용하면 비합리적 투자자의 순공급은 $f_1 = z_1 - v + p_1$이다. 내재가치의 주관적 평가를 결정하는 외생적인 충격의 크기는 내재가치에 비해 작은 것으로 가정하여 $z_1 < v$의 조건이 부과된다. 따라서 비합리적 투자자의 순공급 곡선은 음수의 절편으로부터 시작하는 기울기가 45도인 직선이다. <그림 11-3>에서 볼 수 있듯이 앞에서 설명한 두 개의 그래프가 교차하는 점에서 균형가격이 결정된다. 실선의 곡선이 차익거래자의 수요 곡선을 의미한다. 점선의 직선이 비합리적인 투자자의 순공급곡선이다. 두 곡선이 교차하는 균형점은 A로 표기되어 있다. 증권의 내재가치는 1로 고정되어 있으므로 내재가치에서 증권의 시장가격을 뺀 차이는 양방향 화살표에 의해서 표시되는 시장 비유동성이다.

금융기관의 비관적 가치평가와 마진 악순환

앞 절에서는 금융 대부업자가 실제의 시장가격을 정확히 알고 있는 것으로 가정하였다. 그러나 본 절에서는 금융 대부업자가 마진을 결정할 때 증권의 시장가격을 정확히 관측할 수 없다는 가성을 부과한다. 이러한 가정을 합리화하기 위해 마진이 결정되는 시점과 증권거래가 발생하는 시점이 다른 것으로 가정한다. 현실 경제에서도 일반적으로 투자자들은 증권시장에서 증권거래를 실행하기 이전에 투자자금을 미리 결정한다. 따라서 마진이 증권거래가 발생하는 시점 이전에 결정되는 것으로 가정하는 것은 현실적인 가정이다.

증권의 내재가치가 변동할 수 있으며 금융 대부업자는 증권의 내재가치를 정확히 알지 못한다고 가정한다. 이에 덧붙여서 금융 대부업자는 증권의 시장가격과 내재가치가 같아질 것이라고 예측한다. 이러한 가정은 증권의 내재가치가 매우 낮은 상황에서 시장가격도 매우 낮은 수준을 유지할 것으로 예측하는 것이다. 쉽게 표현하면 증권의 내재가치가 바닥을 치면서 시장가격도 같이 바닥을 치는 가장 최악의 상황을 예측하는 것이다. 이와 같이 가정하면 $p_1^e = v$의 등식이 성립한다. 마진은 금융 대부업자가 결정하므로 이들의 예측이 마진에 영향을 미친다. <표 11-6>에서 설명한 마진에 대한 균형 조건에 $p_1^e = v$의 등식을 대입하여 마진에 대한 균형 조건을 다시 쓸 수 있다. 수식으로 표현하면 마진에 대한 균형 조건은 $m_1 = \varepsilon(1 - 2\alpha)$이 된다. 마진이 이와 같이 결정되는 경우 성립하는 차익거래자의 수요 함수를 도출하면 $x_1 = w_0/(\varepsilon(1 - 2\alpha))$이다. 이제 차익거래자의 수요 곡선은 수평선이 된다. 수평선에 대응하는 차익거래자의 수요는 시장가격이 내재가치보다 높지 않다는 조건을 만족해야 하는 상황에서 가장 낮은 수준이다. 차익거래자의 수요가 낮아진 이유는 마진이 높아졌기 때문이다.

마진에 대한 새로운 균형조건을 사용하여 새로운 균형점을 찾을 수 있다. 앞의 균형점과 비교하면 증권시장의 균형가격이 낮아진 것을 알 수 있다. 따라서 내재가치와 증권가격 간 괴리의 절대값으로 정의되는 시장의 비유동성은 증가하였다. 내재가치는 예전과 동일하다는 가정과 금융 대부업자가 증권의 내재가치에 대하여 비관적인 가정을 하고 있다는 점이 추가되면 마진이 상승하면서 증권시장의 유동성이 감소하게 됨을 알 수 있다. 또한 마진의 크기가 금융 대부업자가 정확히 관측한다고 가정한 앞 절의 경우와 달라진다. 본 절의 경우 마진이 상승하면서 시장 비유동성도 증가한다는 것이다. 앞 절의 모형에서는 차익거래자의 부가 감소하는 경우 차익거래자의 수요곡선이 아래로 수평 이동한다. 그 결과 시장가격이 낮아지면서 시장 비유동성이 높아진다. 또한 금융 대부업자가 정확히 관측하는 것으로 가정한 경우 마진은 시장가격이 낮아지면서 같이 낮아진다. 따라서 앞 절의 모형에서는 시장 비유동성과 마진은 서로 반대 방향으로 이동한다. 그러나 본 절의 모형에서는 마진과 시장 비유동성이 서로 같은 방향으로 움직인다.

그림 11-4 정상적인 균형과 마진 악순환의 균형의 비교

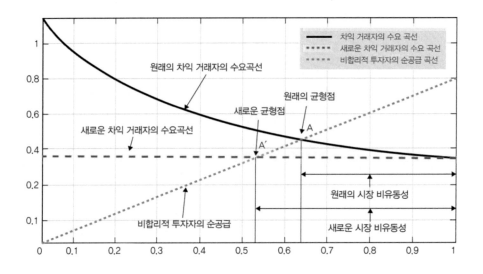

<그림 11-4>는 금융 대부업자가 시장가격이 결정되는 과정을 정확히 이해하고 있다가 순식간에 비관적인 예측으로 전환되는 상황이 외생적으로 발생하면 증권시장에 어떠한 효과가 나타나는지를 보여주고 있다. 이러한 상황은 금융위기가 진행되면서 증권시장의 가격 결정 과정을 정확히 파악하지 못하면 금융 대부업자가 증권의 시장가격에 대하여 극단적으로 최악의 상황을 가정하여 마진을 책정하는 경우를 반영하고 있다. 물론 이 경우 부도 확률에 대한 평가도 달라질 수 있지만 현재의 분석에서는 금융 대부업자의 예측에 대한 충격이 마진에 미치는 효과만 분석하기로 한다. <그림 11-4>에서 수평선은 위에서 설명한 금융 대부업자의 예측 충격이 발생한 이후의 차익거래자의 수요 곡선이다. 비합리적 투자자의 순공급곡선이 새로운 수요 곡선과 만나는 점은 A′로 표기되어 있다. 기존의 균형점 A와 새로운 균형점 A′를 비교하면 시장가격이 낮아진 것을 알 수 있다. 그러나 마진은 오히려 상승한다. 따라서 담보로 제공하는 증권의 시장가치가 하락하면서 마진은 상승하는 모습을 보인다.

다음에서는 위에서 분석한 모형의 관련 연구와 관련된 함의를 정리한다. 강조하는 포인트는 자금의 조달 유동성과 시장 유동성의 상호작용이다. 브루너마이어와 페더슨이 강조한 점은 자금의 조달 유동성과 시장 유동성의 상호작용으로 인하여 증권시

장의 유동성이 급격하게 악화되는 상황이 발생한다는 것이다. 낮은 유동성과 높은 마진이 발생하는 균형에서 차익거래자의 대차대조표가 악화되는 현상은 손실 악순환(loss spiral)과 마진 악순환(margin spiral)의 상호작용으로 인해 강화된다. 차익거래자에게 발생하는 손실 악순환은 증권가격이 하락하면서 이들이 소유한 자본금이 감소하게 되어 금융 대부업자가 요청하는 마진을 제대로 감당할 수 없기 때문에 발생한다. 마진 제약식이 제약하는 정도가 심화되면 차익거래자가 차입할 수 있는 금액은 줄어든다. 그 결과 차익거래자의 증권수요가 감소하여 시장가격이 더욱 하락한다. 증권가격의 하락으로 인하여 증권투자로부터 얻는 이득이 감소하거나 손실을 보게 되면 차익거래자의 자본금이 지속적으로 감소한다.

연습문제

1. 레버리지 비율을 총자산을 순자산으로 나눈 비율로 정의한다면 증권의 시장가격과 레버리지 비율이 어떠한 관계가 있는지를 분석하시오.

2. 한국의 증권사에게 부과된 레버리지 규제를 조사하여 요약하고, 긍정적인 효과와 부정적인 효과를 설명하시오.

3. 증권사 레버리지 비율 규제는 높은 레버리지를 유지하던 증권사의 레버리지 비율을 하락시키는 긍정적인 효과를 가져올 수 있다. 그러나 상대적으로 리스크가 큰 파생결합증권의 비중을 증가시켜 증권사의 리스크를 확대시키는 부작용이 발생할 수 있다는 주장이 있다. 이러한 주장을 평가하시오.

4. 조달 유동성과 시장 유동성 간의 관계를 분석한 모형을 그대로 사용하시오. 금융기관이 추정하는 증권가격의 범위가 확대되는 경우 증권의 시장가격과 마진에 어떠한 효과가 발생하는지를 분석하시오.

5. 조달 유동성과 시장 유동성 간의 관계를 분석한 모형을 그대로 사용하시오. 금융기관이 감내해야 하는 부도의 확률이 상승하는 경우 증권의 시장가격과 마진에 어떠한 효과가 발생하는지를 분석하시오.

6. 다음과 같은 경제 기사가 있다. "프로그램 매매는 차익거래와 비차익거래로 나뉜다. 프로그램 매매는 말 그대로 프로그램을 이용해 원하는 주식을 자동으로 사거나 파는 거래방식이다. 주로 자금운용 규모가 큰 외국인이나 기관 투자자들이 사용한다. 매번 종목을 일일이 고르는 게 아니라 거래할 종목과 구성을 미리 설정해두고 원하는 금액만큼 주식을 사고 파는 것이다."
   (1) 차익거래를 정의하시오. 또한 적절한 예를 들어 설명하시오.
   (2) 비차익거래를 정의하시오. 또한 적절한 예를 들어 설명하시오.
   (3) 본문에서 설명한 차익거래자와 앞서 설명한 두 개의 투자 방식으로 거래하는 금융기관

간 유사점과 차이점을 분석하시오.

7. 본문에서 증권가격은 균등 분포를 따르는 것으로 가정하였다. 금융기관이 매수하려는 차익거래자에게 대출하는 경우 금융기관의 예상손실액은 부도 확률의 2차식으로 표시할 수 있음을 보이시오.

8. 다음의 주장을 분석하여 평가하시오. "주식시장에서 상대적으로 부동산에 자금이 많이 흘러간 데다 증시에서는 개인 투자 비중이 낮은 삼성전자 등 대형주 위주로 오르고 화장품, 제약 등 중소형주는 약세를 보이면서 개인투자자의 거래가 위축됐다."

9. 매도 포지션에 적용되는 마진은 증권가격의 감소 함수이고 매수 포지션에 적용되는 마진은 증권가격의 증가 함수이다. 이와 같은 차이가 발생하는 이유를 설명하시오.

10. 2014년부터 2016년 기간 동안 우리나라 주식시장의 개인 투자자, 기관 투자자, 외국 투자자, 일반 법인 등의 보유 비중과 거래 비중의 추이를 조사하시오. 보유 비중과 거래 비중의 추이가 어떻게 다르게 나타나는지를 분석하시오.

제12장

차익거래 이득의 형성과 지속성

제12장

차익거래 이득의 형성과 지속성

　본 장의 가장 주된 목표는 균형조건으로 부과되어온 차익거래 이득의 소멸을 재검토하는 것이다. 그 이유는 현실의 시장에서 종종 차익거래 이득이 실제로 존재하는 것으로 보이는 사례들을 자주 찾아 볼 수 있기 때문이다. 예를 들어 실제로 다양한 증권시장에서 가격이 증권의 내재가치에 비해 낮게 나타나는 기간이 관측된다. 이러한 현상이 금융위기가 전개되는 과정에서 지속적으로 진행되면 금융시장의 금융중개 기능이 빨리 회복되지 않기 때문에 실물 경제에 대한 여파가 오랫동안 지속된다. 제11장에서 설명한 모형에서도 차익 거래자들의 자본이 잠식당하면 증권가격이 회복되는 데 오랜 시간이 소요된다는 점이 강조되었다. 이는 차익 거래자들이 자금을 조달하거나 새로운 차익 거래자가 시장에 진입하는 데 시간이 걸리기 때문이다. 증권가격과 내재가치 간 괴리가 있더라도 투자 자금의 신속한 이동에 의한 괴리의 소멸이 순식간에 발생하지 않는 모형이 필요함을 의미한다. 제1장부터 제4장까지 설명한 다양한 증권에 대한 자산가격결정모형에서는 차익거래 이득이 없다는 균형조건이 만족되었다. 이러한 모형에서는 차익거래 이득이 순식간에 사라진다는 점을 암묵적으로 가정하고 있다. 그러나 앞에서 간략하게 언급한 현실적인 측면을 반영하기 위해 차익거래 이득이 균형에서 신속하게 소멸한다는 가정을 수정하는 것이 필요하다.

본 장의 첫 번째 목적은 개인 투자자도 증권시장에 참여하지만 소수의 합리적인 전문화된 투자자가 차익거래 이득이 발생하면 이를 실현시키기 위해 증권시장에 참여하게 되는 모형을 설명하는 것이다. 차익거래는 동일한 증권 또는 유사한 증권이 서로 다른 두 개 이상의 시장에서 가격이 다르기 때문에 가격 차이를 이용하여 수익을 내는 거래를 말한다. 차익거래 이득이 발생할 때 증권시장이 효율적이라면 이를 순식간에 제거하는 방향으로 거래가 발생하여 균형에서는 차익거래 이득이 존재하지 않는다. 균형에서 차익거래 이득이 존재하지 않는다는 조건 하에서 증권가격 결정공식을 도출할 수 있다. 그러나 현실 경제에서 차익거래를 담당하는 전문적 증권거래자들이 있고 이들이 증권거래를 위해 외부로부터 자본을 조달해야 한다면 차익거래에 제약이 발생한다. 그 결과 증권가격은 내재가치로부터 괴리가 발생한다. 차익 거래에 대한 제약을 도입하기 위해 차익 거래자에게 제공되는 자금의 크기는 자금을 운용하는 차익 거래자의 과거 실적에 의존하여 결정되는 것으로 가정한다. 따라서 제11장의 모형과 차이나는 점은 차익 거래자가 직접 자산을 보유하지 않아도 된다는 것이다. 본 장의 모형에서 차익 거래자는 일반적인 투자자로부터 한시적으로 투자 자금의 운용을 위탁 받아서 차익거래 이득을 실현하고 난 후에 투자 수익을 모두 투자자에게 돌려주는 역할을 한다.

본 장의 두 번째 목적은 실제의 금융시장에서 차익거래 이득이 지속적으로 남아 있는 사례들을 소개하는 것이다. 예를 들어 미첼, 페더슨, 펄비노(Mark Mitchell, Lasse Heje Pederson, and Todd Pulvino) 등은 2007년에 발표한 연구에서 금전적인 이득이 충분히 예상되는 기회가 많이 있는 증권시장에서 금전적인 이득을 얻기 위해 거래가 빠른 속도로 활성화되지 않는 상황들에 대한 사례들을 소개하였다.[1] 이들은 차익거래 이득을 실현하기 위한 증권거래에는 자본이 필요한데 자본이 빠른 속도로 조달되지 않는 상황을 저속 이동 자본(slow moving capital)이라는 용어를 사용하여 표현하였다. 뿐만 아니라 본 장에서는 차익거래 이득이 있어서 투자자들이 증권거래를 통해 차익거래의 이득을 실현시킬 수 있는 기회가 있다고 판단되는 상황이 실제의 증권시장에

---

1 이들의 논문은 American Economic Review (Vol.97, No.2, pp.215-220)에 출간된 「Slow Moving Capital」이다.

그림 12-1 비합리적 투자자의 비관적 평가의 진행 과정

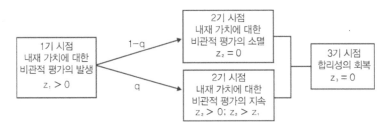

서 관측될 수 있음을 자료를 통해 확인하고자 한다. 또한 다양한 증권시장에서 차익거래 이득이 존재할 가능성이 높다는 것을 반영하여 본 장의 뒷부분에서는 세 개의 증권가격결정모형을 소개한다. 첫째, 전환사채의 가격결정모형이다. 둘째, 합병 차익거래 모형이다. 셋째, CDS – 채권 베이시스 모형이다. 본 장에서는 복잡한 동학을 설명하기보다는 단순화 가정을 부과하여 차익거래 이득이 없는 균형에서 성립하는 이론 가격을 주로 분석한다. 마지막으로 투자자의 낙관적 기대와 비관적 기대가 증권가격의 결정에 미치는 효과를 반영한 증권가격결정 모형을 소개한다. 투자자들의 미래 시점의 증권가격에 대한 낙관적인 기대와 비관적인 기대의 상대적 비중이 달라지면 현재 시점의 증권가격과 증권시장에서 거래하는 투자자들의 레버리지 비율이 변화할 수 있음을 보인다.

제한적 차익거래를 고려한 대리인 모형

본 절에서는 슐라이퍼(Andrei Shleifer)와 비쉬니(Robert Vishny)가 1997년에 발표한 모형을 간략하게 요약하여 소개한다.[2] 이들의 모형을 슐라이퍼-비쉬니(Shleifer-Vishny) 모형이라고 부르기로 한다. 여기에는 서로 다른 세 그룹의 투자자가 있다. 이 중에서 두 그룹의 투자자는 증권시장에 직접 참가하여 증권을 거래한다. 다른 하나는 시장에

---

2 이들의 논문은 Journal of Finance (Vol.52, No.1, pp. 35-55)에 수록된 「The Limits of Arbitrage」이다. 또한 본 절에서 소개한 모형은 2016년 DSGE 연구센터에서 출간한 「거시 금융 모형 분석」(윤택)의 4장에도 수록되어 있다.

직접 참가하는 사람에게 투자 자금을 공급한다. 이러한 의미에서 이들은 간접 투자를 하는 일반 투자자이다. 증권시장에서 증권거래에 직접 참여하는 투자자 중에서 첫 번째 부류는 증권의 내재가치와 가격 간의 괴리를 확대시키는 역할을 한다. 이들을 비합리적 거래자(noise trader)라고 부른다. 두 번째 부류는 증권의 내재가치와 가격 간의 괴리가 발생하면 이를 이용하여 금전적인 이득을 보려는 투자자이다. 이들은 차익거래자(arbitrageur)이다. 차익 거래자는 위험 중립적인 선호를 가지고 있으며 증권거래에 대한 전문적인 지식과 경험을 축적한 투자자이다.

먼저 비합리적인 투자자의 수요 함수부터 설명한다. 증권의 내재가치는 고정되어 있어 상수인 v로 표시한다. 비합리적인 거래자는 증권의 내재가치를 정확히 모르기 때문에 내재가치에 대하여 인지 착오를 가질 수 있다. 내재가치에 대한 지각 착오 (misperception)가 비관적인 방향으로 작용하면 비합리적 거래자가 인지하는 내재가치는 실제의 내재가치에 비해 낮다. 비합리적 거래자가 인지하는 내재가치와 실제의 내재가치 간 차이를 나타내는 z_1이라는 변수를 정의한다. 1기 시점에서 비합리적 투자자가 인지하는 내재가치의 크기는 $(v - z_1)$이다. 따라서 z_1의 값이 클수록 비합리적 투자자의 비관적인 평가가 커져서 인지하는 증권의 내재가치는 더욱 낮아진다. 결국 비합리적인 투자자는 증권의 내재가치에 대한 근거 없는 비관적인 평가를 통해 시장의 불안정성을 증가시키는 역할을 한다. 또한 비합리적 투자자는 자신이 평가하는 내재가치와 같아지도록 증권에 대한 구매비용을 지출한다. 따라서 1기 시점에서 비합리적 투자자의 수요 함수는 다음과 같이 결정된다.

$$d_1 = (v - z_1)/p_1$$

이 식에서 d_1은 1기 시점에서 비합리적 투자자의 수요이고 p_1은 1기 시점에서 증권가격이다.

비합리적 투자자의 비관적 평가는 시간이 지나면서 달라진다. <그림 12-1>은 비합리적 투자자의 증권의 내재가치에 대한 비관적인 평가가 어떻게 진행되는지를 정리하고 있다. 먼저 1기 시점에서 z_1이라는 지각 착오로 인해 내재가치에 대한 비관적인 평가가 발생한다. 이는 z_1이 양수임을 의미한다. 이제 2기 시점에 이르면 q의 확률로 1기 시점에 비해 지각 착오가 더 커져서 보다 더 비관적으로 될 수 있다. 그러나 오히려 $(1-q)$의 확률로 비관적인 평가가 소멸될 수도 있다. 3기에 이르면 확실하게 증권의 내재가치에 대한 비관적인 평가는 사라지게 된다.

비합리적 투자자의 내재가치에 대한 비관적인 평가로 인해 증권가격이 내재가치보다 낮아지면 내재가치를 정확하게 알고 있는 차익 거래자들이 증권시장에 진입하여 저평가되어 있는 증권을 구매하게 된다. 차익 거래자들의 선택에 대하여 보다 구체적으로 설명한다. 1기 시점과 2기 시점에서는 증권가격과 내재가치 간의 괴리가 있는 경우만 차익 거래자가 시장에 진입한다. 3기 시점에 들어서면 내재가치에 대한 비관적인 평가가 사라지므로 차익 거래자들의 증권거래도 없어진다. 또한 3기 시점에서 차익 거래자는 그동안 축적한 투자 수입을 모두 자신에게 투자한 일반 투자자에게 분배한다. 이들이 1기 시점과 2기 시점에서 결정하는 선택의 기준은 모두 3기 시점의 예상 투자 수입이다. 따라서 차익 거래자들은 일반 투자자의 투자 수익을 극대화하기 위해 고용된 사람들이라고 볼 수 있다.

다음에서는 증권시장의 균형에 대하여 설명한다. 증권가격은 시장 총 수요와 시장 총 공급이 같아지는 균형에서 결정된다. 증권시장의 총 공급은 항상 1로 고정되어 있다. 따라서 증권가격은 총 수요에 의해서 결정된다. 총 수요는 비합리적 투자자의 수요와 차익 거래자의 수요의 합으로 정의된다. 앞에서 이미 비합리적 거래자의 수요 곡선을 설명하였기 때문에 다음에서는 차익 거래자의 수요 곡선을 설명한다. 차익 거래자의 수요를 도출하기 위해 가용한 투자 자금을 증권 투자와 현금 보유 간 어떻게 배분하는지를 알아야 한다. 모형이 3기까지만 진행되고 3기에서는 거래가 없다는 점을 이미 차익 거래자가 알고 있다. 따라서 차익 거래자는 1기 시점에서만 자신이 가지고 있는 투자 자금을 모두 증권 투자에 사용할 것인가 아니면 일부를 현금으로 가지고 있을 것인가를 결정한다. 그러나 2기 시점의 결정은 간단하다. 2기 시점에서도 비합리적 거래자의 수요 충격이 지속되면 차익 거래자는 시장에 참가하여 가용한 자금을 모두 증권에 투자한다. 그러나 수요 충격이 사라지면 차익 거래자는 자신에게

표 12-1 차익 거래자 대리인 모형 (슐라이퍼-비쉬니 모형)

2기 자금 공급 함수	$w_2 = a\left(\left(\dfrac{p_2}{p_1}\right)x_1 + w_1 - x_1\right) + (1-a)w_1$
예상 투자 소득	$EW = q\left(\dfrac{v}{p_2}\right)\left(a\left(\left(\dfrac{p_2}{p_1}\right)x_1 + w_1 - x_1\right) + (1-a)w_1\right) +$ $(1-q)\left(a\left(\left(\dfrac{v}{p_1}\right)x_1 + w_1 - x_1\right) + (1-a)w_1\right)$
x_1의 계수	$a\left(q\left(\dfrac{v}{p_2}\right)\left(\dfrac{p_2}{p_1}-1\right) + (1-q)\left(\dfrac{v}{p_1}-1\right)\right)$

증권 투자의 선택	x_1의 계수가 양수인 경우	$q\left(\dfrac{v}{p_2}\right)\left(\dfrac{p_2}{p_1}-1\right) + (1-q)\left(\dfrac{v}{p_1}-1\right) > 0 \;\to\; x_1 = w_1$
	x_1의 계수가 음수인 경우	$q\left(\dfrac{v}{p_2}\right)\left(\dfrac{p_2}{p_1}-1\right) + (1-q)\left(\dfrac{v}{p_1}-1\right) < 0 \;\to\; x_1 = 0$
	x_1의 계수가 0인 경우	$q\left(\dfrac{v}{p_2}\right)\left(\dfrac{p_2}{p_1}-1\right) + (1-q)\left(\dfrac{v}{p_1}-1\right) = 0 \;\to\; 0 < x_1 < 1$

균형조건 (부분 투자)	2기 시장 청산	$p_2 = v - z_2 + w_1 + ax_1\left(\dfrac{p_2}{p_1}-1\right)$
	1기 시장 청산	$p_1 = v - z_1 + x_1$
	이윤 극대화	$q\left(\dfrac{v}{p_2}\right)\left(\dfrac{p_2}{p_1}-1\right) + (1-q)\left(\dfrac{v}{p_1}-1\right) = 0$

주: a는 1보다 작은 양수로 가정한다. EW는 3기 시점에서 투자자에게 배당되는 차익 거래자의 투자
수익에 대하여 1기 시점에서 형성한 기대값이다. p_2는 2기 시점의 증권가격을 나타낸다.

가용한 자금을 모두 현금화하여 그대로 보유하고 있다가 3기 시점에서 일반 투자자
에게 모두 배당한다.

슐라이퍼-비쉬니 모형의 주요 특징 중의 하나는 차익 거래자가 투자 자금을 조달
하는 방식이다. 일반 투자자는 차익 거래자에게 맡기는 자금의 양을 차익 거래자의
성과를 반영하여 결정한다. 따라서 차익거래 이득이 존재하는 상황에서도 차익 거래
자가 무한한 차익거래 이득을 얻을 수 없다. 이러한 상황을 성과에 기초한 차익거래
(performance-based arbitrage)라고 정의한다. 현재 설명하고 있는 모형이 대리인 모형

으로 분류되는 이유는 일반 투자자와 전문적인 차익 거래자 간 정보의 비대칭성이 있기 때문이다. 정보의 비대칭성을 극복하기 위하여 일반 투자자는 차익 거래자의 성과에 의거하여 전문 투자자인 차익 거래자에게 위탁하는 자금의 양을 결정한다. 성과에 의한 자금 공급은 일정한 규칙에 의해서 결정되는 것으로 가정한다. 차익 거래자들이 1기 시점에서 일반 투자자로부터 조달한 자금을 w_1로 표시한다. 차익 거래자들이 2기 시점에 일반 투자자로부터 조달한 자금을 w_2로 표시한다. 본 장의 차익 거래자가 제11장의 차익 거래자와 다른 점은 본 장의 차익 거래자는 일반 투자자의 자금을 운용만 하고 자신의 계정에 자신이 운용하는 증권을 포함시키지 않는다. 따라서 매기 시점 발생하는 투자 수익을 일반 투자자의 계정에 그대로 반영시키면 투자 자금을 추가로 더 늘릴 것인지의 여부는 일반 투자자가 결정한다. 차익 거래자들은 조달한 자금을 증권 투자와 현금 보유로 분리한다. 1기 시점의 증권 투자 자금을 x_1이라고 표기한다. 따라서 1기 시점에서 차익 거래자들의 증권 수요는 (x_1/p_1)이 된다. 2기 시점에서 차익 거래자들의 증권 투자 자금은 1기 시점에서 결정한 증권 투자의 수익에 따라 달라진다. 차익 거래자들이 1기 시점에서 결정한 증권 투자의 수익은 2기 시점의 증권가격에 의해서 결정된다. 2기 시점의 증권가격을 p_2라고 표시하면 2기 시점에서 실현된 증권 투자에 대한 수익은 $((p_2 x_1)/p_1)$이다.

차익 거래자의 성과에 기초한 자금 공급은 2기부터 실행된다. 성과에 의한 자금 공급의 크기는 차익 거래자의 2기 투자 수익과 1기의 투자 자금의 가중합으로 정의된다. 일반 투자자가 제공하는 투자 자금의 결정식을 수식으로 나타내면 <표 12-1>의 첫째 줄에 있는 식과 같다. 이 식에서 a는 1보다 작은 양수이고 차익 거래자의 투자 성과에 대한 일반 투자자의 자금 공급의 반응 계수이다. 이 식을 보면 차익 거래자의 1기 시점에서의 자금 운용에 대한 순 수익률이 양수이면 2기 시점에서 운용하는 투자 자금이 1기 시점의 투자 자금보다 더 증가한다는 것을 알 수 있다. 이를 수식으로 표현하면 다음과 같다.

$$\left(\frac{p_2}{p_1}\right) x_1 + w_1 - x_1 > w_1 \ \rightarrow \ w_2 > w_1$$

앞의 식이 함의하는 투자 자금의 공급 함수는 차익 거래자의 투자 수익에 의존하기 때문에 앞에서 이미 강조한 성과에 기초한 차익거래를 반영한 것으로 해석할 수 있다.

차익 거래자는 3기 시점에서 실현된 순자산을 일반 투자자에게 모두 배당 소득으로 지불한다. 차익 거래자는 위험 중립적인 선호를 가지고 있는 전문 투자자로 가정하여 배당 소득의 위험에 대한 고려 없이 위험 증권 투자를 결정한다. 따라서 차익 거래자는 자신을 고용한 일반 투자자의 소득을 극대화하는 것을 목표로 증권 투자를 결정하는 것으로 볼 수 있다. 3기 시점에서 실현된 차익 거래자의 순자산은 비합리적 투자자의 증권의 내재가치에 대한 비관적인 평가가 2기 시점에서도 그대로 지속되는가의 여부에 따라 달라진다. 2기 시점에서도 증권이 저평가되면 차익 거래자는 w_2의 투자 자금을 모두 증권에 투자한다. 그러나 증권가격이 내재가치와 같아지면 차익거래 이득이 사라지기 때문에 차익 거래자는 증권에 투자하지 않고 투자 자금을 그대로 가지고 있다가 3기 시점에서 일반 투자자에게 지급한다. 이와 같은 2기 시점에서 차익 거래자의 선택은 <그림 12-2>에 요약되어 있다.

<그림 12-2>에 요약되어 있는 차익 거래자의 3기 시점의 소득은 비합리적 투자자의 증권의 내재가치에 대한 비관적인 평가가 1기 시점에만 발생하고 끝나는 것인지 아니면 2기 시점에서도 계속하여 발생하는 것인지의 여부에 따라 달라진다. 차익 거래자가 1기 시점의 증권 투자를 결정할 때 2기 시점에서 어느 상황이 발생할지를 미리 정확히 알지 못한다. 그러므로 마지막 시점에서 실현되는 투자 소득의 기대 값인 예상 투자 소득을 극대화하게 된다. 각각의 상황이 발생할 확률을 반영한 예상 투자 소득을 <표 12-1>의 둘째 줄에 정리한다. 이 식에서 EW는 3기 시점에 일반 투자자에게 지급되는 예상 투자 소득을 나타낸다. 이 식의 오른편 첫째 항은 2기 시점에서 비관적 평가가 지속되는 상황에 해당한다. 둘째 항은 2기 시점에서 비관적 평가가 사라지는 상황에 해당한다. 이 식을 보면 EW는 x_1에 대한 선형 함수임을 알 수 있다. 이는 x_1에 대한 계수의 부호에 따라 EW를 극대화하는 x_1의 값이 달라질 수 있다는 것을 의미한다. 이를 설명하기 위해 x_1에 대한 계수를 <표 12-1>의 셋째 줄에 정리한다.

그림 12-2 차익 거래자의 증권 수요와 투자 자금의 기간 간 변화

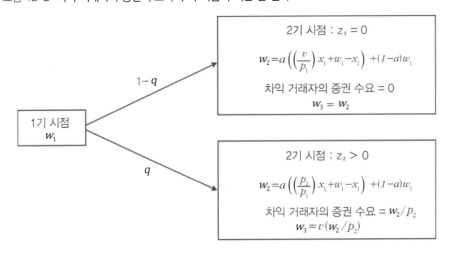

차익 거래자는 1기 시점에서 EW를 극대화하는 증권 투자액을 선택한다. <표 12-1>의 셋째 줄에 있는 x_1의 계수 값에 대한 부호에 따라 세 개의 경우로 나누어 생각할 수 있다. <표 12-1>의 셋째 줄에 있는 식의 부호가 양이면 x_1을 증가시킬수록 EW도 증가한다. 따라서 증권 투자에 할당되는 투자 자금을 예산이 허락하는 수준까지 늘리는 것이 EW를 극대화하는 선택이다. 이 경우 예상 소득 극대화의 해는 $x_1 = w_1$이다. 앞의 설명을 반영하여 첫 번째 경우를 수식으로 표시하면 <표 12-1>의 넷째 줄에 정리되어 있는 식과 같다. 그러나 x_1의 계수 값이 음수이면 증권 투자를 하지 않는 것이 예상 소득을 극대화하는 선택이 된다. 이 경우 예상 소득 극대화의 해는 $x_1 = 0$이된다. 따라서 두 번째 경우를 수식으로 표시하면 <표 12-1>의 다섯째 줄에 정리되어 있는 식과 같다. 세 번째 경우는 x_1의 계수 값이 0인 경우이다. 이 경우 EW는 x_1의 영향을 받지 않는다. 따라서 $0 < x_1 < w_1$의 선택과 일치한다. 이 경우는 차익 거래자가 가지고 있는 투자 자금의 일부분만 증권에 투자하는 것을 의미한다. 1기 시점에서 부분 투자가 선택되기 위해서 다음의 식이 만족되어야 한다. 1기 시점에서 차익거래자가 부분 투자를 선택하는 균형에서 <표 12-1>의 여섯째 줄에 있는 식이 하나의 균형조건으로 포함된다. 이 식은 EW의 식에서 x_1의 계수가 0이라는 조건이다.

<표 12-1>의 여섯째 줄에 있는 식은 효용 극대화를 분석하는 과정에서 도출되었다. 따라서 본 절에서는 이 식을 부분 투자에 대한 효용 극대화 조건으로 부르기로 한다.

다음에서는 균형조건을 정리하기로 한다. 크게 세 가지의 경우로 분류할 수 있다. 첫 번째 경우는 1기 시점에서 부분 투자가 발생하는 경우이다. 두 번째 경우와 세번째 경우는 1기 시점에서 증권에 전액 투자하는 경우이다. 먼저 첫 번째 경우에 대하여 설명한다. 우선 차익 거래자가 위험 중립적인 선호를 가지고 있음에도 불구하고 투자 자금을 모두 증권 투자에 투입하지 않는 것이 궁금할 수 있다. 1기 시점에서 차익 거래자가 2기 시점의 증권가격이 1기 시점의 증권가격에 비해 낮아질 것으로 예상된다면 1기 시점에서 일부만 증권에 투자하고 나머지 투자 자금은 그대로 가지고 있다가 2기 시점에서 투자하는 것이 더욱 이득이 높기 때문이다. 차익 거래자의 궁극적인 목표는 3기 시점에서 일반 투자자에게 배당하는 소득을 극대화하는 것이므로 2기 시점에서 증권가격이 1기 시점에 비해 더욱 떨어질 것으로 예상되면 오히려 1기 시점에서는 기다렸다가 2기 시점에서 증권 투자에 가용한 투자 자금을 어느 정도 확보하는 것이 더 유리할 수 있기 때문이다. <표 12-1>에 정리되어 있는 균형조건들은 1기 시점의 가격, 2기 시점의 가격, 1기 시점의 증권 투자 금액 등과 같은 세 개의 변수에 대하여 세 개의 균형식으로 구성되어 있다. 첫 번째 식은 2기 시점의 증권시장 균형조건이다. 두 번째 식은 1기 시점의 증권시장 균형조건이다. 세 번째 식은 부분 투자를 선택하기 위해 필요한 이윤 극대화의 조건이다.

두 번째 경우와 세 번째 경우에 대하여 설명한다. 두 경우 모두 전액 투자한다. 전액 투자를 선택하는 경우 균형조건들은 어떻게 되는가? 1기 시점에서 투자 자금을 모두 증권에 투자하는 경우 균형조건은 내생 변수에 대하여 모두 선형 함수가 되므로 부분 투자의 경우에 비해 쉽게 균형조건을 풀 수 있다. 2기 시점에서도 비합리적 투자자가 계속해서 증권의 내재가치에 대하여 비관적인 평가를 가지고 있는 경우를 보기로 한다. 1기 시점의 증권가격은 $p_1 = v - z_1 + w_1$ 이다. 이를 2기 시점의 시장 청산조건에 대입하여 2기 시점의 증권가격을 도출하면 다음과 같다.

$$p_2 = p_1 \frac{v - z_2 + w_1(1-a)}{v - z_1 + (1-a)w_1}$$

이 식의 중요한 포인트는 비합리적 투자자의 내재가치에 대한 비관적 평가가 지속적이므로 증가하면 증권가격도 계속 내재가치보다 낮게 형성되면서 지속적으로 낮아진다는 것이다. 이를 수식으로 설명하면 다음과 같다. $z_2 > z_1$의 부등호가 만족된다면 위의 식은 $p_2 < p_1$을 함의한다는 것이다. 따라서 2기 시점의 증권가격이 1기 시점의 증권가격에 비해 더 낮아진다. 또한 차익 거래자의 2기 시점의 투자 자금은 다음과 같다.

$$w_2 = w_1 \left(1 + a \left(\frac{p_2}{p_1} - 1 \right) \right)$$

이 식을 보면 $p_2 < p_1$의 조건이 만족되면 2기 시점의 투자 자금이 1기 시점의 투자 자금에 비해 감소함을 알 수 있다. 따라서 비합리적 투자자의 비관적인 평가가 지속적으로 악화되면 증권가격도 계속해서 내재가치보다 낮게 형성되면서 더욱 낮아진다. 차익거래 이득이 있음에도 불구하고 차익거래 이득을 완전히 소멸 시킬 수 있을 만큼의 투자 자금이 차익 거래자에게 공급되지 않기 때문에 차익거래 이득이 계속해서 시장에 남아 있게 된다. 그러나 비관적 평가가 악화되지 않고 완화되는 방향으로 조정이 될 수도 있다. 이 경우 $z_1 > z_2$의 부등호가 만족된다. 차익 거래자가 전액 투자를 선택할 때 $z_2 < z_1$의 경우 $p_1 < p_2$의 상황이 된다. 이러한 상황에서는 차익 거래자의 순자산이 증가하여 $w_2 > w_1$이 만족된다.

세 번째의 경우는 일시적으로 비합리적인 투자자가 증권의 내재가치에 대하여 비관적인 평가를 내리는 상황으로 해석할 수 있다. 일시적으로 단 한 기 시점만 비관적인 평가가 발생하여 증권가격도 단 한 기 시점만 내재가치보다 더 낮아지게 된다. 따라서 $p_2 = v$이다. 1기 시점에서 전액 투자의 조건이 만족되기 때문에 $x_1 = w_1$이다. 이 조건을 1기 시점의 시장 균형조건에 대입하면 1기 시점의 증권가격은 다음과 같이 결정된다.

$$p_1 = v - z_1 + w_1$$

이 식을 보면 1기 시점의 증권가격이 내재가치보다 낮기 위해 $z_1 > w_1$의 조건이 필요하다는 것을 알 수 있다. 이는 1기 시점에서 발생하는 비관적인 평가의 충격이 1기 시점에서 차익 거래자에게 주어지는 자금보다 더 크다는 조건으로 해석할 수 있다. 또한 2기 시점에서 차익 거래자의 투자 자금은 다음과 같다.

$$w_2 = w_1 \left(1 + a \left(\frac{v}{p_1} - 1 \right) \right)$$

1기 시점에서 증권가격이 내재가치보다 낮으면 2기 시점의 투자 자금이 1기 시점의 투자 자금보다 더 커진다.

지금까지 설명한 모형의 함의를 정리하면 다음과 같다. 첫째, 차익 거래자의 역할이다. 투기적 거래자는 증권시장에 진입하여 증권가격에 대한 변동성을 증대시키기 때문에 금융시장의 안정성을 해친다는 주장을 접할 수도 있다. 이와 같은 주장을 이해하기 위해 투기적 거래자는 누구인가의 질문을 던져 볼 수 있다. 본 절의 모형에 의거하여 위의 주장을 이해하려고 한다면 차익 거래자를 투기적 거래자로 간주해볼 수 있다. 차익 거래자는 투기적 이득을 얻기 위해 증권시장에 참가하는 것으로 보는 것도 이해가 되는 주장이기 때문이다. 그러면 차익 거래자가 금융시장에 진입하여 금융시장의 변동성을 증대시키는 역할을 하는가? 이에 대한 하나의 답변이라고 할 수 있는 프리드만의 주장을 인용한다. "to say that arbitrage is destabilizing is equivalent to saying that arbitrageurs lose money on average." 본 절에서 소개한 슐라이퍼-비쉬니 모형은 앞에서 인용한 프리드만의 주장이 잘 반영된 것으로 평가될 수 있다. 차익 거래사는 증권가격이 내재가치보다 더 낮아져서 시장에서 저평가된 경우 시장에 진입하여 매수하기 때문이다. 이들이 시장에 진입하여 저평가된 증권을 매수하면 증권의 수요가 증가하므로 증권가격은 상승하게 된다. 따라서 차익 거래자가 차익거래를 통해 이득을 얻는 과정에서 증권가격이 내재가치에서 멀어지지 않고 오히려 더욱 가까이 갈 수 있게 하는 역할을 수행한다는 점을 모형을 통해서 확인할 수 있다. 둘째, 일시적인 운으로 차익거래 이득을 얻는 상황을 생각하고 있지 않다면 앞에서 설명한 모형이 함의하는 점 중의 하나는 차익거래 이득을 얻기 위해 전문적인 지식과 적절한 정보가 필요하다는 것이다. 그 이유는 내재가치를 정확히 평가하지 못하는 거래자와 내재가치를 정확하게 평가하는 거래자로 구분하여 후자는 전자로 인하여 발생한 시장 가격의 변동을 해소하는 역할을 수행하고 그 과정 속에서 금전적인 이득을 얻기 때문이다. 셋째, 효율적 시장 가설(efficient market hypothesis)과 차익거래(arbitrage) 간의 관계에 대한 함의이다. 효율적 시장 가설을 옹호하는 사람들이 주장하는 차익거래를 담당하는 사람에 대한 암묵적인 가정은 다음과 같다. 금융시장에 매우 작은 규모의 거래자가 수없이 많이 있다. 이들은 외부 차입 없이 소규모의 투자만 실행한다. 차익거래 이득이 금융시장에 존재하는 경우 소규모의 수많은 투자자들이 시장에 참가하여 차익거래의 이득을 제거한다. 따라서 소규모의 수없이 많은 합리적인 투자자의 존재가 시장가격과 내재가치가 균형에서 같아지도록 하는 역할을 수행하는 것으로 가정한다. 그러나 현실의 금융시장에서는 수없이 많은 소규모의 합리적인 투자자가 존재하지 않을 수 있다는 것을 지적할 수 있다. 이와 같은 현실적인 측면을 반영한 슐라이퍼-비니쉬 모형에서는 소수의 차익 거래자가 차익거래 이득을 얻기 위해 투자 자금이 필요하다는 점을 반영한다. 넷째, 슐라이퍼-비쉬니 모형에서는 정보와 지식이 상대적으로 열악한 일반 투자자와 전문적인 차익 거래자 간의 정보의 비대칭성을 완화하거나 해소하기 위해 성과에 의거한 투자 자금의 공급 함수를 부여하였다. 이러한 공급 함수가 존재하면 차익거래 이득이 존재한다고 할 지라도 투자 자금이 무한정 투입되는 것이 아니므로 증권가격이 내재가치에 비해 낮아지는 현상이 지속될 수 있다는 점이 강조되었다. 다섯째, 비합리적 투자자의 역할이다. 증권가격이 내재가치로부터 벗어나게 되는 이유는 비합리적 거래자에게 증권의 내재가치에 대한 외생적인 충격이 발생하였기 때문이다. 따라서 시장의 불안정성은 비합리적 투자자로부터 발생한다. 그 결과 차익거래 이득이 발생하면 차익 거래자가 시장에 참여하여 증권가격을 내재가치와 동일한 수준으로 회귀시킨다. 그러나 차익 거래자의 이러한 역할은 자금에 대한 제약으로 인해 불완전하기 때문에 비합리적 투자자의 비관적인 가치 평가가 사라지기 이전에는 내재가치와 증권가격 간의 괴리가 존재한다. 마지막으로 실제 금융시장의 차익거래는 위험을 수반할 수 있다는 점이다. 앞에서 설명한 모형에서는 내재가치를 고정된 상수로 가정하였다. 그러나 내재가치 자체가 시간이 지나면서 확률적으로 변화할 수 있다면 차익거래에도 위험이 수반된다. 위험을 동반한 차익거래(arbitrage with risk)에서는 손실을 볼 가능성을 염두에 두어야 하므로 손실이 발생할 경우에 대비하여 자본금이 필요하다. 따라서 실제의 금융시장에서 실행되는 차익거래에서는 자본금이 필요하다는 점이다. 이러한 모형은 이미 제11장에서 마진의 결정 과정을 설명할 때 언급이 되었으므로 본 장에서는 생략하기로 한다.

전환사채 시장의 사례

전환사채(convertible bond)의 특성을 간단히 정리한다. 첫 번째 특성은 보통의 회사채와 마찬가지로 미리 사전에 약정한 이자를 지급한다는 점이다. 두 번째 특성은 일정한 조건을 만족시키면 전환사채를 발행한 회사의 주식으로 전환할 수 있는 선택권이 같이 첨가된다는 것이다. 고정된 소득을 보장한다는 채권의 특성을 그대로 가지고 있지만 미리 약정한 조건이 만족되면 주식으로 전환될 수 있는 가능성을 부가하여 투자자에게 투자 유인을 제공한다. 전환사채의 매수자는 주식가격이 전환가격을 상회하는 경우 주식으로 전환해 이익을 얻을 수 있다. 또한 유리한 전환의 기회가 없을 경우는 사채를 계속 보유해 약정된 원리금을 받을 수 있다. 따라서 전환사채는 채권이 보장하는 확실한 소득과 주식 전환에 따른 이익의 가능성을 결합한 증권이다. 한편 발행자의 입장에서도 전환사채의 액면 이자율은 보통 일반적인 채권의 이자율에 비해 낮기 때문에 이자 비용이 낮다는 장점이 있다. 또한 전환사채가 보통주로 전환된다면 원리금에 대한 상환 부담이 없어지므로 유리한 점이 있다.

다음에서는 전환사채의 가격이 결정되는 과정을 설명한다. 구체적인 예를 들어 설명하기 위해 단순한 형태의 채권에 주식으로 전환하는 옵션이 추가되는 경우를 설명한다. 다음 시점에서 주식으로 전환하지 않으면 1의 소득을 지불하고 주식으로 전환하면 주식 한 주를 제공하는 전환사채의 가격을 계산해보자. 다음 시점의 주식가격은 $[a, b]$의 구간에서 균등 분포를 따르는 것으로 가정한다. 여기서 a와 b는 모두 양수이고 $a < b$의 관계가 만족된다. 전환가격은 얼마인가? 전환가격은 주식 한 주로 전환

하기 위해 필요한 전환사채의 액면으로 정의된다. 위에서 전환사채의 액면은 1이다. 또한 주식 한 주로 전환되어 포기해야 하는 액면은 1이므로 전환가격은 1이 된다.

투자자가 전환사채의 전환 옵션을 어떻게 사용할 것인가를 정확히 알아야 전환사채를 한 기 동안 보유하여 얻을 것으로 예상되는 소득을 계산할 수 있다. 이는 전환사채의 가격은 미래 시점의 주식가격에 대한 예측에 따라 달라짐을 의미한다. 현재 시점의 주식가격을 s로 표기하고 미래 시점의 주식가격을 s'로 표기한다. 앞에서 주식가격은 균등 분포를 따르는 확률변수로 가정하였다. 특히 α의 확률로 $s' < 1$이고 $(1 - \alpha)$의 확률로 $s' \geq 1$이라고 가정한다. 분석을 단순화하기 위해 확률적 할인 인자는 상수로 가정하고 β로 표기한다. 현재 시점에서 전환사채의 가격은 어떻게 결정되는가? 우선 미래 시점의 예상 소득을 계산한다. 투자자는 α의 확률로 전환하지 않기 때문에 1의 소득이 보장된다. $(1 - \alpha)$의 확률로 전환하면 확실한 소득을 포기하고 그 대신 미래 시점의 주식가격을 소득으로 제공받게 된다. 전환을 하는 조건 하에서 미래 시점의 주식가격에 대한 예상치는 s_c^e로 표기된다. 또한 전환가격이 1이므로 전환하여 얻는 이득이 s_c^e이다. 전환가격은 전환사채를 매수하는 시점에서 이미 알려져 있으므로 주식으로 전환하여 얻는 이득이 그렇지 않은 경우보다 더 높다면 주식으로 전환한다. 전환하지 않는 경우의 소득이 1이므로 전환하는 경우의 예상 수입이라고 할 수 있는 s_c^e가 1보다 더 커야 한다. 이제 앞의 설명을 수식으로 쓰면 전환사채 한 단위가 제공하는 미래 시점의 예상 소득은 $(\alpha + (1 - \alpha)s_c^e)$이다. 여기에 할인 인자를 곱하면 현재 시점의 할인된 소득이 계산된다. 이는 $\beta(\alpha + (1 - \alpha)s_c^e)$이다. 전환사채 시장의 균형에서 차익거래 이득이 없다는 조건이 부과되면 전환사채의 가격은 앞에서 설명한 전환사채를 한 기 동안 보유할 때 미래 시점에서 실현될 소득의 할인된 예상치와 같아져야 한다. 따라서 현재 시점의 전환사채의 가격을 p_c로 표시하면 $p_c = \beta(\alpha + (1 - \alpha)s_c^e)$의 등식이 성립해야 한다.

전환사채의 액면 총수익률을 계산해보자. 전환하지 않는 경우에 발생하는 미래 시점의 소득을 액면가라고 할 수 있다. 또한 액면가를 현재 시점의 가격으로 나눈 비율이 액면 총수익률이다. 따라서 액면 총수익률은 $(1/p_c)$로 계산할 수 있다. 전환할 수 있는 권리가 없는 무위험 채권의 총수익률은 $(1/\beta)$이다. 앞에서 정의한 전환사채의 액면 총수익률은 $1/(\beta(\alpha + (1 - \alpha)s_c^e))$이다. 전환사채의 액면 이자율은 보통의 전환권이 추가되지 않은 채권의 액면 이자율보다 낮다. 그 이유는 같은 크기의 액면가일 경우 전환사채의 가격이 일반 채권의 가격보다 더 높기 때문이다. 전환사채의 가격이 일반 채권의 가격보다 높은 이유는 전환할 수 있는 옵션이 포함되어 있어 전환 옵션의 가치가 전환사채의 가격에 반영되어 있기 때문이다. 앞의 예를 이용하여 전환사채의 가격을 일반 채권의 가치와 전환 옵션의 가치의 합으로 표시할 수 있음을 보인다.

$$p_c = p_b + \beta(1 - \alpha)(s_c^e - 1)$$

전환할 수 있는 권리가 없는 무위험 채권의 가격은 $p_b = \beta^{-1}$로 정의한다. 따라서 p_b는 전환사채에 부과되어 있는 채권에 대한 가격이다. 위의 등식에서 오른편의 두 번째 항은 미래 시점에서 주식가격이 1보다 클 때 전환하여 얻는 순소득의 현재가치를 의미하므로 이는 전환 옵션에 대한 가치이다. 앞에서 이미 설명한 바와 같이 1의 수입을 받을 수 있는 기회를 포기하여 얻는 수입이므로 s_c^e는 1보다 크다. 위의 식이 함의하는 점을 정리하면 전환사채의 가격은 전환권이 없는 채권의 현재 가치와 미래 시점에서 발생하는 주식으로 전환할 수 있는 옵션에 대한 현재 가치의 합이라는 것이다.

차익거래 이득이 없다는 조건 하에서 성립해야 하는 전환사채의 가격을 전환사채에 대한 이론 가격(theoretic price)이라고 정의한다. 현실의 전환사채 시장에서 결정되는 가격은 차익거래 이득이 없는 상황에서 성립해야 하는 가격과 괴리가 발생할 수 있다. 다음에서는 이론 가격과 실제 가격 간 괴리가 발생하는 사례를 설명한다. 미국의 경우 2005년 초 전환사채 차익거래에 투자하는 헤지 펀드에 투자하였던 기관 투자자들이 투자 자금을 회수한다. 그 이유는 전환사채 차익거래에 투자하는 헤지 펀드의 수익률이 낮았기 때문이다. 당시 기록에 의하면 2005년 1분기 1/5 정도의 자금이 헤지 펀드로부터 빠져 나간 것으로 알려져 있다. 기관 투자자의 투자 자금 회수로 인해 헤지 펀드는 보유하고 있는 전환사채를 시장에서 매도하게 된다. 전환사채의 펀더멘탈 자체에는 크게 변한 것이 없지만 투자자들에게 되돌려줄 자금을 마련하기 위해

그림 12-3 전환사채 이론 가격 대비 시장 가격의 추이: 미국의 사례

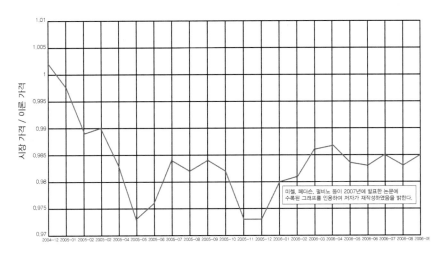

헤지 펀드가 대규모로 전환사채를 시장에 매도하면서 전환사채의 가격이 크게 하락한다. 따라서 전환사채의 가격을 이론 가격으로 나눈 비율은 1보다 낮아진다. <그림 12-3>에서는 미첼, 페더슨, 펄비노 등이 2007년에 발표한 연구 논문에 수록된 그림을 그대로 인용하였다. 이 그래프는 2005년 1월부터 2006년 9월 기간 중 전환사채의 가격을 이론 가격으로 나눈 비율을 나타낸다. 이 기간 중 그래프는 지속적으로 1보다 낮은 수치를 보여주고 있다. 2005년과 2006년 기간 중 차익거래 이득을 실현할 수 있는 기회가 오랫동안 지속되어 왔음을 의미한다.

앞의 모형에서 전환사채를 보유하여 얻는 수입을 매우 간단하게 설명할 수 있었다. 그 이유는 주식 전환의 권한이 단기 채권에 부과되어 있었고 발행하는 시점에서는 전환권이 없다는 가정을 하였기 때문이다. 그러나 현재 시점에서 전환권이 있다면 패리티(parity)를 보고 전환권을 사용할 지의 여부를 판단할 수 있다. 패리티는 주식 가격을 전환가격으로 나눈 비율을 말한다. 패리티가 크다는 것은 주식으로 전환하는 비용보다 주식의 시장가치가 더 높다는 의미이다. 따라서 패리티가 1보다 클 때 전환권을 사용하면 이득을 볼 수 있다.

현재 시점에서 전환사채를 매수하고 이를 현재 시점에서 주식으로 전환할 수 있

는 권한이 있다고 한다면 현재 시점의 전환사채의 가격과 패리티 가격 간의 차이가 있을 때 차익거래 이득이 발생할 수 있다. 예를 들어 전환사채의 가격이 패리티가격보다 낮으면 전환사채를 현재 시점에서 매수해서 주식으로 전환하면 주식가격이 더 높기 때문에 이득이 발생한다. 그러나 본 절의 모형에서는 단기 채권에 전환권을 부여하였기 때문에 전환사채를 매수하는 시점에서 전환권의 행사가 불가능하다. 그럼에도 불구하고 현재 시점에서 전환사채의 가격이 패리티 가격보다 낮으면 차익거래 이득이 발생함을 보일 수 있다. 따라서 앞에서 설명한 이론 모형에서 부여한 단순화 가정으로 인하여 생략된 부분이 있지만 전환사채의 가격과 패리티 가격 간 괴리의 부호에 따라 차익거래 이득이 발생할 수 있음을 보일 수 있다.

전환사채의 가격이 패리티 가격보다 낮으면 전환사채가 시장에서 저평가되어 있는 상황이다. 전환사채의 가격과 패리티 가격 간 괴리가 발생하면 이론적으로 차익거래 이득의 가능성이 발생한다. 이를 이해하기 위해 전환사채의 가격이 패리티 가격보다 낮은 것으로 가정한다. 패리티 가격은 전환사채가 가지고 있는 전환하는 권리에 대한 현재 시점의 가치로 간주할 수 있다. 전환사채의 가격이 패리티 가격보다 낮으면 현재 시점에서 투자자는 주식을 공매도하여 얻은 현재 시점의 수입으로 전환사채를 매입하고 다음 시점에 전환 옵션을 사용하여 받는 주식으로 공매도를 통해서 빌린 주식을 갚으면 차익거래 이득을 얻을 수 있다. 앞에서 설명한 모형에서는 전환가격이 1이므로 패리티 가격이 현재 시점의 주식가격이다. 차익거래 이득이 발생하는 상황은 $p_c < s$의 조건이 만족되는 경우이다. 현재 시점에서 투자자가 주식을 공매도하여 얻은 현재 시점의 수입으로 전환사채를 매입하면 $(s - p_c)$의 이득이 발생한다. 투자자는 다음 시점에서 주식으로 전환하는 옵션을 사용하여 주식을 받은 후에 이를 갚는다. 이러한 전환사채 차익거래로부터 발생하는 이득이 $(s - p_c)$이다.

<그림 12-4>는 한국거래소 홈페이지에 공개되어 있는 자료를 사용하여 추계한 전환사채의 가격을 패리티 가격으로 나눈 비율을 보여 주고 있다.[3] 앞에서 설명한 모형에서 전환사채의 가격이 패리티 가격보다 낮으면 전환사채가 시장에서 저평가되어

---

3 KOSIS 국가통계포털의 증권·파생상품시장통계 중 「전환사채가격지표」의 제목으로 저장되어 있는 시계열 자료에서도 찾을 수 있다.

그림 12-4 전환사채 패리티 가격 대비 시장 가격의 추이: 한국의 자료

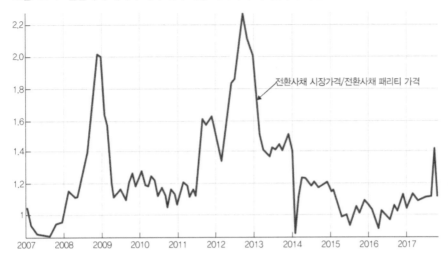

있는 상황으로 간주할 수 있다. <그림 12-4>를 보면 파란색 선은 2007년 기간 중 지속적으로 1보다 낮은 수치를 기록하고 있음을 확인할 수 있다. 앞에서 설명한 모형에 의거하면 차익거래 이득을 실현할 수 있는 기회가 오랫동안 지속되어 왔음을 의미한다. 2007년 기간 중 투자자가 주식을 공매도하고 이로부터 얻은 수입을 사용하여 전환사채를 매입하였다면 패리티 가격과 전환사채의 가격 간의 차이에 해당하는 이득을 얻을 수 있었다는 것이다. 그 이유는 투자자는 다음 시점에서 주식으로 전환하는 옵션을 사용하여 주식을 받은 후에 이를 주식의 공매도에서 빌린 주식을 갚는 데 사용할 수 있기 때문이다. 그 이외의 기간에서도 전환사채의 가격을 패리티 가격으로 나눈 비율이 1보다 낮아지는 상황이 다수 발생한다. 2014년부터 2016년 기간 중 매년 각각 1회 내지는 2회 정도 파란색 선이 1보다 낮아지는 상황이 발생하고 있지만 지속기간은 길지 않은 것으로 나타난다. 따라서 저속 이동 자본의 예로서 상대적으로 적합한 상황은 2007년의 상황이라고 할 수 있다.

합병 차익거래

합병의 타깃이 되는 기업의 주식가격이 어떻게 결정되는지를 간단히 설명한다. 인수하는 기업이 제안한 주식가격을 s_m이라고 표기한다. 합병이 발표되는 시점에서 합병의 타깃이 되는 기업의 주식가격을 $\hat{s}$로 표시한다. 본 절에서는 분석을 단순화하기 위해 실제로 합병되는 시점을 다음 시점으로 정의하고 합병이 발표되는 시점을 현재 시점으로 정의한다. 합병이 발표되는 시점에서 합병의 조건을 발표하고 그에 따라 계산된 주식가격이 앞에서 이미 설명한 s_m이다. 다음 시점에서 합병이 실패할 수도 있을 가능성을 고려한다. α의 확률로 합병이 실패할 수 있는 것으로 가정한다. 합병이 실패하는 경우 합병의 타깃이 되는 기업의 주식가격을 s_f로 표시한다. 합병이 실패하면 합병이 성공하는 경우에 비해 주식가격이 낮아진다. 이러한 상황을 반영하기 위해 $s_f = \kappa s_m$으로 가정한다. κ는 1보다 작은 양수로 가정한다. 앞에서와 같이 확률적 할인 인자를 β로 표기한다. 단순화의 가정으로서 확률적 할인 인자는 1보다 작은 양수로 가정한다. 균형에서 차익거래 이득이 없다는 조건을 사용하여 합병의 대상이 되는 기업의 주식가격에 대한 이론 가격을 <표 12-2>의 첫째 줄에 정리하였다. 이 표에서 이론 가격을 s로 표시한다. 이 식에서 s는 합병이 발표되는 시점에서 합병의 대상이 되는 기업의 주식가격에 대한 이론 가격을 나타낸다. 앞에서 설명한 $s_f = k s_m$의 식을 균형조건에 대입하여 정리하면 <표 12-2>의 첫째 줄에 있는 화살표 다음의 식과 같다. 이 식이 함의하는 점은 합병 대상이 되는 기업의 합병 발표 시점의 주식가격이 합병이 성공적으로 성사되는 시점의 주식가격보다 낮다는 것이다. 인수하는 기업이 제안한 주식가격과 합병의 타깃이 되는 기업의 주식가격 간의 차이를 딜 스프레드(deal spread)로 정의한다. 딜 스프레드를 D로 표기하면 <표 12-2>의 둘째 줄에 있는 식으로 표시할 수 있다. 앞에서 설명한 모형에서 α, β, κ 등과 같은 계수들은 모두 1 이하의 값을 가지는 양수이다. 위의 식에 이러한 조건을 부과하면 딜 스프레드는 항상 양수가 되어야 한다.

한편 위에서 정의한 딜 스프레드가 양수이면 차익거래 이득이 존재한다는 것을 의미하는지에 대하여 궁금할 수 있다. 앞에서 s는 차익거래 이득이 없다는 조건을

표 12-2 합병 차익 거래 모형

합병 대상 기업 이론 주가	$s = \beta(\alpha s_f + (1-\alpha)s_m) \rightarrow s = \beta(1 - \alpha(1-\kappa))s_m$
딜 스프레드	$D = s_m - s \rightarrow D = (1 - \beta(1 - \alpha(1-\kappa)))s_m$
비관적 예측과 딜 스프레드	$s_p = \beta(1 - \alpha'(1-\kappa))s_m \rightarrow s_p = \tau s$
딜 스프레드 비율	$\dfrac{D_p}{D} = \dfrac{1-\tau x}{1-x}; \ x = \beta(1 - \alpha(1-\kappa))$
딜 스프레드 괴리율	$\dfrac{D_p - D}{D} = \dfrac{x(1-\tau)}{1-x}$

주: $\tau = (1 - \alpha'(1-\kappa))/(1 - \alpha(1-\kappa))$이다. 첫째 줄의 화살표는 $s_f = \kappa s_m$을 화살표 이전의 식에 대입하
는 것을 의미한다. 둘째 줄의 화살표는 첫째 줄의 식을 둘째 줄의 화살표 이전에 있는 식에 대입하는
것을 의미한다. 셋째 줄의 화살표는 첫째 줄의 식을 셋째 줄의 화살표 이전에 있는 식에 대입하는 것
을 의미한다.

부과하여 계산하였다. 따라서 <표 12-2>의 둘째 줄에 있는 식은 차익거래 이득이 없
는 상황에서도 딜 스프레드는 양수가 될 수 있음을 보인 것으로 해석할 수 있다. 그
러나 과도하게 딜 스프레드가 커지는 상황이 발생할 수 있다. 예를 들어 주식가격의
폭락이 발생하면서 앞으로 예정되어 있는 합병이 제대로 성사되지 못할 것이라는 예
상이 과도하게 비관적으로 흐르는 경우를 생각해보자. α는 합병이 실패할 확률이다.
정상적인 예측을 하는 경우의 α에 비해 비관적인 예측을 하는 경우 합병이 실패할
확률을 α'로 표기한다. α'가 α보다 큰 것으로 가정한다. 합병이 성공적으로 이루어지
는 경우의 주식가격은 앞에서와 동일하게 s_m으로 표기한다. 차익거래 이득이 없다는
가정 하에서 비관적인 예측을 반영한 합병되는 기업의 주식가격은 <표 12-2>의 셋
째 줄에 있는 수식과 같이 결정된다. 이 식에서 s_p는 합병의 성과에 대한 비관적인
예측을 반영한 경우 합병 대상이 되는 기업의 합병 발표 시점의 주식가격을 나타낸
다. 합병에 대한 비관적인 예측으로 인해 합병되는 기업의 주식가격이 낮아진다는 것
을 알 수 있다. <표 12-2>의 첫째 줄에 있는 식을 사용하여 s_m을 소거하면 셋째 줄
의 화살표 다음에 있는 식이 도출된다. 이 식을 보면 τ의 값은 1보다 작은 양수이다.
따라서 비관적인 예측을 반영한 s_p가 s보다 낮음을 알 수 있다.

비관적인 예측을 반영한 딜 스프레드와 정상적인 예측을 반영한 딜 스프레드는 어떤 차이가 있는가? 비관적인 예측의 딜 스프레드를 D_p로 표기하면 $D_p = s_m - s_p$ 이다. s와 s_p의 식을 딜 스프레드의 식에 대입하면 정상적인 예측의 딜 스프레드 대비 비관적인 예측의 딜 스프레드 비율은 <표 12-2>의 넷째 줄에 있는 식과 같다. 이 식에서 τ와 x는 모두 1보다 작은 양수이므로 $D_p > D$를 의미한다.

어느 경우에 차익거래 이득이 발생하는가? 앞에서 s_p는 합병에 대한 비관적인 예측 하에서 성립하는 주식가격이다. 이에 대응하는 딜 스프레드 D_p의 값은 주식가격의 자료를 사용하여 계산할 수 있기 때문에 합리적인 예측을 할 수 있는 차익 거래자들이 있다면 시장에서 차익거래 이득이 발생하였음을 감지할 수 있다. 예를 들어 합리적인 차익 거래자들은 α에 대한 합리적인 예측을 가지고 있다고 하자. 자신이 가지고 있는 합리적 예측을 반영한 딜 스프레드를 계산할 수 있다. 이는 D에 대응한다. 이제 두 개의 딜 스프레드가 서로 다르다면 앞에서 계산한 두 개의 딜스프레드의 괴리율을 계산하여 차익거래 이득이 있는지의 여부를 판단할 수 있다. <표 12-2>의 다섯째 줄에 딜 스프레드의 괴리율을 계산하는 공식이 정리되어 있다. 이 식에서 τ와 x는 모두 1보다 작은 양수이다. 합리적인 예측을 가진 차익 거래자들은 이 식을 이용하여 괴리율을 계산하고 괴리율이 양수이면 차익거래를 통해 이득을 얻을 수 있음을 확인할 수 있다.

합병 차익거래는 합병 대상 기업에 대한 주식가격과 합병 가격 간의 차이를 이용한다. 합병 가격은 앞에서 s_m으로 표기하였다. 합병 차익거래는 앞에서 분석한 딜 스프레드를 사용하여 투자 수입을 얻는 투자 행위로 간주할 수 있다. 합병의 형태에 따라서 차익 거래자의 투자 방식이 달라질 수 있다. 현금 합병과 주식 합병이 있다. 현금 합병은 인수하는 회사가 합병되는 회사의 주식을 현금을 주고 구매하는 방식을 의미한다. 주식 합병에서는 인수하는 기업의 주식과 합병 대상 기업의 주식을 교환한다. 현금 합병인 경우 차익 거래자는 합병 대상 기업의 주식을 매수하여 합병이 완료하는 시점까지 보유한다. 이는 합병이 완료되는 시점까지 합병 대상 기업의 주식가격이 합병 가격에 비해 낮다는 점을 이용한 것이다. 주식 합병인 경우 차익 거래자는 합병 대상 기업의 주식을 매수하는 동시에 인수 기업의 주식을 공매도한다. 합병이 완료되면 합병 대상 기업의 주식과 인수 기업의 주식을 교환한다. 이 때 합병 대상 기업의 주식을 앞서 공매도한 인수 기업의 주식을 상환하기 위해 양도하는 주식으로 사용한다.

뮤추얼 펀드 등 합병 대상 기업의 주식을 보유한 기관 투자자들은 합병이 된다는 발표가 있은 직후에 합병 대상 기업의 주식을 매도한다. 합병이 완결되지 못하면 주가가 하락하는데 이로부터 발생하는 손실을 부담하지 않기 위하여 미리 매도하는 것이다. 반대로 합병 차익거래를 이용하여 수익을 얻고자 하는 헤지 펀드는 합병 대상 기업의 주식을 매입할 수 있다. 따라서 차익거래 이득을 목표로 투자하는 차익 거래자인 헤지 펀드는 증권거래가 활발하게 이루어지도록 하여 증권시장에서 유동성을 공급하는 역할을 한다. 그러나 차익 거래자의 역할이 제대로 이루어지지 못하는 상황이 발생할 수 있다. 차익 거래자가 증권거래를 통해 차익거래 이득을 실현할 수 있음을 감지하더라도 자신이 조달할 수 있는 투자 자금이 충분하지 않다면 증권거래에 동원할 수 있는 자금이 부족하다. 이 경우 시장에서 유동성을 충분하게 공급하는 역할을 하기가 어렵다. 뿐만 아니라 차익 거래자들이 오히려 유동성을 쌓아야 하는 상황이 발생할 수 있다. 예를 들어 헤지 펀드에 투자하였던 자금을 투자자들이 회수하는 상황이 벌어지면 투자자들에게 투자 원금을 돌려주기 위해 헤지 펀드에서 보유하고 있는 증권들을 시장에서 매각해야 한다. 이와 같은 상황이 벌어지면 차익 거래자들이 오히려 유동성을 저장해야 하는 거래자로 바뀐다. 그 결과 기업 간 합병으로 발생한 차익거래 이득도 오랫동안 남아 있게 된다.

CDS-채권 베이시스의 모형

두 개의 채권 중 하나의 채권을 선택하여 투자하는 투자자의 선택을 분석한다. 투자자는 위험 중립적인 선호를 가지고 있어서 채권 투자의 기대 소득을 기준으로 자신의 행동을 결정한다. 다음 시점에서 R_b의 총수익률을 약속한 회사채와 다음 시점에서 R의 총수익률을 약속한 무위험 채권이 있다. 두 채권의 수익률은 모두 실질 가치로 측정된다. 회사채의 경우 부도 확률을 α로 가정한다. 모든 투자자들이 정확하게 부도 확률을 알고 있고 현재 시점에서 회사채에 소비재 한 단위를 투자하였을 때 다음 시점에서 예상되는 소득은 $(1 - \alpha)R_b$이다. 무위험 채권에 소비재 한 단위를 투자하면 R의 소득이 예상된다. 두 대안의 예상 소득이 서로 다르다면 두 채권의 가격도 달라야 한다. 예를 들어, 보다 예상 소득이 더 높은 채권의 가격이 올라가고 예상 소득이 더 낮은 채권의 가격은 하락한다. 따라서 균형에서는 두 투자 대안의 예상 소득이 같다. 균형조건을 수식으로 표시하면 $(1 - \alpha)R_b = R$이다.

다음에서는 신용보험회사의 의사 결정 과정을 설명한다. 신용보험회사가 판매하는 보험은 회사채를 발행한 회사가 부도나는 경우 R_b의 보험금을 지급하는 보험이다. 신용보험 시장이 완전경쟁이라고 가정하면 신용보험회사의 예상 이윤이 제로가 되어야한다. 예상 이윤이 제로라는 조건이 부과되면 신용보험회사의 보험료는 예상 지급액과 같아져야 한다. 보험금 지급은 회사의 부도가 발생하는 경우에만 발생하므로 예상 보험 지급액은 αR_b이다. 예상 이윤이 제로이므로 보험료도 동일하게 αR_b이다. 회사채 스프레드는 회사채 이자율에서 무위험 채권의 이자율을 뺀 차이로 정의된다. 따라서 회사채 스프레드는 다음과 같이 주어진다.

$$R_b - R = \left(\frac{\alpha}{1 - \alpha}\right) R = \alpha R_b$$

또한 앞에서 설명한 신용보험회사의 상품은 신용파산스왑 또는 CDS(Credit Default Swap)로 간주할 수 있다. 신용보험회사의 보험료는 CDS 스프레드이다. 수식으로 표현하면 CDS 스프레드는 αR_b이다. 균형에서 회사채 스프레드는 CDS 스프레드와 같아진다. CDS-채권 베이시스는 CDS 스프레드에서 회사채 스프레드를 뺀 차이로 정의된다. 따라서 균형에서 CDS-채권 베이시스는 제로가 되어야 한다는 것이다.

회사채 스프레드와 CDS 스프레드가 서로 다르면 어떤 일이 벌어지는가? 회사채 스프레드는 신용보험회사의 예상 지출 비용을 의미하고 CDS 스프레드는 신용보험회사의 수입을 의미한다. 먼저 신용보험회사가 앞으로 지급할 것으로 예상되는 금액이 CDS 판매로부터 받는 수입보다 더 큰 경우를 가정하자. 이는 보험료가 상대적으로 낮다는 의미이므로 보험료를 올려야 한다. 반대로 신용보험회사가 지급할 것으로

표 12-3 CDS 프리미엄이 외평채 스프레드보다 낮은 경우

	현재 시점 수입	다음 시점의 예상 수입
미국 국채 공매도	+1	−(미 국채 이자율+1)
외평채 매입	−1	+(외평채 이자율+1)*(1−부도 확률)
CDS 가입 계약	−CDS 프리미엄	+(외평채 이자율+1)*(부도 확률)
계	−CDS 프리미엄	가산금리

주: 가산금리는 (외평채 이자율−미국채 이자율)로 정의된다.

예상되는 금액이 CDS의 판매로 받는 수입보다 더 작은 경우를 가정하자. 이 경우 예상 이윤이 양수이므로 보다 더 많은 신용보험회사가 CDS를 공급하려고 할 것이다. CDS 스프레드가 낮아져 예상 이윤이 제로가 될 때까지 더 많은 회사가 진입한다. 따라서 비용 없이 자유로운 CDS 시장의 진입이 보장되면 균형에서 두 개의 스프레드가 같아져야 한다는 것을 이론적으로 확인할 수 있다.

국가가 해외 금융시장에서 발행하는 채권에 대해서도 신용보험상품이 가능하다. 다음에서는 정부가 발행하는 채권에 대한 스프레드와 이에 대한 CDS 프리미엄 간의 관계를 설명한다. 예를 들어서 우리나라 정부가 달러 표시 채권을 해외 금융시장에서 판매하는 경우를 고려해보자. 우리나라 정부의 채권에 대한 부도 확률을 α로 표시하고 총 수익률을 R_k로 표시한다. 무위험 채권의 총 수익률을 앞에서와 마찬가지로 R로 표시한다. 이 경우 우리나라 채권의 스프레드는 다음과 같이 결정된다.

$$R_k - R = \left(\frac{\alpha}{1-\alpha}\right) R = \alpha R_k$$

이 식은 앞에서 회사채에 적용한 것과 동일한 방식을 사용하여 도출된 식이다. 바로 위 식에서 사용한 α는 한 국가가 자신이 발생한 채권에 대하여 부도를 낼 확률이고 회사채의 모형에서 사용한 α는 개별 회사가 부도를 낼 확률을 의미한다. 두 경우에 서로 다른 의미이지만 사용하는 기호의 숫자를 줄이기 위해 동일한 기호를 사용하였

음을 지적해 놓는다.

우리나라 정부가 발행한 채권에 대한 CDS 프리미엄도 차익거래 이득이 없는 균형에서는 우리나라 채권에 대한 스프레드와 같아져야 한다.[4] 두 스프레드가 같지 않은 경우 다음과 같은 방식으로 차익거래의 이득을 얻을 수 있다. 우리나라 정부가 발행한 채권을 외평채라고 하자. 첫째, CDS 프리미엄이 외평채 스프레드보다 낮은 경우를 보기로 하자. CDS 스프레드와 CDS 프리미엄은 같은 의미로 사용한다. 미국 국채를 공매도하여 현재 시점에서 판매한다면 1달러의 수입이 발생한다. 그러나 다음 시점에서 원금인 1달러와 미국 국채 이자율을 합한 금액을 되돌려 주어야 한다. 여기서는 설명의 편의를 위하여 미국 국채를 1달러만큼 공매도 할 수 있는 것으로 가정하였다. 다음번 작업은 미국 국채를 매도하여 얻은 1달러의 수입으로 외평채를 매입하는 것이다. 이 경우 다음 시점에서 원금 1달러에 추가하여 외평채의 이자율을 약속받는다. 그러나 다음 시점에서 발생할 수 있는 부도 가능성을 고려하면 외평채의 예상 수입은 약속 받은 금액에서 부도 확률에 원금과 이자를 합한 원리금을 곱한 액수를 빼야한다. 또한 CDS 보장을 매입하면 외평채에서 약속한 원금과 이자를 그대로 받을 수 있다. CDS 보장을 받기 위해 현재 시점에서 지불하는 비용은 CDS 스프레드가 된다. 현재 시점과 다음 시점 간의 시간 거리가 매우 짧기 때문에 할인이 없다고 가정하면 차익거래 이득은 (외평채 스프레드 – CDS 스프레드)이다. 앞에서 설명한 차익거래 이득을 실현하는 과정은 <표 12-3>에 요약되어 있다. 외평채 스프레드는 외평채 이자율에서 동일한 만기의 미국 국채 이자율을 뺀 차이로 정의된다.

둘째, CDS 프리미엄이 외평채 스프레드보다 높은 경우를 보기로 하자. 현재 시점에서 1달러에 해당하는 외평채의 공매도를 실시한 것으로 가정한다. 이는 <표 12-4>의 첫째 줄에서 볼 수 있듯이 현새 시점에서 외평채와 동일한 투자 수익을 약속하는 달러 표시 채권을 현재 시점에서 1달러 발행할 수 있다고 가정한 것과 동일하다. 따라서 다음 시점에서 예상되는 지출은 외평채에서 약속한 원리금에서 (1−부도확률)을

---

4 본 절에서는 CDS 프리미엄과 CDS 스프레드를 같은 의미로 사용한다. 실제 거래에서는 두 용어의 차이가 있을 수 있으나 본 절의 내용을 설명하는데 문제가 없어서 자세한 차이에 대한 설명은 생략한다.

표 12-4 CDS 프리미엄이 외평채 스프레드보다 높은 경우

	현재 시점 수입	다음 시점의 예상 수입
외평채 공매도	+1	−(외평채 이자율+1)*(1−부도 확률)
미 국채 매입	−1	+(미 국채 이자율+1)
CDS 매도 계약	CDS 프리미엄	−(외평채 이자율+1)*(부도 확률)
계	CDS 프리미엄	−가산금리

주: 가산금리는 (외평채 이자율 − 미국채 이자율)로 정의된다.

곱한 금액이다. 외평채를 현재 시점에서 판매하면 1달러의 수입이 발생한다. 1달러의 수입으로 미국 국채를 매입한다. 다음 시점에서 미국 국채의 원금과 이자를 받는다. 또한 CDS 보장을 매도한다. 그 결과 CDS 스프레드의 수입이 발생한다. 지금 설명한 일련의 과정에 대한 현재 시점의 수입은 CDS 보장을 매도하여 받은 수입이다. 현재 시점과 다음 시점 간의 시간 거리가 매우 짧기 때문에 할인이 없다고 가정하면 차익 거래 이득은 (CDS 스프레드 − 외평채 스프레드)이다. 앞에서 설명한 차익거래 이득을 실현하는 과정은 <표 12-4>에 요약되어 있다.

레버리지 사이클

레버리지 사이클(leverage cycle)은 거시 경제의 호황과 불황이 반복되는 과정에서 레버리지 비율의 경기 순응적인 변동을 의미한다. 거시 경제의 호황에서 레버리지 비율이 높아지고 거시 경제의 불황에서 레버리지 비율이 낮아지는 현상을 말한다. 여기서 레버리지 비율은 자산을 순자산으로 나눈 비율이다. 레버리지 사이클은 금융 변수인 레버리지 비율이 거시 경제의 경기 순환과 관련이 있다는 것을 함의한다. 레버리지 사이클이 존재하면 그렇지 않은 경우와 비교하여 경기 순환의 국면이 변화하면서 자산의 가격 변동이 확대되는 효과가 발생한다.

지나코플로스(John Geanakoplos)는 2010년에 발표한 논문에서 레버리지 사이클의

중요한 원인 중의 하나는 투자자가 가지고 있는 자산의 내재가치에 대한 낙관적인 기대와 비관적인 기대의 변화라는 함의를 담은 모형을 분석한다.[5] 본 절에서는 지나 코플러스의 원래 모형에 차익 거래자와 증권금융기관의 역할을 추가하여 투자자의 낙관적 기대와 비관적 기대가 균형 마진에 미치는 효과를 분석한다. 다음 시점에서 증권가격은 내재가치와 같을 수도 있고 또는 내재가치에 비해 낮을 수도 있다. 증권 의 내재가치는 1이다. 개별 투자자마다 다음 시점의 증권가격이 내재가치와 같아지 는 확률을 다르게 평가한다. 예를 들어 투자자는 q의 확률로 다음 시점의 증권가격 이 내재가치와 같고 $(1-q)$의 확률로 다음 시점의 증권가격이 0.3이 되는 것으로 예 측한다.[6] 그러나 투자자마다 q의 값을 다르게 평가한다. q가 취할 수 있는 범위는 0 과 1을 포함하는 [0, 1] 구간과 같다. 따라서 전체 소비자의 규모는 1이다. 현재 시점 의 증권가격은 p이다. 각각의 투자자는 현재 시점에서 증권을 구매하는 것이 유리한 것으로 판단하면 증권시장에서 매수하고 판매하는 것이 유리하다고 판단하면 매도한 다. 매수자는 매수하는 증권을 담보로 증권금융기관으로부터 증권 담보 대출을 받을 수 있다. 매도자는 증권금융기관으로부터 증권 대출을 받아서 매도할 수 있다. 모든 투자자는 마진을 감당할 수 있는 순자산을 보유하고 있는 것으로 가정한다. 개별 거 래자들은 한 단위의 증권만 거래할 수 있는 것으로 가정한다. 현재 시점에서 증권시 장의 균형가격을 다음과 같이 계산할 수 있다. q의 확률을 가진 투자자에게 다음 시 점에서 증권이 제공하는 투자 수익에 대한 기대값은 $(q + 0.3(1 - q))$이다. 본 절에 서는 분석 편의를 위해 투자자들의 확률적 할인인자는 모두 상수로서 $\beta=1$인 것으로 가정한다.

증권의 매수자와 매도자들은 어떻게 결정되는지를 설명한다. 증권을 매수하려는 사람은 $q + 0.3(1-q) > p$의 부등호를 만족하는 q의 값을 가진 사람들이다. 증권을 매도하려는 사람은 $q + 0.3(1-q) < p$를 만족하는 q의 값을 가진 사람들이다. 이제 $q'+0.3(1 - q')= p$를 만족하는 q'를 계산하면 $q'=(p - 0.3)/0.7$이다. 증권의 매도자

---

5 지나코플러스의 논문은 제1장에서 인용한 「The Leverage Cycle」이다.
6 다음 시점의 증권가격이 내재가치보다 낮게 실현될 때 반드시 0.3일 필요는 없지만 본 절에서는 분석 의 편의를 임의로 하나의 숫자를 선택한다.

와 매수자의 규모를 계산하면 수요와 공급을 계산할 수 있다. $q > q'$인 사람들은 매수자이다. $q < q'$인 사람들은 매도자이다. 개별 거래자들은 한 단위 증권만 거래할 수 있으므로 증권시장의 수요는 $1 - q' = (1-p)/0.7$이다. 증권시장의 공급은 $q' = (p - 0.3)/0.7$이다. 시장의 청산조건을 만족하는 시장가격은 $(1-p)/0.7 = (p-0.3)/0.7$을 만족해야 한다. 따라서 증권시장의 균형가격은 $p = 0.65$이다.

균형 마진은 얼마인가? 금융 대부업자가 차익 거래자에게 증권을 담보로 대출한다면 마진을 적용한다. 최악의 상황에서도 대출금을 그대로 회수할 수 있도록 하려면 다음 시점에서 실현될 증권가격 중 가장 낮은 가격과 같은 금액을 대출하는 것이다. 부도가 없도록 하기 위해 금융 대부업자가 매수자에게 적용하는 마진은 (현재 시점의 시장가격 - 다음 시점에서 실현될 수 있는 가격 중에서 가장 낮은 가격)이다. 위에서 계산한 결과를 응용하면 마진은 $(0.65 - 0.3) = 0.35$이다. 매도자에게 적용하는 마진은 (다음 시점에서 실현될 수 있는 가격 중에서 가장 높은 가격 - 현재 시점의 시장가격)이다. 위에서 계산한 결과를 응용하면 마진은 $(1 - 0.65) = 0.35$이다. 레버리지 비율은 약 $1.86(= 0.65/0.35)$이다. 다음 시점의 증권가격에 대한 투자자의 예측이 낮아지면 현재 시점의 증권가격이 낮아지면서 레버리지 비율도 낮아진다. 구체적인 예를 들기 위해 q의 확률을 가진 투자자는 q의 확률로 다음 시점의 증권가격이 내재가치와 같고 $1 - q$의 확률로 다음 시점의 증권가격이 0.2가 되는 것으로 예측한다. 증권을 매수하려는 사람은 $q + 0.2(1-q) > p$를 만족하는 q의 값을 가진 사람들이다. 증권을 매도하려는 사람은 $q + 0.2(1-q) < p$를 만족하는 q의 값을 가진 사람들이다. 여기서 $q' + 0.2(1-q') = p$를 만족하는 q'를 계산하면 $q' = (p-0.2)/0.8$이다. $q > q'$인 사람들은 매수자이다. $q < q'$인 사람들은 매도자이다. 개별 거래자들은 한 단위의 증권만 거래할 수 있으므로 증권시장의 수요는 $1 - q' = (1-p)/0.8$이다. 증권시장의 공급은 $q' = (p - 0.2)/0.8$이다. 시장의 청산조건을 만족하는 시장가격은 $(1-p)/0.8 = (p-0.2)/0.8$을 만족해야 한다. 따라서 증권시장의 균형가격은 $p = 0.6$이다. 매수자에게 적용하는 마진은 (현재 시점의 시장가격 - 다음 시점에서 실현될 수 있는 가격 중에서 가장 낮은 가격)이므로 위에서 계산한 결과를 적용하면 $(0.6 - 0.2) = 0.4$이다. 매도자에게 적용하는 마진은 (다음 시점에서 실현될 수 있는 가격 중에서 가장 높은 가격 - 현재 시점의 시

장가격)이므로 위에서 계산한 결과를 적용하면 $(1-0.6)=0.4$이다. 매수자의 자산은 0.6이고 이를 위해 자신이 마련해야 하는 마진은 0.4이다. 따라서 레버리지 비율은 $1.5(=0.6/0.4)$이다.

본 절에서는 투자자들이 미래 시점의 증권가격에 대한 낙관적인 기대 또는 비관적인 기대를 형성하는지에 따라 현재 시점의 증권가격과 레버리지 비율에 영향을 미칠 수 있음을 보였다. 또한 본 절에서는 증권의 내재가치가 1이라고 고정하였지만 미래 시점에서 증권의 내재가치에 대한 불확실성이 있는 상황을 생각해볼 수 있다. 예를 들어 증권의 내재가치가 q의 확률로 1이 되고 $(1-q)$의 확률로 0.3이 된다고 투자자들이 예측한다. 또는 증권의 내재가치가 q의 확률로 1이 되고 $(1-q)$의 확률로 0.2가 된다고 투자자들이 예측한다. 증권의 예상 내재가치는 후자의 경우가 더 낮다. 후자의 경우가 전자의 경우에 비해 미래 시점에서 증권의 내재가치에 대한 비관적인 기대를 가지고 있다. 내재가치에 대한 낙관적인 기대와 비관적 기대가 현재 시점의 증권가격에 미치는 효과를 앞에서 설명한 방식을 사용하여 분석할 수 있다는 점을 지적한다.

연습문제

1. 우리나라 정부가 달러 표시 채권을 해외 금융시장에서 발행하는 것으로 가정한다. 외국환평형기금채권을 발행하고 외국환평형기금을 조성하여 환율을 안정적으로 관리하기 위해 사용한다. 미국의 10년 만기 국채의 발행 금리는 2.32%이다. 10년 만기 외평채의 발행금리는 2.87%이다. 차익거래 이득이 없을 때 외평채를 기초 자산으로 하는 10년물 CDS 매도 호가를 계산하시오.

2. 위의 문제에서 우리나라에서 발행한 외평채를 1억불 매입한 투자자가 자신이 투자한 금액에 대하여 위에서 설명한 CDS 보장 매입 계약을 체결하였다면 매년 얼마의 비용을 지불하는지를 계산하시오.

3. 신주인수권부사채(bond with warrant)는 주식으로 인수하더라도 약속한 액면을 그대로 지급한다는 점이 전환사채와 다른 점으로 알려져 있다. 매수자가 주식을 인수할 때 지불해야 하는 가격을 1이라고 미리 결정하여 신주인수권부사채를 발행하는 경우 본문에서 설명한 전환사채의 가격 모형을 사용하여 신주인수권부사채의 가격과 전환사채의 가격이 같음을 보이시오.

4. 위의 문제에서 신주인수권부사채의 매입자가 주식을 인수할 때의 가격을 m으로 결정하는 경우 신주인수권부사채의 가격을 계산하시오.

5. 기업들이 일반 회사채를 발행하면서 동시에 일반 회사채가 아닌 신주인수권부사채와 전환사채를 발행하려는 이유에 대하여 설명하시오.

6. 베이시스가 플러스 값이면 콘탱고이고 베이시스가 마이너스 값이면 백워데이션으로 부른다. 각각의 경우 차익거래의 이득을 얻을 수 있다고 한다. 어떻게 차익거래의 이득을 얻을 수 있는지를 설명하시오. 또한 이론 베이시스와 시장 베이시스 간의 차이를 설명하시오.

7. 스왑 베이시스와 스왑 스프레드를 설명하시오.

8. 인수하는 기업의 주식 한 주당 합병되는 기업의 주식을 ω의 비율로 교환하는 합병으로 가정하시오. ω의 값은 1보다 작은 양수이다. 합병이 이루어지는 시점에서 인수하는 기업의 예상 주가는 s^e로 표기한다. 본 장에서 설명한 모형을 적용하여 합병되는 기업의 주식가격을 계산하시오.

9. 위의 문제에서 가정한 두 기업의 합병 비율이 실제의 합병에서는 어떻게 결정되는지를 설명하시오.

제13장

금융중개기관과
통화정책의 전달경로

금융중개기관과 통화정책의 전달경로

통화정책의 전달경로는 통화정책의 변화가 거시 경제의 주요 변수들에 어떠한 과정을 거쳐서 영향을 미치는가를 의미하고 이에 대한 다양한 견해들이 있다. 앞에서 설명한 거시 경제 모형들은 주로 금리경로의 중요성을 강조하여 통화정책의 실물 효과에서 금융중개기관이 어떠한 역할을 하는지에 대하여 자세한 설명이 없었다. 가계와 기업의 경제 활동과 실제로 직접적인 접촉을 가지고 있는 곳은 중앙은행이 아니라 은행을 비롯한 금융중개기관이다. 따라서 중앙은행이 결정하는 통화정책의 방향이 변화하더라도 금융중개기관이 정책의 변화를 가계와 기업에 제공하는 신용에 반영하지 않는다면 통화정책의 실물 효과가 실효적으로 발생하기 어렵다는 점은 쉽게 짐작할 수 있다.

통화정책의 전달경로에서 금융중개기관의 역할을 강조하는 두 개의 가설에 대하여 소개한다. 첫째, 은행대출경로이다. 중앙은행이 경기 부양을 위해 공개시장조작을 통해 시중은행의 여유 지불 준비금을 증가시키게 되면 그 결과 금융시장의 유동성이 증가한다. 유동성의 증가가 금융시장에만 머무르지 않고 실제로 실물 경제에 가시적인 영향을 미치기 위해서 은행대출이 증가해야 한다. 은행대출이 증가하여 기업이 생산 설비와 기계 등의 투자를 위한 자금을 예전에 비해 더 쉽게 조달할 수 있다면 총

투자가 증가한다. 이제 투자 수요의 증가에 의해 총수요가 증가하면 중앙은행이 의도한 실물 경제의 경기 부양을 기대할 수 있다. 결국 은행대출경로는 통화정책의 전달 경로에서 은행대출이 중요한 역할을 한다는 점을 강조하는 견해를 말한다.

그러나 중앙은행이 금리에 대한 목표치를 조정하는 방식을 채택하면 통화공급에 대한 목표치를 조정하는 방식을 실시하던 시대에 비해 은행대출경로의 중요성이 감소할 가능성을 생각해 볼 수 있다. 은행대출경로는 통화량 타기팅이 실시되는 경우에는 보다 더 의미가 있지만 중앙은행이 금리를 운용 목표로 채택하는 경우에는 효과가 상대적으로 작다고 주장할 수 있다. 이에 덧붙여서 은행이 자금을 조달하는 방식과 영업하는 방식이 시간이 지나면서 달라져 왔다는 점도 은행대출경로의 중요성이 감소할 수 있는 가능성에 대한 근거로 들 수 있다. 예를 들어 은행이 예금 이외에도 시장성 수신을 통해서 자금을 조달하는 비중이 증가해왔다. 이 경우 공개시장조작을 통해서 시중은행의 여유 지불 준비금을 줄이더라도 시장성 수신을 통해 대출에 필요한 자금을 조달할 수 있다. 따라서 은행의 대출자금의 크기에 미치는 중앙은행의 영향력이 감소할 수 있다. 또한 은행의 영업방식을 보면 대출영업 이외의 다른 영업이 차지하는 비중이 상대적으로 증가해왔다. 그 결과 과거에 비해 은행대출경로의 실효성이 감소하였을 가능성도 지적할 수 있다. 마지막으로 기업들의 은행대출에 대한 의존도가 낮아져 왔다. 특히 대기업의 경우 중소기업에 비해 보다 더 손쉽게 기업 어음 또는 회사채를 발행할 수 있다.

둘째, 광의의 신용경로이다. 이는 통화정책이 은행대출뿐만 아니라 기업의 채권 발행을 통한 외부차입의 크기에도 영향을 미칠 수 있다는 견해이다. 기업이 외부차입을 통해 조달하는 자금의 크기를 결정하는 두 개의 요인을 강조한다. 첫번째 요인은 기업이 진행하려는 투자의 예상 수익률과 무위험 채권의 수익률 간의 괴리이다. 두번째 요인은 기업의 순자산이다. 동일한 수준의 순자산을 가진 기업들에 대하여 투자의 예상 수익률이 무위험 채권의 수익률에 비해 더 높을수록 더 많이 차입할 수 있다. 또한 동일한 투자의 예상 수익률에 대하여 기업이 보유한 순자산이 클수록 더 많이 차입할 수 있다. 이와 같은 방식으로 기업의 차입이 결정된다는 것은 중앙은행이 통화정책을 통해 무위험 채권의 실질 이자율을 조정할 수 있다면 기업이 조달하는 투자 자금의 크기에 영향을 미칠 수 있다는 함의가 있다. 따라서 광의의 신용경로는 단기 금리를 조정하여 인플레이션의 목표치를 달성하는 인플레이션 타기팅하에서도 작동하는 것으로 볼 수 있다.

그 다음으로 생각해볼 수 있는 질문은 기업의 외부차입이 투자의 예상 수익률과 무위험 채권 수익률 간의 괴리 그리고 기업이 보유한 순자산의 증가 함수가 되는 이유이다. 이 질문에 답하기 위해 금융기관과 기업 간 체결하는 대출 채권계약을 설명한다. 신용시장에서 신용을 제공하는 사람은 자금을 빌려 가는 사람들이 진행하는 투자사업에 대하여 그들만큼 알지 못한다. 따라서 신용을 제공하는 사람은 자금을 공급하는 사람과 자금을 차입하는 사람 간에 존재하는 정보의 비대칭성으로 인해 야기되는 문제들을 완화시켜야 한다. 다양한 수단이 있겠지만 정보의 비대칭성은 금융계약의 형태에도 영향을 미친다. 예를 들어 타운센드(Robert Townsend)는 자금을 차입하는 사람들이 진행하는 투자의 실현된 수익을 자금을 공급하는 사람들이 확인하기 위해 금전적인 비용을 지불해야 한다면 신용시장에서 자금을 공급하는 사람과 자금을 얻어 가는 사람 간 금융계약의 최적 형태는 부채계약의 형태임을 보였다.[1] 여기서 부채계약의 형태라는 의미는 자금을 얻어가는 사람의 상환액이 투자의 실현된 성과에 따라 달라지지 않고 미리 결정된다는 것이다. 본 장에서 강조하는 주요 포인트 중의 하나는 앞에서 설명한 정보의 비대칭성이 존재하는 상황에서 은행과 기업이 체결한 금융계약으로 실행되는 은행대출은 기업이 진행하는 투자의 예상 수익률과 무위험 채권의 수익률 간의 괴리 그리고 기업이 보유한 순자산의 증가 함수가 된다는 것이다.

또한 금융중개기능이 실물 경제의 경기 순환을 증폭시키는지 아니면 완화하는지가 궁금할 수 있다. 버냉키, 거틀러, 질크라이스트(Ben Bernanke, Mark Gertler, and Simon Gilchrist)는 금융중개기능의 금융가속기(financial accelerator) 효과를 강조한다.[2] 이는 기업과 은행 간 정보의 비대칭성이 존재하는 경제에서 금융중개기능으로 인해

---

1 1987년 Journal of Economic Theory (Vol. 21. pp. 265-293)에 수록된 타운센드의 논문 제목은 「Optimal Contracts and Competitive Markets with Costly State Verification」이다.

2 이들이 공저한 논문은 1999년 출간된 Handbook of Macroeconomics의 21장에 수록된 「The Financial Accelerator in a Quantitative Business Cycle Framework」이다.

그림 13-1 우리나라 기업 자본 대비 자산의 비율

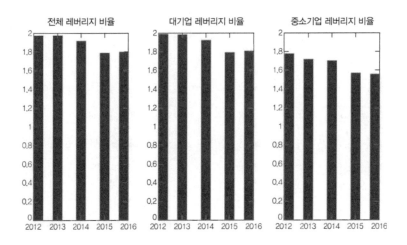

실물 경제의 경기 순환이 증폭되는 효과가 발생한다는 것을 말한다. 금융중개기능이 존재하기 때문에 실물 경제의 경기 순환이 증폭되는 이유는 무엇인가? 그 이유는 외부자금조달이 가능해지면 기업이 소유한 순자산의 몇 배가 되는 투자가 가능하기 때문이다. 순자산 대비 자산의 비율을 레버리지 비율(leverage ratio)로 정의할 때 금융중개기능을 통해 레버리지 비율이 충분히 커지면서 실물자본에 대한 투자의 변동이 증폭될 수 있기 때문이다.

우리나라 기업의 자금조달

<그림 13-1>은 우리나라 비은행기업의 최근 자료를 사용하여 추계한 순자산 대비 총자산의 비율을 보여주고 있다. 이 그림에 의하면 순자산 단위당 총자산의 비율은 2012년 200%를 약간 못 미치는 수준이었지만 2015년과 2016년 180% 미만으로 떨어진 것으로 나타난다. <그림 13-1>은 대기업의 순자산 대비 총자산의 비율이 중소기업에 비해 약간 높은 것으로 나타난다. 대기업의 경우 2012년 200% 근방에서 2015년과

2016년에는 180% 근방으로 떨어진다. 중소기업의 경우 2012년 180% 근방에서 2015년과 2016년에는 150% 근방으로 떨어진다. 자산을 순자산으로 나눈 비율로 정의되는 레버리지 비율은 비은행기업이 자신이 직접 마련한 내부자금인 순자산 1원당 외부로부터 자금을 조달하여 어느 정도 수준으로 자산을 확대할 수 있는지를 나타낸다. 따라서 레버리지 비율이 높을수록 외부 투자자로부터 조달한 자금의 비중이 높다. <그림 13-1>에 따르면 우리나라의 자료에서는 200% 미만인 것으로 나타난다.

사회적으로 바람직한 레버리지 비율이 존재하는지에 대하여 질문할 수 있다. 과도한 레버리지의 거시경제적 위험에 대하여 생각해볼 수 있다. 기업이 과도한 부채를 쌓아서 무리하게 회사 규모를 확장한다면 레버리지 비율이 높아진다. 과도하게 높은 레버리지 비율을 가진 경제는 경기가 하강할 때 기업의 도산이 크게 증가하여 경제위기가 발생할 가능성이 높다. 그러나 기술 경쟁력이 높은 기업들이 외부차입을 통해 활발하게 생산활동을 할 수 있다면 거시경제적으로 바람직한 효과를 기대할 수 있다. 따라서 거시경제적인 관점에서 적정한 레버리지 비율이 존재할 것으로 생각할 수 있다. 구체적으로 몇 퍼센트가 사회적으로 바람직한 레버리지 비율인가를 제시하기는 쉽지 않다. 또한 민간 경제 주체의 자발적인 참여에 의해서 결정된 부채계약을 통해서 레버리지 비율이 결정된다는 점을 고려해야 한다. 본 장에서는 기업과 은행 간 정보의 비대칭성이 존재하는 경우 최적 부채계약 하에서 도출되는 레버리지 비율을 분석한다. 본 장에서는 최적 부채계약이 합의하는 레버리지 비율을 최적 레버리지 비율이라고 정의한다. 최적 레버리지 비율은 기업의 자본투자로부터 예상되는 수익률을 무위험 채권의 수익률로 나눈 비율의 증가함수이다. 또한 기업이 선택한 자본투자가 제공하는 수익률의 확률적 특성에도 의존한다.

다음에서는 레버리지의 구성에 대하여 설명한다. 일반적으로 기업은 주식 또는 채권을 발행하여 자금을 조달할 수 있다. 또한 금융기관의 대출을 통해 자금을 조달할 수 있다. 기업이 증권을 발행하여 자금을 조달하는 것을 직접 금융(direct finance)에 의한 자금조달이라고 한다. 기업이 금융기관을 거쳐서 자금을 조달하는 것을 간접 금융에 의한 자금조달이라고 한다. 실제 경제에서 어떠한 형태의 자금조달이 더 중요한지에 대하여 궁금해질 수 있다. 2013년에 출간된 미시킨(Mishkin)의 교과서는 미국, 독

그림 13-2 우리나라 기업 규모별 은행대출

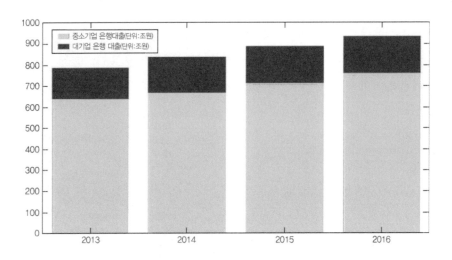

일, 일본, 캐나다의 비은행기업을 중심으로 직접 금융과 간접 금융을 통한 외부 자금의 비중에 대한 자료를 제시하고 있다. 은행과 비은행 금융기관의 대출을 합하여 추계한 간접 금융의 비중이 미국 56%, 독일 86%, 일본 86%, 캐나다 74%를 기록하고 있다. 은행대출금은 미국 18%, 독일 76%, 일본 78%, 캐나다 56%이다. 우리나라의 경우도 간접 금융의 비중이 작지 않은 것으로 알려져 있다.

　　<그림 13-2>는 기업 규모별 은행대출 잔액의 최근 추이를 보여주고 있다. 파란색 부분은 대기업에 대한 은행대출의 잔액이고 회색 부분은 중소기업에 대한 은행대출의 잔액이다. 중소기업에 대한 대출 잔액은 2013년 600조 정도에서 2016년 800조에 가깝게 증가하고 있다. 같은 기간 동안 대기업에 대한 대출은 200조 미만을 지속적으로 유지하고 있다. 중소기업에 대한 은행대출의 총액이 대기업에 대한 은행대출의 총액을 상회한다. 중소기업의 은행대출에 대한 의존도가 대기업에 비해 훨씬 높다는 점은 쉽게 이해될 수 있다. 사실 일반 투자자의 입장에서도 인지도가 높은 대기업이 발행한 채권을 상대적으로 인지도가 낮은 중소기업이 발행한 채권에 비해 선호할 것으로 쉽게 예측할 수 있다. <그림 13-2>의 함의는 은행대출의 감소는 대기업의 자금조

달보다는 중소기업의 자금조달에 더 크게 영향을 미친다는 것이다. 예를 들어 중앙은행이 인플레이션을 낮추기 위해 기준 금리를 인상하여 은행대출이 감소하면 이는 대기업보다 중소기업에 더 크게 영향을 줄 수 있다는 점을 미루어 짐작할 수 있다. 따라서 기업 규모별로 통화정책이 투자 및 생산에 미치는 효과는 달라질 수 있다.

부채계약과 이해의 불일치 현상

기업가는 보유하고 있는 기술을 자본과 결합하여 미래 시점에서 소득을 창출할 수 있다. 기업가가 소유하고 있는 순자산의 가치는 N이다. 은행의 대출을 받아서 조달한 자금과 기업가가 원래 소유하고 있던 순자산을 합쳐서 모은 자금으로 자본을 구매한다. 자본재 한 단위의 가격이 1이라고 가정하고 은행대출을 L로 표시할 때 기업가가 구매한 자본 K의 크기는 $K = N + L$이 된다. 모든 기업가가 동일한 것이 아니라 각각의 기업가는 경영 능력에서 차이가 있다. 기업가의 경영 능력의 차이는 각 기업의 경영 효율성의 차이로 나타난다. 경영 효율성의 차이는 개별 기업의 투자 성과에 영향을 미친다. 따라서 자본 한 단위당 투자 수익은 두 개의 요인에 의해서 결정된다. 경제 전체의 평균적인 수익률을 결정하는 것은 거시경제적 요인과 각 기업의 경영 효율성이다. 위에서 설명한 개념들을 다음과 같이 수식으로 나타낸다. 개별 기업의 투자 단위당 실현된 수익률은 ωR이다. 평균적인 수익률은 자본스톡 단위당 R이고, ω는 기업의 경영 효율성을 나타내는 지표이다. 따라서 미래 시점에서 실현되는 기업가의 투자 수익은 $\omega R K$이다. 기업의 경영 효율성이 높으면 다른 기업과 유사한 투자에서도 보다 더 높은 투자 수익을 실현시킬 수 있다. 오랜 기간 낮은 경영 효율성을 보인 기업은 장기간 ω의 값이 낮게 실현되는 기업으로 볼 수 있다.

특정한 기업의 경영 효율성이 낮아 ω의 값이 매우 낮게 실현된다면 대출계약에서 약정한 원리금을 상환하지 못해 청산된다. 대출계약을 체결하는 시점에서는 경영 효율성이 앞으로 어느 정도로 실현되느냐를 은행과 기업 모두 모르는 것으로 가정한다. 그러나 투자 수익이 실현되면 기업은 자신의 투자 성과를 정확하게 알게 되지만 은행은 회계감사를 실시하지 않는 한 기업의 투자 성과를 정확하게 알 수 없다. 따라서 실현된 투자 수익에 대하여 정보의 비대칭성이 존재한다. 정보의 비대칭성이 적용되는 변수는 ω이다. 경영 효율성을 나타내는 지표인 ω는 $[a, b]$구간에서 움직이는 변수이다. a와 b는 모두 양수이고 구간의 길이를 $\Delta = b - a$로 표기한다. 균등 분포의 가정을 부과하면 구간 내에 하나의 값을 가지는 확률은 $(1/\Delta)$이다. 기업가는 자신이 직접 소유한 자산을 처분하여 마련한 내부자금에 더하여 외부로부터 자금을 조달하기 위해 투자자와 투자계약을 맺어야 한다. 두 종류의 계약이 가능하다. 부채계약(debt contract)과 주식계약(equity contract)이다. 위에서 가정한 상황에 맞추어 부채계약과 주식계약을 구분하면 다음과 같다. 부채계약은 투자 수익이 실현되기 이전에 투자 수익이 실현되는 크기와 관계 없이 미리 투자자의 몫을 결정하는 것이다. 예를 들어 기업가가 투자자에게 평균적인 수익률을 투자하는 시점에서 보장하는 것이다. 투자 수익이 다음 시점에서 실현된 다음 기업가가 약속을 지키면 문제가 없다. 그러나 약속한 수익률에 해당하는 원리금을 투자자에게 지급하지 못하면 부도가 발생하는 것으로 처리된다. 주식계약은 투자자에게 일정한 소득을 미리 약속하는 것이 아니라 투자 수익이 높게 실현되면 투자자에게 높은 소득을 배당하지만 투자 수익이 낮으면 낮게 배당하는 형태의 계약이다. 이 경우 자본투자의 투자 수익에 비례하여 투자 소득이 결정되므로 투자자의 소득은 자본투자의 실현된 투자 수익에 연동되어 결정된다. 부채계약은 원래 위험 중립적인 선호를 가지고 있더라도 은행과 기업의 선호를 각각 위험 기피적인 태도와 위험 선호적인 태도를 가진 기관으로 변화시킨다. 즉, 부채계약의 채무자는 위험 선호적인 태도를 보이고 채권자는 위험 기피적인 선호를 보이게 된다. 그 결과 부채계약 하에서 투자의 변동성에 대하여 기업과 은행 간 이해의 불일치 현상이 발생한다. 이미 대출계약이 결정된 상황에서 기업은 변동성이 높은 투자를 선호하지만 은행은 변동성이 높은 투자를 기피한다.

앞에서 설명한 개념들을 그래프를 사용하여 설명하기 위해 단순한 형태의 부채계약을 생각해보자. 기업가에게 다음 시점에서 실현되는 투자 수익은 ωRK이다. 기업가와 투자자 간의 부채계약에서 기업가는 투자자에게 RK의 소득을 미리 약속한다. 모형의 분석을 단순화 하기 위해 ω는 두 개의 값으로만 실현되는 것으로 가정하였다.

그림 13-3 부채계약과 기업과 은행의 위험에 대한 선호

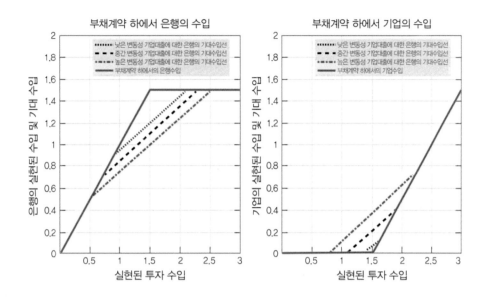

$\omega=1-\varepsilon$은 경영 효율성이 낮은 상황이다. $\omega=1+\varepsilon$은 경영 효율성이 상대적으로 높은 상황이다. 또한 $\omega=1-\varepsilon$의 값이 실현될 확률이 1/2이다. $\omega=1+\varepsilon$의 값이 실현되는 확률도 1/2이다. 부채계약의 경우 경영 효율성의 지표가 $\omega=1-\varepsilon$이면 부도가 발생한다. $\omega=1+\varepsilon$로 실현되면 기업가는 미리 약속한 액수를 지급할 수 있다. ε은 투자 수익의 변동성과 연관이 있다. ε이 커질수록 기업가의 자본투자가 제공하는 수익의 변동성이 높아진다.

<그림 13-3>은 앞에서 설명한 부채계약 하에서 예상되는 기업가의 소득과 투자자(은행)의 소득을 보여주고 있다. 그래프를 그리기 위해 수식에 대입한 수치들은 $R=1.5$와 $K=1$이다. $\varepsilon=0.1$, 0.3, 0.5 등과 같이 서로 다른 세 개의 ε 값에 대응하는 세 개의 서로 다른 대출계약을 고려한다. 세 개의 대출계약은 투자 수익의 변동성은 다르지만 기업가가 투자자에게 같은 크기로 약속한 원리금이 RK이다. 각각의 서로 다른 대출계약 하에서 은행의 기대 소득과 기업의 기대 소득을 계산하여 3개의 서로 다른 점선으로 표시하였다. <그림 13-3>의 그래프들은 다음과 같이 도출되었다. 첫

째, 투자자의 기대 소득 y를 표시하는 점선의 식은 $y = (1/2)x + (1 - \varepsilon)RK/2$이다. 이 식에서 x는 실현된 투자 수입을 나타낸다. 서로 다른 ε의 값을 가진 기업과 부채계약을 맺은 투자자의 기대 수입은 $x = RK$ 를 대입하여 계산한다. 이 경우 $y = (1 - \varepsilon/2)RK$이므로 ε의 값이 커지면서 투자자의 기대 수입이 낮아진다. 둘째, 기업가의 기대 소득을 표시하는 점선의 식은 $y = (1/2)x - (1 - \varepsilon)RK/2$이다. 이 식에서도 x는 실현된 투자 수입을 나타낸다. 기업가의 기대 수입도 $x = RK$를 대입하여 경우 $y = (\varepsilon/2)RK$이 됨을 보일 수 있다. 기업가의 기대 수입은 ε의 값이 커질수록 증가한다.

<그림 13-3>의 그래프가 함의하는 바를 다음과 같이 요약할 수 있다. 부채계약의 채무자인 기업은 위험 선호적인 태도를 보인다. 부채계약의 채권자인 은행은 위험 기피적인 선호를 보인다. 따라서 부채계약 하에서 기업은 수익률의 변동성이 높은 투자를 선호한다. 그러나 은행은 수익률의 변동성이 낮은 투자를 선호한다. 그 결과 기업과 은행 간 이해의 불일치 현상이 발생함을 확인할 수 있다.

정보의 비대칭성과 대출계약

은행이 대출을 신청하는 기업에 대한 정보를 완전히 파악할 수 없을 때 기업과 은행 간 정보의 격차가 발생하고 이에 따른 정보의 비대칭성이 대출계약의 조건에 영향을 미친다. 특히 기업과 은행 간의 정보 격차가 대출계약이 체결되는 시점 이전에 발생하는지의 여부에 따라 정보의 격차를 이용하는 기업의 행태가 달라지고 이에 대한 은행의 대처 방식도 달라지게 된다. <표 13-1>은 대출계약 시점과 기업과 은행 간 정보 격차의 발생 시점을 비교하여 세 개의 서로 다른 경우로 구분하였다. 첫째, 역선택의 문제에 해당하는 정보 격차는 대출을 신청하는 기업이 가지고 있는 투자계획에 대한 은행의 정보가 불완전하여 발생한다. 둘째, 도덕적 해이는 대출계약이 이미 체결된 이후 기업이 대출을 신청할 당시 은행에게 보고한 투자 계획을 바꿀 수 있는 선택의 여지가 있을 때 발생한다. 투자의 성과가 나빠서 부도가 발생하더라도

표 13-1 은행과 기업 간의 정보 격차

	역선택	도덕적 해이	상황 입증 비용
정보 격차의 대상	투자 계획의 안정성	기업의 투자 선택	실현된 투자 성과
정보 격차의 시점	대출계약 이전	대출계약 이후 투자 실행 단계	대출계약 이후 투자 수익 실현
계약체결 시점을 기준으로 한 구분	사전적 정보의 비대칭성	사후적 정보의 비대칭성 (투자 성과 이전)	사후적 정보의 비대칭성 (투자 성과 이후)

유한 책임의 제약으로 인해 투입된 자산만 손해를 본다. 따라서 대출계약이 체결된 이후 은행이 기업의 투자 선택을 정확히 모니터 할 수 없는 상황에서 기업은 대출을 신청할 당시 제공한 투자 계획보다 더 위험한 투자를 선택하는 것이 이득이 된다. 셋째, 은행은 투자 성과가 좋은지 아니면 나쁜지를 비용을 지불하지 않고 정확하게 알 수 없는 상황을 생각할 수 있다. 투자 성과에 대한 정확하고 객관적인 정보를 얻기 위해 회계감사와 같이 비용이 수반되는 작업이 필요하다. 따라서 채권자인 은행이 수시로 쉽게 기업의 재무 상황을 들여다 볼 수 없다. 이 경우 기업은 이득이 된다면 투자 성과에 대하여 거짓으로 보고할 수 있다.

은행은 기업과 은행 간 정보 격차가 발생하면 대출 이자율의 조정이 아니라 대출 규모를 조정하여 이를 완화하려고 한다는 점이 널리 강조되어 왔다. 기업이 신청한 규모로 대출이 제공되지 않거나 대출을 전혀 받지 못하는 기업이 있을 수도 있다. 이를 가리켜서 신용 할당(credit rationing)이라고 정의한다. 예를 들어서 역선택이 존재하는 경우를 보기로 한다. 투자로부터 예상되는 수익률은 같지만 변동성이 높은 기업은 그렇지 않은 기업에 비해 상대적으로 더 위험한 투자 계획을 가진 기업으로 간주할 수 있다. 따라서 대출 이자율에 더 높은 프리미엄을 부과해야 한다. 그러나 은행이 어떤 기업이 더 높은 변동성을 가진 기업인지의 여부를 정확하게 구분할 수 없다면 일률적으로 같은 대출 이자율을 부과할 수밖에 없다. 투자 계획의 위험 정도가 다르더라도 구분할 수 없는 기업들에 대해서 동일한 이자율을 부과해야 하는 경우 은행이 대출 이자율을 올려서 손실을 만회하면 어떤가 하는 생각을 해볼 수 있다. 그러나 대출 이자율을 올리는 것은 은행의 예상 수입을 늘리는 방안이 되지 못한다. 그 이유는 이자율이 높아지면 투자 수익의 변동성이 낮은 우량 기업은 대출을 신청하지 않기 때문이다. 우량 기업은 높은 이자 비용을 감당할 수 있는 수준의 높은 투자 수익을 낼 가능성이 상대적으로 낮기 때문이다. 따라서 투자 수익의 변동성이 높은 기업들만 대출을 신청하게 되어 은행의 부도 위험이 더 높아진다. 그러므로 역선택의 문제가 있는 경우 은행이 대출 이자율을 올려서 문제를 해결할 수 없고, 그 결과 기업에게 제공하는 대출의 규모를 조정하려는 유인이 발생한다.

대출계약모형

본 절에서는 버냉키, 거틀러, 질크라이스트 등이 1999년 발표한 논문에서 분석한 모형을 단순화하여 소개한다. 따라서 본 절의 모형과 동일한 프레임을 가진 모형을 본 책에서는 버냉키-거틀러-질크라이스트의 은행대출모형이라고 부르기로 한다. 이들의 모형을 간단히 소개하면 다음과 같다.

먼저 부채계약의 형태에 대하여 설명한다. 채권자는 완전경쟁의 금융시장에서 활동하는 은행이라고 가정한다. 이 경우 대출시장에서 진입과 탈퇴가 자유롭게 비용없이 가능하기 때문에 예상 이윤이 양수인 대출계약에는 은행이 자발적으로 참여한다. 은행의 예상 이윤은 대출자산의 예상 수익에서 만기가 동일한 국채투자의 예상 수익을 뺀 차이로 정의된다. 국채투자 수익률을 사용하는 이유는 은행도 자금을 조달할 때 최소한 국채의 수익률에 해당하는 수익률을 지불해야 하기 때문이다. 따라서 은행은 대출로부터 기대되는 예상 수입이 국채에 투자하여 얻는 예상 수입을 넘는다면 대출계약에 참여한다. 또한 대출 규모와 대출 이자율에 대한 결정은 채무자가 대출계약에 충분히 참여할 수 있도록 채무자의 예상 투자 이득을 고려하여 결정한다. 예를 들어, 채무자인 기업의 예상 투자 이득을 극대화하는 대출 금액과 대출 이자율을 계산한다. 이렇게 결정된 대출 조건으로 은행이 대출할 것인지를 확인해야 한다. 채권자인 은행은 자발적인 대출 참여를 위한 조건을 만족시키는 한 이를 받아들인다.

다음에서는 대출계약의 조건이 결정되는 과정을 좀 더 자세히 설명한다. 기업이 선택 가능한 대출 조건의 집합과 은행의 자발적 참여를 가능하게 하는 대출 조건의 집합이 있다. 두 개의 서로 다른 두 집합의 교집합이 대출계약이 성사될 수 있는 대출계약의 집합이다. 대출계약이 성사될 수 있는 대출계약의 집합에서 기업의 예상 이득을 가장 크게 하는 대출계약을 선택한다. 이러한 방식으로 성사된 대출계약은 기업과 은행의 효용을 합한 사전적 사회 후생을 극대화하는 대출계약으로 해석할 수 있다. 그 이유는 다음과 같이 설명할 수 있다. 먼저 채무자가 자신의 효용을 극대화하는 대출계약 조건을 선택하도록 한 이유는 대출시장이 완전경쟁이라는 가정에 의해서 은행은 항상 사전적으로 제로의 이윤을 얻기 때문이다. 그 결과 채무자의 효용이 사전적으로 극대화되는 대출계약 조건이 사전적으로 사회 후생을 극대화되는 대출계약 조건이 된다.[3]

부채계약을 수식으로 설명하기 위해 기호를 정리한다. 먼저 기업의 자본투자는 K로 표기한다. 기업의 순자산 N으로 표기한다. 은행대출은 L로 표기한다. 복식부기의 원리 또는 대차 균형의 원리를 반영한다. 대차대조표는 자산과 자본 및 부채 두 부분으로 나뉘어져 있고 자산 부분의 총합은 부채 총합과 순자산의 합과 같아져야 한다. 기업은 은행대출 이외의 다른 부채가 없는 것으로 가정한다. 따라서 $K = L + N$의 식이 만족되어야 한다.

다음에서는 기업의 투자 이윤을 수식으로 표현한다. 앞에서 이미 사용한 기호를 그대로 사용하면 사후적으로 실현된 기업의 투자 성과는 ωRK으로 표기된다. 대출의 총이자율을 Z로 표기하면 은행대출에 대한 원리금은 ZL이 된다. 따라서 기업의 사후적 이윤은 $(\omega RK - ZL)$이 된다. 부채를 상환하는 상황과 부도가 발생하는 상황을 구분해야 하는데 이를 위해 기업의 사후적 이윤이 제로가 되는 ω의 값을 계산해야 한다. $\omega RK = ZL$의 등식을 만족하는 $\omega = w$의 값이 기업의 사후적 이윤이 제로가 되도록 하는 경영 효율성 지표의 값이다. 이는 부도 발생의 기준점이 된다. 예를 들면

---

3 사전적으로 미리 결정한 계약을 그대로 이행하는 것이 항상 은행의 사후적 이윤을 극대화시키는지의 이슈를 제기할 수 있다. 그러나 대출계약은 채권자와 채무자에 대한 커미트먼트가 부과되어 사전적으로 결정된 계약이 사후에 그대로 이행되는 것으로 가정한다. 여기서 사후적이라는 용어는 대출계약 이후를 의미한다.

표 13-2 대출계약모형

기업의 예상 이윤		$\int_w^b (w-w)(\frac{RK}{\Delta})\,d\omega = (RK/(2\,\Delta))(b-w)^2$
은행의 예상 수입	부도 없는 상황	$RK(b-w)w/\Delta$
	부도의 상황	$(1-\mu)RK(w^2-a^2)/(2\Delta)$
은행의 대출계약 참가 조건		$(RK/\Delta)((b-w)w + \frac{(1-\mu)(w^2-a^2)}{2}) = FL$
기업 순자산 단위 당 자본투자		$k = \{(\frac{p(1+\mu)}{2\Delta})w^2 - (\frac{pb}{\Delta})w + 1 + (p(1-\mu)a^2)/(2\Delta)\}^{-1}$
기업의 대출계약 참가 조건		$\Delta^{-1}(\frac{RK}{2})(b-w)^2 \geq RN$
기업가의 경영 활동 참가 조건		$\Delta^{-1}(\frac{RK}{2})(b-w)^2 \geq FN$
순자산 총 투자 수입 대비 기업 이윤		$\pi = (\frac{pk}{2\Delta})(b-w)^2$
기업의 예상 이윤과 경영 효율성 임계치		$\pi = \frac{p(b-w)^2}{2\Delta}(\frac{p(1+\mu)}{2\Delta}w^2 - (\frac{pb}{\Delta})w + 1 + \frac{p(1-\mu)a^2}{2\Delta})^{-1}$

주: 위 식에서 $p = R/F$로 정의된다. 첫째 줄에서 ω는 경영 효율성을 나타내고 w는 경영 효율성의 부도
임계치를 나타낸다. π는 기업가의 순자산을 모두 국채에 투자할 때 발생하는 투자 수익 대비 은행대
출계약에 참가할 때 기업가의 예상 수입을 나타낸다.

경영 효율성의 값이 기준점보다 크면 은행부채를 제대로 상환할 수 있다. 그러나 기준점보다 작으면 부도가 발생한다. 대출계약에 의해서 부도가 발생하면 기업은 청산되므로 기업의 이윤은 부도가 없는 상황에서만 발생한다. 특히 부도가 없는 상황에서 기업의 이윤은 $\omega RK - ZL = (\omega - w)\,RK$이 된다. 따라서 기업의 예상 이윤은 <표 13-2>의 첫째 줄에 정리되어 있다.

은행이 대출계약에 참가하기 위해 어떠한 조건이 만족되어야 하는지를 설명한다. 대출계약에 대한 제약조건은 은행이 대출계약에 자발적으로 참가할 수 있도록 일정 수준의 수익이 보장되어야 한다는 것이다. 이를 수식으로 설명하기 위해 먼저 대출계약에 참여할 경우 예상되는 은행의 예상 수입을 계산하기로 한다. 부도가 나지 않는

경우와 부도가 발생하는 두 경우를 분리하여 생각해야 한다. 부도가 없는 상황의 은행 수입은 (부도가 나지 않은 확률)*(대출원금과 약정된 대출이자의 합)이다. 단순히 부도가 나지 않은 확률과 대출의 원리금을 곱하여 부도가 없는 상황의 수입을 계산할 수 있는 이유는 기업은 대출계약에 의해 자신의 경영 성과에 관계없이 미리 계약한 금액만 상환하는 것으로 대출계약이 완료되기 때문이다. 이를 수식으로 표시하면 <표 13-2>의 둘째 줄에서 첫째 식에 해당한다.

부도가 발생하면 은행은 기업이 보유한 자산을 모두 청산한다. 부도가 나는 경우 은행의 수입은 기업의 투자 성과에 따라 달라진다. 부도가 발생하더라도 대출의 원리금을 어느 정도 회수할 수도 있고 투자 성과가 매우 나빠서 거의 회수하지 못할 수도 있다. 또한 은행이 부도 기업의 자산을 청산할 때 기업의 자산에 대한 회계감사를 실시한다. 회계감사에 소요되는 비용은 기업이 보유한 자산의 크기에 비례하는 것으로 가정하고 비례상수를 μ로 나타낸다. μ의 값은 1보다 작은 양수로 가정한다. 따라서 부도가 발생한 상황에서 회계감사비용을 제외한 기업의 예상 수입은 <표 13-2>의 둘째 줄에서 둘째 식에 해당한다.

은행의 자발적 참가를 보장하는 조건은 위에서 설명한 두 개의 소득의 합이 기업에 대한 대출금을 무위험 채권에 투자하여 받는 원리금보다 같거나 커야 한다는 것이다. 은행이 무위험 채권의 이자율과 동일한 수준으로 예금 이자율을 지불하여 대출에 필요한 자금을 조달하는 것으로 가정한다면 위의 조건은 은행의 예상 이윤이 비음수이어야 한다는 조건이 된다. 은행산업이 완전경쟁이라고 가정하면 균형에서는 위의 부등호 조건은 등호로 성립해야 한다. 은행대출로부터의 기대 이윤이 양수라면 새로운 은행이 은행산업에 진입하고 그 결과 예상 이윤이 하락하기 때문이다. 따라서 무위험 채권에 대한 총수익률을 F로 표기하면 은행이 대출계약에 참가할 조건은 <표 13-2>의 셋째 줄에 있는 식과 같이 쓸 수 있다. 은행의 참가 조건에 $K + L = N$의 식을 대입하여 L을 소거한다. 순자산 단위당 자본투자를 소문자 k로 표기하고 참가 조건의 식을 정리하면 <표 13-2>의 넷째 줄에 있는 식과 같이 w의 이차 함수의 역수로 표시된다.

기업이 대출계약에 참여할 수 있도록 하기 위해 선택 가능한 다른 대안에서 얻는 효용보다 사전적으로 더 높은 기대 효용을 얻어야 한다. 선택 가능한 다른 대안은 두 개가 있다. 첫째, 자신의 내부자금으로만 투자하는 것에 비해 은행과의 대출계약에 의거하여 조달한 외부자금과 자신의 내부자금을 합하여 투자하는 것이 사전적으로 더 높은 효용을 주어야 한다. 이 조건은 기업이 자발적으로 대출계약에 참가할 조건 이라고 할 수 있다. 은행대출을 받지 않고 내부자금인 순자산만 투자하는 경우 기업 의 예상 수입은 RN이다. 따라서 수식을 사용하여 앞에서 설명한 기업의 대출계약 참가 조건을 <표 13-2>의 다섯째 줄에 있는 부등호 조건으로 나타낼 수 있다.

둘째, 기업가가 기업을 경영하는 대신 금융소득에 의존하여 살 수 있다. 따라서 기업가가 기업 활동을 선택하기 위해서는 순자산을 금융증권에 투자하여 얻을 것으 로 예상되는 수입보다 기업 경영을 통해 얻는 이윤의 기대값이 더 커야 한다. 관련 문헌에서 자주 부과되는 제약은 기업이 원래 보유하고 있는 순자산이 투자에 필요한 최소 투자액에 못 미쳐서 자본투자를 위해서 외부로부터 자금을 차입해야 한다는 제 약을 부과한다. 기업 활동을 하지 않고 순자산으로 무위험 증권인 국채에 투자하는 경우 기업의 예상 투자 소득은 FN이다. 앞에서 설명한 기업가가 계속 기업 경영에 참여할 조건을 수식을 사용하여 표시하면 <표 13-2>의 여섯째 줄에 있는 부등호 조 건으로 나타낼 수 있다.

본 절의 분석에서는 통상 앞에서 설명한 부등호 제약을 미리 부과하지 않고 균형 을 계산한다. 그럼에도 불구하고 균형에서 제약조건이 만족된다. 따라서 계산할 때 위의 부등호 제약을 미리 부과하지 않고 균형을 계산한다. 그러나 위의 식에서 규정 한 조건이 만족되는지를 사후적으로 다음과 같이 확인한다. 첫째, 기업이 극대화하는 목적 함수를 기업의 예상 이윤을 국채 투자의 수입으로 나눈 비율로 전환한다. 둘째, 국채 투자의 수입 단위당 기업의 예상 이윤을 극대화하여 대출계약의 조건을 도출한 다. 셋째, 극대화된 기업의 예상 이윤이 1보다 큰가의 여부를 확인한다. 국채 투자의 수입 단위당 기업의 예상 이윤을 수식으로 정리하면 <표 13-2>의 일곱째 줄에 있는 식과 같이 쓸 수 있다. 이 식을 보면 소문자 k와 경영 효율성의 부도 임계치 w가 나 타난다. 이들은 대출계약에서 대출조건을 결정하는 두 변수이다. 또한 기업의 예상 이윤을 결정하는 두 변수가 k와 w이다. 따라서 은행의 대출계약의 참가를 보장하는 조건을 만족하는 k와 w의 값 중에서 기업의 예상 이윤을 극대화하는 k와 w의 값이 대출조건을 결정한다.

다음에서는 은행이 부채계약에 자발적으로 참가하기 위해 만족되어야 하는 조건의 식을 사용한다. 이 식을 정리하면 <표 13-2>의 넷째 줄에 있는 기업 순자산 단위당 자본투자의 식이 도출된다. 이 식을 <표 13-2>의 일곱째 줄에 있는 기업의 기대 이윤의 식에 대입하여 k를 소거한다. 그 결과 <표 13-2>의 여덟째 줄에 있는 식에서 볼 수 있듯이 기업의 기대 이윤을 경영 효율성에 대한 임계치의 함수로만 쓸 수 있다. 이 식을 직접 손으로 풀 수도 있지만 치환을 해야 하기 때문에 계산이 복잡해진다. 따라서 파라미터의 값을 부과한 후 컴퓨터 프로그램을 사용하여 기대 이윤의 식에 대한 그래프를 그려서 극대화의 해를 찾는 작업의 결과를 먼저 설명한다.

<그림 13-4>는 앞의 함수를 그래프로 그린 결과를 요약하고 있다. 이 그림에서 $p=1.06$과 $p=1.08$로 표기한 것은 각각의 그래프에서 자본투자의 총수익률을 무위험 증권의 총수익률로 나눈 비율을 1.06과 1.08로 설정하였기 때문이다. 이 그림에서 소문자 p는 위험 프리미엄을 의미한다. 따라서 두 개의 그래프는 위험 프리미엄이 증가하는 경우 최적화의 해에 미치는 효과를 보여주고 있다. <그림 13-4>의 함의는 다음과 같이 요약할 수 있다. 위험 프리미엄이 증가하면 기업의 이윤 곡선이 위로 이동하므로 기대 이윤을 극대화하는 w의 값도 증가한다. 위험 프리미엄이 증가하면서 레버리지 비율이 증가하고 경영 효율성의 임계치도 증가한다. 위험 프리미엄의 증가가 기업의 레버리지 비율과 임계치를 증가시키는 이유를 p의 증가가 은행의 참가제약과 기업의 예상 이윤 각각에 미치는 효과로 분리하여 분석할 수 있다. 첫째, p가 상승하면 주어진 대출계약 조건 하에서 은행의 예상 수입이 증가한다. 대출의 수익성이 증가하면 은행은 더 많은 기회비용을 부담할 수 있어 기업에게 대출을 늘려줄 수 있다. 둘째, p가 상승하면 주어진 대출계약의 조건 하에서 기업의 예상 이윤이 증가하므로 기업은 은행대출을 증가시키려고 한다.

그림 13-4 경영 효율성의 임계치와 기업의 예상 이윤

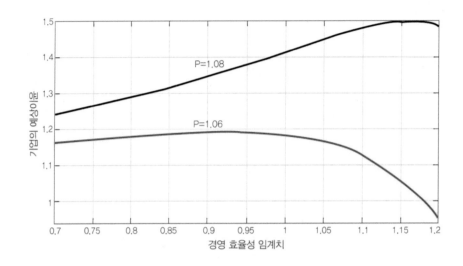

정보의 비대칭성과 신용 위험의 증가

<표 13-1>에서 정리한 바와 같이 정보의 비대칭성에 대해서 서로 다른 두 가지 상황이 가능하다. 첫째, 금융계약이 발생하기 이전에 이미 존재하는 정보의 비대칭성 문제가 있을 수 있다. 이러한 경우 <표 13-1>의 첫째 열에 있는 역선택의 문제 (adverse selection)가 있다고 한다. 예들 들어 두 개의 서로 다른 기업이 존재한다고 가정하자. 두 기업은 자신이 계획하고 있는 투자사업으로부터 예상되는 투자 수익은 같지만 투자 수익의 변동성이 다르다. 은행은 두 개의 기업이 투자 수익에 대한 변동성이 다르다는 사실은 알더라도 어느 기업이 더 높은 변동성을 가진 투자사업에 투자하고 있느냐를 미리 알 수 없다. 동일한 대출조건 하에서 상대적으로 위험이 높은 기업이 보다 적극적으로 대출을 받으려는 유인이 더 크다. 또한 대출 이자율이 높은 상황에서 상대적으로 안전한 투자사업을 가진 우량기업보다 위험성이 높은 투자사업을 진행하고 있는 기업이 적극적으로 대출을 받고자 한다.

둘째, 금융계약이 이미 체결된 이후에 발생하는 정보의 비대칭성이 있다. 이러한

경우 <표 13-1>의 둘째 열에 있는 도덕적 해이(moral hazard)의 문제가 있다고 한다. 예를 들어 기업가는 은행대출을 받은 이후 대출을 신청한 당시의 제출한 서류에 기록한 투자 프로젝트보다 더 위험한 투자 프로젝트를 실행하려는 유인이 있다. 부채의 원리금 상환에 대하여 유한 책임만 부과된다면 자신이 제공한 자금이 거의 없는 상황에서 다른 사람의 돈이 들어올 경우 큰 수익이 실현될 가능성이 높은 사업에 투자하려는 유혹을 받을 수 있기 때문이다. 유한 책임(limited liability)은 일반적으로 회사를 소유한 주주들이 회사가 파산하더라도 회사에 투자한 돈만을 잃고 자신의 집과 다른 재산 등이 차압 당하지 않고 그대로 소유권을 인정 받는 상황을 의미한다. 본절에서 설명하고 있는 모형에서는 기업가는 부도가 나는 경우 기업가의 순자산인 N을 모두 잃게 된다. 그러나 은행이 대출할 때 확정된 기업가의 순자산 N에 포함되지 않은 다른 자산을 기업가가 소유하고 있느냐의 여부가 분석의 결과에 미치는 효과는 없다. 그 이유는 현재 분석하고 있는 모형에서 유한 책임을 가정하고 있기 때문이다.

앞 절에서 설명한 모형에서 기업이 계획한 투자사업 자체의 특성을 바꾸는 도덕적 해이가 발생하는지를 보기로 한다. 이를 위해 앞 절에서 설명한 대출계약모형과는 달리 은행과의 계약 이후 기업가가 투자의 내용 자체를 바꾸는 도덕적 해이가 제한적으로 가능한 것으로 가정한다. 기업가는 경영 효율성에 영향을 주는 투자사업을 대출계약 이후 다시 선택할 수 있는 것으로 가정한다. 따라서 본 절에서 분석하는 모형은 <표 13-1>의 둘째 열에 해당하는 모형이다. 앞 절의 모형은 <표 13-1>의 셋째 열에 해당하는 모형이다. 따라서 위의 두 가정은 정보 비대칭성의 내용에 변화를 주기 위한 가정이다.

경영 효율성을 평균이 1인 대칭적인 균등 분포를 따르는 것으로 가정하여 $a=1-\varepsilon$이고 $b=1+\varepsilon$으로 정의한다. ε의 값은 1보다 작은 양수로 가정한다. 이제 기업가가 대출계약이 체결된 이후에도 ε의 크기를 조정할 수 있어서 대출계약 당시에 은행에 제공했던 값과 달라질 수 있다. 기업가는 ε를 변화시켜서 수익률 평균에는 영향을 미치지 못하더라도 수익률의 변동성을 조정할 수 있다. 대출계약이 체결된 이후 투자 수익률에 대한 변동성을 변화시키려는 유인이 기업가에게 있느냐를 보이기 위해 대출계약 조건이 고정된 이후 투자 수익이 실현되기 이전의 기업의 사전적 이윤을 분석한다. 대출계약을 체결할 당시 기업이 은행에 제공한 경영 효율성에 대한 정보는 $\varepsilon = \varepsilon^o$이다. 이와 같은 정보를 바탕으로 은행과 기업이 합의한 대출계약의 조건은 레버리지 비율을 $k = k^o$로 유지하고 경영 효율성에 대한 임계치를 $w = w^o$로 고정하는 것이다. $\varepsilon = \varepsilon^o$의 값만 제외하고 이러한 대출계약의 조건이 실제로 준수된다면 기업의 사전적 이윤은 다음과 같다.

$$pk^o(1 + \varepsilon - w^o)^2/(4\varepsilon)$$

위의 식을 보면 기업의 예상 이윤은 ε의 증가 함수이다. 따라서 기업가는 대출계약 내용 자체를 바꾸지 못하더라도 ε의 크기가 ε^o보다 더 높은 사업을 선택하여 기대 이윤을 증가시킬 수 있다. 기업이 실행하는 투자의 수익률에 대한 변동성도 ε의 증가함수이다. 따라서 대출계약이 체결된 이후 기업이 보다 더 위험한 투자프로젝트를 실행하려는 유인이 있다.

현실의 채무계약에서도 도덕적 해이가 발생할 가능성을 완화하거나 없애기 위해 여러 방안이 실시되고 있다. 이와 관련하여 두 개의 방안을 소개한다. 첫째, 채권자와 채무자 간의 이해관계가 일치하도록 한다. 동일한 사업이더라도 차입자의 순자산이 크다면 실패하는 경우 부담해야 하는 손실 중 자신이 부담해야 하는 금액이 커지므로 손해의 가능성을 높여 가면서 보다 더 위험한 사업을 선택하려는 유인이 작다. 또는 담보를 요청하여 손해가 발생할 때 담보를 처분하여 손해를 메꾼다면 손실 중 자신이 부담해야 하는 금액이 더 커지므로 위험한 사업을 선택하려는 유인이 감소한다. 둘째, 대출약정서에 다양한 금지조항(restrictive covenant)들을 포함시켜 채무자의 도덕적 해이를 방지할 수 있다.[4] 그러나 금지조항의 실효성은 제한적일 가능성이 높다. 금지조항이 제대로 이행되고 있느냐를 지속적으로 감시해야 하고 금지조항이 이행되지 않고 있음을 인지하면 이를 시정하기 위한 실효적인 조치를 취해야 한다. 결국 금

---

4 미쉬킨(Frederic Mishkin, 2011)은 바람직하지 않은 행동을 억제하거나 바람직한 행동을 권장하는 조항 및 담보를 제대로 보존하고 정보의 적절한 제공을 유도하는 조항들이 포함되는 것으로 설명하고 있다. (금지조항에 대한) 자세한 내용은 미쉬킨의 교과서인 「The Economics of Money, Banking, and Financial Markets」에서 찾아볼 수 있다.

지조항의 실효성을 제고하기 위해 채무자는 비용을 지불해야 하지만 부담이 크지 않기 때문에 금지조항의 실효성이 낮을 수 있음이 지적되기도 한다.

역선택과 신용 할당

현재 분석하고 있는 모형을 사용하여 <표 13-1>의 첫째 열에 있는 역선택의 문제와 관련된 이슈를 설명하기 위해 다음과 같은 가정을 도입한다. 앞의 모형과는 달리 한 개의 은행이 다수의 기업에게 동시에 대출하는 것으로 가정한다. 은행은 서로 다른 특성을 가진 기업들이 존재한다는 사실은 알고 있으나 개별 기업의 개별적인 특성에 대한 정확한 정보가 없다는 가정이 부과된다. 기업마다 서로 다른 특성이 있지만 이를 구분할 수 없는 상황에서 은행은 표준화된 대출상품을 개발하여 기업에게 제공한다. 표준화된 대출상품은 모든 기업에게 순자산 단위당 동일한 크기의 대출액과 대출 이자율을 제공하는 대출계약을 말한다. 기업은 자신의 투자 효율성 등을 고려하여 표준화된 대출계약의 체결 여부를 결정한다. 기업의 경우 앞에서 설명한 모형과 동일한 형태의 투자 기회를 보유한다. 구체적으로 다시 설명하면 다음과 같다. ε에 대응하는 기업에게 실현되는 투자 단위당 수익률은 wR이다. 미래 시점에 경영 효율성이 어느 정도로 실현되는지를 대출계약을 체결해야 하는 시점에서 은행과 기업은 모두 모른다. 또한 투자 수익이 실현되면 기업은 자신의 투자 성과를 정확하게 알지만 은행은 회계감사를 실시하지 않는 한 기업의 투자 성과를 정확하게 알 수 없다. 따라서 앞에서와 마찬가지로 실현된 투자 수익에 대하여 정보의 비대칭성은 계속해서 존재하는 것으로 가정한다. 경영 효율성을 나타내는 지표의 크기는 $[1 - \varepsilon, 1 + \varepsilon]$ 구간 안에서 움직이는 변수이고 ε은 1보다 작은 양수이다.

역선택의 문제는 계약이 체결되기 이전에 발생하는 정보의 비대칭성이다. 따라서 본 절에서 분석하는 모형은 <표 13-1>의 첫째 줄에 해당하는 모형이다. 역선택의 문제가 현재 분석하고 있는 모형에서 발생하도록 하기 위해 다음과 같은 가정이 추가된다. 첫째, 서로 다른 기업들이 은행이 공급하는 표준화된 대출상품을 신청한다. 서로 다른 기업을 은행이 어떻게 구분하는가? 은행은 대출신청서를 제출한 기업이 서로 다를 수 있다는 것은 알 수 있지만 어느 정도 다른 지를 구분할 수 없다. 서로 다른 기업들에 대하여 ε의 값이 다르다. 따라서 ε의 값이 서로 다른 수없이 많은 기업들이 존재한다. 구체적으로 $[\varepsilon_a, \varepsilon_b]$의 구간에 위치하는 한 점에 대응하는 기업이 있다. 구간의 상한과 하한은 모두 1보다 작은 양수이다. 각 점에 대응하는 경영 효율성의 값을 가진 기업의 수는 $\Phi(\varepsilon)$이다. 이를 수식으로 쓰면 $\Phi(\varepsilon) = 1/(\varepsilon_b - \varepsilon_a)$이다. 둘째, 은행의 정보력에 대한 가정이다. 은행은 기업의 경영 효율성 분포에 대한 밀도 함수를 정확히 알고 있지만 개별 기업에게 실현되는 경영 효율성의 값은 알 수 없다. 기업은 자신이 보유한 경영 효율성의 상한과 하한을 정확히 알고 있다. 은행은 기업의 경영 효율성에 대한 정보의 부족으로 인해 표준화된 대출상품을 개발할 때 평균 경영 효율성에 해당하는 기업의 입장에서 최적 대출계약의 조건을 계산하여 대출 이자율과 대출금을 결정한다. 은행이 평가한 평균적인 기업이 보유한 ε의 값은 $\varepsilon = (\varepsilon_a + \varepsilon_b)/2$이다. 이제 개별 기업의 경영 효율성의 범위를 결정하는 ε의 값을 고정시키면 앞 절에서 분석한 대출계약모형과 같아진다. 앞 절에서 설명한 결과를 이용하면 경영 효율성의 범위가 ε의 값에 대응하는 기업의 예상 이윤은 다음과 같다.

$$pk^s(1 + \varepsilon - w^s)^2/(4\varepsilon)$$

이 식에서 은행이 표준화된 대출상품을 개발할 때 적용된 경영 효율성에 대한 임계치는 w^s로 표기한다. 표준화된 대출상품에서 적용된 기업의 레버리지 비율은 k^s이다. 본 절의 모형에서 k^s는 표준화된 대출상품의 대출액을 결정하는 고정된 계수의 역할을 한다. 예를 들어 순자산이 많은 기업이 대출을 요청하면 순자산에 비례하여 보다 많은 대출금을 공급한다. 이 때의 대출금은 $L = (k^s - 1)N$으로 결정된다. 이 식이 함의하는 것은 위에서 설명한 바와 같이 대출금은 순자산에 비례하고 비례상수는 $(k^s - 1)$이라는 것이다. 예대금리차는 어떻게 결정되는가를 보기로 한다. 이를 위해 대출의 총이자율을 무위험 증권의 총이자율로 나눈 비율을 $p^z = Z/R$로 정의한다.[5] 앞

---

5 대출의 총이자율을 나타내는 변수인 Z는 대출 1원당 원금과 이자로 볼 수 있다. 무위험 증권의 총이

절에서 설명한 모형에 따르면 예대금리차를 나타내는 변수는 다음과 같이 결정된다.

$$p^z = (pk^s/(k^s - 1))\, w^s$$

표준화된 대출상품에서 적용하는 대출 이자율도 w^s와 k^s를 알면 위의 식을 사용하여 계산할 수 있다.

표준화된 대출상품을 설명했으므로 은행이 공급하는 표준화된 대출상품을 수요하는 기업은 어떠한 특성을 가지고 있느냐를 분석한다. 이에 대한 답을 먼저 제시하면 경영 효율성의 변동성이 낮은 안정적인 기업은 은행이 제공한 표준화된 대출계약에 참여하지 않는다는 것이다. 예를 들어 낮은 ε의 값을 가지고 있는 기업은 경영 효율성의 변동성이 낮은 기업이다. 이러한 기업이 보유한 수익률의 특징은 다음과 같다. ε의 값이 큰 기업과 비교하여 보다 더 높은 수익이 실현될 확률은 작거나 없다. 그러나 다른 기업들이 평균적으로 얻는 수익률을 상대적으로 더 높은 확률로 실현시킨다. 따라서 ε의 값이 작다면 보다 안정적인 기업이다. 은행의 표준화된 대출상품에서 제시한 계약조건을 그대로 받아들인다면 안정적인 기업은 자신에게 적절한 대출계약에서 제공되는 대출 이자율에 비해 더 높은 대출 이자율을 부담하게 된다. 그 결과 안정적인 기업이 표준화된 대출상품을 받아들이면 자신에게 적절한 대출계약의 기대이윤보다 더 낮은 기대 이윤을 감수해야 한다. 기대 이윤의 감소폭이 확대되면 최소한 보장 받아야 하는 기대 이윤 수준에도 미달하게 된다. 따라서 표준화된 대출상품이 시장에 공급되면 안정적인 기업들은 대출계약에 참여하지 않고 변동성이 높은 기업만 대출계약에 참여할 가능성이 있다. 그 결과 은행의 예상 이윤이 낮아진다.

<그림 13-5>는 경영 효율성의 표준편차가 증가하면서 표준화된 대출상품으로부터 얻는 은행의 예상 이윤과 기업의 예상 이윤이 어떻게 변화하는지를 보여주고 있다. 은행의 예상 이윤은 변동성이 높은 기업과 대출계약을 할수록 낮아진다. 그 이유는 은행이 위험 중립적이더라도 대출계약에 의해서 은행의 사후적 이윤이 실현된 기업의 투자 수익에 대하여 오목 함수의 형태로 바뀌었기 때문이다. 이는 투자 수익의

자율은 무위험 채권의 투자 1원당 원금과 이자로 볼 수 있다.

그림 13-5 **역선택 하에서 은행과 기업의 예상 이윤**

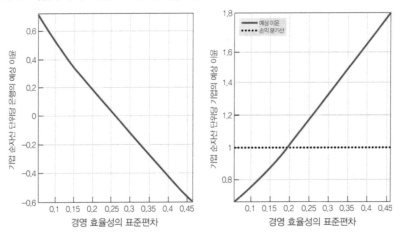

변동성이 높은 기업과 대출계약을 맺으면 은행의 기대 이윤이 감소함을 의미한다. 특히 표준화된 대출계약은 평균적인 변동성을 가진 기업에게 최적인 계약 조건을 가진 대출상품이다. 또한 평균적인 변동성을 가진 기업에 대해서 은행이 제로의 기대 이윤을 얻도록 설계되었다. 따라서 표준화된 대출계약을 체결한 기업의 투자 수익의 변동성이 평균적인 변동성에 비해 더 높으면 그 대출계약에 대한 은행의 예상 이윤은 음수가 된다.

<그림 13-5>의 왼편 패널에 수록된 그래프는 대출계약을 체결한 기업의 경영 효율성의 변동성이 은행의 기대 이윤에 미치는 효과를 보여주고 있다. 이 그래프에서 y축은 은행의 기대 이윤을 기업의 순자산을 무위험 채권에 투자하여 얻는 수입으로 나눈 비율이다. 이렇게 정의된 비율에서 분모는 대출계약 조건에 의해서 영향을 받지 않기 때문에 y축은 정규화한 수치를 보여주고 있다고 할 수 있다. <그림 13-5>의 왼쪽 패널에 있는 그래프의 함의는 경영 효율성의 변동성이 커지면서 은행의 예상 이윤은 감소한다는 것이다. <그림 13-5>의 오른편 패널에 수록된 그래프는 표준화된 대출계약을 체결한 기업의 경영 효율성의 변동성이 기업가의 기대 이윤에 미치는 효과를 보여주고 있다. 그래프의 작성에 사용된 식은 다음에 정리되어 있다.

$$\pi^f = pk^s(1 + \varepsilon - w^s)^2/(4\varepsilon)$$

기업의 경영 효율성에 대한 변동성을 경영 효율성의 표준편차로 측정한다면 경영 효율성의 변동성은 $\varepsilon/\sqrt{3}$이다. 따라서 위의 식이 함의하는 점은 경영 효율성의 변동성이 커지면서 기업의 기대 이윤은 증가한다는 것이다. 그런데 기업가가 기업의 경영을 지속할 것을 선택하기 위해 기업의 이윤이 국채 투자의 예상 수입보다 더 높아야 한다는 조건이 부과된다면 기업가의 기업활동에 대한 자발적인 선택에 필요한 예상 이윤의 최소값이 있다. 이를 표기하기 위해 그림에서 손익분기선을 도입한다. 손익분기선은 표준화된 대출계약으로 자금을 조달하여 투자한 기업가가 기업 경영을 포기하고 순자산을 모두 무위험 채권에 투자하는 경우 예상되는 수입과 동일한 크기의 기업의 예상 이윤으로 정의된다. 표준화된 대출계약 하에서 손익분기선을 넘는 예상 이윤을 가진 기업만 대출계약에 참여한다. 이러한 투자 수익의 변동성이 높은 기업들은 은행의 예상 이윤을 하락 시킨다. 한편, 역선택의 문제로 은행은 개별 기업이 가지고 있는 투자 수익의 변동성을 알 수 없다. 따라서 변동성이 높은 기업이 대출계약에 참여하더라도 이를 구별해낼 수 없다.

<그림 13-5>의 그래프에 있는 수치를 가지고 예를 들기로 한다. 따라서 오른편 패널을 보면 손익분기선과 곡선이 만나는 점에서 경영 효율성의 변동성은 약 0.19이다. 따라서 경영 효율성의 변동성이 0.19 이상이 되는 기업들은 표준화된 대출로 자금을 차입하여 투자하면 예상 이윤이 양수이므로 대출계약에 참여한다. 왼편 패널을 보면 은행은 경영 효율성의 변동성이 0.26 이상인 기업과 대출계약을 맺으면 예상 이윤이 음수이다. 또한 표준편차는 0.46이 최대값이므로 은행은 0.19부터 0.26 미만에 해당하는 기업에게는 양의 예상 이윤이 발생하고 0.26부터 0.46까지의 기업에 대해서는 음의 예상 이윤이 발생한다. 각 점에 해당하는 기업의 비중은 모두 균등한 것으로 가정하였다. 은행의 기대 이윤에 이득을 주는 기업보다는 손해를 주는 기업이 더 많이 대출계약에 참여한다고 볼 수 있다. 따라서 <그림 13-5>가 함의하는 점은 은행이 개별 기업의 경영 효율성을 정확하게 모르는 상황이 금융거래 이전에 존재하여 역선택

의 문제가 심화하면 금융중개기능이 아예 없어지거나 크게 약화될 수 있다는 것이다.

역선택 문제에 대한 해결방안의 제안과 실제로 실시되고 있는 제도에 대하여 간단히 살펴 보기로 한다. 앞에서 설명한 모형의 함의는 금융시장 참가자의 특성에 관한 정확한 정보가 유통될 수 있다면 역선택의 문제를 완화하거나 제거할 수 있다는 것이다. 그러나 정보의 생산을 누가 하느냐에 따라서 필요한 양의 정보가 생산되는지 여부가 중요하다. 특히 정보의 생산 및 유통을 민간 부문이 담당한다면 무임승차의 문제가 수반되어 필요한 양의 정보가 생산되지 않을 가능성이 높다는 우려를 제기할 수 있다. 예를 들어, 투자자들이 유용한 정보를 구매하여 특정한 증권에 대규모로 투자하면 거래량이 늘면서 시장가격도 상승한다. 이 경우 정보를 사지 않은 투자자들도 거래가 증가하는 금융증권을 쉽게 확인할 수 있으므로 앞으로 시장가격이 상승한다는 기대감이 있다면 투자에 참여하게 된다. 그 결과 무임승차의 문제가 발생하여 민간 시장만으로 충분한 양의 정보가 생성되기 어렵다면 정부가 정보의 생산을 담당하는 방안도 생각해볼 수 있다. 그러나 미쉬킨은 2011년 출간한 교과서에서 정부가 기업에 대한 부정적인 정보를 투자자에게 공개적으로 제공하는 것은 쉽지 않다는 점을 지적한다. 따라서 정부가 정보의 생산 및 유통을 담당하는 것도 제한적인 효과만 기대할 수 있을 것이다. 미국의 경우 증권거래위원회(securities and exchange commission)는 주식을 상장하는 기업은 회계감사를 받고 재무제표에 대한 정확한 정보를 공개하도록 규제하고 있다. 그러나 신문 지상에서 확인할 수 있듯이 회계부정을 완전히 방지하기 어렵다. 이러한 인식 하에서 미쉬킨은 은행과 같은 금융중개기관이 역선택의 문제를 해결할 수 있는 중요한 제도라고 보고 있다. 두 가지 이유를 들 수 있다. 첫째, 기업에 대한 정보를 생산하는 일에 전문성이 생기면 대출을 신청한 기업이 좋은 신용을 가지고 있느냐를 구분하는 데 도움이 된다. 기업에 대한 보다 더 정확한 정보가 있다면 은행은 대출업무의 비용을 줄이고 은행의 대출자산에 대한 안정성을 제고하여 은행의 이윤을 증가시킬 수 있다. 그러므로 은행은 자발적으로 기업에 대한 정보를 생산 및 축적하려는 유인이 있다. 둘째, 민간 부문에 대한 은행대출들이 독립적으로 거래되는 시장이 없다. 따라서 정보를 축적하지 않은 은행들이 비용을 들여 기업에 대한 정보를 축적한 은행의 대출 행위를 비용을 들이지 않고 관측할 수 있는 시장이 없다. 그 결과 대출업무를 통해 쌓은 기업에 관한 정보와 관련한 무임승차의 문제가 발생할 수 없다는 것이다.

연습문제

1. 〈그림 13-3〉에서 오른편 패널에 있는 기업의 수입을 나타내는 직선의 식은 다음과 같음을 보이시오.

$$y = \begin{cases} x - \text{RK} & \text{if } x \geqq \text{RK} \\ 0 & \text{if } x < \text{RK} \end{cases}$$

위의 식에서 y는 기업의 실현된 수입이고 x는 기업이 선택한 투자가 제공하는 실현된 수입을 나타낸다. 〈그림 13-3〉에서 왼편 패널에 있는 은행의 실현된 수입을 나타내는 직선의 식은 다음과 같음을 보이시오.

$$y = \begin{cases} \text{RK} & \text{if } x \geqq \text{RK} \\ x & \text{if } x < \text{RK} \end{cases}$$

위의 식에서 y는 은행의 실현된 수입이고 x는 기업이 선택한 투자가 제공하는 실현된 수입을 나타낸다.

2. 〈그림 13-3〉에서 왼편 패널에 있는 은행의 예상 수입을 나타내는 점선의 식은 다음과 같다.

$$y = \frac{1}{2}x + \frac{1}{2} + (1 - \varepsilon)RK$$

이 식에서 y는 은행의 예상 수입을 나타내고 x는 기업이 선택한 투자가 제공하는 실현된 수입을 나타낸다. 이 식은 $((1 - \varepsilon)RK, (1 - \varepsilon)RK)$점과 $((1 - \varepsilon)RK, RK)$점을 지나는 직선임을 보이시오. $x = RK$에서 은행의 실현된 수입과 예상 수입을 비교하고 차이가 나는 이유를 설명하시오.

3. 〈그림 13-3〉에서 오른편 패널에 있는 기업의 예상 이윤을 나타내는 점선의 식을 다음과 같이 가정하시오.

$$y = ax + b$$

이 식에서 y는 기업의 예상 수입을 나타내고 x는 기업이 선택한 투자가 제공하는 실현된 수입을 나타낸다. 이 식은 $((1 - \varepsilon)RK, \varepsilon RK)$의 점과 $((1 - \varepsilon)RK, 0)$의 점을 지나야 함을 보이시오. 이 조건이 만족되는 a와 b의 값을 계산하시오. $x = RK$에서 기업의 실현된 이윤과 예상 이윤을 비교하고 차이가 나는 이유를 설명하시오.

4. 본 장에서 분석한 대출계약모형의 함의는 k가 p의 증가 함수라는 것이다. 이러한 모형의 함의가 맞다면 인플레이션 타기팅을 실시하는 중앙은행이 통화정책을 통해서 기업가의 자본투자에 어떻게 영향을 미칠 수 있는지를 설명하시오.

5. 어느 경제학자의 아래와 같은 주장을 정보의 비대칭성이 있는 상황을 고려하여 평가하시오.

『중앙은행이 기준 금리를 올리면서 시중은행도 대출 금리를 높이면 높은 이자비용을 감당할 수 있는 우량기업만 대출을 신청하게 되어 과도한 기업투자를 막을 수 있다.』

6. 본 장에서 분석한 대출계약모형을 사용하여 제8장에서 설명한 통화정책의 금리경로가 원활하게 작동하면 통화정책의 광의의 신용경로도 원활하게 작동할 수 있다는 주장을 평가하시오.

7. 본 장에서 분석한 역선택의 문제가 발생하는 경제의 대출계약모형을 사용하여 통화정책의 은행대출경로에서 은행의 역할에 대하여 설명하시오.

제14장

금융시장의 변화와 금융위기

제14장

금융시장의 변화와 금융위기

　본 장에서는 그림자 은행산업의 성장과 쇠퇴가 실물 부문과 어떻게 연결되어 있는지를 단순한 예를 사용하여 이해하고자 한다. 2007년 여름부터 시작된 금융위기의 원인과 전개과정을 설명하는 거의 모든 연구는 2007년 여름 이전의 금융시장을 쉐도우 뱅킹(shadow banking) 또는 그림자 은행산업으로 정의하고 금융시장의 금융중개기능이 약화되면서 발생한 거시 경제의 불황이 오랫동안 지속되는 현상이 나타난 것으로 강조하고 있다. 그림자 은행산업이 주로 담당해왔던 기능을 요약하여 증권화 은행업(securitized banking)이라고 정의하기도 한다. 이러한 견해를 반영하여 본 장에서는 강조하는 그림자 은행산업의 주요 특징은 자산 유동화를 통한 유동성 변환(liquidity transformation)이다. 자산 유동화의 개념을 설명하기 위해 은행의 대출채권에 기초한 증권화(securitization) 과정을 간단히 요약한다. 은행으로부터 대출받은 다양한 채무자들이 매달 한번씩 미리 약정된 대출이자와 원금의 일부를 상환한다. 은행은 자신이 매달 받는 원리금 상환액의 총액보다 더 낮은 금액의 원리금 상환을 약속하는 채권을 발행할 수 있다. 채무자 몇 사람이 제때에 원리금 상환을 못하더라도 은행은 안전하게 자신이 약속한 금액을 지급할 수 있다. 이러한 작업을 통해서 은행은 자신이 보유한 대출채권에 기초하여 새로운 증권을 발행한 것이다.

자산 유동화 증권(asset backed securities)의 역할은 금융시장에 제공되는 투자 자금의 공급을 크게 증가시킨다는 것이다. 자산의 유동화를 통해 정상적인 금융시장에서 동일한 은행예금으로 창출된 대출의 양이 기하급수적으로 증가한다. 자산 유동화는 하나의 기초자산에 대하여 여러 단계를 거쳐 금융시장에 공급되는 투자 자금의 총량을 증가시키는 작업이므로 하나의 주춧돌 위에 여러 단의 벽돌을 올려 놓아서 쌓는 건축물을 만드는 작업으로 비유할 수 있다. 아랫부분에 놓인 하나의 벽돌이 부실해지면 그 위의 벽돌은 쉽게 무너진다. 이러한 특성으로 자산 유동화를 통해 증가된 시장의 풍부한 자금 공급은 쉽게 무너질 수 있다. 또한 건축물이 높이 올라갈수록 크게 무너질 수 있다. 이처럼 그림자 은행산업이 수행하는 유동성 변환의 기능은 내재적인 취약성에 노출되어 있다. 그 결과 기초자산의 수익성 또는 거래 상대방의 신뢰성에 대한 불확실성이 발생하면 이에 대하여 강건하게 대응하지 못하고 금융중개기능이 크게 손상되면서 실물 경제의 자금조달을 크게 악화시키는 상황으로 이어질 수 있다.

본 장에서는 은행이 자산 유동화 증권을 발행하는 과정을 단순한 모형을 사용하여 설명한다. 그 결과 기업이 조달할 수 있는 투자 자금이 늘어나기 때문에 투자의 붐이 발생할 수 있음을 보인다. 그러나 자산 유동화를 통해 조성된 풍부한 자금은 금융시장의 불확실성이 증가하면서 쉽게 사라지는 속성이 있으며 최근의 금융위기가 진행되는 과정에서도 관측되었다. 중앙은행은 은행의 은행이라고 한다. 금융시장에서 내재적으로 생성된 유동성이 갑자기 줄어드는 상황에서 중앙은행은 어떠한 역할을 해야 하는가에 대하여 생각해볼 수 있다. 중앙은행의 최종 대부자의 역할은 금융기관의 단기 자금 조달이 어려운 상황에서 건실한 금융기관이 금융중개기능을 계속해서 수행할 수 있도록 하는 역할이라고 해석할 수 있다. 미국과 유럽의 중앙은행들은 2007년 하반기 금융위기 초반에 발생한 금융시장의 유동성 위기 현상에 어떻게 대처했는지 간단히 소개한다.

자산 유동화 증권의 모형

본 절에서는 제13장에서 분석한 버냉키-거틀러-질크라이스트 모형을 사용하여 자산 유동화 증권이 발행되는 과정을 설명한다. 본 절에서 설명할 모형은 부채 담보부 증권(collateralized debt obligations)과 유사하다. 부채 담보부 증권은 금융기관이 보유한 대출 채권이나 회사채 등을 특수목적기구로 이전한 후 이를 담보로 하여 특수목적기구가 발행하는 유동화 증권을 의미한다. 이는 동일한 기초자산으로부터 나오는 수익에 기초하여 몇개의 등급을 두고 차별화하여 발행된 금융증권을 판매하는 것을 의미한다.

가장 높은 등급의 부채 담보부 증권을 매수한 투자자는 기초자산의 원금과 이자수입에 대한 최우선권을 보장받는다. 이에 대한 대가로 최우선권이 부여된 부채 담보부 증권을 구매한 투자자에게 주어지는 이자율이 가장 낮다. 바로 아래 등급의 부채 담보부 증권을 매수한 투자자는 최우선권을 가진 부채 담보부 증권보다는 우선권이 낮지만 그 외의 다른 부채 담보부 증권에 비해서는 더 높은 우선권이 있다. 이처럼 동일한 담보자산들로 구성된 그룹에서 유동화 증권들에 대하여 계층적 등급을 두는 기법을 트랜치(tranche)라고 한다. 우선권에 대한 순서에 따라서 상위 트랜치(senior tranche), 중위 트랜치(mezzanine tranche), 에쿼티 트랜치(equity tranche) 등의 순서로 분류된다.

다음에서는 제13장에서 설명한 은행대출모형에 자산 유동화 증권이 발행되는 상황을 분석한다. 은행이 발행하는 첫번째 자산 유동화 증권은 무위험 채권인 것으로 가정한다. 부도 위험이 있는 대출자산으로부터 어떻게 무위험 채권을 발행할 수 있는지 의아할 수 있다. 이를 위해 사용하는 수단이 미래 시점에서 발생할 소득의 흐름을 여러 조각으로 분리하는 것이다. 은행이 대출에 대한 대가로 받는 순소득의 최소값은 $(1 - \mu)(1 - \varepsilon)R_bK$이다. 여기서 R_b는 은행대출을 받는 기업가가 선택한 자본투자의 총수익률을 나타내고 K는 기업가가 소유한 총자산을 나타낸다. 부도가 발생하여 회계감사가 실시된 이후 남은 기업가의 총자산은 은행이 언제든지 청산하는 것으로 가정한다. 따라서 다음 시점의 원리금이 $(1 - \mu)(1 - \varepsilon)R_bK$인 채권을 은행이 발행한

그림 14-1 은행의 소득과 유동화 증권의 원리금

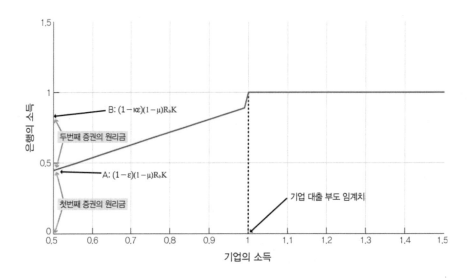

다면 어느 상황이 발생하든 이 채권의 원리금을 지급할 수 있다.[1] 위의 설명은 은행
은 다음 시점에서 발생 가능한 소득 중 항상 보장된 소득을 따로 떼어내어 이를 기
초로 한 무위험 채권을 발행할 수 있음을 의미한다. 현재 설명하고 있는 모형에서는
$(1 - \mu)(1 - \varepsilon)R_b K$를 액면가로 하는 채권이 상위 트랜치에 속한다. 그 이유는 기업
대출에서 부도가 나더라도 유동화 채권을 발행할 때 약속된 원리금이 그대로 지급될
수 있기 때문이다.

　위에서 설명한 채권은 은행이 소유한 대출자산을 기초로 하여 발행된 자산 유동
화 증권이다. 이와 같은 자산 유동화 증권을 발행하면 은행의 입장에서는 예금의 증
가나 자기자본의 증가 없이도 기업에 대출할 수 있는 새로운 자금을 늘리게 되는 효
과를 얻을 수 있다. 위의 예를 이용하여 자산 유동화를 통한 대출자금의 증가를 계산
한다. 액면이 $(1 - \mu)(1 - \varepsilon)R_b K$인 무위험 채권의 현재 시점의 가격은 $(1 - \mu)(1 - \varepsilon)R_b K / R$이다. 이 식에서 R은 무위험 채권의 총수익률을 의미한다. 자산 유동화 증

---

1 만기가 1기인 유동화 채권을 발행하는 것으로 가정한다. 따라서 유동화 채권의 원리금은 총 액면가
　(face value)를 의미한다.

그림 14-2 기초자산의 소득과 유동화 증권의 원리금

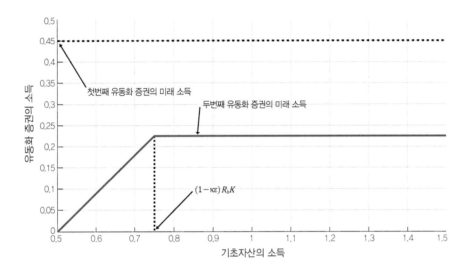

권을 발행하지 않았다면 대출금이 모두 그대로 묶여 있어야 하지만 은행이 앞에서
설명한 방식에 따라서 무위험 채권을 발행하여 채권시장에서 매도하면 그 결과
$(1 - \mu)(1 - \varepsilon)R_b K/R$의 자금을 얻게 된다.

  은행은 자산 유동화의 방식에 의거하여 부도의 위험이 있는 채권도 발행할 수 있
다. 이는 중위 트랜치 또는 에쿼티 트랜치에 속하는 증권이다. 예를 들어 은행은 자
산 유동화를 통해서 부도 위험이 α인 채권을 발행할 것을 계획하고 있는 것으로 가
정하자. $(1 - \mu)(1 - \varepsilon)R_b K$의 소득 부분에 대해서는 앞에서 증권화를 통해 이미 팔
은 것으로 가정한다. 이제 남은 소득 부분 중에서 경영 효율성 지표의 최소값인
$\omega = 1 - \varepsilon$과 $\omega = 1 - \kappa\varepsilon$ 사이에 위치한 소득 부분에 대하여 자산 유동화를 진행하는 것
으로 가정한다. κ는 1보다 작은 양수로 가정한다.

  부도가 난 상황에서도 은행이 확보할 수 있는 수입에 기초하여 발행하는 것으로
가정한다. 따라서 유동화 증권이 제공할 수 있는 미래 수익을 계산하기 위해 은행은
기업의 부도가 발생하여 지불해야 하는 회계감사비용을 뺀 소득을 계산해야 한다. 경
영 효율성 지표가 $(1 - \varepsilon)$에서 $(1 - \kappa\varepsilon)$ 사이에 위치하는 상황에서 발생하는 은행의

수입을 채권의 형태로 유동화하는 것이므로 이 구간에서 발생하는 수입을 계산한다. 경영 효율성 지표에 대한 구간의 크기를 계산하기 위해 $\omega = 1 - \kappa\varepsilon$의 값에서 $\omega = 1 - \varepsilon$의 값을 감하면 $\varepsilon(1 - \kappa)$이다. 그 결과 은행이 자산 유동화를 통해서 미래 시점에서 제공할 것으로 약속할 수 있는 원리금은 $\varepsilon(1 - \mu)(1 - \kappa)R_b K$이다.

은행이 약속한 유동화 채권의 원리금이 항상 지급될 수 있는 것은 아니다. 은행이 발행한 유동화 채권에서도 부도가 발생할 수 있다. 경영 효율성 지표가 낮게 실현되면 은행이 약속한 유동화 채권의 원리금이 전액 지급되지 않을 수 있음을 보인다. 앞에서 $(1 - \kappa\varepsilon)$는 기업 대출의 부도 임계치보다 낮은 것으로 가정하였다. 따라서 경영 효율성 지표의 값이 $\omega = 1 - \kappa\varepsilon$로 실현되면 기업은 은행에 대한 대출금을 상환하지 못해 부도가 난다. 그럼에도 불구하고 은행은 기업의 자산을 매각하여 조달한 매각 대금을 유동화 채권의 원리금을 지급하는 데 사용할 수 있다. 또한 경영 효율성 지표의 값이 앞에서 설정한 구간 안에서 실현되면 유동화 채권의 발행자가 약속한 원리금을 모두 지불할 수 없기 때문에 유동화 채권의 부도가 발생한다. 그러나 경영 효율성 지표의 값이 $[1 - \varepsilon, 1 - \kappa\varepsilon]$의 구간보다 위에서 실현된다면 약속한 원리금을 모두 지급할 수 있다. 이 경우 기업의 부도가 발생한다고 할지라도 기업의 자산을 청산하여 유동화 채권의 투자자에게 약속한 원리금을 확보할 수 있기 때문에 유동화 채권의 부도는 발생하지 않는다. 따라서 두 증권의 부도가 항상 동시에 발생할 필요는 없다. 은행이 발행한 유동화 채권에 대한 부도의 확률은 얼마인가? 경영 효율성 지표가 균등 분포를 따르는 것으로 가정하였기 때문에 이를 이용하면 부도의 확률은 $(1 - \kappa)/2$이다. 따라서 $\alpha = (1 - \kappa)/2$의 등식이 만족됨을 의미한다. 또한 ε의 값은 은행이 조정할 수 없이 외생적으로 결정된다. 그 결과 유동화 채권의 부도 확률은 $\alpha = (1 - \kappa)/2$의 등식에 의해서 결정된다. 이는 은행이 유동화 채권의 수익을 결정할 때 선택해야 하는 κ의 값이 유동화 채권의 부도 확률을 결정하게 됨을 의미한다.

<그림 14-1>은 앞에서 설명한 은행의 수입과 은행이 미리 약정한 유동화 채권의 원리금 간의 관계를 보여주고 있다. 기업 대출의 부도가 발생하는 경영 효율성 지표의 값을 1로 설정하였다. 청산을 위해 필요한 청산비용은 실현된 투자 소득의 $\mu = 0.1$로 설정하였다. 또한 분석의 편의를 위해 $R_b K = 1$로 가정하였다. $\varepsilon = 0.5$로

설정하였기 때문에 기업의 경영 효율성이 $\omega = 0.5$로 실현되면 기업의 투자 소득이 가장 낮게 나타난다. 그 결과 기업은 은행에 대한 채무를 상환하지 못해 파산한다. $\omega = 1$에서 은행 소득의 불연속점이 발생한다. 그 이유는 기업에게 제공한 대출에서 부도가 발생하는 경우 은행은 기업에 대하여 회계감사를 실시하고 그에 따라 회계감사비용과 그 외의 청산비용을 지불해야 하기 때문이다. <그림 14-1>을 보면 가정에 의해서 은행이 자산 유동화를 통해 매각하는 부분은 부도가 발생하는 상황에서 은행이 얻는 수입이다. 기업에게 제공한 대출에서 부도가 발생하더라도 은행은 기업으로부터 인수한 자산과 산출을 청산하여 수입을 얻을 수 있음을 가정하였다. 따라서 점 A는 가장 확실하게 은행이 보장할 수 있는 소득이므로 이 부분을 사용하여 무위험 채권을 발행한다. 점 A와 점 B 사이의 소득은 미래 시점에서 실현될 수도 있고 그렇지 않을 수도 있다. 따라서 이 부분을 기초로 하여 자산 유동화를 진행한다면 무위험 채권을 발행할 수 없다. 따라서 앞에서 설명한 바와 같이 위험 채권을 발행하게 된다.

    <그림 14-2>는 앞에서 설명한 기초자산의 소득과 유동화 채권의 원리금 간의 관계를 그림으로 보여주고 있다. 첫번째 증권에 대한 원리금은 기초자산의 소득이 어느 정도 실현되는지의 여부에 관계없이 일정한 액수가 보장된다. 따라서 <그림 14-2>에서 검은색 점선의 수평선이 된다. 이와 같은 특성은 기업이 파산하더라도 기업의 자산을 청산하여 원리금 지급에 필요한 자금을 쉽게 얻을 수 있다는 가정 하에서 성립한다. 두번째 증권은 기초자산의 소득이 $(1 - \kappa\varepsilon)R_bK$ 이상이 되면 약정한 원리금의 지급이 가능하다. 이 경우 $(1 - \mu)\varepsilon(1 - \kappa)R_bK$ 의 원리금 지급이 가능하다.[2] 이는 <그림 14-2>에서 파란색 실선의 수평선에 해당하는 부분이다. 그러나 기초자산의 소득이 $(1 - \kappa\varepsilon)R_bK$ 보다 작아지면 유동화 증권에 부도가 발생한다. 이 경우 기초자산으로부터 넘어온 소득을 모두 투자자에 지급한다. 이는 <그림 14-2>의 파란색 실선에서 양의 기울기를 가진 직선에 해당하는 부분이다.

    은행이 발행한 유동화 채권에 대한 가격은 어떻게 결정되는가? 부도의 위험이 없

---

2 $\omega_1 = 1 - \kappa\varepsilon$과 $\omega_2 = 1 - \varepsilon$로 정의한다. 앞의 설명에서 $(\omega_1 - \omega_2)$가 중위권 트랜치에 속하는 채권으로 유동화되는 부분이다. $(\omega_1 - \omega_2) = \varepsilon(1 - \kappa)$에 해당하는 부분은 은행과 기업 간 대출계약에서 부도가 발생하는 부분이다. 따라서 은행이 투자자에게 약속할 수 있는 원리금은 부도처리비용을 감하고 남은 비용인 $\varepsilon(1 - \kappa)(1 - \mu)$이 된다.

다면 국채와 동일한 것으로 간주할 수 있으므로 쉽게 가격을 책정할 수 있다. 그러나 부도의 위험이 있으므로 이를 고려한 가격이 되어야 한다. 본 절에서는 시장 균형에서 차익거래 이득이 없다는 조건을 부여하여 시장가격을 다음과 같이 계산한다. 첫째, 은행은 액면이 $\varepsilon(1-\kappa)(1-\mu)R_bK$인 할인채를 발행하는 것으로 가정한다. 둘째, 은행이 발행한 채권을 인수하는 투자자의 예상 수입의 현재 가치를 계산한다. 셋째, 은행이 발행한 채권을 인수하는 투자자의 현재 시점의 투자 비용을 계산한다. 투자 비용은 채권의 가격에 비례한다. 넷째, 균형에서 차익거래 이득이 없다면 은행이 발행한 채권을 매수한 투자자의 예상 수입의 현재 가치와 현재 시점의 투자 비용이 같아진다. 따라서 위의 등식이 성립하도록 하는 채권의 가격이 은행이 발행하는 자산 유동화 증권의 가격이 된다.

위에서 설명한 과정에 맞추어 자산 유동화 증권의 가격을 계산하기 위해 먼저 유동화 증권의 매수자에게 제공되는 미래 시점의 소득에 대한 예상치를 계산한다. 매수자의 원리금은 기업의 경영 효율성 지표의 선형 함수로 쓸 수 있는데 은행의 최소 수입을 감한 값이어야 한다. 경영 효율성 지표인 ω의 값이 $(1-\kappa\varepsilon)$미만인 경우 매수자에게 주어지는 원리금은 ω의 값에 비례한다. 이 경우 매수자 원리금은 $(1-\mu)(\omega-(1-\varepsilon))R_bK$으로 표현할 수 있다. 그러나 경영 효율성 지표의 값이 $(1-\kappa\varepsilon)$의 값 이상이면 약속한 원리금인 $\varepsilon(1-\kappa)(1-\mu)R_bK$가 지급된다. 따라서 채권 매수자의 예상 소득은 두 부분으로 나뉘어진다. 첫째, 부도가 발생하는 경우의 소득이다. 부도가 발생하는 경우는 경영 효율성 지표가 $(1-\varepsilon)$과 $(1-\kappa\varepsilon)$ 사이에 위치하는 경우이다. 이 구간 안에서 각각의 점이 발생할 확률이 $(1/(2\varepsilon))$이다. 그러므로 부도가 발생하는 상황의 예상 소득은 <표 14-1>의 첫째 줄에 정리되어 있다. 둘째, 부도가 발생하지 않은 상황의 예상 소득은 부도가 발생하지 않을 확률에 약정한 원리금을 곱하여 계산된다. 이 경우 예상 소득은 <표 14-1>의 둘째 줄에 정리되어 있다. 위에서 설명한 두 경우를 모두 합하면 총 예상 소득이 된다. 총 예상 소득은 <표 14-1>의 셋째 줄에 정리되어 있다.

이제 균형조건을 사용하여 유동화 채권의 시장가격을 계산한다. 여기서 균형조건은 차익거래 이득이 없다는 조건을 말한다. 먼저 유동화 채권의 미래 소득의 현재 가

표 14-1 자산 유동화 채권 가격의 결정

부도 있는 경우 예상 소득	$(2\varepsilon)^{-1}(1-\mu)R_b K \int_{1-\varepsilon}^{1-\kappa\varepsilon}\left(\omega-(1-\varepsilon)\right) d\omega = (\frac{\varepsilon}{4})(1-\kappa)^2(1-\mu)R_b K$
부도 없는 경우 예상 소득	$(1-\alpha)\varepsilon(1-\kappa)(1-\mu)R_b K$
총 예상 소득	$\varepsilon\tau(1-\kappa)(1-\mu)R_b K,\qquad \tau = \dfrac{1-\kappa}{4}+1-\alpha$
자산 유동화 채권 가격	$\dfrac{\tau}{R} = p_a \rightarrow p_a = (4R)^{-1}(3+\kappa) = (2R)^{-1}(2-\alpha)$
위험 프리미엄	$\dfrac{R_a}{R} = \dfrac{4}{3+\kappa} = \dfrac{2}{2-\alpha}$

주: 총 예상 소득은 부도가 있는 경우 예상 소득과 부도가 없는 경우 예상 소득의 합을 의미한다. p_a는
    액면 한 단위 당 채권 가격을 나타내고, τ는 (총 예상 소득)/(총 액면가)로 정의된다. 유동화 채권의
    총 액면가는 $\varepsilon(1-\kappa)(1-\mu)R_b K$이다. 본 절의 모형에서 α는 부도의 확률을 나타낸다. 넷째 줄에
    서는 $\alpha = (1-\kappa)/2$의 식을 이용하여 τ를 α 또는 κ의 함수로 표시하고 있다.

치는 $R^{-1}\tau\varepsilon(1-\kappa)(1-\mu)R_b K$ 이다. 또한 채권가격은 액면가 한 단위당 가격으로 정의하고 이를 p_a로 나타낸다. 유동화 채권을 현재 시점에서 매수하는 비용은 유동화 채권의 액면가에 p_a를 곱하여 계산된다. 예를 들어 액면가가 $\varepsilon(1-\kappa)(1-\mu)R_b K$로 책정된 유동화 채권을 매수하기 위해 지불해야 하는 비용은 $p_a\varepsilon(1-\kappa)(1-\mu)R_b K$이다. 차익거래 이득이 없다는 조건이 균형에서 성립한다는 것을 보이기 위해 투자 수익의 현재 가치와 현재 시점의 투자 비용 간 상대적 크기에 따라서 세 개의 경우로 나누어 볼 수 있는 점을 지적한다. 첫번째 경우가 $\tau > p_a R$의 부등호가 성립하는 경우이다. 이 경우 유동화 채권이 보장하는 미래 소득의 현재 가치가 현재 시점의 투자 비용보다 더 크기 때문에 더 많은 투자자들이 채권을 사려고 한다. 그 결과 채권가격은 상승한다. 두번째 경우는 $\tau < p_a R$의 부등호가 성립하는 경우이다. 이 경우 유동화 채권이 보장하는 미래 소득의 현재 가치가 현재 시점의 투자 비용보다 더 작다. 이 경우 투자자들이 채권을 사는 것보다 오히려 시장에서 판매하는 것이 더 이득이 된다. 그 결과 채권가격은 하락한다. 따라서 균형에서는 등호가 성립해야 하기 때문에 유동화 채권의 시장가격은 <표 14-1>의 넷째 줄에 정리되어 있는 식과 같이 결정된다.

은행이 발행하는 자산 유동화 채권은 약정한 원리금보다 작게 수익이 발생할 수 있으므로 위험 증권이다. 위험 증권인 자산 유동화 채권의 위험 프리미엄은 얼마인가? 이를 알아보기 위해 유동화 채권의 총수익률을 R_a로 표기한다. 유동화 채권의 총수익률은 유동화 채권 가격의 역수이다. 이 정의를 <표 14-1>의 넷째 줄에 있는 균형 조건에 적용하면 <표 14-1>의 다섯째 줄에 있는 위험 프리미엄의 식을 도출할 수 있다. 이 식에서 위험 프리미엄은 유동화 채권의 총수익률을 무위험 채권의 총수익률로 나누어 준다. 이 식을 보면 κ의 값이 1보다 작은 양수이면 유동화 채권의 총수익률인 R_a는 무위험 채권의 총수익률인 R보다 더 높게 나타난다. 따라서 유동화 채권의 총수익률에서 양의 위험 프리미엄이 반영되어 있는 것을 확인할 수 있다.

본 절에서 설명한 자산 유동화 모형에 대하여 다음과 같은 두 가지 사항을 지적한다. 첫째, 실제의 자산 유동화에서는 특수목적기구라는 법인을 설립하여 기초자산의 법률적 소유권을 양도하는 과정을 밟을 수 있다. 그러나 본 절의 모형에서는 특수목적기구의 역할을 명시적으로 고려하지 않고 은행이 직접 자산 유동화를 실행하는 것으로 가정하였다. 이와 관련하여 본 장의 뒷 부분에서 자산 유동화의 과정에 대하여 보다 자세히 설명한다. 둘째, 은행이 부도 위험이 있는 유동화 채권을 발행할 때 반드시 본 절에서 설명한 방식으로 증권의 수익을 설계하지 않아도 된다는 것이다. 약속한 원리금을 지급하지 못하면 아예 투자 수익이 제로가 되는 유동화 채권도 생각해볼 수 있다. 본 절의 모형은 하나의 가상적인 사례이고, 현실의 경우 다양한 방식으로 유동화 증권의 수익구조가 설계될 수 있다.

자산 유동화와 신용창조

앞 절의 모형을 분석하면서 자산 유동화 증권의 발행은 금융시장 전체에 가용한 대출자금을 크게 증가시킬 수 있음을 미루어 짐작할 수 있다. 특히 앞에서는 하나의 은행이 자산을 유동화하는 과정을 설명하였지만 동일한 유동화 과정이 반복된다면 신용창조와 유사한 과정이 발생하게 된다. 본 절에서는 앞 절에서 설명한 모형을 그

표 14-2 자산 유동화 비율

무위험 유동화 채권 발행 비중	$(1-\varepsilon)(1-\mu)\dfrac{pk}{k-1}$
위험 유동화 채권 발행 비중	$\varepsilon(1-\mu)\dfrac{(1-\kappa^2)}{4}\dfrac{pk}{k-1}$
유동화 비율	$\varphi = (1-\mu)(1-\varepsilon+\varepsilon\dfrac{(1-\kappa^2)}{4})\dfrac{pk}{k-1}$

주: 유동화 비율(=φ)은 은행이 기업에게 제공한 대출액 대비 유동화 증권 발행액의 비율을 말한다. 셋째 줄에 있는 유동화 비율은 첫째 줄과 둘째 줄의 합이다

대로 사용하여 자산 유동화 증권의 발행을 통해 은행이 확보할 수 있는 자금의 총액을 계산한다. 따라서 본 절의 목적은 앞 절에서 설명한 자산 유동화 모형의 거시경제적 함의를 분석하는 것이다.

본 절에서도 기업에 대한 대출금 L에 대하여 은행이 자산 유동화 채권을 발행하여 자금을 확보하는 것으로 가정한다. 무위험 증권인 유동화 채권과 위험 증권인 유동화 채권을 발행하는 것으로 가정한다. 먼저 기업에게 제공한 대출액 대비 무위험 유동화 채권의 발행 수입은 <표 14-2>의 첫째 줄에 정리되어 있다. 이 식을 도출하기 위해 $p = R_b/R$으로 정의하였다. 이는 기업의 자본투자의 총수익률을 무위험 채권의 총수익률로 나눈 비율이므로 자본투자의 위험 프리미엄으로 해석할 수 있다. 소문자 k는 기업의 총자산을 순자산으로 나눈 비율을 의미한다. 또한 기업에게 제공한 대출액 대비 위험 유동화 채권의 발행 수입은 <표 14-2>의 둘째 줄에 정리되어 있다. 위에서 설명한 두 경우를 합하면 은행이 기업에게 제공한 대출액 중에서 유동화를 통해서 회수한 총액을 계산할 수 있다. 유동화 비율은 자산 유동화 증권의 발행으로 회수한 총액을 대출금으로 나눈 비율로 정의된다. 따라서 유동화 비율을 나타내는 기호는 φ = (유동화/대출)로 정의한다. 이렇게 정의하면 앞 절의 모형이 함의하는 유동화 비율은 <표 14-2>의 셋째 줄에 정리되어 있다. 이 식은 유동화 비율의 결정식으로 해석할 수 있다. 이 식을 보면 유동화 비율은 대출계약의 조건들과 기업이 진행

하고 있는 자본투자의 수익률에 의해서 영향을 받는 것을 알 수 있다. 본 절에서는 φ의 값을 1보다 작은 상수로 가정한다.

이제 은행은 자산 유동화를 통해서 마련한 자금을 모두 새로운 기업에게 대출하는 것으로 가정한다. 이 경우 φL의 대출이 증가하게 된다. 증가된 대출에 대하여 위에서 설명한 것과 동일한 방식의 자산 유동화를 적용한다면 $\varphi^2 L$의 자금이 회수된다. 이렇게 회수된 자금을 다시 대출하는 과정이 지속적으로 반복된다면 결국 $(1/(1-\varphi))L$의 대출이 이루어진다. 금융시장에서 자산 유동화를 통해서 발행된 채권의 공급은 어느 정도인지를 계산해보자. 유동화 채권의 총공급은 자산의 유동화를 통해서 만들어낸 자금과 일치하므로 위의 대출총액에서 유동화가 전혀 없는 상황의 대출금을 뺀 차이와 같다. 따라서 유동화 채권의 총공급은 $(\varphi/(1-\varphi))L$이다.

위에서 설명한 신용창조의 결과가 금융시장의 안정성에 함의하는 바를 요약한다. 자산 유동화는 은행에게 유동성을 늘려주는 좋은 효과가 있는 동시에 과도한 유동성 증가에 따른 시스템 리스크(systemic risk)를 증폭시키는 결과를 초래할 수도 있다. 자산 유동화 증권의 신용을 보강하기 위한 수단으로 사용되는 제3자의 지급보증은 금융기관이 보증하는 총액을 증가시키고 하나의 기초자산에 다수의 유동화가 적용되면 이는 경제 전체의 레버리지를 확대시킨다. 하나의 기초자산에 몇 차례의 유동화 과정을 거치면서 결국 경제 전체의 부채는 증가한다. 그 결과 시스템 리스크를 증가시키게 된다. 기초자산이 부실해지는 경우 자산 유동화 증권에 대하여 신용보증을 제공한 금융기관의 실질적인 지급부담이 크게 증가한다. 기초자산이 부실해지면 피해규모가 레버리지만큼 증폭되어 그 여파는 대출시장과 자본시장에 모두 파급된다. 특히 본 절에서 분석한 신용창조는 금융시장의 꼬리위험을 증가시키는 효과가 있다. 여러 기업의 자본투자와 연결되어 있는 기초자산이 동시에 부실화되면 은행은 기업의 자산을 원활하게 청산할 수 없다. 여러 기업의 자산이 동시에 시장에서 청산되는 상황이 발생하면 자산가격이 갑자기 하락하여 청산을 통해 마련할 수 있는 자금이 크게 감소한다. 따라서 평시에는 투자자들에게 안전한 증권으로 인식되어온 자산 유동화 증권이 기초자산의 부실이 염려되는 상황에서 상당히 위험한 증권이라는 평가를 받게 된다. 그 결과 유동화 증권에 대한 수요가 크게 감소할 수 있다. 극단적인 상황에서는 유동화 증권에 대한 $(\varphi/(1-\varphi))\,L$의 수요가 금융시장에서 급격하게 사라질 수 있다. 그 여파로 건실한 실물투자에 필요한 은행대출도 막히는 상황이 되어 거시 경제의 총투자수요가 큰 폭으로 감소할 수 있다.

신용 보험의 가격 결정

앞에서 설명한 모형의 경우 자산 유동화 증권의 부도와 기초자산의 부도는 서로 다른 것으로 설명하였다. 비록 기초자산에서 부도가 발생하더라도 회수 가능한 기초 자산을 매각하여 자산 유동화 증권의 원리금을 지급할 수 있는 것으로 가정하였다. 그러나 현실 경제에서 기초자산의 부도는 자산 유동화 증권의 부도로 이어질 가능성이 높다.

본 절에서는 자산 유동화 증권의 부도 위험에 대한 보험계약을 분석한다. 보험회사가 은행이 발행하는 자산 유동화 증권의 매수자에게 신용 보험을 판매할 수 있다. 또는 은행이 자산 유동화 증권을 매도하면서 부도 위험이 있는 경우 이를 제거하기 위해 보험회사가 판매하는 신용 보험을 구매하여 이를 같이 묶어서 판매할 수 있다. 부도 위험을 완전히 제거할 수 있는 신용 보험을 같이 묶어서 자산 유동화 증권이 판매된다면 이는 무위험 채권과 동일한 증권으로 간주할 수 있다. 보험회사가 지급하는 보험계약의 내용은 다음과 같이 정리할 수 있다. 은행이 미리 약정한 원리금에 못 미치는 금액을 지급할 수밖에 없는 상황이 발생하면 보험회사는 은행이 약정한 원리금이 지급될 수 있도록 차액을 보험금으로 지급한다.

앞 절에서 설명한 모형을 사용하여 위험 증권인 유동화 채권에 대하여 부도의 상황이 발생할 때 보험회사가 지급하는 보험금을 계산한다. 은행은 $\varepsilon(1-\kappa)(1-\mu)R_bK$를 지급할 것을 투자자에게 약속한다. 기업에게 실현된 투자 수익은 ωR_bK이고 실현된 경영 효율성 지표의 값이 $(1-\kappa\varepsilon)$보다 낮기 때문에 은행이 투자자에게 상환할 수 있는 액수는 $(\omega-1+\varepsilon)(1-\mu)R_bK$이다. 따라서 은행이 투자자에게 약속한 원리금을 그대로 상환하기 위해 보험회사가 지급해야 하는 금액은 약속한 원리

표 14-3 자산 유동화와 신용 보험

실현된 보험금	$(1-\mu)(1-\kappa\varepsilon-\omega)RK$
유동화 채권에 대한 총예상 보험금	$(2\varepsilon)^{-1}(1-\mu)R_bK\displaystyle\int_{1-\varepsilon}^{1-\kappa\varepsilon}(1-\kappa\varepsilon-\omega)\,d\omega$ $=\left(\dfrac{\varepsilon}{4}\right)(1-\kappa)^2(1-\mu)R_bK$
유동화 채권에 대한 총보험료	$\dfrac{\varepsilon(1-\kappa)^2}{4R}(1-\mu)R_bK$
유동화 채권 액면 단위당 신용 보험료	$\dfrac{1-\kappa}{4R}=\dfrac{\alpha}{2R}$

주: 첫째 줄의 실현된 보험금은 경영 효율성 지표의 값이 ω일 때 지급되는 보험금을 말한다.

금에서 상환가능금액을 뺀 차이이다. 이 차이를 계산하여 정리하면 실현된 경영 효율성 지표인 ω의 값이 $(1-\kappa\varepsilon)$인 상황에서 보험회사가 지급해야 하는 보험금은 <표 14-3>의 첫째 줄의 식과 같이 정리할 수 있다. 이 식은 유동화 채권에서 부도가 발생하는 하나의 경우에 지급되어야 하는 보험금이다. 각각의 상황이 발생할 확률을 곱한 후 더하면 보험회사가 판매하는 보험계약 하에서 지급될 것으로 예상되는 금액을 <표 14-3>의 둘째 줄의 식과 같이 정리할 수 있다.

보험금은 부도의 상황이 발생하는 다음 시점에서 지급되고 보험료는 보험계약을 체결하는 현재 시점에서 지급된다. 또한 보험계약에 대하여 완전경쟁의 시장이 존재한다면 균형에서 보험료 수입과 보험의 예상 비용이 같아질 것이다. 균형에서 보험료 수입과 보험의 예상 지급액의 현재 가치가 같도록 보험료가 결정된다. 따라서 은행이 발행하는 자산 유동화 증권에 대하여 보험회사가 제시하는 보험료는 <표 14-3>의 셋째 줄에 있는 식과 같이 결정된다. 따라서 <표 14-3>의 셋째 줄에 있는 총보험료를 유동화 채권의 총액면가로 나누면 자산 유동화 채권의 액면 한 단위당 보험료를 계산할 수 있다. 자산 유동화 채권의 액면 한 단위당 보험료는 <표 14-3>의 넷째 줄에 정리되어 있다. 액면 한 단위당 신용 보험료는 부도 확률에 비례한다는 것을 확인할 수 있다.

본 절에서 설명한 모형은 신용 파산 스왑(credit default swap)과 유사하다. 신용 파산 스왑 거래에서 보장매입자는 보장매도자에게 정기적으로 일정한 프리미엄을 지불한다. 이는 앞에서 설명한 모형에서 보험료 지급에 해당한다. 그 대신 계약기간 동안 기초자산에 파산 등과 같은 신용사건이 발생할 경우 보장매도자로부터 손실액 또는 사전에 합의한 금액을 보상받거나 문제가 된 채권을 넘기고 채권의 원금을 받기도 한다. 이는 앞에서 설명한 모형에서 보험금의 지급에 해당한다. 만약 기초자산에 신용사건이 발생하지 않으면 보장매입자는 프리미엄만 지불하게 된다. 본 절에서 설명한 모형은 금융위기가 진행되는 과정에서 신용 파산 스왑의 역할을 이해하는 데 도움이 된다. 부채 담보부 증권을 발행할 때 부채 담보부 증권의 위험 부문을 따로 떼어 내서 신용 파산 스왑과 결합시킬 수 있다. 예를 들어 골드만 삭스 등의 투자 은행이 부채 담보부 증권을 기관 투자자 및 헤지 펀드 등에게 매도할 때 부채 담보부 증권이 잘못될 가능성에 대비하여 부채 담보부 증권이 제공하는 수익의 일정 부분을 신용 파산 스왑의 보장매도자에게 지불하는 보험료로 책정하여 이를 AIG와 같은 보험회사에게 지불한다.

AIG와 같은 보험회사는 투자 은행으로부터 보험료를 받고 부채 담보부 증권에 부도가 발생하면 부채 담보부 증권을 보유한 투자자에게 손실액을 보험금으로 지급한다.[3] 이러한 과정을 거치게 되면 자산 유동화 증권과 신용 파산 스왑의 결합을 통해 투자 은행은 투자자에게 안전한 증권을 제공하게 된다. 그러나 증권의 발행이 다단계로 연결되어 있는 고리 중에서 최초의 출발점에서 문제가 발생하면 그 뒤로 연결된 모든 증권들이 영향을 받게 된다. 이러한 현상이 미국의 금융위기 과정에서 발생한다. 예를 들어 주택가격의 하락으로 부채 담보부 증권에 포함되어 있는 주택저당 증권이 부실화 된다. 그에 따라 부채 담보부 증권도 부실화 된다. 그 결과 신용 파산 스왑을 통해 손실을 보장한 보험회사들의 금전적 부담이 크게 증가하게 된다. 이러한 상황을 거치면서 대규모 금융회사들이 파산하는 현상이 발생한다.

---

3 참고로 '우리나라에서도 IMF 구제금융 이전 회사채를 발행한 기업이 채권의 원리금을 지급하지 못하는 사태를 대비해서 금융기관(은행, 증권회사, 보험회사)이 보험료(원금의 0.5% 내외)를 받고 보증을 해 주었다. IMF 구제금융 당시 다수의 금융기관이 부실화된 원인 중의 하나가 이와 같은 보험때문인 것'으로 지적되기도 하였다.

자산 유동화 증권의 종류와 발행 과정

자산 유동화 증권(asset backed securities)의 범주에는 부동산, 매출 채권, 유가 증권, 주택저당채권 등과 같이 유동성이 낮은 자산을 기초로 하여 발행되는 증권들이 포함된다. 자산 유동화 증권은 증권의 법적인 성격 및 기초자산의 특성에 따라서 서로 다른 명칭으로 불리지만 발행 과정은 유사하다. 예를 들어 주택저당증권과 유동화된 기업어음 등은 기초자산이 다르다. 반면에 주택저당증권과 커버드 본드는 발행자가 다르기 때문에 법적인 성격이 다르다. 유동화 증권의 발행 과정을 설명할 때 강조되는 중요한 특징 중의 하나는 기초자산의 보유자가 특수목적기구를 설립하여 이 기구에 기초자산의 법률적인 소유권을 양도한다는 것이다. 앞에서 설명한 모형에 비추어 설명한다면 특수목적기구는 은행이 소유한 대출자산에 대한 법률적 소유권을 은행으로부터 분리하여 독립적인 법인에 맡기기 위해 설립된다. 특수목적기구는 주식회사보다 설립이 간편한 유한회사의 형태로 설립된다.[4]

신용보강도 중요한 작업이다. 신용보강은 유동화 증권의 부도 위험을 줄이기 위해 사용되는 수단을 의미한다. 이는 유동화 증권을 설계할 때부터 유동화 증권의 원리금 상환에 대한 위험이 낮아지도록 원리금의 지급조건을 조정하거나 자산보유자가 스스로 보증하는 방법을 말한다. 신용보강을 위해 자주 사용되는 방법들은 다음과 같이 요약된다. 첫째, 선·후순위 구조화이다. 이는 원리금 지급의 우선 순위에 따라 선순위채권과 후순위채권을 구분하는 방식이다. 선순위채권은 기초자산에서 나오는 현금 흐름이 부족한 경우 후순위채권보다 원리금을 우선적으로 지급한다. 둘째, 초과 담보이다. 이는 특수목적기구에 넘겨준 기초자산의 가치가 자산 유동화를 통해 조달될 것으로 예상되는 금액보다 크도록 한다는 의미이다. 기초자산의 일부가 부실화되어도 약속한 원금과 이자를 지급할 수 있도록 한다.

대표적인 자산 유동화 증권은 주택저당증권(MBS: mortgage backed securities)이다.

---

4 한국의 현행 ABS법에 따르면 자산보유자는 금융기관, 한국자산관리공사(구 성업공사), 한국토지주택공사 및 금융위원회가 인정한 법인 등이 될 수 있다. 특수목적기구는 유동화전문회사, 신탁회사 및 자산유동화를 전담으로 하는 외국법인이 될 수 있다. 기초자산을 특수목적회사에 양도하였음을 금융위원회에 등록해야 한다.

주택저당증권은 주택저당채권을 기초자산으로 하여 발행된 유동화 증권이다. 우리나라의 주택저당채권의 채권 유동화는 두 종류가 있다. 첫째, 주택저당채권 유동화 회사가 금융기관으로부터 주택저당채권을 양도받아 이를 담보로 하여 주택저당채권 담보부 채권을 발행하고 원리금을 지급하는 방식이다. 둘째, 주택저당채권 유동화 회사가 금융기관으로부터 주택저당채권을 양도받아 이를 기초로 주택저당증권을 발행하고 그 주택저당채권의 관리와 운용 및 처분에 의한 수익을 분배하는 방식이다. 주택저당증권은 일반 유동화 증권과 유사한 과정을 거쳐서 발행되지만 조기상환위험이 있다는 점이 다른 증권과 구별되는 특성이다. 조기상환위험은 모기지 차입자가 대출 원금을 만기일 이전에 상환함으로써 발생한다.

주택저당증권과 함께 많이 인용되는 예는 ABCP(Asset Backed Commercial Paper)이다. ABCP는 기업어음(commercial paper)의 형태로 발행되는 유동화 증권이다. 많이 인용되는 특성은 기초자산에 비해 더 짧은 만기 구조를 사용한다는 점이다. 예를 들어 기초자산에 비해서 만기가 더 짧은 ABCP를 발행한 뒤 이미 발행된 ABCP를 상환하는 방식으로 발행된다. 이와 같은 발행을 주기적으로 반복하여 장기인 기초자산의 만기와 이를 기초로 하여 발행되는 단기 ABCP의 만기 구조를 일치시킨다는 것이다.

주택저당증권과 비교할 수 있는 유동화 증권은 커버드 본드(covered bond)이다. 은행 등의 금융기관이 자신의 대출자산을 기초자산으로 하여 발행한다는 점에서 주택저당증권과 유사하지만 다음과 같은 차이가 있다. 첫째, 커버드 본드의 경우 발행자가 특수목적회사(SPC)가 아닌 금융기관이다. 기초자산의 소유권이 특수목적기구로 이전되지 않기 때문에 커버드 본드를 발행하는 금융기관의 대차대조표에 그대로 남게 된다. 이러한 이유로 커버드 본드는 특수목적기구를 통하여 발행하는 유동화 증권과 비교하여 은행의 도덕적 해이를 방지할 수 있는 장점이 있다. 둘째, 커버드 본드를 소유한 투자자는 커버드 본드의 담보자산에 더하여 발행자의 다른 자산에 대해서도 상환 청구권을 보유하게 된다. 커버드 본드의 특징은 투자자의 이중상환청구권(dual recourse)이다. 커버드 본드를 발행할 때 은행은 투자자에게 담보자산에 대한 우선 청구권을 보장한다. 또한 담보자산이 부실해지는 상황이 발생한다면 은행에 대해 원리금의 상환을 요청할 수 있는 상환 청구권도 보장된다. 이중상환청구권은 커버드 본드에 대한 신용보강의 효과를 발생시켜 커버드 본드를 발행한 은행의 자금조달 금리를 낮출 수 있게 한다. 셋째, 기초자산을 교체할 수 있다는 점이다.

증권화 은행산업과 금융위기의 전개 과정

증권화된 은행업과 그림자금융체제(shadow banking system)라는 용어는 금융위기가 발생할 무렵 금융시장의 상황이 전통적인 은행업과 비교하여 어떻게 다른지를 설명하려는 노력을 반영한다. 그림자금융체제가 증권화된 은행업에 비해 포괄적인 정의라고 할수 있으나 서로 유사한 점이 많다. 본 절에서는 증권화된 은행업(securitized banking)에 대하여 간단히 설명한다. 고톤과 메트릭(2009)은 전통적인 은행업과 증권화된 은행업간의 차이를 이해하는 것이 2007년과 2008년의 금융위기가 발생하는 과정을 분석하는 데 도움이 된다고 주장한다.[5] 이들이 제시한 증권화된 은행업의 개념을 간단히 요약한다. 첫째, 증권화된 은행업의 금융기관에서는 서로 다른 대출들을 묶어서 만든 증권에 기초한 유동화 증권을 발행하여 판매하는 영업을 주로 담당한다. 영업에 필요한 자금은 RP거래를 통하여 조달한다. 전통적인 은행업에서는 인출이 자유로운 예금을 받아서 상대적으로 만기가 장기인 대출 또는 장기 증권에 투자하였다. 증권화된 은행업에서는 예금 대신 RP거래를 통해 자금을 조달하기 때문에 자금조달방식이 다른 것으로 볼 수 있다. 그러나 만기가 매우 짧은 RP거래에 의존하여 자금을 조달하고 이를 상대적으로 만기가 장기인 자산의 투자에 자금을 운용하므로 만기 불일치의 상황에 처하게 된다는 측면에서는 공통점이 있다.

둘째, 증권화된 은행업은 베어 스턴스(Bear Stearns), 리만 브라더스(Lehman Brothers), 모건 스탠리(Morgan Stanley), 메릴 린치(Merrill Lynch) 등과 같은 투자은행들의 주된 업무 영역이다. 증권화된 은행업은 전통적인 상업은행에서도 전통적인 은행업무의 보완이 되는 역할을 수행하면서 중요한 역할을 담당한다. 예를 들면 프라임 브로커리

---

5 고톤(Gary Gorton)과 메트릭(Andrew Metrick)의 논문은 2009년 NBER Working Paper Series No.15223 으로 출간된 「Securitized Banking and the Run on Repo」이다.

지(prime brokerage)이다. 이는 투자은행 또는 증권회사가 헤지 펀드 또는 전문적인 투자자에게 일체로 제공하는 서비스를 의미한다. 여기에 증권의 수탁 관리, 결제 업무, 현금 관리의 업무, 증권 대여, 위험 관리 및 회계 관련 서비스 등이 포함된다. 따라서 헤지 펀드는 프라임 브로커리지 서비스를 통하여 투자에 필요한 증권과 자금을 빌릴 수 있다. 이들은 중앙화 되어 있는 결제 서비스를 제공한다. 프라임 브로커리지 서비스를 제공하는 금융기관은 골드만 삭스와 JP 모건 등이다.

셋째, 전통적인 은행업에서도 대규모 예금인출사태가 발생하면 은행 제도가 무력화되는 상황이 벌어진다. 증권화된 은행업도 유사한 상황이 벌어질 수 있다. 특히 최근의 금융위기는 결국 증권화된 은행업에서 발생한 대규모 예금인출사태라고 간주할 수 있다. 소비자들은 전통적인 은행업에서는 소액 예금주로서 대규모 예금인출사태를 발생시킬 수 있다. 그러나 증권화된 은행업에서는 소액 예금주로서의 소비자들에 의한 예금인출사태가 아니라 금융기관 간 RP거래가 단절되는 현상이 발생한다.

위의 설명에 대한 실제의 예를 금융위기가 전개되는 상황에서 발견할 수 있다. 금융위기 초반 투자자들의 불안심리가 다른 투자자들에게 전달되는 불안심리의 전염현상이 발생하여 RP거래의 헤어컷(haircut)이 사상 유례없이 높아졌다. 예를 들어 2007년과 2008년에 작성된 헤어컷 지수는 금융위기가 진행되는 동안 큰 폭으로 상승하였다. 예를 들어 헤어컷 지수는 2007년 초 거의 제로에 가까운 수치였다. 그러나 2008년 하반기 금융위기가 최고조에 이르는 시점에서는 거의 50퍼센트를 기록한다. 이 당시 많은 형태의 담보자산에 대해서는 아예 RP거래가 성사되지 않았다. 이는 증권화된 은행업에서 발생한 대규모 예금인출사태로 간주할 수 있다.

금융시장의 시스템 위험은 무엇인가? 금융시장의 시스템 위험을 가장 쉽게 이해할 수 있는 사례는 2007년과 2008년에 발생한 금융기관의 연쇄부도 현상이다. 예를 들어 리만 브라더스와 머니 마켓 뮤추얼 펀드(money market mutual fund) 간의 연쇄파산이다. 2008년 9월 15일 리만 브라더스가 파산한다. 2008년 9월 15일에서 9월 18일 기간 동안 머니 마켓 뮤추얼 펀드가 파산하는 상황이 발생한다. 9월 16일 리저브 프리이머리 펀드(Reserve Primary Fund)의 순자산가치가 97센트로 떨어지고 그 결과 파산하게 된다.[6] 그 결과 불안을 느낀 투자자들이 투자자금을 대규모로 회수하게 되고 이를 맞추기 위해 머니 마켓 뮤추얼 펀드는 보유자산을 청산하거나 환급액에 대한 상한을 설정하게 된다.

2008년 9월 17일 머니 마켓 뮤추얼 펀드의 기관 펀드는 상당한 환매요청을 받게 되고 소매 펀드도 유사한 상황에 처한다. 2008년 9월 19일 미국 재무성은 머니 마켓 뮤추얼 펀드 보호 프로그램을 발표한다. 이는 은행예금에 대한 예금보험 제도와 같이, 머니 마켓 뮤추얼 펀드 원금보장 프로그램에 수수료를 내고 참여하는 머니 마켓 뮤추얼 펀드에 대해서는 순자산이 1달러 이하로 내려가는 상황이 발생할 경우에 1달러를 보장하는 제도이다. 이러한 보증 프로그램은 2009년 9월 18일에 종료되었다.

머니 마켓 뮤추얼 펀드 시장에 대한 이해를 위해 머니 마켓 뮤추얼 펀드의 출현과 발전에 대하여 간단히 설명한다. 1971년 미국의 블루스 벤트와 할리 브라운 두 사람이 설립한 리저브 펀드(Reserve Fund)가 최초의 머니 마켓 뮤추얼 펀드이다. 공사채와 같은 채권의 경우 투자 단위가 크기 때문에 소액 투자자인 개인 투자자는 채권투자를 할 수 없었지만 머니 마켓 뮤추얼 펀드가 생겨남으로 인해 간접투자가 가능하게 된다. 1970년대 초부터 인플레이션으로 인하여 명목 이자율이 높아졌으나 예금 이자율에 대한 규제(regulation Q)로 인하여 예금 이자율이 낮게 유지되었다. 이러한 상황에서 머니 마켓 뮤추얼 펀드는 안전하고 은행예금보다는 수익률이 높은 금융상품으로서 급속하게 성장한다. 80년대 초반 은행판 머니 마켓 뮤추얼 펀드라고 할 수 있는 머니 마켓 예금 구좌(MMDA: Money Market Deposit Account)의 출현으로 다소 부진해지기도 한다. 80년대 이후에는 저금리 추세가 장기간 지속되는 가운데서도 성장하여 금융위기 이전 머니 마켓 뮤추얼 펀드는 자산 유동화 증권에 투자하는 주요 금융기관이었다. 머니 마켓 뮤추얼 펀드 시장은 실물시장에서 활동하는 기업의 자금조달에 중요한 역할을 하였다. 따라서 머니 마켓 뮤추얼 펀드 시장의 붕괴는 기업의 투자 및 운용자금의 조달이 어려워지는 상황으로 이어졌다.

---

6 머니 마켓 펀드는 펀드의 순자산가치(NAV)가 1달러 이하로 떨어질 경우 펀드가 파산한 것으로 간주된다. 이를 "Break the Buck"라고 표현한다. 또한 뮤추얼 펀드는 일반적인 펀드와는 다른 특성이 있다. 일반적인 펀드는 계약형이지만 뮤추얼 펀드는 주식회사 방식으로 운영된다. 예를 들어 기업의 주식이 증권 거래소에서 거래되듯이 뮤추얼 펀드도 뮤추얼 펀드에서 매매되는 게 아니라 거래소에서 매매된다.

머니 마켓 뮤추얼 펀드와 기업의 자금 조달간의 관계를 이해 하기 위해 머니 마켓 뮤추얼 펀드의 성장과정에 대하여 간단히 요약한다. 머니 마켓 뮤추얼 펀드는 소액 투자자에게는 전통적인 은행예금과 유사하다. 수표 발행, 계좌 이체, 현금카드와 신용카드의 발행, 거래 내역의 월별 확인 등이 가능하기 때문이다. 이러한 편리한 이점에 더하여 머니 마켓 뮤추얼 펀드의 투자는 안전한 것으로 간주된다. 이와 같은 머니 마켓 뮤추얼 펀드의 장점이 1970년대 머니 마켓 뮤추얼 펀드 시장을 급성장 시키는 요인이다. 머니 마켓 뮤추얼 펀드가 조달한 자금은 기업어음에 투자된다. 그러므로 머니 마켓 뮤추얼 펀드 시장의 규모가 증가하면서 기업이 발행한 기업어음의 안정적인 수요를 보장하는 주요한 자금 출처가 된다. 기업들은 기업어음의 안정적인 수요에 의존하여 장기투자를 위한 투자자금을 단기의 기업어음을 발행하여 충당할 수 있다. 미국의 경우 증권거래위원회(Securities and Exchange Commission)가 머니 마켓 뮤추얼 펀드의 규제와 감독을 담당한다. 증권거래위원회의 주요 초점은 적절한 위험 관리 또는 투명한 회계 등이라고 할 수 있다. 그러므로 머니 마켓 뮤추얼 펀드의 역할이 은행과 유사한 금융중개기능을 하고 있음에도 시중은행이 받는 통화량 조절 및 신용 조절과 관련된 감독과 규제는 적용되지 않는 문제점이 있다고 할 수 있다.

머니 마켓 펀드(money market fund)는 머니 마켓 뮤추얼 펀드(money market mutual fund)라는 이름과 같이 쓰인다. 이는 미국 재무성의 단기 채권과 기업어음 등의 만기가 짧은 단기 채권에 투자하는 개방형 뮤추얼펀드를 말한다. 본 절에서는 맥카베(Patrick McCabe)가 2010년 미국 연방준비위원회에서 발간하는 『스태프 연구 논문 시리즈』에 등록한 연구의 내용을 발췌하여 소개한다.[7] 머니 마켓 펀드는 줄여서 MMF로 표기된다. 따라서 본 절에서도 MMF로 표기하여 설명한다. 머니 마켓 펀드를 세 가지 형태로 구분할 수 있다. 첫째, 프라임 머니 마켓 펀드(prime MMFs)이다. 이는 기업어음, 은행의 예금양도증서, 민간 기업의 변동금리부채권(floating-rate note) 등을 포함하는 단기 금융증권에 주로 투자하는 펀드이다. 둘째, 국공채 전문 머니 마켓 펀드(government-only MMFs)이다. 셋째, 비과세 전문 머니 마켓 펀드(tax-exempt

---

7 보다 자세한 내용은 다음의 문서에 수록되어 있다. The Cross Section of Money Market Fund Risks and Financial Crises, 2010-51, Finance and Economics Discussion Series, Federal Reserve Board.

MMFs)이다. 이는 지방정부가 발행한 채권에 주로 투자한다. 2007년과 2008년에 타격을 많이 받은 머니 마켓 펀드는 프라임 머니 마켓 펀드이다. 따라서 본 절에서 주로 서술하는 머니 마켓 펀드 사태는 프라임 머니 마켓 펀드에서 발생한 사건들을 주로 다룬다.

머니 마켓 펀드가 전체 금융시스템에서 담당하는 역할을 다음과 같이 요약할 수 있다. 머니 마켓 펀드의 역할은 소액 투자자는 물론 기관 투자자 및 대형 투자자의 자금을 받아서 이를 은행에 빌려주는 것으로 볼 수 있다. 따라서 최근 대형 글로벌 은행들도 머니 마켓 펀드의 자금 공급에 대한 의존도가 높다는 것이다. 머니 마켓 펀드의 금융중개기능이 약화되거나 붕괴되면 머니 마켓 펀드를 통해 단기 자금을 확보하던 금융기관 및 비금융 민간 기업의 운용 자금 조달이 크게 어려워진다. 그 여파가 금융시장뿐만 아니라 실물 경제에도 전달될 수 있기 때문에 머니 마켓 펀드의 중개 기능은 거시 경제의 시스템 위험에 대한 실질적인 연결성이 있다.

머니 마켓 펀드에서 목표하는 안정적인 주당 순자산가치(net asset value)가 어떻게 계산되는지를 단순한 예를 들어 설명한다. 총순자산가치는 자산에서 부채를 뺀 차이로 정의된다. 발행한 주식에 대한 한 주당 순자산가치는 총순자산가치를 발행한 주식의 수로 나눈 비율이 된다. 다음에서 설명하는 가상의 사례에서는 매 분기 말에 머니 마켓 펀드는 자신이 발행한 주식의 순자산가치를 계산하여 투자자와 증권감독당국에게 보고하는 것으로 가정한다. 머니 마켓 펀드에서 100주를 분기 초에 1달러의 주당 가격으로 판매하여 확보한 100달러를 만기가 3개월인 할인 채권에 투자한다. 시장 이자를 분기별로 계산하여 1퍼센트라고 가정한다. 액면이 100달러인 할인 채권의 분기 초 가격은 99달러이다. 취득한 가격으로 평가한 자산가치는 99달러이다. 3개월이 지난 분기 말 펀드의 자산가치는 액면과 동일한 100달러이다. 분기 초 100주를 판매하였기 때문에 분기 말에 계산한 주당 순자산가치는 1달러이다. 머니 마켓 펀드에 투자한 투자자에게 돌아가는 투자 수익은 1달러가 된다. 프라임 머니 마켓 펀드에서 실제로 달성하려고 한 안정적인 주당 순자산가치의 목표치도 주당 1달러임을 지적해 놓는다.[8]

---

8 머니 마켓 펀드가 보유하는 자산의 가치를 측정하기 위해 상각 원가법(amortization cost method)을

머니 마켓 펀드를 불안정하게 하는 요인 중의 하나는 머니 마켓 펀드에 투자한 투자자들이 머니 마켓 펀드에서 투자한 금융기관에 대한 좋지 못한 뉴스에 대하여 민감하게 반응하여 과도한 환매요청이 발생할 위험이다. 맥카베는 이를 투자자 위험 (investor risk)이라고 표현한다. 투자자 위험을 증가시키는 제도적인 요인이 있다. 특히 머니 마켓 펀드는 투자자로부터 받는 자금에 추가하여 자본을 보유하고 있지 않기 때문에 투자자에게 투자의 원금을 보장하는 직접적인 수단을 가지고 있지 않다는 것이다. 비록 투자자의 자금에 더하여 여유 자본을 가지고 있지 않더라도 금융감독당국이 부여하는 머니 마켓 펀드가 보유하는 증권 포트폴리오에 대한 규제가 있다. 또한 스폰서 금융기관이 있어서 유사 시에 금융적 지원이 가능하다는 점이 있다. 이와 같은 신용보강 수단과 함께 머니 마켓 펀드 시장에서 대규모 환매요청사태가 발생하지 않고 시장 규모가 지속적으로 증가해왔다. 그러나 투자자 자신이 투자한 돈에 대한 원금 상환이 어렵다는 불안 심리가 확산되면 대규모 환매요청사태의 발생 가능성은 그대로 남아 있는 것으로 지적된다.

다음에서는 환매사태가 발생해 순자산가치가 1달러 보다 낮아져 머니 마켓 펀드가 파산하는 상황을 단순한 모형에 의거하여 설명한다. 머니 마켓 펀드가 보유한 자산의 가치를 K로 표시하자. 머니 마켓 펀드가 자체적으로 가지고 있는 순자산이 없는 것으로 가정한다. 모든 투자 자금은 주당 1달러의 주식을 투자자에게 팔아서 충당하는 것으로 가정한다. N개의 주식을 발행한 것으로 가정한다. 이와 같이 가정한다면 안정적인 순자산가치를 유지하는 것은 $K = N$의 등식을 만족시키는 것을 말한다. 개별 투자자에게 상환되어야 하는 원금의 가치를 보전해야 한다는 제약은 $N \leq K$의 부등호로 표시할 수 있다.

현재 시점에서 머니 마켓 펀드는 가격이 Q인 M개의 증권을 보유하고 있는 것으로 가정한다. 머니 마켓 펀드가 보유한 자산의 가치는 $K = QM$이다. 환매가 없는 상황에서는 $K = QM = N$의 등식이 만족되는 것으로 가정한다. 그러나 다른 투자자들이 환매를 요청한다고 믿으면 개별 투자자들은 자신도 현재 시점에서 환매하여 원금

사용하는 것으로 알려져 있다. 상각 원가법은 취득 당시의 채권을 만기까지 보유하는 경우 취득 당시의 가격과 만기 시점에서 지급되는 원리금 간의 차이를 취득 당시의 시장 이자율을 사용하여 대차대조표에 기록되는 채권의 가치를 보정하는 방식을 말한다.

을 찾는 것이 이득이 된다고 생각한다. 그 결과 대규모 환매요청사태가 벌어지면 원금을 지불하기 위해 머니 마켓 펀드가 현재 보유하고 있는 채권을 만기까지 보유하지 못하고 유통시장에서 판매해야 한다. 머니 마켓 펀드의 공급이 증가하면 증권가격인 Q의 값이 낮아진다. 환매가 없는 상황에서 시장가격인 Q가 대규모 공급의 증가로 인해 더 낮은 가격인 $Q'(< Q)$로 낮아지는 상황이 벌어진다. 머니 마켓 펀드가 투자자에게 환불할 수 있는 총자산의 가치는 $K' = Q'M$가 된다. $K' < K$의 부등호가 성립하므로 머니 마켓 펀드가 투자자에게 환불할 수 있는 금액은 감소하게 된다. 따라서 투자자의 대규모 환매사태가 벌어지면 $(Q'M/N) < 1$의 상황이 벌어져서 실제로 원금을 되돌려주지 못하는 상황이 발생할 수 있다.

RP시장의 붕괴와 금융위기의 확산

환매조건부채권거래는 담보제공자와 현금제공자 간 이루어지는 두 번의 교환으로 구성된다. 환매조건부채권거래를 시작할 때 담보제공자는 담보로 제공하는 증권을 현금제공자에게 넘겨주고 현금제공자는 현금을 담보제공자에게 넘겨 준다. 약정한 기간이 지나서 시작할 때와 반대로 현금제공자는 담보제공자에게 담보를 되돌려주고 그 대신 이자와 원금을 받는다. 담보로 맡긴 증권을 다시 소유(repossession)하거나 다시 매수(repurchase agreement)하게 되는 약정이 같이 포함되어 있는 것으로 간주할 수 있다.

미국 RP시장은 은행, 증권회사, 헤지 펀드, 지방정부, 연기금, 기업 등 다양한 기관들이 참여하고 있다. 국채 전문 딜러(primary dealer)는 RP매도를 이용하여 보유하고 있는 채권을 담보로 제공하고 그 대가로 단기 자금을 조달한다. 머니 마켓 뮤추얼 펀드와 증권 대출업자(securities lenders) 등이 주요한 RP매수기관이다. 미국의 경우 RP거래는 딜러 은행들의 주요 자금조달 수단이다.[9] 딜러 은행들은 자기계정에서 소

---

9 딜러 은행은 더피(Darrell Duffie)가 2010년 Journal of Economic Perspectives (Vol.24, No.1, pp. 51-72)에 실은 「The Failure Mechanics of Dealer Banks」에서 제시한 용어이다. 딜러 은행은 증권과 파생 상

유할 증권들을 구매하거나 헤지 펀드와 같은 고객에게 제공되는 단기 대출에 소요되는 자금을 조달하기 위해 RP거래를 사용한다. 딜러 은행들은 헤지 펀드로부터 받은 담보증권을 다시 자신들의 RP거래에 담보로 사용하기도 한다. 이를 재담보(re-hypothecate)라고 한다. 그리고 금융위기가 발생하기 이전에는 딜러 은행이 소유한 금융증권의 1/2 정도가 RP거래를 사용하여 조달한 자금으로 구매된 것으로 알려져 있다. RP거래는 그림자금융체제(shadow banking system)에 속하는 금융기관들이 단기 자금을 조달하여 유동성이 낮은 장기투자를 하기 위하여 사용하였던 자금조달수단이다. 그러므로 RP거래를 해오던 금융기관이 더 이상 거래를 하지 않는다면 금융기관이 단기 자금을 조달하는 원천이 사라지는 것이므로 이는 은행이 예금인출을 커버할 만한 자금을 조달하지 못하여 도산하는 상황에 비유할 수 있다. 금융위기 이전과 위기가 진행되고 있던 기간에 RP거래와 관련된 자금 흐름은 다음과 같이 정리할 수 있다.

(1) 머니 마켓 펀드(MMF)와 증권 대출업자(securities lenders)는 삼자 간 RP거래를 통하여 딜러 은행에 자금을 공급했다. 이들은 그림자금융체제에서 은행의 예금주와 같은 역할을 하였다.

(2) 딜러 은행들은 양자 간 RP거래를 통하여 헤지 펀드 또는 다른 딜러 은행에 자금을 공급하였다.

(3) 금융위기가 발생하면서 머니 마켓 펀드와 증권 대출업자는 딜러 은행으로부터 자금을 회수하였다.

(4) 딜러 은행들은 다른 딜러 은행에 대한 대출과 헤지 펀드에 제공한 자금을 급속하게 회수하였다.

미국의 경우 규모가 큰 금융기관들이 삼자 간 환매조건부채권거래를 이용한다.[10]

품의 거래를 중개하는 은행으로 정의된다. 더피의 2010년 논문에서는 딜러 은행의 붕괴가 2008년 금융위기 전개과정에 중요한 역할을 한 것으로 분석하고 있다. 본 절에서는 더피의 논문에서 강조한 딜러 은행의 역할을 요약하여 설명하고 있다.
10 삼자간 환매조건부채권거래는 삼자 간 RP거래와 동일한 의미를 가진다. RP거래를 환매조건부채권

삼자 간 환매조건부채권거래를 위하여 청산 은행(clearing bank)의 역할이 반드시 필요하다. 청산 은행의 역할을 해 온 금융기관은 Bank of New York Mellon와 J.P. Morgan Chase이다. 삼자 간 RP거래를 위하여 거래 참가자들이 모두 청산 은행에 현금 계정(cash account)과 담보 계정(collateral account)을 가지고 있어야 한다. 청산 은행은 제공된 담보가 충분한 가치를 지니고 있으며 담보로서 사용될 수 있기 위해 필요한 조건들을 만족시키고 있음을 보장해야 한다. 삼자 간 RP거래에서는 일반 담보를 사용한다. 미국 연방준비위원회에서 인정하는 일반 담보는 세 종류가 있다. 시장 거래가 가능한 미국 국채, 미국 공공기관이 발행한 증권, 특정조건을 만족하는 주택저당 증권 등이다. 일반 담보를 사용하는 이유는 특정한 증권에 대해 특정한 가격을 책정하지 않고 일반 담보의 큰 카테고리만 설정하여 각 카테고리에 속하는 개별 증권들에 대하여 모두 동일한 담보가치를 책정하기 때문이다. 미국은 2007년부터 2009년의 금융위기 과정에서 삼자 간 RP시장의 문제점으로 지적되어 온 부분을 2014년 2월에 개혁하였다. 그동안 두 가지의 문제점이 지적되어 왔다. 첫째, 오후에 새로운 RP거래가 성사되는 과정에서 딜러 은행이 담보증권을 마련하는 과정이다. 둘째, 오전에 청산 은행이 자금 대출기관에 현금을 되돌려주고 담보로 사용된 증권을 딜러 은행의 증권 계좌로 다시 돌려주는 과정이다.

앞에서 지적한 두 가지 사항이 어떠한 문제를 야기시키는지를 간단히 설명한다. 청산 은행은 RP거래를 종결(unwind)하는 것에 대한 재량권을 가지고 있다. 청산 은행이 거래를 종결하지 않는다면 담보증권에 대한 처분권을 그대로 유지할 수 있다. 따라서 청산 은행은 자신에게 유리하게 재량권을 사용할 수 있다. 그러나 거래가 종결되지 않는다면 청산 은행과 거래했던 금융기관은 이전에 담보로 제공했던 증권이 청산 은행에 묶여 있게 되어 다른 금융기관으로부터 자금을 조달할 수 없다. 이러한 상황을 겪고 있는 금융기관에 대한 금융시장의 평가는 하락한다. 따라서 기존에 거래를 지속해왔던 금융기관들이 거래를 끊고 떠나거나 새로운 투자자를 찾기도 어려워진다. 금융기관이 자금을 조달하지 못하는 것은 은행이 예금인출사태를 겪는 것에 비견할 수 있다. 파산의 가능성이 높다고 판단되면 딜러 은행과 아직 거래하고 있는 금

거래로 번역하고 사용하고 있어서 이를 반영한 것이다.

융기관도 자금을 회수한다. 이러한 일련의 상황이 발생하면서 결국 금융시장 전체의 불안정성이 증폭된다. 이러한 문제점에 대한 보완책의 하나로 2011년 8월 22일부터 거래종결시간을 종래의 오전 8시에서 8시 30분 사이의 시간대로부터 오후 3시 30분으로 이동하였다. 따라서 오전 시간 기존 거래종결과 오후 시간 새로운 거래시작 간의 시간차가 없어졌다. 그 결과 롤오버 되는 RP거래 또는 기간부 RP거래에 대하여 청산 은행이 종결하지 않아도 되어 삼자 간 환매조건부채권시장의 안정성을 제고하게 되었다.

더피(Darrell Duffie)는 앞에서 언급한 2010년의 연구에서 금융위기가 발생하기 이전 대형 딜러 은행들이 환매조건부채권거래를 통해 확보한 자금을 사용하여 증권을 매수하는 방식으로 영업하였다는 점이 대형 딜러 은행의 도산에 중요한 원인이 되었다고 지적한다. 다음 날 만기가 도래하는 초 단기 환매조건부채권거래에 과도하게 의거하여 증권의 매수 자금을 확보하면 매일 연장되어야 하는 금융계약의 규모가 매우 커지는 부담이 있다. 정상적인 상황에서는 큰 문제 없이 연장되는 금융거래이지만 거래 상대방에 대한 불신이 급격하게 증폭되는 상황이 발생하면 원하는 모든 금융계약이 그대로 연장되지 않을 수 있다. 특히 더피는 금융위기가 진행되는 과정 속에서 주목해야 할 점이 환매조건부채권거래에 대한 의존도가 과도하게 높은 상황에서 환매조건부채권거래를 통한 단기 자금의 공급이 급격하게 차단된 것이 딜러 은행의 도산으로 이어졌다는 점을 강조한다. 더피는 베어 스턴스 또는 리만 브라더스 등과 같은 딜러 은행들은 도산 이전에 총자산을 순자산으로 나눈 비율로 정의되는 레버리지 비율이 30을 넘는 수치를 기록하였고, 이 중에서 상당 부분이 환매조건부채권거래를 통한 단기 차입이라는 점이 자신의 주장을 뒷받침할 수 있는 하나의 실증적 증거라고 지적한다.

코프랜드(Adam Copeland), 더피(Darrell Duffie), 마틴(Antoine Martin), 맥러플린(Susan McLaughlin) 등은 2012년 11월 미국 뉴욕 연방은행이 발간하는 policy review에 기고한 논문에서 미국의 삼자 간 환매조건부채권시장이 가지고 있는 문제점들이 시스템 위험을 확대시키는 데 기여한 것으로 평가한다.[11] 환매조건부채권시장은 거래

---

11 이들의 논문 제목은 「Key Mechanics of the U.S. Tri-Party Repo Market」이다.

에 필요한 거래자들의 수에 따라 양자 간 환매조건부채권시장과 삼자 간 환매조건부채권시장으로 나누어 볼 수 있다. 양자 간 환매조건부채권거래와 비교하여 삼자 간 환매조건부채권거래에서는 청산 은행이 거래의 성사를 위해 추가된다는 것이 차이점이다. 청산 은행은 삼자 간 환매조건부채권거래에서 담보제공기관과 현금제공기관 간 환매조건부채권거래의 결제를 담당한다. 특별한 증권을 담보로 맡기는 것을 원하는 현금제공기관과 특정한 증권에 대한 관심보다는 단기적인 자금 운용을 위한 현금제공기관 간 선택하는 거래 방식에서 차이가 있다. 특별한 증권을 담보로 맡기기를 원하면 양자 간 환매조건부채권거래 방식이 보다 더 적절하다. 따라서 삼자 간 환매조건부채권거래에서 현금제공기관은 특별한 증권에 대한 선호 없이 담보로 받는 증권이 어느 종류의 증권에 속하는가에만 관심이 있는 투자자들이다.

미국의 경우 양자 간 환매조건부채권거래에서 헤지 펀드 또는 증권 딜러들이 현금을 공급하는 기관의 역할을 수행한다. 양자 간 환매조건부채권거래에서 현금을 공급하는 기관들이 담보로 요청하는 특정한 종류의 증권이 있을 수 있다. 가장 최근에 발행된 미국 재무성의 증권을 담보로 포함시켜달라는 요청을 예로 들을 수 있다. 현금을 공급하는 기관이 찾고 있는 증권을 담보로 제공하는 경우 낮은 이자율로 환매조건부채권거래를 체결하기도 한다. 삼자 간 환매조건부채권거래에서 머니 마켓 펀드 또는 증권 대출 기관들이 현금을 공급하는 기관의 역할을 수행한다. 이들은 담보로 맡겨지는 증권에 대하여 특별한 증권을 요구하지 않는다. 그 이유는 이들은 단기적으로 안정적인 자금 운용의 수단으로서 환매조건부채권거래를 선택하기 때문이다. 삼자 간 환매조건부채권거래에서는 담보로 사용되는 개별 증권을 일일이 서로 다른 증권으로 구별하지 않고 미리 분류된 몇 개의 그룹 중에서 어느 그룹에 속하는지에 대해서만 구분한다.[12] 각각의 그룹에 대하여 서로 다른 이자율과 마진을 적용할 수 있지만 개별 증권 자체에 따라 달리 적용하는 방식이다. 이와 같은 방식으로 거래되는 환매조건부채권거래를 일반 담보증권을 사용한 환매조건부채권거래라고 한다.

---

[12] 일반 담보로 사용되는 증권들의 분류에 대한 설명은 New York Federal Reserve Bank의 홈페이지에 있는 Tri-Party/GCF Repo에서 찾아볼 수 있다. ABS, Agency MBS, Corporate Securities, US Treasuries, Equities, CDO 외에 다양한 그룹이 정의되어 있다. 보다 자세한 내용은 다음의 인터넷 문서에 수록되어 있다. https://www.newyorkfed.org/medialibrary/media/tripartyrepo/pdf/explanatory_notes.pdf

고톤과 메트릭의 연구과 더피의 연구 등을 포함하는 다수의 관련 연구들은 2008년에 발생한 금융위기의 중요한 특징 중의 하나를 환매조건부채권시장에서 발생한 대규모 예금인출사태 또는 거래중단사태로 지적하였다. 환매조건부채권시장에는 앞에서 설명한 양자 간 RP거래와 삼자 간 RP거래에 따라 서로 다른 두 개의 시장이 있다고 할 수 있다. 금융위기가 전개되는 과정에서 두 개의 시장은 서로 다른 형태의 반응을 보인 것으로 지적되어 왔다. 양자 간 RP거래의 마진은 급격하게 증가하는 모습을 보였다. 그러나 삼자 간 RP거래의 마진은 상대적으로 큰 반응을 보이지 않았다. 그럼에도 불구하고 삼자 간 RP거래를 통해 자금을 조달할 수 없는 개별 금융기관들이 있었다. 따라서 양자 간 RP거래에서는 시장 전체에 걸쳐서 자금의 공급이 급강하는 현상이 나타났고 삼자 간 RP거래에서는 금융기관별로 자금조달이 막히는 현상이 나타난 것으로 지적되어 왔다.

1. 신용 파산 스왑의 프리미엄이 본 장에서 설명한 신용보험의 모형과 동일한 방식으로 결정되는 것으로 가정하시오. 본 장의 모형을 이용하여 자산 유동화 증권의 액면 1원당 프리미엄은 자산 유동화 증권의 부도 확률에 비례하는 것으로 보이시오.

2. 본 장의 모형을 이용하여 자산 유동화 증권의 예상 수익률과 자산 유동화 증권의 부도 확률이 서로 어떠한 관계가 있는지를 수식을 사용하여 설명하시오.

3. 본 장의 모형을 사용하여 자산 유동화 증권의 샤프 비율을 계산하시오.

4. 어느 경제학자가 중앙은행이 통화정책을 사용하여 무위험 채권의 이자율을 낮춘다면 금융기관은 자신이 보유하고 있는 자산을 기초로 한 자산 유동화 증권의 발행을 증가시키려는 유인이 커진다고 주장하였다. 이와 같은 주장을 본 장의 모형에 의거하여 평가하시오.

5. 우리나라 정부가 발행한 5년 만기 채권의 신용 위험에 대비하기 위한 신용 파산 스왑에 대해 딜러 기관이 프리미엄을 지급할 때에는 77.8bp로 시장에 고시되어 있다. 프리미엄을 수취하는 경우는 81.1bp로 고시되어 있다. 만약 어느 투자은행이 우리나라 정부가 발행한 5년 만기 외평채 10억 달러를 보유하고 있고 이에 대한 신용위험에 대비하기를 원한다고 가정한다. 이 투자은행이 딜러 기관에 제공하는 수수료를 계산하시오.

6. 총 수익 스왑(total return swap)에 대하여 설명하시오. 신용 파산 스왑과 비교하여 어떠한 차이가 있는지 설명하시오.

7. 본 장의 모형을 사용하여 기초자산의 수익률의 변동성이 상승하면 금융시장에 공급되는 자산 유동화 증권의 규모에 어떠한 영향을 미치는지를 분석하시오.

8. Bernanke가 주장한 글로벌 과잉 저축 가설(global saving glut hypothesis)에 대하여 설명하고 본문에서 분석한 모형이 과잉 저축 가설을 설명하는 데 도움이 되는지를 평가하시오.

9. 어느 경제학자가 최근의 금융위기는 증권화 은행산업에서 발생한 뱅크 런(bank run)으로 간주할 수 있다고 주장한다. 이와 같은 주장을 평가하시오.

제15장

통화정책과 금융기관의 안정성

제15장

통화정책과 금융기관의 안정성

　본 장의 초점은 통화정책의 변화가 금융기관의 수익성과 대차대조표에 미치는 효과이다. 통화정책이 실물 경제에 영향을 미치기 위해 금융중개기관의 역할이 중요하다는 점은 오래 전부터 강조되어 왔다. 최근 금융안정의 중요성이 강조되는 상황에서 통화정책의 변화가 금융중개기관의 행동에 어떠한 영향을 미치는지가 더욱 중요한 이슈가 되었다. 통화정책의 금리경로가 작동하는 과정에서 금융중개기관의 수익성은 어떻게 변화할 것인가를 생각해보자. 중앙은행이 기준 금리를 낮추면 금융중개기관의 자금조달비용이 낮아지기 때문에 수익성이 높아질 것으로 예상할 수 있다. 금융중개기관의 수익성이 높아지면서 이들이 보유하고 있는 자산과 부채가 모두 증가할 것이다. 따라서 금융중개기능은 보다 활발해지지만 금융중개기관이 부담하는 리스크의 규모는 더욱 커질 수 있다.

　현실의 자료에서는 어떻게 나타나는지를 보기로 하자. 미국의 자료에서는 연방공개시장위원회(Federal Open Market Committee)에서 연방기금금리(Federal Funds Rate)를 낮추면 은행의 수익성을 나타내는 지표 중의 하나인 순이자마진(net interest margin)이 높아지는 것으로 알려져 있다. 그러나 우리나라에서는 2010년대에 들어 기준 금리가 낮아지면서 순이자마진도 같이 낮아지는 것으로 관측되어 왔다. 따라서 중앙은행이 저금리 기조를 유지하면 은행 수익성이 높아진다는 주장이 모든 나라에서 모든 기간에 걸쳐 항상 성립하는 것은 아니다. 본 장에서는 앞에서 설명한 실증 분석의 결과를 이해하기 위해 은행 수익성을 측정하기 위한 두 가지 척도를 소개한다. 첫째, 순이자마진이다. 둘째, 자산운용스프레이드이다. 자산운용스프레이드는 금융기관 대차대조표의 기간 간 변화를 설명하는 모형을 실제의 자료에 적용하여 수익성을 측정한 것이다.

통화정책은 어떠한 과정을 거쳐서 금융기관의 대차대조표에 영향을 미치는가? 중앙은행이 기준 금리를 낮추면 자금조달비용이 낮아져 금융기관은 증권투자에 필요한 운용자금을 보다 저렴하게 조달할 수 있다. 그 결과 금융증권의 수요가 늘어나서 증권가격이 상승하게 된다. 금융기관이 보유하고 있는 자산의 가치도 증가한다. 이 경우 금융기관의 주식가격도 같이 상승하기 때문에 금융기관의 순자산이 증가한다. 금융기관이 이를 기초로 외부 차입을 늘리면 부채의 규모가 확대된다. 그 결과 금융기관의 자산과 부채가 모두 증가하면 금융기관의 대차대조표는 더욱 확대된다.

통화정책은 금융시장의 시스템 리스크에 어떠한 영향을 미치는가? 금융시장의 시스템 리스크는 금융기관의 대차대조표 리스크와 경기 순환의 국면 변화가 상호작용하여 거시 경제의 변동성을 증폭시키는 것을 말한다. 본 장에서는 통화정책의 변화가 어떠한 경로를 거쳐서 금융기관이 부담하는 리스크와 실물 경제의 경기 순환에 영향을 미치는 지를 생각해본다. 예를 들어 저금리 기조 하에서 가계와 기업 대출이 증가하고 실물 경제가 회복되면서 시중은행의 대차대조표에 포함되어 있는 리스크는 경기 순응적이 된다. 그러나 시중은행의 대차대조표에 포함되어 있는 위험의 크기가 항상 원만하게 조정되지 않을 수도 있다. 과열 수준의 위험이 호황 국면에서 생성될 경우도 있다. 이 경우 경기 국면이 불황으로 넘어가면서 실물 경제의 침체가 과도하게 증폭될 수 있다. 그 결과 불황의 깊이가 확대되면서 동시에 장기화될 가능성이 커진다.

본 장에서 다루는 주제가 제공하는 거시경제적 함의를 두 가지로 요약할 수 있다. 첫째, 금융기관의 대차대조표가 가지고 있는 위험과 대차대조표의 크기가 경기 순응적으로 변동할 수 있다는 점이 거시 경제의 변동성을 증폭시킬 수 있다는 것이다. 둘째, 인플레이션 타기팅을 중시하는 통화정책을 실시한다고 할지라도 통화정책의 변화가 금융시장의 안정성에 미치는 효과를 전혀 무시하기 어렵다는 것이다. 예를 들어 저금리 기조가 지속되면 이는 금융기관의 대차대조표에 영향을 미쳐 결국 실물 경제와 인플레이션의 진폭을 크게 하고 아울러 실제의 인플레이션이 목표 인플레이션율로부터 괴리되는 기간을 크게 늘릴 가능성이 있기 때문이다. 이러한 가능성이 매우 작은 꼬리 위험(tail risk)이라고 할지라도 그 가능성이 실제로 나타난다면 장기간 금융시장의 기능은 약화되고 실제의 인플레이션이 목표 인플레이션에 못 미치는 상황도 오랫동안 지속되기 때문이다. 특히 꼬리 위험을 반영하는 적절한 통화정책은 무엇인가에 대하여 생각해야 한다면 금융사이클과 실물 경제의 경기 순환 간의 연계를 통해서 발생하는 꼬리 위험을 반영하는 것이 바람직하다.

은행의 정의와 수익성 지표

본 절의 주요 목표는 은행의 수익성을 측정하는 지표를 설명하는 것이다. 은행의 수익성은 은행업무의 성과로 볼 수 있고 이는 대차대조표에 반영된다. 따라서 은행법에 정한 은행업과 대차대조표의 특징을 먼저 설명한다. 은행법 제2조에서 규정한 은행의 정의는 다음과 같다. 은행업은 예금을 받거나 유가증권 또는 그 밖의 채무 증서를 발행하여 불특정 다수인으로부터 채무를 부담함으로써 조달한 자금을 대출하는 영업으로 정의된다.[1] 은행은 은행업을 규칙적이고 조직적으로 경영하는 한국은행 외의 모든 법인으로 규정된다.[2] 은행법 제5조에서 규정하고 있는 은행업무의 범위는 세 가지이다. 첫째, 예금과 적금의 수입 또는 유가증권, 그 밖의 채무 증서의 발행이다. 둘째, 자금의 대출 또는 어음의 할인이다. 셋째, 내국환과 외국환 업무이다.

---

1 금융감독원의 홈페이지에서 소개하는 불특정 다수인의 정의는 거래의 상대방이 법률이나 규정 또는 정관 등에 의해 특정되지 않은 2인 이상을 의미하므로 특정 조합원이나 회원만을 대상으로 하는 단위농협, 새마을금고, 신협 등은 은행법상의 금융기관에 해당하지 않는 것으로 해석된다.
2 은행법 제6조에 의하면 보험사업자와 상호저축은행업무 또는 신탁업무만을 경영하는 회사는 은행으로 보지 아니한다.

제10장에서 강조한 은행의 기능은 두 가지이다. 하나는 만기 변환이고, 다른 하나는 유동성 변환이다. 은행법에서 규정한 은행의 금융업무는 제10장에서 분석한 은행의 두 가지 기능을 반영하고 있다. 은행법 제31조에 의하면 은행은 상업금융업무와 장기금융업무를 모두 운용할 수 있다. 은행법에 수록되어 있는 이들의 정의는 다음과 같다. 첫째, 상업금융업무는 대부분 요구불예금을 받아 조달한 자금을 1년 이내의 기한으로 대출하거나 금융위원회가 예금 총액을 고려하여 정하는 최고 대출한도를 초과하지 아니하는 범위에서 1년 이상 3년 이내의 기한으로 대출하는 업무이다. 둘째, 장기금융업무는 자본금, 적립금 및 그 밖의 잉여금, 1년 이상의 기한부 예금 또는 사채나 그 밖의 채권을 발행하여 조달한 자금을 1년을 초과하는 기한으로 대출하는 업무로 정의된다. 또한 은행의 신용 공여는 대출, 지급보증 및 자금을 지원하는 성격인 것만 해당하는 유가증권의 매입, 그 밖에 금융거래상의 신용위험이 따르는 은행의 직접적 및 간접적 거래를 의미한다. 앞에서 설명한 상업금융업무와 장기금융업무는 모두 만기가 짧은 예금으로 조달한 자금을 만기가 더 긴 대출에 운용하는 업무로 규정하고 있다.

은행의 대차대조표를 찾아 보면 은행계정과 신탁계정으로 나뉘어 있다. 은행계정은 예금을 받거나 유가증권 또는 그 밖의 채무 증서를 발행하여 불특정 다수인으로부터 채무를 부담함으로써 조달한 자금을 대출하는 은행업무와 관련된 대차대조표라고 할 수 있다. 따라서 은행계정은 앞에서 이미 설명한 바와 같이 은행법에 규정된 은행의 고유업무와 관련된 계정으로 간주할 수 있다. 이에 추가하여 신탁계정은 은행의 신탁업 겸영으로 인해 추가된 계정이다. 아래에서는 행정안전부 국가기록원의 홈페이지에 있는 신탁계정에 대한 설명을 발췌하여 요약한다. 은행은 신탁계정을 분리하고 금전 및 재산을 신탁을 받은 자금을 기초로 유가증권, 대출금 등으로 운용하여 그 수익을 분배하는 업무로 발생하는 사항들을 기록한다. 신탁에서는 신탁을 설정하는 사람을 위탁자로 부르고 신탁을 인수하는 사람을 수탁자로 부른다. 신탁으로 인한 수익을 받는 사람을 수익자로 부른다. 신탁은 위탁자가 자신이 소유한 특정의 재산권을 수탁자에게 이전하거나 기타의 처분을 하고 수탁자로 하여금 수익자의 이익을 위하여 또는 특정의 목적을 위하여 그 재산권을 관리 및 처분하게 하는 것을 의미한다.

아울러 신탁업무에 대하여는 지급 준비금과 지급 준비자산을 보유하지 아니할 수 있다는 조항이 추가되어 있다.[3]

다음에서는 자산운용스프레드의 개념을 정의하고 한국의 은행경영자료를 사용하여 추계한다.[4] 자산운용스프레드는 금융기관이 금융중개활동을 하면서 보유한 자산에서 발생하는 총수익률을 금융기관의 부채에 대한 총이자율로 나눈 비율이다. 자산운용스프레드는 금융기관의 수익성에 대한 하나의 지표로 볼 수 있다. 또한 예금부채를 발행하여 금융중개활동을 하는 금융기업의 경우 자산운용스프레드가 특정한 값보다 낮아지면 뱅크 런이 발생할 수 있음을 의미한다. 자산운용스프레드와 비교 가능한 개념은 순이자마진이다. 순이자마진은 이자수익자산의 운용수익과 이자비용부채의 조달비용 간의 차이를 이자수익자산으로 나눈 비율로 정의된다. 금융감독원 금융용어사전에서 설명하는 바와 같이 순이자마진은 은행의 모든 금리부자산의 운용 결과로 발생한 은행의 운용자금 한 단위당 이자 순수익 또는 운용의 이익률을 나타내는 개념으로 볼 수 있다.

혹자는 순이자마진의 개념이 많이 인용되는 예대금리차와 어떠한 관계가 있는지 궁금할 수 있다. 기존의 이자 수익성 지표인 예대금리차는 평균 대출 이자율과 저축성 수신 평균 이자율 간의 차이로 정의된다. 예대금리차의 추계에서는 외화자금 및 유가증권 등이 제외되어 포괄하는 범위가 제한적이다. 안정적인 내부 유보자금 및 요구불예금 등과 같이 이자 비용이 낮은 조달 수단의 규모에 따른 자금 조달비용이 달라질 수 있다는 점이 예대금리차에는 반영되지 않는다. 순이자마진은 이러한 단점들을 보완하기 때문에 은행의 이자 수익성을 보다 정확하게 나타내주는 지표라고 할 수 있다. 자산운용스프레드와 순이자마진과의 차이점은 자산운용스프레드는 대차대조표에서 적용되는 '자산 = (부채 + 자본)'의 대차 평형의 원리와 이론 모형의 순자산의 식에 의거하여 추계된다는 점이다.

---

3 은행법 제30조에서는 예금에 대한 지급 준비금과 금리 등에 관한 준수사항을 규정하고 있다. 제30조에 따르면 은행은 「한국은행법」 제55조에 따른 지급 준비금 적립의 대상이 되는 예금에 대한 지급의 준비를 위해 「한국은행법」 제4장 제2절에 따른 최저율 이상의 지급 준비금과 지급 준비자산을 보유하여야 한다는 규정이 있다.

4 본 절에서 소개하는 자산운용스프레드에 대한 개념과 정의식은 DSGE 연구센터에서 2016년에 출간된 「거시금융분석」(윤택)에서 설명한 내용을 참고하여 재작성하였다.

표 15-1 자산운용스프레드의 도출

대차 대조표의 등식	$QK = D + N$
다음 시점 순자산의 결정	$N' = (Z' + Q')K - RD$
은행 자산의 총수익률	$R'_b = (Z' + Q')/Q$
순자산 기간 간 변화	$N' = R'_b QK - RD = R'_b N + (R'_b - R)D$
자산운용스프레드의 정의	$R'_b/R = \Phi^{-1}((N'/N)(1/R) - 1) + 1$
뱅크런과 자산운용스프레드	$N' = 0 \rightarrow \dfrac{R'_b}{R} = 1 - \Phi^{-1}$

주: R'_b은 다음 시점에서 실현되는 위험 자산의 총수익률이고, N'는 다음 시점의 순자산이다.

다음에서는 대차대조표의 기간 간 변화의 식을 사용하여 자산운용스프레드를 설명한다. 은행의 순자산은 외부의 투자자로부터 조달된 자금이 아니라 은행의 내부 자금이다. 순자산은 자본에 해당한다. 따라서 은행의 대차대조표에서 부채와 자본은 예금과 순자산으로 구성된다. 부채는 D로 표시한다. 순자산은 N으로 표시한다. 자산은 QK로 표시한다. Q는 자산가격이고 K는 자산의 개수를 의미한다. 대차대조표의 등식은 <표 15-1>의 첫째 줄에 정리되어 있다.

다음 시점에서 은행이 보유한 순자산은 어떻게 결정되는지를 설명한다. 은행의 금융중개활동으로 인한 소득은 다음 시점에서 실현되는 것으로 가정한다. 금융중개활동을 생산활동으로 간주하여 K의 생산요소를 투입하고 이에 대한 대가로 다음 시점에서 산출이 있는 것으로 가정한다. 생산 함수의 형태를 선형 함수로 가정하여 다음 시점의 산출을 $Z'K$로 표기한다. 이 경우 Z'는 생산활동의 생산성 수준을 나타내는 변수로 해석할 수 있다. 그러나 다른 해석도 가능하다. 예를 들어 자산을 한 기 동안 보유하면서 얻은 배당소득으로 간주할 수도 있다. 또한 다음 시점에 들어서면 은행은 예금에 대한 원리금을 지급하는 것으로 가정한다. 위의 설명을 요약하면 다음 시점에서 은행이 보유하는 순자산은 현재 시점에서 보유하는 자산의 미래 수익에서 부채에 대한 원리금을 뺀 차이이다. 이를 반영한 은행이 보유한 순자산의 결정을 설명하는 식은 <표 15-1>의 둘째 줄에 정리되어 있다. 이 식에서 프라임 기호를 상첨자로 붙이면 다음 시점에서 실현되는 변수의 값을 의미한다.

다음에서는 은행이 자산운용을 통해 얻는 총수익률을 정의한다. 은행은 현재 시점에서 자산 한 단위를 구매하기 위해 Q의 비용을 지불하고 이에 대하여 한 기 시점 이후 $(Q' + Z')$의 소득을 얻는다. 은행이 보유한 자산이 제공하는 총수익률은 $R_b{}'$로 표기하고 <표 15-1>의 셋째 줄에 수식으로 정의되어 있다. 자산 총수익률을 은행의 예산제약식으로 해석할 수 있는 <표 15-1>의 둘째 줄에 있는 식에 대입하여 정리한다. 그 결과 <표 15-1>의 넷째 줄에 있는 순자산의 기간 간 변화의 식을 도출할 수 있다. 이 식은 현재 시점에서 가지고 있던 순자산과 다음 시점에서 보유할 순자산 간의 관계를 설명하는 식이다.

은행이 보유하는 순자산의 증가는 레버리지 비율과 자산의 총수익률에서 부채의 총이자율을 뺀 차이에 의해서 결정된다. 이는 자산운용스프레드가 높을수록 예금부채로 모은 자금을 적절히 운용하여 순투자수익을 더 많이 받기 때문에 은행의 자기자본은 더욱 증가한다는 것이다. 레버리지 비율은 총자산을 순자산으로 나눈 비율로 정의한다. 이를 식으로 나타내면 $\Phi = QK/N$이다. 은행의 레버리지 비율과 은행의 순자산 대비 예금부채의 비율 간의 관계를 식으로 표현하면 $\Phi - 1 = D/N$이다. <표 15-1>의 넷째 줄에 있는 식의 양변을 N으로 나눈 후에 레버리지 비율의 정의식을 대입하여 정리하면 은행의 자산운용수익률을 예금부채에 대한 총이자율로 나눈 비율은 <표 15-1>의 다섯째 줄에 있는 식을 만족해야 한다는 것을 확인할 수 있다. 이 식의 좌변이 자산운용스프레드를 나타낸다. 이는 자산의 총수익률을 예금부채에 대한 총이자율로 나눈 비율이다. 좌변의 변수를 피설명 변수라고 한다면 <표 15-1>의 다섯째 줄에 있는 식은 자산운용스프레드의 결정식으로 해석할 수 있다. 자산운용스프레드가 충분히 낮아지면 은행의 순자산이 0이 되거나 음수가 될 수 있다. 이를 수식으로 증명하기 위해 <표 15-1>의 다섯째 줄에 있는 식을 이용하면 <표 15-1>의 여섯째 줄에 있는 관계를 도출할 수 있다.

이 식이 의미하는 것은 무엇인가? 예금주의 입장에서 전액 회수가 가능한 상황과 그렇지 못한 상황을 구분하는 것이 중요하다. 은행이 자산투자로부터 얻는 수익률이 낮다면 예금주에게 예금을 제대로 돌려주지 못한다. 어느 정도의 수익률을 유지해야 예금을 돌려줄 수 있는 상황이 될 것인가를 생각해볼 수 있다. 예금에 대한 회수율이 100퍼센트가 되는 자산운용스프레드의 임계치는 $1 - (1/\Phi)$이다. 부연하면 자산운용스프레드가 $1 - (1/\Phi)$보다 낮아지면 예금주의 은행예금에 대한 회수율이 100퍼센트가 되지 않을 수 있다.

<표 15-1>의 여섯째 줄에 있는 레버리지 비율과 뱅크 런 간의 관계는 부채가 많은 은행은 파산 가능성이 높다는 인식을 반영한 것이다. 앞에서 $1 - (1/\Phi)$는 뱅크 런 발생에 대한 자산운용스프레드의 임계치로 해석하였다. 자산운용스프레드의 임계치는 은행의 레버리지 비율에 의해서 결정된다. 레버리지 비율이 높은 은행은 예금의 원리금을 제대로 지급하지 못할 수 있는 상황에 대한 임계치가 상대적으로 더 높다. 그 결과 다른 금융기관에 비해 뱅크 런이 발생할 가능성이 높다는 것이다. 자산운용스프레드의 이점은 무엇인가? 은행이 보유하고 있는 자산이 다양하기 때문에 이로부터 발생하는 평균적인 수익률을 측정하기가 쉽지 않다. 은행의 자산에 속해 있는 다양한 자산들에 대한 평균적인 수익률은 쉽게 측정되지 않는 반면 은행의 대차대조표는 분기별로 파악되고 있다. 단기 이자율을 은행의 평균적인 자금조달비용으로 가정하면 은행의 대차대조표 자료에 위의 식을 적용하여 자산운용스프레드를 쉽게 추계할 수 있다.

이와 같은 방식을 적용하여 자산운용스프레드를 추계하면 실제로 유용성이 있는지에 대한 의구심이 있을 수 있다. 이를 해소하기 위해 실제의 자료를 사용하여 자산운용스프레드를 추계하고 이를 많이 사용되고 있는 지표와 비교한다. 앞에서 이미 설명한 바와 같이 은행의 수익성을 측정하는 척도의 하나로 많이 인용되는 지표는 순이자마진이다. 순이자마진은 은행 등과 같은 금융기관에서 자산을 운용하여 얻은 수입에서 자금조달비용을 차감하여 얻은 액수를 운용자산의 총액으로 나눈 비율로 정의하고 정의에 의거하여 추계한다. 자산운용스프레드는 은행의 대차대조표 자료와 은행이 보유한 순자산의 결정식에 의거하여 추계한다.

그림 15-1 은행의 레버리지 비율과 수익성

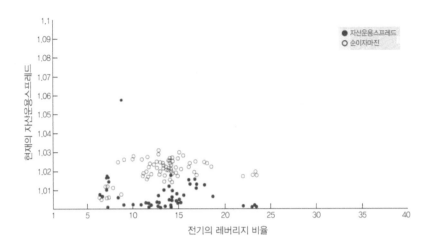

　　<그림 15-1>은 레버리지 비율과 수익성 간의 관계를 보여주고 있다. x축은 전기
시점의 레버리지 비율을 나타낸다.[5] 또한 y축은 현재 시점의 자산운용스프레드를 나
타낸다. ●점들은 자산운용스프레드를 의미하고, ○점은 순이자마진을 의미한다. 그림
의 자료들은 금융감독원 홈페이지에 공개된 2010년부터 2014년 사이의 은행경영통
계 자료를 수집한 후 자산운용스프레드의 정의를 적용하여 작성하였다. 자산운용스
프레드는 순이자마진에 비하여 낮게 나타난다. 그 이유는 순이자마진의 정의에서 찾
아볼 수 있다. 그림의 순이자마진은 명목 순이자마진이다. 명목 순이자마진의 계산에
는 예대금리차로 인하여 발생하는 수익과 채권 등 유가증권에 투자하여 발생하는 이
자수익은 포함이 되지만 유가증권 평가 이익과 매매 이익은 포함되지 않는다. 명목
순이자마진 이외에도 실질 순이자마진을 정의할 수 있다. 실질 순이자마진의 계산에
는 명목 순이자마진에서 대손충당금 적립금 및 판매관리비 등의 운영경비를 차감한
다. 본 절의 분석에서는 획득 가능한 자료의 부족을 반영하여 명목 순이자마진을 사
용한다. 순이자마진에 비해 자산운용스프레드가 낮게 나타나는 이유를 유가증권

---

5 본 절의 <그림 15-1>과 <그림 15-2>는 2016년 DSGE 연구센터에서 출간한 「거시금융분석」(윤택)
　　<그림 2.3>과 <그림 2.4>를 그대로 인용하여 재구성하였다.

그림 15-2 은행의 레버리지 비율과 뱅크 런의 가능성

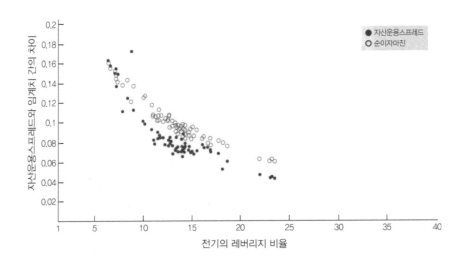

평가이익과 매매이익이 자산운용스프레드에 반영되어 있기 때문으로 추측해 볼 수 있다. 그러나 보다 자세한 분석은 본 절의 범위를 넘기 때문에 생략하기로 한다. <그림 15-1>의 그림으로 판단할 때에는 한 기 이전의 레버리지 비율이 높거나 낮은 것이 현재 시점의 은행 수익성에 대하여 일관성 있는 뚜렷한 효과가 있는 것으로 보이지 않는다. 그러나 앞에서 설명한 임계치를 추계하고 이를 자산운용스프레드에서 뺀 차이를 비교하면 레버리지의 비율이 은행의 뱅크 런 가능성에 미치는 효과는 보다 명확히 나타난다.

<그림 15-2>에서는 레버리지 비율과 자산운용스프레드와 임계치 차이 간의 관계를 보여주고 있다. 이 그림의 x축은 개별 은행의 레버리지 비율을 나타낸다. y축은 개별 은행의 자산운용스프레드와 임계치 간의 차이를 나타낸다. 또한 명목 순이자마진과 임계치 간의 차이도 나타낸다. <그림 15-2>는 순이자마진과 자산운용스프레드 두 개의 척도 모두 레버리지 비율이 증가하면 임계치와의 차이가 감소하는 것을 보여주고 있다. 따라서 수익성 지표와 임계치 간의 차이와 레버리지 비율 사이에는 음의 관계가 있는 것을 확인할 수 있다. <그림 15-2>에서도 자산운용스프레드의 차이

가 명목 순이자마진의 차이에 비하여 낮게 나타난다. 그 이유는 앞에서도 이미 언급한 바와 같이 순이자마진의 정의에는 유가증권 평가 이익과 매매 이익은 포함하지 않고 자산운용스프레드의 계산에는 자기자본의 증가율을 사용하기 때문인 것으로 추측할 수 있다.

은행경영의 성과를 측정하는 다른 척도들이 있다. 본 절에서는 순이자마진과 자산운용스프레드의 경우 자료에 대하여 분석하지만 다른 척도에 대해서는 단순히 정의만 소개한다. 먼저 자기자본수익률(return on equity)이다. 이는 ROE로 불리기도 한다. 당기 순이익을 자기자본으로 나눈 비율로 정의된다. 또한 총자산수익률(return on asset)로서 당기 순이익을 실질 총자산으로 나눈 비율로 정의된다. 이는 은행이 총자산을 얼마나 효율적으로 운용했는지의 정도를 파악하는 지표로 해석된다. 위의 비율을 계산할 때 당기 순이익은 손익계산서상 수익과 비용 항목 전부를 포괄하여 추계한다. 총자산수익률을 추계할 때 사용하는 총자산의 정의는 은행계정 자산총계, 종금계정 자산총계 및 약정 배당 신탁관련자산 합계액에서 은행계정과 종금계정 및 신탁계정 간 상호거래를 공제한 금액이다. 이와 같이 공제하는 이유는 이중계산을 방지하는 것으로 볼 수 있다. 예를 들면 은행계정의 자산에 기재되어 있는 유가증권을 담보로 신탁계정에서 차입하면 신탁계정의 자산으로 잡힌다. 그 결과 동일한 은행의 총자산이 이중계산이 될 수 있다.

통화정책의 변화가 은행의 수익성에 미치는 효과

통화정책의 변화가 앞에서 설명한 은행의 수익성 지표에 어떠한 영향을 미치는가? 이 질문에 대한 답변을 제시하기 위해 두 가지 포인트를 강조할 수 있다. 첫째 포인트는 중앙은행의 기준 금리 변동은 장단기 금리차에 영향을 미친다는 것이다. 둘째 포인트는 장단기 금리차는 순이자마진과 같은 방향으로 움직인다는 것이다. 두 가지 포인트를 결합하면 중앙은행의 기준 금리 변동이 순이자마진에 영향을 미치는 과정을 쉽게 이해할 수 있다. 첫째 포인트는 통화정책의 금리경로 또는 이자율경로가 작동하고 있다는 것에 대한 믿음과 연결된다. 중앙은행이 기준 금리를 낮추는 시점에서 장기 금리는 그대로 있고 단기 금리인 기준 금리가 먼저 하락하는 상황을 생각해 볼 수 있다. 이 경우 장단기 금리차가 커진다. 그러나 중앙은행이 지속적으로 단기 금리를 낮추려는 의도가 금융시장 참가자들에게 제대로 전달되면 장기 금리도 하락하게 된다. 따라서 이자율경로가 작동하고 있다면 기준 금리의 변동은 장단기 금리차에 영향을 미친다는 것이다. 둘째 포인트가 성립한다는 점을 뒷받침하는 근거는 장단기 금리차와 순이자마진 간의 관계이다. 예를 들어 장단기 금리차는 대출 한 단위의 증가를 통해 얻을 수 있는 수익을 의미한다. 이에 반하여 순이자마진은 전체 대출의 평균적인 수익성을 의미한다. 장단기 금리차는 한계 수익의 개념이고 순이자마진은 평균 수익의 개념이다. 이러한 관계가 함의하는 것은 장단기 금리차의 변화가 발생하여 어느 정도 지속적으로 유지된다면 순이자마진에서도 변화가 나타나야 한다는 것이다.

실제의 자료를 이용한 실증분석에서는 어떻게 나타나는가? <그림 15-3>은 우리나라의 장단기 금리차, 순이자마진, 기준 금리의 시계열 자료를 보여주고 있다. 검은색 실선은 기준 금리를 나타낸다. 회색 실선은 순이자마진을 나타낸다. 파란색 실선은 장단기 금리차를 나타낸다. 자료는 2013년 1분기부터 2017년 3분기까지의 분기별 자료이다. 이자율은 분기별 평균으로 추계하였다. <그림 15-3>이 함의하는 점을 요약하면 다음과 같다.

(1) 5년 만기 국고채 금리에서 콜 금리를 뺀 차이로 측정한 장단기 금리차는 기준 금리와 대체로 반대 방향으로 움직이는 모습을 보인다.
(2) 순이자마진은 2010년대에 들어서 기준 금리가 지속적으로 낮아지면서 대체로 낮아지는 모습을 보인다.
(3) 순이자마진은 기준 금리를 일정한 수준에 고정시키고 있는 기간 중 후반부에 증가하는 모습을 보인다.

그림 15-3 우리나라의 기준 금리, 장단기 금리차, 순이자마진의 추이

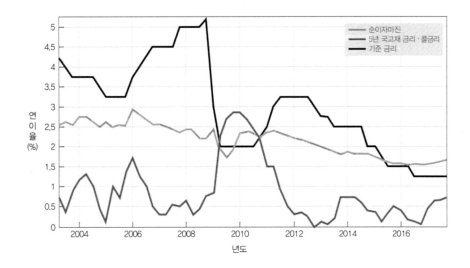

  다음에서는 기준 금리가 장단기 금리차에 미치는 효과에 대하여 간단히 설명한다.
<그림 15-3>에서와 같이 5년 만기 국고채 이자율에서 콜 금리를 뺀 차이를 장단기
금리차로 정의하고 기준 금리와의 상관계수를 2003년 1분기부터 2017년 3분기까지
의 표본 기간에 대하여 추정하면 -0.13이다. 따라서 표본 기간 중 장단기 금리차는
대체로 기준 금리와 음의 상관관계를 보이고 있다. 이는 한국은행이 기준 금리를 인
하하면 장단기 금리차가 커지고 기준 금리를 인상하면 장단기 금리차이가 감소하는
경향이 어느 정도 있는 것을 의미한다.
  또한 앞에서 설명한 순이자마진과 기준 금리 간의 관계에 대하여 좀 더 자세히
설명한다. 2009년 1분기부터 2010년 2분기까지 6분기 동안 기준 금리가 2.00%에 고
정되어 있었다. 2016년 2분기부터 2017년 3분기까지 6분기 동안 기준 금리가 1.25%
에 고정되어 있었다. 각각 1년 반의 기간 동안 기준 금리가 낮은 수준에 고정되어 있
었다. 이 기간 중 순이자마진은 후반부에 증가하는 모습을 보인다. 2009년은 금융위
기로부터 회복하는 시기이므로 순이자마진이 증가하는 폭이 크게 나타난다. 2016년
에는 낮은 수준을 그대로 유지하다가 2017년에 들어 서서히 증가하는 모습을 보인다.

그러나 기준 금리가 낮아지고 있는 기간에는 순이자마진이 추세적으로 기준 금리와 같이 낮아지는 모습을 보인다. 앞의 설명을 요약하면 기준 금리가 낮은 수준에서 일정 기간 고정되어 있어야 순이자마진이 상승하는 경향이 있다는 것이다.

미국의 자료를 사용한 실증 분석에서는 장단기 금리차는 순이자마진을 선행하는 변수로 알려져 있다. 우리나라의 자료에서는 장단기 금리차가 순이자마진과 같은 방향으로 움직이는 모습이 추세적으로 나타나는 것으로 관측되지 않는다. <그림 15-3>을 보면 장단기 금리차가 상승하지만 순이자마진은 오히려 하락하는 기간을 쉽게 찾을 수 있기 때문이다. 그러나 순이자마진이 상승하는 기간에는 장단기 금리차가 상승하는 모습이 먼저 나타나고 그 이후 순이자마진이 상승하는 사례를 보여주고 있다. 따라서 일반적으로 장단기 금리차가 순이자마진을 선행한다고 결론 짓기는 쉽지 않지만 적어도 표본 기간에 따라서 장단기 금리차가 순이자마진을 선행하는 모습을 보인다는 점은 확인할 수 있다.

통화정책의 위험부담경로

통화정책의 위험부담경로는 통화정책의 총수요 효과가 발생하는 과정에서 금융중개기관들의 대차대조표가 확대되면서 더 큰 위험을 부담하게 된다는 점을 강조하는 견해라고 요약할 수 있다.[6] 제13장에서 설명한 신용경로에서는 기업의 대차대조표를 강조하였기 때문에 본 절에서 설명하는 위험부담경로와의 차이점이 있다. 통화정책의 위험부담경로를 주장하는 사람들은 통화정책의 변화에 의해서 발생하는 자금조달 비용의 높고 낮음이 금융기관의 위험에 대한 인지도를 바꾸어서 대차대조표가 어느 정도 위험에 노출이 될 것인가에 대한 금융기관의 결정에 중요한 영향을 미친다는 것을 강조한다. 예를 들어 중앙은행이 저금리 기조를 선택하면 금융기관의 대차대조

---

6 통화정책의 위험부담경로(risk-taking channel of monetary policy)를 지적한 초기의 논문은 보리오 (Claudio Borio)와 주(Haibin Zhu)가 2008년에 발표한 「Capital Regulation, Risk-Taking and Monetary Policy: A Missing Link in the Transmission Mechanism?」이다. 이 논문은 국제결제은행의 워킹 페이퍼 시리즈 No.268로 수록되어 있다.

표에 편입되어 있는 위험 자산의 비중이 높아져 금융기관이 부담하는 위험 수준이 증가한다고 주장한다. 따라서 중앙은행의 통화정책에 관한 결정은 금융기관이 기꺼이 감수하려는 위험부담의 수준에 영향을 미쳐서 실물 경제에 대한 가시적인 효과를 얻게 된다는 것이다. 통화정책의 위험부담경로가 존재할 가능성에 대한 주장을 들으면 실제의 자료에서 통화정책과 위험의 척도 간에 어떻게 나타나는지에 대하여 궁금할 것이다. 미국의 자료를 사용한 실증 분석의 결과를 소개한다. 베카르트(Geert Bekaert), 호에로바(Marie Hoerova), 로듀카(Marco Lo Duca)는 2013년 발표한 연구에서 금융시장의 위험기피정도를 측정하는 척도로서 사용되는 변동성 지수를 사용하여 통화정책의 변화가 금융시장의 위험기피정도에 미치는 효과를 분석하였다.[7] 이들은 경기 확장적인 통화정책이 실시되면 통화정책의 충격이 발생하는 시점으로부터 3분기 이후에 금융시장의 위험기피정도가 감소하는 효과가 나타나고 그 효과는 2년 정도 지속된다는 실증적 증거를 제시한다.

우리나라의 자료에서는 통화정책과 위험의 척도는 어떠한 관계가 있는지 궁금할 것이다. 본 절에서는 정확한 실증 분석의 결과를 제시하기보다는 보다 단순한 척도를 사용하여 위험 프리미엄을 측정하여 기준 금리와 위험 프리미엄 간의 관계를 설명한다. <그림 15-4>는 3년 만기 회사채 이자율에서 3년 만기 국고채 이자율을 뺀 차이를 회사채 스프레드로 정의한다. 회사채 스프레드는 동일한 만기의 채권을 사용하였으므로 회사채 스프레드에는 만기 프리미엄이 없다고 간주할 수 있다. 국고채의 경우 부도의 위험이 없으므로 동일한 만기의 회사채와 국고채 이자율 차이를 부도 위험에 대한 프리미엄으로 간주할 수 있다.[8] 기준 금리와 회사채 스프레드 간의 상관계수를 2003년 1분기부터 2017년 3분기까지의 표본 기간에 대하여 추정하면 0.03으로 낮게 나온다. 그러나 2010년 1분기부터 2017년 3분기까지의 자료를 사용하여 추정하면 기준 금리와 회사채 스프레드 간의 상관계수는 0.448이다. 2010년 이후 회사채 스프레

---

7 이들의 논문은 유럽중앙은행(ECB)에서 발간하는 Working Paper Series No.1565로 출간된 「Risk, Uncertainty and Monetary Policy」이다.

8 회사채 스프레드에는 국채시장과 회사채시장의 유동성이 서로 다르기 때문에 발생하는 유동성 프리미엄이 포함되어 있을 가능성을 배제할 수 없다. 본 절에서는 회사채시장과 국채시장의 거래가 충분히 이루어지고 있어서 유동성 프리미엄이 크지 않을 것으로 가정한다. 보다 더 자세한 분석은 본 절의 범주에 벗어나므로 생략하기로 한다.

그림 15-4 우리나라의 기준 금리와 회사채 스프레드의 추이

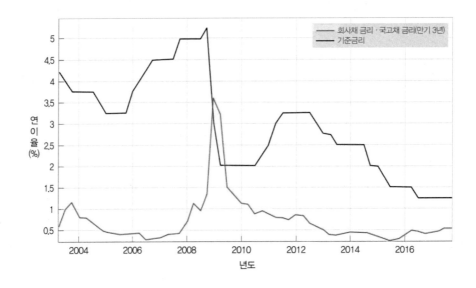

드와 기준 금리 간 상관계수가 높아진다는 것을 알 수 있다. <그림 15-4>에서도 2010년 이후 저금리 기조를 유지해온 기간 동안 기준 금리도 낮아지면서 회사채 스프레드도 낮아지는 상황을 볼 수 있다. <그림 15-3>과 <그림 15-4>의 그래프를 통해서 우리나라에도 최근 저금리 기조 하에서 통화정책의 위험부담경로가 작동하고 있었을 가능성이 있는지가 궁금할 것이다. 통화정책의 위험부담경로를 주장하는 사람들이 제시한 실증적 사실들에 대해서는 우리나라의 자료에서도 부분적으로나마 확인할 수 있었다. 예를 들어 위험 프리미엄이 저금리 기조가 지속되는 가운데 감소되는 모습을 볼 수 있었다. 또한 저금리 기조가 진행되면서 순이자마진이 오히려 감소하는 모습을 보이지만 후반부에는 순이자마진이 회복되는 모습을 보인다는 것이다. 따라서 우리나라의 자료에서는 통화정책의 위험부담경로가 없다고 단언할 수는 없다. 그러나 본 절에서 제시한 그래프들이 우리나라에서 통화정책의 위험부담경로가 확실하게 작동하고 있다는 증거라고 할 수도 없다.

표 15-2 **모형 분석**

소극적 투자자	효용 함수	$E[W'] - (2\tau)^{-1}\mathrm{VAR}(W')$
	순자산 결정	$W' = R(W - px) + R_b'px$
	위험 증권 수요	$x^* = \tau(R_b^e - R)/(p\sigma_b^2)$
위험 증권 총수익률 최소값		$\min R_b' = R_b^e - \varepsilon$
적극적 투자자	대출금	$L = (R_b^e - \varepsilon)pz/R$
	대차대조표	$pz = N + (R_b^e - \varepsilon)pz/R$
	위험 증권 수요	$z^* = \dfrac{N}{p}\left(1 - \dfrac{(R_b^e - \varepsilon)}{R}\right)^{-1}$
위험 증권의 균형가격		$p = \dfrac{N}{s}\left(1 - \dfrac{(R_b^e - \varepsilon)}{R}\right)^{-1} + \dfrac{\tau\ (R_b^e - R)}{s\sigma_b^2}$
적극적 투자자	레버리지 비율	$\Phi = \left(1 - R^{-1}(R_b^e - \varepsilon)\right)^{-1}$
	순자산 결정	$N' = \Phi\big(R_b' - (R_b^e - \varepsilon)\big)N$
	부등호조건	$\Phi\big(R_b' - (R_b^e - \varepsilon)\big) > 1$
	순자산 증가	$\dfrac{N'}{N} = \dfrac{R\big(R_b' - (R_b^e - \varepsilon)\big)}{R - (R_b^e - \varepsilon)}$

주: $E[W']$는 다음 시점 순자산에 대한 기대값이고, $\mathrm{VAR}(W')$는 다음 시점 순자산에 대한 분산이다. 다음 시점에서 실현되는 위험 증권 수익률($= R_b'$)는 $[R_b^e - \varepsilon,\ R_b^e + \varepsilon]$의 구간에서 균등 분포를 따르는 확률변수이다.

모형 분석

본 절에서는 앞 절에서 설명한 통화정책의 위험부담경로를 반영한 모형을 소개한다. 본 절의 모형에서는 금융시장의 참가자를 두 개의 독립된 그룹으로 분리한다. 첫번째 그룹은 소극적 투자자이다. 가계, 연기금, 뮤추얼 펀드와 같이 증권포트폴리오의 다각화를 위하여 예산제약 하에서 무위험 증권과 위험 증권에 대한 투자를 결정하는 투자자이다. 두번째 그룹은 적극적 투자자이다. 이들은 투자은행과 증권회사와 같이 레버리지를 이용하여 더 높은 수익률을 얻기 위하여 적극적으로 위험 증권에 투자하는 투자자이다. 소극적 투자자는 위험 기피적인 선호를 가지고 있다. 다른 금융기관으로부터 차입을 하지 않고 자신이 이미 가지고 있는 자금을 안전한 무위험 증권에 대한 투자와 위험 증권에 대한 투자로 분리한다. 소극적 투자자의 효용은 현재 시점에 투자하여 다음 시점에 실현될 투자 수익에 의해서 결정되는 다음 시점의 자산의 함수이다. 다음 시점의 자산이 증가할 것으로 예상되면 효용이 증가하지만 다음 시점의 자산에 대한 변동성이 높아지면 효용이 감소한다. 예를 들면 <표 15-2>의 첫째 줄에 있는 효용 함수를 생각해 볼 수 있다. 이 식에서 W'는 다음 시점에서 소극적 투자자가 가지고 있는 자산을 나타낸다. τ는 위험을 참는 정도를 나타내는 계수를 나타낸다. τ의 값이 커지면 소극적 투자자가 위험을 기피하는 정도가 감소한다.

다음에서는 소극적 투자자가 보유하는 자산에 대한 기간 간 변화의 식을 설명한다. 이 식은 다음 시점에서 소극적 투자자가 보유하는 자산이 어떻게 결정되는지를 설명한다. 안전한 증권을 한 기 시점 동안 보유하였을 때 투자자가 받는 총수익률은 R로 표기한다. 위험 증권을 한 기 시점 동안 보유할 때 투자자가 받는 총수익률은 R'_b로 표기한다. 다음 시점에서 값이 결정된다는 점을 나타내기 위해 해당 변수에 대하여 따옴표를 상첨자로 변수에 붙인다. 현재 시점의 증권가격을 p로 표기하고 위험 증권 보유개수를 x로 표기한다. 소극적 투자자가 현재 시점이 시작될 때 W의 자산을 보유하고 있었다면 다음 시점에서 보유하는 자산은 <표 15-2>의 둘째 줄에 있는 식과 같이 결정된다.

소극적 투자자의 증권투자는 <표 15-2>의 첫째 줄에 있는 효용을 극대화하는 위험증권투자를 결정하는 효용 극대화의 문제에 의해서 결정된다. 효용 극대화의 문제를 풀 때 <표 15-2>의 둘째 줄에 있는 식이 제약식의 역할을 한다. 또한 소극적 투자자가 x를 선택할 때 R, W, P, R'_b 등과 같은 변수들은 자신의 결정에 의해서 영향을 받지 않는 것으로 간주한다. 소극적 투자자의 위험 증권에 대한 수요는 위에서 설명한 효용 극대화의 최적화 조건으로부터 도출된다. 최적화 조건을 정리하여 도출한 소극적 투자자의 위험 증권에 대한 수요 함수는 <표 15-2>의 셋째 줄에 정리되어 있다. 이 식에서 R^e_b는 위험 증권의 수익률에 대한 기대값이고 σ^2_b은 위험 증권이 제공하는 수익률의 분산이다.

다음에서는 적극적 투자자의 투자 결정을 설명한다. 적극적 투자자는 위험 중립적인 선호를 가지고 있어서 기대 소득을 극대화하는 투자를 결정한다. 적극적 투자자가 다른 금융기관으로부터 자금을 조달할 때 마진 제약이 부과된다. 위험 증권을 한 기 시점 동안 보유하는 경우 총수익률은 R_b'이다. 위험 증권의 총수익률에 대한 최소값이 존재하는 것으로 가정한다. 수식으로 표현하면 <표 15-2>의 넷째 줄에 있는 식으로 쓸 수 있다. 이 식에서 $R_b^e > \varepsilon$를 만족하는 것으로 가정한다. 또한 $R > R_b^e - \varepsilon$ 의 조건을 만족한다. 적극적 투자자가 구매하려는 위험 증권의 개수를 z라고 표시하면 적극적 투자자가 필요로 하는 총 투자자금은 pz이다. 이 중에서 자신이 직접 마련한 내부 자금은 N이다. 나머지는 금융기관에서 대출을 받아야 한다. 적극적 투자자는 자신이 구매한 증권을 금융기관에 담보로 제공하고 대출을 받는다. 자금을 대출하는 금융기관은 부도율이 제로가 되도록 마진을 부과한다. 이를 위해 자금을 대출하는 금융기관은 투자에 대한 총수익률의 최소값으로 실현될 수 있는 상황에서도 대출에 대한 원금과 이자가 전량 회수되도록 마진을 결정한다. 자금을 대출하는 금융기관은 L을 대출하기 위해 무위험 채권을 발행한다. 다음 시점에서 갚아야 하는 금액은 RL이다. 본 절의 모형에서는 자금을 대출하는 금융기관은 자신이 약속한 RL을 부도 없이 상환할 수 있는 상황을 분석한다.

어떻게 하면 적극적 투자자에게 대출하는 금융기관이 무위험 채권을 발행할 수 있는가? 적극적 투자자가 다음 기 시점에서 얻는 가장 낮은 수준의 투자 수입에 맞추어서 대출의 원리금 상환액이 책정된다면 안전하게 RL이 확보된다. 따라서 $RL=$(적극적 투자자의 최소 투자 수익)의 등식이 만족되어야 한다. 이 등식을 반영하여 적극적 투자자에게 자금을 대출하는 금융기관이 결정하는 대출금은 <표 15-2>의 다섯째 줄에 정리되어 있다. 이 식을 만족하도록 대출금이 책정된다면 이는 부도의 위험이 없는 대출이다. 적극적 투자자는 순자산 N을 보유하고 있고 여기에 외부로부터의 차입 L을 추가하여 확보한 총자금을 위험 증권에 모두 투자한다. 따라서 적극적 투자자의 대차대조표는 $pz = N + L$이다. <표 15-2>의 다섯째 줄에 있는 적극적 투자자에 대한 대출금의 식을 대차대조표 제약식에 대입하여 <표 15-2>의 여섯째 줄의 식이 도출된다. 이 식은 대차대조표 제약이므로 오른편 항은 자산의 가치이다. 왼편의 첫번째 항은 순자산이고, 두번째 항은 부채이다. 따라서 총자산은 부채와 자본의 합과 같아야 한다는 조건을 만족한다. 이 식으로부터 적극적 투자자의 위험 증권에 대한 수요 함수를 도출할 수 있다. 적극적 투자자의 위험 증권에 대한 수요 함수는 <표 15-2>의 일곱째 줄에 정리되어 있다.

위험 증권에 대한 소극적 투자자와 적극적 투자자의 수요를 각각 시장 청산조건에 대입하여 위험 증권에 대한 균형가격을 계산한다. 위험 증권의 총공급은 s로 고정되어 있는 것으로 가정한다. 따라서 시장의 청산조건은 $s = z^* + x^*$이다. 앞에서 이미 도출한 개별 투자자들의 수요 함수를 시장 청산조건에 대입하면 균형가격은 <표 15-2>의 여덟째 줄에 있는 식과 같이 결정된다.

다음에서는 중앙은행의 통화정책이 금융기관의 대차대조표에 미치는 효과를 분석한다. 먼저 중앙은행은 무위험 이자율을 조정할 수 있다고 가정한다. 또한 설명의 편의를 위해서 위험 증권의 수익률에는 중앙은행의 통화정책이 영향을 미치지 못하는 것으로 가정한다. 중앙은행의 통화정책은 어떻게 적극적 투자자의 레버리지 비율에 영향을 미치는가? 레버리지 비율은 총자산을 자기자본으로 나눈 비율이고 Φ로 표기한다. 적극적 투자자의 수요 함수의 식을 이용하여 적극적 투자자의 레버리지 비율이 어떻게 결정되는지를 나타내는 식을 <표 15-2>의 아홉째 줄에 있는 식과 같이 정리할 수 있다. 이 식의 함의는 중앙은행이 이자율을 낮추면 적극적 투자자의 레버리지 비율은 상승한다는 것이다. 그 이유는 중앙은행이 통화정책을 사용하여 무위험 채권의 이자율을 낮추면 금융기관의 적극적 투자자에 대한 대출이 증가하기 때문이다. 금융기관의 적극적 투자자에 대한 대출이 증가하는 이유는 무엇인가? 금융기관은 부도의 위험을 제거하기 위해서 적극적 투자자에게 대출할 때 다음 시점에서 받을 대출의 원리금 상환액을 고정시킨 후 현재 시점의 대출을 결정한다. 이 경우 미래의 수익이 고정된 상태에서 중앙은행의 이자율은 미래 소득에 대하여 적용하는 할인율의 역할을 하기 때문에 이자율의 하락은 대출을 증가시킨다.

중앙은행의 통화정책은 적극적 투자자의 다음 시점의 순자산에 어떠한 효과를 주는가? 다음 시점에서 적극적 투자자가 보유하는 순자산은 실현된 투자 수익에서 대출에 대한 원리금 상환을 뺀 차이이므로 <표 15-2>의 열번째 줄에 있는 식과 같이 주어진다. 이 식에서 $(R_b' - (R_b^e - \varepsilon))$의 값은 위험 증권의 수익률이 최저로 실현되는 경우에만 제로가 된다. 그 이외의 경우는 모두 양수이다. 따라서 일반적으로 현재 시점에서 중앙은행이 이자율을 낮추면 주어진 위험 증권의 수익률 하에서 적극적 투자자의 다음 시점의 순자산을 증가시키는 효과를 발생시킨다. 그러나 다음 시점의 순자산이 현재 시점의 순자산에 비해 더 커지는지의 여부는 다음 시점에서 실현되는 위험 증권의 수익률의 값에 의존한다. 그 이유는 다음 시점에서 적극적 투자자가 보유하는 순자산이 최초 시점의 순자산에 비해 증가하는 결과가 발생하기 위해 <표 15-2>의 열한번째 줄에 있는 부등호조건을 만족해야 하기 때문이다.

본 절에서 설명한 모형의 함의는 중앙은행이 적극적 투자자의 순자산을 확대시키는 효과가 있다면 이는 레버리지 비율을 증가시키는 효과를 통해서 나타난다는 것이다. 이를 수식으로 확인하기 위해 <표 15-2>의 열한번째 줄을 보기로 하자. 부등식의 왼편에 있는 괄호 안의 부분은 중앙은행의 통화정책에 의해서 직접적으로 영향을 받지 않는다고 가정하자. 이 경우에도 레버리지 비율이 충분히 증가하면 다음 시점의 순자산을 현재 시점의 순자산으로 나눈 비율은 1보다 크게 된다. 특히 순자산의 증가에 대한 균형식은 앞에서 설명한 <표 15-2>의 아홉번째 줄과 열번째 줄에 있는 식을 결합하여 <표 15-2>의 열두번째 줄에 있는 쓸 수 있다. 이 식을 보면 중앙은행이 R을 변화시키면 순자산의 증가율이 달라지게 됨을 확인할 수 있다. 요약하면 중앙은행의 통화정책에 의해서 무위험 채권의 총수익률이 낮아지면 <표 15-2>의 열한번째 줄에 있는 부등호조건이 만족되는 한 다음 시점의 순자산이 증가한다. 본 절의 모형에서는 중앙은행의 통화정책이 다음 시점의 순자산에 영향을 미치는 과정에서 먼저 증권가격과 적극적 투자자의 레버리지 비율에 영향을 미친다는 점을 지적한다.

표 15-3 수정된 모형 분석

적극적 투자자	대차대조표	$pz = ps_{-1} + L$
	위험 증권 수요	$z^* = s_{-1} + (L/p)$
위험 증권의 균형가격		$p = (s - s_{-1})^{-1}\left(L + \dfrac{\tau(R_b^e - R)}{\sigma_b^2}\right)$
적극적 투자자	대차대조표	$N = ps_{-1};\ \Phi = \dfrac{pz}{N} = \dfrac{z}{s_{-1}}$
	위험 증권 수요	$z^* = \Phi s_{-1}$
위험 증권의 균형가격		$p = \tau(s - s_{-1}\Phi)\sigma_b^{-2}(R_b^e - R)$

주: 이 표에 있는 두 개의 모형 중 첫째 모형에서는 대출(= L)이 미리 고정된 것으로 가정하고 있고, 둘째 모형에서는 레버리지비율(= Φ)이 미리 고정된 것으로 가정한다.

통화정책과 적극적 투자자의 대차대조표

아드리안(Tobias Adrian)과 신(Hyun Song Shin)이 2011년 발표한 연구에서 제시한 경로는 앞에서 설명한 모형이 함의하는 경로와는 차이가 있다.[9] 이들은 금융기관의 대차대조표가 확대되는 과정에서 중앙은행이 정책 금리를 낮추면 적극적 투자자의 최초의 부채는 그대로 있는 상태에서 순자산의 가치가 먼저 증가하고 그 이후에 부채도 증가하게 되는 순서로 반응이 나타난다는 점을 강조한다. 앞 절에서 소개한 모형에서는 금융기관의 순자산이 최초 시점에서 고정되어 있는 것으로 가정하였기 때문에 통화정책의 변화에 반응하지 않았다. 어떠한 가정을 수정하면 아드리안과 신이 주장한 순서로 반응이 발생히는 지를 생각해본다.

본 절에서는 최초 시점에서 적극적 투자자가 금융기관으로부터 받은 대출은 L로 고정되어 있다고 가정한다. 또한 적극적 투자자의 순자산은 모두 위험 증권으로 구성되어 있다고 가정한다. 따라서 적극적 투자자의 순자산을 식으로 나타내면 $N = ps_{-1}$이다. 이 식에서 s_{-1}은 최초 시점에서 적극적 투자자가 보유한 주식의 개수이다.

---

9 이들의 논문은 Handbook of Monetary Economics의 12장(pp. 601-650)에 수록된 「Financial Intermediaries and Monetary Economics」이다.

이 경우 p는 주식가격으로 간주할 수 있다. 이와 같은 가정 하에서 적극적 투자자의 대차대조표 제약조건은 <표 15-3>의 첫째 줄에 정리되어 있다. 이 대차대조표 제약조건으로부터 도출되는 적극적 투자자의 위험 증권에 대한 수요 함수는 <표 15-3>의 둘째 줄에 정리되어 있다. 이 식에서 s_{-1}과 L은 미리 결정된 변수들이므로 적극적 투자자의 위험 증권에 대한 수요는 증권가격에 반비례한다. 위험 증권에 대한 소극적 투자자와 적극적 투자자의 수요를 시장 청산조건에 대입하여 위험 증권에 대한 균형가격을 계산한다. 시장의 총공급은 앞에서와 마찬가지로 s로 표시한다. 그 결과 증권시장에서 결정되는 균형가격은 <표 15-3>의 셋째 줄에 정리되어 있다. 이 식에서 $s > s_{-1}$의 가정이 부과된다. 통화정책의 변화에 대하여 금융기관의 적극적 투자자에 대한 대출인 L은 반응하지 않는다.

중앙은행이 이자율을 낮추면 어떠한 효과가 먼저 발생하는가? 이자율이 낮아지면서 먼저 소극적 투자자의 수요가 반응한다. 소극적 투자자는 위험 증권에 대한 예상수익률은 그대로 있지만 무위험 채권의 이자율이 낮아지므로 자신의 투자자금을 위험 증권으로 이동시킨다. 그 결과 무위험 채권의 이자율이 낮아지면서 소극적 투자자의 수요가 증가하여 위험 증권의 시장가격이 높아진다. 따라서 다음의 과정을 거쳐서 적극적 투자자의 대차대조표에 영향을 미치게 된다.

$$R \text{ 하락} \rightarrow x^* \text{증가} \rightarrow p \text{ 상승} \rightarrow N \text{ 증가} \rightarrow L\text{의 재조정}$$

현재 설명하고 있는 모형에서는 L이 재조정될 때 어떻게 결정되는지에 대한 구체적인 설명이 없다. L이 미리 결정되는 것으로 가정하면 증권가격이 상승하여 순자산이 증가할 때 레버리지 비율이 감소하게 된다. 따라서 모형의 함의는 저금리 기조 하에서 적극적인 투자자의 레버리지 비율이 감소한다는 것이다. 이러한 결과는 위험부담 경로를 주장하는 사람들의 견해와 일치하지 않는다. 특히 아드리안과 신의 주장에 보다 부합하는 모형을 제시하기 위해 본 절에서 설명한 모형에 추가적인 수정이 필요하다는 것을 알 수 있다.

적극적 투자자와 레버리지 비율 규제

다음에서는 앞에서 설명한 모형의 가정을 수정한다. 적극적 투자자의 레버리지 비율은 Φ로 고정되어 있다고 가정한다. 또한 적극적 투자자의 순자산은 $N = ps_{-1}$으로 가정한다. 레버리지 비율은 총자산을 순자산으로 나눈 비율이다. 이는 $\Phi = pz / ps_{-1}$이므로 Φ는 적극적 투자자가 자산으로 보유한 주식의 개수를 적극적 투자자가 발행한 개수로 나눈 비율이다. 자산으로 보유한 주식과 발행한 주식이 다른 것이 의아할 수도 있다. 위험 증권은 단 하나 기업이 발행한 주식을 의미하는 것이 아니다. 증권 시장에서 거래되는 주식은 단 하나의 종류라고 가정하고 이 가정을 정당화하기 위해 모든 기업이 발행한 주식은 모두 동일한 것으로 간주한다. 이와 같은 가정 하에서 적극적 투자자의 증권 수요는 $z^* = \Phi s_{-1}$이다. 위험 증권에 대한 소극적 투자자와 적극적 투자자의 수요를 시장 청산조건에 대입하여 위험 증권에 대한 균형 시장가격을 계산한다. 시장의 총공급은 앞 절의 모형에서와 마찬가지로 s로 고정된 것으로 가정하면 균형가격은 <표 15-3>의 여섯째 줄에 정리되어 있다. 이 식에서 $s > \Phi s_{-1}$이 만족하는 것으로 가정한다.

중앙은행이 이자율을 낮추면 어떠한 효과가 발생하는가? 이자율이 낮아지면서 먼저 소극적 투자자의 수요가 반응한다. 위험 증권에 대한 예상 수익률은 그대로 있지만 무위험 채권의 이자율이 낮아지므로 자신의 투자자금을 위험 증권으로 이동시킨다. 그 결과 위험 증권의 시장가격이 높아진다. 적극적 투자자에 대한 금융기관의 대출은 $L = (\Phi - 1) N$으로 결정된다. 여기서 Φ가 고정되어 있는 상황에서 위험 증권의 시장가격이 증가하면 이에 비례하여 대출이 증가한다. 적극적 투자자의 총자산은 어떻게 되는가? 레버리지 비율이 고정되어 있는 경우 총자산은 $p\Phi s_{-1}$이다. 따라서 증권가격이 상승하면 그에 따라 총자산의 규모도 증가한다. 따라서 다음의 과정을 거쳐서 적극적 투자자의 대차대조표에 영향을 미치게 된다.

R 하락 → x^* 증가 → p 상승 → N 증가 → L의 증가 → 총자산의 증가

레버리지 비율이 고정되어 있다는 가정을 정당화할 수 있는 근거는 무엇인가? 정

부가 금융기관에 레버리지 비율의 상한을 부과하는 규제를 실시하고 적극적 투자자는 가능한 높은 레버리지 비율을 유지한다는 것이다. 그러면 은행 부문에 레버리지 규제가 부과되어야 하는 이유는 무엇인가? 은행의 레버리지에 대한 규제가 정당화되기 위해 주장된 이유들을 다음과 같이 정리해볼 수 있다. 첫째, 민간 경제에서 발생하는 대리인의 문제를 보정하기 위한 수단으로서 은행의 레버리지에 대한 규제를 도입할 수 있다. 둘째, 정부의 미래 행동에 대한 현재 시점의 약속을 반드시 지키는 것이 어려운 상황에서 은행의 레버리지에 대한 규제를 도입할 수 있다. 은행이 파산해야 하는 상황이 발생할 때 은행을 구제하지 않겠다는 약속을 지킬 수 없는 상황이 있을 수 있다. 은행이 도산하는 것은 사후적으로 비효율적이기 때문이다. 그러므로 정부가 은행을 구제(bailout)하지 않겠다고 할지라도 약속에 대한 신뢰성을 얻기가 어려울 수 있다. 이러한 문제점을 보완하기 위하여 은행의 레버리지에 대한 규제가 정당화될 수 있다는 것이다.

소극적 투자자와 연금 및 기금

본 장에서 설명한 몇 개의 모형에서는 모두 소극적 투자자의 범주에 연금과 기금을 포함하였다. 그 이유는 소극적 투자자의 정의가 자신의 예산제약 내에서 위험 기피의 선호를 가지고 투자하는 투자자이기 때문이다. 어떠한 이유로 연금과 기금을 소극적 투자자로 분류하였는지에 대하여 궁금할 것이다. 본 절에서는 이러한 궁금증에 답하기 위해서 연금제도의 자금 운용에 대하여 간단히 설명한다.

우리나라의 경우 세 개의 연금제도가 운용되고 있다. 국민연금, 퇴직연금제도, 개인연금제도이다. 국민연금은 전 국민을 대상으로 사회보장의 측면에서 최소한의 기본적인 기초생활을 보장하는 것이 주요 목표이다. 퇴직연금은 근로자들에게 노후소득을 보장하기 위해 사외 적립으로 운용되어 왔다. 회사가 도산하더라도 지급 보장을 해줄 수 있게 되어 있다. 개인연금제도는 노후의 안정적인 경제 생활을 위해 필요한 소득을 보장하는 것이 주요 목표이다.

앞에서 설명한 세 개의 연금제도에서 적립된 자금은 다양한 자산에 투자되고 있다. 연금의 기금을 운용하는 사람들이 앞 절에서 설명한 모형의 소극적 투자자로 볼 수 있다. 이들이 처한 제약은 단순한 예산제약으로 설명할 수 있다. 구체적으로 설명하면 다음과 같다. 자산에 투자하기 위해 적립금 이외의 다른 금융기관으로부터 차입하여 자금을 조달하기보다는 연금제도를 통해 적립된 자금을 투자한다. 자산에 투자한 결과로 발생하는 운용 수익과 새로 들어온 적립금을 합한 합계액에서 연금의 지급으로 발생한 지출을 감한 금액이 자산에 투자할 수 있는 자금이 된다. 앞의 설명에 대하여 구체적인 사례를 제시하기 위해 국민연금과 퇴직연금의 적립과 운용에 대하여 간단히 설명한다. 먼저 국민연금의 경우 2017년 10월 말 기준 연금 보험료에서 478조원과 운용 수익금에서 300조원을 합하여 총 778조원을 조성한다. 그 중 연금 지급액 153조원과 기타 항목을 제한 나머지 차액이 615조원이다. 이는 국민연금이 운용하는 자금인 기금적립금이다. 또한 기금적립금의 포트폴리오는 다음과 같이 구성되어 있다. 국내 주식에 투자한 금액이 134조이고, 해외 주식에 투자한 금액이 109조이다. 국내 채권에 투자한 금액이 284조이고, 해외 채권에 투자한 금액이 24조이다. 대체 투자가 64조이다. 대체 투자는 부동산, 인프라, 벤처투자, 기업구조조정조합투자, 사모 투자 등을 포함한다.

퇴직연금제도는 근로자들의 노후 소득보장과 생활 안정을 위해 근로자 재직기간 중 사용자가 퇴직급여를 지급하기 위해 소요되는 재원을 금융회사에 적립하고, 이 재원을 사용자(기업) 또는 근로자가 운용하여 근로자가 퇴직할 때 연금 또는 일시금의 형태로 지급하는 제도이다. 세 개의 유형이 있다. 첫째는 확정급여형이다. 이는 근로자가 퇴직할 때 받을 금액이 사전에 확정된 퇴직연금제도이다. 근로자를 고용한 회사가 매년 부담금을 금융회사에 적립하여 책임지고 운용하며, 운용 결과와 관계없이 근로자는 사전에 정해진 수준의 퇴직급여를 수령한다. 두번째, 확정기여형이다. 이는 사용자가 근로자 개별 계좌에 부담금을 정기적으로 납입하면, 근로자가 직접 적립금을 운용한다. 근로자 본인이 추가로 부담금을 납입하는 것도 가능하다. 근로자가 퇴직할 때 사용자가 납입한 부담금과 운용 손익을 최종급여로 지급받는다. 세번째는 개인형 퇴직연금제도이다. 이는 취업자가 재직 중에 자율로 가입하거나 이직할 때 받은 퇴직급여 일시금을 계속해서 적립·운용할 수 있는 퇴직연금제도이다. 연간 1,800만원까지 납입할 수 있으며, 최대 700만원까지 세액공제 대상이 된다. 또한 운용 기간 중에는 운용 수익에 대한 과세 이연의 혜택이 부과되며, 퇴직급여 수급시 연금 또는 일시금으로 수령할 수 있다. 고용노동부가 제공하는 퇴직연금의 주요 동향 자료에 의하면 2016년 2분기 퇴직연금 적립금은 129조 1786억원이다. 확정급여형이 86조 2629억원, 확정기여형이 30조 4830억원, 개인형퇴직연금이 12조 4309억원이다. 적립금이 운용되고 있는 현황을 보면 원리금보장상품의 투자비중은 90.4%를 차지한다. 이 중 대부분은 예금, 적금, 보험 등의 형태로 집중되어 있다. 개인연금은 연금저축과 연금보험의 형태가 있다. 연금저축을 들면 소득 공제의 혜택이 주어지고 연금보험을 들면 이자 소득세를 면제해주는 차이가 있는 것으로 알려져 있다. 연금저축은 운용하는 기관에 따라 달라진다. 은행의 경우 연금저축신탁이다. 자산운용사의 경우 연금저축펀드이다. 보험회사의 경우 연금저축보험으로 구분된다.

연습문제

1. 어느 경제학자가 중앙은행의 기준 금리가 상승하는 시기에는 시중 은행의 대출 금리는 예금 금리에 비해 빨리 인상된다고 했다. 그러나 기준 금리가 하락하는 시기에는 시중 은행의 대출 금리가 예금 금리에 비해 늦게 하락한다고 주장한다. 우리나라의 자료에서 이러한 현상이 발생하는지를 조사하고 실제로 나타나면 그 이유를 설명하시오.

2. 본 장의 모형을 사용하여 위험 증권의 수익률에 대한 변동성이 높아지면 위험 증권의 시장가격에 어떠한 효과를 미치는지를 분석하시오.

3. VIX 지수는 변동성 지수(volatility index)를 의미한다. 변동성 지수가 상승하면 본 장에서 설명한 모형의 어느 부분에 영향을 미치는지를 설명하시오. 또한 본문의 모형을 사용하여 변동성 지수가 상승하면 적극적 투자자의 레버리지 비율에 어떠한 영향을 미치는지를 분석하시오. 현실의 자료를 사용한 실증 분석의 결과와 비교하여 어떠한 차이가 있는지를 설명하시오.

4. 본 장의 모형을 사용하여 변동성 지수가 증시 지수와 어떠한 관계가 있는지를 분석하시오.

5. 어느 경제학자가 금융기관의 레버리지 비율에 대한 규제를 도입하면 통화정책의 위험부담경로의 가능성을 차단한 것이므로 중앙은행이 저금리 기조를 장기간 유지하는 경우 레버리지 비율에 대한 규제를 부과하는 것이 바람직하다는 점을 주장하고 있다. 본 장의 모형에 의거하여 이와 같은 주장을 평가하시오.

6. 본 장의 위험부담경로를 설명하는 첫째 모형에서 위험 증권 투자의 예상 총수익률인 R_b^e는 중앙은행의 통화정책에 의해서 영향을 받는 것으로 가정하시오. 이 경우 중앙은행이 이자율을 낮출 때 은행의 레버리지 비율이 상승하는 결과가 도출되기 위해 추가적으로 모형에 부여되어야 하는 조건들을 찾아서 설명하시오.

7. 본 장의 첫째 모형에서 위험 증권 투자의 예상 총수익률인 R_b^e는 중앙은행의 통화정책에 의해서 영향을 받지 않는 것으로 가정하시오. 증권금융을 담당하는 금융기관이 적극적 투자자에게 제공하는 대출의 부도확률을 α로 선택할 때 대출금의 크기를 계산하시오. α의 값은 1보다 작은 양수로 가정하시오. 다음 시점에서 실현되는 위험 증권 수익률($= R_b'$)는 $[R_b^e - \varepsilon,\ R_b^e + \varepsilon]$의 구간에서 균등 분포를 따르는 확률변수로 가정하시오. 또한 $0 < R_b^e - \varepsilon < R$의 조건이 만족되는 것으로 가정하시오.

8. 본 장의 첫째 모형에서 적극적 투자자의 자산운용스프레드를 계산하시오. 무위험 채권의 총수익률이 낮아질 때 적극적 투자자의 자산운용스프레드가 어떻게 반응하는 지를 설명하시오.

제16장

물가안정과 금융안정

제16장

물가안정과 금융안정

본 장에서 다루는 내용의 현실적인 중요성을 가늠케 하는 간단한 사례를 제시하기 위해 한국은행 홈페이지에 있는 2017년 11월 30일 금융통화위원회의 발표문을 인용한다.

『금융통화위원회는 다음 통화정책방향 결정시까지 한국은행 기준 금리를 현재의 1.25%에서 1.50%로 상향 조정하여 통화정책을 운용하기로 하였다. … 금융통화위원회는 앞으로 성장세 회복이 이어지고 중기적 시계에서 물가상승률이 목표수준에서 안정될 수 있도록 하는 한편 금융안정에 유의하여 통화정책을 운용해 나갈 것이다.』

앞에서 인용한 금리 결정문의 마지막 문장을 보면 물가안정을 유지하면서 동시에 금융안정에도 유의한다는 의사가 명시적으로 표시되어 있다. 따라서 물가안정 제도 또는 인플레이션 타기팅 제도를 실시하고 있더라도 최근 한국은행은 물가안정뿐만 아니라 금융안정을 같이 유의하여 기준 금리를 결정하고 있음을 확인할 수 있다.

금융안정이 중앙은행이 중시하는 목표라면 중앙은행뿐만 아니라 일반 사람들도 포함하여 많은 사람들이 공감할 수 있도록 금융안정의 정도를 측정할 수 있는지에 대한 질문이 먼저 나올 수 있다. 물가안정의 경우 다양한 측정방법이 있을지라도 물가안정을 측정하기 위해 물가지수를 사용할 수 있다는 점은 많은 사람들이 쉽게 받아들일 수 있다. 금융안정의 경우에 대해서도 물가지수에 비견할만한 수준으로 공감할 수 있는 금융안정 지수를 어떻게 산출할 수 있는가에 대하여 궁금증이 생긴다. 이와 같은 궁금증이 있다는 사실이 의미하는 것은 금융안정의 성과를 쉽게 평가하기 어렵다는 것이다. 특히 금융안정의 성과 측정에 사용될 수 있는 객관적인 척도가 없다면 중앙은행이 금융안정을 위해 통화정책을 실행한 결과를 평가하는 과정에서 객관적인 명료성과 책임성을 유지하기가 쉽지 않다. 따라서 물가안정과 금융안정을 동시에 추구해야 한다는 점을 강조할 때 금융안정에 대한 객관적인 척도를 제시하기 어렵다는 특성 때문에 다소 추상적인 설명으로 비추어질 가능성이 높다.

「금융안정에 유의한다」는 표현이 구체적으로 물가안정의 목표달성과 비교하여 금융안정을 상대적으로 어느 정도 중요하게 여기고 있는지를 의미하는가? 두 가지 방향으로 이 질문에 대한 답변을 생각해볼 수 있다. 첫 번째 방향은 물가안정이 최상위에 있는 목표이고 금융안정은 차상위의 보완적인 목표인 것으로 해석하는 것이다. 두 번째 방향은 물가안정과 금융안정은 상대적인 가중치는 어느 정도 차이가 있을 수 있으나 동시에 같은 선상에서 놓고 추구해야 하는 두 개의 목표인 것으로 해석하는 것이다. 본 장에서는 두 번째 방향을 반영한 중앙은행모형을 소개한다. 특히 우리나라의 경우 가계부채 문제의 연착륙이 거시적인 금융안정에서 중요한 관심을 받아왔던 부분이므로 본 장에서는 민간부문의 부채와 물가의 안정에 대한 함의가 있는 모형을 분석한다.

본 장은 다음과 같은 순서로 진행된다. 첫 번째 부분에서는 물가안정과 금융안정이 동시에 추구되어야 하는 것인지에 대한 여러 사람들의 견해를 요약한다. 두 번째 부분에서는 앞에서도 이미 설명한 바와 같이 민간 부채의 안정과 물가안정을 동시에 고려하는 단순한 모형을 사용하여 다음과 같은 세 개의 이슈를 분석한다. 첫 번째 이슈는 금융안정목표가 새로 들어오면 물가안정목표에 어떠한 변화가 발생하는가이다. 예전에 비해 보다 더 높은 수준의 목표치로 조정할 수도 있고 아니면 예전에 비해 목표치를 낮추어 잡을 수도 있기 때문이다. 두 번째 이슈는 거시건전성정책을 담당하는 정부기관과 중앙은행의 이해 상충 문제이다. 두 정책기관 간 이해 상충의 가능성을 제기하는 이유는 거시건전성정책을 담당하는 기관의 손실 함수와 중앙은행의 손실 함수가 다르면 서로 중요하게 여기는 변수가 다르기 때문이다. 세 번째 이슈는 중앙은행의 손실 함수에서 금융안정에 대한 상대적인 중요성이다. 정책 담당자들이 물가안정 또는 실물 경제의 안정 등과 비교하여 상대적으로 어느 정도 중요하게 인식하는가에 따라 인플레이션율에 대한 목표치가 달라질 수도 있기 때문이다. 마지막 부분에서는 우리나라의 거시건전성정책에 대하여 간단히 소개한다.

금융안정과 물가안정 목표의 바람직한 운용에 대한 여러 견해

본 절의 주요 이슈는 중앙은행이 추구해야 하는 물가안정과 금융안정이라는 각각의 목표에 대하여 부여해야 하는 가중치를 어떻게 결정하는 것이 바람직한 가이다. 이에 대하여 하나의 간단한 수치로 답하기는 어려울 것이다. 그 이유를 두 가지로 요약할 수 있다. 첫째 이유는 통화정책이 금융안정의 유일한 정책수단이 아니기 때문이다. 둘째 이유는 통화정책의 전통적인 수단이 금융안정을 달성하기 위해 사용할 수 있는 예리한 칼날과 같은 효과적인 도구가 아닐 수 있기 때문이다. 위에서 설명한 이유를 반영하여 중앙은행이 물가안정과 금융안정에 대한 가중치를 부여할 때 고려할 몇 가지 포인트를 제시하기로 한다.

첫 번째 포인트는 거시건전성정책이 금융안정을 달성하는 데 어느 정도 효율적인 가를 먼저 생각해보아야 한다는 것이다. 거시건전성정책은 통화정책과는 별도로 금융안정을 위해서 실시되는 정책이고 거시건전성정책을 실제로 담당하는 기관은 나라마다 다르다. 거시건전성정책이 금융안정을 달성하는 데 매우 효율적이라면 그리고 거시건전성정책에 비해 통화정책이 금융안정에 기여하는 실효성이 낮다면 굳이 통화정책을 사용하여 금융안정을 달성해야 할 필요가 없다. 따라서 거시건전성정책이 금융안정을 달성하는 데 어느 정도 효율적인가를 먼저 생각해보아야 한다는 것이다. 두 번째 포인트는 중앙은행이 물가안정만을 중시하고 이를 달성하기 위해 이미 널리 알려진 방식대로 통화정책을 실시하였더라도 금융안정에 영향을 미칠 수 있다는 점이다. 과거에는 이러한 점이 구체적으로 강조되지 않았다. 그러나 제15장에서 설명한 통화정책의 위험부담경로에서 주장하는 바와 같이 물가상승률이 목표치보다 낮아서 실시한 기준 금리의 인하가 금융기관의 대차대조표를 확대시키는 효과를 발생시킬 수 있다. 만약 기준 금리의 인하가 인플레이션율에 미친 영향이 미미한 경우 기준 금리의 인하는 금융부문의 안정성을 약화시키는 결과만 초래한 것으로 볼 수 있다. 위의 설명에 따르면 금융안정과 통화정책의 위험부담경로를 고려한다면 물가상승률이 목표치보다 낮은 시기에서도 물가상승률이 낮아진 원인에 따라서 기준 금리를 인하할 것인지의 여부를 유연하게 결정하는 것이 바람직하다는 것이다. 따라서 금융안정에 대한 가중치를 결정할 때 통화정책의 위험부담경로가 어느 정도 실효적인 효과가 있는지를 미리 파악해야 한다. 세 번째 포인트는 통화정책을 금융안정을 위해 사용해야 한다면 통화정책이 금융안정에 어느 정도 실효성이 있는지에 대한 정확한 이해가 있어야 한다는 것이다. 통화정책의 수단이 금융안정에 대한 실효적인 정책수단이 아니라면 금융안정을 달성하기 위해 통화정책을 사용한다는 것은 약효가 없는 약으로 병을 고치려는 것과 같다는 것이다. 이 경우 금융안정에 대한 가중치를 제로로 놓는 것이 바람직할 것이다.

앞의 설명이 함의하는 바를 요약하면 물가안정과 금융안정에 대한 가중치를 명확히 제시하는 분석을 하기 이전에 해결해야 하는 선결조건이 있다는 것이다. 다음과 같이 세 가지로 요약한다. 첫째, 거시건전성정책에 대한 프레임워크가 구체적으로 결정되어야 한다. 둘째, 통화정책 수단의 금융안정에 대한 실효성을 정확하게 이해하여야 한다. 이를 위해 통화정책의 금융안정에 대한 파급경로를 구체적으로 분석해야 한다. 셋째, 중앙은행이 금융안정목표를 물가안정목표와 동시에 추구하는 것 자체가 중앙은행의 물가안정 목표 달성에 미치는 효과도 생각해야 한다. 본 장의 뒷부분에서는 앞에서 설명한 조건들이 반영되어 있는 모형을 사용하여 금융안정의 추가가 중앙은행의 최적 인플레이션 선택에 미치는 효과를 분석한다.

인플레이션 타기팅 국가에 금융안정을 추가할 때 다음과 같은 점을 우려할 것이다. 금융안정이라는 새로운 목표 변수가 추가된다는 것은 중앙은행이 기존의 목표 변수에 대한 목표치를 달성하는 데 미치는 효과가 전혀 없는 것인가? 중앙은행이 물가안정목표에 더하여 금융안정목표를 추구하게 되면 다음과 같은 문제가 발생할 수도 있다는 것이 강조되어 왔다.

(1) 중앙은행이 금융안정목표를 추구하게 되면 물가안정목표를 추구하는 기관으로서의 신뢰성을 약화시킬 수 있다.

(2) 중앙은행이 금융안정을 추구하는 정책을 실시하는 과정에서 중앙은행의 선택이 서로 다른 집단이나 서로 다른 산업 부문에 상이한 효과를 준다면 정치적 압력으로 인하여 중앙은행의 독립성을 약화시킬 수 있다.

(3) 금융안정과 물가안정이 상충되는 상황이 가능하다. 따라서 중앙은행의 결정에서 시간 불일치성이 발생할 수 있다.

(4) 중앙은행이 금융위기의 여파로 발생한 부채상환부담의 문제로 인하여 가계나 기업의 부채상환부담이 큰 경우, 이를 고려하여 느슨한 통화정책의 기조를 선택하려는 유인이 있다.

거시건전성정책과 통화정책 간의 상호협조에 대한 의견은 다음과 같이 세 가지로 분류해볼 수 있다. 첫 번째 견해는 중앙은행은 물가안정과 실물 경제의 안정에 초점을 맞추고 거시건전성정책을 담당하는 당국은 금융안정에 초점을 맞추어 집중하는 정책을 실시해야 한다는 것이다. 금융시스템의 극단적 위험이 인플레이션과 실물 경제의 전망에 영향을 미치는 상황에서만 금융안정의 고려가 통화정책의 결정에 영향을 미칠 수 있도록 해야 한다는 것이다. 이와 같이 주장하는 사람들은 중앙은행이 금융안정의 여부를 파악하고 거시건전성정책과 정보를 교환하는 역할을 할 여지가 있다는 것을 인정하지만, 통화정책과 거시건전성정책의 실제적인 상호작용은 제한적이라고 생각한다. 그 이유는 통화정책의 목표, 통화정책의 수단, 통화정책의 실물 경제에 대한 효과가 전파되는 경로 등은 거시건전성정책의 목표, 거시건전성정책의 수단, 거시건전성정책의 효과가 전파되는 경로 등과 쉽게 분리가 가능하다고 생각하기 때문이다. 첫 번째 견해를 주장하는 사람들은 통화정책에 의한 저금리 기조가 2000년 후반에 발생한 금융위기 이전의 금융불균형이 쌓이는 과정에 기여한 바가 거의 없다고 본다. 그리고 중앙은행이 조절할 수 있는 단기 이자율은 금융불균형을 조절하는 데 효율성이 낮은 도구라는 것이다.

두 번째 견해는 물가안정을 중앙은행의 최상위 목표로 설정하고 금융안정을 차상위 목표로 설정하는 것이 바람직하다는 것이다. 따라서 인플레이션 타기팅 제도의 근간은 유지하면서 금융안정에 대한 고려가 포함되도록 보완 및 수정하자는 견해이다. 이들의 견해를 다음과 같이 요약한다.

(1) 거시건전성정책만을 사용하여 조절하기 힘든 금융사이클이 있고 금융사이클은 실물 경기 순환과 매우 다양한 방식으로 상호작용한다.

(2) 통화정책의 기조는 금융중개기관의 대차대조표에 담겨 있는 위험 수준에 영향을 미칠 수 있다. 금융중개기능의 약화는 실물 경제로 파급되기 때문에 통화정책의 변화가 물가수준에 영향을 미치게 되는 과정과 물가안정에 대한 전망에 영향을 미칠 수 있다.

(3) 금융안정은 통화정책의 차상위 목표가 되어야 한다. 금융안정을 차상위 목표로 추가시키면 어떠한 효과가 있겠는가에 대하여 궁금할 것이다. 중앙은행이 통화정책을 결정할 때 보다 더 먼 기간을 고려할 것으로 예상된다. 그 이유는 금융사이클의 주기가 실물 경제에서 발생하는 경기순환의 주기보다 길기 때문이다.

(4) 현재의 인플레이션 타기팅 제도를 수정하여 중앙은행이 물가지수에 대한 목표를 결정할 때 금융안정을 같이 고려해야 한다.

두 번째 견해에서 주장하는 주요 포인트를 반영한 중앙은행모형을 분석한다. 본 장의 뒷부분에서 분석하는 중앙은행모형에서는 중앙은행의 목적함수를 이차 형식의 손실 함수로 표현해야 한다. 물가안정이 최상위 목표이고 금융안정이 차상위 목표라는 점을 반영하기 위해 기존의 손실 함수를 어떻게 수정해야 하는 것인지에 대하여 궁금할 것이다. 사실 이에 대한 구체적인 방안이 제시되지는 않고 있다. 본 장에서 소개하는 중앙은행모형에서는 기존의 손실 함수에 금융안정을 나타내는 항을 추가하여 수정된 손실 함수를 두 번째 견해에 근접한 목표함수로 간주한다. 또한 추가된 금융안정의 손실에 부여하는 가중치는 어느 정도로 해야 하는지 궁금할 것이다. 정확한 수치를 제시하기는 어렵지만 금융안정을 차상위 목표로 간주한다는 것은 금융안정을 나타내는 항에 대한 가중치가 물가안정에 부여된 가중치에 비해 낮다는 것으로 해석한다.

세 번째 견해는 통화정책의 목표에 대한 매우 급진적인 견해이다. 금융안정과 물가안정은 매우 긴밀하게 연결이 되어 있어서 분리하여 생각하기 어렵다. 따라서 통화정책의 전통적인 수단 또는 비전통적인 수단 모두 금융시스템의 안정을 도모하는 것을 우선적인 목표로 해야 한다고 주장한다. 이와 같은 주장은 금융안정이 제대로 달성되면 물가안정도 자연스럽게 달성된다는 생각을 반영하는 것이다.

금융안정과 물가안정을 동시에 고려한 통화정책의 운용

본 절에서 소개하는 모형은 스메츠(Frank Smets)가 2014년에 발표한 논문에 수록된 모형을 수정한 것이다.[1] 중앙은행은 자신에게 부여된 손실 함수를 최소화하는 통화정책을 선택하여 실시하는 것으로 가정한다. 중앙은행의 손실 함수는 현재 시점의 사회 후생이 최적 배분에서 달성할 수 있는 사회 후생에서 떨어져 있는 차이의 증가 함수로 정의된다. 이와 같은 손실 함수의 정의는 이미 제8장에서 설명한 손실 함수와 유사하다. 앞에서는 인플레이션율의 안정과 생산 갭의 안정에 대한 고려만 반영되어 있었으나, 본 절의 모형에서는 금융안정의 목표도 추가된다는 점이 다르다. 따라서 중앙은행의 손실은 세 요인에 의해서 결정된다. 첫 번째 요인은 인플레이션의 변동성이다. 두 번째 요인은 생산 갭의 변동성이다. 생산 갭은 현재의 생산과 최선의 경제에서 달성 가능한 생산 수준 간의 차이로 정의된다. 세 번째 요인은 국민 총소득 대비 민간 부채의 비율에 대한 적정수준이 있다는 점을 반영하여 현재 시점의 부채비

---

1 스메츠의 논문은 International Journal of Central Banking(2014년 6월호, pp. 263-300)에 게재된 「Financial Stability and Monetary Policy: How Closely Interlinked?」이다. 또한 2016년 DSGE 연구센터에서 출간한 거시금융모형분석(윤택)에서도 동일한 모형이 분석되어 있다.

표 16-1 거시건전성정책을 반영한 중앙은행모형

중앙은행의 손실 함수	$\frac{1}{2}(\pi^2 + a(x-b)^2 + cz^2)$
총공급곡선	$x = \kappa(\pi - \pi^e) + \varphi v \rightarrow \pi = \pi^e + \frac{x}{\kappa} - \frac{\varphi v}{\kappa}$
민간 부채비율 갭의 균형조건	$z = m - (\pi - \pi^e) + \tau v$
커미트먼트와 손실 함수	$\frac{1}{2}(a(\varphi v - b)^2 + c(m + \tau v)^2)$
커미트먼트와 최적 통화정책	$\pi = 0; \quad v^* = \frac{ab}{a\varphi + c\tau}$

주: 동일한 기호에 대하여 제8장의 정의와 본 절의 정의가 다르다.

율과 최적 부채비율 간 괴리의 변동성이다. 앞에서 설명한 세 개의 요인에 대한 상대적 중요성을 나타내는 계수가 있다. 생산 갭의 변동성에 대한 가중치는 a이다. 소득 대비 부채비율의 갭의 변동성에 대한 가중치는 c로 표시한다.

본 절에서 소개하는 중앙은행모형은 <표 16-1>에 요약되어 있다. <표 16-1>의 첫째 줄에는 위의 설명이 반영된 중앙은행의 손실 함수가 정리되어 있다. 이 식에서 π는 인플레이션율을 나타내고 x는 생산 갭을 나타내고 z는 소득 대비 가계 부채비율의 갭을 나타낸다. <표 16-1>에 있는 손실 함수에서 생산 갭의 변동성을 나타내는 항에 b가 포함된 이유를 설명하기 위해 모형의 구조와 생산 갭의 정의에 대하여 설명한다. 생산물 시장이 불완전경쟁이라고 가정한다면 명목 경직성이 전혀 없는 경제의 총생산은 최적 배분을 달성하는 경제의 총생산보다 작다. 이 경우 생산 갭을 현재 시점의 총생산과 명목 경직성이 전혀 없는 경제의 총생산 간의 차이로 정의한다면 생산 갭이 제로가 되더라도 최적 배분 하에서 달성되는 총생산보다 낮다. 사회후생의 기준은 최적 배분이므로 사회 후생을 반영하는 중앙은행의 손실 함수는 현재 시점의 총생산과 최적 배분을 달성하는 경제의 총생산 간의 차이에 의존한다. 따라서 생산 갭의 정의에서 사용하는 잠재 GDP와 최적 배분의 총생산이 다르다면 이 차이를 보정해야 하기 때문에 손실 함수에서 사용한 b는 최적 배분의 총생산에서 명목 경직성이 없는 경제의 총생산을 뺀 차이로 정의된다. 또한 8장에서 설명한 손실 함수에서는 인플레이션율과 생산 갭의 변동성에 대한 상대적인 중요성을 같이 놓는 상황을 고려하였다. <표 16-1>에 있는 손실 함수에서도 금융안정에 대한 상대적 중요성이 달라지더라도 인플레이션율과 생산 갭의 변동성에 대한 상대적인 중요성은 서로 같은 상황을 고려할 수 있다. 이러한 상황은 $a = 1$의 값을 부여하는 것에 해당한다.

<표 16-1>의 둘째 줄에 있는 총공급곡선의 식을 설명한다. 첫 번째 포인트는 현재 시점의 생산 갭은 과거 시점에서 예상되지 않은 인플레이션율($\pi - \pi^e$)의 증가함수라는 것이다. 과거 시점에서 예상되지 않은 디플레이션이 있다면 이는 현재 시점의 생산 갭을 감소시킨다. 현재 시점의 인플레이션율이 과거 시점에서 예상한 인플레이션율과 같다면 인플레이션의 생산 갭에 대한 효과는 사라진다. 두 번째 포인트는 거시건전성정책의 생산 효과이다. 거시건전성정책이 강화되면 기업들은 금융시장에서 자금을 조달하는 것이 더 어려워지므로 생산 갭이 감소하는 것으로 가정한다. 앞에서 설명한 두 가지 포인트를 반영하여 총공급 함수를 수식으로 표현하면 <표 16-1>의 둘째 줄 화살표 앞에 있는 식과 같이 쓸 수 있다.

<표 16-1>에 있는 중앙은행모형에서 거시건전성정책은 v로 표시하고, v가 상승하면 거시건전성정책을 완화한 것을 의미한다. 거시건전성정책이 완화되는 것의 의미를 이해하기 위해 하나의 구체적인 사례를 들기로 한다. 예를 들어 가계 부채의 규모를 조절하기 위해 사용되는 담보인정비율이 상승하면 거시건전성정책을 완화한 것으로 볼 수 있다. π^e는 과거 시점에서 형성한 현재 시점의 인플레이션율에 대한 예상치를 의미한다. κ는 인플레이션이 총공급에 미치는 효과의 크기를 나타내는 계수이고 양수로 가정한다. 독자의 혼동을 줄이기 위해 동일한 기호라고 할 지라도 제8장에서 사용한 기호의 정의와 다른 의미로 사용되었음을 지적해 놓는다. φ는 거시건전성정책의 변화가 생산 갭에 미치는 효과의 크기를 반영하는 계수이고 양수로 가정한다.

거시건전성정책의 변화를 나타내는 변수가 총 공급 곡선에 직접 포함되는 이유를 다음과 같이 설명할 수 있다. 이를 설명하기 위해 <표 16-1>의 둘째 줄 첫 번째 식을 인플레이션율에 대한 함수로 다시 정리하면 화살표 다음에 오는 식이 된다. 이 식에서 (φ/κ)는 거시건전성정책의 변화가 인플레이션율에 어느 정도 영향을 미치는가

를 나타낸다. <표 16-1>의 둘째 줄 화살표 뒤에 있는 식을 보면 거시건전성정책 변수인 v와 인플레이션율인 π는 다른 변수들이 일정할 때 서로 반대 방향으로 움직인다는 것을 알 수 있다. 이 식에 담겨 있는 거시건전성정책의 변화가 인플레이션율에 영향을 미치는 경로는 다음과 같이 요약할 수 있다.

· v의 상승: 거시건전성정책의 완화 → 금융시장 유동성 증가
→ 기업 자금조달비용 하락 → 생산비용 하락

v의 하락: 거시건전성정책의 강화 → 금융시장 유동성 감소
→ 기업 자금조달비용 상승 → 생산비용 상승

위에서 거시건전성정책의 변화가 기업의 생산비용에 영향을 미치는 과정을 요약하였다. 그 결과 거시건전성정책의 변화는 기업이 책정하는 제품가격에 영향을 미쳐 물가상승률의 변화로 이어진다.

다음에서는 부채비율 갭의 균형조건을 설명한다. 민간의 부채비율은 세 개의 요인에 의해서 결정되는 것으로 가정한다. 첫 번째 포인트는 민간의 부채비율은 과거 시점에서 예상되지 않은 인플레이션율의 감소함수라는 것이다. 두 번째 포인트는 거시건전성정책의 정책 효과이다. 거시건전성정책이 완화되면 민간의 부채비율은 증가하는 것으로 가정한다. 이 경우 v의 한 단위 증가에 따른 민간의 부채비율이 증가하는 크기는 τ이다. 세 번째 포인트는 명목 경직성이 없는 경제의 부채비율은 최적 경제의 부채비율보다 더 높다는 것이다. 따라서 z로 표시한 부채비율 갭을 현재 시점의 부채비율과 최적 경제의 부채비율 간의 괴리로 정의하면 민간 부채비율의 식에 명목 경직성이 없는 경제의 부채비율과 최적 경제의 부채비율 간의 차이가 부채비율 갭의 균형 식에 포함되어야 한다. 앞에서 설명한 세 개의 포인트를 반영한 부채비율 갭의 식은 <표 16-1>의 셋째 줄에 정리되어 있다. 위의 식에서 m은 명목 경직성이 없는 경제의 부채비율과 최적 경제의 부채비율 간의 차이를 의미한다.

그림 16-1 금융안정과 손실 함수

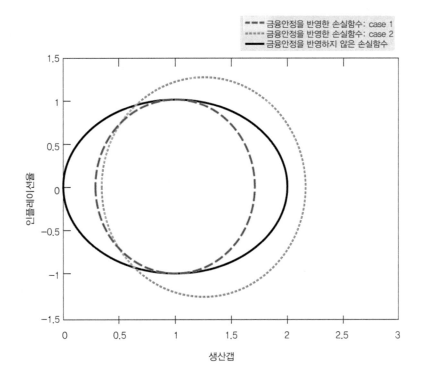

<그림 16-1>에서는 금융안정이 추가된 손실 함수와 금융안정이 반영되지 않은 신축적인 인플레이션 타기팅의 손실 함수를 비교한다. 벤치마크로 사용하는 손실 함수의 그래프는 검은 실선으로 그린 원이다. 이는 금융안정이 반영되지 않은 인플레이션 타기팅 하에서 발생하는 손실을 나타낸다. 생산 갭의 편기를 나타내는 b의 값을 1로 정규화하였다. 중앙은행의 커미트먼트가 가능한 상황에서 달성되는 최적 통화정책의 해가 원점이다. <그림 16-1>에서는 원의 중심(1,0)에서 원점인(0,0) 간의 거리가 최적 통화정책 하에서 발생하는 손실이고, 이는 1이 된다.[2]

다음에서는 <그림 16-1>의 그래프를 사용하여 금융안정의 추가로 인한 손실 함수의 변화를 설명한다. 첫 번째 포인트는 금융안정의 추가는 인플레이션 변동성에 대

---

2 생산 갭의 편기가 있는 경우 중앙은행이 최적 통화정책을 실시하더라도 사회 후생을 극대화하는 최적 배분을 달성할 수 없다. 따라서 최적 통화정책 하에서도 최적 배분 대비 사회 후생의 손실이 있다.

한 가중치 대비 생산 갭 변동성의 상대적 가중치를 증가시킨다. 그 결과 금융안정을 반영하지 않은 경우 원의 그래프로 나타낼 수 있는 손실 함수는 금융안정이 추가되면 타원이 된다. <그림 16-1>에서 검은색의 원과 파란색 점선의 타원을 비교할 수 있다. 두 개의 그래프는 모두 손실의 정도가 동일하게 1이다. 최적 통화정책의 점인 원점이 금융안정이 추가된 손실 함수의 그래프인 타원의 밖에 위치하고 있다. 이는 금융안정의 추가로 인해 생산 갭의 변동성에 대한 상대적인 중요성이 늘어났기 때문이다. 그 결과 x축의 반경이 줄어들어서 원점은 타원의 밖에 위치하게 된다. 두 번째 포인트는 금융안정에 대한 가중치가 증가할수록 <그림 16-1>의 타원에서 생산 갭의 변동성에 주어지는 가중치가 더 증가한다는 것이다. 따라서 x축의 반경이 더욱 줄어든 타원의 그래프를 보이게 된다. 세 번째 포인트는 금융안정의 목표가 추가되면서 금융안정을 달성하기 위해 사용되는 거시건전성정책의 방향과 크기에 따라 인플레이션과 생산 갭의 변동성에 대한 상대적 중요성이 달라진다는 것이다. <표 16-1>에서 설명하고 있는 중앙은행모형에서는 v의 값이 증가하면 <그림 16-1>에 있는 타원의 중심에 대한 좌표를 우측으로 이동시킨다. 이를 확인하기 위해 <그림 16-1>을 보자. 이 그림에는 단순히 짧은 점선으로 구성된 타원(case1)과 긴 점선과 짧은 점선을 혼합한 타원(case2)이 포함되어 있다. 혼합된 점선으로 된 타원(case2)의 중심이 단순히 짧은 점선으로 구성된 타원(case1)의 중심에 비해 우측으로 이동한 것으로 볼 수 있다. 이와 같은 결과는 단순히 v의 크기가 증가하여 발생한 것이므로 거시 건전성 정책의 정책변수를 어떻게 운영하는지에 따라서 인플레이션 변동성과 생산 갭 변동성 간의 트레이드오프에 영향을 미치게 됨을 반영한 것이다.

　　<표 16-1>에서 제시한 중앙은행모형을 사용하여 보이고자 하는 내용은 세 가지로 요약된다. 첫째, 중앙은행의 인플레이션율 목표치에 대한 커미트먼트가 가능하다면 최적 인플레이션율은 제로이다. 금융안정을 물가안정과 동시에 고려해야 하는 상황이라고 할지라도 최적 인플레이션율은 제로가 된다. 따라서 중앙은행의 인플레이션율에 대한 커미트먼트가 가능하다면 금융안정의 목표가 부과되더라도 기존의 인플레이션율 목표치를 바꾸지 않을 것이라는 함의가 도출된다. 둘째, 중앙은행이 인플레이션율에 대한 커미트먼트가 가능하지 않다면 중앙은행이 결정하는 인플레이션율은

양수가 된다. 중앙은행의 인플레이션율 목표치에 대한 커미트먼트가 가능하지 않은 경우 금융안정의 목표가 추가되면 중앙은행이 결정하는 인플레이션율 목표치에 영향을 미친다. 셋째, 중앙은행의 인플레이션율에 대한 커미트먼트가 가능하지 않다면 거시건전성정책을 담당하는 정부당국과 중앙은행이 각각 독립적으로 정책을 결정하는 경우와 그렇지 않고 서로 협조하여 같이 결정하는 경우의 인플레이션율 목표치가 다르다. 본 절에서는 첫 번째 결과가 어떻게 도출되는 지를 설명한다. 두 번째 결과와 세 번째 결과는 다음 절에서 다시 설명한다.

중앙은행의 인플레이션율에 대한 커미트먼트가 가능하다는 문장의 의미를 명확하게 하는 것이 앞에서 설명한 첫 번째 결과를 이해하는 데 도움이 된다. <표 16-1>에 요약된 중앙은행모형에서 π^e는 과거 시점에서 형성한 현재 시점의 인플레이션율에 대한 기대값이다. 중앙은행이 민간의 기대값에 영향을 미치기를 원한다면 이들이 미래에 대한 기대를 형성하는 시점에서 발표해야 한다. 커미트먼트가 가능하다는 의미는 인플레이션율에 대한 목표치를 미리 발표할 때 중앙은행이 자신의 발표를 반드시 지키게 하는 제도적인 장치가 있다는 것이다. 따라서 민간 경제주체들은 중앙은행의 발표를 신뢰할 근거가 있으므로 중앙은행의 발표가 그대로 실현될 것으로 믿게 된다. 그 결과 중앙은행은 민간의 기대에 영향을 미칠 수 있는 능력을 가지게 되므로 이를 최대한으로 이용하려고 한다. 최대한 이용하여 얻을 수 있는 이득은 무엇인가? 인플레이션율 목표치를 제로로 설정하여 인플레이션율의 변동에 의해서 발생하는 손실이 전혀 없도록 하는 것이다. 커미트먼트가 가능하기 때문에 소비자와 기업의 인플레이션율에 대한 기대값도 중앙은행이 목표하는 인플레이션율과 같아지므로 기대 인플레이션율도 제로가 된다.

중앙은행의 인플레이션에 대한 커미트먼트가 가능하다면 금융안정의 목표가 추가된다고 할지라도 제로 인플레이션율이 계속 최적 인플레이션율이다. 금융안정의 목표가 추가되어도 커미트먼트가 가능하다면 달라지는 것은 없는가? 인플레이션에 대한 최적 정책은 달라지지 않지만 생산 갭에 대한 최적 정책은 달라진다. 거시건전성 정책의 변동은 인플레이션율과 생산 갭 간의 트레이드오프를 발생시킨다. 따라서 거시건전성정책수단이 제로의 값을 가지지 않는 한 최적 생산 갭은 제로가 아니다. 거시건전성정책을 어떻게 운영하는 것이 커미트먼트가 가능한 상황에서 손실 함수를 최소화하는 것인가? 이를 알아보기 위해서 $\pi = \pi^e$의 조건을 총공급 곡선에 대입한다. 그 결과 총공급 곡선의 식은 $x = \varphi v$이다. 또한 동일한 방식을 적용하면 부채비율 갭의 식은 $z = m + \tau v$이다. 이 두 식을 제로 인플레이션의 조건과 함께 <표 16-1>의 첫째 줄에 있는 손실 함수에 대입하여 정리하면 <표 16-1>의 넷째 줄에 정리되어 있는 식이 도출된다. 이 식을 최소화하는 v의 값은 <표 16-1>의 다섯째 줄에 정리되어 있다. 이 식에서 v^*는 인플레이션 커미트먼트가 가능할 때 최적 거시건전성정책을 나타낸다. 이 경우 최적 생산 갭은 최적 거시건전성정책에 비례한다. 따라서 v^*의 부호가 최적 생산 갭의 부호를 결정한다. 수식을 사용하여 설명하기 위해 최적 생산 갭의 결정식은 $x^* = \varphi v^*$임을 지적해야 한다. 따라서 최적 거시건전성정책 v^*가 양수일 때 최적 생산 갭 x^*도 양수가 된다. 따라서 물가안정에 금융안정이 추가되어 최적 통화정책의 내용에 달라지는 점은 최적 생산 갭이다. 그 이유는 금융안정이 추가되지 않는다면 최적 생산 갭이 제로이지만 금융안정이 추가되면 최적 생산 갭은 양수가 되기 때문이다.

본 절에서 마지막으로 지적해야 하는 <표 16-1>의 분석이 함의하는 점은 다음과 같다. 중앙은행의 인플레이션 커미트먼트가 가능하다면 거시건전성정책을 담당하는 기관이 중앙은행과 분리되어 있어서 각각의 정책을 서로 독립적으로 선택할지라도 위에 설명한 결과는 그대로 성립한다는 것이다.

금융안정과 재량적 통화정책

본 절에서는 중앙은행의 커미트먼트가 가능하지 않다면 어떠한 일이 발생하는지를 설명한다. 중요한 포인트는 중앙은행이 미리 약속을 하더라도 훗날 약속을 지키도록 하기 위해 중앙은행의 행동을 강제할 수 있는 제도적인 장치가 없다는 것이다. 중앙은행은 어떠한 이유로 약속을 지키지 않고 약속한 것과는 달리 행동하려는 것인가? 민간의 소비자와 기업이 중앙은행의 발표를 그대로 믿었다는 사실을 중앙은행이 안

표 16-2 재량적 통화정책과 거시건전성정책

시간 불일치성과 손실 함수	$\frac{1}{2}(\pi^2 + a(\kappa\pi + \varphi v - b)^2 + c(m - \pi + \tau v)^2)$
시간 불일치성과 손실 함수 $\varphi = c = 0$	$\frac{1}{2}(\pi^2 + a(\kappa\pi - b)^2)$
시간 불일치성과 인플레이션 $\varphi = c = 0$	$\pi = \frac{a\kappa b}{1 + a\kappa^2} > 0$
시간 불일치성과 인플레이션 $\varphi \neq 0 \neq c$	$\pi = \frac{ac(\varphi + \kappa\tau)(m\varphi + \tau b)}{ac(\varphi + \kappa\tau)^2 + a\varphi^2 + c\tau^2} > 0$
재량적 통화정책과 손실 함수	$\frac{1}{2}(\pi^2 + a(\kappa(\pi - \pi^e) + \varphi v - b)^2 + c(m - (\pi - \pi^e) + \tau v)^2)$
인플레이션 최적 조건	$\pi + \kappa a(x - b) - cz = 0$
거시건전성 최적 조건	$\varphi a(x - b) + c\tau z = 0$
변수의 기대값에 대한 균형조건	$\pi^e + \kappa a(x^e - b) - cz^e = 0$ $\varphi a(x^e - b) + c\tau z^e = 0$ $x^e = \varphi v^e$ $z^e = m + \tau v^e$
균형 기대 인플레이션	$\pi^e = \gamma(\varphi m + \tau b)$
균형 인플레이션	$\pi = \gamma(\varphi m + \tau b) > 0$

주: 본 절의 예에서 시간 불일치성은 중앙은행이 제로 인플레이션의 발표한 이후 민간 경제주체의 기대 인플레이션이 $\pi^e = 0$이 되는 상황을 가정하고 있다. $\gamma = ac\tau(\varphi + \tau\kappa)/(a\varphi^2 + c\tau^2)$

다고 하자. 중앙은행은 민간의 기대가 이미 자신의 발표대로 조정된 상황에 다시 자신에게 가장 이득이 되는 인플레이션율에 대한 선택이 무엇인가를 찾아본다. 여기서 시간 불일치성이 발생한다. 시간 불일치성이 발생하는 것을 보이기 위해 민간의 경제주체가 중앙은행의 미래 인플레이션에 대한 발표를 믿는다는 조건을 균형조건에 대입한다. 중앙은행이 제로 인플레이션을 발표하고 민간의 경제주체가 이를 믿는다면 $\pi^e = 0$ 이 된다. $\pi^e = 0$의 조건을 균형조건에 대입한다. 그 결과 도출된 균형조건을 손실 함수에 대입하여 <표 16-2>의 첫째 줄에 있는 손실 함수를 도출한다. 이 손실 함수는 민간의 경제주체가 중앙은행의 발표를 믿는다는 조건을 부과하여 도출한 것이다. 이 손실 함수를 최소화하는 인플레이션율은 제로가 아니다. 중앙은행이 발표한 인플레이션율과 다르므로 시간 불일치성이 발생했음을 알 수 있다.

왜 시간 불일치성이 발생하는가? 이 질문에 답하기 위해 단순화된 예를 들어 설명한다. 먼저 $c = 0$이라고 가정하자. 이는 제8장에서 분석한 모형들과 같이 금융안정에 대한 고려가 없는 경우이다. 인플레이션율이 매우 낮다고 가정하자. 그 결과 인플레이션율의 변동이 매우 낮아서 손실 함수의 첫 번째 항이 상당히 낮다. 그러나 생산 갭의 변동성에 대한 손실은 아직도 크다. 이 경우 인플레이션의 손실을 약간 높이는 대신 생산 갭의 손실을 어느 정도 낮출 수 있다면 손실 함수의 값 자체를 낮출 수 있다. 이와 같은 이유로 양의 인플레이션을 인정하는 것이 약속을 지키는 것보다 손실을 낮추는 선택이 된다. 제8장의 모형과 비교하여 달라지는 점은 거시건전성정책이 총공급에 미치는 효과가 본 절의 모형에 추가 되었다는 것이다. 그 결과 거시건전성정책의 효과를 반영하는 항이 손실 함수에 추가되면서 8장에서 없던 새로운 변수가 손실 함수에 등장한 것이다. 이는 <표 16-2>의 둘째 줄에 있는 손실 함수에서 생산 갭의 변동성을 나타내는 항에 포함되어 있는 거시건전성정책 수단인 v이다. $c = 0$인 상황에서 $v = b/\varphi$로 선택한다면 이전에 약속한대로 제로 인플레이션율을 유지하는 것이 손실을 최소화하는 선택이 된다. 따라서 인플레이션율에 대한 시간 불일치성이 없어지는 결과가 발생한다. 그 이유는 거시건전성정책이 생산 갭에 영향을 미치는 경로는 존재하지만 금융안정에 대한 손실이 전혀 없기 때문에 거시건전성정책 수단을 사용하여 생산 갭을 조정하는 것이 전체 손실을 최소화하는 선택이 되기 때문이다. 그러나 $\varphi = c = 0$인 경우에는 제8장에서 이미 분석한 모형과 유사한 모형이 된다. 따라서 시간 불일치성이 계속해서 발생하게 된다. $\pi^e = 0$의 조건과 $\varphi = c = 0$의 조건이 부과되는 경우 중앙은행의 손실 함수를 최소화하는 인플레이션율은 <표 16-2>의 셋째 줄에 정리되어 있다. 중앙은행이 제로 인플레이션율을 약속하고 민간의 경제주체가 중앙은행의 발표를 믿는 상황에서 다시 인플레이션율을 선택하라고 하면 <표 16-2>의 셋째 줄에서 보여준 대로 양수의 인플레이션율을 선택한다.

그러면 금융안정의 목표가 추가된 $c \neq 0$인 경우 어떻게 되는가? <표 16-2>의 첫째 줄에 있는 손실 함수를 최소화하는 인플레이션율을 계산하면 <표 16-2>의 넷째 줄에 있는 식과 같다. 위의 식에서 정리된 인플레이션율은 양수이다. 따라서 금융안정이 포함되는 상황에서도 시간 불일치성이 발생함을 알 수 있다. 금융안정이 추가되어 달라지는 점은 $b = 0$인 경우에도 시간 불일치성이 발생한다는 것이다. 생산 갭의 편기가 없더라도 금융안정의 목표가 추가되면 시간 불일치성이 발생할 수도 있다는 것이다. 이는 거시건전성정책이 실효적으로 총공급 곡선을 이동시킬 수 있다는 조건이 시간 불일치성의 존재를 위한 중요한 조건임을 의미한다.

앞에서 계산한 인플레이션율은 재량적 통화정책이 가능한 상황에서 결정되는 균형 인플레이션율이 아니다. 그 이유는 $\pi = \pi^e$의 조건이 만족되지 않기 때문이다. 합리적 기대의 조건을 부과하면 균형에서 $\pi = \pi^e$의 조건이 만족되어야 한다. 다음에서는 중앙은행의 커미트먼트가 가능하지 않은 상황에서 도출되는 균형조건을 분석한다. 중앙은행이 예전에 발표한 내용을 그대로 실행하지 않아도 되는 재량권이 있는 경우 손실 함수를 최소화하는 인플레이션율과 커미트먼트가 가능한 경우 손실 함수를 최소화하는 인플레이션율은 다르다는 것을 보일 수 있다. 어떠한 이유로 달라지는지를 다음과 같이 요약할 수 있다. 소비자와 기업은 중앙은행이 약속을 지키지 않는다는 것을 알면 중앙은행의 발표를 믿지 않는다. 따라서 중앙은행의 커미트먼트가 없고 재량권이 있는 경우 중앙은행은 소비자와 기업의 기대를 조절할 수 있는 능력을 잃게 된다. 이러한 상황에서 중앙은행은 π^e는 외생적으로 결정되는 변수로 취급하고 인플레이션율의 목표치를 결정해야 한다. 결국 커미트먼트 하에서 인플레이션율의 목표치를 설정하는 경우와 재량권을 가지고 목표치를 설정하는 경우 인플레이션율의 목표가 달라지도록 하는 요인은 π^e를 조절할 수 있는지의 여부이고 그로 인하여 차이가 발생한다는 것이다.

중앙은행이 재량권을 가지고 있는 경우 풀어야 하는 문제는 <표 16-2>의 다섯째 줄에 있는 손실 함수를 최소화하는 인플레이션율의 값을 계산하는 것이다. 이 때 중앙은행은 π^e의 값은 자신의 선택에 의해서 영향을 받지 않는 것으로 간주한다는 것이 중요한 포인트이다. 두 개의 최적화 조건이 도출된다. 첫째, 현재 시점의 인플레이션율에 대한 최적화 조건이다. 인플레이션율에 대한 최적화 조건은 인플레이션율, 생산 갭, 부채비율의 갭 등의 식으로 표현되고, <표 16-2>의 여섯째 줄에 정리되어 있다. 둘째, 현재 시점의 거시건전성정책수단에 대한 최적화 조건이다. 이 조건은 생산 갭과 부채비율의 갭 등의 식으로 표현되고, <표 16-2>의 일곱째 줄에 정리되어 있다.

앞에서 설명한 균형조건들을 모두 모으면 네 개의 균형조건이 된다. 두 개의 최적화 조건과 두 개의 균형조건이다. 중앙은행이 최적화 조건을 계산할 때 자신의 선택에 의해서 영향을 받지 않는 것으로 가정하였으나 기대 인플레이션율은 소비자와 기업이 결정하는 변수이므로 내생변수이다. 기대 인플레이션율, 실제의 인플레이션율, 생산 갭, 거시건전성정책의 정책수단, 부채비율 갭 등 다섯 개의 내생 변수가 있다. 다섯 개의 미지수에 대하여 네 개의 선형식만 있는 셈이 되어 하나의 조건이 더 있어야 내생 변수를 외생 변수의 함수로 풀 수 있다. 추가되어야 하는 조건은 소비자와 기업이 어떻게 기대 인플레이션율을 형성하는지를 설명하는 식이다. 본 절에서 소비자와 기업은 합리적인 기대를 형성한다는 가정이 부여된다. 본 절의 모형에서 합리적 기대의 조건은 다음과 같은 두 개의 가정을 의미한다. 첫째, 소비자와 가계는 모형의 구조를 정확히 알고 있다. 이는 총공급의 곡선에 대한 식과 부채비율 갭이 결정되는 과정을 정확히 알고 있다는 가정이다. 둘째, 소비자와 가계는 중앙은행의 최적화 문제를 정확히 알고 있어서 중앙은행의 최적화 조건을 정확히 알고 있다. 앞에서 설명한 두 개의 가정이 반영된 민간 경제주체들의 기대는 <표 16-2>의 여덟째 줄에 있는 식들을 만족시켜야 한다.

<표 16-2>의 여덟째 줄에 위에서 정리되어 있는 네 개의 식은 네 개의 미지수에 대하여 네 개의 방정식이 있는 선형 연립 방정식이다. 네 개의 미지수는 기대 인플레이션율, 예상 생산 갭, 예상 부채비율 갭, 예상 거시건전성정책의 정책수단이다. 네 개의 미지수에 대하여 네 개의 선형식으로 구성되어 있으므로 이를 풀어서 기대 인플레이션율을 계산할 수 있다. 세 번째 식과 네번째 식을 첫 번째 식과 두 번째 식에 대입하여 x^e와 z^e 등의 두 변수를 소거하면 두 식은 인플레이션율과 거시건전성정책 수단에 대한 연립 방정식이 된다. 이를 풀면 기대 인플레이션율은 <표 16-2>의 아홉번째 줄에 있는 식으로 정리된다. 기대 인플레이션율에 대한 균형조건을 계산하였기 때문에 이를 이용하여 앞에서 설명한 균형조건들을 만족하는 현재 시점의 균형

표 16-3 분권화된 정책결정모형

중앙은행 손실 함수	$\dfrac{1}{2}(\pi^2 + a(x-b)^2 + cz^2)$
거시건전성정책 당국의 손실 함수	$\dfrac{1}{2}(a(x-b)^2 + cz^2)$
중앙은행의 선택함수	$\pi + a\kappa(x-b) - cz = 0$
중앙은행의 반응 함수	$\pi = \dfrac{c\tau - a\varphi}{1 + a\kappa + c} v + \dfrac{ab + cm + (a\kappa + c)\pi^e}{1 + a\kappa + c}$
거시건전성정책 당국의 선택함수	$a(\varphi + \kappa\delta)(x-b) + c(\tau - \delta)z = 0$

주: $\delta(= \pi'(v))$는 넷째 줄에 있는 선형 반응 함수의 기울기를 나타낸다.

인플레이션율, 현재 시점의 생산 갭, 현재 시점의 부채비율의 갭, 현재 시점의 거시건전성정책의 정책수단을 계산할 수 있다. 예를 들어 $\pi = \pi^e$의 합리적 기대가 균형에서 성립한다는 조건을 부과하면 실제의 인플레이션율은 <표 16-2>의 열번째 줄에 있는 식으로 정리된다. 따라서 앞에서 이미 지적한 바와 같이 재량적 통화정책이 실시되는 경우 금융안정의 목표가 추가되면 명목 경직성이 없는 경제의 부채비율과 최적 경제의 부채비율 간의 괴리가 중앙은행이 결정하는 목표 인플레이션율에 영향을 미친다. 또한 앞에서 $\pi^e = 0$이고 시간 불일치성이 있는 경우 계산한 인플레이션율과 비교하면 재량적 통화정책이 실시되는 상황에서 발생하는 균형 인플레이션율이 더 높은 것으로 알 수 있다.

분권화된 정책결정모형

앞 절에서는 중앙은행과 거시건전성정책 당국이 마치 하나의 통합된 정책 당국이되어 동일한 하나의 손실 함수를 최소화하는 인플레이션 목표와 거시건전성정책을선택하는 상황을 분석하였다. 본 절에서는 두 개의 정책 당국에게 서로 다른 손실 함수가 부여되고 중앙은행은 인플레이션 목표만 선택하고 거시건전성정책 당국은 거시건전성정책만 담당하는 상황을 생각할 수 있다. 전자의 상황을 반영한 모형을 협조된 정책결정모형으로 정의한다. 후자의 상황을 분권화 정책결정모형으로 정의한다. 또한 본 절에서 소개하는 모형에서는 중앙은행이 재량적 통화정책만 실시하는 것으로 가정한다.

<표 16-3>의 첫째 줄에는 분권화된 정책결정모형에서 중앙은행에게 부여된 손실함수가 정리되어 있다. 물가안정목표제도를 채택하고 있는 국가의 중앙은행에게 부여되는 손실 함수는 <표 16-3>의 첫째 줄에 있는 손실 함수의 첫째 항과 둘째 항만 포함하는 것이다. 셋째 항이 포함된 것은 중앙은행이 물가안정목표제도를 유지하면서 금융안정도 동시에 추구하고 있는 상황을 반영한 것이다. <표 16-3>의 둘째 줄에는 거시건전성정책 당국에게 부여된 손실 함수가 정리되어 있다. 거시건전성정책 당국은 생산 갭의 안정과 금융안정에 대한 손실만 우려하는 것으로 가정한다. 거시건전성정책 당국은 인플레이션의 안정에 대한 선호가 없는 것으로 가정한다.

중앙은행은 인플레이션 목표만 선택하는 것으로 가정한다. 민간 경제주체들의 자발적인 선택에 따라 형성되는 균형조건이 중앙은행과 거시건전성정책 당국이 정책을 선택할 때 지켜야 하는 제약조건이다. 그 이유는 본 절의 모형에서는 정책 당국들이 정책의 목표를 정하여 이를 달성하려고 노력할지라도 민간 경제주체들의 자발적인 선택 자체를 간섭하지 않는 것으로 가정하고 있기 때문이다. 중앙은행이 목표 인플레이션을 어떻게 선택하는 지를 설명하는 식은 <표 16-3>의 셋째 줄에 정리되어 있다. 이 식은 중앙은행이 풀어야 하는 손실 함수 최소화 문제의 최적화 조건을 정리한 것이다.

거시건전성정책 당국의 선택에 대하여 설명하기 이전에 중앙은행이 거시건전성정책 당국의 정책 결정 이전에 결정하는 지의 여부에 따라 거시건전성정책 당국의 선택이 달라질 수 있다는 점을 지적한다. 거시건전성정책 당국이 중앙은행보다 먼저 거시건전성정책을 발표하여 거시건전성정책을 발표를 이미 알고 있는 상태에서 중앙은행이 인플레이션 목표를 결정하는 상황을 생각해볼 수 있다. 이 상황에서 거시건전성정책 당국은 중앙은행과의 관계에서 선도자 역할을 할 수 있다. 그 이유는 거시건전성정책 당국은 중앙은행이 거시건전성정책을 반영하여 인플레이션 목표를 결정한다는 것으로 안다면 중앙은행의 인플레이션 목표를 결정하는 식인 <표 16-3>의 셋째 줄에 있는 식을 이용하려는 유인이 발생하기 때문이다. 중앙은행의 최적화 조건이 함의하는 거시건전성정책에 대한 반응 함수는 <표 16-3>의 넷째 줄에 정리되어 있다. 이 식의 둘째 항에 기대 인플레이션이 포함되어 있는 것을 볼 수 있다. 그 이유는 본 절의 모형에서는 재량적 통화정책을 가정하고 있어서 중앙은행은 민간 경제주체가 형성하는 기대 인플레이션은 주어진 것으로 간주하기 때문이다. 거시건전성정책 당국은 거시건전성정책을 선택할 때 중앙은행의 반응 함수를 반영한다. 이는 중앙은행의 인플레이션 선택이 거시건전성정책의 변화에 어느 정도 반응하는 지를 고려하여 거시건전성정책을 선택한다는 것이다. 따라서 중앙은행과 거시건전성당국 간의 관계를 보면 거시건전성당국은 정책결정에서 선도자 역할을 하고 중앙은행은 추종자 역할을 하는 셈이 된다. 앞에서 설명한 시나리오를 반영한 거시건전성정책 당국의 최적화 조건은 <표 16-3>의 다섯째 줄에 정리되어 있다. 이 식에서 δ가 중앙은행의 거시건전성정책에 대한 반응계수를 나타낸다. 따라서 거시건전성정책 당국의 거시건전성정책의 결정에서 이를 반영한다는 것을 알 수 있다.

다음에서는 분권화된 정책결정모형이 중앙은행의 물가안정목표 달성을 위한 정책적 노력에 어떠한 영향을 미치는지를 보기로 하자. 이를 위해 <표 16-3>의 다섯 째 줄에 있는 식을 셋째 줄에 있는 식에 대입하여 민간 부채 갭의 항을 소거한다. 그 결과로 도출된 식을 <표 16-4>에 정리하였다. <표 16-4>에 있는 세 개의 식은 모두 중앙은행의 최적화 조건을 나타낸다. 첫째 열은 중앙은행의 손실 함수에 금융안정의 항이 포함되지 않은 경우의 중앙은행 최적화 조건을 나타낸다. 나머지 두 개의 열에 있는 식들은 앞에서 설명한 것과 같이 금융안정이 포함된 경우를 그렇지 않은 경우와 비교하기 위해 중앙은행의 최적화 조건에 포함되어 있는 민간부채 갭을 생산 갭의 함수로 대체하여 도출한 식이다. 둘째 열은 협조된 정책결정모형이고 셋째 열은 분권화된 정책결정모형이다. <표 16-4>에 있는 식들을 다음과 같이 해석할 수 있다. 중앙은행에게 부여된 장기 인플레이션 목표치는 제로 인플레이션이다. 따라서 <표 16-4>에 있는 식들은 실제 인플레이션이 장기 목표인 제로 인플레이션에서 벗어날 때 중

표 16-4　재량적 통화정책과 생산 갭 편기와 인플레이션 간 선택

금융안정이 없는 손실 함수	금융안정이 추가된 손실 함수	
	협조된 정책결정모형	분권화된 정책결정모형
$\pi = -a\kappa(x-b)$	$\pi = -a\left(\kappa + \dfrac{\varphi}{\tau}\right)(x-b)$	$\pi = -a\left(\dfrac{\tau}{\tau-\delta}\right)\left(\kappa + \dfrac{\varphi}{\tau}\right)(x-b)$

주: 세 개의 식은 모두 중앙은행의 최적화 조건을 나타낸다. 금융안정이 포함된 경우는 그렇지 않은 경우와 비교하기 위해 중앙은행의 최적화 조건에 포함되어 있는 민간부채 갭을 생산 갭의 함수로 대체하여 도출한 식이다.

앙은행이 어느 정도 생산 갭을 조정할 것인지를 나타내는 것으로 간주할 수 있다.

앞에서 설명한 <표 16-4>에 있는 세 개의 식들이 함의하는 것을 쉽게 이해하기 위해 이들의 그래프를 수평 축이 인플레이션율을 나타내고 수직 축이 생산 갭을 나타내는 평면 위에 그려서 비교하는 것이 도움이 된다. 이 식들의 그래프는 <그림 16-2>에 수록되어 있다. 짧은 점선은 금융안정이 중앙은행의 손실 함수에 없는 경우를 나타낸다. 대쉬선과 점선으로 표시한 직선은 중앙은행의 손실 함수에 금융안정이 추가되어 있는 협조된 정책결정모형을 나타낸다. 실선은 중앙은행의 손실 함수에 금융안정이 추가되어 있는 분권화된 정책결정모형을 나타낸다. 수평축을 인플레이션 괴리로 간주할 수 있다. <그림 16-2>에서는 주어진 크기의 인플레이션 괴리에 대하여 중앙은행이 의도하는 생산 갭의 크기를 그림으로 보여주고 있다. 동일한 크기의 인플레이션 괴리에 대하여 금융안정이 포함되지 않은 모형에서 함의되는 생산 갭의 크기가 가장 크고 이는 수직 축에서 선분 AG로 표시할 수 있다. 금융안정이 포함되면서 협조된 정책결정모형에서 함의하는 생산 갭의 크기는 선분 AF로 표시할 수 있다. 금융안정이 포함되면서 분권화된 정책결정모형에서 함의하는 생산 갭의 크기는 선분 AE로 표시할 수 있다. 선분의 길이를 비교하면 분권화된 정책결정모형에서 함의하는 생산 갭의 크기가 가장 작다.

그림 16-2 인플레이션 괴리와 생산 갭의 조정

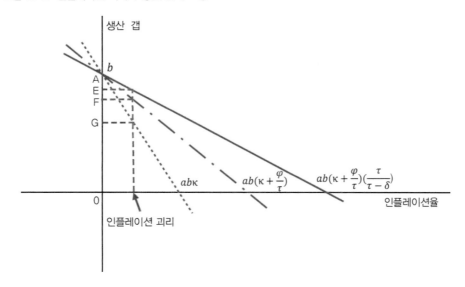

<그림 16-2>에서 정리한 결과는 어떻게 발생하는 가를 다음과 같이 요약할 수 있다. 분권화된 정책결정모형을 보면 거시건전성정책 당국의 손실 함수에는 인플레이션의 괴리에 대한 우려가 없기 때문에 인플레이션의 괴리가 커지더라도 거시건전성정책 당국의 손실 함수에 미치는 효과가 없다는 것을 알 수 있다. 이는 실제 인플레이션이 장기 목표에서 더 멀어지는 상황이 발생하더라도 생산 갭의 변동이 더 작아질 수 있다면 거시건전성정책 당국의 손실 함수의 값을 더 작게 한다는 것을 의미한다. 특히 거시건전성정책 당국은 중앙은행이 금융안정의 목표를 추구하기 위해 거시건전성정책에 반응한다는 점을 거시건전성정책 당국에게 부여된 손실 함수의 값을 낮추는 데 이용할 유인이 있다. 이것이 <표 16-3>의 다섯째 줄에 있는 식에 δ의 값이 포함된 이유이다. 그 결과 분권화된 정책결정모형의 중앙은행은 다른 모형과 비교하여 같은 크기의 인플레이션 괴리에 대하여 더 낮은 크기의 생산 갭을 조정하게 된다.

한국의 거시건전성정책

거시건전성정책은 금융부문의 시스템 리스크(systemic risk)를 적절하게 관리하는 정부의 정책으로 정의할 수 있다. 시스템 리스크는 금융기관의 도산과 증권시장의 붕괴 등으로 인해 금융시스템 전부 또는 일부가 파손되어 발생하는 금융중개기능의 장애가 실물 경제의 하락으로 이어져 거시경제적인 파급 효과가 발생될 위험을 의미한다. 정부가 거시건전성정책을 수행하고 평가하기 위해 시스템 리스크를 측정하는 지표가 필요하다. 중앙은행이 물가안정을 추구하기 위해 물가지수의 수준과 변동성을 파악하여 물가안정의 정도를 파악할 수 있다. 그러나 거시건전성정책의 경우 물가지수와 동일한 정도로 많은 사람들이 공감하는 하나의 지표를 제시하기 어렵다. 이에 대한 두 가지 이유를 들 수 있다. 첫째, 거시건전성정책을 강조하는 기간이 상대적으로 짧다는 것이다. 글로벌 금융위기 이후 거시건전성의 중요성이 강조되었기 때문에 거시건전성을 위해 실시된 정책들의 성공과 실패에 대한 경험적 사례가 아직 충분히 축적되지 않았다는 점을 지적해볼 수 있다. 두 번째, 시스템 리스크가 발생하는 경로와 실물 경제로 파급되는 과정이 다양하고 복잡하다. 이 경우 하나의 대표적인 지수를 보고 판단하는 것보다는 몇 개의 서로 보완되는 지표를 개발하여 분석하는 것이 더 바람직할 수도 있다. 금융안정을 측정하는 구체적인 지수들의 작성과 실효성에 대한 자세한 논의는 본 장의 범주를 넘기 때문에 다루지 않기로 한다.

앞에서 소개한 중앙은행모형에서 거시건전성정책의 효과를 분석하였다. 모형의 거시건전성정책이 현실에서 실시되고 있는 거시건전성정책과 어떻게 연결이 되는지 궁금할 수 있다. 이러한 궁금증을 해소하기 위해 거시건전성정책의 몇 가지 예를 소개한다. 먼저 은행의 건전성규제에 대하여 간단히 소개한다. 가장 널리 알려진 것이 은행에 대한 자기자본비율 규제이다. 자기자본비율의 정의는 단순히 설명하면 (자기자본/위험가중자산)*100이다.[3] 1988년에 제정된 국제결제은행의 자기자본비율 규제에서는 위험가중자산의 8% 이상을 자기자본으로 보유할 것을 요구하였다. 그 이후 자기자본

---

3 금융위원회 홈페이지에 있는 금융용어 사전에 따르면 자기자본은 (기본자본+보완자본-공제항목)으로 정의된다. 기본자본은 자본금, 자본준비금, 이익잉여금 등으로 구성된다. 보완자본은 회계상 자기자본은 아니지만 자기자본에 포함될 수 있다고 인정되는 항목들로 구성된다.

비율을 계산할 때 사용하는 위험가중자산의 개념에 대한 수정이 지속적으로 이루어졌다. 초기에는 위험가중자산을 계산할 때 신용위험만 고려하여 보완이 필요하다는 지적이 있었다. 신용위험만 고려한다면 은행이 보유하고 있는 유가증권 등의 가치 평가 하락에 따른 손실위험을 제대로 감안하지 못하는 문제가 있기 때문이다. 그 결과 증권시장의 급격한 가격변동으로 인해 발생하는 위험에 대비하여 은행이 자기자본을 보유하는 것도 필요하다고 인식하게 된다. 따라서 신용위험뿐만 아니라 시장위험을 고려한 위험가중자산을 사용하여 자기자본비율을 추계할 것을 권고하게 된다. 이에 더하여 최근에는 적절하지 못한 은행 경영으로 발생할 수 있는 자산가치의 손실위험이 추가된 새로운 위험가중자산의 정의를 적용하여 자기자본비율을 계산한다. 보다 자세한 내용은 본 책의 범위를 넘으므로 생략하기로 한다.

자기자본비율의 경기 순응성이 최소 자기자본비율 규제에 대한 문제점으로 지적되어 왔다. 그 이유는 자기자본비율의 경기 순응성이 있다면 이는 은행 건전성을 보장하기 위해 부과한 자기자본비율 규제가 대출의 경기 순응성을 확대시키기 때문이다. 이와 관련하여 2004년 카시얍(Anil Kashyap)과 스타인(Jeremy Stein)이 지적한 문제점을 간단히 요약한다.[4] 이들의 주장을 뒷받침하는 두 가지 포인트는 다음과 같이 요약할 수 있다. 첫 번째 포인트는 불황 국면에서 대출의 부도가 더 많이 발생하므로 은행의 자본잠식이 상대적으로 더 크게 발생한다는 것이다. 두 번째 포인트는 불황 국면에서 정상적으로 원리금을 상환하고 있는 기업들에 대한 신용평가도 낮아진다는 것이다. 두 가지의 포인트가 자기자본비율에 미치는 효과는 다음과 같다. 첫 번째 포인트는 불황 국면에서 자기자본의 크기가 감소한다는 것이다. 두 번째 포인트는 불황 국면에서 신용위험의 증가로 인해 위험가중자산의 크기가 증가할 수 있다는 점이다. 따라서 불황 국면에서 분자는 감소하고 분모는 증가하기 때문에 은행의 자기자본비율은 불황 국면에서 낮아진다. 이것이 자기자본비율의 경기 순응성이다. 자기자본비율의 경기 순응성에 의해서 은행의 자기자본비율이 불황 국면에서 은행감독당국이 부과한 최소 자기자본비율보다 낮아질 가능성이 더 높다.

---

4 이들의 논문은 미국 시카고 연방은행이 발간하는 Economic Perspectives (Vol. 28. pp. 18-31)에 수록된 「Cyclical Implications of the Basel-II Capital Standards」이다.

위의 설명에 이어 다음에서는 자기자본비율의 경기 순응성과 은행의 대출 공급 간의 관계에 대한 설명으로 넘어 간다. 은행은 자기자본을 늘리기 위해 주식 등을 발행하여 외부로부터 자기자본을 늘려야 한다. 그러나 불황 국면에서는 주식의 발행에 의거하여 외부자금을 조달하는 것이 쉽지 않다. 따라서 은행은 정해진 자기자본비율을 맞추기 위해 자기자본을 늘리기보다는 대출을 줄일 가능성이 더 높다. 이는 자기자본비율에 대한 규제가 부과되면서 경기 불황과 경기 호황에 따라 발생하는 은행대출의 차이가 더욱 더 벌어진다는 것을 의미한다. 결론적으로 은행의 건전성을 보장하기 위해 부과한 자기자본비율 규제가 대출의 경기 순응성을 확대시키는 역기능이 있다는 것이다.

앞에서 설명한 시나리오를 이해한다면 자기자본규제의 경기 순응성을 어떻게 완화할 것인지를 생각하게 된다. 은행이 보유하는 자기자본의 크기가 최소 자기자본규제에서 제시하는 크기에 비해 호황 국면에 상대적으로 여유 있게 유지되면 앞에서 설명한 시나리오가 작동할 가능성이 낮아진다. 이와 같은 인식에 의거하여 자본규제에 대한 개념을 수정한다. 수정된 개념은 은행이 최소한 보유해야 하는 자기자본에 대한 규제만 부과하는 것이 아니라 이에 추가하여 자기자본을 더 보유하도록 한다는 것이다.

완충자본(capital buffer)의 개념을 도입하여 필요한 최소 자기자본에 추가적인 자본의 보유를 요구하고 있다. 두 종류의 완충자본으로서 자본보전 완충자본과 경기대응 완충자본이다. 경기대응 완충자본은 앞에서 이미 설명한 자기자본비율의 경기 순응성으로 인한 문제를 완화하기 위한 대응책으로 간주할 수 있다. 예를 들어 은행이 호황 국면에서 주식 발행 등을 통해 자기자본의 조달이 상대적으로 쉽다면 호황 국면에 은행이 최소 자기자본보다 더 보유하게 한다. 그리하여 불황 국면에 자기자본비율을 맞추기 위해 은행대출을 과도하게 줄여야 할 가능성을 낮추자는 것이다. 경기대응 완충자본에 대한 규제는 정부의 감독기관이 자신의 재량적 판단에 따라 필요한 시기와 규제의 정도를 조절할 수 있기 때문에 경기 호황과 불황이 진행하는 과정에 따라 탄력적으로 운영할 수 있다. 자본보전 완충자본의 경우 자본의 종류와 크기를 미리 정하여 준수하도록 한다는 점이 경기대응 완충자본과 다르다. 예를 들어 평상시에도 위험가중자산의 2.5%를 추가하여 보통주 자본으로 적립하도록 하는 것이다.

다음에서는 레버리지비율 규제를 설명한다. 본 절에서 레버리지비율 규제를 설명하는 이유는 다음과 같은 두 가지로 요약할 수 있다. 첫째, 레버리지비율 규제에서 정의하는 레버리지비율이 앞에서 설명한 은행의 기업대출모형에서 정의한 기업의 레버리지비율과 용어는 같지만 서로 다르게 정의되고 있다는 것이다. 앞에서 정의한 레버리지비율은 기업의 총자산을 순자산으로 나눈 비율이다. 그러나 레버리지비율 규제에서 정의되는 레버리지비율은 은행이 보유한 기본자본을 은행의 대차대조표 상의 항목과 난외 항목을 모두 포함하여 계산된 총자산으로 간주할 수 있는 총 익스포저로 나눈 비율이다.[5] 따라서 어떠한 맥락에서 레버리지비율의 용어를 사용하는지를 명확히 구분할 필요가 있다. 둘째, 레버리지비율 규제가 도입된 이유이다. 레버리지비율 규제에서 정의하고 있는 총 익스포저는 위험가중자산이 아니라 서로 다른 자산에 대하여 같은 가중치를 적용하여 그대로 합산하여 계산한다. 따라서 레버리지비율 규제의 레버리지비율은 은행이 보유한 기본자본을 위험가중치를 적용하지 않고 추계한 총자산으로 나눈 비율로 단순하게 이해할 수 있다. 이는 자산별 위험에 대하여 동일한 가중치를 적용하여 계산한 자기자본비율로 간주할 수 있다. 앞에서 이미 설명한 바와 같이 따라서 레버리지비율 규제는 각 자산별로 서로 다른 위험가중치를 부과하기 위해 신용위험의 평가를 위한 모형을 사용하여 자기자본비율을 계산할 때 발생하는 문제점을 보완하는 자기자본비율의 규제로 간주할 수 있다.[6]

다음에서는 은행의 유동성에 대한 거시건전성정책에 대하여 간단히 요약한다. 은행이 안정적으로 유동성을 확보하고 있는지를 판단하기 위해 은행이 보유하고 있는 유동성의 크기를 측정할 수 있는 지표가 있어야 한다. 이를 위해 두 종류의 유동성 지표를 정의할 수 있다. 첫째, 단기 유동성 지표인 유동성커버리지비율이다. 둘째, 중장기 유동성지표인 순안정조달비율이다.[7] 단기 유동성에 대한 규제는 유동성커버리

---

5 레버리지비율 규제에서 정의되는 레버리지비율에 대한 상세한 내용은 한국은행, 금융위원회, 금융감독원이 2014년에 발간한 「바젤 Ⅲ 레버리지비율 기준서」에 설명되어 있다.

6 바젤 Ⅱ의 규제에서는 기존의 바젤 Ⅰ의 규제와 달리 자본 규제를 받는 은행이 스스로 제시한 자료를 사용한 신용위험 평가모형에 의거하여 산출한 신용위험을 위험가중자산을 계산하는 데 반영하도록 하였다.

7 유동성커버리지비율의 정의는 금융감독원 홈페이지의 금융용어사전에 수록되어 있다. 순안정조달비율에 대한 자세한 설명은 바젤 Ⅲ 순안정자금조달비율 기준서(2014년 한국은행 및 금융감독원)에 수

지비율 규제이다. 이는 국공채 등 고 유동성 자산을 향후 30일간 순 현금 유출액으로 나눈 유동성커버리지비율이 100% 이상이어야 한다는 규제이다. 유동성커버리지비율 규제의 개념은 단기적으로 발생하는 유동성 위기에 대비하여 은행은 시장에서 쉽게 처분할 수 있는 유동성이 높은 자산을 일정 수준 이상 보유해야 한다는 것이다. 예금을 취급하는 은행에 대해서 부과되는 필요지불 준비금이 있어서 예금의 일정 비율을 중앙은행에 예치하도록 규정하고 있다. 이러한 지불 준비금도 고 유동성 자산의 하나로 간주된다. 그 이외에도 현금은 물론 정부와 중앙은행이 발행하는 채권도 고 유동성 자산에 포함된다. 중장기 유동성에 대한 규제는 순안정조달비율에 대한 규제이다. 순안정조달비율은 안정적으로 조달할 수 있는 가용한 자금의 크기를 추계하여 이를 안정적으로 조달해야 하는 최소한의 자금으로 나눈 비율로 측정한다. 순안정조달비율의 분자를 가용안정자금으로 부르고 분모를 필요안정자금으로 부른다. 분자와 분모에 모두 안정이라는 단어가 포함되어 있으므로 은행이 자금의 안정성을 어떻게 평가할 것인가에 대하여 궁금할 것이다. 다양한 자금조달 수단 중에서 만기가 높은 수단을 통해 조달한 자금이 보다 안정성이 높은 것으로 평가한다. 따라서 같은 금액으로 조달하더라도 만기가 더 긴 채권을 발행하여 자금을 조달한다면 순안정조달비율이 더 높게 나타난다.

많은 사람들은 주택시장의 호황과 불황으로 인해 거시 경제 전체의 경기 순환에 미치는 효과가 작지 않다는 점을 인정한다. 일반 은행의 대출 중에서 부동산의 매매와 관련된 대출이 높은 비중을 차지한다. 은행의 대차대조표 중에서 자산 부분에 영향을 미치는 규제의 일환으로 담보인정비율(Loan-to-Value ratio, LTV ratio)에 관한 규제와 총부채상환비율에 관한 규제를 설명한다. 첫째, 담보인정비율은 자산의 담보가치 대비 대출금액의 비율로 정의된다. 은행이 담보대출을 취급할 때 적용하는 하나의 기준이다. 예를 들어 소비자와 기업에게 제공한 대출에서 부도가 발생하는 경우 은행은 담보자산을 처분한다. 담보자산을 처분하여 얻은 수입이 대출의 원리금과 비교하여 부족하지 않도록 하기 위해 담보인정비율을 적용한다. 담보인정비율을 어느 정도로 정해야 하는가? 다음과 같은 두 종류의 위험에 대비하여 상식적으로 100%보다

록되어 있다.

낮다. 첫째 포인트는 일반적으로 부도가 발생하여 경매로 처분해야 하는 경우 대출의 담보로 제공된 자산은 시장에서 거래될 수 있는 가격보다 낮은 수준에서 낙찰가격이 결정된다는 것이다. 두 번째 포인트는 대출의 담보로 제공된 부동산의 가격이 큰 폭으로 하락하여 대출원금보다 더 낮아질 가능성이 있다는 것으로 고려해야 한다. 담보 자산의 가치가 대출원금보다 낮아지면 채무자가 가치가 낮은 자산을 되찾으려는 유인이 없어진다. 총부채상환비율(debt-to-income)은 대출받는 원리금의 상환액이 채무자의 소득에서 차지하는 비율로 정의된다. 대출이 실행된 이후 채무자가 미리 약정한 이자와 원리금을 제대로 상환하지 못하면 부도가 발생한다. 예를 들어 이미 일정 수준 이상의 부채가 있어서 현재 진행하고 있는 대출에 대한 이자비용이 추가되면 앞으로 원활하게 상환하기 어려울 수 있다. 부도의 위험을 적절하게 조정하기 위해 총부채상환비율에 대한 적정 수준을 책정하여 이보다 더 높은 채무자의 대출신청을 거절하는 규제를 시행할 수 있다. 앞에서 설명한 담보인정비율 규제는 대출의 대상이 되는 스톡 변수의 가치와 관련된 규제이다. 이에 반하여 총부채상환비율 규제는 소득 대비 원리금 상환 및 이자비용 등을 포함하는 유량 변수에 대한 규제이다.

연습문제

1. 어느 경제학자가 다음과 같이 주장한다. 현재 은행이 적립해야 하는 대손 충당금은 경기 순응적으로 변동한다. 그 결과 은행대출의 경기 순응적 변동이 증폭된다. 이와 같은 문제점을 해소하기 위해 동태적 대손 충당금 제도로 전환해야 한다. 동태적 대손 충당금 제도를 설명하고 위의 주장을 평가하시오.

2. 본 장에서 설명한 거시건전성정책의 여러 수단은 각각 목표하는 정책 효과가 있어서 실시되고 있다. 그러나 많은 사람들은 거시건전성정책을 실시하면 의도하지 않은 정책효과가 발생할 가능성도 있음을 지적한다. 본 장에서 설명한 각각의 거시건전성정책에 대하여 어떠한 형태의 의도되지 않은 정책 효과가 발생할 수 있는지를 분석하시오.

3. 어느 경제학자는 물가는 장기적으로 외부 화폐의 스톡에 비례하고 내부 화폐의 스톡과는 연관성이 작거나 없기 때문에 물가안정과 금융안정을 동일시하는 견해는 물가의 결정과정을 정확히 이해하지 못한 주장으로 지적한다. 이와 같은 주장을 평가하시오.

4. 우리나라에서 실시되어 온 외환파생상품포지션 규제에 대하여 설명하고 이 규제가 어떤 의미에서 거시건전성정책의 하나라고 주장할 수 있는지를 설명하시오.

5. 금융사이클의 진폭과 지속성을 완화하는 것이 거시건전성정책을 실시하는 목표라고 볼 수 있다. 본 장에서 제시한 다양한 거시건전성정책을 사용하더라도 금융사이클을 조절하기 어렵다는 견해를 뒷받침하는 사례들을 설명하시오.

6. 12장에서 분석한 기업대출 모형에서 담보인정비율이 어떻게 결정되는 지를 설명하시오. 정부에서 부과한 담보인정비율이 기업대출 모형에서 결정되는 담보인정비율보다 낮다면 균형에서 어떠한 상황이 발생하는 지를 분석하시오.

7. 순안정자금조달비율을 계산할 때 만기가 동일하다면 대기업의 예금보다 개인 또는 중소기업의 예금이 보다 더 안정적인 것으로 간주된다. 그 이유를 설명하시오.

8. 거시건전성정책의 효과를 반영하는 본 장의 거시경제모형을 사용하여 다음의 질문에 답하시오.
   (1) $u = \left(\frac{\varphi}{z}\right)(z - m)$으로 정의하면 기대를 고려한 필립스 곡선의 식은 다음과 같이 쓸 수 있음을 보이시오.

   $$x = \lambda(\pi - \pi^e) + u$$

   이 식에서 λ의 값은 (κ, φ, τ)의 함수임을 보이시오.
   (2) 금융안정의 목표가 추가된 본 장의 손실 함수를 다음과 같이 다시 쓸 수 있음을 보이시오.

   $$\pi^2 + (x - b)^2 + c(nu + m)^2$$

   이 식에서 n은 τ와 φ의 함수임을 보이시오.
   (3) 문제 (1)과 문제 (2)의 답을 사용하여 정부의 커미트먼트가 가능할 때 최적 인플레이션과 최적 생산 갭의 값을 계산하시오.

9. 본 장에서 설명한 분권화된 정책결정모형에서 $\tau > \delta$의 부등식이 충족될 조건을 도출하시오. 분권화된 정책결정모형의 균형에서 거시건전성정책이 δ의 값이 달라지면서 어떻게 반응하는지를 설명하시오.

10. 〈그림 16-2〉의 그래프를 사용하여 인플레이션 괴리가 1일 때 선분 AE의 길이를 계산하시오. 또한 선분 AF의 길이를 계산하시오.

제17장

기업의 구조조정과 금융의 역할

제17장

기업의 구조조정과 금융의 역할

본 장의 초점은 금융이 장기적인 경제 성장에 미치는 효과보다는 거시 경제의 중기적인 변화에 미치는 효과이다. 이를 굳이 구분해야 하는 이유가 무엇이냐고 묻는다면 두 개의 주제가 서로 연결성은 있지만 다른 이슈이기 때문이다. 지속적인 경제 성장을 일인당 실질 국민소득의 성장률이 영구적으로 증가하는 현상으로 정의하고 금융부문이 지속적인 경제 성장에 어느 정도 기여하는지에 대한 분석과 본 장의 분석을 구분하기 위해서이다. 본 장의 초점은 금융이 산업 또는 기업의 구조조정에 미치는 효과이다.

산업 및 기업의 구조조정이 거시 경제에 미치는 효과가 작지 않음을 지적한다. 본 장에서는 산업 및 기업의 구조조정은 거시 경제의 잠재성장률에 영향을 미칠 수 있다는 점을 강조한다. 기업의 구조조정이 거시 경제에 미치는 효과는 총생산 함수의 생산성 효과를 통해서 나타날 수 있다. 기업의 구조조정은 이전부터 사용해온 생산기술을 포기하고 보다 더 생산성이 높은 새로운 생산기술을 제품의 생산에 적용하는 것으로 정의할 수 있다. 이는 기업의 구조조정이 지연되면 새로운 기술을 채택하는 기업의 비중이 상대적으로 낮아짐을 의미한다. 기업의 구조조정이 지연되면 그렇지 않은 경우에 비해 총생산 함수의 생산성이 증가하는 속도가 상대적으로 낮아져 거시

경제의 잠재성장률도 하락한다. 생산성이 낮은 기업들이 생산성 향상 없이 계속 생산 활동을 할 수 있다면 기업들의 구조조정에 대한 유인이 작아지기 때문에 기업의 구조조정이 지연된다.

생산성이 낮기 때문에 이미 부도 청산되어야 하지만 금융기관 등의 적절하지 않은 혜택에 의존하여 계속 기업 활동을 유지하고 있는 기업을 '좀비기업'으로 정의한다. 본 장의 첫 번째 주제는 좀비기업과 잠재성장률 간의 관계이다. 카발레로(Ricardo Caballero), 호쉬(Takeo Hoshi), 카쉬얍(Anil Kashyap) 등은 2008년에 발표한 연구에서 좀비기업의 비중이 더 높은 부문은 일자리 창출이 상대적으로 낮고 이미 있던 일자리 중에서 사라지는 일자리가 더 많다는 점을 지적하고 있다.[1] 아울러 총요소생산성의 증가율이 상대적으로 낮을 가능성도 같이 제시한다. 좀비기업의 증가는 기업의 구조조정이 지연되면서 발생하는 현상이다. 따라서 이들의 연구는 기업의 구조조정이 지연되고 잠재성장률이 낮아진다는 가설의 실증적인 증거로 간주할 수 있다. 구체적으로 어떠한 경로를 거쳐서 좀비기업과 잠재성장률 간의 관계가 발생하는지에 대한 의문을 제기할 수 있다. 이와 관련하여 카발레로, 호쉬, 카쉬얍 등은 제시한 좀비기업이 발생시키는 부의 외부 효과는 다음과 같은 세 개의 경로를 통해서 나타날 수 있다고 주장한다. 첫째, 좀비기업이 존재하여 다른 기업의 이윤에 미치는 효과이다. 좀비기업이 생산하는 제품들은 적정가격에 비해 낮은 가격으로 시장에 출시하는 경향이 있다는 것이다. 이는 결국 생산성이 상대적으로 높은 기업들의 이윤을 감소시키게 한다. 둘째, 좀비기업이 존재하여 다른 기업들의 생산비용을 적정 수준 이상으로 높이는 효과이다. 좀비기업에 근무하는 작업 생산성이 낮아진 근로자들이 계속 고용되면서 시장 임금이 그렇지 않은 경우에 비해 높다는 점을 지적한다. 이는 상대적으로 높은 생산성을 가진 기업들의 생산비용도 같이 상승시키는 결과를 초래하게 된다. 셋째, 좀비기업이 존재하여 다른 기업의 금융비용에 미치는 효과이다. 좀비기업이 많아지면서 새로운 기업의 시장진입과 설비 및 장비의 투자가 위축된다. 그 결과 건전한 은행들이 건전한 대출을 공급할 기회를 감소시키는 효과가 발생한다. 위에서 요약한

---

1 이들의 논문은 American Economic Review (Vol. 98, No. 5, pp. 1943-1977) 에 수록된 「Zombie Lending and Depressed Restructuring in Japan」이다.

외부효과의 거시경제적 함의는 다음과 같다. 좀비기업의 비중이 충분히 높아져 다른 기업에 대한 부의 외부효과가 충분히 커지게 되면 거시 경제 전체의 생산능력에 실효적인 영향을 미치게 된다. 그 결과 기업의 구조조정이 지연되면서 잠재성장률이 하락하는 현상이 발생할 수 있다.

본 장의 주제인 금융의 중기적 거시 경제효과는 은행이 기업에게 제공하는 대출에 대하여 적정한 수준 보다 관대한 계약조건이 광범위하게 지속적으로 적용되는 상황에서 발생한다. 본 장의 구조는 다음과 같이 요약할 수 있다. 첫 번째 절에서 우리나라의 자료에서 잠재성장률이 낮아지면서 한계기업의 비중이 증가하는 현상이 나타나고 있음을 보인다. 한계기업은 영업 이익으로 이자 비용을 감당하지 못하는 기업으로 정의되기 때문에 좀비기업에 대응되는 개념으로 간주할 수 있다. 두 번째 절에서는 우리나라의 주거래은행 제도와 국책은행 제도에 대하여 간단히 소개한다. 세 번째 절에서는 기업의 새로운 기술 도입에 시간이 소요된다는 가정이 부과된 모형에서 잠재 GDP의 결정을 설명한다. 뒤에 나오는 절에서는 기업의 기술 경직성은 은행이 기업에 제공하는 대출 조건에 의해서 영향을 받을 수 있음을 보인다. 따라서 기업에 대한 과도한 금융혜택이 잠재성장률을 낮출 수 있음을 보인다. 예를 들면 일본 경제가 장기간 침체를 겪은 원인 중의 하나는 일본의 은행들이 좀비기업에게 제공한 금융혜택이다. 일본의 일반 은행들은 부실기업에 대하여 엄격한 기준을 적용하여 부도의 가능성이 높은 기업에게도 대출을 줄이거나 회수하지 않고 오히려 금융적 혜택을 제공하여 기업들이 구조조정을 지연했다는 것이다.

한계기업의 증가와 잠재성장률의 하락

한국경제는 최근 10여 년간 잠재성장률이 지속적으로 하락해온 것으로 지적되어 왔다. 2015년과 2016년에는 산업 구조조정에 대한 필요성이 강조되었다. 이러한 우려가 실제의 상황을 잘 반영하고 있는지 여부를 자료에 의거하여 확인하기 위해 <표

17-1>은 우리나라의 한계기업의 비중과 잠재성장률의 추이를 요약하고 있다.[2] <표 17-1>에서는 한국은행에서 발표한 우리나라 한계기업의 비중에 대한 추이를 인용하고 있다. 한계기업은 외부감사를 받는 기업들 중에서 (영업이익/이자비용)의 값이 지난 3년간 1보다 낮은 기업으로 정의된다. 따라서 한계기업은 영업이익으로 이자비용을 감당하지 못하는 기업을 의미한다.[3] 대기업의 경우 한계기업의 비중이 2006년~2010년 기간 연평균 10%에서 2011년~2014년 기간에는 연평균 13.5%로 상승한다. 중소기업의 한계기업 비중이 대기업의 한계기업의 비중보다 더 높다. 그러나 2006년~2010년의 기간에서 2011년~2014년 기간 중 대기업의 한계기업 비중은 상승하고 중소기업 중 한계기업의 비중은 다소 감소하고 있다. 이와 같은 수치는 2010년대 전반기에 대기업의 구조조정에 대한 필요성이 더 증가해왔음을 의미한다.

금융산업에서도 영업의 수익률이 낮아져 왔음을 알 수 있다. 예를 들어 순이자마진은 2000년대 초반 2.7%에서 2010년대 초반 2.0%로 낮아진다. 다른 척도로 측정해도 비슷한 결과를 확인할 수 있다. 국내은행의 마크업률의 정의는 '(영업수익 − 영업비용)/영업비용'이다. 이는 국내은행의 수익성을 나타내는 지표이다. 국내은행의 마크업률은 2000년대 초반에 비해 2010년대 초반 약 2% 정도 하락한 것으로 나타난다. 따라서 은행산업에서도 영업의 수익성이 실효적으로 하락하였음을 확인할 수 있다. 잠재성장률과 총요소생산성의 증가율도 계속해서 감소해왔음을 알 수 있다. 잠재성장률은 2000년대 초반 5.3%에서 2010년대 초반 3.3%로 감소한다. 총요소생산성의 증가율도 같은 기간 2.0%에서 0.8%로 감소한다. 따라서 <표 17-1>의 수치를 보면 한국경제에서도 표본기간 동안 한계기업의 비중이 증가하면서 총요소생산성의 증가율과 잠재성장률이 동시에 하락하는 현상이 나타난다. 그러나 이 표에 수록된 수치들이 가능성이 있음을 짐작하게는 하지만 한계기업의 증가가 생산성을 저하시키는 요인이라는 주장을 확실하게 뒷받침하는 실증적 증거라고 확신할 수 없다는 점을 지적한다.

---

[2] 2016년 DSGE 연구센터에서 발간한 「거시금융 모형분석」(윤택)의 <표 1.1>의 내용을 재편집하여 작성하였음을 지적한다.

[3] 영업이익은 매출액에서 매출원가 및 판매비와 관리비를 뺀 차이를 말한다. 이자보상비율은 영업이익을 이자비용으로 나눈 비율을 말한다.

표 17-1 우리 나라의 잠재성장률과 한계기업 비중의 추이

	2001년-2005년	2006년-2010년	2011년-2014년
잠재성장률	5.3%	3.8%	3.3%
총요소생산성증가율	2.0%	1.4%	0.8%
한계기업: 대기업	7.7%	10.0%	13.5%
한계기업: 중소기업	13.5%	14.9%	14.1%
국내은행 마크업비율	9.4%	7.8%	14.1%
순이자마진	2.7%	2.3%	2.0%
부실대출	2.4%	1.3%	1.6%

자료: 한국은행 및 금융감독원의 발표자료 및 저자의 추정결과(「거시금융 모형분석」(DSGE 연구센터, 윤택)
　　에 수록된 <표 1.1>의 인용).

<표 17-1>의 함의는 결국 한계기업의 비중과 경제성장률 간의 음의 상관관계가 있다는 것이다. 여기에 덧붙여서 총요소생산성의 증가율이 낮아지면서 잠재성장률도 하락했다는 점이다. 이는 2000년 이후 한계기업의 비중이 지속적으로 증가하면서 거시 경제의 생산성이 증가하는 속도가 감소한 것을 반영한다고 볼 수 있다. 본 장의 서론에서 기업의 구조조정이 지연되면 거시 경제의 생산성이 증가하는 속도도 낮아질 수 있음을 지적하였다. 기업의 구조조정이 지연된다는 것은 한계기업의 비중이 증가하는 것으로 나타난다고 볼 수 있다. 따라서 한계기업의 비중과 총요소생산성 증가율 간의 음의 상관관계가 있을 것이라고 추측해 볼 수 있다. 이를 확인하기 위해 총요소생산성의 증가율을 한계기업의 비중에 대하여 회귀 분석한 결과를 설명한다.[4] 회귀 분석에 사용된 자료는 2002년부터 2014년 기간 동안 한국의 총요소생산성 증가율과 한계기업의 비중에 대한 연도별 자료이다. 총요소생산성의 증가율은 콘퍼런스보드의 데이터베이스로부터 다운로드 받은 자료이다. 한계기업에 관한 자료는 한국은행의 발표자료에서 수집한 대기업 중 한계기업의 비중이다. 첫 번째 회귀 분석의 식

---

4 본 절에서 소개하는 두 개의 회귀 분석 결과는 2016년 DSGE 연구센터에서 발간한 「거시금융 모형분석」(윤택)에 수록된 결과를 그대로 인용하였음을 지적한다.

은 다음과 같다.

$$(총요소생산성의 \ 증가율) = 5.67 - 0.39 \ (한계기업의 \ 비중)$$

첫 번째 회귀 분석의 결과를 보면 총요소생산성 증가율의 한계기업의 비중에 대한 반응계수는 −0.39이며 90%의 신뢰구간에서 유의하다. 두 번째 회귀 분석의 식은 첫 번째 회귀 분석의 식과 동일하지만 총요소생산성의 성장률과 한계기업의 비중의 자료에 HP필터를 적용하여 추출한 추세 부분으로 분석한 결과를 보여주고 있다.

$$(총요소생산성의 \ 증가율) = 5.67 - 0.39 \ (한계기업의 \ 비중)$$

총요소생산성 증가율의 한계기업 비중에 대한 반응계수에 대한 추정치는 첫 번째 경우와 거의 같다. 그러나 HP필터에 의해서 추계된 추세는 두 변수 모두 거의 직선에 가깝기 때문에 한계기업의 비중이 총요소생산성의 증가율을 설명하는 정도를 측정하는 척도인 R^2은 첫 번째 회귀 분석에 비해 크게 증가한다. 앞에서 설명한 추정결과는 인과관계를 나타내는 실증적인 증거로 해석하기에는 불충분하다. 특히 표본기간이 짧기 때문에 추정결과의 강건성을 어느 정도 확신하기 위해서는 보다 더 많은 시행이 필요하다. 그럼에도 불구하고 한계기업의 증가를 동반한 총요소생산성 증가율의 하락이 발생하고 있다는 점을 한국의 자료에서 확인할 수 있다.

한계기업의 증가와 총요소생산성 증가율의 하락이 동시에 발생할 수 있는 상황은 우리나라에만 국한된 것은 아닐 수 있다. 이와 관련하여 카발레로, 호쉬, 카쉬얍 등이 2008년에 발표한 일본의 좀비기업에 대한 실증 분석의 결과를 소개한다. 좀비기업은 은행대출의 이자비용이 비정상적으로 낮게 책정된 기업으로 정의된다. 특정한 기업이 좀비기업인지의 여부를 자료를 사용해 확인하는 방법은 그 기업이 은행으로부터 금융보조금을 받는지 여부를 조사하는 것이다. 관련 문헌에서는 은행이 기업에게 제공하는 금융보조금의 크기를 측정하는 척도를 다음과 같이 정의한다.

$$금융보조금 \ 비율 = (적정이자율 - 차입이자율)/(차입이자율)$$

위의 식은 카발레로, 호쉬, 카쉬얍 등이 기업별 자료에서 사용한 좀비지수다. 또한 산업별 자료에서 사용한 좀비지수는 좀비기업이 보유한 자산이 산업 내의 기업이 보유한 총자산에서 차지하는 비중으로 정의하였다. 이들의 실증분석 결과에 따르면 제조업 부문보다는 비제조업 부문에서 상대적으로 좀비기업이 차지하는 비중이 높다. 예를 들면 건설업, 도소매업, 서비스 부문, 부동산중개업 등에서 좀비기업의 비중이 더 높은 것으로 나타난다. 이처럼 산업별로 좀비지수가 다르게 추정되는 두 가지 이유는 무엇인가? 첫째 지적은 좀비기업의 비중이 높은 산업들은 대체로 해외기업과의 경쟁이 상대적으로 작다는 것이다. 둘째 지적은 외생적인 충격의 강도가 산업별로 다르다는 것이다. 예를 들어 주택가격 버블의 붕괴와 후속되는 부동산시장의 장기침체가 직접적으로 타격을 준 산업은 상대적으로 크게 악화되었다. 또한 은행의 대출관행이 산업별로 다르게 적용되었다는 점도 지적되었다.

주거래은행과 국책은행

기업과 은행 간의 지속적인 관계는 두 가지 측면에서 설명할 수 있다. 첫째, 국책은행과 기업 간의 관계이다. 둘째, 민간 은행과 기업 간의 관계이다. 많이 알려진 예는 주거래은행 제도(main bank system)이다. 국책은행의 대표적인 예로서 산업은행과 수출입은행을 들 수 있다. 산업은행의 경우 한국산업은행법 제 1조의 규정에 따라 설립된 국책은행이다. 제 1조에서는 산업의 개발과 육성, 사회기반시설의 확충, 지역개발, 금융시장의 안정 및 그 밖에 지속 가능한 성장의 촉진 등에 필요한 자금을 공급 및 관리하는 한국산업은행을 설립하여 금융산업 및 국민경제의 건전한 발전에 이바지함을 목적으로 한다고 밝히고 있다. 또한 제5조에서는 한국산업은행의 자본금은 30조원 이내에서 정관으로 정하되, 정부가 100분의 51 이상을 출자하는 것으로 명시하고 있다. 수출입은행의 경우 산업은행과 마찬가지로 수출입은행법 제1조의 규정에 따라 설립된 국책은행이다. 제1조에서는 한국수출입은행을 설립하여 수출입, 해외투자 및 해외자원개발 등 대외 경제협력에 필요한 금융을 제공함으로써 국민경제의 건전한 발전을 촉진함을 목적으로 한다고 밝히고 있다. 또한 제 4조에서는 수출입은행의 자본금은 15조원으로 하고, 정부, 한국은행, 한국산업은행법에 따른 한국산업은행, 은행법 제2조 제 1항에 따른 은행, 수출업자의 단체와 국제금융기구가 출자하되, 정부 출자의 시기와 방법은 대통령령으로 정하는 것으로 명시하고 있다.

국책은행 제도가 반드시 필요한 것인가? 이러한 의문에 대하여 다양한 방식으로 답변을 생각해 볼 수 있겠지만 본 절에서는 국책은행 제도가 거시경제적으로 어떠한 측면에서 유익한지를 생각해보기로 한다. 일반 은행들로 구성된 대출시장에서 시장 실패가 발생하면 국책은행을 설립하여 이를 보완하는 것이 바람직하다는 논리를 제시할 수 있다. 사회적으로 유용한 투자 프로젝트가 있지만 일반 은행이 감당할 수 없는 경우가 있을 수 있다. 도로 및 항만 등 사회간접자본을 건설하는 경우 투자 수익률이 낮고 투자 비용의 회수 기간이 매우 길어서 일반 은행의 입장에서 수익성이 없을 수도 있다. 따라서 국책은행을 설립하여 회임기간이 길지만 사회적 외부성 또는 거시경제적 외부성이 높은 대규모 투자 프로젝트에 대한 신용제공을 담당하게 하는 것이 국민 후생을 증가시키는 제도가 될 수 있다. 그러나 도덕적 해이로 인한 국책은행의 과도한 위험부담이 발생할 가능성도 주장될 수 있다. 국책은행은 실질적으로 정부의 보호를 받기 때문에 국책은행이 공급한 대출의 부실이 심화되어 문제가 발생하더라도 정부가 개입하여 국책은행을 보호할 것이라는 안이한 예상에 노출될 수 있다. 느슨한 위험 관리로 인해 사회적인 선기능을 감안하더라도 과도한 신용위험을 부담하게 될 가능성이 있다는 것이다. 그 결과 주기적으로 국책은행에 자금을 공급해야 하는 상황이 발생하게 되어 사회적 이득보다는 오히려 사회적 비용이 더욱 커질 수도 있다.

본 절에서 사용하고 있는 용어인 주거래은행은 「메인 뱅크」를 한국어로 번역한 것이다. 주거래은행 제도는 다수의 은행이 기업대출을 위한 신디케이트를 구성하여 기업에 대규모의 자금을 공급하고 주거래은행으로 지정된 은행이 신디케이트에 참여한 다른 은행들의 위임을 받아 기업의 경영을 모니터하는 역할을 수행하는 제도이다. 전통적으로 일본기업은 영국 또는 미국에 비해 상대적으로 증권시장의 발달이 미흡하여 회사채 또는 주식을 발행하기보다는 은행대출을 통해 더 많은 외부 자금을 조달해왔다. 특정 기업의 주거래은행이라는 표현으로부터 기업과 은행 간 지속적인 관계를 감지할 수 있다. 지속적으로 대차거래를 하는 기업이므로 주거래은행은 기업에 대한 정보를 장기간에 걸쳐 축적하게 된다. 그 결과 채무자와 채권자 간 발생할 수 있는 정보의 비대칭성 문제를 완화시킬 수 있는 가능성이 높다. 이는 주거래은행 제도의 장점으로 볼 수 있다. 기업에 지속적으로 자금을 공급하는 대신 주거래은행이 기업의 경영을 모니터하여 규제하는 역할을 수행한다. 이러한 배경 속에서 주거래은행 제도는 일본에서 널리 사용되던 제도이다.

우리나라의 주거래은행 제도는 1974년에 시작된 여신관리 제도와 관련이 있다. 계열 기업군이 은행대출을 통해 조달할 수 있는 자금의 규모를 관리하기 위해 실시된 제도이다. 정부의 감독당국은 계열 기업군에 대한 주거래은행을 통해 여신관리 제도를 운영하였다.[5] 주거래은행의 역할은 주거래은행 제도의 실효성에 대해서는 논란이 있지만 기업에 대하여 부동산 및 기업 투자의 제한, 결산 협의, 기업 경영 분석, 재무구조 개선지도 등의 업무를 담당하도록 되어 있었다. 주거래은행은 주채권은행의 역할과 유사한 점이 있어서 주채권은행의 역할을 소개한다. 주채권은행은 담당 주채무계열 또는 그 소속기업체에 관한 여신 상황을 포함한 기업정보를 종합적으로 관리하고 다른 채권은행에게 제공한다. 또한 주채권은행은 재무구조가 취약한 계열에 대해서는 약정 체결 등을 통하여 재무구조개선을 유도하여야 한다. 담당 주채무계열 또는 그 소속기업체의 경영이 악화되어 여신의 부실화가 우려되는 경우 다른 채권은행과 채권은행협의회를 구성하여 처리대책을 수립하고 이를 추진하여야 한다.

정부가 금융부문의 구조조정에 개입해야 한다면 어떠한 형태로 진행하는 것이 바람직한지에 대하여 서로 다른 견해가 있을 수 있다. 예를 들어 정부가 은행의 주식을 매입하여 은행의 자본을 보강시켜주는 것이 바람직한가 아니면 은행이 발행한 채권을 매입하는 것이 더 바람직한지에 대하여 서로 다른 견해가 가능하다. 우리나라의 사례는 은행자본확충펀드이다. 2008년 하반기 글로벌 금융위기가 전 세계로 확산되면

---

5 주거래은행은 어떻게 선정되는가? 여신관리 대상기업에 대한 여신규모 등을 감안하여 거래은행 간의 협의에 의하여 선정된다. 또한 계열기업군 전체의 주거래은행은 원칙적으로 계열 주 기업체의 주거래은행이 담당토록 되어 있다.

서 이에 대응하여 정부가 은행권의 자본확충을 독려하기 위해 마련된 방안이다. 2009년 2월 정부가 발표한 은행자본확충펀드 조성 및 운영방안의 내용을 보면 다음과 같이 요약된다.

(1) 은행자본확충펀드는 한국은행(10조원) 및 산업은행(2조원)의 대출금, 기관 및 일반투자자(8조원)로부터 조달한 20조원으로 조성된다.

(2) 정부는 은행자본확충펀드를 사용하여 신종자본증권, 후순위채권 등을 인수하고 이 중 후순위채를 중심으로 유동화 증권을 발행(8조원 수준)하여 기관투자자 등에 매각할 방침이다.

(3) 이는 보통주를 매입해 은행을 국유화하기보다는 정부가 자금을 투입하되 경영권 간여는 배제함으로써 민간 금융의 성격을 유지하기 위함이다.

기술 선택의 경직성과 GDP의 결정

본 절의 모형에서 GDP는 서로 다른 생산성을 가진 다양한 생산기술에 의해서 생산된 제품들로 구성되어 있다는 점을 강조한다. 이 중에서 생산성이 높은 최근의 기술을 사용하여 생산된 제품도 있지만 오래 전부터 사용되어 온 생산성이 상대적으로 낮은 생산기술에 의해서 생산된 제품도 있다.[6] 따라서 GDP는 생산성이 높은 기술과 생산성이 낮은 기술로 생산된 제품들을 모두 포함한다. 앞에서 설명한 측면을 집중적으로 부각하기 위한 단순화의 가정은 GDP가 다양한 생산성 수준의 가중평균이라고 정의하는 것이다. 이를 합리화하기 위해 개별 기업의 생산함수를 단순한 형태로 가정한다. 기업가는 자신이 소유한 생산기술을 제품생산에 적용하기 위해 한 단위

---

6 제품생산에 적용된 시점이 다른 기술들의 생산성이 다를 수 있다는 가능성을 반영한 모형은 카발레로(Ricardo Caballero)가 2007년에 출간한 저서인 「Specificity and the Macroeconomics of Restructuring」의 제9장에서 찾아볼 수 있다. 본 절과 후속되는 절에서 소개되는 모형은 카발레로의 연속 시간 모형을 이산 시간 모형으로 수정한 것으로 볼 수 있다. 또한 2016년 DSGE 연구센터에서 출간한 「거시금융 모형분석」(윤택)에서도 동일한 분석을 찾아볼 수 있다.

표 17-2 GDP의 결정

최신 기술의 변화	$A(0) = \exp(\theta)\,A(-1)$
현재 GDP 결정	$Y(0) = (1-\alpha)\displaystyle\sum_{i=0}^{\infty}\alpha^i A(-i)$
과거 GDP 결정	$Y(-1) = (1-\alpha)\displaystyle\sum_{i=1}^{\infty}\alpha^{(i-1)} A(-i)$
GDP의 기간 간 변화	$Y(0) = (1-\alpha)A(0) + \alpha Y(-1)$
생산 갭의 결정	$X(0) = 1 - \alpha + \alpha X(-1)\left(\dfrac{A(-1)}{A(0)}\right)$
생산 갭 기간 간 변화	$X(0) = 1 - \alpha + kX(-1)$
장기 균형 조건	$Y = \dfrac{1-\alpha}{1-k} A$

주: 모형의 가정에 의해서 $k(=\alpha\exp(-\theta))$는 1보다 작은 양수이다. 또한 α도 1보다 작은 양수이고 θ는 비음수이다.

의 노동과 생산기술을 결합한다. 생산기술의 생산성은 생산과정에 투입되는 노동 단위당 생산되는 제품의 수로 정의된다. 각각의 시점에서 최신 생산기술의 생산성 수준은 계속 증가하는 것으로 가정한다. 매 시점마다 최신 기술의 생산성 수준은 달라지므로 다음과 같이 표기한다. 현재 시점에서 최신 기술의 생산성 수준을 $A(0)$로 표시한다. 현재 시점으로부터 k시점 이전의 시점에서 최신 기술의 생산성 수준을 $A(-k)$로 표시한다. 최신 기술의 기간 당 증가율을 θ로 표시하고 양수로 가정한다. 이와 같은 가정 하에서 최신 기술의 생산성 변화는 <표 17-2>의 첫째 줄에 있는 식과 같이 결정된다.

기업가는 생산성이 낮다면 생산성이 높은 기술을 채택하여 생산성을 높이면 된다. 기업가가 제품생산에 항상 최신의 생산기술을 적용하지 못하는 이유는 무엇인가? 그 이유는 기업가가 생산성을 높이기 위해 기존에 사용해오던 기술을 버리고 새로운 생산기술로 대체하기 위해 비용을 지불해야 하기 때문이다. 따라서 기술 선택의 경직성이 존재한다.[7] 기술 선택의 경직성은 현재 시점에서 최신의 기술을 제품생산에 적용하지 못하고 과거에 채택한 상대적으로 생산성이 낮은 기술을 그대로 사용해야 하는 상황을 말한다. 앞에서 설명한 기술 선택의 경직성으로 인해 각 기업의 생산 함수는 기업이 제품을 생산하는 공장을 설립한 시점에 따라 달라진다. 현재 시점에서 공장을 설립한 경우 가장 최신의 기술을 제품생산에 반영하므로 $A(0)$가 산출량이 된다. 이전 시점에 설립된 공장에서 생산된 산출량은 $A(-1)$이다. 두 시점 이전에 설립된 공장에서 생산된 산출량은 $A(-2)$이다.

일부 기업은 새로운 기술로 대체할 수 있지만 나머지 기업은 그대로 예전의 기술을 사용해야 한다. 이전부터 제품을 생산해오던 공장 중에서 일부는 폐쇄되고 일부는 그대로 남아서 제품을 생산하는 것으로 가정한다. 구체적으로 설명하면 다음과 같다. 매 시점마다 $(1-\alpha)$의 공장이 폐쇄되고 α의 비중으로 이전부터 사용해오던 공장이 그대로 사용되는 것으로 가정한다. 현재 시점에서 가장 최신 기술로 생산하는 공장의 수는 얼마인가? 매 시점마다 새로 건설되는 공장의 수는 $(1-\alpha)$이다. 한 기 이전 시점에서 건설된 공장 중에서 현재 시점에서도 제품을 생산하는 공장의 수는 $\alpha(1-\alpha)$이다. 두 기 이전 시점에서 건설된 공장 중에서 현재 시점에서도 제품을 생산하는 공장의 수는 $\alpha^2(1-\alpha)$이다. 따라서 k기 이전 시점에서 건설된 공장 중에서 현재 시점에서도 제품을 생산하는 공장의 수는 $\alpha^k(1-\alpha)$이다.

앞에서 GDP는 서로 다른 생산성 수준을 가진 여러 종류의 공장들이 생산한 산출량의 가중평균이 된다. 현재 시점의 GDP를 $Y(0)$로 표시하면 앞에서 설명한 정의를 반영한 GDP의 결정식을 <표 17-2>의 둘째 줄과 같이 정리할 수 있다. 식은 현재 시점에서 산출된 GDP의 결정식이다. 이전 시점에서도 현재 시점의 GDP와 동일한 방식으로 GDP가 결정되었다. 이전 시점의 GDP는 $Y(-1)$로 표기한다. 이전 시점에서 산출된 GDP의 결정식은 <표 17-2>의 셋째 줄에 정리되어 있다.

---

7 '기술 선택'이라는 표현을 사용하였지만 본 절의 모형에서는 현재 사용되는 생산기술을 최신 생산기술로 교체하는 것을 의미한다는 것을 지적한다. 현재 시점에서 다양한 서로 다른 생산기술이 존재하지만 생산기술을 바꿀 때 모두 동일한 비용이 들기 때문에 생산성이 가장 높은 최신 기술로 교체하는 것이 효율적인 선택이다.

현재 시점의 GDP의 결정식과 이전 시점의 GDP의 결정식을 서로 결합하여 인접한 두 시점 간 GDP의 변화를 나타내는 식을 도출할 수 있다. 인접한 두 시점 간 GDP의 관계를 수식으로 표현하면 <표 17-2>의 넷째 줄에 있는 식과 같다. 이 식은 현재 시점의 GDP는 현재 시점의 최신 기술에 의해서 생산되는 제품의 산출량과 이전 시점의 GDP의 가중평균이 된다는 것을 의미한다. 각 시점의 GDP의 결정식은 일종의 변형된 무한급수로 간주할 수 있다. 두 개의 무한급수를 결합하면 인접한 두 시점 간 GDP의 균형조건이 된다는 점을 지적해 놓는다.

모든 공장들이 최신 기술로 제품을 생산하는 경우의 GDP는 $A(0)$이다. 현재 시점에서 산출된 GDP를 기술 선택의 경직성이 전혀 없는 가상의 경제에서 산출된 GDP로 나눈 비율을 생산 갭으로 정의한다. 앞에서 설명한 IS-LM에서 정의한 생산 갭과는 차이가 있다는 점을 지적한다. IS-LM 모형에서 정의한 생산 갭은 GDP 중에서 단기적인 거시 경제정책에 의해서 결정되는 부분으로 정의되었다. 그러나 본 절에서는 생산 갭이 기술 선택의 경직성이 존재하는 모형에서 결정되는 GDP를 최신의 기술로만 제품을 생산하는 경제에서 달성되는 GDP로 나눈 비율로 정의된다. 따라서 거시 경제정책의 영향을 받지 않아도 발생하는 부분을 의미한다는 점에서 앞에서의 정의와 비교하여 차이점이 있다. 사실 본 절에서 정의한 생산 갭은 생산성의 갭으로 간주할 수 있다. 앞에서 설명한 IS-LM모형에서는 모든 기업이 항상 최신의 기술을 채택할 수 있으므로 생산성의 갭이 발생하지 않는다.

다음에서는 위에서 정의한 생산 갭의 기간 간 변화가 어떻게 결정되는지를 설명한다. 현재 시점의 생산 갭을 $X(0)$로 표기한다. 앞에서 설명한 생산 갭의 정의에 따라 $X(0)$의 정의식은 $X(0) = Y(0)/A(0)$이다. <표 17-1>의 넷째 줄에 있는 식의 양변을 $A(0)$로 나눈다. $A(0)$로 나누는 이유는 생산 갭의 정의가 GDP를 총요소생산성으로 나눈 비율이기 때문이다. 그 결과 도출되는 식은 <표 17-2>의 다섯째 줄에 있는 식이 된다. 인접한 두 시점 간 총요소생산성의 균형조건을 <표 17-2>의 다섯째 줄에 대입하여 정리하면 <표 17-2>의 여섯째 줄에 있는 식이 도출된다. 이 식에서 k는 현재 시점의 생산 갭의 이전 시점의 생산 갭에 대한 반응계수를 의미한다. $k=\alpha\exp(-\theta)$로 정의되기 때문에 α가 1보다 작은 양수이고 또한 θ가 양수일 때 k의 값은 1보다 작은 양수이다. 인접한 두 시점 간 생산 갭의 균형조건은 생산 갭에 대한 선형 차분 방정식이다. 차분 방정식은 거시 경제학에서 동일한 변수의 인접한 두 시점에서 값이 어떠한 관계가 있는지를 설명하는 데 사용된다. 현재 시점의 생산 갭은 이전 시점의 생산 갭과 상수의 합이다. 이전 시점의 생산 갭에 대한 증가분이 1인 경우 그에 따라 늘어나는 현재 시점의 생산 갭의 크기는 k이다.

위에서 도출한 선형 차분 방정식을 어떻게 사용하는지를 설명한다. 최초 시점에서 생산 갭에 대한 초기값이 주어지면 <표 17-2>의 여섯째 줄에 있는 식을 적용하여 다음 시점의 생산 갭을 계산할 수 있다. 이와 같이 계산한 생산 갭의 값을 새로운 초기 값으로 하여 생산 갭에 대한 차분 방정식을 적용하면 새로운 다음 시점의 생산 갭을 계산할 수 있다. 앞에서 설명한 작업을 무한히 반복하면 생산 갭이 수렴하는 하나의 값이 존재한다는 것을 확인할 수 있다. 생산 갭이 장기적으로 수렴하는 값을 생산 갭의 장기균형값으로 정의한다. 균제 상태(steady state)의 개념은 시간이 변화하더라도 변수들의 값이 그대로 고정되어 있는 상황으로 정의된다. 변수의 값을 예상치 못한 방향으로 갑자기 외생적으로 이동시키는 확률적 변동이 발생하지 않는다면, 장기적으로 변수의 값들은 균제 상태의 값으로 수렴한다. 또한 수렴이 되면 균제 상태의 값에서 벗어나지 않는다. 이러한 의미에서 균제 상태의 값을 장기균형값으로 정의한다. 앞에서 설명한 장기 균형의 정의를 본 절의 모형에 적용한다. 생산 갭의 장기 균형값은 $X = (1 - \alpha)/(1 - k)$이다. 생산 갭이 이 값에 도달하면 외생적인 충격이 없는 상태로 무한히 시간이 변화하더라도 더 이상 다른 값으로 이동하지 않고 이 값에 그대로 머물러 있다.

장기 균형은 안정적인가? 장기 균형이 안정적인지를 알아보기 위해 어떠한 초기 값에서 출발해도 장기 균형으로 수렴하는지를 확인해야 한다. 이를 위해서 페이즈 다이어그램(phase diagram)을 사용한다. 페이즈 다이어그램의 x축은 이전 시점에서의 변수 값을 표시하고 y축은 현재 시점에서의 변수의 값을 표시하는 평면에서 그려진 차분 방정식의 궤적을 의미한다. 앞서 설명한 생산 갭의 차분 방정식에 대한 그래프는 <그림 17-1>에 정리되어 있다. <그림 17-1>에서 45도선과 차분 방정식의 그래프가 만나는 점이 장기 균형점이다. 장기 균형점에서 평가한 차분 방정식의 그래프의

그림 17-1 GDP의 기간 간 변화

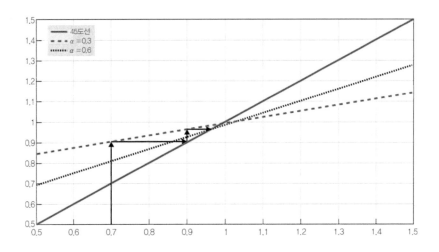

기울기는 45도선의 기울기보다 작다. 이 경우 장기 균형점은 안정적이다. <그림 17-1>
에서는 장기 균형점의 오른편에서 출발하거나 왼편에서 출발해도 제로가 아닌 점에
서는 모두 장기 균형점으로 수렴함을 알 수 있다. 이는 어떠한 이유로 장기 균형점에
서 벗어나는 상황이 발생하더라도 시간이 지나면서 장기 균형점으로 회복된다는 것
을 의미한다. 장기 균형점의 GDP는 어떻게 결정되는가? 장기 균형에서 생산 갭의
값은 그대로 고정되어 있어서 변화하지 않는다. 그러나 장기 균형에서 GDP의 값은
지속적으로 변화한다. 생산 갭에 대한 장기 균형의 식을 정리하면 장기 균형의 GDP
는 <표 17-2>의 일곱째 줄에 있는 식에 의해서 결정된다. 이 식이 의미하는 것은 장
기 균형에서 GDP는 모든 기업이 최신 기술을 사용하여 제품을 생산하는 상황에서
달성할 수 있는 GDP의 값에 비례한다는 것이다. 장기 균형의 경제성장률은 어떻게
결정되는가? 위의 식이 함의하는 점은 최신 기술이 진보하는 속도와 같다는 것이다.
따라서 장기 균형의 경제성장률은 모든 기업이 최신 기술을 사용하여 제품을 생산하
는 경제의 성장률과 같다. 그러나 GDP의 수준은 차이가 난다는 점을 지적한다. 기술
선택의 경직성 정도에 따라서 GDP의 수준은 달라질 수 있기 때문이다.

기술 선택의 경직성과 잠재성장률의 결정

본 절에서는 모형의 잠재성장률의 기간 간 변화를 분석한다. 본 절의 모형에서는 단기적인 거시 경제정책에 의해서 결정되는 총수요의 변화를 고려하지 않고 있기 때문에 본 절의 모형에서 결정되는 경제성장률을 잠재성장률로 간주할 수 있다. 또한 앞에서 생산 갭의 장기 균형에 대하여 설명하였다. 생산 갭이 항상 고정되어 있는 장기 균형에서 경제성장률은 최신 기술의 생산성이 증가하는 속도와 같다. 따라서 생산 갭이 변화하지 않는 장기 균형의 잠재성장률은 최신 기술의 생산성 증가율과 같다.

장기 균형으로 수렴하는 전이과정에서 경제성장률은 생산 갭의 변화율과 최신 기술의 생산성 증가율의 함수가 된다. 수식으로 이를 설명하기 위해 현재 시점의 경제성장률을 $g(0)$로 표시한다. <표 17-3>의 첫째 줄에는 경제성장률과 최신 기술의 생산성 증가율의 정의식이 정리되어 있다. 경제성장률은 최신 기술의 생산성 증가율과 생산 갭의 증가율로 분해될 수 있다. 경제성장률의 분해식은 <표 17-3>의 둘째 줄에 있다. 이 식을 보면 θ의 값이 고정되어 있으므로 경제성장률의 변동은 생산 갭의 기간 간 변화에 의해서 결정된다는 것을 알 수 있다. <표 17-3>의 둘째 줄에 있는 식이 함의하는 첫째 포인트는 생산 갭의 증가율이 성장률 갭과 같다는 것이다. 성장률 갭은 경제성장률에서 최신 총요소 생산성의 증가율을 뺀 차이로 정의된다. 현재 시점의 생산 갭의 기간 간 비율을 $V(0)$로 표시하면 <표 17-3>의 셋째 줄의 식과 같이 성장률 갭의 지수함수는 생산 갭의 기간 간 비율과 같아짐을 보일 수 있다. 생산 갭이 항상 일정한 값을 가지는 장기 균형에서는 경제성장률이 최신 기술의 성장률과 같아져 성장률 갭은 제로로 고정된다. 따라서 둘째 포인트는 생산 갭이 고정되어 있는 장기 균형에서 성장률 갭의 값은 제로가 된다는 것이다. 성장률 갭의 장기 균형점은 단 하나 존재하는가? 생산 갭에 대해서는 단 하나의 안정적 장기 균형점이 존재한다는 것을 보였다. 그러나 성장률 갭에 대해서는 두 개의 장기 균형점이 존재할 수 있음을 보인다. 따라서 본 절에서 분석하고 있는 모형은 성장률 갭에 대해서는 복수의 균형점이 존재하는 다균형 모형이 된다. 이러한 경우 모든 균형점이 안정적인 균형점인지에 대한 의문이 생긴다. 이에 대한 답변은 하나는 안정적인 균형점이고 다른

표 17-3 잠재성장률의 결정

경제성장률과 최신 기술의 생산성 증가율	$\dfrac{Y(0)}{Y(-1)} = \exp\big(g(0)\big)\,;\ \dfrac{A(0)}{A(-1)} = \exp(\theta)$	
경제성장률과 생산 갭	$\exp(g(0)) = \exp(\theta)\,\dfrac{X(0)}{X(-1)}$	
성장률 갭과 생산 갭의 성장률	$V(0) = \dfrac{X(0)}{X(-1)} = \exp(g(0) - \theta)$	
성장률 갭의 기간 간 변화	1단계	$V(0) - k = \dfrac{1-\alpha}{X(-1)} \rightarrow X(-1) = \dfrac{1-\alpha}{V(0) - k}$
	2단계	$V(-1) - k = \dfrac{1-\alpha}{X(-2)} \rightarrow X(-2) = \dfrac{1-\alpha}{V(-1) - k}$
	3단계	$V(0) = -\dfrac{k}{V(-1)} + k + 1$

주: 본 표에서도 $k(= \alpha \exp(-\theta))$는 1보다 작은 양수이다. 또한 α도 1보다 작은 양수이고 θ는 비음수
이다.

하나는 불안정한 균형점이라는 것이다.

다음에서는 생산 갭에 대한 차분 방정식을 사용하여 성장률 갭에 대한 차분 방정
식을 도출한다. 이와 같은 작업을 하는 이유는 잠재성장률의 기간 간 변화를 명시적
으로 분석하는 데 도움이 되기 때문이다. 첫 번째 단계에서는 <표 17-2>의 여섯째
줄에 있는 갭에 대한 기간 간 변화를 나타내는 식의 양변을 과거의 생산 갭으로 나
눈다. 그 결과 <표 17-3>의 넷째 줄에 있는 1단계의 식이 도출된다. 두 번째 단계에
서는 첫 번째 단계와 동일한 방식을 이전 시점의 생산 갭에 적용한다. 그 결과 <표
17-3>의 넷째 줄에 있는 2단계의 식이 도출된다. 두 식을 생산 갭에 대한 기간 간 변
화를 나타내는 식에 대입한 후 정리하면 성장률 갭에 대한 기간 간 변화를 나타내는
식을 <표 17-3>의 넷째 줄에 있는 3단계의 식과 같이 도출할 수 있다. <표 17-3>의
마지막 줄에 있는 성장률 갭에 대한 차분 방정식은 비선형 차분 방정식이다. 그러나
앞에서 설명한 방식으로 페이즈 다이어그램을 그려서 성장률 갭에 대한 기간 간 변

그림 17-2 경제성장률 갭의 기간 간 변화

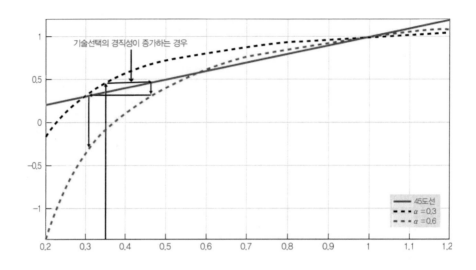

화를 분석할 수 있다.

페이즈 다이어그램을 설명하기 이전에 먼저 장기 균형점을 설명하기로 한다. 두 개의 장기 균형점이 존재할 수 있음을 보인다. 첫째, $V(-1) = 1$의 값을 가지는 경우이다. 이 식을 위의 차분 방정식에 대입하면 $V(0) = 1$이 된다. 첫 번째 장기 균형에서 성장률 갭의 값은 1이다. 둘째, $V(-1) = k$의 값을 가지는 경우이다. 이 식을 차분 방정식에 대입하면 $V(0) = k$의 등식이 성립한다. 따라서 두 번째 장기 균형에서 성장률 갭의 값은 k이다. 두 장기 균형은 어떠한 상황인가? $V(0) = 1$의 등식은 $g(0) = \theta$를 의미한다. $V(0) = k < 1$의 등식은 $g(0) < \theta$를 의미한다. 따라서 첫 번째 균형에서는 경제성장률이 최신 기술의 생산성 증가율과 같다. 두 번째 균형에서는 경제성장률이 최신 기술의 생산성 증가율보다 낮다. 두 개의 장기 균형 중 어느 것이 안정적이고 어느 것이 불안정한 것인가? 안정적인 균형은 균형에서 벗어나는 일이 발생하더라도 다시 그곳으로 수렴하는 경우이다. 불안정적인 균형은 그 곳을 벗어나면 다시는 돌아가지 않는 경우이다. 따라서 거시 경제가 장기 균형에 있더라도 외생적인 충격이 발생하면 불안정적인 균형에서 이탈하게 된다. <그림 17-2>는 위의 식을 그래프로 나타낸 것이다. 그림에서 x축은 $V(-1)$을 표시하고 y축은 $V(0)$를 표시한다. 또한 검은 점선은 기술 경직성이 낮은 경우이고 파란색 점선은 기술 경직성이 높은 경우이다. 하나의 기술 경직성의 값이 결정되면 그에 대응하는 하나의 그래프가 있다. 예를 들어 $\alpha=0.3$에 대해서는 검은색 점선 그래프이다. $\alpha=0.6$에 대해서는 파란색 점선 그래프이다. 검은 실선은 성장률 갭이 시간에 지남에 따라 변화하는 경로로 그린 것이다. 최초 생산갭의 기간 간 비율이 0.36이라고 가정한다. <그림 17-2>에서 볼 수 있듯이 $V(0) = 0.36$에서 수직선을 위로 그어서 $\alpha=0.3$에 대해서는 검은색 점선 그래프와 만나는 점이 다음 시점에서의 성장률 갭이다. 그림에 따르면 $V(1) = 0.48$정도 된다. 그런데 이 시점에서 기술 경직성의 값이 $\alpha=0.3$에서 $\alpha=0.6$으로 증가하는 상황을 가정하였다. 그 이유는 갑작스럽게 기술 경직성이 증가하는 상황에서 잠재성장률이 어떠한 반응을 하는지를 보여주기 위함이다. 이 경우 성장률 갭이 파란색의 점선 곡선을 따라 이동하면서 불안정적인 장기 균형의 왼편에 위치하게 된다. 그 결과 다음 시점의 생산 갭의 기간 간 비율은 떨어지는 모습을 보인다. 이는 성장률 갭도 낮아지는 것을 의미한다. 따라서 안정적인 장기 균형으로 수렴하여 더 높은 잠재성장률로 가지 못하고 낮은 잠재성장률을 지속적으로 보이는 현상이 관측된다.

은행의 금융보조금과 기술 선택 경직성의 심화

다음에서는 기술 선택의 경직성이 내생적으로 결정되는 과정을 설명한다. 앞에서는 기술 경직성을 측정하는 척도인 α의 값이 외생적으로 결정되는 것으로 취급하였다. 그러나 본 절에서는 개별 기업의 기술 선택에 대한 의사 결정이 반영된 모형을 설명한다. 따라서 앞 절에서는 α의 값이 어떻게 결정되는지에 대한 설명이 없었지만 본 절에서는 α의 결정을 설명하는 모형이 제시된다. 이를 위해 본 절에서는 기업이 언제든지 자유롭게 자신이 운영해온 기존의 공장을 폐쇄하고 새로운 공장을 설립할 수 있다는 가정이 추가된다. 기업가는 새로운 공장을 설립할 때 투자 비용을 지출해야 하므로 미래 시점의 수익을 반영하여 투자할 것인지의 여부를 결정한다. 또한 기술을 교체하는 시점에 대한 결정을 내생화하는 작업은 그 자체로도 의미가 있지만 본 절의 초점은 기업에 대한 과도한 금융적 지원이 기술 선택의 경직성에 미치는 효과이다. 본 절에서 소개하는 모형의 함의를 미리 요약하면 다음과 같다. 은행의 기업에 대한 과도한 금융보조금의 지원은 기업들이 새로운 기술을 채택하는 속도가 지연되도록 하여 기술 선택의 경직성을 증가시킨다. 그 결과 최신 기술의 생산성이 지속적으로 상승하는 경제에서도 인위적으로 기술 경직성의 척도인 α의 값이 상승하게 되면 경제성장률은 오히려 하락하는 현상이 발생한다.

앞 절의 모형에서는 은행의 역할이 없었다. 그러나 본 절에서는 기업의 새로운 기술도입에 소요되는 비용으로 인해 은행의 금융중개기능이 필요하다. 기업가는 공장을 가동하기 위해 매기 마다 제품 단위당 고정된 비율로 기술사용료(로열티)를 지불해야 한다. 그 이유는 기업가가 기업을 설립할 시점의 최신 기술을 도입하기 위해 특허권자에게 제품을 판매하여 얻는 수입의 일정한 부분을 지불할 것을 약속하는 계약을 맺었기 때문이다. 로열티의 일부를 은행대출로 차입하여 마련한 자금으로 지불해야 하기 때문에 본 절의 모형에서는 은행의 금융중개기능이 필요하다.

앞으로 설명에서는 어느 시점에서 공장을 설립하는지를 구분하지 않고 설명을 진행한다. 시간을 나타내는 기호를 각각의 변수에 상첨자나 하첨차로 붙이지 않아도 된다. 그 이유는 본 절의 설명은 모든 시점에서 새로운 공장을 설립하는 기업가에게 그대로 동일하게 적용되기 때문이다. 본 절의 모형에서 α는 내생변수이지만 α의 값이 매기마다 동일하게 결정되기 때문에 상수로 취급할 수 있다는 점을 지적한다. 내생화되는 α의 값이 상수가 되는 이유는 공장의 산출량이 공장의 설비에 구체적으로 체화되는 기술의 생산성에 비례하기 때문이다. 기업은 제품생산 및 판매활동을 지속하는 한 제품 단위당 φ의 기술사용료를 지불해야 한다. φ의 값은 1보다 작은 양수이다. 순자산이 충분한 기업가는 자신의 자금으로 기술사용료를 지급한다. 그러나 순자산이 충분하지 못한 기업가는 외부 투자자로부터 자금을 차입하기 위해 금융계약을 맺는다. 생산이 시작되면 판매 수입이 발생한다. 판매 수입 중에서 기업가의 순자산으로 흘러 들어가는 자금은 제품 단위당 ε인 것으로 가정한다. ε은 개별 기업가의 특수성을 반영한 변수로서 기업가마다 서로 독립인 확률 변수로 가정한다. 따라서 동

표 17-4 기술 경직성 모형

생산 결정	생산 지속	$\varphi \leq \varepsilon + d$
	생산 중단	$\varphi > \varepsilon + d$
	임계치 결정	$\varepsilon = \varphi - d$
기술 경직성 균형 조건		$1 - \alpha = \int_{-\infty}^{\varphi - d} f(\varepsilon)\, d\varepsilon$
균등 분포와 기술 경직성		$\alpha = \dfrac{b - \varphi + d}{b - a}$
계수의 정의		$a_0 = \dfrac{b - \varphi}{b - a}\, ;\ a_1 = \dfrac{1}{b - a}$

주: 모형의 해가 존재하도록 $b > \varphi > a > 0$의 조건이 부과된다.

일한 기술로 제품을 생산하더라도 순자산이 서로 다를 수 있다. 그 이유는 기업가의 영업 및 관리능력에 따라 소요되는 영업비용과 관리비용이 다르기 때문이다. 확률 변수인 ε에 대하여 확률 밀도 함수는 $f(\varepsilon)$로 표기한다.

기술사용료로 지급되는 비용이 기업가의 순자산과 외부로부터 조달한 금액을 넘지 않아야 한다. 이는 기업가의 생산활동이 지속되기 위한 조건이다. 기술사용료인 로열티를 지급하면 생산이 지속되고 이를 지급하지 못하면 생산이 중단된다. 생산이 지속되는 기업의 경우 <표 17-4>의 첫째 줄에 있는 부등식이 성립해야 한다. 이 식에서 φ는 기업가가 지불하는 기술사용료를 나타내고 d는 은행으로부터 조달한 차입을 나타낸다. 생산을 중단해야 하는 기업의 경우 <표 17-4>의 둘째 줄에 있는 부등식이 만족되어야 한다. 생산을 계속하는 선택과 공장을 폐쇄하고 생산을 중단하는 선택에 대하여 무차별한 경우는 ε의 값이 <표 17-4>의 셋째 줄에 있는 등식을 만족하는 경우이다.

다음에서는 현재 시점까지 생산을 계속해온 기업 중 자신의 공장을 폐쇄하는 기업의 비중에 대하여 설명한다. ε의 값이 $(\varphi - d)$보다 작은 기업들은 공장을 폐쇄한다. 따라서 공장을 폐쇄하는 기업의 비중은 ε의 값이 $(\varphi - d)$보다 작은 기업들의 비중을 계산하면 된다. 앞에서 ε에 대한 확률 밀도 함수를 $f(\varepsilon)$으로 정의한 것을 상기하면 α의 값은 <표 17-4>의 넷째 줄에 있는 식과 같이 결정된다. <표 17-4>의 넷째 줄에 있는 식의 오른편이 기술사용료를 마련하지 못해 폐쇄하는 기존 공장의 비중이다. 이 식은 기술 경직성의 정도를 나타내는 α에 대한 균형조건으로 해석할 수 있다. 기술 경직성을 결정하는 요인들의 효과를 구체적으로 분석하기 위해 ε의 확률 밀도 함수에 대한 구체적인 함수 형태를 가정해야 한다. 분석의 편의를 위해 단순한 함수 형태를 가정한다. 예를 들어 ε의 분포가 $[a, b]$의 구간에서 정의되는 균등 분포인 것으로 가정한다. 이 경우 확률 밀도 함수는 $1/(b-a)$로 주어진다. 따라서 α의 값은 <표 17-4>의 다섯째 줄에 있는 식과 같이 결정된다.

다음에서는 <표 17-4>의 다섯째 줄에 있는 기술 경직성의 결정식의 의미를 자세히 설명한다. 이를 위해 <표 17-4>의 여섯째 줄에서와 같이 a_0와 a_1을 정의한다. 두 계수는 모두 양수로 가정한다. 따라서 <표 17-4>의 다섯째 줄에 있는 식을 다음과 같이 해석할 수 있다.

$$기술\ 선택의\ 경직성\ =\ a_0 +\ a_1(외부\ 차입금)$$

위 식에서 사용한 계수인 a_1은 기술 경직성의 외부 차입금에 대한 반응계수고 양수임을 지적한다. 따라서 이 식의 함의는 제품 단위당 외부 차입금이 많을수록 기술 경직성이 높아진다는 것이다. 은행의 금융보조금은 동일한 기술 수준의 기업에 대하여 과도한 외부 차입금으로 나타난다. 이는 기술 경직성을 높이는 결과를 초래한다. 또한 기술사용료인 φ의 값이 클수록 기존의 공장을 폐쇄해야 할 확률이 높기 때문에 α의 값은 낮아진다. 반면에 새로운 기술로 교체되는 공장의 비중은 더 높아진다. 그 이유는 예전부터 사용해오던 생산기술을 그대로 사용하는 데 소요되는 비용이 클수록 새로운 최신 기술로 교체할 유인이 크기 때문이다.

그림 17-3 기업가의 순자산과 기술 사용의 결정

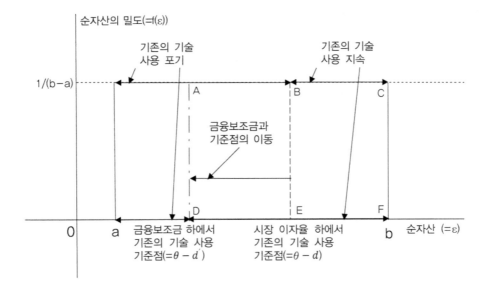

다음에서는 앞에서 설명한 내용을 그림으로 요약한다. <그림 17-3>의 그래프는
생산 활동을 계속한 기업가가 현재 시점에 들어서서 자신이 사용했던 기존의 생산기
술을 그대로 사용할 것인지 여부에 대한 결정을 할 때 어떻게 선택하는가를 설명하
고 있다. 기업가는 기술사용료를 지불할 수 있으면 생산활동을 계속 한다. 기업가가
보유한 순자산이 기술사용료에서 외부 차입금을 제외한 금액보다 더 커야 기술사용
료를 지불할 수 있다. 따라서 생산기술을 바꾸지 않고 계속 생산활동을 선택하기 위
한 순자산의 기준점이 있다. 기업가의 순자산이 기준점보다 크거나 같으면 기술사용
료를 지불하고 생산기술을 그대로 사용하여 생산한다. 그러나 기준점보다 작으면 기
술사용료를 지불할 수 없기 때문에 공장을 폐쇄한다. <그림 17-3>에서 BE 점선이
시장 이자율로 차입이 가능한 경우의 기준점이다. 시장 이자율로 차입하는 경우 EF
에 해당하는 순자산을 가진 기업가들은 기존의 생산기술을 사용하여 생산을 계속한
다. 따라서 기존의 기술을 사용하여 계속 생산하는 기업의 비중은 BEFC의 사각형에
해당한다. 이 사각형의 넓이가 은행이 기업에게 시장 이자율로 대출하는 경우 기술

그림 17-4 금융보조금과 기술 경직성

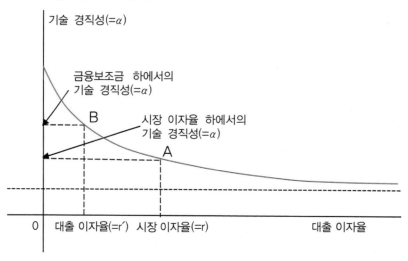

경직성의 크기에 해당한다. 대출 이자율이 낮아지면 동일한 크기의 미래 상환액에 대하여 현재 시점에서 대출금은 증가한다. <그림 17-3>에서 대출 이자율이 시장이자율보다 낮은 경우의 대출금을 d'로 표시하고 있다. 동일한 크기의 기술사용료 하에서 은행의 대출금이 늘어나면 기술사용료를 지불하기 위해 소요되는 순자산의 크기는 감소한다. 앞에서 설명한 공장 폐쇄의 여부를 결정하는 순자산의 기준점도 달라진다. <그림 17-3>을 보면 대출 이자율이 낮아지는 경우 기준점은 AD의 점선에 해당한다. BE의 점선보다 왼쪽에 있다. 따라서 대출 이자율이 시장 이자율보다 낮은 경우 기존의 기술을 그대로 사용하여 생산을 계속하는 기업의 비중도 늘어난다. <그림 17-3>에서는 대출 이자율이 시장 이자율보다 낮은 경우를 금융보조금이 지원되는 깃으로 나타나고 있다. 여기서 기존의 기술을 그대로 사용하여 생산하는 기업의 비중은 ADFC이다. 시장 이자율 하에서 측정한 사각형 BEFC에 비해 ADFC의 넓이가 더 크다는 것을 알 수 있다. 따라서 금융보조금이 지원되면 새로운 기술을 받아들여야 하는 기업의 비중이 감소하여 기술 경직성이 증가한다.

　　금융보조금의 지원은 기업에 대한 은행의 대출금이 증가하는 효과를 가져다 준다. 어떠한 의미에서 금융보조금이라고 하는가? 이를 위해 본 절에서 적용하는 개념은 기업가가 미래 시점에서 얻는 동일한 크기의 소득을 담보로 현재 시점에서 은행이 기업가에게 빌려주는 자금의 양이 클수록 은행은 기업가에게 관대한 조건으로 대출하는 것으로 평가하는 것이다. 기업가가 다음 시점에서 받는 소득을 π로 나타낸다. 금융시장의 균형에서 결정된 시장 이자율을 r로 나타낸다. 현재 시점에서 은행은 미래 시점에 기업가가 상환할 수 있는 소득의 현재 가치만큼 대출하는 것으로 가정한다. 따라서 $d = \pi/(1 + r)$의 등식이 성립한다. 이 식은 은행이 대출 이자율을 시장 이자율과 동일한 수준으로 선택하는 경우의 대출금이다. 대출 이자율을 시장 이자율보다 더 낮게 책정하는 경우 은행은 동일한 수준의 미래 소득에 대하여 더 많이 대출하게 된다. 은행이 책정한 대출 이자율을 r'이라고 나타낸다. 대출 이자율이 시장 이자율보다 낮은 경우 $r > r'$의 부등식이 만족된다. 따라서 은행의 대출금은 $d' = \pi/(1 + r')$이다. 또한 대출 이자율이 시장 이자율보다 낮기 때문에 $d < d'$의 부등식이 만족된다. 위의 설명을 요약하면 금융보조금이 지원된다는 것은 시장 이자율보다 낮은 대출 이자율을 기업에 적용하는 것을 말한다.

    <그림 17-4>의 그래프는 금융보조금의 지원이 기술 경직성에 미치는 효과를 보여 주고 있다. 기업가에게 적용되는 대출 이자율과 기술 경직성은 반비례 관계가 있다. 그 이유를 설명하면 다음과 같다. 대출 이자율이 낮아지면 은행의 대출금이 증가한다. 은행의 대출금이 증가하면 동일한 기술사용료를 지불하는 데 필요한 순자산의 크기가 감소한다. 더 낮은 순자산을 가진 기업가도 기존에 사용했던 생산기술을 사용하여 생산을 계속할 수 있다. 따라서 기존의 기술을 사용하여 생산하는 기업의 비중이 높아진다. 결과적으로 대출 이자율이 떨어지면 기술 경직성이 증가한다. 반대로 대출 이자율이 상승하면 기술 경직성이 감소한다. <그림 17-4>에서 x축은 대출 이자율이고 y축은 기술 경직성이다. 실선의 곡선은 앞에서 설명한 대출 이자율과 기술 경직성의 반비례 관계를 나타낸다. <그림 17-4>에서 점A는 대출 이자율이 시장 이자율과 같을 때 기술 경직성을 나타낸다. 점B는 금융보조금이 지원되어 대출 이자율이 시장 이자율보다 더 낮은 경우이다. <그림 17-4>에서 볼 수 있듯이 대출 이자율이 시장 이자율보다 낮은 경우 곡선을 따라서 기술 경직성은 더 높게 나타난다.

연습문제

1. 최신 생산기술의 증가율이 $e^\theta = 1.5$의 식을 만족하고 기술 경직성이 $\alpha = 0.5$이다. 이 조건들을 만족할 때 앞에서 설명한 생산 갭의 차분 방정식에 대한 그래프를 그리시오. 그래프에서 직선의 기울기와 절편의 값을 계산하시오. 장기 균형에서 생산 갭의 값을 계산하시오.

2. 문제 1에서 도출한 답을 사용하여 다음의 질문에 답하시오. 최초 시점에서 생산 갭이 1일 때 다음 시점과 두 시점 이후 생산 갭의 값을 계산하시오. 최초 시점에서 생산 갭의 값이 0.5일 때 다음 시점에서의 값과 두 시점 이후 생산 갭의 값을 계산하시오. 앞에서 분석한 두 경우 차이가 있는지를 살펴보고 차이가 있다면 설명하시오. 장기 균형에서 생산 갭의 갑을 계산하시오.

3. 현재 시점에서 이전 시점에 예측하지 못한 과학 기술의 발견으로 최신 생산기술의 발전 속도가 갑자기 증가한다. 최신 생산기술의 증가율이 $e^\theta = 1.5$의 식을 만족하고 있다가 $e^\theta = 2$의 식을 만족하는 것으로 알려졌다. 이러한 변화가 생산 갭의 기간 간 변화에 미치는 효과를 생산 갭의 차분 방정식에 대한 그래프를 사용하여 설명하시오. 이전 시점에서 장기 균형 상태에 있었던 것으로 가정하시오.

4. 본 장에서 분석한 잠재성장률모형을 사용하여 금융보조금 지원이 있는 경우 잠재성장률이 낮아질 수 있음을 보이시오.

5. 이자보상비율의 정의를 쓰시오. 본 장에서 정의한 금융보조금의 비율을 찾아서 설명하시오. 영업이익을 대출금으로 나눈 비율이 금융보조금의 지원과 독립적으로 결정된다는 가정 하에서 금융보조금의 지원이 있는 경우의 이자보상비율을 적정 이자율로 평가한 이자보상비율로 나눈 비율은 금융보조금 비율의 증가함수임을 보이시오. 금융보조금의 지원이 있는 경우 한계기업이 아닌 기업도 적정 이자율로 평가하면 한계기업이 될 수 있음을 보이시오.

6. 어느 경제학자가 저금리 기조가 지속되면 잠재적인 한계기업은 증가하지만 통계 자료에서 나타나는 한계기업은 감소하는 현상이 나타나기 때문에 구조조정의 필요성이 감소하면서 저금

리 기조에서 벗어나는 것을 더욱 어렵게 할 수 있다고 주장한다. 본 장의 모형을 사용하여 이 주장을 분석하시오.

7. 이자보상비율이 낮더라도 영업외 수익이 높은 기업을 한계기업으로 분류해야 하는 지에 대하여 의문이 있을 수 있다. 따라서 매출액 경상이익률을 기준으로 한계기업을 정의하자는 주장이 있을 수 있다.

   (1) 어떠한 기업이 이자보상비율이 낮더라도 영업외 수익이 높을 수 있는 지에 대하여 예를 들어 설명하시오.

   (2) 손익계산서에 정의되는 영업이익과 경상이익의 차이를 설명하고 위의 주장을 평가하시오. 또한 당기 순이익에 대해서 설명하고 위의 주장을 평가하시오.

제18장

증권금융과 헤지 펀드

제18장

증권금융과 헤지 펀드

앞에서 분석한 일부 금융시장 모형에서 차익거래자가 차익거래 이득을 추구하는 행위는 증권가격이 그 증권의 기본가치에 근접하게 하는 중요한 메커니즘임을 강조하였다. 가상적인 이론 모형에서 등장하는 차익거래자에 대응되는 현실의 금융시장 참가자는 누구인지에 대하여 궁금해진다. 다양한 가능성을 떠올릴 수 있지만 헤지 펀드의 매니저를 전문적인 능력을 지닌 차익거래자로 간주할 수 있다. 본 장에서는 독자들이 제11장과 제12장에서 설명한 금융시장모형의 현실 설명력을 보다 깊게 이해할 수 있도록 헤지 펀드와 관련된 몇 가지 이슈를 간단히 소개한다.

헤지 펀드를 간단히 정의하면 소수의 투자자들을 비공개로 모집하여 모은 자본을 기초로 레버리지로 불리는 차입을 통해 조달한 자금으로 고수익을 창출하는 것을 목표로 운용되는 펀드를 말한다. 고수익을 창출하는 대신 높은 위험을 부담해야 하고 정부의 규제가 다른 펀드에 비해 상대적으로 작은 것으로 알려져 있다. 또한 개인이나 기관 모두 헤지 펀드에 가입하는 것이 가능하지만 적격 투자자가 되기 위한 요건이 부과될 수 있다.

헤지 펀드와 관련된 다양한 이슈가 있겠지만 본 장의 목표는 다음의 네 가지 이슈를 다루는 것이다.

(1) 헤지 펀드는 어떻게 생성이 되고 어떻게 청산되는가?

(2) 헤지 펀드의 수익률은 어떠한 특성을 가지고 있는가?

(3) 헤지 펀드는 어떠한 투자전략을 사용하여 자산을 운용하는가?

(4) 헤지 펀드에 대한 어떠한 규제가 부과되는가?

우리나라의 경우 2015년 개정된 자본시장법에서 사모펀드를 전문투자형 사모펀드와 경영참여형 사모펀드로 구분하고 있다. 이 중에서 전문투자형 사모펀드가 헤지 펀드에 해당한다. 이처럼 사모펀드의 구분을 단순화한 것은 전문투자형 사모펀드에 대한 설립과 운용에 대한 규제를 완화하기 위한 것이다. 최근의 금융기사를 보면 한국형 헤지 펀드에 대한 기사들을 자주 발견할 수 있다. 한국형 헤지 펀드는 자본시장법에서 규정한 전문투자형 사모펀드라고 할 수 있다. 다음에서 소개하는 헤지 펀드의 모형은 자본시장법에서 규정한 전문투자형 사모펀드에 대한 규제를 반영하여 설명한다.

헤지 펀드 모형

헤지 펀드의 매니저는 투자자와 펀드의 가입계약을 맺으면 투자자와 한시적인 파트너가 된다. 따라서 투자자가 지불하는 투자 대금은 헤지 펀드의 순자산을 구성하는 것으로 볼 수 있다. 본 절에서는 최초 시점에서 헤지 펀드가 조달한 순자산을 W로 표기한다. 모형을 단순화하기 위해 헤지 펀드의 매니저는 위험 증권의 포트폴리오와 무위험 채권에 대한 투자가 가능한 것으로 가정한다. 또한 헤지 펀드가 차입하는 경우 무위험 채권의 이자율이 적용되는 것으로 가정한다.[1] 본 절의 모형에서는 헤지 펀드의 차입에 적용되는 금리의 결정을 단순화하는 가정을 채택하는 대신 헤지 펀드가 제공하는 증권담보의 가치 대비 차입의 크기가 결정되는 과정을 보다 더 자세히 설명한다.

---

1 실제로 증권금융에 적용되는 금리는 (기준 금리+가산금리)에 경쟁금리를 가감하여 결정된다. 한국증권금융의 홈페이지에 있는 증권담보 대출에 대한 설명을 인용하였다. (경쟁 금리의 정의 등을 포함한) 보다 자세한 내용은 한국증권금융의 홈페이지를 참조하시오.

표 18-1 헤지 펀드 모형

대차대조표 제약	$PD = L + W$
다음 시점 순자산	$W' = R'PD - FL$
순자산 기간 간 변화	$W' = (R' - F)PD + FW$
마진제약	$M \le W$
마진의 결정	$M = PD - \dfrac{(R^e - \varepsilon)PD}{F} = PD \left(1 - \dfrac{R^e - \varepsilon}{F}\right)$
마진율의 결정	$m = \dfrac{M}{PD} = 1 - \dfrac{R^e - \varepsilon}{F}$
레버리지 비율의 결정	$k = \left(1 - \dfrac{R^e - \varepsilon}{F}\right)^{-1}$

주: 헤지 펀드가 증권을 매수하고 이를 담보로 제공하는 경우를 분석한다.

위험 증권의 포트폴리오 한 단위의 현재 시점의 시장가격을 P로 표기하고 헤지 펀드의 위험 증권의 포트폴리오에 대한 수요량을 D로 표기한다. 위험 증권의 총수익률을 R'으로 표기하고 무위험 채권의 총수익률을 F로 표기한다. 헤지 펀드가 외부로부터 차입하는 자금을 L이라고 표시한다. 이 경우 현재 시점에서 헤지 펀드의 대차대조표가 의미하는 제약은 <표 18-1>의 첫째 줄에 있는 등식이다. 다음 시점에서 실현되는 헤지 펀드의 순자산은 어떻게 결정되는지를 설명한다. 다음 시점의 순자산은 현재 시점에서 결정한 투자로부터 다음 시점에서 발생하는 투자 수익에서 차입한 자금에 대한 원리금을 감한 것으로 정의된다. 이를 수식으로 표현하면 <표 18-1>의 둘째 줄에 있는 식이다. <표 18-1>의 첫째 줄에 있는 대차대조표의 제약식을 다음 시점의 순자산의 식에 대입하여 L을 소거하면 다음 시점에서 실현되는 헤지 펀드의 순자산과 현재 시점에서 헤지 펀드가 보유한 순자산 간의 관계를 <표 18-1>의 셋째 줄에 있는 식과 같이 도출할 수 있다. 이 식에서 W'는 다음 시점에서 실현되는 헤지 펀드의 순자산을 나타낸다. 이 식은 현재 시점에서 헤지 펀드가 보유한 순자산을 위험 증권과 무위험 채권에 대한 투자로 배분하여 발생하는 투자 수익의 합이 다음 시점의 순자산이 됨을 의미한다. 따라서 <표 18-1>의 셋째 줄에 있는 식을 헤지 펀드의 순자산의 기간 간 변화를 나타내는 식으로 해석할 수 있다.

다음에서는 헤지 펀드가 외부로부터 차입하는 과정을 설명한다. 헤지 펀드의 외부차입은 프라임 브로커를 통해 이루어진다.[2] 이를 위해 헤지 펀드는 자신에게 전담중개서비스를 제공하는 프라임 브로커를 선정한다. 프라임 브로커는 증권을 담보로 금전을 융자하거나 증권 형태의 대출 서비스를 헤지 펀드에게 제공한다. 따라서 프라임 브로커는 헤지 펀드에게 마진제약을 부과하고 실행하는 기관으로 간주할 수 있다. 본 절에서는 마진을 M으로 표기하고 마진을 지불하기 위한 다른 금융기관으로부터의 차입이 없다고 가정한다.[3] 이 경우 헤지 펀드의 마진제약식은 <표 18-1>의 넷째 줄에 있는 식과 같다.

헤지 펀드에 대한 증권담보대출은 제11장에서 설명한 마진의 모형과 동일한 과정을 거쳐 결정되지만 위에서 설명한 헤지 펀드의 모형에 맞추어 다시 설명한다. 매우 보수적으로 자금을 운영하는 프라임 브로커가 다음 시점에서 부도가 발생하지 않고 원금을 확실하게 되돌려 받을 수 있도록 마진과 대출액을 결정하는 것으로 가정한다. 프라임 브로커는 수익률의 분포를 정확히 알고 있는 것으로 가정한다. 위험 증권의 수익률은 분석의 편의를 위해 균등 분포를 따르는 것으로 가정한다. 구체적으로 설명하면 증권의 총수익률인 R'은 $(R^e - \varepsilon)$이 하한이고 $(R^e + \varepsilon)$이 상한으로 정의되는 폐구간에서 균등 분포를 따르는 확률 변수이다. 따라서 각 점의 밀도 함수는 $1/(2\varepsilon)$이다. 다음 시점에서 최악의 상황이 발생할 때 실현되는 헤지 펀드의 총수입은 $(R^e - \varepsilon)PD$이다. 따라서 프라임 브로커가 위험이 없는 대출이 되도록 대출을 설계하려면 다음 시점에서 헤지 펀드로부터 받는 원리금이 $(R^e - \varepsilon)PD$가 되어야 한다. 부도의 위험이 없다면 무위험 채권과 마찬가지가 되므로 무위험 이자율을 적용하여 현재 시점에서 프라임 브로커가 헤지 펀드에게 제공하는 대출금은 $L=(R^e - \varepsilon)PD/F$이다.

---

2 프라임 브로커가 헤지 펀드에 제공하는 서비스에 대한 자세한 설명은 제12장에서 인용한 더피(Darrell Duffie)의 2010년 논문에 수록되어 있다. 또한 본 장의 뒷부분에서 설명하는 전담 중개인이 프라임 브로커의 역할을 수행한다고 볼 수 있다.

3 제11장과 제12장에서는 증권 단위 당 마진의 개념을 사용하였다. 이 경우 소문자 m을 사용하였다. 본 절에서는 마진 제약을 맞추기 위해 지불하는 총액을 대문자 M으로 표시한다. 마진 총액을 위험 증권 총투자액으로 나눈 비율을 소문자 m으로 표시한다.

마진은 어떻게 결정되는가? 마진은 증권담보대출에서 담보증권의 가치보다 대출금이 작아서 발생하는 차액을 말한다. 마진의 정의를 본 절에서 정의한 기호를 사용하여 수식으로 표현하면 $M = PD - L$이다. 위에서 계산한 대출금의 결정식을 마진의 정의식에 대입하여 마진의 결정식을 <표 18-1>의 다섯째 줄에 있는 식과 같이 도출한다. 이 식에서 첫째 등호는 마진의 정의이다. 둘째 등호는 PD가 공통인수이므로 공통인수를 사용하여 단순화한 표현이다. 마진율은 증권담보의 화폐가치 단위당 마진으로 정의된다. 마진의 결정식에서 함의되는 마진율은 <표 18-1>의 여섯째 줄에 정리되어 있다. 이 식에서 m은 마진율을 의미한다. 또한 $R^e - \varepsilon < F$의 부등호가 만족됨을 가정한다. 이 가정은 위험 증권의 최소 수익률은 무위험 채권의 수익률보다 낮다는 것을 의미한다.

다음에서는 헤지 펀드의 레버리지 비율을 분석한다. 레버리지 비율은 헤지 펀드의 대차대조표에 잡혀 있는 총자산을 헤지 펀드의 순자산으로 나눈 비율로 정의된다. 앞에서 설명한 마진제약의 식이 등호로 성립하는 것으로 가정한다. 이는 헤지 펀드가 마련한 순자산이 모두 마진을 채우는 데 사용되는 것을 의미한다. $M = W$의 등호를 적용하면 레버리지 비율은 마진율의 역수가 된다. 레버리지 비율을 앞에서와 동일하게 k로 표기한다면 <표 18-1>의 일곱째 줄에 있는 수식으로 표현할 수 있다. 레버리지 비율은 위험 증권의 초과 수익률과 수익률 변동성의 함수로 볼 수 있다. <표 18-1>의 일곱째 줄에 있는 식이 함의하는 레버리지 비율의 결정 요인들이 레버리지 비율에 미치는 효과를 다음과 같이 정리할 수 있다.

(1) 무위험 채권의 이자율이 하락하면 레버리지 비율이 상승한다.
(2) 위험 증권이 제공하는 수익률의 변동성이 증가하면 레버리지 비율이 하락한다.
(3) 위험 증권의 예상 수익률이 상승하면 레버리지 비율이 상승한다.

첫번째 항은 다음과 같이 설명할 수 있다. 무위험 채권의 수익률이 낮아지면 동일한 위험 증권의 수익률 분포에 대하여 미래 시점에서 받을 것으로 예상되는 소득의 현재 가치가 더 높아진다. 따라서 프라임 브로커는 대출금을 증가시킨다. 두 번째 항은 다음과 같이 설명할 수 있다. 수익률의 변동성이 높아지면 최악의 상황에서 실현되는 수익률이 낮아진다. 따라서 안전하게 회수할 수 있는 금액이 작아지게 되므로 프라임 브로커의 대출금도 감소해야 한다. 세 번째 항은 다음과 같이 설명할 수 있다. 무위험 채권의 수익률이 낮아지면 동일한 위험 증권의 예상 수익률에 대하여 초과 예상 수익률이 높아진다. 따라서 위험 증권에 대한 투자가 상대적으로 더 높은 수익률을 제공하기 때문에 프라임 브로커는 대출금을 증가시킨다.

헤지 펀드의 위험 증권에 대한 수요 곡선은 $D = (W/P)k$이다. 앞에서 레버리지 비율은 프라임 브로커가 결정하는 마진율에 의해서 결정된다. 앞서 수요 곡선에서 레버리지 비율에 영향을 미치는 요인들은 헤지 펀드의 위험 증권에 대한 수요 곡선을 수평 이동시킨다. 레버리지 비율이 증가하면 증권의 수요 곡선이 오른쪽으로 이동하고 레버리지 비율이 낮아지면 위험 증권에 대한 수요 곡선이 왼쪽으로 이동한다. 헤지 펀드의 수요 곡선을 이동시키는 다른 요인은 헤지 펀드의 순자산이다. 순자산이 증가하면 위험 증권에 대한 수요 곡선은 오른쪽으로 이동하고 순자산이 감소하면 위험 증권에 대한 수요 곡선은 왼쪽으로 이동한다. 여기서 지적해야 하는 것은 헤지 펀드의 위험 증권 수요에 대한 레버리지 효과이다. 일반적으로 헤지 펀드는 레버리지를 사용하여 수익률에 대한 절대 목표를 얻기 위해 적극적으로 투자한다고 알려져 있다. 앞에서 설명한 방식으로 마진이 결정된다면 헤지 펀드의 총자산 대비 차입의 규모는 위험 증권이 제공하는 수익률의 분포와 무위험 채권의 이자율에 의해서 결정된다. 또한 본 절에서 설명한 모형에서는 증권 포트폴리오 구성의 총수요 효과가 있다. 예를 들어 헤지 펀드의 매니저가 선택하는 위험 증권의 포트폴리오에 편입되는 개별 증권의 구성에 따라 위험 증권의 포트폴리오에서 제공하는 수익률의 분포가 달라진다. 그 결과 헤지 펀드 매니저의 포트폴리오의 구성에 대한 선택은 헤지 펀드에 대하여 적용되는 레버리지 비율을 변화시켜 헤지 펀드의 위험 증권에 대한 총수요에 영향을 미치게 된다.

헤지 펀드는 차입으로 조달한 자금으로 증권을 매수하는 것만 아니라 공매도 또는 증권대출을 이용하여 수익을 창출한다. 다음에서는 헤지 펀드가 프라임 브로커에서 증권대여를 받아서 투자하는 상황을 설명한다. 프라임 브로커는 헤지 펀드의 계좌

표 18-2 증권담보대출 모형

마진의 결정	$(R^e + \varepsilon)PD = F(PD + M)$
마진율의 결정	$M = \left(\dfrac{R^e + \varepsilon}{F} - 1\right)PD \rightarrow m = \dfrac{R^e + \varepsilon}{F} - 1$
다음 시점 순자산	$W' = F(PD + M) - R'PD$
순자산 기간 간 변화	$W' = R'PS + F(W - PS)$

주: 헤지 펀드가 대출 받은 증권을 매도하고 이를 다음 기에 상환하는 하는 경우를 분석한다.

를 개설하여 계좌의 잔고를 자신의 대차대조표에 기록한다. 프라임 브로커는 헤지 펀드가 요구한 위험 증권의 포트폴리오를 대출한다. 이를 D로 표기한다. 이를 현재 시점의 증권시장에 판매하면 PD의 수입이 발생한다. 이를 헤지 펀드의 계좌에 입금한다. 또한 헤지 펀드로 하여금 마진을 입금하도록 한다. 따라서 헤지 펀드가 프라임 브로커에 개설된 자신의 계좌에 입금한 총액은 $(PD + M)$이 된다. 프라임 브로커는 헤지 펀드의 계좌에 입금된 예치금에 대하여 다음 시점에서 무위험 채권의 이자를 지급한다. 그 결과 다음 시점에서 헤지 펀드가 가지는 원리금은 $F(PD + M)$이 된다.

프라임 브로커는 자신의 증권담보대출이 안전한 증권대출이 되도록 마진을 설정한다. 이는 위에서 계산한 헤지 펀드의 원리금으로 헤지 펀드가 대출한 증권을 시장에서 다시 사서 채워 넣을 수 있어야 한다. 다음 시점에서 실현된 포트폴리오 총수익률이 R'이라면 다음 시점에서 D의 포트폴리오를 매수하는 비용은 $(R'PD)$이다. 다음 시점에서 발생할 최악의 상황은 다음 시점의 포트폴리오가격이 가장 높은 가격으로 형성되는 것이다.

부도의 위험이 없는 안전한 증권담보대출이 되기 위해 최악의 경우에도 헤지 펀드의 원리금이 증권의 구매자금보다 더 커야 한다. 마진을 설정할 때 부도의 위험이 없는 안전한 증권대출이 되도록 M의 값을 결정한다면 M은 <표 18-2>의 첫째 줄에 있는 식을 만족해야 한다. 이 식을 만족하는 마진을 정리하면 무위험 증권담보대출에 대한 마진의 결정식을 <표 18-2>의 둘째 줄에 있는 식과 같이 도출할 수 있다. 이 식에서 화살표 왼편은 마진의 총액이고 화살표 오른편은 마진의 총액을 증권대출의 시장평가액으로 나눈 비율이다. 따라서 이 식에서 m은 증권대출에 대하여 적용되는 마진율을 의미한다.

앞서 도출한 마진의 결정식이 함의하는 마진율의 결정 요인들이 증권대출에 대한 마진율에 미치는 효과를 다음과 같이 정리할 수 있다.

(1) 무위험 채권의 이자율이 하락하면 증권대출에 대한 마진율이 상승한다.
(2) 위험 증권이 제공하는 수익률의 변동성이 증가하면 증권대출에 대한 마진율이 상승한다.
(3) 위험 증권의 예상 수익률이 상승하면 증권대출에 대한 마진율이 상승한다.

마진 또는 마진율이라는 동일한 용어를 사용하지만 바로 위에서 정리한 효과는 이전에 설명한 효과와 다르다. 그 이유는 매수 포지션일 때와 공매도 포지션일 때 미래 시점에서 갚아야 하는 대출금에 대한 부담이 다르기 때문이다. 매수 포지션이면 투자 대상이 되는 증권의 예상 수익률이 높을 때 미래 시점의 가격에 대한 기대값도 높기 때문에 대출금에 대한 원리금 상환의 가능성도 높다. 따라서 마진율을 낮추어도 된다. 그러나 공매도 포지션이면 예상 수익률이 높을 때 미래 시점에서 증권의 구매 비용으로 지출되어야 하는 금액이 높기 때문에 원리금 상환의 가능성이 더 낮아진다. 따라서 마진율을 높여서 원리금이 제대로 상환될 가능성을 보장하려는 유인이 발생한다. 그러나 수익률의 변동성에 대해서는 두 경우 모두 동일하게 마진율에 작용한다. 예를 들면 수익률의 변동성이 상승하면 마진율이 상승하고 수익률의 변동성이 낮아지면 마진율이 하락한다.

무위험 채권의 이자율의 변화가 마진율에 미치는 효과는 두 경우가 서로 다르다. 첫째, 무위험 채권의 이자율이 하락하면 공매도의 경우 마진율이 상승한다. 그 이유는 공매도의 경우 다음 시점에서 헤지 펀드가 가지게 될 증권의 구매자금이 감소하기 때문에 마진을 더 높여서 증권이 확실하게 상환이 되도록 해야 하기 때문이다. 둘째, 매수에 적용되는 마진율은 무위험 채권의 수익률이 낮아지면 같이 낮아진다. 프라임 브로커는 부도의 위험이 없도록 하기 위해 최소 상환액의 현재 가치와 동일하게 대출금을 결정하는데 무위험 채권의 이자율이 낮아지면 현재 가치가 높아지게 되어 프라임 브로커의 대출금이 증가한다. 프라임 브로커가 현재 시점에서 헤지 펀드에 제공하는 대출금이 증가하면 헤지 펀드가 자신의 자금으로 마련해야 하는 자금은 감소한다.

헤지 펀드가 다음 시점에서 보유하는 순자산은 어떻게 결정되는가? 본 절의 앞부분에서 도출한 식과 동일한 형태가 도출될 수 있는가? <표 18-1>의 셋째 줄에 있는 헤지 펀드의 순자산에 대한 기간 간 변화의 식과 동일한 식이 도출됨을 보일 수 있다. 다음 시점에서 헤지 펀드의 순자산은 프라임 브로커의 계좌에 있는 잔고에서 증권을 구매하여 반납하는 데 소요되는 비용을 뺀 차액이므로 <표 18-2>의 셋째 줄에 있는 식과 같이 쓸 수 있다. 공매도와 매수는 서로 상반되는 포지션이므로 다른 부호를 부과하여 공매도를 S로 표기하고 $S = -D$로 정의한다. 이를 위의 식에 대입하여 정리하면 <표 18-2>의 넷째 줄에 있는 식과 같이 쓸 수 있다. 이 식을 도출하기 위해 마진제약이 $DM = M = W$의 등호로 성립한다는 가정을 적용하였다. 따라서 증권을 매수하는 경우와 공매도하는 경우 모두 헤지 펀드의 순자산에 대한 기간 간 변화는 동일한 형태의 식으로 표현할 수 있음을 확인하였다.

헤지 펀드의 매니저는 위험 증권의 포트폴리오를 구성하기 위해 필요한 증권들을 선택해야 하고 또한 선택된 각각의 증권이 포트폴리오에서 차지하는 비중을 결정해야 한다. 헤지 펀드 매니저의 목적 함수는 어떻게 가정해야 하는가? 헤지 펀드는 높은 펀드 수익률의 실현을 절대적인 목표로 설정하여 이를 달성하는 투자전략을 선택하는 것으로 간주할 수 있다. 이를 위해 앞에서 설명한 증권 매수와 증권의 공매도를 혼합하여 사용할 수 있다. 예를 들면 현재 시점의 증권시장에서 낮게 평가되어 있어 앞으로 가격상승이 예상되는 증권을 매수하고, 현재 시점에서 높게 평가되어 있어 앞으로 가격하락이 예상되는 증권은 공매도한다면 포트폴리오 수익률의 변동성을 줄이면서 예상 수익률을 높일 수 있다. 이는 소위 롱-쇼트 투자전략이라고 할 수 있다.

헤지 펀드의 투자와 마진제약의 효과

사전에서 헤지 펀드의 정의를 찾아서 정리하면 투자자금의 차입을 위해 다양한 수단을 사용하여 최소한의 손실로 최대한의 투자이익을 내는 것을 목표로 운영되는 투자자금이다. 소수의 투자자들로부터 비공개로 자금을 모아서 절대 수익을 남기는 것을 목표로 한다는 것이다. 그러나 헤지라는 용어는 손실의 가능성을 제거하는 것을 말한다. 헤지는 손실의 가능성을 줄여서 투자의 안정성을 제고한다는 의미로 이해할 수 있는 데 반하여 헤지 펀드는 높은 절대 수익의 창출을 목표로 운영된다면 명칭이 제공하는 이미지와는 다른 투자전략을 사용한다. 복잡한 파생상품의 가격결정과정을 설명하지 않고서도 헤지 펀드의 서로 상충되는 듯한 투자행위를 이해할 수 있는가의 질문이 가능하다.

본 절에서는 증권의 롱 포지션과 쇼트 포지션을 결합하여 투자의 원금을 보전할 수 있는 투자전략과 이미 결정한 높은 목표 예상 수익률을 달성할 수 있는 투자전략을 실행할 수 있음을 보일 수 있다. 따라서 본 절의 설명에 의해서 묘사되고 있는 헤지 펀드는 증권담보대출과 이에 의거하여 마련된 투자자금으로 위험 증권의 롱-쇼트 포지션을 적절히 사용하여 투자수익을 창출하는 투자 펀드이다. 이를 설명하기 위해 본 절에서는 다음과 같은 두 가지 이슈를 생각해 본다.

(1) 어떻게 최악의 상황에서도 투자원금이 보장될 수 있도록 포트폴리오를 구성할 수 있는가?
(2) 어떻게 개별 증권의 예상 수익률보다 더 높은 예상 수익률을 달성할 수 있는 포트폴리오를 구성할 수 있는가?

표 18-3 원금 보전 포트폴리오

수익률에 대한 가정	평균 수익률: $R_1^e > R_2^e > 1$ 상대적 변동성: $\varepsilon_2 > \varepsilon_1$ 최소 수익률: $0 < R_1^e - \varepsilon_1 < 1;\ 0 < R_2^e - \varepsilon_2 < 1$
원금 보전의 조건	$\omega(R_1^e - \varepsilon_1) + (1 - \omega)(R_2^e - \varepsilon_2) = 1$
증권 1에 대한 투자 비중	$\omega = \dfrac{1 - (R_2^e - \varepsilon_2)}{R_1^e - R_2^e + \varepsilon_2 - \varepsilon_1}$
증권 2에 대한 투자 비중	$1 - \omega = \dfrac{(R_1^e - \varepsilon_1) - 1}{R_1^e - R_2^e + \varepsilon_2 - \varepsilon_1}$
포트폴리오의 예상 초과 수익률	$R_p^e - R_1^e = -(1 - \omega)(R_1^e - R_2^e)$

주: 원금 보전은 최악의 상황에서 실현되는 투자 수익이 원금과 같다는 의미이다.

첫째 이슈를 먼저 설명한다. 실제의 상황은 보다 더 복잡할 수 있지만 설명을 단순화하기 위해 최대 두 개의 증권만 포트폴리오에 편입시킬 수 있는 것으로 가정한다. 증권 1과 증권 2는 모두 수익률 분포가 균등 분포로 주어진다. 증권 1의 수익률은 $(R_1^e - \varepsilon_1)$과 $(R_1^e + \varepsilon_1)$의 구간에서 균등 분포를 따른다. 증권 2의 수익률은 $(R_2^e - \varepsilon_2)$과 $(R_2^e + \varepsilon_2)$의 구간에서 균등 분포를 따른다. 증권의 수익률 분포에 대하여 <표 18-3>의 첫째 줄에 정리되어 있는 가정들을 부여한다. 이 가정에 따르면 증권 2는 증권 1에 비해 열등한 증권이다. 증권 2의 예상 수익률은 증권 1의 예상 수익률보다 낮고 증권 2의 수익률 변동성은 증권 1의 수익률 변동성보다 더 높기 때문이다. 따라서 증권 1에 집중투자하는 것이 더 바람직할 수 있다. 그러나 세 번째 조건이 분산투자에 대한 필요성을 발생시킨다. 그 이유는 세 번째 조건의 함의는 하나의 증권에 집중투자하는 것의 문제점은 최악의 상황이 발생하면 펀드의 원금을 보전할 수 없다는 것이다. 그러나 펀드의 매니저는 두 증권의 매수와 공매도를 적절히 혼합하는 투자전략을 사용하여 원금을 보전하는 동시에 각각의 증권에 집중투자하는 것보다 더 높은 예상 수익률을 달성할 수 있다.

최악의 경우에도 원금을 보전해야 한다는 조건을 만족하기 위해 최악의 상황에서 펀드에 실현될 총수익률이 1이라는 조건을 부과한다. 이 조건을 수식으로 표현하기 위해 ω를 증권 1에 투자되는 자산의 비중을 나타내는 것으로 정의한다. 이제 최악의 상황에서도 투자원금의 보전이라는 제약을 수식으로 나타내면 <표 18-3>의 둘째 줄에 정리되어 있는 식이 된다. 이 식의 첫째 괄호는 증권 1의 수익률에 대한 최악의 상황이다. 둘째 괄호는 증권 2의 수익률에 대한 최악의 상황이다. 두 증권에서 모두 최악의 수익이 실현된다는 의미이다. 그럼에도 불구하고 원금이 보전되어야 한다는 것이다. 원금 보전의 제약을 만족시키기 위해 증권 1과 증권 2에 각각 어느 정도 투자해야 하는가? 원금 보전의 제약식을 정리하면 증권 1에 투자되는 비중은 <표 18-3>의 셋째 줄에 정리되어 있다. 이 식을 보면 분자와 분모가 모두 양수임을 알 수 있다. 이는 ω의 값이 양수임을 의미한다. 그런데 ω의 값은 1보다 크다. 이를 확인하기 위해 증권 2의 비중을 계산하여 <표 18-3>의 넷째 줄에 정리한다. 이 식에서 분자는 음수이고 분모는 양수이므로 증권 2에 대한 투자 비중은 음수가 된다. 펀드의 예상 수익률은 증권 1의 예상 수익률과 증권 2의 예상 수익률보다 더 높다. 펀드의 예상 수익률이 증권 1의 예상 수익률보다 더 높다는 것을 확인하면 된다. 펀드의 예상 수익률과 증권 1의 예상 수익률 간의 차이는 <표 18-3>의 다섯째 줄에 정리되어 있다. 이 식에서 R_p^e는 펀드의 예상 수익률을 나타내고 증권 1과 증권 2의 예상 수익률은 가중 평균으로 정의된다. 증권 1의 가중치는 증권 1에 대한 투자 비중과 동일하다. 증권 1에 대한 비중이 1보다 더 큰 양수이고 동시에 증권 1의 예상 수익률이 증권 2의 예상 수익률보다 더 높기 때문에 <표 18-3>의 다섯째 줄에 있는 식의 우변은 양수가 된다. 따라서 펀드의 예상 수익률은 증권 1의 수익률보다 더 높다는 것을 확인할 수 있다. 결론적으로 매수와 공매도를 적절히 혼합하여 최악의 상황에서 원금의 손실이 발생할 가능성에 대하여 헤지를 하는 동시에 하나의 증권에 집중투자하는 것보다 더 높은 예상 수익률을 올릴 수 있게 된다.

두 번째 이슈는 두 개의 증권을 결합하여 각각의 증권보다 더 높은 예상 수익률을 제공하는 위험 포트폴리오를 형성할 수 있다는 것이다. 이는 예상 수익률이 상대적으로 낮은 증권은 공매도하고 예상 수익률이 상대적으로 높은 증권을 매수하는 방식을 사용하면 가능하다. 헤지 펀드의 매니저가 목표하는 예상 수익률을 R^*로 표기

표 18-4 목표 수익률 포트폴리오

목표 수익률	$R^* = \omega R_1^e + (1 - \omega)R_2^e$
증권 1에 대한 투자 비중	$\omega = \dfrac{R^* - R_2^e}{R_1^e - R_2^e} \;\rightarrow\; \omega = \dfrac{R^* - R_1^e}{R_1^e - R_2^e} + 1$
각 증권에 대한 투자금액	$P_1 D_1 = \omega X; \;\; P_2 S_2 = (1 - \omega)X$
증권 1에 대한 마진	$M_1 = \left(1 - \dfrac{R_1^e - \varepsilon_1}{F}\right)P_1 D_1$
증권 2에 대한 마진	$M_2 = (\dfrac{R_2^e + \varepsilon_2}{F} - 1)P_2(-S_2)$
마진제약	$\left(1 - \dfrac{R_1^e - \varepsilon_1}{F}\right)P_1 D_1 + \left(\dfrac{R_2^e + \varepsilon_2}{F} - 1\right)P_2(-S_2) = W$
위험 증권 총투자금액	$X = \dfrac{W}{\left(1 - \dfrac{R_1^e - \varepsilon_1}{F}\right)\omega + \left(\dfrac{R_2^e + \varepsilon_2}{F} - 1\right)(\omega - 1)}$
순자산 기간 간 변화	$W' = R_p' X + F(W - X) \rightarrow W' = (R_p'k + F(1 - k))W$

주: 포트폴리오의 목표 수익률이 두 증권의 예상 수익률보다 더 높은 경우를 분석한다. $k = X/W$ 이고, R_p'는 포트폴리오의 실현된 총수익률이다.

하고 의미 있는 상황을 분석하기 위해 R^*가 터무니 없이 높지 않은 것으로 가정한다. 앞에서 사용한 가정과 기호를 그대로 사용한다. 앞의 가정에 $R^* > R_1^e > R_2^e$의 가정이 추가된다. 헤지 펀드의 목표 수익률이 결정되면 <표 18-4>의 첫째 줄에 있는 식이 만족되어야 한다. 이 식에서 ω는 증권 1에 대한 투자 비중을 의미한다. 목표 수익률을 만족하는 ω의 값을 계산하여 <표 18-4>의 둘째 줄에 정리한다. 이 식을 보면 수익률에 대한 절대 목표를 달성하기 위해 상대적으로 수익률이 낮은 증권을 판매하여 얻은 수입과 원래 가지고 있던 투자자금에 합하여 모두 수익률이 더 높은 증권을 매수해야 한다는 것을 알 수 있다. 이를 수식으로 확인하기 위해 <표 18-4>의 첫째 줄에 있는 식을 만족하는 증권 1에 대한 투자 비중이 1보다 커야 함을 보여야 한다. <표 18-4>의 둘째 줄에서 화살표 뒤에 있는 식을 보면 쉽게 확인이 된다. $R^* >$ $R_1^e > R_2^e$의 조건이 충족되면 이 식의 오른쪽에서 첫째 항이 양수가 된다. 따라서

$R^* > R_1^e > R_2^e$의 조건이 충족되면 증권 1에 대한 투자 비중이 1보다 크다.

어떻게 투자의 수익률을 높을 수 있는가? 헤지 펀드의 매니저가 1원으로 위의 포트폴리오를 실행하는 것으로 생각해보자. 위에서 계산한 증권 1에 대한 투자 비중이 $\omega=3/2$이라고 하자. 이는 증권 1에 대한 투자자금이 3/2이라는 의미이다. 어떻게 1원의 투자자금을 가진 헤지 펀드의 매니저가 3/2의 투자자금을 마련할 수 있는가? 이는 현재 시점에서 증권 2를 시장에서 1/2을 판다는 것을 의미한다. 이것이 가능하다면 헤지 펀드의 매니저는 1원의 순자산을 가지고 3/2의 투자자금을 만들어서 상대적으로 더 높은 수익률을 가지고 있는 증권에 투자한 것을 의미한다. 따라서 헤지 펀드의 매니저가 증권 1에 투자하여 얻는 총수익률은 $(3R_1^e/2)$이다. 이 수치의 앞의 계수는 차입을 통해 늘어난 총자산의 크기를 의미하는 것으로 해석할 수 있으므로 이는 레버리지 효과를 반영한다. 차입에 대한 원리금을 지급하고 난 후의 이득이 헤지 펀드의 매니저에게 들어오는 투자소득이다. 증권 2를 발행한 것이라면 다음 시점에서 $R_2^e/2$의 원리금을 지불해야 한다. 따라서 헤지 펀드의 매니저에게 들어 오는 소득은 $(1.5R_1^e - 0.5R_2^e)$이다. 이 식을 다시 쓰면 $(1.5R_1^e + (1 - 1.5)R_2^e)$이다. 그러므로 증권 1에 대한 투자 비중이 $\omega=3/2$인 포트폴리오의 총수익률이 됨을 알 수 있다.

<그림 18-1>에서는 증권 1의 투자 비중과 포트폴리오의 예상 수익률 간의 관계를 그림으로 보여주고 있다. 증권 1의 투자 비중이 증가하면 포트폴리오의 예상 수익률이 증가하는 것을 볼 수 있다. 증권 1의 투자 비중을 무한히 증가시킬 수 없기 때문에 무한히 높은 예상 수익률을 달성할 수 없다. 다음에서는 마진제약이 성립하는 경우 증권 1과 증권 2에 대한 투자규모가 어떻게 결정되는지를 설명한다. 현재 시점에서 위험 증권의 포트폴리오를 구성하기 위해 지출해야 하는 총비용을 X로 표기한다. 앞에서 설명한 결과를 적용하면 증권 1과 증권 2에 대한 투자규모는 <표 18-4>의 셋째 줄에 있는 식과 같이 결정되어야 한다. 이 식에서 P_1은 증권 1의 가격이고 P_2는 증권 2의 가격이다. 또한 D_1은 증권 1을 매수하는 개수이고 S_2는 증권 2를 매도하는 개수이다.

헤지 펀드가 앞에서 분석한 투자전략을 실제로 실행하기 위해 증권 2를 증권시장에서 매도할 수 있어야 한다. 헤지 펀드가 증권 2를 직접 보유하지 않더라도 증권대

그림 18-1 증권 1의 투자 비중과 헤지 펀드의 예상 수익률

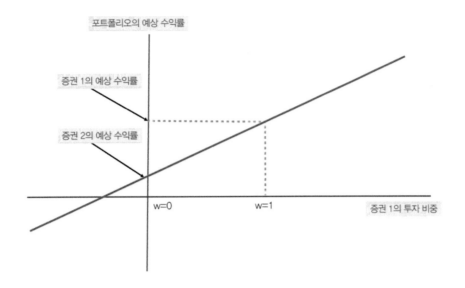

출을 통해 증권 2를 빌려서 매도하고 다음 시점에서 증권 2를 매수하여 상환하면 된다. 헤지 펀드는 증권 1을 매수할 예정이므로 증권 1을 담보로 사용하여 차입할 수 있다. 차입금이 있으면 증권 1에 대한 투자를 늘릴 수 있다. 그러나 이 과정에서 헤지 펀드는 마진을 지불해야 한다. 증권 1의 매수를 위해 증권담보대출을 이용한다면 <표 18-4>의 넷째 줄을 만족하는 마진이 적용된다. 이 식에서 M_1은 증권 1을 담보로 제공하는 대출에 대한 마진이다. 헤지 펀드가 신청한 증권 2에 대한 증권대출에 대해서도 마진이 적용된다. 앞에서 이미 설명한 방식을 그대로 적용하면 증권대출에 대한 마진은 <표 18-4>의 다섯째 줄에 있는 식과 같이 결정된다. 이 식에서 M_2는 증권 2를 대출받는 계약에서 적용되는 마진을 나타낸다. 이 식에서 S_2가 마이너스 부호를 가지고 있기 때문에 S_2의 앞에 마이너스 부호가 있음을 지적한다.

　헤지 펀드가 차입을 통해서 투자자금을 늘릴 수 있지만 적어도 마진을 충당하는 비용은 자신이 보유해야 한다. 따라서 마진의 합이 헤지 펀드의 순자산보다 작아야 한다. $M_1 + M_2 \leq W$의 부등식이 성립해야 한다. W는 헤지 펀드의 순자산을 나타낸

다. 마진제약이 등호로 성립한다고 가정한다면 <표 18-4>의 여섯째 줄에 있는 식이 도출된다. 이 식의 왼편은 헤지 펀드의 지출이고 오른편은 헤지 펀드에게 가용한 자산이다. 따라서 이 식은 헤지 펀드가 지불해야 하는 마진에 대한 예산제약식으로 간주할 수 있다. <표 18-4>의 여섯째 줄에 있는 식의 왼편에 있는 항들에 각 증권에 대한 투자 비중의 식들을 대입한다. 이는 예산제약식에 각 증권에 대한 수요 함수를 대입하는 것으로 해석할 수 있다. 그 결과 위험 증권에 투자하는 총투자금액의 결정식을 <표 18-4>의 일곱째 줄에 있는 식과 같이 도출할 수 있다.

앞에서 헤지 펀드의 매니저가 증권 1의 투자 비중을 어떻게 결정하는지에 대하여 설명하였다. 사실 헤지 펀드의 매니저가 최악의 상황에서 원금 보전의 투자전략을 선택하든지 아니면 목표 수익률의 투자전략을 선택하는지에 따라서 증권 1의 투자 비중의 값이 달라진다. 헤지 펀드의 매니저가 목표 수익률의 투자 전략을 실행하기 위해 증권에 대한 투자를 결정한다면 다음 시점에서 실현되는 헤지 펀드의 순자산은 <표 18-4>의 여덟째 줄에 있는 식과 같이 결정된다. 이 식에서 k는 헤지 펀드가 보유하고 자산을 순자산으로 나눈 비율이므로 헤지 펀드의 레버리지 비율로 해석할 수 있다. 또한 W'는 다음 시점에서 헤지 펀드가 보유한 순자산을 나타낸다.

자본시장법과 헤지 펀드

<그림 18-2>는 우리나라의 자본시장법에 규정하고 있는 전문투자형 사모집합투자기구가 운영되는 과정을 요약하고 있다. 헤지 펀드는 다수의 익명의 투자자로부터 자금을 조달하지 않고 소수의 적격 투자자로부터 투자자금을 조달하므로 사모펀드이다. 2015년에 개정된 우리나라의 자본시장법을 보면 사모펀드는 전문투자형 사모펀드와 경영참여형 사모펀드로 구분되어 있다. 금융위원회의 보도자료에 따르면 전문투자형 사모펀드는 헤지 펀드로 규정하고 경영참여형 사모펀드는 프라이빗 에쿼티 펀드(private equity fund)로 규정하고 있다. <그림 18-2>의 제목에 있는 한국형 헤지 펀드는 자본금 최소 규모 10억원으로 인하하는 동시에 헤지 펀드에 가입할 수 있는

그림 18-2 한국형 헤지 펀드의 구성

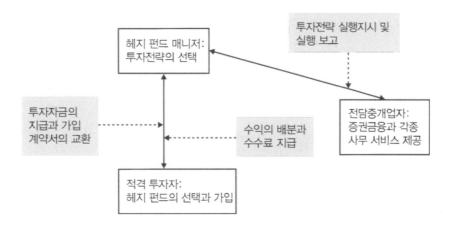

적격 투자자의 기준도 1억원과 3억원 등으로 낮추어 예전에 비해 작은 자본으로 설립이 가능한 자본시장법의 적용을 받는 전문투자형 사모펀드를 말한다. 최근 이에 추가하여 전문 사모집합투자업자는 인가가 아닌 등록만으로도 진입을 허용하였다. 헤지 펀드가 운용되기 위해 필요한 세 요소는 적격 투자자, 헤지 펀드의 매니저, 전담 중개업자 등으로 정리할 수 있다.

<그림 18-2>에 요약된 이들의 역할에 대한 구체적인 이해를 높이기 위해 하나의 가상적인 시나리오를 설명한다. 다음의 시나리오에서는 투자자로부터 조달한 순자산이 10억원인 헤지 펀드가 전담중개인이 제공하는 증권담보대출을 통해 마련한 자금으로 증권 1을 매수하는 데 30억원을 지출한 것으로 가정한다. 헤지 펀드가 전담중개인으로부터 증권대출을 받아서 시장에서 증권 2를 팔아서 얻은 판매대금이 10억원인 것으로 가정한다. 앞에서 설명한 모형과 대비하여 설명하면 $W = 10$억원으로 수치를 부여하였다. 또한 $P_1 D_1$이 30억원이고 $P_2 S_2$의 절대값이 10억원이다. 증권대출을 통해 얻은 증권을 판매한 대금은 전담중개인이 헤지 펀드의 이름으로 발행한 통장에 입금이 되어 헤지 펀드의 잔고로 유지된다. 21억원에 상당하는 증권을 대출 받아서 이를 판매한 대금이 전담중개인의 계좌에 입금된 것이다. 마진제약이 등호로 성립한

다는 가정 하에서 증권담보대출과 증권대출에 적용된 마진율의 합은 9/40이다.[4] 현재 시점의 대차대조표를 보면 헤지 펀드의 총자산은 41억원이다. 순자산은 10억원이고 부채는 31억원이다. 레버리지 비율을 총자산을 순자산으로 나눈 비율로 정의하면 이 경우 41/10=4.1이다.

전담중개인이 발행한 헤지 펀드의 통장에 예치되어 있는 헤지 펀드의 잔고는 11억원이다. 이 중에서 10억원은 헤지 펀드의 매니저가 지시하는 투자전략을 실행하여 얻은 수입이다. 나머지 금액인 1억원은 준비금으로 헤지 펀드의 순자산이 전담중개인의 계좌에 그대로 입금되어 있는 것이다. 전담중개인은 자신이 운영하는 계좌에 입금되어 있는 자금에 대하여 3개월 CD 금리를 지급한다. 나머지 10억원에 대해서도 전담중개인은 이자를 지급하지만 이에 대해서는 초 단기로 운영하기 때문에 콜 금리를 적용한다. 전담중개인은 준비금에 대해서는 수수료를 받지 않는다. 그러나 투자전략을 실행한 금액에 대해서는 수수료를 받는다. 수수료는 실행한 금액 1원당 50베이시스 포인트로 가정한다. 따라서 현재 시점의 콜금리가 1.5%이면 수수료를 감한 순이자율은 1%가 된다. 만기 3개월인 CD의 금리가 1.65%이면 전담중개인이 헤지 펀드에 지급하는 연이자는 10억원*0.01+1억원*0.0165=0.1165억원이다. 시장 포트폴리오의 순수익률을 벤치마크 수익률로 설정하면 여기에 스프레드를 책정하여 매수 증권의 목표 수익률과 공매도 증권의 목표 수익률을 맞춘다. 예를 들어서 목표 수익률이 5%이고 두 증권의 수익률 스프레드는 2%라고 가정한다. 매수한 증권의 수익률이 4%가 되도록 증권을 선택한다. 공매도하는 증권의 수익률도 2%가 되도록 증권을 선택한다. 증권 1을 매수하고 증권 2를 공매도하는 투자전략에 의거하여 헤지 펀드 매니저가 얻는 목표 수익률은 5%가 된다. 헤지 펀드 매니저의 투자전략에 의한 예상 소득은 20억원*0.05=1억원이다. 앞에서 설명한 이자소득을 여기에 추가하면 총투자소득은 1.1165억원이다. 앞에서 전담중개인 계좌에 입금되어 있던 잔고는 20억원이다. 모든 수익은 20억의 투자비용에 대한 투자소득으로 계산할 수 있다. 이 경우 20억원

---

4 매수 포지션과 매도 포지션에 대한 구분 없이 두 개의 서로 다른 포지션의 금액을 단순히 합하여 계산한 결과이다. 분모는 매수 포지션의 가치인 30억원과 매도 포지션의 가치인 10억원을 합한 금액이다. 분자는 순자산 10억원에서 준비금 1억원을 감한 금액이다. 준비금은 별개의 무위험 채권 투자로 간주한다.

을 가지고 운영하여 얻은 수익률은 연 5.83%이다. 이는 CD금리에 비해 4.18% 더 높은 수익률이 된다. 헤지 펀드의 투자로부터 모집한 순자산은 10억원이다. 순자산을 기준으로 수익률을 계산하면 헤지 펀드의 수익률은 연 11.165%이다. 이 수치는 헤지 펀드 매니저에게 제공되는 수수료를 감하지 않고 계산한 것이므로 헤지 펀드의 투자자에게 실제로 배당되는 투자 수익률은 11.165%보다 낮다.

자본시장법에서는 집합투자와 사모 간 어떻게 구분되는지가 설명되어 있다. 예를 들기 위해 자본시장법 제6조 5항의 일부를 정리하여 인용한다. 집합투자는 투자자로부터 모은 금전을 투자자 또는 각 기금의 관리 주체의 일상적인 운용에 관한 지시를 받지 아니하면서 재산적 가치가 있는 투자의 대상이 되는 자산을 취득하거나 처분하는 것, 그 밖의 방법으로 운용하고 그 결과를 투자자 또는 각 기금의 관리주체에게 배분하여 귀속시키는 것으로 정의된다. 집합투자에서 제외되는 경우는 대통령령으로 정하는 법률에 따라 사모의 방법으로 금전 등을 모아 운용 및 배분하는 것으로서 대통령령으로 정하는 투자자의 총수가 대통령령으로 정하는 수 이하인 경우이다.

자본시장법에서 규정되고 있는 전담중개업무는 다음과 같다. 이를 위해 자본시장법 제6조 9항의 일부를 정리하여 인용한다. 전문투자형 사모집합투자기구에 제공되고 있는 전담중개업무는 증권의 대여 또는 증권거래의 중개 및 주선, 금전의 융자, 전문투자형 사모집합투자기구가 보유하고 있는 재산의 보관 및 관리, 전문투자형 사모집합투자기구의 효율적인 업무 수행을 위해 필요한 업무 등을 포함한다. 자본시장법 시행령의 제69조에 따르면 투자매매업자 또는 투자중개업자가 전담중개업무를 제공하는 경우 전담중개업무를 제공받는 전문투자형 사모집합투자기구 등에 대하여 다음과 같은 경우 신용을 공여할 수 있는 것으로 규정하고 있다. 첫째 방법은 증권의 매매를 위한 매수대금을 융자하거나 매도하려는 증권을 대여하는 것이다. 둘째 방법은 전담중개업무로서 보관 또는 관리하는 전문투자형 사모집합투자기구의 투자자 재산인 증권을 담보로 금전을 융자하는 방법이다.

앞에서 설명한 헤지 펀드의 모형에서는 은행은 아니지만 헤지 펀드에게 자금을 대출해주는 금융기관이 있다. 이를 증권금융회사라고 할 수 있다. 자본시장법에서 규정하고 있는 증권금융업무는 다음과 같다. 첫째, 금융투자상품의 매도 및 매수, 증권의 발행 및 인수 또는 그 중개나 청약의 권유, 청약, 청약의 승낙과 관련하여 투자매매업자 또는 투자중개업자에 대하여 필요한 자금 또는 증권을 대여하는 업무이다. 둘째, 거래소시장의 매매거래(다자간매매체결회사에서의 거래를 포함한다) 또는 청산대상거래에 필요한 자금 또는 증권을 제378조 제1항에 따른 청산기관인 거래소 또는 금융투자상품의 거래청산회사를 통하여 대여하는 업무이다. 셋째, 증권을 담보로 하는 대출업무이다. 증권금융의 실례를 들기 위해 한국증권금융회사의 홈페이지에 있는 증권담보대출을 요약한다. 증권담보대출은 증권을 보유한 개인 및 법인이 신청할 수 있다. 담보의 대상이 되는 증권은 상장주식, 채권, CD, CP 등을 포함한다. 대출 금리는 CD 91물과 무보증 은행 채권 AAA의 금리를 사용하여 산출한 기준 금리에 가산 금리를 포함하여 책정된다.

효율적 시장 가설과 헤지 펀드의 투자 성과

헤지 펀드의 매니저는 다양한 투자전략을 사용하여 수익을 창출해야 한다. 헤지 펀드의 매니저가 증권의 포트폴리오를 구성하여 수익을 창출하는 데 기여하는 능력을 어떻게 측정할 수 있는가? 앞의 제11장과 제12장에서 설명한 금융모형에서는 차익거래자가 증권시장에서 투자 수익을 실현시키는 상황은 증권가격이 증권의 고유가치로부터 벗어나서 차익거래 이득이 존재하는 상황으로 설명하였다. 헤지 펀드의 매니저를 차익거래자로 간주한다면 적어도 이론적으로는 헤지 펀드의 매니저가 자신의 특별한 능력을 발휘하여 수익을 내는 상황은 두 가지 중의 하나일 것이다. 첫째의 경우는 증권시장이 효율적으로 작동하고 있는 상황에서 일시적으로 높은 수익이 실현되는 경우이다. 평균적으로는 매니저의 특별한 능력이 효과가 없지만 운이 따르는 경우 일시적으로 높은 수익이 나타난다. 두 번째의 경우는 증권시장에서 차익거래 이득이 존재하는 경우일 것이다. 어떻게 측정할 것인가에 대하여 다양한 척도가 제시될 수 있으나 본 절에서는 포트폴리오의 알파라고 알려져 있는 척도를 중점적으로 설명한다.

사실 차익거래 이득이 존재하는 다양한 경우가 가능하겠지만 본 절의 설명은 증권시장선(security market line) 위에 위치하지 않는 증권들이 존재하는 경우와 모든 증권이 증권시장선 위에 위치하는 두 경우에 초점을 맞추어 설명한다. 제3장에서 이미 설명한 내용들과 연결시켜서 설명한다. 앞에서 설명한 자본시장의 자산가격결정모형의 함의는 차익거래의 이득이 없다는 조건을 만족시키면 효율적 변경에 위치한 포트폴리오가 아니더라도 개별 증권의 초과 수익률의 실현 값이 시장 포트폴리오의 초과 수익률의 실현 값에 대하여 비례하는 부분과 그렇지 않은 두 부분으로 직교분해가 가능하고 아울러 시장 포트폴리오의 초과 수익률에 의존하지 않는 부분의 기대값이 제로임을 보일 수 있다는 것이다. 이러한 결과가 성립하는 경우 모든 개별 증권의 기대 수익률은 증권시장선 위에 위치한다.

본 절에서는 헤지 펀드의 매니저가 사용하는 투자전략을 소개하고 이러한 투자전략은 모든 증권이 증권시장선 위에 위치하는 경우 장기적으로 평균적인 수익률은 열등할 수 있음을 설명한다. 따라서 증권시장선 위에 위치하지 않는 다수의 증권이 존재할 때 어느 증권을 포트폴리오에 편입시키는가에 따라 펀드의 예상 수익률과 실제 수익률이 실효적으로 달라지므로 펀드 매니저의 투자 능력이 중요한 역할을 하게 된다는 것이다. 먼저 시장중립전략(market neutral strategy)에 대하여 간단히 설명한다.[5] 먼저 시장중립의 의미를 설명한다. 시장중립의 의미는 자본시장의 영향을 받지 않는다는 것이다. 앞에서 이미 설명한 증권시장선을 예로 들어 설명하면 개별 증권은 시장 포트폴리오에 의해서 영향을 받는 부분과 그렇지 않은 부분으로 나누어볼 수 있다. 시장 포트폴리오에 의해서 영향을 받는 부분이 있다면 이는 시장중립적이라고 할 수 없다. 따라서 시장중립전략은 헤지 펀드의 매니저가 구성한 포트폴리오가 시장 포트폴리오에 의해서 영향을 받지 않도록 포트폴리오에 포함되는 증권의 비중을 조정하는 것을 말한다. 이와 같은 시장중립적인 포트폴리오를 구성하기 위해 증권의 매수와 공매도를 동시에 사용해야 한다.

---

5 헤지 펀드의 시장 중립 전략과 관련된 다양한 이슈들에 대한 설명은 2008년 Princeton University Press에서 발간된 로(Andrew W. Lo)의 저서인 「Hedge Funds: An Analytic Perspective」에 수록되어 있다. 앞에서 설명한 롱-쇼트 전략과 관련된 이슈에 대한 설명도 찾아볼 수 있다.

표 18-5 시장중립 포트폴리오

증권 1 총수익률	$R_1' = \alpha_1' + \beta_1(R_m' - F) + F$
증권 2 총수익률	$R_2' = \alpha_2' + \beta_2(R_m' - F) + F$
헤지 펀드 포트폴리오 총수익률	$R_p' = \omega R_1' + (1-\omega)R_2'$
헤지 펀드와 시장 포트폴리오 총수익률	$R_p' = \omega\alpha_1' + (1-\omega)\alpha_2' + (\omega\beta_1 + (1-\omega)\beta_2)(R_m' - F) + F$
시장중립의 조건	$\omega\beta_1 + (1-\omega)\beta_2 = 0$
증권 1에 대한 투자 비중	$\omega = \dfrac{\beta_2}{\beta_2 - \beta_1}$
투자 비중 비율과 베타 계수 비율	$-\dfrac{(1-\omega)}{\omega} = \dfrac{\beta_1}{\beta_2}$
시장중립 포트폴리오 수익률	$R_p' = \omega\alpha_1' + (1-\omega)\alpha_2' + F = \dfrac{\beta_2\alpha_1' - \beta_1\alpha_2'}{\beta_2 - \beta_1} + F$
증권의 알파에 대한 가정	$\alpha_1' = \alpha_1^e + \varepsilon_1'; \ \ \alpha_2' = \alpha_2^e + \varepsilon_2'$
시장중립 포트폴리오 예상 수익률	$R_p^e = \dfrac{\beta_2\alpha_1^e - \beta_1\alpha_2^e}{\beta_2 - \beta_1} + F$

주: 투자 비중 비율은 증권 2의 투자 비중을 증권 1의 투자 비중으로 나눈 비율을 의미하고 베타 계수
의 비율은 증권 1의 베타 계수를 증권 2의 베타 계수로 나눈 비율을 의미한다.

다음에서는 임의의 두 개의 위험 증권에 대하여 어떻게 시장중립전략을 실행하는
지 설명한다. 설명의 편의를 위해 헤지 펀드의 매니저는 두 개의 위험 증권을 이용하
여 시장중립적인 포트폴리오를 형성해야 한다고 가정한다. 증권 1의 수익률은 <표
18-5>의 첫째 줄에 있는 식과 같이 결정된다. 이 식에서 α_1'은 증권 1의 수익률 중에
서 시장 포트폴리오의 수익률과 상관관계가 없는 부분을 의미한다. 증권 1이 제공하
는 예상 수익률이 증권시장선에 위치하고 있다면 α_1'의 기대값은 제로가 된다. 또한
β_1은 증권 1의 수익률과 시장 포트폴리오의 수익률 간의 공분산을 시장 포트폴리오
의 수익률의 분산으로 나눈 비율로 정의된다. 증권 2의 수익률은 <표 18-5>의 둘째
줄에 있는 식과 같이 결정된다. 이 식에서 α_2'는 증권 2의 수익률 중에서 시장 포트폴
리오의 수익률과 상관관계가 없는 부분을 의미한다. 증권 2가 제공하는 예상 수익률

이 증권시장선에 위치하고 있다면 α'_2의 기대값은 제로가 된다. 또한 β_2는 증권 2의 수익률과 시장 포트폴리오 수익률 간의 공분산을 시장 포트폴리오 수익률의 분산으로 나눈 비율로 정의된다.

두 증권에 대하여 β_1과 β_2는 베타 계수이다. 위의 사례에서는 증권 2의 베타 계수가 증권 1의 베타 계수보다 큰 것으로 가정한다. 이를 부등식으로 표시하면 $\beta_2 > \beta_1 > 0$이다. 두 증권의 베타 계수는 모두 양수이다. 헤지 펀드의 매니저가 구성하는 포트폴리오에서 증권 1에 대한 투자 비중을 ω로 표시하면 증권 2에 대한 투자 비중은 $(1-\omega)$이다. 헤지 펀드의 매니저가 시장중립전략을 추구하면 각 증권에 대한 투자 비중은 다음과 같이 결정되어야 한다. 헤지 펀드의 포트폴리오의 수익률은 증권 1의 수익률과 증권 2의 수익률의 가중 평균이다. 다음 시점에서 실현되는 헤지 펀드의 총수익률을 R'_p로 나타내면 <표 18-5>의 셋째 줄에 있는 식이 된다.

증권 1의 수익률 결정식과 증권 2의 수익률 결정식을 <표 18-5>의 셋째 줄에 있는 식에 대입하여 헤지 펀드의 총수익률이 자본시장의 시장 포트폴리오의 초과 수익률에 의해서 어떻게 영향을 받는지를 볼 수 있다. 앞에서 설명한 방식대로 수식을 정리하면 헤지 펀드 포트폴리오의 수익률은 <표 18-5>의 넷째 줄에 있는 식과 같이 결정됨을 보일 수 있다. 이 식은 헤지 펀드 포트폴리오의 수익률이 시장 포트폴리오 수익률의 변화에 대하여 어떻게 반응하는지를 알려준다. <표 18-5>의 넷째 줄에 있는 식에 시장중립의 조건을 부과한다. 시장중립의 조건이 만족되면 헤지 펀드 포트폴리오의 수익률은 시장 포트폴리오의 수익률에 의해서 영향을 받지 않아야 한다. 시장중립의 조건은 <표 18-5>의 다섯째 줄에 있는 식과 같다. 이 식에서 정리한 시장중립의 조건은 증권 1에 대한 투자 비중인 ω의 결정식이라고 해석할 수 있다. 이 식에서 β_1과 β_2는 헤지 펀드의 매니저가 선택하는 ω의 값과 무관하게 결정된다.

시장중립의 조건을 달성하게 하는 증권 1에 대한 투자 비중은 <표 18-5>의 여섯째 줄에 있는 식에서 볼 수 있듯이 양수이다. 이 식에서 분모는 양수이다. 분자도 양수이다. 따라서 증권 1에 대한 투자 비중은 1보다 크다. 증권 2에 대한 투자 비중은 음수이다. 이는 시장중립의 조건을 만족시키기 위해서 증권 1을 매수하고 증권 2를 공매도해야 한다는 것을 의미한다. 본 절에서 분석하고 있는 모형에서는 헤지 펀드의 매니저가 시장중립전략을 실행하기 위해 위험 증권의 매수와 공매도를 동시에 구사해야 한다는 것을 알 수 있다.

증권 1에 투자해야 하는 금액과 증권 2를 공매도해야 하는 금액을 계산해야 시장중립의 투자전략을 실행할 수 있다. 앞에서 도출한 시장중립의 조건이 함의하는 증권 1에 대한 매수금액과 증권 2에 대한 공매도금액은 각각 얼마인가? 이 질문에 답하기 위해 다음과 같이 시장중립의 조건이 함의하는 증권 2의 투자 비중을 증권 1의 투자비중으로 나눈 비율을 계산해야 한다. 두 증권 투자 비중의 비율은 <표 18-5>의 일곱째 줄에서 볼 수 있듯이 베타 계수 비율과 연결된다. 이 식을 보고 알 수 있는 점은 두 개의 증권만 포트폴리오에 포함시켜야 하고 두 증권의 베타 계수의 값을 알면 베타 계수가 큰 증권을 공매도하고 베타 계수가 작은 증권은 매수한다는 것이다. 여기에 덧붙여서 공매도에 대한 상대적인 투자 비율은 매수하는 증권의 베타 계수를 공매도하는 증권의 베타 계수로 나눈 수치로 결정된다.

시장중립의 조건을 만족하는 포트폴리오의 예상 수익률이 항상 높다고 할 수 없다. 이를 확인하기 위해 시장중립의 조건이 부과되면 헤지 펀드 포트폴리오의 수익률은 <표 18-5>의 여덟째 줄에 있는 식과 같이 된다. 헤지 펀드의 매니저가 시장중립의 조건을 추구하는 이유가 시장중립의 조건이 투자 수익률을 기계적으로 극대화하기 위한 수단으로 사용할 수 있기 때문인지 궁금할 수 있다. <표 18-5>의 여덟째 줄에서 첫번째 등호는 시장중립의 조건을 부과한 것이고 두 번째 등호는 시장중립의 조건이 만족되는 경우의 투자 비중의 값을 대입한 것을 의미한다. 이 식에 포함되어 있는 α'_1과 α'_2의 기대값이 모두 제로이다. 따라서 본 절에서 분석하고 있는 시장중립적인 포트폴리오의 기대 수익률은 무위험 채권의 수익률과 같으므로 $R^e_p = F$이다. 시장중립의 포트폴리오 수익률의 분산은 제로가 아니므로 효율적 변경에 위치한 포트폴리오가 아니다.

다음에서는 앞에서 부과한 가정을 수정한다. 개별 증권들 중에서 고평가된 증권과 저 평가된 증권이 있는 것으로 가정한다. 고평가된 증권과 저평가된 증권을 나누는 기준은 증권시장선이다. 증권시장선에 비해 더 높은 곳에 위치하고 있는 증권은 저평가된 증권이고 증권시장선이 위치한 곳보다 더 낮은 곳에 위치한 증권은 고평가된 증권으로 평가한다. 현재 시점에서 저평가된 것으로 판단되면 현재 시점에서 증권의 시장가격이 낮아 미래 시점에서 시장가격이 회복될 것으로 예측되므로 제대로 시장에서 평가를 받은 경우에 비해서 예상 수익률이 더 높다. 증권 1은 현재 시점에서 저평가된 증권이고 증권 2는 현재 시점에서 고평가된 증권인 것으로 가정한다. 고평가 또는 저평가된 증권의 알파는 기대값이 제로가 아니다. 이를 수식으로 나타내기 위해 각 증권의 알파를 <표 18-5>의 아홉째 줄과 같이 다시 쓴다. 이 식에서 α_1^e는 양수이고 α_2^e는 음수이다. 또한 ε_1'과 ε_2'는 모두 기대값이 제로이고 서로 상관관계가 없는 확률변수이다. 그런데 고평가된 증권과 저평가된 증권이 결합된 포트폴리오에 대하여 앞에서 설명한 시장중립의 조건이 부과된다면 포트폴리오의 기대값은 더 이상 무위험 이자율과 같지 않다. 그 이유는 <표 18-5>의 열번째 줄에서 볼 수 있듯이 오른편 첫째 항이 항상 제로가 되지 않기 때문이다.

다음에서는 어떠한 상황에서 포트폴리오의 예상 초과 수익률이 양수가 되는지를 보기로 한다. 첫번째 경우는 $\alpha_1^e > 0$; $\alpha_2^e < 0$인 경우이다. 이 경우 증권 1은 증권시장선보다 더 높은 곳에 위치하고 증권 2는 증권시장선보다 더 낮은 곳에 위치한다. 따라서 저평가된 증권을 매수하고 고평가된 증권과 동일한 증권을 만들어서 판매하는 투자전략을 사용할 수 있다면 시장중립 포트폴리오의 수익률의 기대값은 무위험 채권의 수익률보다 더 높다. 어느 정도 더 높아질 수 있는가? 시장 포트폴리오에 대한 반응의 크기가 같더라도 고평가된 정도가 더 높고 저평가된 정도가 더 큰 증권을 찾아서 펀드의 포트폴리오에 편입시킬수록 초과 예상 수익률은 높아진다. 이러한 의미에서 펀드 매니저의 능력이 반영된다고 할 수 있다. 두 번째의 경우는 두 증권이 모두 저평가된 경우이다. 이 경우에 대응하는 부등호 조건은 $\alpha_1^e > 0$; $\alpha_2^e > 0$이다. 이 경우에도 $(\beta_2 \alpha_1^e - \beta_1 \alpha_2^e) > 0$이면 시장중립 포트폴리오 수익률의 기대값은 무위험 채권의 수익률보다 더 높다. 세 번째의 경우는 두 증권이 모두 고평가된 경우이다. 이 경우에 대응하는 부등호 조건은 $\alpha_1^e < 0$; $\alpha_2^e < 0$ 이다. 이 경우에도 $(\beta_2 \alpha_1^e - \beta_1 \alpha_2^e) > 0$이면 시장중립 포트폴리오의 기대값은 무위험 채권의 수익률보다 더 높다. 증권 2의 저평가된 정도가 증권 1의 저평가된 정도보다 일정 수준 이상 더 높아야 시장중립 포트폴리오 수익률의 기대값은 무위험 채권의 수익률보다 더 높다.

연습문제

1. 증권딜러 A와 증권딜러 B는 양자간 환매조건부채권거래 계약을 체결하고자 한다. 딜러 A는 5년 만기 국채를 담보로 제공하고 딜러 B에게 차입하려고 한다. 5년 만기 국채의 총수익률은 다음 시점에서 균등 분포를 따르는 확률 변수이다. 5년 만기 총수익률의 평균은 1.10이다. 최소값은 0.9이다. 최대값은 1.30이다. 다음 시점이 만기인 국채의 총수익률은 1.05이다. 딜러 B는 부도의 위험이 없는 환매조건부거래를 설계하고 싶다. 본 장의 모형을 사용하여 딜러 B가 딜러 A에게 요구하는 마진율을 계산하시오.

2. 5년 만기 국채의 총수익률은 다음 시점에서 균등 분포를 따르는 확률 변수이다. 5년 만기 총수익률의 평균은 1.10이다. 최소값은 1이다. 최대값은 1.20이다. 다음 시점이 만기인 국채의 총수익률은 1.05이다. 문제 1에서와 같이 딜러 B는 부도의 위험이 없는 환매조건부거래를 설계하고 싶다. 본 장의 모형을 사용하여 딜러 B가 딜러 A에게 요구하는 마진율을 계산하시오.

3. 문제 1과 문제 2의 답을 이용하여 담보증권의 수익률에 대한 변동성과 환매조건부채권의 헤어컷 간의 관계를 설명하시오.

4. 단기 무위험 채권 투자에 대한 총수익률 자료와 시장 포트폴리오 총수익률의 자료를 알고 있는 것으로 가정하고 다음의 질문에 답하시오.
   (1) 100개의 개별 기업에 대한 주가 자료를 수집하여 100개 기업에 대하여 총수익률 자료를 작성한다. 앞에서 이미 수집한 무위험 수익률의 자료를 사용하여 개별 기업의 초과 수익률 자료를 작성한다. 동일한 방식을 사용하여 시장 포트폴리오의 초과 수익률의 자료를 작성한다. 위의 자료들을 사용하여 증권시장선의 그래프를 어떻게 그리는지를 설명하시오.
   (2) 수집한 개별 기업의 자료를 사용하여 x축은 베타 계수를 나타내고 y축은 알파 계수를 나타내는 평면 위에 그래프를 그리시오. 시장 포트폴리오의 영향을 받지 않으면서 무위험 채권에 대한 총수익률보다 5퍼센트 더 높은 수익률을 평균적으로 기록하는 포트폴리오를 만들고 싶다. 어떠한 방식으로 두 개의 기업을 선택해야 하는지를 설명하시오.
   (3) 어떠한 상황에서 목표하는 예상 수익률을 달성할 수 있는 포트폴리오를 만들 수 없는

지를 설명하시오. 이 경우 x축은 베타 계수를 나타내고 y축은 알파 계수를 나타내는 평면 위에서 개별 기업의 자료를 그래프로 그리면 어떠한 형태로 나타나는지를 설명하시오.

(4) 본인이 직접 단기 무위험 채권 투자에 대한 총수익률 자료와 시장 포트폴리오 총수익률의 자료를 수집해야 한다면 어떠한 방식으로 시도할 것인지를 설명하시오.

5. 본 장에서 설명한 시장중립 포트폴리오 모형을 이용하여 다음의 문제에 답하시오.
   (1) 증권 1의 베타계수는 $\beta_1 = 0.1$이고, 알파계수는 $\alpha_1^e = 0.5$이다. 증권 2의 베타계수는 $\beta_2 = 0.5$이고, 알파계수는 $\alpha_2^e = 1$이다. 증권 1과 증권 2를 포함하여 어떻게 시장중립 포트폴리오를 만드는지를 설명하고 시장중립 포트폴리오의 예상 초과 수익률을 계산하시오.
   (2) 증권 1의 베타계수는 $\beta_1 = 0.1$이고, 알파계수는 $\alpha_1^e = 0.5$이다. 증권 2의 베타계수는 $\beta_2 = -0.3$이고, 알파계수는 $\alpha_2^e = -2$이다. 증권 1과 증권 2를 포함하여 어떻게 시장중립 포트폴리오를 만드는지를 설명하고 시장중립 포트폴리오의 예상 초과 수익률을 계산하시오.

6. 〈그림 18-2〉의 예에서 설명하고 있는 투자전략을 실행하는 헤지 펀드의 자산과 부채에 포함되는 항목들을 설명하시오. 이들을 포함하는 헤지 펀드의 대차대조표를 작성하시오.

7. 〈그림 18-2〉의 예에서 등장하고 있는 헤지 펀드가 선택한 포트폴리오의 예상 목표 수익률이 5%이다. 증권담보대출을 담당하는 증권금융기관이 없을 때 동일한 증권을 사용하여 동일한 예상 목표 수익률을 가진 포트폴리오를 형성하는 데 필요한 헤지 펀드의 순자산을 계산하시오. 앞에서 제시한 답에 의거하여 증권금융의 존재가 증권시장의 유동성과 시장가격형성에 어떠한 효과를 미치는 지를 설명하시오.

찾아보기

저자약력

윤택

현재 서울대학교 경제학부 교수로 재직 중이다. 미국 시카고 대학에서 경제학 박사 학위를 받은 후 국민대학교 교수와 미국 FRB(연방준비제도 이사회)의 시니어 이코노미스트로 재직하였다.

- 교수, 2011.2-현재, 서울대학교
- Adjunct Professor, 2015.8 – 2015.12, Columbia University
- 부교수, 1996.9-2010.8, 국민대학교
- Adjunct Professor, 2008.1 – 2008.6, Georgetown University
- Visiting Professor, 2004.6 – 2005.4, University of Southern California
- Senior Economist, 2005.5 – 2011.1, Federal Reserve Board (미국 중앙은행)
- 부 연구위원, 1995.8 – 1996.8, 한국경제연구원

학위 · 전공
- 경제학 박사, 1994, University of Chicago
- 경제학 석사, 1988, 서울대학교
- 경제학 학사, 1983, 서울대학교

대표 논문
Optimal Monetary Policy with Relative Price Distortions, American Economic Review, Vol. 95, No. 1, pp. 89 – 109, 2005. 3.

Nominal Price Rigidity, Money Supply Endogeneity, and Business Cycles, Journal of Monetary Economics, Vol. 37, No. 2, pp. 245 – 379, 1996. 4.

최근 저서
『상태공간모형에 의거한 한국의 잠재 GDP추정』, DSGE 연구센터, 2016.
『정보의 역할을 고려한 거시경제모형』, 서울대학교 출판사, 2017. (2018년 세종도서 학술부문 선정)
『설득의 경제학: 거시경제학적 접근』, 박영사, 2017.

거시금융경제학

초판발행	2019년 7월 26일
중판발행	2023년 3월 31일

지은이	윤 택
펴낸이	안종만 · 안상준

편 집	배근하
기획/마케팅	손준호
표지디자인	박현정
제 작	고철민 · 조영환

펴낸곳	㈜ **박영사**
	서울특별시 금천구 가산디지털2로 53, 210호(가산동, 한라시그마밸리)
	등록 1959.3.11. 제300-1959-1호(倫)
전 화	02)733-6771
fax	02)736-4818
e-mail	pys@pybook.co.kr
homepage	www.pybook.co.kr
ISBN	979-11-303-0602-5 93320

copyright©윤 택, 2019, Printed in Korea

정 가   30,000원